FSC
www.fsc.org
MIX
Papier aus verantwortungsvollen Quellen
Paper from responsible sources
FSC® C105338

Bodo Grafenhorst

Wie war das damals?

Mauer Verlag
Wilfried Kriese
72108 Rottenburg a/N
Buchgestaltung: Wilfried Kriese
Titelbild: Privat
2013
ISBN 978386812-319-7

www.mauerverlag.de

Inhalt

Menschen können nur nach den Maßstäben ihrer Zeit beurteilt werden.
Wer die Paradigmen und Urteilsmaßstäbe einer Gesellschaft aus einer anderen Epoche mit einem Überlegenheitsgefühl auf eine gänzlich verschiedene Geschichtsphase appliziert, macht sich einer Verfälschung schuldig. Man muss immer die unterschiedlichen Denkweisen und historischen Bedingungen beachten.

(Prof. Norman Housley / Leicester)

Einige Worte zuvor.

Mitten im Thüringer Wald, dem „grünen Herzen Deutschlands“, liegt Suhl, bekannt als Waffenstadt. Das Gebiet um Suhl gehörte 1924, zu der Zeit als ich dort geboren wurde, zu Preußen.

Im August 1919 verabschiedete die Nationalversammlung in Weimar die erste demokratische Verfassung der 1. Deutschen Republik, die bis 1933 bestand und als „Weimarer Republik“ in die Geschichte einging. Etliche Jahre dieser „Weimarer Republik“ habe ich miterlebt, bewusster sicher, als viele Gleichaltrige, denn mein Vater war preußischer Polizeibeamter und als solcher Vertreter des Staates. Damit stand er in dieser Zeit häufiger konträr zu Bestrebungen, die den noch jungen Staat bedrohten.

1931 wurde ich eingeschult, habe im „Dritten Reich“ in Wuppertal den überwiegenden Teil meiner Schulzeit absolviert, den 2. Weltkrieg, einige Jahre als Angehöriger der Kriegsmarine bei einer „Schwimmenden Einheit im Fronteinsatz“ miterlebt, dann den Zusammenbruch des so genannten „Tausendjährigen Reiches“ mit all seinen Folgen.

Der Entstehung und Entwicklung der „Bundesrepublik Deutschland“ als demokratische Staatsform stand ich, wie viele meiner Altersgenossen, ohne Meinung kommentarlos gegenüber. Der Nationalsozialismus hatte mich innerlich tief enttäuscht. Mit den neu gegründeten politischen Parteien, konnte ich nichts anfangen. Die teilweise blutigen Auseinandersetzungen der Parteien der „Weimarer Zeit“, lebten noch in meinem Unterbewusstsein. Der Begriff „Demokratie“ hatte für mich wenig Substanz. Ich war völlig unpolitisch.

Als Folge des Kriegsausganges, habe ich einen Beruf in der Versicherungswirtschaft ergreifen müssen, den ich mir nicht ausgesucht habe, der auch nicht leicht war. Nach der Devise „make the best of it“, hat er mir letztendlich Freude und auch Erfolg gebracht.

Die Aufwärtsentwicklung der Bundesrepublik, als „Wirtschaftswunder“ bezeichnet, brachte die Motorisierungswelle mit sich, mit all ihren Auswirkungen. Meine Zukunft hatte ich als Jugendlicher in einem technischen Beruf gesehen, so dass ich dieser Entwicklung interessiert und aufgeschlossen gegenüber stand. Die Motorisierung berührte nicht nur viele Berufe, auch das tägliche Leben.

Eines der für mich wichtigsten Ereignisse meines Lebens überhaupt, war das Kennenlernen meiner späteren Frau. Ein schönes, manchmal nicht leichtes Leben haben wir geführt, bis zur Heirat unserer beiden Töchter, gemeinsam mit Ihnen.

Nach dem Ausscheiden aus meinem Beruf im 66. Lebensjahr, habe ich mich ehrenamtlich in einem Fulltime Job bis zu meinem 84. Lebensjahr engagiert.

Was mir aus meinem Leben in Erinnerung geblieben ist, hier habe ich es aufgeschrieben.

Mainz 2008

Bodo Grafenhorst

Grafenhorst

„Stimmt es, dass unser Name ursprünglich einmal adelig war und unsere Vorfahren den Adelstitel verkauft haben, um dafür Geld zu bekommen? Das behauptete jedenfalls ein Junge aus meiner Klasse“, fragte ich meinen Vater, als wir an einem Sonntag beim Mittagessen am Tisch saßen. „Nein“, war seine Antwort und er erzählte mir, wie es zu unserem Familienname kam.
„Ursprünglich lautete unser Name Grauenhorst oder auch Gravenhorst. Zur Zeit meines Großvaters, also deines Urgroßvaters, einem GroßKossaten, verwendete man den Buchstaben u und v in gleicher Weise, so dass in manchen Kirchenbüchern, in denen Geburten, Taufen, Eheschließungen in der Kirchengemeinde eingetragen wurden, einmal Grauenhorst ein andermal Gravenhorst zu finden ist. Mein Großvater wollte Klarheit und schrieb fortan Grafenhorst mit f. In jener Zeit, so um 1800, war die Änderung der Namensschreibweise Sache des Namenträgers und im Gegensatz zu Heute problemlos.“

Nun war ich aufgeklärt. Doch um 1932 herum, interessierte mich die Familiengeschichte nicht sonderlich. Ich wusste dass Oma und Opa in Dortmund Möller hießen und - - - - - - - - - meine Mutter demnach eine geborene Möller war. Das reichte mir völlig. Erst als mein Vater, der als Polizeioffizier in Wuppertal Dienst tat, den arischen Nachweis erbringen musste, um weiterhin im Amt zu bleiben, wuchs auch bei mir das Interesse an meiner Herkunft. So gelang es mir, an einem verregneten, trüben Sonntagnachmittag endlich meinen Vater, der in seinem Schreibtischsessel sitzend die Zeitung las, zu überreden, mir seine Geschichte zu erzählen. Ich lümmelte hinter ihm auf der Couch, er drehte sich zu mir um und meinte, dass wäre nicht so einfach, sicher würde ich manches nicht verstehen. „Wenn ich nicht alles verstehe, kannst du mir das ja erklären,“ gab ich zur Antwort. „Gut, ich will es versuchen,“ und so begann er seine Geschichte.

Als Otto Georg wurde mein Vater am 15. 5. 1891 in Hasserode („Hasseröder Premium Pils“), einem Vorort von Wernigerode, geboren. Sein Vater, Baumeister von Beruf, Witwer mit 2 Kindern, heiratete die Mutter meines Vaters, die nach und nach noch 6 Kinder zur Welt brachte. So hatte sein Vater 4 Jungen und 4 Mädels. Leider steckte mein Vater noch in den Kinderschuhen, als sein Vater Adolf Grafenhorst starb, der bis dahin gut zu tun hatte, denn er leistete es sich 6spännig zu fahren. Um diese Zeit gab es in Wernigerode noch keine Autos und man fuhr, sofern man es sich leisten konnte, mit einer Pferdekutsche. Die Honoratioren des Orts Arzt, Apotheker, Rechtsanwalt und dergleichen fuhren 4spännig, also mit von 4 Pferden gezogenen Kutschen. Doch dem Baumeister Adolf Grafenhorst, ob seines guten Aussehens der „schöne Adolf“ genannt, war das noch zu wenig, er fuhr mit 6 Pferden! 8 Kinder und ein aufwendiger Lebensstil waren die Folge, dass nach seinem plötzlichen Tod, keinerlei finanzielle Rücklagen vorhanden waren. Das Haus wurde verkauft. Selbst die Unterstützung seines älteren Bruders, ebenfalls ein Baumeister, reichte bei dieser Kinderzahl nicht aus. Die älteren Geschwister gingen irgendeinem Beruf nach, die jüngeren waren in der Lehre, mein Vater aber, als der Jüngste, kam ins Waisenhaus.

Der Fürst zu Stolberg-Wernigerode, lebte auf dem Schloss oberhalb von Wernigerode. Am Fuße des Berges befand sich das fürstliche Waisenhaus, in einem Garten der sich den Berg hinaufzog. Dort bestellten die schwer und hart arbeitenden Waisenkinder die Felder und Gärten, die zu ihrer Ernährung dienten. So mussten sie im Frühjahr mit Kiepen auf dem Rücken Dünger in Form von Kuh, Schaf, Ziegenund Pferdemist den Berg hinauftragen, wobei die Gülle den Rücken, hinunter lief. An Sonnund Feiertagen jedoch, wurden sie zum Gottesdienst in die Schlosskapelle geführt. Offenbar gefiel dem Fürsten der kleine blond gelockte Otto, mit seiner schönen hellen Stimme, denn er entschied, dass der Bub im Schlosschor singen sollte. Der Sohn des Fürsten Botho, die altdeutsche Form von Bodo, sang ebenfalls im Schlosschor. Die beiden freundeten sich an und der Fürst erlaubte, dass der kleine blonde Otto gelegentlich mit seinem Sohn im Schloss spielen durfte. Das galt als eine hohe Auszeichnung, auf die mein Vater ein wenig stolz war. Zur Erinnerung daran erhielt ich den Namen Bodo.

Die Schulzeit erschien ihm nicht erwähnenswert, obwohl er sehr wissbegierig war. Nachdrücklich schien ihm jedoch der Lehrer in seinem Gedächtnis geblieben zu sein, der gerne bei Verfehlungen den Stock gebrauchte und bei jedem Schlag auf den Hosenboden, einen Bibelspruch zitierte. Auch an das erste Auto, das er in Wernigerode sah, konnte er sich entsinnen, als es nach Schulschluss vorbei fuhr und alle Kinder johlend hinter dem knatternden und stinkenden Vehikel herliefen. Doch die Schulzeit war eng mit der Zeit im Waisenhaus verbunden und war keine schöne Zeit, deshalb dachte er nicht so gerne daran.

Über den zu ergreifenden Beruf, der sich der Schulzeit anschloss, entschied allein der Waisenhausvater. Mein Vater hätte gerne einen technischen Beruf erlernt. Schließlich waren seine Vorfahren neben Gutsverwaltern und Baumeistern, Waffenschmiede gewesen. Aber der Waisenhausvater hatte zu bestimmen und der entschied, dass mein Vater den Beruf des Bäckers und Konditors zu erlernen hätte. Das Leben eines jungen Menschen im Waisenhaus war schon kein Zuckerschlecken, aber das eines Bäckerlehrlings war hart. Morgens um 3 hatte er in der Backstube zu sein und meistens ging es abends bis 23 Uhr. Sonnund Werktags ! Es gab kein Jugendschutzgesetz, auch keines das die Arbeitszeiten regelte. Nach Beendigung der Lehre blieb er zunächst noch in Wernigerode und spielte in seiner Freizeit, als Trommler in einem Spielmannszug. Das hat er wohl nie verlernt, denn bis ins hohe Alter konnte er, mit den Fingern Märsche auf der Tischplatte trommeln. Dann aber zog es ihn hinaus!

Berlin schien damals der Nabel der Welt zu sein. Ein Berlin mit Kaiser, Soldaten in bunten Uniformen, flanierende Frauen mit großen Hüten und langen Kleidern. Man bestaunte die Kürassiere mit goldenen Helmen, die Husaren mit ihren Pelzmützen, die roten, schwarzen oder blauen goldbetressten Uniformen, die Infanteristen mit weißen Hosen und blauen Röcken. Ein buntes Bild bot sich auf den Straßen und Alleen Berlins. In der Erinnerung meines Vaters, war es eine tolle Zeit. Aber es zog ihn weiter.

Sein Stiefbruder Oskar fuhr zur See. Das war auch etwas für meinen Vater. Zeitlebens hatte er ein Faible für die See, das Meer und ein unstillbares Fernweh ließ ihn nicht los. Also auf nach Hamburg ! Bruder Oskar fuhr als 1. Offizier auf dem PLiner „Persimon“, einem der berühmten „Windjammer“ der Reederei Laiszt, dessen Schwesterschiffe „Passat“ in Travemünde oder „Peking“ in New York als Museumsschiffe liegen. Mein Vater besuchte ihn in Hamburg auf seinem Schiff, wobei er ihn um Unterstützung seines Vorhabens bat. Doch Bruder Oskar lehnte das strickt ab. Zur See fahren das sei das Schlimmste das es gäbe und nichts für ihn. Oskar legte mit der „Persimon“ ab, lief aus und mein Vater suchte einen Heuerbaas auf.

Ein Heuerbaas vermittelte Personal für Schiffsbesatzungen der unterschiedlichsten Reedereien. Damals stiegen ohne Vorwarnung, aus Gründen welchen auch immer, Matrosen im nächsten Hafen aus, suchten sich ein anderes Schiff oder einen anderen Job. Jeder Kapitän und jede Reederei hatte Kontakt zu irgendeinem Heuerbaas, der eventuell benötigtes Schiffspersonal besorgte. Er hatte immer eine Liste von Männern, die Arbeit auf Schiffen suchten, bot darüber hinaus Unterkunft und Logis für diese, bis es zu einer Vermittlung kam. Auch beschaffte er für diejenigen die noch nicht zur See gefahren waren, die so genannte Seekiste, in der Sachen die man an Bord brauchte untergebracht wurden. Es war ein sicheres lukratives Geschäft und kein Wunder, dass es in diesem Beruf auch „schwarze Schafe“ gab und gar mancher Unerfahrene musste viel „Lehrgeld“ zahlen. Jedenfalls lebte mein Vater in unmittelbarer Nähe von der „Reeperbahn“ auf Sankt Pauli, der „sündigsten Meile der Welt“, in der Talstraße. Wie von Berlin, schwärmte er auch von Hamburg, als eine tolle Zeit. Ganz besonders vom „Kaffee Keese“ einem Tanzlokal am Beginn der Reeperbahn. Dort tanzte man den Walzer links herum. Man pfiff auf den Fingern, schaute ein Mädel an, nickte als Aufforderung mit dem Kopf und ab ging es auf die Tanzfläche.

Der Heuerbaas hatte einen Dampfer gefunden, auf dem er als Kochsmaat einsteigen konnte und so dampfte er mit Fracht und Passagieren über den Atlantik nach Nordamerika. In der Schiffsbäckerei war er für Brot und Brötchen zuständig, wobei ihm die im Zwischendeck kampierenden Auswanderer sehr zu denken gaben. Er machte mehrere Reisen nach Nordamerika, jedoch 1912 stand die Einberufung zum Militärdienst an.

Damit schloss mein Vater zunächst seine Erzählungen und sagte zu, an einem der nächsten Sonntage, so er dienstfrei habe und das Wetter keinen Spaziergang erlaube, mir wieder etwas aus seinem Leben zu erzählen. Doch die nächsten Sonntage waren wirklich Sonnentage und damit fielen die Erzählungen aus. Endlich aber regnete es und ich bekniete meinen Vater, mit seiner Geschichte fortzufahren.
Zunächst begann er mit seiner Dienstzeit in Königsberg, bei einem Feldartillerieregiment (4. oder 5.). Als diese dem Ende zuging, brach 1914 der 1. Weltkrieg aus. Damit wurden seine Zukunftspläne erst einmal verschoben, wenn auch ganz Deutschland glaubte bis Weihnachten wären die Soldaten wieder zu Hause. Ein folgenschwerer Irrtum, wie sich alsbald herausstellte. Für die erstmals im Kriege als Waffe eingesetzten Flugzeuge, musste eine Abwehr geschaffen werden. So wurden die Kanonen auf einen Bock eines Lastwagens so befestigt, dass sie damit in die Luft schießen konnten. Kurze Zeit später aber bekamen sie Kanonen auf Lastwagen montiert, die speziell für Luftziele eingerichtet waren. Damit begann die Flugabwehr, die alle Militärs auf ewige Zeit beschäftigen sollte! Mit dieser Einheit verbrachte er den 4jährigen Krieg an der Westfront. Ein herausragendes Ereignis war der Abschuss eines französischen Aufklärungsflugzeuges, in den Vogesen am „Hartmannsweiler Kopf“, das er, da zufällig neben dem Geschütz stehend und reaktionsschnell handelnd, allein vom Himmel holte. Das EK II, das Eiserne Kreuz II. Klasse war der Lohn. Über seine Kriegszeit in Frankreich hatte er ein Fotoalbum mit vielen Bildern, die er mir einzeln erklären musste, was er auch gerne tat, denn er lebte dabei förmlich auf.

Während des Waffenstillstandes 1918, lag mein Vater in einem Lazarett im Elsaß. Zeitlebens hatte er mit Magen und Galle zu tun. Die dienstfähigen Soldaten wurden zusammengefasst, bekamen eine Armbinde auf der „Arbeiter und Soldatenrat“ zu lesen war und mussten an der Grenze die zurück marschierenden deutschen Einheiten entwaffnen. Nach dem Abschluss dieser Aktion wurde diese Einheit nach Naumburg verlegt und erhielt eine andere Armbinde „Sicherheitspolizei Sachsen“. Das war der eigentliche Beginn des Berufes meines Vaters.

Doch zunächst wollte er die Freiheit genießen und seiner Neigung, einen technischen Beruf auszuüben, nachgehen. Er übernahm im Leuna-Werk bei Halle die Tätigkeit eines Maschinisten, der in der Maschinenund Turbinenhalle die Überwachung der Maschinen, wie beispielsweise das Ölen und Schmieren der Lager der laufenden Maschinen, zu besorgen hatte. Nach ein paar Wochen stellte er fest, dass war auch nicht das, was ihm zusagte. Der preußische Innenminister warb für die Aufstellung einer Polizei in Preußen. Nun, er hatte in Naumburg schon mal bei der Sicherheitspolizei Sachsen geschnuppert und meinte, er wolle es dort einmal versuchen und nach Prüfung und Untersuchung wurde der ehemalige Vizewachtmeister der kaiserlichen Flugabwehr, Wachtmeister der preußischen Polizei. Der lebenslange Weg im Polizeidienst begann.

Zu Beginn tat er Dienst als Straßenpolizist, was 1919 nicht ganz ungefährlich war. In den ersten Nachkriegsjahren, nahm man es mit Recht und Gesetz nicht so genau. Die Normen einer Demokratie entwickelten sich erst recht langsam, denn die Menschen waren es bisher gewöhnt, immer etwas vorgeschrieben zu bekommen. Stets gab es Vorgaben, wie man sich zu verhalten oder was man in diesem oder jenem Fall zu tun hatte. Immer gab es eine Obrigkeit. Jetzt aber sollte es demokratisch zugehen! Die meisten Menschen aber wussten nicht, was ist demokratisch? Hinzu kam das Entstehen von vielen Parteien. Jede warb für sich mit Parolen die vieles versprachen aber nichts hielten. Es war eine wirklich unruhige Zeit. So tat mein Vater treu seine Pflicht als Schutzpolizeibeamter, als Schupo wie man seinerzeit die Polizisten bezeichnete. Er fiel positiv auf und wurde zur höheren Polizeischule in Spandau kommandiert. Nach erfolgreichem Abschluss wurde er als Polizeileutnant zur Bereitschaftspolizei, nach Suhl im Thüringer Wald versetzt, einer preußischen Enklave.

Wir beide hatten nicht bemerkt, dass es mittlerweile ganz dunkel geworden war. Das was er erzählte war für mich so spannend, ich traute mich nicht ihn zu unterbrechen, weil ich befürchtete er würde dann aufhören. Leider aber stellte er doch fest, „für heute ist es genug!“ Natürlich versuchte ich ihn umzustimmen, aber er blieb dabei, „für heute ist Schluß!“

Ich nahm mir aber fest vor, ihn bei nächster Gelegenheit an die Fortsetzung zu erinnern. Leider dauerte es einige Wochen. Es musste sich zeitlich so ergeben und vor allem, er benötigte auch die nötige Stimmung dazu. Die Voraussetzungen schienen gut. Ich bettelte, „bitte, bitte erzähl mir wie es weiter ging!“ „Da gibt's nicht mehr viel zu erzählen.“ „Doch, du hast aufgehört als du nach Suhl zur Bereitschaftspolizei versetzt wurdest. Und bis heute ist es noch eine lange Zeit.“ „Gut, du hast mich überzeugt“, meinte er schließlich.

Vaters Schwestern Leni und Anneliese waren beide in Naumburg verheiratet. Auch seine Mutter wohnte dort. Wenn er dienstfrei hatte, führte ihn öfter sein Weg dorthin. Es war aber eine schlimme Zeit und die Bereitschaftspolizei wurde oft eingesetzt, beispielsweise bei den Mitteldeutschen Unruhen, wo bei Kämpfen mit der „Roten Armee“ der KPD, das LeunaWerk bei Halle mit Artilleriegeschützen beschossen wurde. Ich unterbrach ihn, „du sagtest „Rote Armee“. War das eine richtige Armee?“ „Das waren tausende von Kommunisten die sich zu disziplinierten, bewaffneten Einheiten zusammengeschlossen hatten, militärisch auftraten und sogar durch Deutschland bis ins Ruhrgebiet marschierten. Während des „KappPutsches“ habe ich, mit einem Maschinen Gewehr, den Weimarer Bahnhof verteidigt. Du kannst dich doch an Suhl erinnern, wo dich Beamte im Straßenpanzerwagen mitgenommen haben? Den hatten wir oft bei unseren Einsätzen dabei.“ Ja, daran konnte ich mich wohl erinnern. Ein richtiger Panzerwagen, mit einem drehbaren Turm aus dem ein Maschinen Gewehr herausragte. Innen war er weiß gestrichen und besaß vorne und hinten eine Fahreinheit mit Lenkrad, damit man das Fahrzeug in beide Richtungen fahren konnte. Auch erinnerte ich mich an das Erlebnis, als ein Beamter mich schnappte auf das Motorrad eines Kollegen setzte und zu diesem sagte: „ab nach Döllberg Nummero eins“, dort wohnten wir. Das war Suhl und damit verband ich viele Erinnerungen. Aber ich wollte von meinem Vater hören, wie es weiter ging. „Eigentlich ist meine Geschichte zu Ende“, meinte er „denn nach dem ich 1923 Oberleutnant wurde, habe ich Deine Mutter geheiratet und das ist eigentlich auch das Ende meiner Geschichte. Es beginnt dann unsere gemeinsame Geschichte. Aber erst einmal ist deine Mutter dran“.

Möller

Meine Mutter zum Erzählen zu bringen, war viel schwerer als bei meinem Vater. Sie hatte immer zu tun. Selbst wenn sie Zeit hatte, wie an verregneten Sonntagen, saß sie und strickte irgendwelche Kleidungsstücke für mich (die meistens kratzten). Sie erzählte auch nicht so gerne wie mein Vater. Aber ich ließ nicht los und eines Sonntages erzählte sie mir, während sie einen Pullover strickte, von ihren Eltern in Dortmund, vom Vater der Obersekretär bei der Deutschen Reichsbahn war und im Vorstand des Beamten Wohnungsvereins, zu dessen Häusern die Arneckestraße 28, in dem sie wohnten gehörte sowie von ihrer Schwester Berta und dem Bruder Alex.

Meiner Mutters Vater Alexander, genannt Alex, war katholisch getauft, ihre Mutter Charlotte, geborene Kohlmeier, dagegen evangelisch. Die Liebe der Beiden war so groß, dass Opa Möller, so nannte ich ihn, zur evangelischen Kirche konvertierte. Er trug seine Frau zeitlebens, wie man so sagt „auf Händen“ und nahm ihr jede nur mögliche Arbeit ab. Darüber hinaus war er selten missgelaunt, immer fröhlich und zu Späßen aufgelegt. Wenn auch der regelmäßige, sonntägliche Kirchgang auf seine katholische Herkunft deutete, so zeigte der anschließende Schoppen in der Eckkneipe, den Gemütsmenschen. Dazu passte auch seine lyrische Ader. Er dichtete manch kleines Gedichtchen und bekam dafür sogar von der Zeitung, für die Veröffentlichung ein kleines Salär, das er seiner Frau gab, damit sie sich dafür etwas kaufen konnte. Einige Verse aus seinem Nachlass:

Von der Liebe.

1. Ein stiller Stern ging auf am Himmelszelt
und sandte in mein Dunkel seine Strahlen.
Ich spür erwachend wie sein Zittern fällt
In meine Seele – jauchzend und in Qualen.
2. Oh schönes Erleben;
wenn Seelen sich geben,
und nächtlichem Bangen
wenn liebendem Sehnen
Erfüllung gegeben.
3. Verzehrende Brände
Sengende Glut,
durchpulset den Körper
wühlet im Blut;
zernaget der Seele
fliehendes Leben
zermürbet des Wollens
stetiges Streben.
4. Wie im Herbst die Blätter fallen,
ahnend winterliche Zeit,
hör ich in mir Worte lallen:
halt zum Scheiden dich bereit.
5. Bevor sich unsre Wege nun für immer trennen
lass mich noch einmal liebend deinen Namen nennen
der mir so manches schöne Jahr
alleinige Vollendung war.

Das Alter

1. Was in Ehren ist ergraut
Soll die Jugend immer achten.
Sie mit Liebe dann es schaut
was Jahre aus dem Leben machten.
Vergangenes zeigt sich dem Blick,
zeigt's Wohlergehn. In bunter Reihe
zeigt's Niedergang, zeigt's hohes Glück,
zeigt's eines Menschen höchste Weihe.
2. Drum,was in Ehren trägt den Schnee des Alters
beugt davor das Haupt.
Nimmer tut's der Jugend weh,
wenn sie dem Alter folgt und glaubt
3. Ja! Was in Ehren ist ergraut,
soll die Jugend immer achten.
Sie mit Liebe dann auch schaut
was Jahre aus dem Leben machten.

Sicher war die christliche Einstellung ihres Vaters, der Grund für die Berufswahl meiner Mutter, geboren am 12. 4. 1891. Sie wurde Diakonisse des Ürdinger Mutterhauses. Interessant dabei ist, dass man an der Art der Schwesternhaube erkennen konnte, welchem Mutterhaus die Schwester angehörte. Nach Abschluss der Diakonissenausbildung brach der Krieg 1914 aus, den sie als Schwester in mehreren Lazaretten überstand. Bruder Alex war 12 Jahre jünger und es war für sie selbstverständlich, dass sie sich bei der Erziehung des Bruders engagierte. Das war ihrer Mutter gerade recht. Sie war es ja gewohnt, dass man alles für sie tat. Darauf ist sicher auch zurückzuführen, dass meine Mutter stets eine starke Bindung an ihre Eltern hatte.

Der Krieg war vorbei, die Lazarettzeit ebenfalls. Schwester Margarete übernahm in Naumburg an der Saale einen Kindergarten und eine betreuende Tätigkeit als christliche Schwester. Dabei besuchte sie auch unter anderem gelegentlich, eine alte Dame die in Naumburg gegenüber dem Naumburger Dom wohnte. Wenn meine Mutter die Treppen zu ihr hinaufstieg war es nicht selten, dass sie die alte Dame sprechen hörte. Bei ihr angekommen fragte meine Mutter, „ich dachte sie hätten Besuch!" „Ach", sagte sie, „ich unterhalte mich mit meinen Kindern, die hängen ja alle hier an der Wand" und deutete auf die Fotos ihrer Kinder die rundherum die Wände zierten. „Hier, das ist mein jüngster Sohn Otto. Er ist Polizeioffizier in Suhl, dürfte ihr Alter haben, ein lieber Junge, den müssen sie mal kennen lernen." Doch es dauerte eine geraume Zeit bis Elsbeth Grafenhorst, geborene Scharow, ihren Sohn Otto der Schwester Margarete vorstellen konnte.

Meine Mutter war eine wirklich hübsche Schwester, das zeigten alle Fotos aus dieser Zeit. Kein Wunder, dass Polizeileutnant Otto Grafenhorst, der auch gut aussah, diese lieblich anzusehende Schwester kennen und lieben gelernt hat. Am 28. August 1923, mein Vater war gerade zum Oberleutnant befördert worden, heirateten die Beiden! Die Hochzeit musste nur mit Vaters Mutter, aber ohne die Eltern der Braut, stattfinden. Die Franzosen hatten das Ruhrgebiet besetzt und abgeriegelt, da Deutschland seine Reparationslieferungen an Kohlen, die laut Friedensvertrag zu leisten waren, nicht erfüllt hatte. Natürlich wurde von den national denkenden Kräften, darunter hochprozentig Eisenbahner, passiver Widerstand geleistet diese Lieferungen an die Franzosen zu verhindern, da sie den Aufbau der Friedenswirtschaft in Deutschland erschwerten, wenn nicht gar unmöglich machten. Mein Vater konnte von der Bereitschaftspolizei nicht beurlaubt werden, da ständiger Einsatz angesagt war. So konnten meine Eltern erst einige Wochen nach ihrer Heirat Dortmund besuchen. Opa Möller hatte Tricks eingefädelt die Bahnhofssperren der Franzosen zu umgehen, damit endlich die Tochter Margarete ihre „Erwerbung" vorstellen konnte.

Zunächst versah meine Mutter ihren gewohnten Dienst weiter. Mein Vater bemühte sich um eine Wohnung in Suhl, die ihm bald im Kasernenbereich in Aussicht gestellt wurde. Bis dahin besuchte meine Mutter ihren Mann häufig, so sie nur irgend konnte. Sie mussten sich halt Raum und Bett der spartanischen Unterkunft des ehemaligen Junggesellen teilen, was für Verliebte kein Problem gewesen sein dürfte. Eines Tages aber gab es für seine Einheit „Alarm" und meine Mutter musste die Behausung verlassen. Die Schwester meines Vaters, Marga, arbeitete in Suhl als Krankenschwester in einer Klinik. Sie verhalf ihrer Schwägerin zu einer Unterkunft, in einer von einer Frau geleiteten Pension. Mein Vater brachte seine junge Frau dorthin und stellte sich mit seinem Namen „Grafenhorst" vor. Die Gute hatte den Namen meines Vaters als „Graf von Horst" verstanden. Das ist zwar ein Lacher, aber es zeigt doch die damalige Zeit, in der sich noch nicht das Republikbewusstsein durchgesetzt hatte. Es dauerte aber nicht mehr lange bis mein Vater eine eigene Wohnung in eines der Häuser bekam, die für das Stammpersonal der Bereitschaftspolizei im Kasernenbereich vorgesehen waren. In der ersten Etage des Hauses Döllberg Nummer 1.

Meine Mutter gab nun ihren Schwesternberuf auf, zog nach Suhl, wurde schwanger und in der Klinik in der die Schwester meines Vaters als Schwester tätig war, wurde ich am 21. Oktober 1924 geboren. Nun, meinte sie, wäre ihre Geschichte zu Ende und ich wüsste selbst wie es dann weiter gegangen sei. Ich hatte den Eindruck, sie war froh nicht weiter erzählen zu müssen.

Suhl

Suhl die Stadt in Thüringen, Suhl die Waffenstadt, Suhl die Stadt mitten im Thüringer Wald, dem grünen Herzen Deutschlands, wie man den Thüringer Wald gerne bezeichnete. Eigenartigerweise gehörte diese Stadt mit seinem Umland zu Preußen, sie stellte eine so genannte preußische Enklave dar. Die Bereitschaftspolizei die hier stationiert war, gehörte somit zur preußischen Polizei. Das weitläufige Gelände das zur Kasernenanlage gehörte, lag etwa 2 Kilometer außerhalb der Stadt Suhl. Die Fahrzeughallen lagen an der Straße nach Schleusingen, die Kasernengebäude dahinter. Zu Beginn der Kasernenanlage, führte eine Straße den Berg hinauf, die vor dem Wald nach rechts abbog. Auf deren rechter dem Wald gegenüber liegenden Seite, standen sechs einzelne zweigeschossige Häuser, in der Mitte von einem Platz unterbrochen. Auf seiner linken Seite befand sich ein größeres Kantinengebäude, mit einem großen Saal. Grafenhorsts wohnten im ersten Haus dieser Häuserzeile, in der 1. Etage. Der Straßenname lautete, nach dem Berg an dem sich die Kasernenanlage befand, „Döllberg".

Es gab seinerzeit keinen öffentlichen Personennahverkehr. Einmal am Tag kam das Postauto, das gleichzeitig für eine bestimmte Anzahl von mitfahrenden Personen eingerichtet war. Um in die Stadt zu kommen, war das die einzige fahrbare Gelegenheit, die natürlich auch meine Mutter nutzte, wenn sie in der Stadt einkaufen wollte. Ich musste immer mit. Da der Vater ja im Dienst war. Kaum fuhr das Postauto an, schlief ich ein und erwachte erst wieder beim Halt. In der Stadt. Auch wenn ich im Winter in einem Stuhlschlitten gefahren wurde, passierte dasselbe. Kaum setzte sich das Gefährt in Bewegung, schlief ich ein. Ein offensichtlich pflegeleichtes Kind. Gegenüber dem von uns bewohnten Haus, begann auf der anderen Straßenseite der Wald, mit einem schönen Wanderweg. Den benutzten meine Eltern des Öfteren, um je nach Jahreszeit Heidelbeeren, Brombeeren, Himbeeren oder Pilze zu suchen. Babysitter waren damals noch unbekannt, weshalb meine Eltern mich im Kinderwagen mitnahmen, den sie in ihrer Nähe abstellten. Ich erhielt eine Zeitung, nicht um darin zu lesen, ich war ja kein Wunderkind, aber ich entwickelte eine Technik damit geräuschvoll zu knistern. Offenbar hat mich das so fasziniert, dass ich gar nicht damit aufhören wollte. Zu Hause aber war ich gerne mit gleichaltrigen Kindern zusammen, deren Väter zum Stammpersonal gehörten. Leider waren es nur Mädchen, die draußen zum Spielen auf einen kleinen Platz ihre Puppen und Puppenwagen mitbrachten. Ich aber hatte weder Puppen noch Puppenwagen. Also bettelte ich inständig meine Eltern mir auch einen Puppenwagen mit Puppe zu besorgen.

Den bekam ich zu meinem nächsten Geburtstag. Endlich konnte ich mit den Mädchen konkurrieren. Meine Lieblingspuppe aber war mein Teddybär!

Beim Spielen draußen hatte ich einmal meine Schuhe schmutzig gemacht, weshalb meine Mutter mit mir schimpfte. Um sie wieder freundlicher zu stimmen, holte ich aus dem „Kaisepanter", wie ich die Speisekammer nannte, eine Schuhbürste und befreite sie vom Schmutz. Dabei spukte ich auf die zu putzenden Stellen der Schuhe und freute mich wie schnell sie glänzten. Es dauerte nicht lange und meine Mutter rief mich, wobei sie mir die Schuhe zeigte, die nicht mehr glänzten, sondern vom verschmierten Schmutz ganz grau geworden waren. Ich war bitter enttäuscht, hatte aber eine Erfahrung für's Leben gemacht.

Unsere Wohnung in Suhl, mitten im Thüringer Wald, sah häufig Besuch. Mal kam Tante Mally, Muttis alte Freundin aus ihrer Schwesternzeit, die in Herne wohnte und zeitlebens gerne bei uns zu Gast war. Mal kam Tante Berta, Muttis Schwester aus Essen, mit ihrem Jungen. Tante Marga, Schwester meines Vaters, verlebte stets ihre freien Tage und freien Sonntage bei uns. Langweilig war es bei Grafenhorts's selten. Doch Weihnachten war die Familie allein, abgesehen von Tante Marga die zu uns kam. Schon vor diesen Festtagen hörte ich ein Hämmern und Rumoren über der Küchendecke und fragte, was das für ein Hämmern sei. Meine Mutter meinte, „das ist das Christkind, es arbeitet für Weihnachten". Zur Bescherung am Heiligen Abend, konnte ich die Arbeit des Christkindes bewundern, einen massiven Pferdestall, den man Vater für mich gebastelt hatte.

Einkaufsmöglichkeiten gab es auf dem Döllberg nicht, abgesehen von Kleinigkeiten die man in der Kantine bekam, zu der ich hin und wieder geschickt wurde. Mit einem Zettel in der Hand auf dem geschrieben stand was ich zu holen hatte und in Papier eingewickelt dazu das nötige Geld, betrat ich die Kantine und fragte nach dem Wirt, Herrn Kummer. „Herr Kummer", sagte einer der dort Bier trinkenden Beamten, „liegt im Keller und ist geplatzt. Er hat Karbid gegessen und Wasser darauf getrunken." Dass Herr Kummer geplatzt sein sollte, hätte ja sein können, denn er war recht dick. Aber was Wasser mit Karbid zu tun haben sollte, das begriff ich nicht. Dazu muss ich wohl recht dumm ausgesehen haben, denn die Beamten lachten und sagten, „Herr Kummer kommt gleich". Und so war es auch. Das mit Karbid und Wasser, habe ich erst später verstanden.

Beim Herumstreunen im Wohnbereich des Kasernengeländes sah ich eine Gruppe von Beamten neben der Kantine stehen, mittendrin mein Vater. Ich lief hin und sah eine Kreuzotter, auf der Abdeckung der Abfallgrube, die mein Vater gefangen hatte, der nun den Umstehenden bildreich demonstrierte, wie man eine giftige Schlange fängt.

Die Oma aus Naumburg besuchte uns auch hin und wieder. Es war ja nicht so weit von dort nach Suhl. Eines Tages aber erkrankte sie bei uns. Die Eltern wussten nicht, um welche Krankheit es sich handelte und verboten mir zu ihr, die im Wohnzimmer auf einer Chaiselongue lag, ins Zimmer zu gehen. Sie tat mir so leid, denn sie war eine wirklich liebe Oma, so eine Oma wie man sich als Kind eine Oma vorstellt. Sie hatte ihre grauen Haare zu einem Knoten zusammen gebunden und sagte „Bodolein komm mal zu mir". Ich schlich also in ihr Zimmer und ging leise zu ihrem Lager. Ihr sah man an wie sie sich freute, sie nahm mich in den Arm und gab mir ein Glas Himbeerwasser zu trinken. In diesem Moment öffnete meine Mutter die Tür einen Spalt, sah dass ich aus einem Glas der Oma trank und drohte mir mit dem Finger. Das aber ist leider meine einzige Erinnerung, die ich an die Mutter meines Vaters, der Oma Grafenhorst habe, denn sie starb einige Wochen später in 1927. Wir besuchten sie regelmäßig auf dem Friedhof in Suhl. Ich pflückte aber immer vorher einen Strauss „Vergissmeinnicht" für ihr Grab und wollte damit sagen, ich vergesse dich nicht! Dabei glaubte ich, sie würde aus dem Himmel schauen und mich von dort sehen.

Der Weg vom Döllberg in die Stadt führte an zwei Felsenkellern vorbei. Dort lagerte das im Winter von den gefrorenen Teichen gebrochene Eis, um in der wärmeren Jahreszeit die Bierfässer zu kühlen. (Fabrikmäßig hergestelltes Eis oder Kühlschränke gab es noch nicht.) Gegen Abend auf dem Heimweg aus der Stadt, waren wir schon an den Felsenkellern vorbei, als es begann wie mit Bindfäden zu regnen. Mein Vater, der meine Mutter und mich von der Stadt abgeholt hatte, nahm mich unter seinen Regenumhang, damit ich nicht zu nass würde. Ich heulte unablässig, denn ich lief nicht gerne diesen langen Weg und dazu noch bei Regenwetter. Mein Vater wollte mich aufmuntern, als er ein Motorengeräusch hörte und sagte zu mir unter dem Umhang: „Höre, da kommt ein Auto!" Als das Fahrzeug näher kam und ich mal schnell daraus hervorlugte meinte ich heulend, „das ist ja gar kein Auto. Das ist ein Motorrad mit einem Stück vom Auto dran". Es war ein Motorrad mit Beiwagen, offenbar hatte ich so etwas noch nicht gesehen.

Meine Mutter hatte für den relativ langen Weg in die Stadt gerne Begleitung und so nahm sie mich eines Tages mit, da sie dort gegen Abend noch etwas zu erledigen hatte. Ein Bekannter der Eltern hatte den gleichen Weg und ging mit uns. Es war schon dunkel und meine Mutter benutzte eine unbeleuchtete

Abkürzung, den so genannten Hohlweg. Ich trabte nebenher, fand in meiner Hosentasche eine Perle und spielte damit wobei ich wissen wollte, ob die wohl in mein Nasenloch hineinpasste. Tatsächlich tat sie das auch, nur, ich bekam sie nicht mehr heraus! Meine Mutter bemerkte, dass ich an meiner Nase herumfummelte, blieb stehen, sah mein Problem und versuchte nun ihrerseits die Perle herauszubekommen, was ihr aber nicht glückte. Der Begleiter steckte ein Streichholz an, das der Wind sofort wieder ausblies. Er versuchte es wieder und immer wieder, doch der Wind blies es aus. So popelten meine Mutter, unser Begleiter und ich an meiner Nase herum, nur um die vertrackte Perle, wieder heraus zu bekommen. Nach unendlich vielen Versuchen gelang es irgendwie. In der Mitte dieses Hohlwegs, hatte eines Tages irgendjemand einen großen leicht vergammelten runden Käse deponiert. Da ihn keiner mehr wegschaffte, zerlief er allmählich, hinterließ einen fürchterlichen Gestank mit 100 000 Fliegen und machte den Hohlweg für Monate unpassierbar.

Der Winter im Thüringer Wald war immer sehr schneereich, weshalb eigentlich auch jeder Einwohner Ski laufen konnte. Man sagte lächelnd, im Thüringer Wald werden die Kinder schon mit Schneeschuhe an den Füßen geboren. Dabei muss man wissen, dass man dort nämlich zu Skiern Schneeschuhe sagt. Natürlich bekam ich mit 5 Jahren auch ein Paar Schneeschuhe. Mein Vater bemühte sich, mir die ersten Übungen und Verhaltensweisen auf Skiern beizubringen. Er selbst konnte Skilaufen, denn ich sah ihn schon mal mit einer Gruppe von Polizeibeamten auf Skiern aus dem Wald preschen. Mit dem Schnee hatte ich schon ich schon vor meinen Skiern Bekanntschaft gemacht. Ich besaß einen Schlitten mit dem ich den Döllberg hinabsausen konnte. Allerdings mündete die Straße vom Döllberg auf die Chaussee nach Schleusingen. Dort war kaum mit Verkehr zu rechnen, deshalb konnte ich sorglos, mit den anderen Kindern den Berg hinunterfahren. Hatte man die Chaussee erreicht, gab es allerdings keinen weiteren Auslauf, so dass man dort scharf bremsen musste. Jedoch stellte das kein Problem dar, doch eines Tages als ich Tante Marga dort abholen sollte, hatte ich wohl zu wenig gebremst und landete an einem Chausseebaum. Das wäre weiter nicht schlimm gewesen, wenn ich mich nicht beim Aufprall vorne abgestützt hätte und damit einen Daumen zwischen Schlitten und Baum bekam. Das schmerzte heftig und Tante Marga traf bei ihrer Ankunft, einen heulenden Jungen an.

Weihnachten 1928 bekam ich eine Eisenbahn, eine mit Uhrwerk, denn elektrische Eisenbahnen waren damals noch nicht üblich. Der auf dem Boden stehende Weihnachtsbaum war mit Lametta, Kerzen und Christbaumkugeln geschmückt und auch mit kleinen Süßigkeiten. Die Mutter war in der Küche, ich im Wohnzimmer und spielte dort wo der Baum stand, mit der Eisenbahn. Die Süßigkeiten reizten mich. Ich suchte mir ein am Baum hängendes kleines Schokoladenmännchen aus und wollte es vom Zweig abziehen. Scheinbar war das zu heftig, denn der ganze Baum fiel plötzlich auf mich. Ich schrie unter dem Baum wie am Spieß! Meine Mutter stürzte herbei und befreite mich von dem Baum. Doch das Größte zum Weihnachtsfest war die Mitteilung meiner Eltern, ich bekäme bald ein Schwesterchen! Es sollte im Frühjahr kommen. Mitte März 1929 schien es soweit zu sein. Meine Mutter war in die Klinik, zu Tante Marga gezogen, ich dagegen blieb mit meinem Vater zu Hause. In dieser Zeit gab es noch einmal einen gewaltigen Schneeeinbruch. Aus dem Küchenfenster sah ich, wie die großen Bäume unter der Schneelast zusammen brachen und umstürzten. Das jedoch störte meine Schwester nicht, denn am 16. März 1929 kam die Nachricht, Waltraut ist eingetroffen. !

Bald darauf, am 12. April, hatte meine Mutter Geburtstag zu dem ihr Vater ein Gedicht verfasste.

„Grete zum Geburtstag“
„Bergauf !
Wieder ist ein Jahr entschwunden,
verrauscht im Strom der Ewigkeit.
Viel Leid, viel Freud hast Du gefunden
Dein Lebensweg führte dich - - - - - weit.
Er führte Dich in die Ferne,
obgleich Dein Herz die Heimat sehnt.
Im Elternhaus warest Du gerne,
weil Kindesschmerz sich dort versöhnt.
Des Lebens Mittag hast Du nun
erreicht. Der Abend neiget bald sich nieder.
Doch noch bleibt viel für Dich zu tun.
Es mahnen Deiner Kinder - - - - - Lieder,
es mahnen Deiner Kinder Sorgen,
Deiner KinderWünsche Ziel.
Auf jeden Abend folgt ein Morgen
und Lebensernst auf - - - - - Kinderspiel.
So lebe - - - - - lebe Deinen Lieben,
wies auch bringt der Zeitenlauf,
und nichts auch nichts mög’ Dich - - - - - betrüben.
Dein Weg er führe Dich bergauf ! ! !
Zum 12./4. 1929 Vater“

Mein ungebundenes Leben auf dem Döllberg, führte mich natürlich auch dorthin, wo etwas passierte. Das war die Werkstatt und der Garagenbereich der Bereitschaftspolizei. Die dort Tätigen wussten, wem ich gehöre und als Sohn einer ihrer Offiziere, waren sie immer freundlich und großzügig zu mir. Sie nahmen mich in ihren Fahrzeugen mit, beispielsweise zu Probefahrten, ich durfte überall herumklettern und sie mit Fragen löchern. Eines Tages nahm man mich mit, um eine neues Fahrzeug in Coburg abzuholen. Mein Vater war der Verantwortliche dieses Unternehmens. In Coburg beeindruckte mich, vor allem die auf einem Berg thronende Veste. Kein Wunder dass ich beim Schauen dorthin auf die Nase fiel. Der Sturz hinterließ ein Loch in meinem Strumpf, das mein Vater in der Mittagspause in einer Gaststätte im Kreis der Beamten stopfte.

Die wunderschöne Landschaft mitten im Thüringer Wald, nutzten meine Eltern sobald sie Zeit dazu hatten. An warmen Sommerabenden gingen sie gerne zu einer Gastwirtschaft, die nicht weit von uns an der Landstraße nach Schleusingen lag. Dort konnte man im Freien sitzen und ich draußen im Hof aber auch im Garten umher tollen. Interessant waren natürlich für mich die Hühner des Wirts, die dort frei herumliefen. Plötzlich und unerwartet, flog mit großem Gekrähe der Hahn auf meine Schulter, wobei er mich kräftig in den Hals pickte. Ich schrie, lief zu meinen Eltern, der Hahn flog zu seinen Hennen, der Wirt kam brachte ein Pflaster für die kleine blutende Wunde und versprach zum nächsten Sonntag den Hahn zu schlachten. Ich glaube, er hat sein Versprechen gehalten, denn den Hahn habe ich nicht mehr gesehen.

Nach der Geburt meiner Schwester wollte mein Vater aus dem Kasernenbetrieb heraus. Seit 1912 kommandiert werden oder zu kommandieren das reichte ihm. Er wollte in den allgemeinen Dienst der Polizei und reichte ein Versetzungsgesuch ein. Es gab dabei zwei offene Stellen, Revierführer in Hamburg-Altona oder Revierführer in Wuppertal-Barmen. Der Ortsteil Altona war seinerzeit preußisch und als ehemaligem Seemann zog es ihn natürlich dorthin. Wenn meine Mutter nicht ihren Einfluss geltend gemacht hätte, wären wir sicher in Hamburg gelandet, so aber zogen wir nach Wuppertal, denn das lag nur etwa 30 Kilometer entfernt von ihrer Geburtsstadt. Bis die Versetzung realisiert wurde dauerte es seine Zeit. Als mein Vater seinen Dienst dort endlich antrat, musste zunächst eine Wohnung gefunden werden. Das brauchte ebenfalls Zeit. Ein Umzug mit zwei Kindern, darunter ein Säugling, war schon ein Problem. Während der Säugling Waltraut bei meiner Mutter blieb wurde ich, bis die Wohnung in Wuppertal eingerichtet war, nach Dortmund zu meinen Großeltern verfrachtet. Vorher aber wurde mir auferlegt, stets artig zu sein. Der Opa würde auf dem Kalender vermerken, wann ich ungezogen gewesen sei, dann würde der

Tag mit einem roten Strich darauf versehen. Wäre ich aber besonders lieb, käme ein blauer Strich dafür infrage. Wenn also nur blaue und keine roten Striche am Ende zu sehen seien, bekäme ich meinen Wunsch erfüllt, eine aufziehbare Spielzeug-Straßenbahn aus Blech.

Dortmund

Die Wochen in Dortmund bei meinen Großeltern, sind mir als eine der Highlights in meinem Leben in Erinnerung geblieben. Opa Möller war schon pensioniert und hatte so richtig Zeit sich mit seinem Enkel zu befassen. Allerdings nur dann, wenn Oma Möller nichts anderes für ihn zu tun hatte. Doch für mich blieb noch eine ganze Menge Zeit übrig. Mein Lebenskreis in Suhl, außerhalb der Stadt, in einem kasernierten Gelände, war ein völlig anderer als der in der Stadt Dortmund, eine Industriestadt mit Verkehr, Handel und Zechen. Das war für mich natürlich eine andere Welt. Die mir zu erschließen, war Sache meines Großvaters. Er nahm mich überall mit hin. Vor allem das Fahren mit der Straßenbahn, hatte es mir angetan. Die Linie 5 hatte andere als übliche Anhänger. Der Einstieg lag in der Wagenmitte. Vorne und hinten befanden sich Stehplätze, auf einem sichtbaren höheren Niveau. Wollte man dorthin, musste man einige Stufen hinauf steigen. Dann konnte man über die im Wagen sitzenden hinweg sehen. Diese Eigenart der Bauweise war auch von außen zu sehen und ich fuhr besonders gerne mit einem solchen Wagen. Wenn es irgendwie möglich war, nahm Opa mir zuliebe die Linie 5. Opa war beruflich Eisenbahner gewesen und als solcher, so behauptete er, habe er Einfluss auf die Zugfolge. Das bewies er mir auch. In der Nähe der großelterlichen Wohnung verlief eine Bahnstrecke. Wir gingen dort öfter spazieren, denn eine richtige Eisenbahn war immer für mich interessant, vor allem dann, wenn Opa die Züge kommen ließ. Seine Frage, „soll Opa mal einen Zug kommen lassen“, beantwortete ich natürlich mit „ja“. Tatsächlich, es dauerte nicht lange und es kam ein Zug. Wenn ich aber bat, „Opa, lass mal einen Zug kommen“, konnte es sein dass er sagte,“ jetzt geht es nicht“! Auf die Frage „warum nicht“, fand er allerlei mir verständliche Ausreden. Ich fand das jedenfalls toll, dass der Opa auf Kommando Züge kommen lassen konnte. Viel später aber erfuhr ich des Rätsels Lösung. In der Nähe führte über die Bahnstrecke eine Signalbrücke. Anhand der Signale konnte der Opa sehen ob ein Zug kam, dann fragte er, „soll ich einen Zug kommen lassen?“ Wenn die Signale aber anzeigten, dass kein Zug unterwegs war, sagte er nichts oder auf meine Bitte, „jetzt geht es nicht“. So einfach konnte man einem Kind, die Eisenbahn interessant machen!

Aber auch zu Hause befasste sich der Opa mit seinem Enkel. Die Wohnung der Großeltern war mit Linoleum ausgelegt. Das wurde allwöchentlich gewachst und täglich durch den Opa gebohnert. Das machte er mit einem Bohnerbesen, der recht schwer war, rechteckig, mit auf der Unterseite versehenen Borsten. Opa stellte mich auf den Bohnerbesen, ich hielt mich am Bohnerbesenstiel fest, dann schob er mich über den Boden hin und her. Durch mein zusätzliches Gewicht wurde der Boden schneller blank. So hatte ich mein Vergnügen und Opa den Nutzen.

Nicht weit von Großelterns Wohnung befand sich die Zeche „Tremonia" (lat. Dortmund) zu der ich gerne mit dem Opa ging. Das Dampfen und Zischen, das Drehen des Rades über dem Aufzugsschacht, das Fahren der Lastwagen auf dem Gelände, das alles war für mich unheimlich interessant. Besonders aber abends bei Dunkelheit, faszinierte mich der, von Kohle zu Koks verarbeitete, als rotbis weiß glühende Masse, aus den großen Öfen rauschende Koks. Färbte sich am Abend der Himmel rot wusste ich, jetzt sind die Kokereiöfen geöffnet.

Sonntags ging es mit Opa in die Kirche. Oma bereitete derweil das Mittagessen. Kaum war der Gottesdienst beendet, ging ich mit Opa in die am Wege liegende Eckkneipe, in der er regelmäßig seinen sonntäglichen Frühschoppen zu sich nahm. Damit ich ihm zuprosten konnte, bekam ich Himbeerwasser. Das aber war schneller getrunken als Opas Bier. Falls mir die Zeit zu lang wurde, durfte ich draußen vor der Tür auf ihn warten. Dort war es interessanter. Wurde es mir aber zu langweilig, setzte ich mich auf die Eingangsstufe.

Jede Woche gab es einmal im Hof des rückseitigen Hauses Musik. Es zogen Straßenmusikanten von Hof zu Hof, sangen dabei und spielten Lieder. Kaum hatten sie aufgehört, schauten sie zu den Fenstern der Häuser hinauf und erwarteten den Lohn für ihre Musik. Man warf ihnen dann Geld in Papier eingewickelt hinunter.

Gegessen wurde immer in Omas Küche. Nach dem Mittagessen begaben sich Oma und Opa zum Mittagsschlaf. Natürlich musste ich mich ruhig verhalten, um sie nicht zu stören. Das war bis auf eine Ausnahme immer der Fall. Ich schaukelte gerne mit dem Küchenstuhl, was mir die Großeltern verboten und mir mögliche Folgen erläuterten. Einmal, während sie schliefen, tat ich das Verbotene und schaukelte mit dem Stuhl, der plötzlich nach hinten wegkippte, mit lautem Geräusch auf dem Boden landete und ich mit dem Hinterkopfe aufschlug. Der Schreck fuhr mir durch die Glieder. Ich erwartete nun das „Donnerwetter" von Oma, doch nichts tat sich. So konnte ich mich meiner Beule am Hinterkopf widmen. Haben die Großeltern nun wirklich nichts gehört oder wollten sie nichts gehört haben, weil sie zur allgemeinen Tagesordnung übergingen.

Abends wenn sich die Großeltern in ihr Schlafzimmer zurückzogen, las Opa im Bett ein Karl May Buch. Er war ein begeisterter KarlMayLeser, dessen sämtlich herausgegebenen Bücher er besaß (ich glaube es waren incl. Nachlass 74 Bände). Aber auch Wild-West-Bücher faszinierten ihn, wie beispielsweise die von Bill Jenkins. Bei späteren Besuchen, bei denen ich schon lesen konnte, durfte ich auch mal ein KarlMayBuch lesen. Dabei fand ich besonders lehrreich, die Dialoge der Gegenüberstellung von der christlichen und der islamischen Religion zwischen „Kara Ben Nemsi“ (Karl Sohn der Deutschen), wie Karl May sich im Orient nannte und seinem Begleiter, dem Moslem „Hadschi Halef Omar Ben Hadschi Abul Abbas Ibn Hadschi Dawu al Gossera“ (Ben = Sohn, Ibn = Enkel, Hadschi vor dem Namen besagt, es handelte sich um eine Person die schon mal als Pilkger in Mekka war.)

Eines Tages aber war die Herrlichkeit bei Oma und Opa in Dortmund zu Ende. Die Wohnung in Wuppertal war fertig und der Tag des Abschieds kam in Gestalt meiner Mutter. Wichtig wurde jetzt der Kalender. Wie viele rote und blaue Striche waren darauf zu sehen? Zu meiner Beruhigung aber gab es außer mehreren blauen, nur einen roten Strich. Meine Mutter war’s zufrieden und ich bekam meine Straßenbahn, die ich natürlich gleich aufzog und in der Küche auf dem Boden fahren ließ. Mit Gepäck beladen, brachte uns Opa zum Bahnhof und wir zwei, Mutter und Sohn, fuhren mit der Eisenbahn nach WuppertalBarmen, wo uns mein Vater erwartete. Mit meinem Gepäck, einem Koffer rechts und einen Koffer links, marschierte er mit uns zur neuen Wohnung.

WuppertalBarmen Oberdörner Straße 118

Dort befand sich das Haus, das von nun an meine Heimat werden sollte. Es lag in einem großen Park mit schönem Baumbestand, nicht weit vom Zentrum des Stadtteils Barmen. Seit 1929 wurde das selbstständige Barmen, mit einer Anzahl kleinerer Orte, zur Großstadt Wuppertal. Die bisher eigenständigen Orte, deren einstige Namen, nun dem neuen Namen Wuppertal angehängt wurden, wie beispielsweise Wuppertal-Barmen, hatten jede ihren eigenen Charakter, deren Bevölkerung mit stark religiöser und lokalpatriotischer Ausprägung sich nur widerwillig der verordneten Einheit beugte. Kulturell verlief die spürbare Grenze zwischen rheinischer und westfälischer Mentalität mitten durch dieses neue Stadtgebilde. Ein Kenner der Szene, charakterisierte seine Bevölkerung wie folgt: „Die Barmer waren die westfälischen Elberfelder und die Elberfelder die rheinischen Barmer. Die Ronsdorfer waren die bergischen Zionisten und die Cronenberger, das sind die Bergischen par Excellence gewesen. Die Beyenburger sind – trotz allem – die Kölner des Wuppertals, denn sie haben nicht nur die schönste Kirche von allen. Was die Vohwinkler geworden sind, das wurden sie durch den Verkehr, nicht zuletzt durch die Schwebebahn." Hinzu kamen die Ortsteile, der bisher selbstständigen Orte. So hatte mein Vater das Polizeirevier Wichlinghausen übernommen, einem Ortsteil von Barmen. Andere Ortsteile waren Heckinghausen, Oberbarmen, Unterbarmen, Tölleturm, Hatzfeld um nur einige zu nennen.

Das Haus „Oberdörner Straße" Nummer 118 lag am Ende dieser Straße, deren Einmündung in den „Steinweg" führte, einer Hauptstraße zum Zentrum Barmens, am „Alter Markt". An gleicher Stelle mündete die „Röderstraße" ebenfalls in den „Steinweg", so dass sich ein kleiner Platz ergab. Ein großes, ganz in Schiefer eingedecktes, typisches „Bergisches Haus", mit weißen Fensterrahmen und grünen Fensterläden, das als Eckhaus einen repräsentativen Eindruck machte, nicht zuletzt durch den angrenzenden Park, der sich bis zur Parallelstraße, der „Bleicherstraße", hinzog. Das Eckhaus in Form eines L, war in einem zur Straße abfallenden kleineren Hang hineingebaut, so dass sich zur „Steinweg"Seite ein Souterrain ergab. In dem Haus wohnte im Obergeschoß, die Witwe des früheren Fabrikanten Trappenberg, der in der Rezession Ende der zwanziger Jahre, seine Firma aufgeben musste, jedoch das Haus, als „Villa Trappenberg" bekannt, behalten konnte. Die Parterrewohnung beherbergte ein Fräulein von Ragué, eine grauhaarige Musiklehrerin mit ihrer Haushälterin Adele. Die hinteren zum Park führenden Räume des Parterrebereichs, bewohnten Grafenhorts mit Schlafzimmer, Wohnzimmer, Kinderzimmer und einem großen Wintergarten. Die Küche allerdings befand sich im Souterrain, durch eigenen Ausgang von der Waschküche getrennt. Das Anwesen und der Park wurde vollkommen von einer relativ hohen Backsteinmauer umgeben. Zum Eingang des Hauses führte eine mit vielen Stufen versehene, beiderseitig zu begehende Treppe, welche die ganze Breite des Bürgersteigs beanspruchte. Eine große schwere grüne Tür, in der Mitte mit einem Löwenkopf aus Messing, der einen Ring im Maul trug, mit breitem, weißen Rahmen, diente als Eingang. Für das ehemals beschäftigte Personal, gab es neben dem Haus einen eigenen Zugang.

Für uns als Kinder war diese Wohnung ein reines Paradies. Der Park bestand aus zwei Teilen, einem oberen und einem unteren Teil. Eine große ovale Wiese, um die ein Kiesweg führte, beherrschte den oberen Teil. Die Bäume standen in großen mit Pflanzen versehenen Beeten, die zu den Wegen von Lavasteinen abgegrenzt wurden. Bedingt durch den Eckhausbau, ergab sich zur Parkseite ein kleiner Platz, dem ein daneben gepflanzter großer Lindenbaum im Sommer Schatten spendete. An einer Ausbuchtung, standen an einem kleinen Hang zur Straße hin, in einem Kreis 7 oder 8 große Kastanienbäume. Zwischen 2 von diesen, hatte mein Vater eine Hängematte aufgehängt, die ich gerne benutzte, besuchte uns aber Opa Möller, so war das sein bevorzugter Mittagsschlafplatz. An zwei weiteren Bäumen, hatte mein Vater einen Balken montiert, um daran eine Schaukel hängen zu können, die wir auch tüchtig nutzten. Zum tiefer gelegenen unteren Parkteil, führten zwei sich kreuzende Wege. In seiner Mitte stand ein festes, gemauertes, mit Schiefer gedecktes Gartenhaus, mit weiß eingefassten Fenstern und grünen Fensterläden. Oben auf der Dachspitze, befand sich ein liegendes aus Messing bestehendes Kreuz, an deren Enden die Buchstaben N, O, S, und W befestigt waren. Ging es um die Frage der Himmelsrichtungen Nord, Ost, Süd und West, sah ich mein Leben lang immer gedanklich dieses Kreuz mit den Zeichen N, O, S, und W. Das Gartenhaus war für uns Kinder wie geschaffen. Auf dem Dachboden fanden wir allerlei, womit wir uns beschäftigen konnten. Auf beiden Seiten des Gartenhauses standen recht verwilderte Obststräucher, die wir zu gegebener Zeit ernteten. Seitlich, zur „Steinstraße" hin befand sich noch ein abgezäunter ehemalige Hühnerstall, den wir gelegentlich auch zum Spielen benutzten. Am Ende des unteren Parkteils benutzte mein Vater oft das zur Bleicherstraße führende kleine grüne Tor, insbesondere wenn er vom Dienst kam.

Es gehörte sich, oder besser gesagt es war standesgemäß, dass in einem Offiziershaushalt eine Haushaltshilfe, ein Dienstmädchen beschäftigt wurde. So auch bei Grafenhorsts. In den ersten Jahren hatten wir nicht mehr so ganze junge Hausgehilfinnen die, wenn sie alleine in der Küche wirkten, lauthals sangen. Eines dieser „Küchenlieder", das mir in Erinnerung geblieben ist, begann:

„Paulinchen war ein Frauenzimmer recht jung und tugendhaft. Sie diente treu und redlich immer bei ihrer Dienerschaft. Da kam aus Treuenbriezen ein junger Mann daher, er wollte so gerne Paulinchen verführen und war ein Schuhmacher." Die anderen sind mir entfallen Frau Trappenberg aber beschäftigte eine Putzfrau, Schöneberg mit Namen. Ihre Tochter hatte zwei Kinder, ein kleineres Mädchen genannt Christel und einen Jungen in meinem Alter. Es dauerte nicht lange und Frau Schöneberg brachte ihren Enkel Fritz, genannt Fritzchen mit, der von nun an mein Spielkamerad und später mein Freund wurde. Wenn meiner Mutter einmal Hilfe im Haushalt fehlte, das Dienstmädchen hatte Urlaub oder war krank, dann half ihr Frau Hoseit, die Tochter von Frau Schöneberg und Mutter von Fritzchen. Oma Schöneberg lebte mit ihrem Mann und der Familie Hoseit zusammen, gar nicht weit von uns, das den Vorteil hatte, Fritzchen war fast jeden Tag bei uns.

Meine Mutter hatte mir die Betreuung meiner kleinen Schwester übertragen, zumindest sollte ich auf sie aufpassen. Bei gutem Wetter, stand sie fast immer mit ihrem Kinderwagen, in der Nähe des Hauses im Park. Wenn Fritzchen nicht kam, fuhr ich mit dem Kinderwagen auf dem ovalen Kiesweg, um den Rasen im oberen Park. Zuerst gemütlich, dann allmählich in immer schnelleren Tempo, immer schneller und schneller. Dabei bildete ich mir ein, ich lenke ein Auto. Eine Runde nach der anderen drehte ich in vollem Lauf, weil das so schön war. Nach ein paar Tagen beschwerten sich die Leute, die meine schnellen Runden von der Straße aus sahen und meinten, das sei doch zu gefährlich. Natürlich schimpfte meine Mutter mit mir, obwohl dabei nie etwas passierte und das schnelle Fahren meiner Schwester offensichtlich gefiel. Unser Wohnhaus lag mit einer Seite zum Steinweg. Dort konnte man von innen auf die Hauptstraße schauen und natürlich auch von draußen in den Park hinein. Deshalb konnten die Passanten mich mit meiner Schwester beobachten.

Von meinem Vater einmal abgesehen, der ja bereits einige Monate früher, bedingt durch seinen Beruf in Barmen, engagiert war, gefiel aber auch meiner Mutter das Großstadtleben, besonders da mittlerweile Frau Hoseit, ihr dabei etwas „zur Hand" ging. Frau Hoseit war es auch, die auf Betreiben meiner Mutter Fritz und mich im Kindergarten anmeldete. Von nun an marschierte ich morgens die bergauf führende Rödigerstraße hinauf, bog dort wo Hoseits wohnten, rechts in die Carnaperstraße ein, unter einer Eisenbahnbrücke hindurch und ging gegenüber der evangelischen Volksschule, rechts einen schmalen Weg, bis ich das Gebäude des Kindergartens erreichte. Es war kein langer Weg, für den ich etwa 5 – 10 Minuten benötigte. Meistens war Fritzchen schon da und wir richteten uns nach den Anweisungen der Tanten, die uns beschäftigten. Auch sonntags gingen wir beide gemeinsam in den Kindergottesdienst, der in der Kirche zu Beginn der Öberdörner Straße stattfand War ich einmal besonders artig, erlaubten meine Eltern, dass ich Fritzchen zu Hause besuchen durfte. Hoseits wohnten in einem großen Wohnhaus mit vier Stockwerken. Zwischen den einzelnen Etagen, auf einem Absatz, befanden sich die Toiletten. Immer wenn man dorthin wollte, musste man die Wohnung verlassen und eine halbe Treppe hinuntergehen. Trotzdem ging ich gerne zu Hoseits. Die Großeltern wohnten mit Hoseits in einer gemeinsamen Wohnung. Oma Schöneberg, stammte aus Weimar bei Marburg und ihr Mann, Opa Schöneberg, hatte vor dem 1. Weltkrieg, in der französischen Fremdenlegion gedient. Das wurde in jener Zeit nicht gerne gesehen, dass ein Deutscher in der französischen Fremdenlegion, die ganz allgemein keinen guten Ruf genoss, als Soldat diente oder gedient hatte. Aber das störte uns nicht. Ich glaube, wir wussten das auch gar nicht. Jedenfalls konnte Opa Schöneberg tolle Geschichten aus seiner Zeit in der Fremdenlegion erzählen, vor allem aus dem für uns finsteren Afrika, vom Urwald, von farbigen Menschen, wilden Tieren, giftigen Schlangen, Krokodilen, Skorpionen und mit was sie sich sonst noch alles herumschlagen mussten. Mich gruselte es immer dabei, doch konnten wir nicht genug davon hören. Ich ging jedenfalls gerne zu Hoseits.

Einer der Leidensgenossen meines Vaters, aus dem Waisenhaus in Wernigerode, Hans Sprungmann, besaß in Heckinghausen ein Farbenund Tapetengeschäft. Seine Schwester, Frau Jonigkeit, die mit einem so genannten Kaffeehausmusiker verheiratet war und mit Mann und Tochter uns gegenüber auf dem Steinweg wohnte, besuchte uns von Fall zu Fall. Aber wir suchten die Jonigkeits auch schon mal auf. Carla, die Tochter, war für meine Schwester zu alt und für mich zu jung, ich konnte jedenfalls nichts mit ihr anfangen. Gelegentlich schaute ich mal bei Jonigkeits rein. Wenn dann Herr Jonigkeit auf dem Saxophon übte, begeisterte mich das immer wieder. Ich stellte mir vor, später auch mal ein solches Instrument zu spielen.

In den ersten Jahren, holte ich öfter meinen Vater mittags von der Straßenbahn ab, mit der er von seinem Revier in Wichlinghausen, zum Mittagessen nach Hause gefahren kam. Wir gingen dann gemeinsam, den relativ kurzen Weg nach Hause. Dazu zog ich, wenn ich Lust bekam, meine Polizeiuniform an. Diese sah genau so aus, wie die der Polizeibeamten, aus Stoff hergestellt, mit Schulterstücken, Kragenspiegeln, glänzenden Knöpfen, ledernem Koppel und Schulterriemen, einen Säbel und als Kopfbedeckung einen Tschako. So angezogen, wartete ich an der Haltestelle der Linie 2. Plötzlich stößt mich einer von hinten und sagt, „Schupos müssen verprügelt werden." Ich drehte mich um und stand einem einen Kopf größeren Jungen gegenüber, der eine Mütze mit einem Sowjetstern trug. Er ballte die Faust dicht vor meinen Augen, drohte mich zu boxen und rief „Rot Front!“ Ich war völlig perplex, wurde aber durch die Straßenbahn, die in diesem Moment hielt, aus der prekären Situation erlöst. Der Junge rannte weg, mein Vater stieg aus und wir gingen gemeinsam nach Hause, wobei ich ihm das gerade Erlebte erzählte.

Das war meine erste Begegnung mit den Verhältnissen jener Zeit, die mir mein Vater versuchte zu erklären. Die Polizei befinde sich in einer schwierigen Situation, da sie der sichtbare Vertreter der Regierung vor Ort sei. Egal nun welche Parteien die Regierung stellten, die Polizei war immer das Instrument der Regierung, zur Durchsetzung der von ihr erlassenen Gesetze und Verordnungen. So wurde sie oft von den Gegnern der politischen Parteien die die Regierung bildeten, angegriffen oder mussten Streitereien zwischen den Parteien schlichten, obendrein sollte sie noch für Ruhe und Ordnung sorgen. Mein Vater äußerte dabei ernste Bedenken über die zunehmende Brutalität, bei den Auseinandersetzungen der Parteien auf den Straßen. Ich konnte nicht verstehen dass meine Meinung, die Polizei solle dagegen konsequenter vorgehen, von meinem Vater nicht geteilt wurde. Die Polizei sei für friedliches Miteinander und nicht für Gewalt, meinte er. Mein Vater praktizierte auch diese seine Einstellung, die ihm allerdings auch Gegnerschaft einbrachte. Hierdurch wurde das Risiko noch verstärkt, weil sich parallel zur Oberdörnerstraße, in der Hochstraße, die Hochburg der KPD in Barmen befand. Eine unangenehme Nachbarschaft !

Fernsehen gab es damals noch nicht, Rundfunkempfänger besaßen nur Begüterte, die Masse jedoch informierte sich aus den Zeitungen. Nicht Zeitungen die ins Haus gebracht wurden, an allen Redaktionen und ZeitungsGeschäftsstellen hingen in den Schaufenstern, die zuletzt gedruckten Exemplare aus. Davor standen stets auf den Straßen Trauben von Menschen, die sich informieren wollten. Aktuelle Vorkommnisse, seien es politische oder sonstige gesellschaftliche Ereignisse, Unfälle und dergleichen, wurden durch „Extrablätter“ unter's Volk gebracht. Dann hörte man auf den Straßen die Verkäufer von Extrablättern schreien: „Extrablatt, Extrablatt, Eisenbahnunfall mit 20 Toten“ oder „Extrablatt, Extrablatt, die Regierung erlässt Vorschrift über - - -!“ Eigentlich sympathisierte fast jeder Bürger mit irgendeiner Partei. Das Heer der Arbeitslosen, verständlicherweise mit den Kommunisten oder den Sozialdemokraten, der Mittelstand mit den christlichen Parteien, wie dem „Zentrum“. In großen Gruppen sah man die Arbeitslosen auf den Straßen. Was wollten sie auch ohne Arbeit machen? Für Kneipen brauchten sie Geld, die Arbeitslosenunterstützung. Die aber hatten ihnen ihre Frauen schon längst abgegriffen. Nicht selten entwickelte sich aus dieser Situation Gewalt. Kam jemand an einer solchen Gruppe vorbei, der als Sympathisant einer gegnerischen Partei erkannt wurde, gab es sofort Prügel. Ja, damals standen die Bürger noch für ihre Überzeugung. Gehörte man einer Partei an oder sympathisierte mit ihr, trug man das entsprechende Abzeichen selbstbewusst an seiner Kleidung. Das führte natürlich leicht zu Kollisionen, die aber waren einkalkuliert. Man war nicht ängstlich, eher das Gegenteil. Die Prügeleien und Schlägereien wurden organisiert. Den Gegner verprügelt, zeigen wer der Stärkere ist, war die Devise. Durch die Nähe zur „Hochstraße", hielten sich oft große Gruppen von Männern auf dem Bürgersteig entlang der Mauer zu unserem Grundstück auf. Kam mein Vater an solch einer Gruppe vorbei, hielt er an, sprach freundlich mit den Männern und brachte es fast immer fertig, dass sich diese auflösten und nach Hause gingen. Das führte im Laufe der Zeit dazu, dass diese Gruppen, sahen sie meinen Vater kommen, von selbst auseinander gingen. Den KPDFührern der Hochstraße missfiel das, sie drohten ihm und später sogar seiner Familie.

Meine Eltern hielten mich in diesen unsicheren Zeiten von der Straße fern. Ich hatte ja ungeahnte Möglichkeiten in unserem Park und konnte dort mit Waltraut oder Fritzchen spielen. Doch die Kindergartenzeit ging ihrem Ende zu und vor der Einschulung 1931 fand ein Abschiedsfest für diejenigen Kinder statt, die Ostern den Kindergarten verließen. Diese verabschiedeten sich durch eine Aufführung in der sie einen Eisenbahnzug spielten, wobei ich mit einer schwarzen Papprolle auf dem Kopf die Lokomotive spielte. Natürlich sparten die Eltern als Zuschauer nicht mit Beifall. Nun begann für mich der Ernst des Lebens! Der Weg zur evangelischen Volksschule für Jungen in der Carnaperstraße, war der gleiche wie der zum Kindergarten, abgesehen vom Eingang zur Schule der gegenüber dem kleinen Weg zum Kindergarten lag.

Die Frauen der Polizeioffiziere, die Offiziersdamen, luden nach einem bestimmten Rhythmus, der Reihe nach, zum Kaffee. Wenn dann unsere Mutter ihren Kaffeeklatsch abhielt wurden wir Kinder, damit wir die „Runde" nicht störten, zu Hoseits abgeschoben. Viel später erfuhr ich, dass Fräulein Braunöler, meine Klassenlehrerin, immer zu den Gästen zählte. „Honi soit qui mal y pense"! Ich war trotzdem immer der Beste in der Klasse.

Gerne besuchten uns die „Essener", Tante Berta und Onkel Willi. Dann war bei uns immer `was los. Unser großer Wintergarten, der die ganze Breite des Hauses einnahm, diente dabei als Aufenthaltsraum. Unser Wohnzimmer eignete sich wegen des davor stehenden dicken Baumes nicht für Besuche. Durch seine Blätter wirkte das Zimmer stets recht dunkel. Dummerweise lag zwischen unserem Wohnzimmer und dem Wintergarten unser Kinderzimmer. Wenn Onkel Willi seine Witze erzählte, wurde es immer laut und das Gelächter nahm kein Ende. Ich spitzte stets die Ohren, aber Waltraut heulte, weil sie nicht einschlafen konnte. Sie war überhaupt an diesem Tage recht quengelig, bis mein Vater ins Zimmer stürmte, die Bettdecke zur Seite warf und die Hand hob um auf ihrem Po zu schlagen. Im Moment tat sie mir aber so leid, als ich den kleinen Po und das goldige kleine Mädchen im Bettchen sah und schrie, „Vati schlag nicht die Waltraut, schlag mich lieber“! Das tat er zwar nicht, aber Waltraut kam mit dem Schrecken davon.

Ruhiger ging es zu, wenn Möllers sich bei uns einnisteten. Die Oma wurde von „hinten und vorne“ bedient, während sich der Opa den ganzen Tag im Park herumdrückte. Normalerweise reisten sie viel, möglichst von einem Bad zum anderen. Ob Bad Bertrich, Bad Orb, Bad Mergentheim oder wie sie sonst noch alle hießen. Die Namen sind mir, von Opa und Omas Aufenthalten, alle noch geläufig. Mein Vater sagte `mal zu mir, „Möllers reden immer nur über Krankheiten.“ Dabei war er gar nicht so oft bei ihnen! Meine Mutter dagegen war, wenn nicht jeden Monat, so doch spätestens jedes Vierteljahr in Dortmund und außerdem noch zu den Geburtstagen ihrer Eltern. Wir Kinder mussten immer mit. Per Eisenbahn, Bummelzug 3. Klasse. Die Bahnstationen sind mir heute noch der Reihe nach im Gedächtnis: Schwelm, Milspe, Gevelsberg, Haspe, Hagen, Witten, Wetter, Ruhr, Annen, Krukel, Barop, Dortmund und dort holte uns der Opa immer ab. Bei den Großeltern aber war es für uns Kinder nicht langweilig. Beispielsweise ging Opa gerne mit mir irgendwo hin, mal zum „DortmundEmsKanal“, mal zur „Westfalenhalle“, auch mal in die Stadt, über den „Ostenhellweg“ oder dem „Westenhellweg“, wobei mich die Geschäfte nicht sonderlich interessierten. Auf jeden Fall aber beschäftigte er sich gerne mit seinem Enkel.

Ein ganz seltener Besuch stand eines Tages vor unserer Tür. Vaters Bruder Benno, mit seiner Frau Grete aus Frankfurt/M., hatten sich mit ihrem Motorrad, einer „Indian“ mit Beiwagen, dem Konkurrenzprodukt von „Harley Davidson“, zu einem Besuch bei uns in Wuppertal aufgeschwungen. Er war bis zum Kriegsschluss Kantinenwirt einer Militäranlage im Elsaß, jetzt Beamter bei der Reichsbahn in Frankfurt am Main, beide hatten eine Tochter. Natürlich machte er mit mir im Beiwagen eine Rundfahrt durch den Ort. Leider blieb er nicht lange, was ich sehr bedauerte und donnerte mit seiner Grete weiter in Richtung Heimat. Leider besuchte er uns zu selten und starb recht früh 1932.

Im Gegensatz zu dem seltenen Besuch von Onkel Benno, „schneite" der Sohn von Tante Berta und Onkel Willi öfter mal bei uns herein. Er war mit seiner Wandergruppe viel unterwegs, berührte er dabei Barmen, besuchte er uns eigentlich immer. Denn er kam gerne zu seiner Tante, wobei sein steter Spruch war, „Tante Grete, ich hab` Duurst", er zog dabei das Wort Durst recht lang. Wie ich mich erinnere, hatte er eigentlich immer Durst. Er wurde „Bubi" genannt, obwohl er Willi wie sein Vater hieß, später wurde daraus der „Kleine Willi". Bubi und seine Klampfe, heute würde man Gitarre dazu sagen, ohne sie gab es ihn nicht. Selbst zur „Sitzung" auf der Toilette nahm er sie mit, spielte dabei und sang dazu.

In der ersten Zeit unserer Wohnung in der Oberdörner Straße, schlief meine Schwester Waltraut noch im Schlafzimmer der Eltern, ich jedoch in meinem Bett im Kinderzimmer. Gingen die Eltern abends fort, schlich ich mich ins Schlafzimmer in das Bett meiner Mutter. Kamen sie dann wieder nach Hause, trug mich mein Vater wieder in mein Bett. Ich hatte bis ich ungefähr 14 Jahre alt war, immer Einschlafprobleme, wenn meine Eltern nicht zu Hause waren. So hatte mein Vater jeden Monat einmal Theaterdienst, denn ein Polizeioffizier musste zu jeder Theatervorstellung anwesend sein und die Funktion des „Eisernen Vorhanges" überwachen. Ich habe nicht erfahren können warum! Immerhin aber war das für meine Eltern eine feine Sache, stets zwei Sitze bester Qualität im Theater zur Verfügung zu haben! So konnten sie regelmäßig etwas für ihre Bildung tun.

Meine kleine Schwester Waltraut war ein süßes, bildhübsches, kleines Mädchen. Lange, blonde, lockige Haare. Tante Berta, Muttis Schwester, sagte dazu: „Krause Haare krauser Sinn, mitten steckt der Düwel (Teufel) drin". Da war auch `was dran. Sie war Vaters Liebling, das fühlte sie und verhielt sich entsprechend. Ich liebte sie und hatte ein starkes, zärtliches Gefühl zu ihr. Aber sie nutzte das auch aus und ärgerte mich gerne, so dass ich negativ darauf reagierte. Ich strafte sie dann, in dem ich sie schikanierte. Das aber tat mir wiederum leid und ich streichelte sie, nahm sie in die Arme, damit war alles wieder gut. So war das damals, mit meiner Schwester!

Das Leben der Familie Grafenhorst in Wuppertal war nicht langweilig. Hin und wieder geschah mal etwas Außergewöhnliches. So saßen wir wartend auf unseren Vater, um zu Mittag zu essen, als plötzlich ein Schuss fiel. Wir erschraken uns, doch unser Vater kam die Türe herein und rief mich zu sich. Wir gingen zum Ausgang, wobei er mir eine tote Ratte zeigte, die er durch einen Schuss mit seiner Pistole getötet hatte. In einem solch großen Park mit dichten Pflanzen,

Bäumen und Sträuchern gab es viel Getier. Praktisch krabbelten unter jedem Lavastein der Beeteinfassungen Kellerasseln, Regenwürmer, Ameisen, Spinnen, aber das machte uns Kindern nichts aus. Im Gegenteil war das mal etwas Interessantes. Mäuse und auch gelegentlich Ratten, die unser Vater in einer Lebendfalle fing, konnten wir uns erst einmal in aller Ruhe aus der Nähe ansehen. Danach ertränkte er sie, natürlich ohne uns, in einem kleinen Teich im ehemaligen Hühnergehege.

Sagte meine Mutter „du musst mal wieder zum Frisör" hieß das, ich musste über die Straße gehen, dort hatte der Herrenfrisör seinen Laden. Der Meister nahm mich mit in seinen „Salon", dort standen drei Frisörstühle mit ledernen Sitzflächen und eben solchen verstellbaren Genickstützen. Über diese 3 Stühle, befand sich ein von Wand zu Wand stramm gespanntes dünnes Drahtseil. Darüber lief ein kleines Laufrad mit einem darunter angebrachten Motor und einer biegsamen Welle, an dessen Ende sich ein Rasierapparat befand. So konnte man mit einem Apparat, an jedem Stuhl rasieren. Doch die Hauptbeschäftigung der Frisöre, war zu jener Zeit die Gesichtsrasur. Damals rasierten sich noch die Männer mit einem Rasiermesser, wie mein Vater auch. Morgens schärfte er sein Rasiermesser, auf einem an einer Seite befestigten Lederriemen. Dabei hielt er das nicht befestigte Ende und zog darauf das Rasiermesser beiderseits etliche mal hin und her. Zuvor hatte er die zu rasierende Fläche des Gesichts mit Seifenschaum eingeseift, die er danach rasierte. Und der Bart war ab! Auf den übrigen Stühlen saßen nur Männer, die sich das Gesicht rasieren ließen, was natürlich bequemer war als sich selbst zu rasieren, wie das mein Vater morgens tat. Das war aber zu jener Zeit das Hauptgeschäft der Frisöre.

Während mein Frisörbesuch nichts altägliches darstellte, fand jede Woche ein Waschtag statt, in dem die Wäsche der Familie gewaschen wurde. Neben unserer Küche im Souterrain befand sich die Waschküche, natürlich etwas für neugierige Jungs. Mitten in der Waschküche, stand auf einem Schemel, eine große ovale Waschbütt aus Holz, darin wurden auf einem Waschbrett, die Wäschestücke bearbeitet. Daneben stand die Waschmaschine, die natürlich anders aussah als die heute üblichen. Sie bestand aus einem großen runden, auf Metallfüßen stehenden, sich nach oben verjüngendem Holzfass. Ein Deckel auf dem sich in der Mitte an einer Achse, ein Holzschwengel befand der hin und her geschoben, im Inneren des Holzfasses, ein aus Holz bestehendes Kreuz mit längeren Zapfen bewegte Die im heißen Seifenwasser befindliche Wäsche, wurde durch die HinundherBewegung gereinigt. Diese Arbeit führte immer Fritzchens Mutter durch, die über die notwendigen Kraftreserven verfügte. Doch schon im nächsten Jahr wurde der Holzschwengel, durch einen Motor ersetzt der durch Wasserdruck betrieben wurde, so dass keine Menschenkraft mehr erforderlich war. Zwei nebeneinander liegende Zylinder, wurden durch Wasserdruck abwechselnd hin und her bewegt und lösten den durch Menschenkraft bewegten Schwengel ab. Ein kleiner Fortschritt !

In der Schule verstand ich mich mit meinen Mitschülern recht gut, doch mit Päule, der hinter mir saß, hatte ich so meine Probleme. Päule, mit richtigem Namen hieß er Paul Vollmer, wohnte in der Hochstraße. Das wurde schon von außen sichtbar, denn er trug eine Mütze die zum Outfit eines KPDAnhängers gehörte. Eine Schirmmütze mit Lackschirm und einem Sturmriemen, so eine wie sie Ernst Thälmann der Kommunistenführer auf den Plakaten trug, natürlich prangte vorne der Sowjetstern mit Hammer und Sichel. Päule ärgerte mich bei jeder sich bietenden Gelegenheit, denn er wusste ja, mein Vater war Schupo und das waren die Feinde der KPD. Ich ließ mir das gefallen, denn ich wollte keine körperliche Auseinandersetzung, zumal mir meine Eltern eingebläut hatten, nur der Pöbel prügelt sich. Aber ich half ihm auch nicht, er war nämlich keine große Geistesleuchte. Das war meine Rache! Bei anderen Klassenkameraden, war ich dagegen großzügig. Irgendwann schien sich sein Verhalten geändert zu haben denn, ich glaube es war in der 2. Klasse, er kam in der Pause auf mich zu und gab mir einen roten Sowjetstern „den schenke ich dir!“ Ich war überrascht, zögerte, traute mich aber nicht „das Geschenk“ abzulehnen. Instinktiv fühlte ich, das sollte Päules Friedensangebot sein. Einerseits war ich auch froh, wenn er mich künftig in Ruhe ließ, andererseits aber hätte ich Probleme, wenn meine Eltern bei mir den Sowjetstern finden würden. Nun, ich nahm den Sowjetstern und behandelte ihn wie „heiße Ware“, indem ich ihn in die unterste Schublade meiner Sachen versteckte. Er wurde auch nie entdeckt. Auf jeden Fall hatte ich jetzt einen „Freund“ gefunden.

Völlig überraschend, nahm mich mein Vater eines Sonntagvormittags mit ins Kino, zu einer Matineevorstellung am „Alter Markt“ in Barmen. Ich war verständlicherweise noch nie in einem Kino gewesen und natürlich sehr gespannt, was da wohl auf mich zukam. Ich fand das alles sehr toll, die gepolsterten Klappstühle, die Bühne mit dem Vorhang der sich öffnete und bewegte Bilder zeigte. Nach einem Überblick über das Geschehen der letzten Woche, einer Art Wochenschau, gab es einen Film mit Harold Lloyd der sehr lustig war, denn wir mussten viel lachen. Ich erinnere mich noch an die Szene, in der Harold Lloyd von einem Kirchturm fiel und mit seiner Jacke an dem großen Zeiger der Kirchturmuhr hängen blieb. Es sollte nicht der einzige Kinobesuch gewesen sein. So sah ich mehrere Matineevorstellungen mit meinem Vater, in dem Stan Laurel und Oliver Hardy als Dick und Doof, Charly Chaplin und einige andere mitwirkten.

Einen richtigen Film aber sah ich, als mich meine Mutter und Tante Marga mit ins Kino nahmen, in dem der Film „Die 3 Codonas" gespielt wurde, einem Film aus dem Artistenmilieu, mit für mich unbegreiflichen Kunststücken.

Doch es gab mehr, was ich nicht begreifen konnte. So beispielsweise, als mein Vater mir einen auf seinem Schreibtisch stehenden merkwürdigen Apparat zeigte, der Töne erzeugte. Er war rechteckig, komische Gegenstände waren darauf befestigt, silbern schimmernde längliche Glaskugeln, wie aus grünen Drähten gewebte Spinnennetze, Drähte die zu einem auf dem Fußboden stehenden rechteckigen, mit Wasser gefüllten Glasbehälter führten und andere mit farbigen Steckern versehene, zu einem rechteckigen lila aussehenden Karton. An einem halbkreisförmigen gebogenen Bügel, an dessen Enden sich niveacremeartige Dosen befanden, dessen Drähte zu diesem merkwürdigen Kasten führten, hörte man Musik, wenn man sich diese Dosen an die Ohren hielt. Es war ein so genannter Detektorempfänger, der Vorläufer des Rundfunkempfängers, also dem Radio.

Ostern hatte unser Vater immer seinen Auftritt. Der große Park bot sich gerade dazu an, denn er versteckte mit vielen Mühen darin die bunten Ostereier, Osterhasen, Osternester und Ostergeschenke. Sträucher, Büsche, Steine und der Rasen boten sich geradezu an. Sein Engagement dabei und die idealen Verstecke brachten es mit sich, dass stets ein oder zwei Osterhasen oder Ostereier, trotz intensiven Suchens nicht gefunden wurden. Später, im Sommer oder gar Herbst fanden wir Kinder beim Spielen, in irgendeinem Busch oder Strauch, völlig zerflossene Schokoladenosterhasen, die wir leider nicht mehr genießen konnten.

Während das Osterfest als ein Fest der Familie gefeiert wurde, war das einige Wochen später stattfindende „Christi Himmelfahrt", alle Jahre ein Fest der Kindergottesdienste aller Kirchen Wuppertals. Wir Kinder trafen uns alle vor unserer Kirche und marschierten in 3er Reihen durch die Stadt, Richtung Meierei Fischertal. Unterwegs stießen die Kinder der anderen evangelischen Kirchen dazu. Jede Kirche hatte eine Schülerkappelle organisiert, die sich vor den Kindern einer Kirchengemeinde einreihte, Wanderund christliche Lieder spielte nach der Art: „Wem Gott will rechte Gunst erweisen, den schickt er in die weite Welt" - - - - - .

Ostern und Christi Himmelfahrt waren kirchliche Feste, nicht jedoch das am 2. September von vaterländisch gesinnten Bürgern gefeierte „Sedan". Dort bei der französischen Stadt Sedan, fand im deutschfranzösischen Krieg 1870/1871, die Entscheidungsschlacht statt. Die deutschen Truppen schlugen die französischen, unter General MacMahon und nahmen den französischen Kaiser Napoleon III. gefangen. Überall in Deutschland fanden Veranstaltungen aus diesem Anlass statt, die stets mit einem Feuerwerk endeten. Auch mein Vater, als guter vaterlandstreuer Bürger, brannte mit uns Kindern abends auf der Wiese ein Feuerwerk ab, wobei er bunte Raketen in den Himmel schickte.

Unser Mittagessen hatte einen stark westfälischen Einschlag, sehr derb! Kraut, Rüben, Kohl jeglicher Art, Erbsen, Bohnen, dicke Bohnen auch Pferde oder Schweinebohnen genannt, Stielmus, Rüben dazu stets Kartoffeln und was es sonst noch auf den westfälischen Äckern gab. Brotreste wurden gesammelt und zu einer Suppe verarbeitet. Ob mir nun das Essen schmeckte oder nicht, es musste gegessen werden! Sonntags gab es Fleisch, das davon übrig gebliebene gab es mittwochs. Freitags gab es Fisch, wie sich das in einem christlichen Haushalt gehörte. An den übrigen Tagen Eintopf. Den Einkauf der Woche tätigte unsere Mutter Freitagabends auf dem Markt, der hinter dem Rathaus auf einem großen Platz abgehalten wurde. Meine Mutter ging meistens erst gegen Abend dort hin und nahm mich gerne mit, um ihr beim Tragen zu helfen. Die einzelnen Marktstände unter Zeltdächern mit brennenden Karbidlampen, gaben ein romantisches Bild ab. Auffallend, dass die Stände die Brot verkauften, nur Waldecker Brot anboten, also hessisches Brot. Gesalzene Butter, und nur solche gab es, wurde aus Fässern verkauft, die oft als Butterturm auf der Verkaufsfläche standen. Um die gute Qualität des Angebotenen zu beweisen boten die Verkäufer, meistens waren es Bauern, den Kunden Geschmacksproben auf einer Messerspitze an. Meinem Vater behagte die westfälische derbe Küche nicht unbedingt, denn er hatte einen empfindlichen Magen und meine Mutter, das erwartete er, hatte darauf Rücksicht zu nehmen. Das war natürlich nicht immer einfach. So bestand das Frühstück meines Vaters aus einem Teller Haferflockensuppe, den er morgens bevor er zum Dienst ging, zu sich nahm. In einem täglich wiederkehrenden Ritual, stützte er die linke Hand in die Hüfte und rührte die Suppe stets einige Minuten mit der rechten Hand. Am Abend vorher wurde ein Teller Milch auf die handwarme Herdplatte gestellt, die sich morgens als steife Masse darstellte. Mein Vater streute Zucker auf diese saure Milch und aß sie sogar mit Genuss.

Kaffee war zu jener Zeit etwas für Leute, die es sich leisten konnten. Und das auch nur zu besonderen Anlässen. „Kaffee“ gab es ansonsten nur aus Gerste oder Zichorie (Wegwarte) mit Malz gebrannt, der eigentlich Ersatzkaffee oder Kaffeeersatz hätte heißen müssen aber in der Umgangssprache Malzkaffee genannt wurde. Die bekanntesten Marken, die sich lange hielten „Kathreiners Malzkaffee“ oder „Lindes“, waren allen ein Begriff. Unsere Mutter trank gerne nach der Tages Arbeit eine Tasse (echten) Kaffees der sie aufmuntere, wie sie behauptete. Natürlich wurde zu ihren Kaffeekränzchen nur Bohnenkaffee angeboten, dieser galt immer als „etwas Besonderes". Nun gab es den echten Bohnenkaffee nicht in jedem Lebensmittelladen oder Kolonialwarenladen, wie man damals sagte, sondern in Spezialgeschäften, in denen meistens der Kaffee geröstet wurde. Ein solches Kaffeegeschäft mit Namen „Ommer", befand sich nicht weit von unserer Wohnung im „Heubruch". Dorthin schickte mich meine Mutter, um Kaffee zu holen. Schon von weitem sah man die Kaffeeröstanlage im Schaufenster, die in den Laden hineinragte. Es war für mich immer faszinierend zuzuschauen, wenn die grüngelben, rohen Kaffeebohnen in den großen Trichter der Anlage hineingeschüttet wurden und diese nach einer gewissen Zeit braun, auf einer großen runden sich drehenden Fläche herauskamen, auf der sie mittels einer Art überdimensionierten Kamm, miteinander vermischt wurden. Die Tüten in die der frisch geröstete Kaffee eingefüllt wurde, waren außen braunweiß längs gestreift mit Firmenaufdruck von glattem glänzenden Papier, in denen sich eine weitere Tüte aus Pergamentpapier befand. Durch diese Art der Tüten wurde das Kaffeearoma erhalten. Zu Hause wurden die Kaffeebohnen in ein geschlossenes Behältnis gegeben. Wurde etwas davon benötigt, entnahm man ein entsprechendes Quantum und füllte es in die Kaffeemühle. Diese bestand aus einem länglichen Porzellanbehälter, der auf einem Brett an der Wand befestigt war. Darunter befand sich das Mahlwerk. In ein kleines viereckiges Glasgefäß fiel der dann gemahlene Kaffee. Da unsere Haushaltshilfen meistens nur bis zum frühen Nachmittag bei uns arbeiteten oblag es mir, wenn meine Mutter Bedarf hatte, Kaffeebohnen zu mahlen.

In der Familie drehte sich alles um meine kleine Schwester. Meine Mutter hatte ja durch ihren früheren Beruf Erfahrung, mit kleinen Kindern umzugehen. So verfügte sie über ein unendlich großes Repertoire an Kinderliedern, für jede Gelegenheit hatte sie eines „auf Lager". Auch eine Vielzahl von Kinderspielen kannte sie, so dass Kindergeburtstage oder der Besuch von anderen Kindern für sie kein Problem darstellten. Nörgelte Waltraut mal wieder bei einer Fütterung, schnell sang die Mutter ein Liedchen über die Figuren auf ihrem Kinderteller.

Das Bild das sich auf den Straßen bot, war dem von heute nicht vergleichbar. So sah man häufig Pferdefuhrwerke, die Waren transportierten, darunter auch eines mit einem hölzernen Kastenaufbau und einer Werbeaufschrift „Lindesches Eiswerk von Limbach und Bohnert". Neugierig fragte ich meinen Vater nach der Bedeutung der Aufschrift. Er erklärte mir, dass diese Fahrzeuge künstlich erzeugte Eisstangen für die Kühlung des Bieres in den Gaststätten transportierten. Seinerzeit gab es noch keine elektrischen Eisschränke oder Kühltruhen, weder in Lokalen noch in Privathäusern. Dafür wurden diese kommerziell hergestellten Eisstangen verwendet. Das System der künstlichen Herstellung dieser Eisstangen, hatte die Firma „Linde“ entwickelt.

Ich glaube es waren die Pfingstferien, die ich bei Schneiders in Essen verleben durfte. Die Familie wohnte in der Innenstadt in einem Reihenhaus in der 2. oder 3. Etage. Im Erdgeschoss befand sich ein Lebensmittelladen, danach roch es im Treppenhaus, für mich immer recht unangenehm. Man darf dabei nicht vergessen, die Lebensmittel waren seinerzeit noch nicht abgepackt, daher der Geruch. Was soll`s? Onkel Willi hatte ein Auto und betrieb ein Sarg-und Bestattungsgeschäft. Immerhin war das im Jahr 1932 und wer hatte zu dieser Zeit schon ein durch Benzin angetriebenes Fahrzeug? Wenn er die Hinterbliebenen besuchte, denen er einen Sarg liefern wollte, oder den schon geliefert hatte, durfte ich mitfahren. Natürlich musste ich während seines Besuches im Auto warten. Das machte mir gar nichts aus, im Gegenteil war es für mich immer ein Erlebnis, wenn ich im trockenen Auto saß, während es draußen regnete oder gar stürmte und dabei duftete es einmalig nach einem Gemisch aus Leder und Benzin. Besonders aber ist mir in Erinnerung geblieben, wie mir Onkel Willi in seinem Laden, auch einmal einen offenen Sarg, mit einer fein zu recht gemachten Leiche zeigte. Wie heißt es doch, zum Leben gehört der Tod!

Gut zwei Jahre wohnten wir nun schon in Wuppertal-Barmen in der Oberdörner Straße, im Erdgeschoß auf zwei Ebenen. Frau Trappenberg die im Obergeschoß wohnte, zog zu ihrem Sohn, der in Barmen eine Rechtsanwaltskanzlei betrieb. Sie war schon über 80 Jahre alt und das Treppensteigen fiel ihr schwer. Die Eltern ergriffen die Chance und wir bezogen die nunmehr frei gewordene Wohnung. Jetzt hatten wir einschließlich der Küche sämtliche Räume unserer Wohnung auf einer Ebene. Zwar fehlte mir der große Wintergarten, andererseits konnte man jetzt von der Küche aus direkt auf den Platz vor unserem Haus sehen. Und da war in dieser Zeit ordentlich `was los. Die Auseinandersetzungen der Anhänger der unterschiedlichen Parteien nahmen täglich zu. Besonders je näher ein Wahltermin anstand. Und gewählt wurde häufig. Überall fanden Umzüge mit Fahnen, Kapellen, Gesängen und Sprechchören statt. „Wer hat uns verraten? Die Sozialdemokraten ! Wer hält uns für dumm? Zentrum!“ skandierten die Kolonnen, der Kommunistischen Partei, der KPD. Von weitem erkannte man schon ihre Kolonnen, an deren Spitze gewöhnlich eine Schalmeienkapelle marschierte. Traf ein solcher Zug auf einen der anderen Partei, das oft so gewollt schien, gab es Straßenschlachten und es floss Blut. Es dauerte nicht lange und Mannschaftswagen der Polizei rollten heran. Deren Männer sprangen von den Fahrzeugen, die Karabiner in den Händen, während es aus einem Megaphon schallte: „Von den Fenstern weg es wird geschossen“! Trotzdem gab es natürlich für mich etwas zu sehen, ich linste seitlich aus dem Fenster und beobachtete das Geschehen. Dabei sah ich wie die Polizeibeamten mit brutaler Gewalt, die kämpfenden Parteien auseinander trieben. Es sind doch alles Deutsche, die sich diese erbitterten Auseinandersetzungen leisteten, ging es mir durch den Kopf! Sie schienen von der Idee besessen zu sein, die Anhänger der anderen Partei sind Feinde und zu vernichten. Für mich unverständlich! Je weiter die Zeit fortschritt, umso häufiger gab es gewalttätige Straßenschlachten, Krawalle nannte man sie damals. Die Polizei war stets der Feind der Schlägereien und versuchte Gewalt zu verhindern. Das war aber nicht im Sinne der Parteien und artete oft in blinden Hass gegen die Polizeibeamten aus. So sah ich eines Abends vom Küchenfenster aus, wie ein Streifenpolizist von mehreren Gestalten, offenbar Hochstraßenbewohner, zusammengeschlagen und erstochen wurde. Der Arme lag am Anfang der Rödigerstraße auf dem Bürgersteig, neben einem Schuhgeschäft, sein Tschako rollte etliche Meter das leichte Gefälle hinunter und ebenso lief das Blut. Nicht umsonst wurde bald danach unser Wohnhaus von Polizeibeamten bewacht, gegen meinen Vater und seine Familie, waren einige Todesdrohungen eingegangen.

In meinen ersten Schuljahren, hatte ich mit häufigem Husten zu tun. Unsere Ärztin, Frau Dr. med. Assmann, stellte chronischen Bronchialkatarrhe fest und verschrieb dagegen, täglich Stockrosentee zu trinken. Der sah grünlichbraun aus, war dickflüssig mit Zucker versüßt und roch stark nach Tee. All die Jahre meiner Kindheit, begleitete mich der Stockrosentee und hinterließ bei mir eine Aversion gegen jede Art von Tee, bis in die 1970er Jahre hinein. Außer diesem unangenehmen Tee empfahl Frau Dr. Assmann, einen Ferienaufenthalt an der Nordsee, wegen des dort vorherrschenden und heilenden Reizklimas. So fuhr ich in den großen Ferien 1932, mit einer größeren Kindergruppe per Eisenbahn nach Norden. Bevor wir vom Zug auf den Dampfer umstiegen, der uns auf die Insel Föhr bringen sollte, wurde wir alle auf Anweisung der uns begleitenden „Tanten“, noch einmal auf die Toilette geschickt. Sofort bildete sich davor eine lange Schlange, da alle Kinder dorthin stürmten. Ich stand als Zweiter vor der Toilettentür und stützte mich mit beiden Händen, vor den mich von hintern bedrängenden Kindern ab, übersah aber dabei, dass ich den rechten Daumen über den Türrahmen hinaus hielt, der so in die Spalte, die eine offene Tür bildet, hineinragte. Derjenige der vor mir die Toilette erreicht hatte, wollte die Türe schließen, bekam sie aber nicht ganz zu, da mein Daumen das verhinderte. Ich schrie vor Schmerz, wodurch die „Tanten“ herbei eilten und mich aus der qualvollen Lage befreiten wobei sie mich versuchten zu trösten. Doch das half alles nichts, der Schmerz war zu groß. So merkte ich noch nicht einmal die Fahrt mit dem Dampfer von Dagebüll nach Wyk auf die Insel Föhr. Dort wurde mein Daumen eingesalbt und verbunden. Mir war nicht nach Abendessen und so kam ich gleich ins Bett. Der Schmerz ließ mich aber nicht schlafen, ich dachte an zu Hause, wo ich jetzt gerne wäre, ich dachte an meine Mutter, an meinen Vater, an meine Schwester Waltraut und musste bitterlich weinen. Irgendwann bin ich doch eingeschlafen. Am nächsten Tag sollten alle Kinder eine Postkarte nach Hause schreiben, in denen sie ihren Eltern mitteilten, dass sie gut angekommen seien. Ich aber konnte mit meiner rechten Hand wegen des verletzten Daumens nicht schreiben und so tat das eine der „Tanten", wobei diese vermerkte, dass ich meinen rechten Daumen geklemmt hätte. Die Tage dort vergingen recht zäh, es war sehr regnerisch und wir hielten uns viel im Hause auf, wobei ich durch meinen verletzten Daumen arg gehandikapt war. Jeden Abend aber vor dem Einschlafen, quälte mich das Heimweh mit vielen Tränen. An den verbundenen Daumen hatte ich mich allmählich gewöhnt und fand bei Wanderungen am Strand entlang, bei schönem Wetter, das Meer aufregend. Nach fast drei Wochen, der Daumen hatte über einem tiefen Rot, die Farben tiefes Blau und fast Schwarz angenommen, übten wir das Abschiedslied. Nach der Melodie „Adé du mein lieb Heimatland" sangen wir die umgedichteten Zeilen, die mir noch in Erinnerung geblieben sind. Anstelle von „und so send ich denn mit frohem Blick, einen lieben letzten Gruß zurück, lieb Heimatland adé" sangen wir, „von der Wyk auf Föhrer Landungsbrück, send ich meinen letzten Gruß zurück, lieb Wyk auf Föhr adé!". Ich aber war froh wieder nach Hause zu fahren um dort festzustellen, der Nagel des arg gebeutelten Daumens löst sich!

Der Herbst kam und mit ihm die Zeit der Flugtage. In Wuppertal-Langerfeld gab es einen kleinen Flugplatz, auf dem ein solcher Flugtag stattfinden sollte. Mein Vater nahm mich mit und wir beide fuhren mit der Straßenbahn bis unmittelbar an den Flugplatz. Schon von weitem sahen wir die dicken, bunten mit Gas gefüllten Ballons. Beim näher kommen bemerkten wir, dass es sich um 10 bunte Ballons handelte, die von etlichen Männern an Stricken gehalten wurden. Darunter befanden sich mit Sandsäcken behängte Körbe für die Besatzungen, die auf das Startzeichen warteten. Kaum gab es dieses, ließen die Männer die Stricke los und alle Ballons stiegen gleichzeitig in den Himmel. Um schneller Höhe zu gewinnen, schütteten die Besatzungen den Sand aus einigen der an den Körben hängenden Säcken, die aber auch den Zweck hatten, auf bestimmter Höhe zu bleiben, um einen günstigen Luftstrom zu halten. Jeder wollte doch zuerst am Ziel niedergehen. Nachdem die Ballons allmählich am Horizont entschwanden, traten die Sportflieger in Aktion. Mit Kunstflügen, Loopings, Sturzflügen, Trudeln, auf dem Rücken fliegen und dergleichen, begeisterten sie die Zuschauer. Besonders imponierte mir Ernst Udet (später „des Teufels General"), wenn er mit seiner Maschine in Schräglage, mit wenigen Zentimetern Höhe, über den Boden raste und mit dem äußersten Ende seiner Tragfläche ein auf dem Boden liegendes Taschentuch aufnahm. Auch Elly Beinhorn (später Ehefrau des früh verunglückten Rennfahrers Bernd Rosemeier), erhielt für ihre atemberaubenden Kunststücke am Himmel tosenden Beifall, wenn sie nach der Landung winkend aus ihrer Maschine stieg. Schon ein tolles Erlebnis solch ein Flugtag !

Eines Tages, als unser Vater zum Mittagessen kam, machte er die Tür auf, hielt die Hand hinter sich und rief uns zu, stehen zu bleiben, zog die Hand hervor und mit ihr einen großen Schäferhund, den er an einer Leine hielt. Offenbar schauten wir alle recht ängstlich drein, denn er beruhigte uns und meinte, es sei ein ganz Lieber. Das war er auch. Schnell fasten wir Vertrauen und streichelten sein weiches Fell, was ihm offenbar gefiel. Unser Vater klärte uns auf, der Hund sei ihm auf der Straße ständig nachgelaufen, wohin er auch gegangen sei, sogar bis in sein Dienstzimmer. Zunächst solle er bei uns bleiben, er würde nachforschen, wem wohl der Hund gehöre. Wir freuten uns über den Spielgenossen, denn das war er. Nachts schlief er neben Vaters Bett. Leider fand sich der Besitzer der einige Tage später seinen Hund abholte, wir hatte uns schon so an ihn gewöhnt.

Ein Erlebnis besonderer Art, war der alljährliche Besuch am katholischen Feiertag Allerheiligen, auf dem katholischen Friedhof neben den St. AntoniusKliniken in der Karnaperstraße, mit unserer Mutter. Alle Gräber waren dort mit farbigen Lichtern geschmückt und gaben abends ein buntes mich sehr beeindruckendes Bild ab. Es überraschte schon, wenn man den Eingang passiert hatte und dieses bunte Lichtermeer in sich aufnahm.

Alle Jahre vor Weihnachten wurde bei Grafenhorsts der Nikolaus erwartet. Während dieser in all den Jahren an die Türe klopfte und unsere davor stehenden Schuhe mit Süßigkeiten und Nüssen füllte, klingelte er in diesem Jahr an der Tür und erschien, zu meinem Erschrecken, höchst persönlich. Ich lief schutzsuchend schnell zu meiner Mutter, zu der sich Waltraut schon geflüchtet hatte, mein Vater dagegen hielt sich im Hintergrund auf. Der Nikolaus drohte mir mit einer Rute und zählte meine „Sünden“ auf, wobei ich mir überlegte, woher weiß der das alles. Auch Waltrauts Unarten kannte er. Aber irgendwie kam mir die Stimme bekannt vor. Nach einer Litanei die er uns vorlas drohte er, im Wiederholungsfall würde er uns mitnehmen, wie er es mit unartigen Kindern mache, eines davon habe er im Rucksack. Man konnte nämlich sehen, dass zwei Kinderbeine mit langen Strümpfen (die damals üblich waren) und Schuhen aus seinem Rucksack baumelten. Ich holte tief Luft als er verschwand, nahm mir vor mich zu bessern, dabei fiel mir aber auf, dass die Stimme des Nikolaus wie die von Frau Hoseit klang.

Die wirtschaftlichen Verhältnisse verschlechterten sich zusehends, eine Firma nach der anderen ging „Pleite“. Die Regierung regierte nur noch mit Notverordnungen, so dass der damals gängige Schlager „das ist die Liebe der Matrosen, auf die Dauer lieber Schatz, ist mein Herz kein Ankerplatz“ - - - - vom Volk umgedichtet wurde, in „das ist das Lied der Arbeitslosen, auf die Dauer lieber Schatz, bis die Notverordnung platzt“. Trotz dieses Galgenhumors, wurden die politischen Auseinandersetzungen immer heftiger, härter, brutaler und blutiger. Die SA, von der ich eigentlich recht wenig in unserer Gegend gesehen hatte, trat immer mehr in Erscheinung. Im Dezember 1932 fanden in Wuppertal an 24 Tagen 170 politische Veranstaltungen statt. Eine Sisyphosarbeit für die Polizei! Von Aufwärtsentwicklungen der Wirtschaft war nichts zu spüren, weshalb sich die Massen immer mehr radikalisierten. Keine der jeweils regierenden Parteien konnten den versprochenen Aufschwung wahr machen. Die politischen Führer waren immer dieselben Gesichter, die Parteiprogramme wiederholten sich, die Wahlversprechungen waren stets die gleichen, die nicht umgesetzt wurden. Aber nicht so die Nazis! Die brachten neue Gesichter, neue Töne, neue Argumente, Sprüche die den Bürgern ins Ohr gingen. Die immer wieder, von den etablierten politischen Parteien, enttäuschten Bürger horchten auf. Was die Nazis sagten, klang anders. Hoffnungen keimten auf und allgemein machte sich die Meinung breit, sollen die es doch mal versuchen. So kam was kommen musste, am 28. Januar 1933 trat der Reichskanzler Schleicher zurück und Reichspräsident Paul von Hindenburg, beauftragte Adolf Hitler am 30. Januar 1933, mit der Regierungsbildung.

Am 5. März 1933 fanden Reichstagsund Landtagswahlen statt. 94 % (!) der wahlberechtigten Bürger nahmen an den Wahlen teil. 43 % wählten die National Sozialistische Deutsche Arbeiter Partei, die NSDAP oder im Volksmund die Nazis, die damit stärkste Partei wurde. Eine Woche später fanden in Wuppertal die Gemeindewahlen statt, 37 % Sitze für die NSDAP, 12 (vorher 8) für die SPD, 7 (vorher 12) für die Deutsch Nationale Volkspartei, 1 (vorher 5) für den Christlichen Sozialen Volksdienst, 13 (vorher 12) für die KPD. Auch hier wurde die NSDAP die stärkste Partei.

Diese Vorgänge sind Geschichte, haben mein und unser aller Leben beeinflusst. Leider war das damals wenigen bewusst, mir als Schuljungen der 2. Klasse der Volksschule schon gar nicht. Es fiel mir aber auf, dass plötzlich uniformierte SAMänner mit weißen Armbinden und der Aufschrift „Hilfspolizei“, mit den

Polizeibeamten Streifendienst gingen, worüber mein Vater nicht glücklich zu sein schien. Die Mitglieder des „Stahlhelm“, dem Bund der Frontsoldaten, die mit den Nazis sympathisiert hatten, mussten ihre feldgrauen Soldatenuniformen gegen SA-Uniformen tauschen, auf deren Kragenspiegeln „SA Reserve“ zu lesen stand. Ihr Lied, „Hakenkreuz am Stahlhelm, schwarzweißrotes Band, Bund der Frontsoldaten werden wir genannt“, gehörte der Vergangenheit an. Auf gezielte Fragen, bekam ich von meinem Vater keine mir verständliche Antwort. Konnte er wohl auch zu jener Zeit nicht. Wer wusste schon, welche Folgen mit dieser Entwicklung verbunden waren, wer wusste was noch alles kommen sollte! Viel auffallender für mich aber war die Normalität auf den Straßen. Keine Zusammenrottungen, keine Schlägereien, keine Schießereien mehr. Es war alles ruhig, friedlich, für mich ungewohnt und als interessierter „Zaungast“ und Zuschauer langweilig. Es war, so empfand ich es, nichts mehr los.

Eine neue, eine andere Zeit.

Die Spannungen auf den Straßen hatten nachgelassen. Man sah weder Umzüge der KPD, SPD oder der anderen Parteien, mit den obligatorischen anschließenden Krawallen. Stattdessen spürte man in der Öffentlichkeit eine gewisse Spannung, was wird jetzt passieren, was werden die Nazis, was die neue Regierung tun. Man sah immer mehr Braunhemden auf den Straßen, nicht nur Marschkolonnen. Offenbar waren deren Träger stolz, auf die so genannte „Machtübernahme", wie ihr Führer und neuer Reichskanzler Adolf Hitler, diese Wende bezeichnete.

An dem Lebensrythmus der Familie Grafenhorst änderte sich nichts. Die Regierungsbildung Hitlers tangierte scheinbar den Dienst meines Vaters nicht. Als preußischer Offizier war er gewohnt Befehle auszuführen, als preußischer Beamter, Verordnungen und Gesetzte durchzusetzen. Hinter vorgehaltener Hand hörte ich, dass Onkel Alex in Schutzhaft genommen sei. Schneiders brachten diese Nachricht aus Essen mit. Alex Möller, Mutters Bruder, war ja nicht nur SPDLandtagsabgeordneter des Preußischen Landtages und Vorsitzender des Beamtenausschusses, er war aber auch Schatzmeister einer Gewerkschaft. Da Hitler die Parteien, außer natürlich der NSDAP, verboten hatte und ebenso die Gewerkschaften, bekam Alex Probleme. Nachdem man die Gewerkschaftskasse offiziell geprüft hatte, weder Manipulationen noch Unregelmäßigkeiten feststellen konnte und man ihm eine korrekte Kassenführung attestierte, versuchte man ihn für die Arbeitnehmerorganisation der NSDAP, die „Deutsche Arbeitsfront" (DAF), zu gewinnen, was er aber ablehnte. Natürlich spitzte ich die Ohren, um etwas von den gedämpften und geflüsterten Gesprächen mitzubekommen. Als 8Jähriger konnte ich mir aus allem keinen „Reim" machen, zumal das alles bei uns sehr geheimnisvoll behandelt wurde. Auch habe ich nie erfahren, warum beispielsweise Fritzchens Vater, eine kurze Zeit in einem „Arbeitslager" in Kemna verbrachte, das an der Straße nach Beyenburg lag. Die Eltern wollten mich scheinbar mit diesen Ereignissen nicht belasten und gingen davon aus, dass ich das sowieso nicht verstünde.

Auf jeden Fall war unzweifelhaft festzustellen, der Marxismus und auch der von der SPD vertretene internationale Sozialismus, war nicht mehr gefragt. Aber gerade Wuppertal, war mit dieser Ideologie historisch verwachsen. Gab es doch die Familie Johann Caspar Engels, Inhaber einer Fabrik die „Barmer Produkte" herstellte, die im Sozialwesen eine bedeutende Rolle spielte. So wurde beispielsweise selbst zu Krisenzeiten kein einziger Arbeiter entlassen und Engels beteiligten sich darüber hinaus maßgeblich am Bau der Unterbarmer Hauptkirche.

In ihrem Haus wuchs der am 28. 11. 1820 geborene Friedrich Engels auf, der zunächst die Schule in Barmen später in Elberfeld besuchte, im elterlichen Betrieb die kaufmännische Lehre absolvierte und erst in seinen 40er Jahren, die eigenen politischen Leidenschaften entdeckte. In einem Partei ähnlichem Verein, zusammen mit dem Philosophen und Geschichtswissenschaftler Dr. Karl Marx aus Trier, begann er sein Wirken in Arbeitskreisen. Mit ihm erarbeitete er die Grundlagen des Sozialismus, die sich im marxschen Hauptwerk „Zur Kritik der politischen Ökonomie", sowie im „Das Kapital" wieder finden. Nach dem Tode von Karl Marx, übernahm er die Führung der Marxistischen Bewegung.

Für mich änderte sich eigentlich nichts. Weder im Tagesablauf, noch in der Schule oder zu Hause. Auffallend jedoch waren die häufigen Umzüge der „SA", der sichtbaren Organisation der Nazis. SA war die Abkürzung von Sturm Abteilung und klang in dieser Version ziemlich martialisch. Ich muss ehrlich zugeben, diese braunen Hemden mit den Hakenkreuzarmbinden, gefielen mir überhaupt nicht. Auch nicht diese komische Kopfbedeckung, wie auch die Kragenspiegel und die einseitigen Schulterklappen, die an das österreichische Militär erinnerten. Während die SAMänner mir weniger bekannte Lieder sangen, kannte ich die meisten der Jungvolkjungen, deren Marschkolonnen auch gelegentlich bei uns vorbei kamen, denn es waren meistens Wanderlieder, die wir im Musikunterricht der Schule gelernt hatten. Wenn ich diese Jungvolkjungen in 3er Reihen marschieren sah und die mir geläufigen Lieder hörte, bekam ich Lust mit zu marschieren. Deren Uniform gefiel mir auch, schwarze kurze Hose, weiße Kniestrümpfe, braunes Hemd mit schwarzem Halstuch, am linken Oberarm in einem farbigen Kreis eine schwarz unterlegt eine S Rune, Lederkoppel und Schulterriemen, dazu der Gleichschritt der Jungen. Meinem Wunsch dabei zu sein, dort mit zu marschieren, lehnten die Eltern kategorisch ab. Ihnen kam dabei mein Alter von 8 Jahren zu Hilfe, denn erst mit 10 Jahren konnte man Mitglied werden. Zwar wurde ich 1933 noch 9 Jahre alt, aber es fehlte halt noch 1 Jahr. Darüber war ich recht traurig, denn ich würde liebend gerne dabei mitmachen. Wenn ich auch den Sinn und das Ziel der Jugendbewegung nicht kannte, ich wollte dabei sein, mehr auch nicht!

Im Gegensatz zu früher, hatte unser Vater jetzt meistens sonntags keinen Dienst. Dann fuhr die Familie mit der Straßenbahn bis zu ihrer Endstation und wanderte von dort aus in die Umgebung, in das Bergische Land. Hier gab es Talsperren, Burgen und andere Sehenswürdigkeiten, denn das Bergische Land bestand aus hügeliger, meist mit Wald bewachsener Landschaft, in deren Tälern sich an vielen Bächen Hammerwerke befanden, in denen durch Wasserkraft betriebene Hämmer Eisenwaren aller Art schmiedeten. Wie fast jede Region, so hatte auch das Bergische Land sein Heimatlied das die Verhältnisse verherrlichte. So lautete die erste Strophe. „ Wo die Wälder noch rauschen, die Nachtigall singt, die Berge hoch ragen, der Amboss erklingt, wo im Schatten der Eichen die Wiege mir stand, da ist meine Heimat mein Bergisches Land." Es entsprach dem Gefühl, das man dort beim Wandern empfinden konnte.

Die Ferien 1933 rückten näher. Diesesmal sollte ich in ein Kinderheim, auf der Insel Rügen, verfrachtet werden. Den Rügendamm gab es seinerzeit noch nicht (ab 5. 10. 1936) und so ging es von Stralsund aus, mit dem Schiff auf die Insel. Nicht nur die Schiffsfahrt auf die Insel verlief problemlos, auch das Wetter während meiner Zeit auf Rügen war durchweg schön, sommerlich und warm. Sogar die „Tanten" waren lieber und nicht so streng, wie im Kinderheim auf der Insel Föhr. Die einzige unangenehme Erinnerung an den Aufenthalt, bezieht sich auf das morgendliche Frühstück, das wir alle in einer Reihe am Tisch sitzend, einnehmen mussten. Bevor das aber geschah, hatten wir den Kopf nach hinten in den Nacken zu beugen, den Mund weit zu öffnen, während eine der „Tanten" hinter uns entlang ging und jedem in den geöffneten Mund einen Schluck Lebertran einflösste. „Brr, pfui Teufel"! Es half aber nichts, nur schnell hinunterschlucken! Eine andere Gruppe, die nichts mit unserer zu tun hatte, wurde von einer „Tante" mit Namen Eva geleitet. Sie hatte keine linke Hand, an deren Stelle aus dem Handgelenk herausragende fünf kurze Stummel. Zum Essen schnallte sie sich um das entsprechende Handgelenk ein Riemchen, in das sie einen kleinen Schieber steckte. Eigentlich war sie bedauernswert, wenn sie nur nicht so streng gewesen wäre. Zeitlebens waren mir Frauen oder Mädels mit dem Namen Eva, nicht gerade sympathisch. Ein Glück nur, dass wir mit ihr nichts zu tun hatten ausgenommen, sie war zur Saalaufsicht eingeteilt, das aber kam nicht so oft vor. Von Binz sind wir einmal mit dem Schiff nach Stubbenkammer gefahren, um den bekannten Kreidefelsen, den „Königsstuhl" anzuschauen. In seiner Mitte verlief eine (Regen)Rinne hinunter zum Strand. Ein Junge meiner Gruppe meinte in typischem Barmer Slang, „wenn dat de Königsstuhl sein soll, dann is sicherlich diese Rinne entstanden, weil da de König raf gepinkelt hätt". Am Strand haben wir nach Bernstein gesucht, wobei ich einen so genannten „Donnerkeil" fand, der in einem handgroßen Kreidefelsbrocken steckte. Ein „Donnerkeil" sieht hellbraun aus, ist rund und fingerdick, an einem Ende verjüngt, unterschiedlich lang und soll durch einen Blitzschlag in den Sand entstanden sein. Der hierdurch geschmolzene Sand, versteinerte dann zu einem „Donnerkeil". Von einzelnen Ausflügen einmal abgesehen, waren wir uns, von Mahlzeit zu Mahlzeit, selbst überlassen, was wir übrigens ganz toll fanden. Die Insel war überwiegend mit Kiefern bewachsen, besonders im Umfeld unseres Heimes in Göhren. Da sich an den Stämmen sehr dicke Rinde gebildet hatte, brachen wir uns Stücke davon ab oder nahmen auf dem Boden liegende, bereits abgefallene, und schnitzten uns daraus Schiffe, die wir auf dem in der Nähe befindlichen Teich schwimmen ließen. Auch den Strand suchten wir häufiger auf, natürlich um Bernstein zu suchen. Ich hatte auch einmal Glück und fand ein 2 – 3 Zentimeter großes Stückchen, das ich wie den „Donnerkeil" als Erinnerung mit nach Hause nahm.

Der 1. Weltkrieg war erst 16 Jahre vorbei. In Preußen, besonders im damaligen Kaiserreich, spielte das Militär eine große, ja man könnte sagen, eine bedeutende Rolle. Die zahlreichen adeligen Häuser, lieferten das Rückgrat des Offizierkorps. Die wehrpflichtigen Männer legten Wert darauf, möglichst in einem besonderen Regiment ihrer Dienstpflicht nachzukommen, denn das brachte oft auch im späteren Beruf Vorteile. Wenn man sich um eine Arbeitsstelle bewarb, wurde fast immer die Frage gestellt. „Wo hat er gestanden"? Die gleiche Bedeutung hatte die Frage: „Wo hat er gedient"? Lautete die Antwort beispielsweise: „Drittes Kürassierregiment Oranienburg" oder „Zweite Gardekavallerie Potsdam", war eine Bevorzugung sicher. Jemand der überhaupt nicht gedient hatte, egal aus welchen Gründen, wurde benachteiligt. Offiziere die in den Ruhestand getreten waren, setzten Zeit ihres Lebens ihrem letzten militärischen Dienstgrad ein „i. R." (in Ruhestand) zu, vergleichbar mit dem aus dem aktiven Dienst Ausgeschiedenen, die ihrem Dienstgrad ein „a.D." (außer Dienst) anhängten. Zwei Beispiele: Major der Infanterie i. R. oder Oberst der Artillerie a. D. Handelte es sich aber um einen Hauptmann der Kavallerie, so lautete sein Dienstgrad Rittmeister. Während alle Offiziere der Kavallerie Sporen an den Stiefeln trugen, war das nur den Offizieren ab Hauptmann der übrigen Waffengattungen vorbehalten. Selbst mein Vater trug, nachdem er zum Hauptmann der Schutzpolizei befördert worden war, an seinen Stiefeln Sporen. Grundsätzlich trugen alle Offiziere Säbel oder Degen. Natürlich sprach man als Zivilist einen Offizier, sei er noch aktiv oder schon inaktiv, mit seinem Dienstgrad an. Ein Überbleibsel der Kaiserzeit. Der Untertanengeist, in Verbindung mit der Verherrlichung des Militärs, beeinflusste nach wie vor den Zeitgeist. Pervertiert schienen diese Verhaltensweisen, wenn auch noch die Ehefrauen der Offiziere mit dem Dienstgrad der Männer angesprochen wurden. Meine Mutter wurde beim Einkauf in ihrem Stammladen, da man sie dort kannte, mit "Frau Hauptmann" angesprochen. Das ging allen Ehefrauen von Offizieren so, vorausgesetzt man kannte sie und wusste, dass es sich um eine Offiziersfrau handelte. Es dauerte viele Jahre, bis sich diese Verhaltensmuster änderten. Die Nationalsozialisten trugen mit ihrer Philosophie „wir sind alle Volksgenossen", einen Teil dazu bei. Dennoch pflegten die neuen Machthaber den Militärgedanken und die „Preußischen Tugenden, Ehrlichkeit, Mut, Tapferkeit, Pflichterfüllung, Pünktlichkeit, Disziplin,

Gehorsam, Treue, Fleiß, Bescheidenheit, Selbstbeherrschung, Enthaltsamkeit, Zivilcourage, Sauberkeit". Die Kämpfe der deutschen Soldaten im Weltkrieg wurden heroisiert, im Sinne eines vaterländischen Liedes in dem es hieß„ - - - -wir selber zerbrachen die Klingen die herrliche Siege geschmückt". So wurde der Versailler Friedensvertrag als das Übel aller Übel bezeichnet, den es zu annullieren galt. Die mit dem Versailler Friedensvertrag verbundenen Folgen des verlorenen Krieges, mit Hunger, Parteienstreit, und Unfrieden, die Deutschland auferlegten, kaum zu leistenden Reparationen, mit der französischen Besetzung des Ruhrgebietes, sowie der Inflation 1923, die viele Menschen arbeitsund brotlos machte, darüber hinaus viele Unternehmen in den Konkurs trieben, hatte das Selbstbewusstsein der Deutschen stark beeinträchtigt. Die Versprechungen Hitlers diese Schmach zu tilgen, die internationalen Rechte Deutschlands wieder herzustellen, fanden die einhellige Zustimmung aller Bürger! Unbewusst beeinflusste das auch meine Einstellung, obwohl ich das alles geistig noch nicht so richtig begriffen hatte.

In diesem Jahr, wir schrieben das Jahr 1934, wollte die gesamte Familie gemeinsam Ferien auf der Insel Fehmarn verleben. Wir freuten uns darauf, denn Ferien mit allen zusammen, das war für uns neu. Doch bevor das Wirklichkeit werden sollte, galt es noch eine Reihe von Widerständen zu überwinden, die sich in Gestalt des Gartenhauses im unteren Teil unseres Parks, vor uns aufgebaut hatten. Dort spielten wir nämlich mit Dingen, die wir auf dem Dachboden entdeckt hatten. So wollte Fritzchen, Waldtraut und ich ein Zelt bauen, hatten dazu einige Stangen und eine Leinbahn gefunden, von denen wir je zwei Stangen, zwei Handbreit am onberen Ende zusammen banden. Darüber wollten wir die Leinbahn werfen. Dummerweise brach unsere Konstruktion zusammen und Waldtraut fiel dabei auf eine der Stangen, in dem noch ein Nagel herausschaute. Sie schrie, ich hob sie auf und sah, dass sie blutete. Schnell lief ich ins Haus und fand meinen Vater, das Gesicht zum Rasieren eingeseift, vor dem Spiegel. Ich schrie: „Waltraut ist `was passiert. Sie blutet, komm schnell mit" und lief wieder zurück, dabei kam sie mir schon weinend entgegen, wobei ihr das Blut am Hals herunter lief. Mein Vater hatte sich den Schaum vom Gesicht gewischt, Waltraut ein Tuch um den Kopf gewickel, auf den Arm genommen und rannte damit eilends zum nächsten Arzt. Der schnitt ihr zunächst ihre schönen Locken am Hinterkopf ab, reinigte die Wunde und nähte sie, wobei Waltraut nicht mehr weinte, sondern laut dem Onkel Doktor etwas erzählte. Sie kam dann auf dem Arm ihres Vaters singend nach Hause. Das passierte Ende Mai und im Juli wollten wir in die Ferien reisen, bis dahin müsste die Wunde verheilt sein. Tat sie aber nicht! Offenbar war der Nagel in den Waltraut gefallen war rostig, die Wunde eiterte. So musste sie jeden Tag zum Arzt, war aber reisefähig, so dass wir auf die Insel reisen konnten. Hier aber fuhr unser Vater mit Waltraut auf dem Fahrrad, jeden Tag 7 Kilometer zum nächsten Inselarzt, der sie verband, damit sie am Strand spielen konnte.

Trotz des morgendlichen „Ausflugs“ unseres Vaters mit Waltraut, waren die Ferien auf Fehmarn schön. Das Wetter war sommerlich warm. Der Strand war nicht allzu weit entfernt und wir bauten um unseren Strandkorb herum einen großen Sandwall, eine so genannte Strandburg. An einem dazu gehörendem Fahnenmasten, befestigten wir eine schwarzweißrote Flagge, wie die meisten anderen „Burgbesitzer“. Aber auch einige Hakenkreuzfahnen konnte man entdecken, sicherlich überzeugte Anhänger Hitlers. Vom Kopfverband Waltrauts abgesehen, merkte man von ihr nichts, sie war munter und fidel. Auf dem Hinterhof unserer kleinen Hotelpension, stand ein altes Mercedes Kabriolett mit Spitzkühler, außen liegender Kulissenschaltung, seitlich auf dem Trittbrett ein Reserverad angeschnallt, mit Ledersitzen und einem großen Lenkrad. Mittels einer Kurbel unterhalb des Kühlers, versuchte mein Vater den Motor in Gang zu bringen, was auch nach etlichen schweißtreibenden Bemühungen gelang. Von nun an fuhr unser Vater mit uns und anderen Pensionsgästen täglich zum Strand, später wieder zurück. In der Nähe unserer Strandburg hatte sich eine auffallend laute Berliner Familie niedergelassen, deren Familienoberhaupt ständig herum kommandierte und stets das letzte Wort hatte, auch wusste er alles besser. Er war dabei so laut, dass wir alles mithören mussten. Eine typische Berliner Eigenschaft nach dem Motto: „Wat denn, wat denn, Berlin is doch keen Dorf, eh ick mer Seefe kofe, wasch ick mer nich“. Eine wirklich unangenehme Nachbarschaft. Mein Vater erklärte mir, für die Berliner sind alle Menschen die nicht aus Berlin kommen, aus der Provinz und deshalb unterentwickelt. Diese Art von Berlinern mit ihrer Selbstherrlichkeit und großen „Klappe“ wären im übrigen Deutschland unbeliebt. Diese Überheblichkeit der Bewohner von Hauptstätten den Einwohnern des übrigen Landes gegenüber, finde man in ganz Europa. Ich konnte später diese Feststellung bestätigen. Die Familienväter unserer Pension regten eines Tages ein Wettangeln an. Mein Vater war sofort dabei und besorgte sich eine Angel, Angelschnur mit Schwimmer, Angelhaken, Regenwürmer als Köder und einen Eimer. So bewaffnet marschierten wir zwei zur Hafenmole, wo er die Angel betriebsbereit machte. Nachdem ein Regenwurm auf den Angelhaken gespießt worden war, was ich als eklig empfand, warf unser Vater die Angelschnur mit Schwimmer und Köder im hohen Bogen ins Wasser. Kaum sah ich den Schwimmer auf dem Wasser treiben, schon war er verschwunden. Ein Fisch hatte angebissen. Mit einem Ruck zog unser Vater die Angelschnur aus dem Wasser und tatsächlich zappelte ein Fisch daran. Es war ein kleiner Knurrhahn, der mir so leid tat dass ich schrie, „werf´ ihn wieder ins Wasser, bitte werf´

ihn wieder ins Wasser“! Das tat unser Vater auch, nachdem er den Angelhaken aus dem Maul des Fisches entfernt hatte, wobei das kleine Mäulchen blutete. Ich musste weinen, der Fisch tat mir so leid. Nachdem die Angel wieder einsatzfähig gemacht worden war und sich Schwimmer und Haken im Wasser befanden, dauerte es nur kurze Zeit und der Schwimmer war schon wieder verschwunden! Erneut zog unser Vater mit einem Ruck die Angelschnur aus dem Wasser und wieder zappelte ein Fisch daran. Diesmal aber war er größer, ein schmackhafter Dorsch! Er kam, nachdem er vom Angelhaken befreit worden war, in den Eimer. Ein neuer Köder an den Angelhaken und rein ins Wasser, schon wieder war ein Fisch an der Angel. Ebenfalls ein Dorsch der in den Eimer kam. Wieder die Angel ins Wasser und schon wieder ein Fisch an der Angel, es war kaum zu glauben! Unser Vater sammelte in kurzer Zeit 10 Dorsche, alle in passabler Größe. Der Eimer war fast voll als wir zur Pension strebten, wo uns spannungsvoll die anderen Männer erwarteten. Als alle ihre Beute vorzeigten, waren etliche ohne jeglichen Fisch, andere mit einem oder zwei Fischen zu sehen, doch ohne jeden Zweifel wurde Otto Grafenhorst als „Angelkönig“ ausgerufen! Wenige Tage später starteten wir eine Inselrundfahrt, auf einem dafür eingesetzten ehemaligen Fischkutter. Das Wetter war herrlich, tiefblauer Himmel, ruhiges Wasser, große bunte Quallen, viele kleine Fische, man hätte das Lied, „eine Seefahrt die ist lustig“ singen können. Dennoch bekam unserer Mutter das leichte schaukeln des Kutters nicht, sie wurde leicht seekrank. Wieder an Land war das vorbei. Am 2. August erfuhren wir den Tod unseres Reichspräsidenten Paul von Hindenburg, der im Alter von 86 Jahren verstarb. Es wurde allgemein bedauert, auch von mir, war er doch eine legendäre Persönlichkeit. Immerhin hatte er im 1. Weltkrieg die Russen, die in Deutschland eingefallen waren, vertrieben und letztendlich besiegt. Die Fahnen wehten überall auf Halbmast. Geistig aber wehte auch unsere Fahne auf Halbmast, denn der Urlaub ging dem Ende zu, vorher jedoch machten wir noch eine Leuchtturmbesteigung. Eine Wendeltreppe führte innen an der Leuchtturmwand entlang, deren Stufen aus Metall künstlerisch bearbeitet waren, so dass man durch sie hindurch schauen konnte. Meiner Mutter machte das Schwierigkeiten, wenn sie beim Begehen der Treppenstufen durch diese bis nach unten sehen konnte. Sie klammerte sich krampfhaft an mich. Selbst durch den Boden des äußeren Rundganges, von dem man eine herrliche weite Sicht hatte, konnte man hindurch sehen, wodurch es meiner Mutter auch noch schwindelig wurde. Trotz der fantastischen Sicht waren letztendlich alle Beteiligten froh, wieder festen Boden unter den Füßen zu haben.

Wieder zu Hause ging es Waltraut allmählich besser. Da sie nicht mehr täglich zum Arzt brauchte, legte unsere Mutter ihr jeden Tag den frischen Verband an. Ich musste dabei die Binden beim Wickeln immer stramm und faltenlos halten.

Dabei wurde es mir eines Tages ganz flau und ich fiel ohne Anmeldung ganz plötzlich flach auf den Boden, „geistig weggetreten“, wie man dazu sagte. Ich weiß nicht wie lange ich so gelegen habe, jedenfalls kniete meine Mutter, als ich wieder erwachte, neben mir mit einem Glas Wasser, wobei sie immer rief, „Bodo, Bodo“!

Neben meinem chronischen Bronchialkatarrh, hatte ich häufig Probleme mit meinen Ohren. So genannte Mittelohrentzündungen quälten mich von Zeit zu Zeit, mal im linken Ohr, mal im rechten Ohr, mal in beiden Ohren. So lag ich eines Abends im Bett, währen sich meine Mutter für den abendlichen Theaterbesuch zurechtmachte und hatte plötzlich einen stechenden Schmerz in einem Ohr, der aber alsbald wieder aufhörte. Die Eltern gingen ins Theater, ich schlief ein, wurde aber bald wieder wach mit schrecklichen Ohrenschmerzen und einem nassen Kopfkissen. Als die Eltern endlich zurückkamen, stellten sie eine eitrige Mittelohrentzündung fest. Dr. med. Rappoport, ein Ohrenarzt in der Bleicherstraße, die am unteren Park vorbei führte, nahm sich am nächsten Tag der Schmerzen an. Damit der Eiter abfließen konnte wurde das Trommelfell des Ohres durchstoßen. Der Eiter floss ab, der Schmerz ließ nach, die Wunde verheilte. Alle Jahre wiederholte sich diese Prozedur bei Dr. Rappoport, bis dieser eines Tages verschwand. Mein Vater konnte mir auch nicht erklären, wohin sich der Ohrenarzt abgesetzt hatte, offensichtlich war er Jude, was mir allerdings seiner Zeit nichts sagte.

Vor allem an Wochenenden, konnte ich die in Dreierreihen an unserem Haus vorbeimarschierenden Jungvolkeinheiten sehen und mein Wunsch dort mitzumarschieren, wurde immer größer. Allen voraus marschierte ein Junge, der über seine Schulter an einer Fahnenstange, einen schwarzen Wimpel mit irgendeinem Zeichen trug und neben den einzelnen Gruppen liefen deren Führer, welche für die Kommandos und die Marschordnung zuständig waren. Ähnlich verhielt es sich bei der HJ, das waren die 14 – 18 Jährigen, die ich ebenfalls beobachten konnte. Nicht nur dass die Jungen größer von Statur waren, auch die Armbinde am linken Arm rot, mit einem breiten weißen Mittelstreifen und einen auf der Spitze stehenden weißen Viereck mit dem Hakenkreuz, machte sie erkenntlich. Statt eines Wimpels trugen die „Hitler Jungen“ eine Fahne. Das fand ich – und nicht nur ich – alles ganz toll! Mein Sinnen und Streben galt dort mitzumachen! Wenn ich doch schon 10 Jahre alt wäre!

Eines Tages sah ich von unserem Park aus, dass sich eine Anzahl Jungvolkjungen in der Bleicherstraße versammelten. Die Neugier trieb mich dort hin. Unter den Jungen kannte ich einige von meiner Schule her und unterhielt mich mit ihnen, die mächtig stolz waren, dass ich sie so in Uniform sah. Ihr Führer kam auf mich zu und wollte wissen, ob ich mich für`s Jungvolk interessiere und wie alt ich wäre. "9 Jahre", antwortete ich, ergänzte aber schnell, „in wenigen Monaten werde ich 10". „Dann kannst Du ja mal heute mitmachen, wenn du Lust hast", meinte er. „Ich frag` schnell meine Mutter" und rannte durch den Park zu ihr. Sie war nicht abgeneigt sagte aber, „nimm einen Schirm mit, es sieht nach Regen aus". Das wollte ich nun wirklich nicht. „Wie sieht das aus, wenn es regnet, ich mit den Jungen marschiere und ich spanne als einziger einen Schirm auf"? Sie blieb hart, „mit Schirm oder gar nicht"! Ich war besessen, es war mir letztlich egal, ich wollte dabei sein, rannte schnell in die Bleicherstraße und kam gerade noch zurecht. Da ich noch nicht uniformiert war, stellte mich der Jungzugführer in die Mitte einer der letzten Reihen. „Rechts um, im Gleichschritt marsch" und los ging`s. Durch die Hauptstraßen von Barmen marschierten wir, aus vollem Hals singend, bis wir auf den Hof einer stillgelegten Fabrik dem Kommando „Abteilung halt" folgend hielten und einen leeren Raum in ersten Stock aufsuchten. An den Wänden entlang, auf dem Boden sitzend, erläuterte der Führer, dass dieser Raum als unser künftiges Heim vorgesehen sei. Wir müssten uns diesen Raum jedoch selbst einrichten und die nächsten Wochen dazu nutzen, wobei er uns erklärte, wie er sich das vorstelle. Danach traten wir wieder auf dem Hof in Dreierreihen an und marschierten zurück in die Bleicherstraße. Zwischenzeitlich regnete es, was jedoch unserer Sangeslust keinen Abbruch tat. Ich kannte alle Lieder und sang kräftig mit. Den Schirm klemmte ich unter meinen linken Arm so dass er gar nicht auffiel. Nach dem Kommando „Abteilung halt, rechts um, weggetreten", gehörte mein erster Ausmarsch der Vergangenheit an. Zu Hause berichtete ich begeistert von meinem Erlebten und musste bedauernd abwarten, bis ich endlich in Uniform mitmarschieren konnte.

Vor dieser Realisierung baute sich eine gewaltige Hürde auf. War es schon kein gutes Jahr, meine Gesundheit betreffend, so bekam ich den Tiefschlag im September 1934. Ich hielt mich im Park auf, wobei ich plötzlich ganz fürchterlich fror, ich setzte mich an den Gartentisch, wurde dabei sehr müde, legte den Kopf auf meine Arme und schlief fest ein. Nach einiger Zeit wurde meine Mutter darauf aufmerksam und weckte mich. Mittlerweile war aus dem Frost ein Schüttelfrost geworden. Mich drängte es ins Bett, das Fieberthermometer zeigte fast 40 Grad an. Frau Dr. Aßmann schaute mir in den Hals, machte einen Abstrich und am nächsten Morgen wusste die Familie, ich hatte Diphtherie! Das war zu jener Zeit eine lebensgefährliche Krankheit und ansteckend. Die Alternativen: Entweder Krankenhaus oder zu Hause in Quarantäne. Die Eltern entschieden sich, zu Hause! Das neben der Küche liegende Wohnzimmer, wurde als Quarantäneraum eingerichtet. Neben der Tür zur Küche, wurde mein Bett aufgebaut und keiner außer meiner Mutter, durfte diesen Raum betreten. Dort lag ich nun für viele Wochen. Die Ärztin kam öfter, das Fieber ging ganz allmählich zurück, die Arzeneien wirkten. Nun begann die Zeit der Abstriche. Diese sollten beweisen, ob noch Diphtheriebakterien im Körper sind. Nach drei Abstrichen, in einem vorgegebenen zeitlichen Abstand, mit einem jeweiligen negativen Ergebnis bedeutete, ich wäre von Diphtherie befreit. Bis dahin sollte es jedoch ein langer Weg werden! Während dieser Zeit wurde alles, was ich zum Spielen oder zum Lesen bekam, anschließend verbrannt. Demzufolge war ich weder mit Spielsachen, noch Büchern üppig ausgerüstet. Außer Frau Dr. Aßmann und meiner Mutter sah ich wochenlang keinen Menschen. War ein Abstrich negativ, hatte ich also keine Diphtheriebazillen mehr, hoffte ich auf den zweiten mit gleichem Ergebnis. Der jedoch war positiv. Also noch mal von vorne. Der erste Abstrich war negativ, auch der zweite, ich sah schon „Licht am Horizont", doch der dritte war positiv. Eine bittere Enttäuschung. Noch mal von vorne, der Erste Abstrich war negativ, der zweite positiv. Ein grausames Spiel ! In diese Zeit fiel mein Geburtstag am 21. Oktober, an dem ich 10 Jahre alt wurde. Morgens wurde die Küchentür geöffnet, außerhalb des Quarantänezimmers, an der geöffneten Küchentür, stand ein kleiner Tisch, auf dem die Geburtstagsgeschenke lagen, darunter eine komplette Jungvolkuniform. Und ich durfte nichts anfassen, nur ansehen! Hinter dem Tischchen stand mein Vater, meine Mutter und meine Schwester und gratulierten mir über den Tisch hinweg. Dann wurde die Tür wieder geschlossen und ich konnte weiter auf 3 negative Abstriche warten. Es dauerte insgesamt 6 Wochen bis ich den Quarantäneraum verlassen konnte. Kaum war ich aus dem Raum heraus, vergasten Kammerjäger den Raum, um auch die letzte Diphtheriebakterie zu vernichten. Ich probierte die Jungvolkuniform an und wollte mich gleich beim Jungvolk anmelden. Das aber verbot mir Frau Dr. Aßmann mit den Worten, „du hast 6 Wochen mit schwerer Krankheit im Bett gelegen und musst dich jetzt erst einmal erholen"! Doch nach 2 Wochen ging ich wieder zur Schule und nach weiteren 2 Wochen meldete ich mich beim Jungvolk an.

Einmal in jeder Woche hatten wir Jungvolkdienst und am Sonntagvormittag. In der Woche spielte sich der Dienst dergestalt ab, dass wir in der Bleicherstraße um 16 Uhr in Dreierreihen antraten und in die Heckinghauserstraße marschierten, da sich dort das Heim befand. Die Jungen hatten unter der Leitung des Jungzugführers, der in einer Schreinerei lernte, den Raum eingerichtet, die Wände gestrichen, sowie den Fußboden, an drei Seiten entlang der Wände eine durchgehende Bank gezimmert und an der Front ein Gestell, in dem die Fahnen der Jugendgruppen und es Jungzuges Aufnahme fanden. Ich war begeistert, dieser Gemeinschaft anzugehören. Die zunächst noch bestehenden Jugendorganisationen, Wandervereine mit den Idealen der Wandervogelromantik, Pfadfinder, christliche wie auch politische, sowie die Bündische Jugend, wurden am 17. Juni 1933 vom „Reichsjugendführer" Baldur von Schirach, Kraft der ihm übertragenen Aufgaben, aufgelöst. Vorerst durften noch konfessionelle Jugendbünde im sozialseelsorgerischen Bereich tätig sein, die jedoch noch vor meinem Eintritt 1934 beendet wurden. Allerdings gab es die Landjugend bis 1935 und bis 1936 die Sportjugend mit der Einschränkung, dass die Jugendlichen gleichzeitig Mitglied der Nationalsozialistischen Jugendorganisationen sein mussten. Aber die meisten Jugendlichen der aufgelösten Organisationen wechselten in das Jungvolk, in die Hitler Jugend oder dem Bund Deutscher Mädel, und brachten ihre Gebräuche, Riten, Bezeichnungen und vor allem das Liedgut mit ein.

Die Hitler Jugend als Oberbegriff für die 10 – 18jährigen, stellte die Jugendorganisation der National Sozialistischen Deutschen Arbeiter Partei (NSDAP) dar, die vor 1933 und nach 1945 „Nazis" genannt wurde. Diese Hitler Jugend (HJ) unterteilte sich in das Deutsche Jungvolk (DJ) der 10 bis 14jährigen Jungen und der HJ der 14 – 18jährigen. Mit 14 Jahren wurde vom Jungvolk in die HJ gewechselt. Analog verliefen die Organisationsformen der weiblichen Jugend. Die 10 – 14jährigen stellten die Jungmädel (JM) die 14 – 18jährigen das BDM dar. Dort wurde ebenfalls mit 14 Jahren von den Jungmädeln in das BDM gewechselt. Mit 18 Jahren konnten Jungen wie Mädel Mitglied der NSDAP werden, in der Partei oder deren Organisationen, wie SA (Sturm Abteilung) oder SS (Schutz Staffel) für Frauen in die Nationalsozialistische Deutsche Frauenschaft.

In den ersten Jahren nach der so genannten Machtübernahme der Nationalsozialisten, warben HJ wie auch deren diverse Organisationen neue Mitglieder. Aus diesem Grund zog man häufig mit Fahnen, Trommeln, Fanfaren und Liedern durch die einzelnen Bezirke der Stadt. Wir waren mit Begeisterung dabei und versuchten auf diese Weise neue Mitglieder zu gewinnen. Erst am 5. April 1939 wurde durch einen „Führer Erlass", die Mitgliedschaft in der Hitler Jugend zum „Ehrendienst am Deutschen Volk" erklärt und Pflicht für alle Jungen und Mädel von 10 bis 18 Jahren. Damit wurde der Samstag zum „Staatsjugendtag" erklärt. Gleichzeitig bedeutete das für die Angehörigen der NS Jugendorganisationen schulfrei! Diejenigen die keiner dieser Organisationen angehörten, weil sie Ausländer, keine Deutschen Staatsangehörigen oder nicht arische Jugendliche waren, hatten an Samstagen Schulunterricht.

Gosenburg 36

Doch im Jahre 1934 fand der Jungvolkdienst nach wie vor, mittwochs und sonntags statt. Kaum hatte ich mich in meinem „Jungzug“ und „Fähnlein“ eingelebt, musste ich wechseln. Mein Vater war zum Hauptmann der Schutzpolizei befördert worden und übernahm das Polizeirevier Heckinghausen. Der Ortsteil Heckinghausen gehörte räumlich gesehen zu WuppertalOberbarmen, verständlich dass er in der Nähe seiner Dienststelle auch wohnen wollte. So zog die Familie Grafenhorst, aus dem schönen bergischen Haus mit großem Park in die Gosenburgstraße, dort in die Villa des Fabrikanten Homberg, der sich im Anschluss an das Betriebsgelände seiner Färberei, seinen Wohnsitz gebaut hatte. Wir bezogen die hochherrschaftlichen Räume im Hochparterre, während für mich ein Mansardenzimmer vorgesehen war. Der zur Villa gehörende Park, hatte bei weitem nicht die Größe des Parks in der Oberdörnerstraße. Er grenzte an der Rückseite mit einem hohen Bretterzaun an die Linienstraße und am unteren Ende an das für die Färberei notwendige Wasserreservoir.

Mit dem Umzug in einen anderen Stadtteil verbunden, war nicht nur die Versetzung zu einer anderen Jungvolkeinheit, vor allem aber der Wechsel der Schule. Ich musste in der 4. Klasse nun auch meine Klassenlehrerin verlassen. Am letzten Tag in ihrer Klasse leistete ich mir einen Streich. Von Schneiders aus Essen, hatte ich die Attrappe eines Fotoapparates bekommen, in dem sich ein kleiner Wasserbehälter befand. Drückte man nun auf den Fotoapparat, kam aus der Objektivattrappe ein feiner Wasserstrahl. Ich fragte nun Fräulein Braunöler vor voller Klasse, ob ich sie wohl zum Andenken einmal fotografieren dürfte. Natürlich sagte sie „Ja“. Und so setzte sie sich hinter ihrem Pult in Positur, wobei ich sie aufforderte, „bitte recht freundlich“ und drückte fest auf den Fotoapparat. Ein feiner dünner Strahl Wassers landete in ihrem Gesicht, der langsam auf ihren Ausschnitt tropfte. Sie tat zwar überrascht, nahm´s jedoch mit Humor, die Klasse aber lachte und tobte. Das war mein Abgang aus der Evangelischen Volksschule in der Carnaperstraße der mir sehr leid tat, denn dort hatte ich mich vom ersten Tage an wohl gefühlt. Nicht jedoch in der Evangelischen Volksschule in der Kleestraße, in die ich noch einige Monate bis zu den Osterferien gehen musste, um dann in die höhere Schule zu wechseln. Die Schule lag nicht weit entfernt von unserer Wohnung, befand sich in einem großen Schulkomplex, durch den sich eine Mauer und auf dem Schulhof ein Drahtzaun zog, der die evangelischen von den katholischen Schülern trennte. Konnte man sich in einer solchen Schule wohl fühlen?

Das tat ich allerdings in meinem neuen „Jungzug“. Auch hier kamen meine Kameraden hochprozentig von anderen, jetzt aufgelösten, Jugendorganisationen. Man konnte es ihren nunmehr braun gefärbten Hemden ansehen, dass diese einmal eine andere Farbe hatten. Das war kein Nachteil, denn sie brachten Erfahrung des Gemeinschaftslebens in einer Gruppe mit. Auch ihr Liedgut wurde zur Grundlage unseres Gesangsrepertoires. NaziLieder gab es nur wenige, die sich für junge Menschen eigneten. So sangen wir: „Wenn die bunten Fahnen wehen“, „Im Frühtau zu Berge“, Wir lieben die Stürme die brausenden Wogen“, „Aus grauer Städte Mauern“, „Kehr ich einst zur Heimat wieder“, „Wer recht in Freuden wandern will“, „Der mächtigste König im Luftrevier“. Diese Wanderund Marschlieder wurden ergänzt durch solche des Bauernkrieges und der Landsknechtszeit wie: „Wir sind des Geiers schwarzer Haufen“, „Die Glocken stürmten vom Bernwartsturm“, „Die Bauern wollten Freie sein“, „Als Adam schuf und Eva spann“, „Wilde Gesellen vom Sturmwind durchweht“. Sogar das „HJ Liederbuch“ hatte als Titel „Uns geht die Sonne nicht unter“, dem Refrain des zuletzt genannten Liedes. Gerne aber sangen wir, „Und der alte Fritze spricht, Heckinghauser weichen nicht. Mann für Mann wir gehen ran, Heckinghauser Jungvolk oben an.“ Mit nationalsozialistischem Inhalt nahmen die Lieder erst ab 1937 zu. Bis dahin gab es auch in unseren Heimabenden, keine nationalsozialistischen Schulungen. Zunächst schien offenbar das Ziel zu sein, den Aktivismus, den Betätigungsund Geltungsdrang der Jungen zu kanalisieren und die Selbstständigkeit, das Selbstbewusstsein auf der Basis der „Preußischen Tugenden“ zu fördern. Natürlich gab es auch Hierarchien im Jungvolk. Ohne eine Organisationsstruktur wäre ein Verband nicht zu führen. Das „Fähnlein“ des Jungvolks im Stadtteil Heckinghausen mit rund 100 Jungen, unter einem „Fähnleinführer“, bestand aus drei „Jungzügen“ mit je 30 Jungen, die sich jeweils aus drei „Jungenschaften“, mit 10 Jungen zusammensetzten. Drei „Fähnlein“ ergaben einen „Jungstamm“. Der hatte eine große schwarze Fahne mit einer germanischen Rune und darunter den Namen des „Jungstammes“. Unser „Jungstamm“, dem wir zugeordnet waren, hieß „Mjölnjer“ (Hammer): Wenn wir Sonntags einen Umzug zur Werbung von Mitgliedern durch die Stadt unternahmen, fand man an der Spitze den „Jungstammführer“, der als solcher mit einer weißen Kordel gekennzeichnet war, die von der linken Schulter bis zum linken Brusttaschenknopf reichte. Dahinter marschierte der Fahnenträger mit der Fahne des „Jungstammes“, dem eine Gruppe Fanfarenbläser und eine Gruppe Trommler, mit so genannten Landsknechtstrommeln folgte. Vor den Kolonnen der einzelnen „Fähnlein“ mit ihren „Jungzügen“, marschierten die „Fähnleinführer“, kenntlich an den grünweißen Kordeln die wie die des „Stammführers“ getragen wurden. Ebenso trugen die Jungzugführer grüne Kordeln, die nicht in der Mitte vor der Kolonne, wie der „Stammführer“ und „Fähnleinführer“, sondern neben der ersten Reihe der jeweiligen „Jungzüge“ marschierten. In der ersten Reihe der „Jungzüge“ sah man die „Jungenschaftsführer“ des Zuges, mit einer kleineren doppelten rotweiß gedrehten Kordel vom linken Brusttaschenknopf zum mittleren Hemdenknopf. Vor den „Jungzügen“ wurden der „Jungzugwimpel“ und die der jeweiligen „Jungenschaften“ getragen. Alle Marschierenden trugen die gleichen Uniformen, braunes Hemd mit einem durch einen ledernen Ring am Hals gehaltenen schwarzen Halstuch von dem hinten am Kragen ein schwarzes Dreieck zu sehen war. Ein schwarzes Dreieck auf dem linken Oberarm des Hemdes in goldener Schrift bezeichnete die Region, darunter befand sich auf einem runden farblichen Untergrund die S Rune, das Zeichen des Jungvolks. Alle Marschierenden trugen eine schwarze Kordsamthose, gehalten von einem ledernen Koppel mit Schulterriemen, dazu kamen weiße Strümpfe und derbe Halbschuhe. Eine solche Kolonne wirkte schon beeindruckend und reizte sicher manchen Jungen mitzumachen.

Der Ernst des Lebens meldete sich an Ostern, ich wechselte nämlich in die „Höhere Schule“, in die „Ernst Moritz Arndt Oberschule für Jungen“, in der Siegesstraße in Unterbarmen. (Diese Schule besuchten als Schüler zeitweise der spätere Bundespräsident Johannes Rau aber auch der ehemalige Oberbürgermeister der Stadt Mainz Jens Beutel) Unsere Wohnung lag im Stadtteil Oberbarmen, die Schule im Stadtteil Unterbarmen, ich musste also die Straßenbahn benutzen, um Unterbarmen zu erreichen. Von der Straßenbahnstation Hauptbahnhof WuppertalBarmen, bis zur Oberschule, hatte ich noch 10 Minuten zu laufen. Zum kompletten Hinund Rückweg, benötigte ich gut 30 Minuten. Die Schüler der Höheren Schulen trugen üblicherweise Schülermützen in verschiedenen Farben, die je nach Farbe aussagten, welche höhere Schule der Träger besuchte. Darüber hinaus sagten die Mützen selbst durch unterschiedliche Paspelierung und Litzen, welcher Klasse der Träger angehörte. Natürlich war ich stolz eine solche Mütze tragen zu dürfen, wenn auch daraus ersichtlich war, dass ich als Sextaner erst die erste Klasse der Oberschule besuchte. Die Schüler der oberen Klassen behandelten uns überheblich, wie wir einst die „IDötzchen“, die Erstklässler der Volksschule. Für Jungen gab es in WuppertalBarmen das Gymnasium, das Realgymnasium, die Oberschule und für die Mädels, das Lyzeum. Während das Gymnasium mit der lateinischen Sprache begann, damit die Voraussetzungen für das Große Latinum schaffte, fing man im Realgymnasium mit der englischen Sprache an, um damit die Ausgangsbasis für technische Berufe zu erreichen, dagegen legte sich die Oberschule, bezüglich einer Berufswahl, mit Beginn der französischen Sprache nicht fest. Im Laufe der Jahre veränderten sich die sprachlichen Schwerpunkte der Höheren Schulen. Ich kam mit unserem Klassenlehrer, einem Studienrat Weinrich, genannt „Kiki“, zunächst recht gut aus. Mir machte das Erlernen der französischen Sprache Spaß, so dass Studienrat Weinrich meinem Vater sagte, als er sich in der Schule bei meinem Klassenlehrer nach meinen Leistungen erkundigen wollte, „da gibt es kein Problem, ihr Sohn hält heute die französische Stunde"! (Au bord de l`etang) Na, leider ließ dieses Interesse im Laufe der Zeit nach, doch mein Lieblingsfach war und blieb „Geschichte", auch wenn nach den ersten Jahren der Geschichtslehrer, durch unseren Schuldirektor ersetzt wurde. Während ich das Geschichtsbuch las wie einen Abenteuerroman und dem Unterrichtsinhalt weit voraus war, legte der Direx, wie ein Schuldirektor genannt wurde, den größten Wert auf Geschichtsdaten und die musste man lernen, das gefiel mir weniger. In der höheren Schule ließ sich das Klima nicht mit dem der Volksschule vergleichen. Während in der Volksschule der Schultag begann mit einem „guten Morgen Fräulein Braunöler" und dem dann folgenden Gebet, standen wir Schüler in der Oberschule stets auf, wenn der Lehrer den Klassenraum betrat, egal zu welcher Schulstunde. Seinem „guten Morgen", folgte die Aufforderung „setzen". Ganz allmählich, kaum zu merken, änderte sich das morgendliche Ritual, aus dem „guten Morgen", wurde „Heil Hitler" und aus der nachfolgenden Aufforderung „setzen", das Kommando „setzen" und das „zackig", das musste so klappen, als wenn sich nur einer setzte. War das nicht der Fall wurde es geübt, wie auf dem Kasernenhof, bis der Lehrer zufrieden war. Grundsätzlich waren die Lehrer Respektspersonen, schon an der Kleidung erkennbar. Stets angezogen, mit Sakko weißem Hemd und Krawatte. Die älteren Lehrer trugen auf ihrem Revers stets die Miniaturen ihrer Kriegsauszeichnungen, die das Ansehen welches sie bei uns genossen noch verstärkte. Sie wurden auch angesprochen mit „Herr Direktor" „Herr Doktor", „Herr Studienrat", „Herr Assessor", „Herr Referendar", so bestand zwischen Lehrer und Schüler, bis in die oberste Klasse, ein zu respektierendes Gefälle. In den letzten Tagen vor den Ferien, wenn die Zeugnisnoten geschrieben waren und kein ernsthafter Unterricht mehr stattfand, baten wir immer, die Lehrer mögen uns doch etwas aus ihrem Leben erzählen. Da die meisten am letzten Krieg teilgenommen hatten, wurden das fast immer Kriegserlebnisse und die hörten wir gerne.

Während der Pfingstferien fanden immer für die Jungvolkjugend Zeltlager statt. Auch unser „Fähnlein Heckinghausen" machte keine Ausnahme. Natürlich reizte es mich, dabei mitzumachen. Meine Eltern waren einverstanden. Eine Woche an der Brucher Talsperre, stand auf dem Programm. Dazu benötigte ich einen Tornister, einen wie die Soldaten benutzen, „Affen" genannt und darum eine von kleinen Lederriemen gehaltene eng gewickelte Wolldecke. In den Tornister selbst kam alles was man in einer Woche an Wäsche, Waschzeug und sonstigen Dingen benötigte. Unter dem Tornister trug man noch am Koppel einen Brotbeutel mit Feldflasche, in welchem sich etwas zum essen und trinken befand. So ausgerüstet marschierten wir los. Das Gewicht auf dem Rücken und am Koppel zu tragen war für mich ungewohnt. Der Tornister drückte, meine Schuhe auch, das Marschieren wurde mir auf die Dauer zur Qual. Glücklicherweise erging es einigen Kameraden ebenso. Umso erfreulicher, dass uns „Schlappmänner" ein LKW aufnahm und uns bis in der Nähe des beabsichtigten Zeltlagers fuhr. Nachdem auch die Marschierer eintrafen, konnte mit dem Aufbau des Zeltlagers begonnen werden. Zunächst wurden die einzelnen Zeltbahnen aneinander geknüpft, die Zeltstange aus zwei Teilen zusammengesteckt, unter die Zeltbahnen in die Mitte gebracht, rund ums Zelt herum die Zeltheringe eingeschlagen, daran die Zeltbahnen stramm gezogen und befestigt. So entstand in einem Halbkreis Angeordnet, ein Zelt nach dem anderen. Um jedes dieser Zelte wurde ein spatenbreiter Graben angelegt, der bei stärkerem Regen, das Einlaufen des Regenwassers in die Zelte verhindern sollte. Der Boden im Zelt wurde mit einer dicken Lage von Stroh bedeckt, das von dem Bauern aus der Nachbarschaft geholt wurde. Dabei konnten wir in dessen Stall schauen und unter dem Bauch eines Pferdes einen 30 Zentimeter langen Schlauch feststellen. Wir konnten uns nicht denken was das wohl war, auch wenn einer der Kameraden erklärte, es handele sich um einen Hengst, denn der Bauernhof sei auch eine Deckstation. Mit meinen 10 Jahren konnte ich mit diesen Begriffen jedenfalls nichts anfangen. Nachdem die Zelte mit Stroh versorgt waren, wurden die Schlafplätze eingeteilt. Ich kroch sogleich in das mir zugewiesene Zelt und legte meinen Tornister in die Mitte des Rundes, gegenüber dem Eingang, an dessen Rückfront, wobei mich der Geruch des frischen Strohs faszinierte. Die Zelte standen nun in einem Halbkreis, um die von den Kameraden aufgerichteten Fahnenstange und dem Lagerfeuer. Danach mussten wir antreten und die Fahne unseres „Fähnleins" hissen, die jeden Abend niedergeholt, dann am nächsten Morgen wieder gehisst wurde. Anschließend erläuterte uns der Lagerleiter, wie wir uns hier im Lager zu verhalten hätten, erklärte den Tagesablauf und was wir in den nächsten Tagen vorhatten, zuletzt teilte er die Wachen ein, wobei er darauf hinwies, dass es zu den Aufgaben der Wachen gehöre das Lagerfeuer niemals erlöschen zu lassen. Mit einem „Stillgestanden" und dem Kommando „Flamme empor„ wurde das Lagerfeuer feierlich entzündet. Die Verpflegung von morgens bis abends, leistete das bei dem Lager befindliche Bauerngehöft. Nachdem von dort gelieferten Abendbrot begann ein Liederabend, bis wir schließlich todmüde auf unser Strohlager niedersanken.

Um 7 Uhr morgens schrillte die Trillerpfeife des Lagerleiters mit dem Kommando „aufstehen"! Nur mit der Turnhose bekleidet, rannten wir zum Ufer der Talsperre, um uns mit dem eiskalten Talsperrenwasser zu waschen. Gemäß des

Grundsatzes von Baldur von Schirach, dem Führer der Deutschen Jugend, dass die Jugend von Jugend geführt werden soll, betrug das Alter unseres Lagerleiters, einem Fähnleinführer, 17 Jahre, der jetzt darüber wachte, dass sich auch jeder nur mit der Turnhose bekleidet den Schlafdreck aus den Augen wusch. Nach dem Ankleiden mussten wir zum Morgenappell antreten, die Flagge hissen und uns zum Frühstück, im Kreis um unser Lagerfeuer niederlassen. Wir hatten viel Freizeit und nutzten das aus, um erst einmal die Talsperre und seine Umgebung zu erkunden. Aber auch Dienst stand auf dem Plan, wie beispielsweise Geländespiele, marschieren zum den nächsten Orten, das Lernen neuer Lieder, Geländelauf, Fußball und Handballspiele aber auch Schulungsstunden, die sich mit der Geschichte und der Entwicklung der Nationalsozialistischen Partei befasste. Zugegeben, Geschichte war nicht nur in der Schule mein Lieblingsfach, so interessierte mich auch hier dieses Thema. Über die Geschichte der Nationalsozialistischen Partei allerdings wusste ich recht wenig, diese Wissenslücke wurde hier gefüllt. So erfuhren wir, dass die SA 1921 als Sturm Abteilung gegründet wurde. Sturm Abteilung war ein Begriff aus dem 1. Weltkrieg, von entsprechend ausgebildeten Soldaten, die mit besonderer Taktik den Feind angriffen. Nach dem verlorenen Krieg verlangte der Versailler Friedensvertrag, dass die Deutsche Armee aufgelöst wurde. Die Regimenter kehrten nach Beendigung der Feindseeligkeiten in die Kasernen zurück und die Soldaten wurden entlassen. Nun strömten hunderttausende von ehemaligen Soldaten auf die Straßen, fanden in der niederliegenden Wirtschaft keine Arbeit und wussten nichts mit sich anzufangen. Die meisten konnten nur schießen und kämpfen. Nun aber war Frieden und schießen nicht mehr gefragt. Oder doch? Unter der von meuternden Matrosen ausgerufenen Revolution in Deutschland, brach die öffentliche Ordnung zusammen. Die von ihnen aufgestellte „rote Marinedivision" besetzte, gemeinsam mit dem „roten Spartakusbund", nach und nach alle größeren Stadtverwaltungen, setzten die Bürgermeister ab und regierten oder was sie darunter verstanden. In den meisten Länderregierungen hatten Kommunisten das Sagen. Die schwache, so eben erst aufgestellte Polizei, konnte nichts dagegen unternehmen. Aber wer in diesem derzeit chaotischen Deutschland? Beherzte, national denkende Offiziere, stellten so genannte „Freikorps" auf, eine Art Miliz. Viele der entlassenen Soldaten strömten zuhauf in diese Verbände. Ihre Uniformen hatten sie noch, oft auch ihre Gewehre. Das Kämpfen und Schießen hatten sie noch nicht verlernt. In schweren Kämpfen, die mit unvorstellbarer Brutalität und Hinterlassung von unzähligen Toten durchgeführt wurden, eroberten Freikorps eine Stadtverwaltung nach der anderen zurück. Darüber hinaus versuchten sich die baltischen Staaten, mit Hilfe der Freikorps, gegen den Zugriff der russischen Bolschewisten zu verteidigen, wurden jedoch durch die Engländer, die sich auf den Versailler Friedensvertrag beriefen, letztlich daran gehindert. Auch Oberschlesien, verteidigten die Freikorps erfolgreich gegen die Polen. Für den durch den Versailler Friedensvertrag entstandenen Polnischen Staat, waren die Grenzen in Oberschlesien noch nicht definitiv festgelegt. Die Polen versuchten nun, die wirtschaftlich besten Gebiete durch Gewalt an sich zu reißen, was ihnen Dank der Freikorps nicht gelang. Adolf Hitler an der österreichischdeutschen Grenze geboren, hatte sich als deutscher Infanterist im Weltkrieg hervorgetan, bekam als Gefreiter das EK II und EK I, lag als durch Gas Erblindeter am Kriegsende im Lazarett, sympathisierte mit den Soldaten des Freikorps und wurde nach seiner Genesung von einem Freikorps zum „Bildungsoffizier" ernannt, dessen Vorgesetzter ihn bat, doch einmal die aus der „ThuleGesellschaft" hervorgegangene „Deutsche Arbeiter Partei" in München zu besuchen. Adolf Hitler nahm als Beobachter am 12. September 1919, mit 46 anderen Personen im Hinterzimmer des Sterneckerbräu in München, an einer Versammlung der DAP teil. Er engagierte sich in einer flammenden Rede gegen eine, von einem Anwesenden geforderte Trennung Bayerns vom Reich, worauf ihn einer der Gründer, mit Namen Drexler, zu einer Vorstandssitzung einlud, an der 4 weitere Personen teilnahmen. Alle baten Adolf Hitler in die DAP einzutreten und boten ihm das Amt des Propagandaleiters an, dass er nach einigen Tagen Bedenkzeit annahm. Wir Jungen sogen förmlich die Geschichte in uns auf und waren stolz, dieser Bewegung, die sich aus kleinsten Anfängen entwickelt hatte, heute anzugehören. Ein weiteres interessantes Thema war die Bedeutung der diversen Zeichen der NSDAP. So wie viele aus der Zeit der Germanen stammten, war das Hakenkreuz ein uraltes, besonders bei den indogermanischen Völkern vorkommendes Symbol. Ein Kreuz dessen Enden rechtwinkelig umgebogen, galt als Symbol der Sonne, aber auch zwei der sich kreuzenden Blitze, werden als „Thors Hammer" gedeutet. Allerdings wurden in vorgeschichtlicher Zeit, wie auch in der Kunst des Mittelalters, das Hakenkreuz die „Swastika" (in Sanskrit) als Ornament verwendet.

Irgendwann kam auch für unser Zelt die Zeit, den Dienst über 24 Stunden für das Lager zu übernehmen, als so genanntes „Zelt vom Dienst" oder auch „ZvD". Dazu gehörte, das für das gesamte Lager notwendige Frühstück mit Kaffee(ersatz) Brot und Butter, das Mittagessen bestehend aus warmen Eintopf mit Flaschen Wasser, das Abendessen mit gebratenen Würstchen, Brot und Butter mit zusätzlichen Äpfeln, von dem benachbarten Bauernhof zu holen und auf die Tische zustellen. Junge Menschen haben Hunger und so klang es stets vor dem Essen: „Wir haben Hunger, Hunger, Hunger, haben Hunger, Hunger, Hunger, haben Hunger, Hunger, Hunger haben Durst! Wo bleibt der Käse, Käse, Käse, bleibt der Käse, Käse, Käse, bleibt der Käse, Käse, Käse bleibt die Wurst" Oder aber: „Marmelade, Karmelade, Eisbeinschnitzel, Blumenkohl,

Salat. Oh, Erdbeertorte, oh, Kuchenkrümel, rote Grütze, Bratkartoffel, Hunger, Hunger, Hunger"! Über die gleiche Zeit war die Besatzung unseres Zeltes auch für die Wache zuständig, wozu stets je zwei Mann für je zwei Stunden eingeteilt wurden. Einer davon war für das Brennmaterial zuständig, der Andere für das Feuer, das stets brennen musste, darüber hinaus, gemeinsam in der Nacht, die Bewachung des ganzen Lagerbereiches. Mit einem Kameraden hatte ich je 2 Stunden am Tage und 2 Stunden in der Nacht Wache. Am Tage war das eine langweilige Angelegenheit, doch in der Nacht für mich jedenfalls schon etwas gruselig. Ich hatte wieder mit dem gleichen Kameraden von 00 bis 02 Uhr Wache. Mir kam das Lied, das wir im Lager öfter sangen, in den Sinn: "Ein Jungvolkjunge hält treu die Lagerwacht, das Feuer knistert und dunkel ist die Nacht. Im Zelte schlafen schon all die Braven, doch mit dem Wimpel spielt der kühle Wind". Es beschrieb die Stimmung in der Nacht, wenn auch bei uns mit keinem Wimpel der Wind spielte. Mit der Flaggenparade abends wurde unsere Fahne eingeholt. Das Feuer knisterte leise vor sich hin, in den Zelten herrschte völlige Ruhe, es war alles still, nur einzelne Geräusche kamen aus dem ans Lager angrenzenden Wald. Mal knackte irgendwo ein Zweig, schon bekamen wir Angst, irgendein Mensch wollte uns Böses tun, dann schrie ein Vogel oder ein anderes Tier, keiner traute sich um das Zeltlager zu gehen und den Wald dabei zu berühren. Wer weiß was sich darin alles tut? Plötzlich knackte ein brennender Ast in unserem Feuer, selbst das erschreckte uns. Ich hatte jedenfalls keine guten Nerven und war froh als es Zeit war, unsere WachNachfolger zu wecken. Hinein ins Zelt, die Decke bis zum Kinn gezogen und krampfhaft versucht einzuschlafen. In meinen Träumen spukten Geister und manch komisches Getier. In einem der nächsten Nächte mitten in der Nacht, fielen die Zelte in sich zusammen und begruben die Schlafenden unter sich. Gleichzeitig hörten wir die schrille Pfeife des Lagerführers, der laut schrie „Alarm", „Alarm", „Überfall"! Alle krabbelten unter ihren Zelten hervor und rannten dem Lagerführer nach, der diejenigen verfolgte, die unser Lager überfallen hatten. Sie waren aus dem schützenden Wald gekommen und flüchteten auch wieder durch den Wald, mit seinem dichten Baumbestand. Da er auch keinerlei Wege hatte, holten wir sie recht bald ein. Sie wehrten sich, woraus eine größere Schlägerei entstand, die mit Koppel und Schulterriemen geführt wurde. Ich hielt mich dabei etwas zurück, schrie dafür aber umso lauter. Nachdem nach einer Weile auch die letzten aus dem Wald vertrieben waren, kehrten wir zurück, bauten unsere Zelte wieder auf und schliefen den Rest der Nacht. Am andern Morgen, war die vergangene Nacht das Gesprächsthema. Unser Lagerführer entwickelte uns seinen Racheplan, denn ungestraft sollte das „Fähnlein", das uns überfallen hatte, nicht davon kommen. Von der Post des nächsten Dorfes, holten immer einige die für das Lager bestimmte Post. So auch die „Postholer" des Fähnleins das uns überfallen hatte. Diese fingen wir ab und nahmen die Jungen mit ihrer Post gefangen. Nachmittags kam ein Parlamentär um uns zu bitten, die Post auszuhändigen und die „Postholer“ wieder frei zu lassen. Dem Parlamentär wurde beschieden, dass diejenigen die uns überfallen hatten, zu uns kommen sollten, um uns zu versprechen, derartiges nicht zu wiederholen! Das geschah, darauf wurde Freundschaft geschlossen und der Tag mit einem Liederwettstreit beendet. Eines Nachmittags sah ich entlang des Lagers langsam einen PKW fahren, in dem ich glaubte meinen Vater gesehen zu haben. Doch der hatte ja kein Auto und ich wusste nicht, wer eins hatte. Aber als das Auto nochmals langsam vorbei fuhr, erkannte ich tatsächlich meinen Vater. Ich rief, das Auto hielt, mein Vater stieg aus und nahm mich in den Arm. Das Auto gehörte Alex Sprungmann, seinem Jugendfreund, die beiden machten mal eine Spritztour zur Brucher Talsperre. Nun bettelte ich, mein Vater möge mich mitnehmen, ich wollte nach Hause. Das ging jedoch nicht so einfach. Mein Vater sprach mit dem Lagerführer, der willigte ein, ich suchte meine Sachen zusammen, kletterte ins Auto und ab ging es nach Hause. Mein Vater behauptete später immer, ich hätte einen ganz grauen Hals gehabt, mich also nicht gewaschen, nur deshalb habe er mich mitgenommen. Ich war zwar froh wieder zu Hause zu sein, doch ein kleiner Stich in meinem Selbstbewusstsein peinigte mich, ich hatte meine Kameraden verlassen!

Der Alltag hatte mich wieder. So ging ich, wie die meisten Jugendlichen, auch gerne baden. Am Ende in der Verlängerung der Gosenburgstraße, führte ein breiter Fußweg in das bewaldete „Murmelbachtal“. Der Murmelbach, nachdem das Tal benannt worden war, zog sich durch einen Buchenwald bis er die Gosenburgstraße erreichte, dort in den kanalisierten Untergrund verschwand und letztlich in der Wupper mündete. Vielleicht einen Kilometer bevor er aus dem Wald heraustrat, speiste er ein Waldschwimmbad, einst der „Arbeiterwohlfahrt“ gehörend, zu dem wir an schönen warmen Sommertagen gerne gingen. Aber wie das so bei Jungens nicht selten ist, nehmen sie für ihre Vorhaben keine Rücksicht auf die Jahreszeit und so marschierten wir mal zu Mehreren, im Spätherbst zum Schwimmbad. Es hatte schon einige Wochen geschlossen, doch dass interessierte uns nicht. Wir verschafften uns Zugang und sprangen ins nicht mehr warme Wasser, was uns aber nichts ausmachte. So war der Teilbereich für „Schwimmer“ nicht tief, ich konnte sogar auf den Zehenspitzen noch stehen. Ich tat halt so als ob ich schwimmen könnte, legte meinen Oberkörper auf ein dort im Wasser treibendes Brett und machte mit den Beinen Schwimmbewegungen. Plötzlich stellte ich fest, ich bewegte mich vorwärts, schob das Brett an die Seite, machte mit den Armen Schwimmbewegungen und ich - - - - - konnte schwimmen! Es kam danach eine Zeit in der ich wild auf´s Schwimmen war. Das ging soweit, dass wir auch ins Wasser gingen, wenn sich eine dünne Eisschicht darauf befand! Brrrr!

Eines Tages, ich weiß nicht mehr aus welchem Anlass, marschierte die gesamte organisierte Hitler Jugend Barmens zum Rathausvorplatz. Irgendjemand hielt eine Rede, an deren Inhalt ich mich nicht mehr erinnern kann. Der gesamte Platz wurde von den einzelnen Abteilungen der Jugendorganisation eingenommen. Der rechte Teil von den Jungen, der linke Teil von den Mädels. Links die weißen Blusen der Mädels, rechts die Braunhemden der Jungen. Zu Beginn wurde gemeinsam das Lied der HJ gesungen. „Vorwärts, vorwärts schmettern die hellen Fanfaren, vorwärts, vorwärts Jugend kennt keine Gefahren, ist das Ziel auch noch so hoch, Jugend zwingt es doch. Uns´re Fahne flattert uns voran. In die Zukunft zieh´n wir Mann für Mann. Wir marschieren für Hitler durch Nacht und durch Not mit der Fahne der Jugend für Freiheit und Brot. Uns´re Fahne flattert uns voran, uns´re Fahne ist die neue Zeit, uns´re Fahne führt uns in die Ewigkeit, denn die Fahne ist mehr als der Tod"! (Allein der Text des Liedes zeigt den Weg in die Zukunft, welchen die Jugend erwartete.) Nach der längeren Rede sangen zum Abschluss die Mädels das Lied: „Jetzt kommen die lustigen Tage, Schätzel adé! Und dass ich es dir gleich sage, es tut ja gar nicht weh! Denn im Sommer da blüht der rote rote Mohn und ein lustiges Blut kommt überall davon! Schätzel adé adé, Schätzel adé"! Beim Ertönen des Reims „Schätzel adé" winkte alle Mädel gemeinsam mit weißen Taschentüchern. Das sah so lieb aus, dass es mir zeitlebens in Erinnerung geblieben ist.

Mit den BDM oder Jungmädels hatten wir überhaupt keinen Kontakt, uns Jungen interessierten sie überhaupt nicht, schon gar nicht, wenn sie sich über uns lustig machten. „Auf der Mauer auf der Lauer sitzt ein kleiner Pimpf. Seht euch nur den Pimpf an, wie der Pimpf schimpfen kann. Auf der Mauer auf der Lauer sitzt ein kleiner Pimpf!" Da die Jungvolkjungen Pimpfe genannt wurden, ärgerte uns natürlich, wenn wir das Lied von den Mädels hörten. Selbst wenn die weiteren Strophen andere Tätigkeiten, wie lachen, weinen, laufen usw. enthielten. Es mag wohl am Alter gelegen haben, sie trugen doch eine kleidsame Uniform. Weiße kurzärmelige Bluse, mit dem Gebietsdreieck über die „Salmiakpastille" auf dem linken Arm, (eine Raute am oberen und unteren Ende rot, mit in der Mitte auf weißem Grund befindlichem schwarzen Hakenkreuz), ein durch einen Lederknoten am Hals zusammen gehaltenes schwarzes Halstuch, schwarzem Rock, weiße Strümpfe. Aber wie schon festgestellt, die Mädels waren für uns nicht existent.

Nachdem wir nun in der Gosenburgstraße wohnten, hatte mein Vater auch keinen weiten Weg mehr zu seiner Dienststelle in der Heckinghauserstraße Ecke Ackerstraße. Die bisherige Dienststelle am Wichlinghäuser Markt zu besuchen, gestaltete sich doch recht umständlich. Jetzt war alles einfacher, in knapp 10 Minuten erreichte er sein Büro. Vom Gartenausgang führte der Weg über die Linienstraße in die Rübenstraße und bog in die Ackerstraße ein, bis diese auf die Heckinghauserstraße stieß. In dem dort befindlichen Eckhaus befand sich die Dienststelle des Polizeireviers. Durch den Eckeingang gelangte man über zwei Stufen in die „Wache“ mit dem „wachhabenden Beamten“, der hinter einer Theke an einem Schreibtisch saß. Die weiteren Räume der Dienststelle befanden sich dahinter. Natürlich kannten die Beamten die Familienangehörigen ihres Chefs. Sie waren immer sehr freundlich, wenn ich gelegentlich mal meinen Vater besuchte. Im Eckhaus auf der anderen Straßenseite befand sich das Büro des NSDAP Ortsgruppenleiters. Ein freundlicher überdimensionierter (dicker) Mensch, schätzungsweise 2 Zentner Lebendgewicht, der immer wieder auf freundliche Art versuchte meinen Vater zum Eintritt in die NSDAP zu bewegen. Ebenso freundlich widerstand mein Vater seinen Akquisitionsversuchen, wenn auch dadurch berufliche Nachteile hätten entstehen können. Natürlich war der NSDAP nicht unbekannt, dass der Schwager meines Vaters, einst führender sozialdemokratischer Abgeordneter des Preußischen Landtages war. Umso verständlicher seine schwierige Lage und umso anerkennender der Mut seiner Konsequenz!

Zu der durch die Nazis erzeugten vorherrschenden positiven Stimmung, passte das Ergebnis der Volksabstimmung der Bürger des Saargebietes, die sich zum Anschluss an das Deutsche Reich entschieden hatten. Der Versailler Friedensvertrag bestimmte nämlich, dass 1935 die Bürger des Saargebietes entscheiden mussten, ob sie weiter von Frankreich verwaltet oder wieder zu Deutschland gehören wollten. Im Deutschen Reich entwickelte sich die Wirtschaft positiv, die Bevölkerung sprach deutsch, verständlich die Entscheidung der Bürger.

In diesem Sommer fuhr die Familie Grafenhorst in die „Ferien“ nach Horumersiel an der Deutschen Bucht, wie üblich mit der Eisenbahn. Dort wohnten wir in einem netten Pensionshaus das einem Fischer gehörte. Die Deutsche Bucht war Teil der Nordsee. Am Strand konnte ich erstmals den gravierenden Unterschied zwischen Nordund Ostsee kennenlernen. Die Nordsee hatte im Gegensatz zur Ostsee, eine merkund sichtbare Ebbe und Flut, Tide genannt. So dehnte sich bei Ebbe anstelle des Strandes, eine schier endlose Schlickwüste aus, lediglich durchzogen von einigen Wasser führenden Prielen. Bei Flut dagegen, reichte das Wasser bis fast zum Deich. Es war schon komisch bei abgelaufenem

Wasser über die trocken gefallene Strandregion, die man Watt nannte, zu laufen. In den meisten Bereichen konnte man sich gut auf dem Schlick bewegen und unzählige kleine Tierchen beobachten, die teils aus dem Boden heraus krochen und andere, vor allem kleine Krebse, die sich in den Schlick eingruben, um nicht Opfer von Möwen zu werden. Dagegen versank man im Schlick in der Nähe der Priele, manchmal sogar bis zum Bauch. Dann sah man wieder auf etlichen Stellen eine dünne Schicht Jod, nicht umsonst wurde behauptet, Schlick sei gesund. Die Wechselwirkung der Gezeiten oder auch Tide zu beobachten, schien hochinteressant. Bei steigendem Wasser füllten sich die Priele, die als Siele ins Land hineinführten und ließen das Wasser bei fallendem Wasser wieder in die Nordsee laufen. So war der Strand unserer letzten Ferien auf Fehmarn, nicht mit dem von Horumersiel zu vergleichen, dort Sand hier Schlick. Aber es war die Nordsee, die in den Atlantik überging und damit verbunden die Romantik der fernen Welt, den Zielen der Schiffe denen wir vom Strand aus zuschauten. Andererseits sah ich die Ostsee als Binnensee an, verbunden durch das Kattegatt und dem KaiserWilhelmKanal mit der Nordsee. Die strategische Lage von Horumersiel am Eingang der Deutschen Bucht, auch Jadebusen genannt, unterstrich die Marine Artillerie, die im Nachbarort Schillig, mit ihren in den Deichen eingebauten Geschützen im Spannungsfall, das Einlaufen von Schiffen überwachen konnte. Für uns Feriengäste wurde es stets interessant, wenn Übungsschiessen angesagt war. Ob über See von Flugzeugen geschleppte Zielscheiben oder von Kriegsschiffen, es war immer aufregend die Arbeit der Kanoniere an den Geschützen durch das Fernglas, aber auch die Treffer zu beobachten. Neben dieser Kurzweil unternahmen wir auch Wattwanderungen die gefährlich werden konnten, wenn man nicht rechtzeitig, vor der unerwartet schnell aufkommenden Flut, den Rückweg angetreten hatte. Unser vorsichtiger Vater machte Ausflüge in das Wattenmeer, nur mit einem speziellen Führer. Ein solcher führte uns auch einmal hinter dem ablaufenden Wasser, auf die Vogelinsel Oldeog. Auf dieser stand zur Vogelbeobachtung ein großes auf hohen Holzstämmen gebautes Holzhaus, in dem wir vor dem Rückweg eine kleine Erfrischung einnahmen. Die Ferien aber gingen für uns Kinder, wie immer, viel zu schnell dem Ende zu. Auf der Rückfahrt machten wir noch einen kurzen Abstecher in Hamburg und besuchten unsere (unbekannte) Cousine Thelma Grafenhorst, die Tochter von Vaters Stiefbruder Oskar, der bekanntlich als Kapitän der „Mannheim“ der Reederei HAPAG seit 1919 verschollen galt. Einmal in Hamburg, besichtigten wir im Hafen einen 10 000 Tonnen Passagierdampfer, mit dem Namen „Hamburg“ (damals die einzige Möglichkeit beispielsweise den Atlantik zu überqueren, um in die USA zu kommen). Bei der Führung entstand bei mir der Eindruck, man befände sich in einer kleinen Stadt in gepflegter Ausführung. Verständlich, wenn man bedachte, dass für eine Atlantiküberquerung immerhin 6 Tage benötigt wurden. Eine gewisse Bequemlichkeit war dabei für die Passagiere schon erforderlich. Nach einer Hafenrundfahrt, wobei mir der Segelschiffshafen am meisten durch seine unzähligen Masten imponierte, bestiegen wir die Eisenbahn Richtung WuppertalBarmen.

Zu Hause überraschte mich die Tatsache, dass Tante Marga, stets bestrebt in der Nähe ihres Bruders zu arbeiten, von Ründerot kommend, wo sie vorübergehend beschäftigt war, in Wuppertal-Barmen in einer Privatklinik in der Freiligratstraße, die Tätigkeit als Krankenschwester aufgenommen hatte. Nun würde sie wieder öfter bei uns sein, denn von ihrem Arbeitsplatz bis zu uns waren es zu Fuß vielleicht 15 Minuten. Sie hatte uns gefehlt, gehörte sie doch in Suhl mehr oder weniger zu unserer Familie.

Sonntagnachmittag war bei Grafenhorsts Radiozeit. Neben den „Reichssendern", gab es einige örtliche Stationen wie den Wuppertaler Sender. Dort hieß der Moderator Rudi Rauer. Seine Beliebtheit verdankte er seiner Schlagfertigkeit. Stets hatte er einen Spruch drauf und seine immer gute Laune erfasste die Hörer, besonders die welche den „Frohen Samstagnachmittag vom Reichssender Köln mit Rudi Rauer, Hans Salcher und Karl Wilhelmi hörten". Eine Volksmusiksendung mit lustigen Einlagen der drei Sprüchemacher. So stellten sie gerne die Frage: „Wadde wedde widde wa? (Was für ein Wetter wieder was?) Darauf die Antwort: „Wenne Wind widde weht, widde Wedde widde wäme!" (Wenn der Wind wieder weht, wird das Wetter wieder wärmer!) Obwohl wir schon einen besseren Rundfunkempfänger besaßen, konnten wir nur wenige Sender empfangen. Außer dem „Wuppertaler Sender", dem „Reichssender Köln", dem „Reichssender Frankfurt" und dem „Reichssender Königswusterhausen" war nichts zu hören. Gab es aber für mich keine interessante Sendung im Radio, las ich gerne Geschichten. Dabei waren meine Lieblingsbücher zu jener Zeit, „Die Jungens von der Feuerburg" in drei Bänden, die von Abenteuern dreier Jungens in den Ferien, auf eben dieser Burg erzählten. Da gab es einen Burggeist, der hin und wieder auftauchte, einmal erschien er sogar leuchtend auf dem Bergfried. Irgendjemand hatte einem mit Gas gefüllten Ballon, ein langes Kleid übergezogen und mit Leuchtfarbe bestrichen. Ganz schön gruselig waren sie die Geschichten, von den „Jungens von der Feuerburg".

Barmen hatte, wie viele andere Städte auch, ein Original, genannt „Husch Husch". Ein alter Mann wie ein „Penner" gekleidet, mit einem Pappkarton unter dem Arm, der möglicherweise seine Habseligkeiten enthielt, Kinderschreck, Ortsdepp oder Schalk in einem. Tauchte er irgendwo auf, riefen die Leute gleich

„Husch Husch!“ Vielleicht ein armer Teufel, doch gab es immerhin Postkarten mit Gedichten über ihn.

Unsere Mutter eine echte Westfälin, war nicht in der Lage irgendeinen Dialekt oder gar „Platt“, geschweige eine fremde Sprache zu sprechen. Sie konnte sich nur in sauberem Hochdeutsch ausdrücken. Selbst Waltraut oder ich, konnten ihr kein Fremdwort entlocken. Dennoch verwendete sie viele Ausdrücke, die nicht allgemein üblich waren, wie „Dröppelminna“ (eine tropfende Kanne), „Dämelak“ (Dummkopf), „Langer Lulatsch“ (großer Mensch), „meschugge“ (nicht gescheit), „Kumb“ (Schüssel), „Stante pede“ (sofort), „Qui vive“ (auf Zack sein), um nur einige zu nennen. Aber auch Sprichwörter hatte sie auf Lager, „Schmus mit de Kat wenn se hängt“ soll heißen, zum Bedauern ist es zu spät, „der Krug geht so lange zum Wasser bis er bricht“ bedeutet, irgendwann geht es nicht mehr, „der liebe Gott lässt die Bäume nicht in den Himmel wachsen“ seine Bedeutung, einmal ist der Erfolg zu Ende oder „alles hat ein Ende, nur die Wurst hat zwei“ bedarf wohl keiner Erklärung. Mal war das Jiddische mal das Französische oder gar das Westfälische die Sprachheimat. Aber wenn sie von einem Ding sprach, war das immer ein Dink mit „k“ am Ende. Ja so war sie unsere Mutter.

Der Winter in Wuppertal war eigentlich kein Winter, allenfalls nach dem Kalender, denn es war zwar häufiger kalt doch besser gesagt nass kalt. Gab es einmal Schnee, dann nur für wenige Tage. An einem der seltenen Tage im Winter, schnallte ich die Bretter an und fuhr zügig einen Berg hinab auf einen von einem Zaun eingefassten Waldgebiet zu, mein Abschwung misslang, ich fiel in den Schnee und verrenkte mir dabei mein rechtes Kniee. Ich hoffte am nächsten Morgen, wegen des dick geschwollenen Kniees, nicht in die Schule gehen zu müssen, hatte aber nicht mit der Sturheit meiner Mutter gerechnet, für die es das nicht gab Nach dem Winter kommt normalerweise der Frühling, auch in Wuppertal. Eines angenehm temperierten Frühlingstages, forderte mich mein Vater auf, zu einem Spaziergang ins „Murmelbachtal“ Richtung „Konrads Wüste“. Es war ein wirklich schöner Frühlingstag, warm mit wolkenlosem Himmel und Sonnenschein. Das frische Grün an den Bäumen erinnerte mich an Suhl, an einen Tag, an dem mein Vater gegen den gegenüber unserem Haus stehenden Baum trat und es Maikäfer „regnete“. So fragte ich meinen Vater: „Gibt es hier auch Maikäfer“? Ich hatte jedenfalls noch keine gesehen. Er konnte es mir nicht sagen, hatte auch noch keine gesehen, vielleicht war es noch zu Früh in diesem Jahr. Mittlerweile waren wir in Höhe von „Konrads Wüste“ angekommen und hielten unter einem Blätterdach von Buchenbäumen. Es war still! Mein Vater zitierte in diese Stimmung hinein:“Über allen Gipfeln ist Ruh. In allen Wipfeln spürest du kaum einen Hauch. Die Vöglein schweigen im Walde. Warte, balde ruhest du auch"! Danach erläuterte er mir, dass diese Zeilen von Goethe am 6. 9. 1780 an die Innenwand des Jagdhäuschens auf dem Gickelhahn bei Ilmenau geschrieben wurden. Diese GoetheZeilen passten zu der Stimmung, die uns erfasst hatte. Leider hatte ich mit meinem Vater gemeinsam, selten derartige Erlebnisse.

Im Oktober 1925 wurde auf Vorschlag Stresemanns in Locarno, einem schweizerischen Kurort, der so genannte „LocarnoVertrag" entworfen, den die betreffenden Staaten am 1. 12. 1925 in London unterzeichneten. Deutschland, Frankreich, Belgien, Großbritannien und Italien garantierten die Aufrechterhaltung der Rheingrenze und des entmilitarisierten Rheinlands, unter Verzicht auf gewaltsame Revisionen und die Anerkennung eines Schiedsgerichtes in Streitfällen. Das war der Grund, weshalb es im Rheinland kein Militär gab. Wir Jungens, und nicht nur wir Jungens, bedauerten diese Situation sehr. Aber am 7. März 1936 war es mit dem Bedauern vorbei! Auf der unserer Schule gegenüberliegenden Seite, neben dem Bürgersteig, befanden sich etliche Meter tiefer, die Gleise der Eisenbahn aus Westfalen in Richtung Rheinland. Dort sah ich morgens auf dem Weg zur Schule, meine Schulkameraden am Geländer stehen und den Soldaten auf den vorbeifahrenden Transportzügen der Wehrmacht zuwinkten. Die Schule fiel heute aus, denn Hitler hatte am 7. 3. 1936 den „LocarnoVertrag" gekündigt. Die Reichsregierung und die meisten Bürger Deutschlands, sahen nicht nur den „Versailler Friedensvertrag", den man als „Versailler Friedensdiktat" bezeichnete, auch den „LocarnoVertrag", als eine Erniedrigung des Deutschen Reiches an. Das war jetzt vorbei! Nun rollten aus allen Teilen des übrigen Deutschlands, Truppeneinheiten die im Rheinland Garnisonen einrichteten. In WuppertalBarmen im Gebiet des Lichtenplatzes, wurde aus der kasernierten Polizei über Nacht die Panzerabwehrabteilung 4. Kurze Zeit später bezog, das bisher in Sagan in Schlesien stationierte Artillerie Regiment 76, die nicht weit davon entfernten neu errichteten Kasernen. Überall wo Soldaten auftauchten, wurden sie mit Jubel empfangen. Auch in Mainz, als am 7. März 1936 in den frühen Morgenstunden Soldaten zu Pferde, zu Fuß und mit Fahrzeugen, die Rheinbrücke von Kastell nach Mainz überquerten.

Auch in diesem Jahr gab es wieder ein Pfingstlager an der Brucher Talsperre, an dem ich teilnahm. Zur Anund Abfahrt wurden größere Lastwagen eingesetzt, auf deren Ladeflächen wir alle Platz hatten. Das Aufbauen der Zelte, die Einrichtung des Lagers, die Verpflegungsabläufe, das Lagerfeuer und die Wachen, alles war wie im vergangenen Jahr. Es fehlte der Überfall, dafür gab es einen Wolkenbruch mit heftigem Gewitter, das uns in die Zelte trieb. Ich saß mit dem Rücken gegen die Zeltstange gelehnt, mein Kopf berührte den Metallring mit dem die beiden Zeltstangenteile zusammengesteckt waren. Plötzlich schlug ein Blitz in einen der Bäume am Rande des Zeltplatzes ein und ich spürte am Kopf ein heftiges Kribbeln. Es war die elektrische Ausstrahlung des Blitzes! Mir machte es darüber hinaus, wie im vergangenen Jahr Spaß, ich hatte auch kein Heimweh und fand das Waschen im kalten Wasser der Talsperre, auch nicht mehr so unangenehm. Meinen Vater sah ich in der Lagerwoche nicht und wäre auch nicht mit ihm nach Hause gefahren. Es hatte mich auch zu sehr gewurmt, dass ich im vergangenen Jahr vorzeitig abreiste, denn es hinterließ bei mir das Gefühl, ich hätte meine Kameraden im Stich gelassen. Inzwischen war ein Jahr vergangen und ich älter geworden. Mit wachsendem Verstand, sah ich manche Dinge anders. Übrigens war mein Hals in diesem Jahr nicht zu beanstanden.

Überrascht wurden wir durch die Nachricht, die italienischen Truppen seien in Abessinien eingefallen und hätten das Land besetzt. In Deutschland nahm man das mit gemischten Gefühlen auf, einerseits hatte Italien eine mit Deutschland befreundete faschistische Regiertung unter Mussolini, andererseits handelt es sich um den Überfall auf ein friedliches Land. Aufmerksam wurde ich durch ein Geschenk von der Freundin unserer Mutter, Erika von Berken, einer Verwandten von Max Reger, die Waltraut eine Negerpuppe schickte, mit dem Hinweis auf die armen Negerkinder in Abessinien.

Untere Lichtenplatzerstraße 127

Untere Lichtenplatzerstraße 127 hieß die Anschrift unserer neuen Wohnung, nachdem wir dorthin verzogen waren. Unser Vater hatte das Innenstadtrevier übernommen und da lag natürlich unsere im Stadtteil Heckinghausen liegende Wohnung zu weit entfernt. Diese befand sich auf einem Berg in unmittelbarer Nachbarschaft der „Barmer Anlagen", die aus zwei Teilen bestanden, den unteren und den durch die Untere Lichtenplatzerstraße getrennten oberen Teil, der in den Wald Richtung Toelle Turm überging. Erstmals befand sich unsere Wohnung in einem 4-FamilienHaus, in der zweiten Etage, hatte einen relativ kleinen Garten, der von der Hausbesitzerin, die mit ihrem Hund die Parterrewohnung belegt hatte, alleine genutzt wurde. Über uns in der 3. Etage, wohnte ein Dentist mit seiner Frau, im Dachgeschoss eine alte Dame in zwei Zimmern, neben denen sich mein Mansardenzimmer, mit schrägem Dach und einem Dachfenster befand. Unsere Wohnung selbst bestand aus einer Küche, einem Bad mit Toilette, einem Elternschlafzimmer, einem Kinderzimmer mit Waltrauts Bett, einem Herrenzimmer mit Durchgang zum Wohnzimmer, mit einem Erker zur Straßenseite. Vom Treppenhaus betrat man durch die Eingangstür einen langen Korridor. Unsere Mutter beschäftigte uns Kinder, hauptsächlich mich, mit der Pflege der Wohnung. So hatte ich Samstags die Küche zu putzen, beim Hausputz diese abzuwaschen und sämtliche Fußleisten der Wohnung abzuwischen, täglich mit „Abrazo" die Herdplatte des Küchenherdes blank zu scheuern und das Geschirr abzutrocknen, das allerdings gemeinsam mit Waltraut. Um dieses langweilige „Geschäft" interessanter zu gestalten, entwickelten wir daraus einen sportlichen Wettbewerb. (Dachte ich!) Alles was abzutrocknen war, bewerteten wir mit Punkten. Messer, Gabel und dergleichen bekamen 1 Punkt, Tassen 2 Punkte, kleine Teller 3, große Teller 4, Schüsseln 10. Derjenige mit den meisten Punkten hatte gewonnen. Nachdem ich regelmäßig Gewinner des Abtrockenwettbewerbes war, ging mir irgendwann „ein Licht" auf. Meine kleine Schwester hatte schon als Kind erkannt, dass Gewinnen nicht immer das Vorteilhafteste ist. Sie dachte, lass Bodo ruhig gewinnen, ich trockne dafür weniger ab! Darüber hinaus brachte die neue Wohnung, zusätzliche Arbeit für mich. Das Treppenhaus bedeckten Treppenläufer, die mittels Messingstangen durch Messingösen, auf den Stufen rutschfest gehalten wurden. Diese Messingstangen und –Ösen musste ich für unsere Etage alle 2 bis 3 Wochen mit „Sidol" blank putzen. Eine eklige Arbeit !

Für mich bedeutete die neue Wohnlage, ich hatte einen anderen Schulweg, einen den ich nicht mit einem öffentlichen Verkehrsmittel erreichen konnte. Um in die Schule zu gelangen, benötigte ich immerhin eine halbe Stunde. Morgens um 7,15 Uhr marschierte ich los, über die Turnstraße, Ottostraße, entlang des Parks, HeinrichHeine, Gewerbeschulstraße und holte dort den, gegenüber der Gewerbeschule wohnenden, Klassenkameraden HansJürgen ab. Gemeinsam überquerten wir die Fischertaler Straße und passierten bald danach das geöffnete Tor des Güterbahnhofs. Rechts und links standen lange Reihen von Güterwagen die beoder entladen, manchmal auch rangiert wurden. Auf der anderen Seite des Güterbahnhofs begann die Siegesstraße in der unsere Schule auf uns wartete. Der Heimweg dauerte gewöhnlich etwas länger, da uns natürlich die auf dem Güterbahnhof stehenden Waggons interessierten. An einigen der geschlossenen Waggons befanden sich hinten oder vorne oben, in Dachhöhe, kleine Häuschen mit Fenstern und Türen, die man über eine kleine Eisentreppe erreichen konnte. Darin befand sich ein Sitz mit einem großen waagerechten Lenkrad, das dem Bremsen diente. Dagegen befanden sich an einigen offenen Güterwagen diese Bremserhäuschen hinter der Ladefläche. Seit es das „Kunze-KnorrBremssystem" möglich machte, dass alle Waggons eines Zuges gleichzeitig bremsten, waren diese Bremserhäuschen überflüssig geworden. Für uns aber waren sie Anlass hinauf zu klettern und uns die Züge und den Güterbahnhofsbetrieb einmal von oben anzuschauen.

1936 gab es keine Familienferien, vielleicht wegen des Umzuges in die Untere Lichtenplatzerstraße. Für uns Kinder war im Westerwald, in einem privaten Kinderheim, ein dreiwöchiger Aufenthalt gebucht. Unsere Mutter begleitete uns bei der Bahnfahrt nach Altenkirchen und lieferte uns bei der Leiterin, Schwester Lina, ab. Das Kinderheim befand sich in einem älteren, nach Westerwälder Art, gebauten Haus mit entsprechend vielen Zimmern und einer großen Wiese, durch die ein Bach lief. Außer den Mahlund Ruhezeiten, gab es keine organisierte Freizeit. So vertrieben sich 6 bis 8 Kinder unterschiedlichen Alters, die Zeit nach Lust und Laune. Mitten in der Wiese befand sich eine große rechteckige Vertiefung von ungefähr 1 Meter, die einst ein kleines Schwimmbad beherbergte. Da wir nichts zu tun hatten, legten wir den ehemaligen Wasserzulauf vom Bach zum einst vorhandenen Schwimmbad frei und ließen das Wasser aus dem Bach in die große rechteckige Vertiefung laufen. Nachdem diese voll gelaufen war und wir den Zulauf wieder stoppten, hatten wir uns ein nettes Schwimmbad, auch für Nichtschwimmer geeignet, geschaffen. Das war bei dem herrlichen warmen Sommerwetter, unsere tägliche Beschäftigung. Etwas beeinträchtigt wurde allerdings die Benutzung durch Blutegel, die wir manchmal schwimmend im Wasser entdeckten. Schwester Lina erklärte uns was Blutegel sind, was sie tun und wofür sie nützlich sind. Uns hat jedenfalls keiner etwas getan, doch der Reiz des Wasserplanschens ließ nach. Waltraut und ich fanden das freie Leben hier ausgesprochen schön, zumal keiner uns irgendwelche Vorschriften machte.

Unangenehm für mich war dagegen das Bestreben eines 14jährigen Jungen, der offenbar schon entdeckt hatte, dass es Unterschiede zwischen Jungen und Mädels gab und mich nun drängte, seine 4 Jahre jüngere Schwester solle mir den von ihr zeigen und auch was man damit machen kann. Im Gegenzug wollte er den von meiner Schwester, die gerade mal 8 Jahre alt war, sehen. Da er eigentlich ein netter Spielgefährte war, der sich auch maßgeblich bei der Entstehung des „Planschbeckens" betätigte, hatte ich große Mühe, seinem Verlangen auszuweichen, was mir letztlich auch gelang. Das aber beeinflusste unsere Freizeitbeschäftigung nicht. Wir durften sogar mit Erlaubnis der Heimleiterin mal in die nicht allzu weit entfernte Stadt gehen. Wir bummelten die Straßen entlang und schauten uns die Fensterauslagen an. Die Bäckereien verkauften seiner Zeit auch Süßigkeiten, beispielsweise Bonbons die es stets nur lose, also in Tüten gab. Die unterschiedlichen Sorten befanden sich immer in Glasbehältern, die meistens in den Bäckereien hinter den Theken an der Wand des Ladens standen. Einer von uns ging nun in eine der Bäckereien und sagte er wolle für 5 Pfennige Bonbons aus einem der Behälter, auf den er zeigte, der natürlich so stand, dass sich die Verkäuferin umdrehen musste. In diesem Moment griff der Bonbonkäufer blitzschnell in die Süßigkeiten, die sich auf der Theke befanden. Ehe die Verkäuferin sich wieder umdrehte, hatte der BonbonKäufer seine Beute schon in die eigene Tasche gesteckt. Wir draußen auf der Straße, freuten uns über den Erfolg. Dabei ging es uns eigentlich nicht um die Bonbons, mehr um den „sportlichen" Erfolg. Auf jeden Fall aber machte uns diese Art des „Einkaufens" Spaß, wie den „Berliner Bummlern" die dazu sangen, „wir sind berliner Bummler und bilden uns `was ein. Wir ha´m so tiefe Taschen und kaufen darin ein.Ho ho ho, wir Bummler wir sind froh"! Abends mussten wir natürlich zum Abendbrot im Hause sein. Doch es gab einmal eine Ausnahme, als nämlich zum NSAP Reichsparteitag in Nürnberg, eine HJ Einheit bei einem Sternmarsch abends in Altenkirchen halt machte und dort übernachtete. Zuvor gaben sie auf dem Marktplatz eine Kostprobe ihres Könnens und sangen Volksund Marschlieder, darunter auch lustige wie, „Bub und Spinne, Bub und Spinne gingen in den Wald, da war´n dem Bub, da war´n dem Bub die Beine kalt. Holla hi, holla ho, holla holla hi, holla holla ho! Da macht die Spinn, da macht die Spinn ein Feuer an, damit der Bub, damit der Bub sich wärmen kann. Holla hi, holla ho, holla holla hi, holla holla ho" Das war für uns schon ein Erlebnis, wobei uns die geordnet auftretenden und gleichmäßig uniformierten Jungens, mächtig imponierten. Doch leider ging auch hier die Zeit in Altenkirchen zu Ende, denn unsere Mutter holte uns ab und wir fuhren gemeinsam mit der Eisenbahn durch das schöne Siegerland nach Hause.

Bevor die Schule jedoch wieder begann, standen die Olympischen Spiele in Berlin auf dem Programm. Was aber hat der Spanische Bürgerkrieg, mit den

Olympischen Spielen in Deutschland zu tun? 1931 dankte der Spanische König ab, Spanien wurde Republik. Die republikanische Regierung wurde in Spanien zu immer schärferen Maßregeln durch die Linksradikalen gedrängt, in deren Folge es zum Bürgerkrieg kam Auf der einen Seite kämpften die Sozialisten, mit Unterstützung der so genannten „Internationalen Brigade", unter ihnen Ernest Hemingway, auf der anderen Seite stand General Franco an der Spitze der Falange, eine von Primo de Reveras Sohn 1933 gegründete faschistisch orientierte Bewegung, mit regulären spanischmarokkanischen Truppen, die im Verlaufe der Auseinandersetzungen von italienischem und deutschem Militär unterstützt wurden. Von deutscher Seite war es die Luftwaffe mit der „Legion Condor" und die Kriegsmarine mit dem Panzerschiff „Deutschland", das nach einem Bombentreffer einige Tote zu beklagen hatte. In einem Lied wurde dieses Engagement verherrlicht. „Wir flogen jenseits der Grenze, mit Bomben gegen den Feind. Hoch über spanischer Erde, mit den Fliegerkameraden vereint. Vorwärts Legionäre, vorwärts im Kampf sind wir nicht allein, denn die Freiheit soll Ziel unseres Kampfes sein. Vorwärts Legionäre"! Durch diesen Bürgerkrieg bedingt konnte die Stadt Barcelona, die den Zuschlag zur Ausrichtung der XI Olympischen Spiele erhalten hatte, diese nicht organisieren. Deutschland unter Hitler erkannte die Chance und übernahm, nachdem bereits die IV. Winterolympiade vom 6. 2. – 16.2.1936 in Garmisch-Partenkirchen problemlos abgewickelt worden war, die Durchführung der XI Olympiade in Berlin und machte diese vom 1. bis 16. August zu einer Riesenshow, um der Welt das neue Deutschland zu zeigen. Das ist Hitler wohl auch gelungen, wie man der Resonanz und den vielen Veröffentlichungen in der Welt entnehmen konnte. Der Anlass aber war der spanische Bürgerkrieg, dem Deutschland 1936 die Olympischen Spiele zu verdanken hatte. Damals konnte man sich leider als Außenstehender nicht in irgendeiner Form mit den Olympischen Spielen identifizieren. Fernsehen gab es noch nicht, Radio hatte noch nicht jeder, die Zeitungen hinkten einen Tag hinterher, es sei denn es gab ein „Extrablatt", das Tagesthemen brachte. Lediglich die „Fox Tönende Wochenschau" zeigte bewegliche Bilder, die aber stets eine Woche alt waren. Wenigstens konnte man sich auf diese Weise vorstellen, wie es bei den Spielen zuging. Bei Grafenhorsts wurde es erst abends aktuell, da nur unser Vater den Radioempfänger einschalten durfte und der kam immer erst gegen Abend. Die Erfolge und die Geschehnisse in Berlin, die wir in der Schule oft heiß diskutierten, waren aber auch schon einen Tag alt. Dennoch begeisterte uns die Nationenwertung in der Deutschland hinter den USA an 2. Stelle rangierte. Und das war doch mal ´was!

Am Schulwandertag machten wir mit unserem Turnlehrer Herrn L., dessen Sohn Wolfram in der Klasse hinter mir saß, einen Ausflug mit der Bergbahn zum ToelleTurm, weiter über den Lichtenplatz, zum Scharpenacken. Dort befand sich ein kleiner, etwas heruntergekommener Sportplatz, auf dem im vorigen Jahrhundert um 1880 das erste Fußballspiel, von England importiert, in Deutschland stattgefunden haben soll. Auf dem Rückweg kamen wir an einem Velodrom vorbei, das auch schon bessere Zeiten gesehen haben musste, denn an den Steilwänden befanden sich unübersehbare Risse im Zement. Für Hunderennen schien es zu noch zu reichen, hatte ich dort vor einiger Zeit mit meinem Vater, einem zugeschaut. Zum Abschluss des Wandertages kletterten wir auf den ToelleTurm, um einen Blick in die Umgebung zu werfen und fuhren wieder mit der Bergbahn zu Tal.

Die Bergbahn war eine der sehenswerten Attraktionen von Wuppertal-Barmen. An der Talstation, in der Nähe der Wupper und des Elektrizitätswerkes, begann die Strecke zunächst mit über 20 % Steigung, die dann mit 14 – 18 % entlang der Barmer Anlagen, nach einer Haltestelle in den Wald überging und mit über 10 % Steigung bis zur Endstation ToelleTurm führte. Damit die Bergbahn diese Steigungen überwinden konnte, verlief mitten zwischen den Schienen eine dritte, die mit Stahlsprossen versehen war, in welche Zahnräder als Antriebsräder eingriffen und die Wagen vorwärts bewegten. Vorne und hinten befand sich auf dem Perron, der Führerstand im Freien, so dass die Fahrer Wind und Wetter ausgesetzt waren. Die Bergbahn wurde vom Frühjahr bis zum späten Herbst von Ausflüglern frequentiert, die von der Endstation aus wanderten, oder das gepflegte Restaurant, „Kurhaus“ besuchten. Auch für die Bewohner des Villenviertels um den ToelleTurm herum, diente die Bergbahn als Verbindung zur Innenstadt. Lange Zeit haben sich die mit der Bergbahn verbundenen Traditionen erhalten. So reichte das Hauspersonal der Familie der „Brauerei Bremme“, die in der Nähe einer Haltestelle wohnte, zu Weihnachten und Sylvester belegte Brote und Getränke. Abends vor den letzten Fahrten der Bergbahn wurden die Fahrgäste, die in der Gaststätte zu Beginn der Bergfahrt saßen, mit einer Klingel auf die Abfahrt der Bergbahn aufmerksam gemacht. Reagierten diese aber nicht sogleich, forderte der Fahrer und Schaffner die Fahrgäste persönlich auf, kostete das jedoch Freibier für beide.

Zur Bergbahn gehörten von der Talstation bis zur Endstation zwei Haltestellen. Eine davon war der „Ehrenfriedhof“, für die gefallenen Soldaten des Weltkrieges 1914 / 1918 (Heute auch von 1939 / 1945). Unter den Bäumen der sehr gepflegten Anlage, befanden sich die Gräber jedes mit einem Steinsockel versehen, auf dem sich eine Metallplatte befand, mit Namen, Dienstgrad, Geburtsund Todestag. Den Eingang dieser repräsentativen Anlage zierte ein Denkmal, mit den Worten des Wuppertalers Will Vesper versehen, einem Lyriker, Erzähler und

Publizisten mit nationaler Gesinnung, die begannen: „Hier schweige ein jeder von seinem Leid und noch so großer Not. Sind wir nicht alle zum Opfer bereit und zu dem Tod?" und endet mit dem Satz, „Eines steht hoch in dem Himmel gebrannt und darf nicht untergehen. Deutschland unser Kinder und Vaterland, Deutschland muss bestehen"! Dieses aus der „VorHitlerZeit" stammende Gedicht, zeigt den Geist der Zeit, nach dem verlorenen Krieg und versetzte mich in eine sentimentale Stimmung, wenn ich durch die Gräberreihen ging. Und das tat ich von Zeit zu Zeit.

Um die Gesundheit seines Sohnes schien mein Vater besorgt. Er hatte festgestellt dass sein Sohn XBeine hatte, was ihn veranlasste, mich zu einem Orthopäden zu schleppen, obwohl mich das seiner Zeit nicht tangierte. Nach Ansicht des untersuchenden Arztes, hätte ich in früheren Jahren einmal eine Rachitis Erkrankung gehabt, die wohl nicht erkannt worden wäre. Die XStellung zu korrigieren sei nur durch eine Operation möglich, die aber lehnte mein Vater ab. Da ich aber Senkund Knickfüße habe, müsse ich Einlagen tragen, die jedoch gleichzeitig zu einer Besserung führten. Und so blieb es bei den widerlichen Einlagen und abendlichen Fußübungen. Neben den Problemen mit meinen Beinen und Füßen, belästigte mich ein juckender Hautausschlag auf dem Rücken. Da selbst die von Frau Dr. Assmann verschriebenen Mittel nicht halfen, kam mein Vater auf die Idee, dieses Leiden in einer Vollmondnacht zu „besprechen". Ich musste mich in einer solchen Nacht bäuchlings nackt auf den Tisch legen, die Augen schließen, den Mund halten, während mein Vater eine Hand auf die Stelle des Ekzems legte und dabei etwas murmelte, wobei der Vollmond die Szene beleuchtete. Nachdem ich wieder aufstehen und den Schlafanzug anziehen durfte, musste ich ins Bett gehen und meinem Vater versprechen, über diesen Vorgang mit niemandem zu sprechen. Ob man es nun glaubt oder nicht, das Ekzem verschwand nach ein paar Wochen! Vielleicht lag das daran, dass sich der Geburtsort meines Vaters, nicht weit vom „Brocken" im Harz befand, auf dessen „Hexentanzplatz" in der „Walpurgisnacht" die Hexen tanzten!

Der letzte Schrei Kühlschränke! So wie viele Familien, hatte sich auch die Familie Grafenhorst einen Kühlschrank zugelegt. Elektrische Kühlschränke gab es seinerzeit noch nicht, sondern solche, die von Eis betrieben wurden. Da es auch in den Gaststätten noch keine elektrischen Gefrierschränke gab, stellten die Brauereien, nach dem System „Linde", Eisstangen zur Kühlung des Bieres her. Ich musste nun um den Kühlschrank zu aktivieren, in die benachbarte „Brauerei Bremme" ein 30 bis 40 Zentimeter langes Stück von einer Eisstange kaufen, dieses nach Hause transportieren und in das obere mit durchlöchertem Metall ausgeschlagene Fach legen, wodurch das im Kühlschrank Befindliche gekühlt wurde. Sobald das dort gelagerte Eis geschmolzen war, musste ich wieder ein neues Stück Eis von der Stange in der Brauerei „B B B" „Bremme Bräu Barmen" holen.

Zu den bisherigen in Wuppertal von Grafenhorsts gemieteten Wohnungen, gehörte stets ein Park oder ein großer Garten, nicht so der in der Untere Lichtenplatzerstraße. Der kleine hinter dem Haus befindliche Garten, gehörte zur Parterrewohnung in der die Hausbesitzerin mit ihrem Schäferhund wohnte. Doch nicht weit, nach einigen hundert Metern schon, lag ein Eingang zu den „Barmer Anlagen". Man konnte dort unter herrlichem Baumbestand, über Kieswege, entlang gepflegter Wiesen und mit Fischen besetzten Teichen, auf denen sich Enten und Schwäne tummelten, spazieren, den stets herumhoppelnden Eichhörnchen Haselnüsse anbieten, die sie dann aus der Hand holten oder die Enten füttern. Der offizielle Eingang allerdings, lag in der bergauf führenden Heinrich-HeineStraße, einer von Villenhäusern gesäumten zweispurigen Allee. Am bergwärts liegenden Ende des unteren Teils, befanden sich die „Barmer Stadthallen" und durch die Untere Lichtenplatzerstraße zum oberen Teil der Anlagen getrennt, lag das „Planetarium". Natürlich bot sich das Parkgelände zum sonntäglichen Spaziergang an, den unser Vater auch häufiger nutzte. Waltraut aber gefiel das nicht, sie protestierte und wollte nicht immer um den „Pilleenteich" herumlaufen.

In den ersten beiden Jahren in der Oberschule unterrichtete uns ein Lehrer, der es verstand uns das Fach Geschichte schmackhaft zu machen. Die Geschehnisse der alten Ägypter, der alten Griechen oder der alten Römer, faszinierten mich. Das Geschichtsbuch las ich wie einen Abenteuerroman. Egal welches Thema behandelt wurde, ich wusste alles. Im Zeugnis glänzte auch stets eine 1 oder 2. Als aber unser neuer Direktor das Fach Geschichte übernahm, änderten sich die Schwerpunkte des Geschichtsunterrichts. Auf seine Abfrage, welche Noten die einzelnen Schüler in der Vergangenheit hatten, sagte ich eine 1 oder 2, antwortete er, „die bekommst du bei mir nicht"! Damit waren die Zeichen gesetzt. Warum er bei mir diese Äußerung machte, weiß ich nicht, aber es war so. Ich war froh eine 3 im Zeugnis erreicht zu haben. Für ihn waren die Geschichtsdaten das Wesentliche, nicht die Geschehnisse zu jener Zeit. Aber damit hatte ich so meine Probleme, da halfen nur Eselsbrücken wie „3 3 3 bei Issos Keilerei", Alexander der Grosse schlug die Perser oder „7 5 3 Rom kroch aus dem Ei", Rom wurde gegründet. So wie sich der Geschichtsunterricht unter dem neuen Direktor änderte, so veränderte die neue Zeit auch allmählich den Lehrkörper und sein Verhalten den Schülern gegenüber. Die Respekt einflößenden älteren distinguierten Herren mit Anzug, weißem Oberhemd und Krawatte, den Kriegsauszeichnungen auf dem Revers, mit dem jovialen „guten Morgen“ oder freundlichem „Heil Hitler“, hatten fast unmerklich, den sportlich auftretenden jüngeren Assessoren, Referendaren aber auch Studienräten, mit schneidigem exakten „Heil Hitler“ und dem im Kommandoton folgenden „Setzen“ Platz gemacht. Wenn dieses „Setzen“ nicht zackig erfolgte, wurde es wiederholt in dem „Aufstehen“ und „Setzen“ so lange geübt wurde, bis es nur noch „Auf“ und „Setz“ hieß und der Lehrer zufrieden war. Deutlich wurde diese Veränderung, wenn unser neuer Direktor auf dem Schulhof vor versammelter Schülerschaft von „höherer Lehranstalt“ sprach. Was blieb war der Strafenkatalog beginnend mit „in die Ecke stellen“, „auf den Flur“, „Ohrfeige“, „Schläge mit dem Rohrstock““, „Strafarbeit“, „Nachsitzen“, „Mitteilung an die Eltern“, genannt auch „blauer Brief“, mit dem Unterschied, dass jetzt Strafen häufiger und konsequenter verhängt wurden Ich kann jedenfalls nicht behaupten, dass diese Entwicklung meine Lust auf Schule beflügelt hätte! Die Strafen der Lehrer nahm man als Schüler hin, was sollte man auch dagegen tun. Eine Möglichkeit bestand darin, daraus etwas zu machen, den Lehrer ärgern, die Klassenkameraden zu unterhalten. Wurde ich einmal beim Schwätzen erwischt, war die Strafe des Lehrers üblicherweise, ich musste mich mich in die Ecke stellen. Das war langweilig und da es sich immer um die vordere Ecke des Klassenraumes handelte, nützte ich die Situation im Rücken des Lehrers oder seitlich hinter dem Lehrer aus und machte Faxen zu den Worten des Lehrers oder schnitt Grimassen. Die Klassenkameraden lachten und störten auf diese Weise den Unterricht. Zunächst wusste der Lehrer nicht warum gelacht wurde, fiel ihm ein, dass ich der Anlass sei, drehte sich zu mir um, aber damit hatte ich gerechnet. Ich tat natürlich so als ob ich nichts gemacht hätte. Die Klasse war wieder still, doch ich begann das „Spiel“ auf´s neue. Immer wenn der Lehrer sich zu mir umdrehte, konnte er nichts feststellen. Das hörte erst auf, als ich mich wieder setzen konnte. Die Lehrer wussten, dass ich der Grund der Unruhe in der Klasse war, doch man konnte mir nichts nachweisen. Ich hatte immer Glück, kein Lehrer hat mich je dabei erwischt. Unangenehmer war es dagegen schon, wenn man als Strafe auf den Flur geschickt wurde. Dort bestand die Gefahr, dass urplötzlich der „Direx“ (Direktor) vorbei kommen konnte und dann inquisitorische Fragen stellte. Von den schmerzhafteren Strafen wie Ohrfeigen oder Rohrstock habe ich mich stets zurück gehalten. In meiner Erinnerung jedenfalls habe ich 1 oder 2 Ohrfeigen, in den Jahren meiner Schulzeit kassiert. Einmal allerdings machte ich Bekanntschaft mit einer Bastonade auf den „Allerwertesten“. Dummerweise kann ich mich aber nicht mehr erinnern, was der Anlass des Lehrers war, 3 Schüler damit zu bestrafen. 2 Schüler waren vor mir, so konnte ich den genauen Vorgang beobachten und mich geistig darauf vorbereiten. So musste sich jeder der betref-

fenden Schüler, einer nach dem anderen, über das Pult in der ersten Reihe beugen, während der Lehrer mit einem Rohrstock auf das Hinterteil zielte und zuschlug. Der Betreffende durfte sich wieder gerade stellen und sich auf seinen Platz setzen, wobei der Bestrafte auf dem Sitz rauf und runter rutschte, offenbar um den Schmerz zu lindern. So erlebte ich die Strafe. Die einzelnen Lehrer hatten unterschiedliche Angewohnheiten, die Schüler zu bestrafen. Einer stellte gerne den zu Bestrafenden in die Ecke, ein anderer auf den Flur, wieder einer gab Ohrfeigen, dann bemühte einer bereitwillig den Rohrstock, andere veranlassten eine „Mitteilung an die Eltern", den so genannten „Blauen Brief". Dieser wirkte außerhalb der Schule und war die weitaus unangenehmste Strafe. Der „Blaue Brief" konnte eine Mitteilung enthalten, dass die Leistungen des Schülers zu Bedenken Anlass gäben oder aber und das kam bei mir schon eher vor, ich hatte in der Schule etwas zum Ärger des Lehrers angestellt. Bedauerlicherweise musste dieser, als Bestätigung, dass der Brief von dem Adressaten gelesen wurde, mit dessen eigenhändiger Unterschrift wieder dem Veranlasser ausgehändigt werden. Zu Zeiten in denen meine Eltern ein Dienstmädchen beschäftigten, nahm ich die Gelegenheit wahr, diese zu bitten den Brief in Empfang zu nehmen und mir zu geben. Ich hatte dann die Möglichkeit die Unterschrift des Vaters nachzumachen und den Brief ordnungsgemäß zurückzugeben, wobei mir der Begriff „Urkundenfälschung" nicht in den Sinn kam. Glücklicherweise geschah das nur einige male. War jedoch ein „Blauer Brief" zu uns unterwegs so schaute ich, wenn ich mittags nach Hause kam und in der Küche meine Mutter begrüßte, sogleich auf den Küchenschrank, ob der dort deponierte Rohrstock eine Handbreit hervorschaute. War das der Fall, war eine „Tracht Prügel" durch meinen Vater nach dem Mittagessen, unausweichlich. Kaum war dieses beendet und wir aufgestanden sagte mein Vater, „komm mit in Waltrauts Zimmer". Meine Mutter nahm schnell meine Schwester an die Hand und ging mit ihr hinauf in meine Mansarde. In Waltrauts Zimmer konfrontierte mich dann mein Vater, mit dem Inhalt des „Blauen Briefes". Da ich diesen nicht widerlegen konnte, nahm er den Rohrstock legte mich über´s Knie und schlug erbarmungslos auf meinen Hintern, während ich wiederholt schrie, „Vati ich will´s nicht wieder tun"! Er schien emotional derart aufgebracht, dass er ohne Rücksicht auf mich brutal zuschlug. Das war schon mal so heftig, dass mein Hinterteil tagelang blutunterlaufen ausschaute. Man konnte den Eindruck gewinnen, er sei bei der Aktion gar nicht bei Sinnen. Kaum hatte er die Bastonade vollzogen, war er wieder der liebe, fürsorgende Vater und der normale Alltag nahm seinen Lauf. Auch meine Mutter, die mein Schreien nicht ertragen konnte, tauchte mit meiner Schwester wieder auf. Gott sei Dank, waren diese Exekutionen nicht so oft!
Wäscheklammern hatten für mich einen besonderen Reiz, deshalb nahm ich einige mit in die Schule. Während des Unterrichts gingen die Lehrer öfter mal

durch die Sitzreihen. Kam dann einer bei mir vorbei, zwickte ich ihm hinten an seine Jacke eine Wäscheklammer. Das sah lustig aus und erfreute auch meine Klassenkameraden. Der Lehrer aber wunderte sich, weshalb die Klasse so fröhlich schien, doch er kam nicht dahinter. Erst als die Schulstunde zu Ende war und alle auf den Flur strömten, der Lehrer auch, nahm ein Lehrerkollege, der von hinten kam, die Wäscheklammer von der Jacke, hielt sie dem Kollegen hin mit den Worten, „bitte Herr Kollege"! Nun aber wusste der Betreffende weshalb die Klasse während des Unterrichts so lustig war. Das machte ich nun nicht bei jedem Lehrer und auch nicht mehrmals am Tag, ich dosierte das täglich, mal bei diesem am nächsten Tag bei jenem Lehrer. Es konnte sein, dass der Lehrer der Pausenaufsicht hatte, mit einer Wäscheklammer am Rock über dem Schulhof marschierte und alle Schüler hinterher. Es dauerte schon eine ganze Zeit bis die Lehrer herausbekamen, die Wäscheklammern kommen nur aus einer Klasse und das war unsere. Da war es nicht allzu schwer den „Sünder" zu finden. Scheinbar nahmen die Lehrer die Wäscheklammeraktion nicht allzu tragisch, denn die Bestrafung fiel recht mäßig aus. Tragischer war jedoch ein Vorgang, der für mich nicht so harmlos ausfiel. Irgendein Lehrer hatte der ganzen Klasse eine Stunde „Nachsitzen" aufgebrummt, die während der Lehrerkonferenz an einem Nachmittag abzusitzen war. Wir sollten in der Strafstunde irgendetwas abschreiben. Zu jener Zeit gab es noch keine Kugelschreiber, so dass nur mit einem Federhalter geschrieben werden musste. Für diese befand sich in jedem Schreibpult, hinter dem wir saßen, ein Fach mit einem vom Hausmeister gefüllten Tintenfässchen. Eines dieser Tintenfässchen war fast leer und stand deshalb auf dem leicht schrägen Schreibpult. Da wir keine Aufsicht im Klassenraum hatten, tobten wir darin herum wobei das auf dem Pult stehende Tintenfässchen herunterfiel und zerbrach. Um diesen Schaden zu beseitigen, nahmen wir die zerbrochenen Teile und warfen sie zum Fenster hinaus. Ein etwas größeres Glasteil nahm ich und warf es soweit aus dem Fenster, dass es einer gerade vorbeigehenden Frau vor die Füße fiel und die Resttinte, die sich noch in dem Glasteil befand, ihr an die Strümpfe spritzte. Wir gingen sofort in „volle Deckung", doch die Frau suchte den Hausmeister auf und beschwerte sich. Der informierte den Lehrer der das Nachsitzen veranlasst hatte, der wiederum stürmte in unsere Klasse und stellte die inquisitorische die Frage, „wer war das"? Wir hatten abgesprochen, dass keiner den Namen des Schuldigen, also meinen, nennt. Also meldete sich keiner. Der Lehrer fragte zwei, drei, ja viermal vergeblich, es meldete sich keiner. Nachdem er die Klasse erpresste mit der Ankündigung, „sofern sich jetzt keiner meldet, bekommt die Klasse weitere zwei Stunden Nachsitzen", blieb mir eigentlich nichts anderes übrig, als mich zu melden. Ich hätte nicht verantworten können, dass die ganze Klasse wegen mir 2 Stunden Nachsitzen auf sich genommen hätte. Auf die Frage des Lehrers, nach dem

Beruf meines Vaters, der diesen natürlich kannte, antwortete ich trotzig „Panasch“, worauf die Mitschüler lachten, war das doch die Fastnachtsbezeichnung für einen Polizisten. Ein „Blauer Brief“ war die Strafe, in dem der Lehrer meinen Vater um ein Gespräch in der Schule bat. Das fand ein paar Tage später statt, wobei meinem Vater, als er seine Dienstmütze abnahm, eine Wäscheklammer heraus fiel. Mir war das sehr peinlich, obwohl eigentlich keiner davon Notiz nahm. Doch auf die Frage was ich dem Lehrer auf der Berufsfrage meines Vaters gesagt hätte, wiederholte ich ordnungsgemäß „Panasch“ und schon knallte mir mein Vater eine Ohrfeige an die Backe. Der Lehrer beschwichtigte meinen Vater, immerhin aber war damit der Vorgang mit dem Tintenfässchen abgeschlossen.

Die Eltern meines Klassenkameraden Hajo, mit dem ich den Schulweg immer gemeinsam ging, stammten aus dem hessischwaldeckschen Adorf, wohin er stets in den Ferien fuhr. Sie selbst betrieben den Schulbedarfsartikelladen gegenüber der Gewerbeschule. Hajo war ein lustiger Kerl und ein Meister der Wortverdrehung. So fuhr er nach Adorf zu seinem Graßpopo (Großpapa), der auf seinem Safo (Sofa) saß und sich an sein Kerlpissen (Perlkissen) lehnte. Er konnte das so perfekt, dass mich das reizte, nachzumachen und auch zu können. Es gelang mir und ließ mich in meinem Leben nicht mehr los. Wir beide verstanden uns gut, alberten auf dem Schulweg herum, balgten uns auch schon mal aus lauter Übermut und verkürzten dadurch den langen Weg. Schlagen und Prügeln aber, also körperliche Auseinandersetzungen auf der Straße, gab es bei Grafenhorsts nicht, das tut nur der „Plebs“. Diese Einstellung war in der Zeit in der wir lebten, für uns Jungens unmöglich, gab es doch in unserem Sportunterricht sogar Kampfsportarten, wie Boxen und Ringen. Als braver Junge berücksichtigte ich natürlich die Einstellung der Eltern, doch blieb es nicht aus, dass Hajo und ich uns aus lauter Blödsinn und Spaß schon mal balgten. Wir waren nicht mehr weit von Hajos Elternhaus als das einmal passierte und ich plötzlich ein paar Ohrfeigen bekam, dabei lautes Schimpfen meiner Mutter vernahm, die zufällig auf dem Weg nach Hause uns beide beobachtet hatte. Wie kann man sich nur wie der „Plebs“ auf der Straße balgen! Na, so was!

Die „Großen Ferien“ verlebten Waltraut und ich in diesem Jahr in Naumburg an der Saale, bei Tante Leni, der Schwester meines Vaters und ihrem Ehemann Onkel Willi, beide kinderlos, dafür hatte Tante Leni aber einen Kater. Beide wohnten in einem der letzten Häuser der Stadt, in der Kroppentaler Straße 34. Tante Leni war eine resolute Frau, 100%ige Anhängerin Hitlers, im Gegensatz zu ihrem Mann einem Royalisten, mit einem echten KaiserWilhelmSchnauzbart, ehemaliger Feldwebel, nach der Übernahme des „Stahlhelm“ in die SA ausgetreten, ehemaliger Frontkämpfer mit entsprechend vielen Auszeichnungen und Erinnerungsstücken, die mich natürlich sehr interessierten. Doch sollte ich als kleiner Steppke ihm einen Kuss geben, bog ich immer mit meinen Händen, die sicher kitzelnden Bartspitzen auf die Seite. In der Dreizimmerwohnung stand in der Mitte ihres Wohnzimmers, auf einer Staffelei, ein großes Bild in einem aufwendigen Rahmen, mit der Abbildung des 1914 gefallenen Bruders Gottfried Grafenhorst. Willi Hagen, so hieß der Onkel, war bei der Naumburger Stadtverwaltung beschäftigt und im Gegensatz zu seiner Frau, ein ruhiger Beamter. Waren einmal die Grafenhorst Geschwister zusammen, eine weitere Schwester meines Vaters lebte ebenfalls im gleichen Ort, gab es stets laute und heftige Diskussionen, in der jeder versuchte den anderen zu übertreffen.

Naumburg war eine reizende Stadt mit einer altmodischen Straßenbahn, die in einem Rundkurs um die Innenstadt führte. Von der wunderschönen Landschaft zwischen Saale und Unstrut einmal abgesehen, beherrschte das Militär die Stadt. Überall traf man Soldaten an, in der Stadt, außerhalb der Stadt, überall hörte man das Singen von Soldatenliedern und sah man marschierende Kolonnen. Das war natürlich `was für einen Jungen. Die Kroppentaler Straße führte ins Zentrum, auf halbem Wege wohnte die Familie Zöllner mit Tante Anneliese, der weiteren Schwester meines Vaters, mit ihrem Mann, Onkel Kurt, einem mit wenig Kopfhaaren ausgestatteten Justizinspektor und der Tochter Anneliese, die ein Jahr älter als ich war und die bei uns nur die kleine Anneliese hieß. Bei ihnen wohnte auch die Mutter von Onkel Kurt, die stets in einem Lehnstuhl am Fenster saß. Mit ihren weißen, am Hinterkopf geknoteten Haaren, ständig strickend, war sie für mich der Prototyp einer Großmutter. In der Nähe der Einmündung der Kroppentaler Straße, befand sich der Kindergarten, den meine Mutter leitete, bevor sie meinen Vater heiratete. Nicht nur deshalb hatte Naumburg für unsere Familie eine größere Bedeutung, die Mutter meines Vaters, meine Großmutter, wohnte nämlich in unmittelbarer Nähe des bekannten „Naumburger Domes", mit seiner berühmten „Uta von Naumburg" und war letztlich der Anlass dass meine Eltern sich kennen lernten.

Auch die Umgebung von Naumburg war recht reizvoll. Wir wanderten mal zur Schönburg, mal zur Rudelsburg oder auch mal zur gegenüber liegenden Saaleck. Auf dieser Burg hatten am 17. Juli 1922 Angehörige der rechtsgerichteten „Organisation Consul", die den damaligen deutschen Reichsaußenminister Walter Rathenau und Sohn des AEG-Gründers erschossen hatten, Selbstmord begangen. Es gab aber auch ein Gedicht über die Burgen: „Hier die Rudelsburg und dort die Saaleck, und unten tief im Tale, da rauschet zwischen Felsen durch, die alte liebe Saale". Ja, die alte liebe Saale, ich erinnere mich noch gut, dass ich am Ufer der Saale (oder war´s die Unstrut?) ein Pferdegespann am Ufer auf dem Treidelpfad sah, das einen großen Kahn auf dem Wasser zog. Natürlich hatte ich auch guten Kontakt mit den etwa Gleichaltrigen aus der Nachbarschaft. Darunter befand sich ein hübsches blondes Mädel das mir ausnehmend gut gefiel, mit dem ich mich auch gut verstand. Ich erzählte ihr, dass mein ganzer Traum die Seefahrt und mein Ziel sei, einmal über das große Meer zu fahren, möglichst wie mein Onkel als Kapitän. Lieselotte, so hieß das Mädel, sang mir von nun an die Lieder vor, die damit zu tun hatten. „Winde weh´n Schiffe geh´n weit in fremdes Land und des Matrosen allerliebster Schatz bleibt weinend steh´n am Strand". Lautete die erste Strophe, die sie aber alle sang. Noch heute sind mir die restlichen Strophen in Erinnerung. Ich war damals 12 oder 13 Jahre alt und außer einer Schwärmerei für das Mädel, konnte sich noch nichts entwickeln.

Nicht verwunderlich dass die resolute Tante Leni, immer für ein offenes Wort zu haben, ihren Spruch zitierte, „ich freue mich immer, wenn ich Besuch bekomme, freue mich aber genauso, wenn er wieder abreist". Nach der Planung der Eltern, wurden wir von unserem Vater abgeholt und so ging es per Eisenbahn wieder Richtung Wuppertal.

Zu Hause angekommen, überraschte uns ein Gerüst an der Vorderfront unseres Hauses, die gestrichen werden sollte. Mein Vater hatte Theaterdienst und verschwand mit meiner Mutter. Kaum waren die beiden aus dem Haus, riefen wir HansHermann, einen Jungen der auf gleicher Etage, schräg gegenüber wohnte und verabredeten uns vor dem Haus. Dort überlegten wir was wir anstellen sollten und kamen auf die Idee, im Gerüst des Hauses zu klettern. Gesagt getan! Da es inzwischen dunkel geworden war, fiel anderen unsere Gerüstkletterei nicht auf. Obwohl uns das im Gerüst Herumtollen viel Spaß machte, galt auch hier der Spruch unserer Mutter, „alles hat ein Ende nur die Wurst hat zwei" und wir verzogen uns wieder in die Betten. Die Eltern hatten natürlich nichts von unseren Aktivitäten gemerkt. Waltraut und ich nuzten das aber immer aus, wenn unsere Eltern abends nicht zu Hause waren. Das Wasserbombenwerfen machte uns dabei besonderen Spaß. Die Kaffeetüten von „Ommers Kaffee", doppelschichtig mit Pergamentpapier, eigneten sich ganz besonders für unsere Zwecke. Mit Wasser gefüllt, ließen wir sie aus dem Fenster vom 2. Stock herunter, auf den Bürgersteig fallen. Reizvoll war es besonders, wenn Liebespaare eng umschlungen auf dem Weg zum Park, an unserem Haus vorbeikamen. Platschte dann eine „Wasserbombe" unmittelbar vor ihnen auf den Bürgersteig, verschwanden wir blitzschnell hinter dem Fenster, so dass die Betreffenden nicht wussten wer der „Übeltäter" war. Zwar haben wir immer gut gezielt, doch getroffen haben wir Gott sei Dank keinen. Aber Spaß muss sein!

Einmal im Jahr musste die Jugendorganisation der NSDAP, Jungvolk, HJ, BDM, für das „Winterhilfswerk“ (WHW), auf den Straßen mit Sammelbüchsen Geld sammeln. Um einen Anreiz zu geben etwas zu spenden, erhielt man ab 20 Pfennige ein hübsches Ansteckabzeichen, das auch gleichzeitig bedeutete, ich habe schon gespendet. Diese Sammlungen fanden stets im Herbst statt und dienten den Ärmsten, warme Winterkleidung zu beschaffen. Normalerweise sammelte man, bis alle der unterschiedlichen Abzeichen vergeben waren. Ich tat mich dabei schon leichter und ging einfach zu meiner Tante Marga, die in einer Privatklinik in der Fischertaler Straße als Schwester arbeitete, gab ihr meine Sammelbüchse mit den Abzeichen, sie ging damit von Zimmer zu Zimmer und kam mit voller Büchse und ohne Abzeichen wieder zurück. Meinem Opa in Dortmund gefielen die Abzeichen der verschiedenen Sammlungen so gut, dass er sie auf einen Karton aufzog und den Flur damit schmückte.

Mein Vater war ein Pedant reinsten Wassers, pingelig genau musste alles sein. Die Ordnung war sein Steckenpferd, doch Waltraut und ich hatten aber damit Probleme und Anlass häufigen Ärgers. Obendrein steckte mein Vater voller Sprichworte, die sich auf die Ordnung bezogen, die wir auch nicht selten zu hören bekamen. „Lerne Ordnung übe sie, Ordnung spart dir Zeit und Müh“ war ein solches oder „Ordnung ist das halbe Leben“, oft hörten wir auch „jedes Ding an seinen Ort, erspart viel Müh, Zeit und manch böses Wort“. Heimlich mussten wir Kinder einmal lachen, als er wieder einmal zitierte „jedes Ding an seinen Ort“ und seine Schwester ergänzte „und wenn du´s suchst, dann ist es fort“ da aber wurde er zu Tante Marga böse, nach dem Motto, sie untergrabe seine Autorität. Im Prinzip hatte er ja Recht, die Autorität unseres Vaters war nicht in Frage zu stellen! Das zeigte sich auch eines Sonntags. Meine Schwester und ich hatten im Flur ein großes 1 Meter tiefes und 2 – 2,5 Meter breites Regal, dessen oberste Etage für mich, die darunter für meine Schwester bestimmt war, ebenso wurde ein Schubfach von mir und das andere von Waltraut benutzt. Ganz zufällig hing der Vorhang nicht ordentlich davor, so dass man hineinsehen und feststellen konnte, Ordnung herrschte dort nicht. Unser Vater sah das und einer Explosion gleich brüllte er uns beide an, griff mit beiden Händen hinein und warf alles was er greifen konnte, von meinem und meiner Schwester Fach hinaus vor das Regal und schüttete beide Schubfächer noch dazu, mit dem Auftrag alles ordentlich einzuräumen. Der Sonntag war für uns beide gelaufen.

Normalerweise wurde mit einem Klingelknopf an der Lampe über dem Esszimmertisch, die Klingel in der Küche betätigt, die für unser Dienstmädchen bedeutete, den nächsten Gang zu bringen oder einmal ins Esszimmer zu kommen. Anneliese Figge hatte ihren freien Tag und so hatte ich das Abräumen nach dem Essen zu übernehmen. Nachdem alles abgeräumt war, blieb noch ein Suppenteller übrig. Den schob ich umgedreht, ohne mir überhaupt etwas dabei zu denken, unter unseren Flurläufer. Gewiss, es war idiotisch, aber ich kann nicht erklären, warum ich so etwas Irrationales tat. Meine Mutter lief ein wenig später mit einem Brikett in der Brikettzange über den Flur, um es auf die Ofenglut des Wohnzimmers zu werfen, stolperte über den unter dem Teppich befindlichen Teller. Zufällig war ich in der Nähe und sie warf mir impulsiv das Brikett ins Kreuz, in dem Bewusstsein, nur ich könnte für das Hindernis verantwortlich sein. Recht hatte sie ja! Dabei konnte ich noch froh sein, dass sie mich nicht in den Keller einsperrte, das hatte sie schon mal fertig gebracht. Es lag zwar schon eine ganze Zeit zurück, doch sie wusste offenbar nicht, wie sie mich noch bestrafen sollte. Ich weiß auch nicht mehr was ich „ausgefressen" hatte, sie schickte mich einfach in den Keller, schloss mich ein und ich saß dort wie ein armer Sünder. Waltraut brachte mir das Essen, bis nach unendlichen (gefühlten) Stunden, meine Mutter die Kellertüre wieder aufschloss.

Da uns kein Park oder größerer Garten mehr zur Verfügung stand, hielten wir uns doch häufiger auf der Straße auf, natürlich erst, wenn die Schularbeiten gemacht waren. Auch hier gab es Jugendliche mit denen wir uns verstanden, die auch bereit waren „etwas anzustellen". So spannten wir zum Beispiel vom Laternenfahl zur Hauswand, einen einfachen dünnen kaum sichtbaren Zwirnsfaden in 1,5 Metern Höhe über den Bürgersteig und hielten uns auf der anderen Straßenseite auf. Selten dass Fußgänger den gespannten Faden vorher erkannten, sie erschraken meistens, wenn plötzlich irgendetwas zerriss. Wir aber hatten unseren Spaß, bei der Beobachtung, wie die einzelnen sich dabei verhielten. Oder aber, wir legten einen natürlich leeren Geldbeutel auf den Bürgersteig, befestigten daran einen dünnen Zwirnsfaden, den man kaum erkennen konnte und hockten uns hinter einen Strauch. Kam dann ein aufmerksamer Bürger, Pardon das hieß jetzt Volksgenosse, bückte sich um den Geldbeutel aufzuheben, zogen wir diesen mit dem Zwirnsfaden schnell hinter den Strauch und lachten uns „ins Fäustchen". Gingen wir mal in die Stadt, möglichst dorthin, wo sich viele Menschen aufhielten, zeigten wir plötzlich mit dem Finger auf irgendein Hausdach und riefen dabei „da", „da" „da" und alle Leute um uns herum, schauten auch nach oben. Wir aber lachten und liefen davon. Das Erfrischungsgetränk unserer Zeit hieß „Sinalco". Liefen wir in der Stadt artig auf einem Bürgersteig hinter einigen Leuten, rief einer von uns „Sie, sie" und schon drehte sich einer um. Dann riefen wir „Sinalco" und rannten fort. Kindisch? Ja, wir waren halt noch Kinder.

Der „Sankt Martins Tag“ war auch etwas für uns Kinder. In WuppertalBarmen waren neben der protestantischen Kirche, auch christliche Sekten stark vertreten, darüber hinaus gab es ebenfalls einen nicht zu übersehenden Anteil an Katholiken. So wurde der „Sankt Martins Tag“ auch nicht übergangen, der sich für Kinder und Jugendliche recht ertragreich gestalten konnte. Am späten Nachmittag taten wir uns mit anderen Kindern aus der Nachbarschaft zusammen und zogen mit weiteren Kindergruppen von Geschäft zu Geschäft und sangen im Eingang, „Mäten is en gude Mann, der uns got wat geben kann, de Äppel un de Biren, de Nöte gon noch met. Trepp bovenap, Trepp bovenap pack ens in de Nötesack, pack awer nit doneben, kas uns got wat geben“. (Martin ist ein guter Mann, der uns gut ´was geben, kann die Äpfel und die Birnen, die Nüsse geh´n noch mit. Trepp auf Trepp ab, Trep auf Trepp ab, pack mal in den Nüssesack, pack aber nicht daneben, kannst uns gut was geben). Wir hatten große Tüten oder kleine Säckchen, die wir offen hielten, in der Erwartung, dass wir nicht vergebens gesungen hatten. Das klappte auch meistens, klappte es aber einmal nicht, dann sangen wir, „oven an Himmel, steht en witte Schimmel, steht wat drob geschreven: Gizhals, Gizhals, morn kriest de en langen Hals övermorn noch vel läner“. (Oben am Himmel, steht ein weißer Schimmel, steht etwas darauf geschrieben: Geizhals, Geizhals morgen kriegst du einen langen Hals, übermorgen noch viel länger.) Meine Mutter sah unsere diesbezüglichen Aktivitäten nicht so gerne. Ihrer Ansicht nach, war das Bettelei der armen Leute und solchen die es nötig haben. Wir haben uns darüber hinweg gesetzt und am Ende unseres Rundgangs, den Inhalt der Tüten und Säckchen brüderlich unter den Teilnehmern geteilt.

Den Jungvolkdienst versah ich regelmäßig. Da wir ja in den Bereich der Stadtmitte gezogen waren, gehörte ich jetzt auch einer anderen Einheit an. Doch der Dienst unterschied sich nicht von dem in der anderen Einheit, hatte sich jedoch im Laufe der Zeit verändert. Bedingt durch den Konjunkturaufschwung, benötigten die Fabriken wieder die von uns genutzten Räume, so dass unser Dienst schwerpunktmässig in der frischen Luft stattfand. Demonstrationsmärsche durch die Stadt, Geländespiele in der Natur und was ich gar nicht gerne mochte, Exerzieren auf dem Sportplatz der Fischertaler Meierei, waren der Ersatz. Es wurde Zeit dass ich 14 Jahre alt wurde und in die Marine HJ eintreten konnte.

Mein Haarschnitt war häufig Diskussionsstoff bei Grafenhorsts. Er musste militärisch kurz sein, also die Haare auf Streichholzlänge. Keinesfalls durfte die Länge, eine so genannte „Hitler Tolle“ ermöglichen. Hitler ließ nämlich während seiner leidenschaftlichen Reden, die gescheitelten Haare effektvoll auf die linke Gesichtshälfte fallen, was unserer Mutter überhaupt nicht gefiel. Das war sicher der Grund ihrer Einstellung.

In diesem Jahr stand der zweijährige Konfirmationsunterricht in der Lutherkirche an. Im ersten Jahr galten wir als Katechumenen oder Katecheten, danach im zweiten Jahr als Konfirmanden. In diesen beiden Jahren, fand jeden Mittwochnachmittag, den der liebe Herrgott kommen ließ, der Konfirmationsunterricht statt, den unser Pfarrer, ein freundlicher, aber „mit der Zeit gehender" Herr, abhielt. Er ließ es sogar zu, dass wir auch schon mal, wenn es nicht anders ging, in Uniform teilnehmen konnten. Wir lernten die Biblische Geschichte und deren Bedeutung, die Aussagen der Lieder, einzelne Psalmen und dergleichen. Dem Pfarrer sangen wir zum Thema Auszug aus dem Paradies, das Scherzlied aus dem Jungvolk vor: „Adam zog den großen Möbelwagen Eva musst´s Petroleumslämpchen tragen, Kain der trug die große Gipsfigur und der kleine Abel eine Eieruhr." Es war natürlich ein Wagnis, doch er lachte herzhaft darüber. Zu den Pflichten der Konfirmanden gehörte es auch, des Sonntags am Gottesdienst teilzunehmen. Den Abschluss des zweijährigen „Konfi-Unterrichts" bildete die feierliche Konfirmation, nach der eine Woche vorher bestandenen „Prüfung". Die „Prüfung" selbst galt als echte Prüfung, im Rahmen des sonntäglichen Gottesdienstes, in Gegenwart der Eltern. Derjenige der die Fragen des Pfarrers nicht beantworten konnte, wurde nicht konfirmiert! Doch dazu kam es bei uns nicht, denn der Pfarrer kannte „seine Schäfchen" und stellte dementsprechend auch die Fragen. Ich wurde lediglich einmal aufgerufen und das zur Definition des 6. Gebots. Zur Konfirmation, also der „Einsegnung", erhielt ich den Spruch: „Wache, stehe im Glauben, sei männlich und sei stark!" Zur Tradition gehörte es, dass man zur Konfirmation den ersten Anzug bekam. Meiner war dunkelblau mit weißem Hemd und Krawatte, dazu bekam ich noch ein Gesangbuch. Im Familienkreis gab es natürlich mit Tante Marga noch ein festliches Essen und allerlei kleinere Geschenke. Nun war ich für die Christliche Kirche bereits ein Erwachsener!

Bei Grafenhorsts war es üblich, dass die Kinder vor Weihnachten einen Wunschzettel schrieben. Allein dieser war maßgebend, für die Geschenke die es zu Weihnachten gab. Die von den Eltern gekauften Weihnachtsgeschenke, wurden zunächst bis zu Bescherung am Heiligen Abend in die rechte Seite von Vaters Bücherschrank eingeschlossen. Einige Tage vor Weihnachten ging ich mit meiner Mutter in die Stadt. Kaum waren wir einige Minuten fort, fiel meiner Mutter ein, dass sie etwas vergessen hatte. Ich bekam den Auftrag zurückzugehen, um das was sie vergessen hatte zu holen. Dazu gab mir sie mir die Haustürschlüssel, an dessen Ring, sich alle Schlüssel der Wohnung befanden. Kaum war ich in der Wohnung, trieb mich die Neugier! Ich könnte ja mal nachschauen was ich zu Weihnachten bekäme und schnell mal den Bücherschrank aufschließen. Gedacht, getan! Da sah ich nun, was ich am Heiligen Abend bekommen würde, schloss den Bücherschrank wieder zu, ergriff das, was ich für unsere Mutter holen sollte, brachte es ihr. Nun wusste ich, was ich zu Weihnachten bekommen würde, doch die Spannung war weg. Eine Lehre, die mich mein Leben lang begleitete. Neugier gab es für mich nicht mehr, es war ja viel schöner, sich überraschen zu lassen! Weihnachten begann bei Grafenhorsts am Heiligen Abend, in dem man sich festlich kleidete, um das von unserer Mutter hergestellte tolle Abendessen gemeinsam einzunehmen. Danach verließen wir das Esszimmer bis auf unseren Vater, der die Kerzen des Weihnachtsbaumes, den wir Kinder noch nicht gesehen hatten, anzündete. Mit dem Lied, „ihr Kinderlein kommet, oh kommet doch all“ betraten wir gemeinsam das Weihnachtszimmer. Grafenhorsts hatten immer einen Weihnachtsbaum, der auf dem Boden stand, daneben versteckt befand sich ein mit Wasser gefüllter Eimer, als reine Sicherheitsmassnahme. Zunächst sagte Waltraut ein Weihnachtsgedicht auf, dann ich und zuletzt las unsere Mutter die Weihnachtsgeschichte aus der Bibel. Zwischendurch wurden Weihnachtslieder gesungen, das sich auch bis zur Bescherung fortsetzte. Dann endlich befasste sich jeder mit seinen Weihnachtsgeschenken, die für uns Kinder unter dem Weihnachtsbaum lagen, die Eltern hatten ihre auf dem Tisch ausgebreitet. In diesem Jahr hatte ich als Überraschung ein Luftgewehr Marke „Diana“ mit Munition, erhalten. Es war eines modernster Bauart, mit „gezogenem“ Lauf und verstellbarer „Kimme“. Gerade als mein Vater mir die Funktion erklärte, ging das Telefon, ein Großbrand. Schnellstens zog er die Uniform an und machte sich auf den Weg zum Gummiwerk „Vorwerk“, das mit seiner Reifenproduktion in hellen Flammen stand. Wir aber schauten aus dem Fenster und sahen den leuchtend roten Himmel. Für unseren Vater aber galt, Dienst ist Dienst und Schnaps ist Schnaps!

Nun gehörten die verregneten Sonntage, an denen man nichts anfangen konnte, der Vergangenheit an. Das Luftgewehr beschäftigte die Familie. Unser langer Flur wurde durch die geöffnete Tür des Elternschlafzimmers verlängert, an dessen Wand, der vom Vater gebastelte Kasten mit Schießscheiben hing, so dass er sich zu einer Schießbahn eignete. Nachdem uns unsere Vater über die Handhabung des Luftgewehrs, wie auch des Zielens und Schießens aufgeklärt hatte, fanden an den verregneten Sonntagen bei uns Schießwettbewerbe statt. Natürlich gewann vorerst unser Vater, verständlich durch seine Erfahrung, zweiter war in der Regel ich, noch vor meiner Schwester die als Vaters Liebling, besonders von ihm gefördert wurde. Auch unsere Mutter machte mit, obwohl sie nach dem Zielen vor dem Abdrücken die Augen schloss. Damit aber hatte sie bei dem Schießen der Offiziersdamen immer Erfolg gehabt. Für unseren Vater unverständlich! Im Laufe der Zeit aber wurde ich immer besser und ein echter Konkurrent meines Vaters.

Schräg gegenüber unserer Wohnung, wohnte eine Familie mit Sohn und Tochter, dessen Vater eine Uniformfabrik betrieb. Da es in diesen Jahren noch sehr wenig PKWs und daher auch kaum Garagen gab, parkte sein beigefarbener Ford auf der Straße vor dem Haus und jeder wusste, wann der Chef zu Hause ist. Die Hitler – Zeit brachte diesem Betriebszweig durch die vielen NS – Organisationen, einen gewaltigen Aufschwung. Der Sohn mit dem ich befreundet war, hatte so genannte Lutschzähne, deren obere Schneidezähne schräg nach vorne standen. Er war ein ruhiger Typ, stellte jedoch unsere Freundschaft, wegen seiner mimosenhaften Empfindlichkeit, manchmal auf eine harte Probe. Dagegen war seine gut aussehende, etwas ältere Schwester, ausgesprochen umgänglich. Er besuchte das Gymnasium, hatte andere Unterrichtszeiten, die unsere gemeinsamen Aktivitäten begrenzten. Trotzdem streiften wir eines Tages durch den Wald, der gegenüber dem Ehrenhof begann. Hier sollte, so hatten wir gehört, früher einmal eine historische Straße entlang geführt haben. Während wir durch den Wald zogen, fühlten wir uns schon als Archäologen und meinten, unbedingt etwas entdecken zu müssen. Das aber war nicht einfach, zumal schon eine ganze Zeit vergangen war, ohne irgendwelche Hinweise oder Auffälligkeiten. Wir aber wollten schon nach Hause gehen, als wir mitten im Wald eine kleinere unscheinbare Erhöhung erkannten, die weder durch einen morschen Baumstumpf oder etwas anderen herrühren konnte. Wir fingen an zu buddeln. Es dauerte nicht lange, da gab die Erde an einer Stelle nach und fiel nach unten in ein kleines Loch. Jetzt wurde es spannend! Wir machten das Loch größer, doch immer wieder fiel die Erde nach unten. Dann hörten wir nach dem Fallen der Erde in das Loch, ein Geräusch. Es klang wie platschendes Wasser. Offenbar ein ehemaliger Brunnen. Nun wurden wir langsam stolz, hatten wir doch etwas entdeckt oder war diese Stelle schon bekannt? Im nächsten Forsthaus aber, wusste der Förster nichts von einem ehemaligen Brunnen, auch in den alten Landkarten war nichts Derartiges vermerkt. Jetzt konnten wir uns schon etwas einbilden, wir hatten etwas entdeckt! Woher der Brunnen stammte und weshalb er sich dort befand, konnten wir nicht erfahren. Später, als ich mal in die Nähe kam, sah ich, dass um die Stelle ein Zaum gespannt worden war.

Auf den „Zeppelin“, eine Erfindung des Grafen gleichen Namens, war man als ein Deutsches Markenzeichen sehr stolz. Im Weltkrieg 1914 / 1918 hatten Zeppeline London bombardiert, wobei allerdings die meisten abgeschossen wurden, da die tragenden Körper mit Gas gefüllt waren und daher leicht brannten. Jeder

Treffer eines Abwehrgeschosses führte zum Absturz. Nun, nach dem Kriege wurden die Luftschiffe zum Personenverkehr insbesondere von Europa nach USA eingesetzt. Flog mal ein Zeppelin über eine Stadt, rannten alle Menschen aus den Häusern, um das große Ungetüm am Himmel zu sehen. Das Ende dieses Personenverkehrs mit Luftschiffen erfolgte schlagartig, als nämlich am 6. Mai 1937 das Luftschiff „LZ 129 Hindenburg", bei seiner Landung in Lakehurst, im Staat New Jersey, in Brand geriet und vernichtet wurde, wobei von den 97 Personen an Bord 35 starben. Diese Nachricht ging wie ein Schock durch Deutschland und fand selbstverständlich Eingang in unseren Physikunterricht, in dem die Technik und das System der starren Flugkörper behandelt wurde. Es bedeutete aber auch das Aus der Luftschifffahrt.

Es kam die Zeit, in der das Verlangen nach einer Zigarette, nicht mehr zu unterdrücken war. In den Tabakläden konnten wir Jungens natürlich keine kaufen. Meine Eltern rauchten nicht, aber Hajos Vater. Dagegen rauchte seine Frau nicht, bei der die NSDAP Werbung „eine Deutsche Frau raucht nicht" scheinbar Wirkung zeigte. Also musste Hajo seinem Vater welche stibitzen. Es gab seiner Zeit schon eine ganze Reihe von Zigarettenmarken, beispielsweise die „Eckstein, dick, rund, ohne Mundstück" 3 Stück für 10 Pfennige. In den Zigarettenschachteln der verschiedenen Marken lagen bunte Bilder, mit historischen Soldatenuniformen, die wir natürlich sammelten. Jede auf der Straße weggeworfene Zigarettenschachtel, wurde von uns auf Bilder untersucht. Manchmal hatten wir sogar Glück. Sahen wir einen Raucher auf der Straße, liefen wir zu dem hin und fragten, „Heil Hitler, ham se kein Bildchen"? Der so Angesprochene wusste, was wir meinten. Einige Zeit später lagen in den Zigarettenschachteln der Marke „ R 6" von „Haus Neuerburg", kleine so genannte Schecks, die mit Nummern versehen waren. Hatte man die Nummernserie voll, bekam man dafür ein Album mit Bildern, die man an den kenntlich gemachten Stellen selbst einkleben musste. Die Bilder hatten die Qualität von Fotoaufnahmen und zeigten Szenen aus dem Weltkrieg 14/18, weshalb wir diese Schecks intensiv sammelten. Welche Marke Hajo nun für unseren Test besorgt hatte, weiß ich nicht mehr. Auf dem Heimweg von der Schule, befand sich am Ende des Güterbahnhofs ein kleiner mit Sträuchern bewachsener Hang, hinter die wir uns hockten und jeder eine Zigarette anzündete. Nach wenigen Zügen schon mussten wir husten, danach zogen wir den Rauch in den Mund, um ihn gleich wieder herauszublasen. Aber egal was wir versuchten, das Rauchen schmeckte uns nicht. Wir waren enttäuscht und konnten uns nicht vorstellen, weshalb die Erwachsenen rauchten.

Der Kaffee kam aus dem fernen Ausland und musste eingeführt werden. Das war nun etwas was den Nazis nicht passte, weshalb sie Stimmung gegen den Bohnenkaffee machten. Ein echter Deutscher Mann, trank Malzkaffee aus Gerste gebrannt! Dieser Tendenz folgend, lernte wir auch in der Schule den Kanon, „C A F F E E trinkt nicht so viel Kaffee. Nichts für Kinder ist der Türkentrank, macht die Nerven schwach und krank. Sei doch kein Muselmann, der das nicht lassen kann“! Wir Kinder tranken Malzkaffee und unsere Mutter benötigte den Bohnenkaffee nur zur Aufmunterung und natürlich für ihre Kaffeekränzchen.

Immer wenn ich aus der Schule kam, hatte ich Durst. Das wusste natürlich unsere Mutter. Deshalb stand auch immer am Ende des Küchenherdes, eine Kaffeekanne voller Malzkaffee. Ihrer Meinung nach erinnere ich sie mit meinem Durst, an unseren Vetter „Bubi“ der, wenn er uns hin und wieder besuchte, stets sagte, „Tante Grete ich hab´ Durst“! In der Schule konnte man zwar beim Hausmeister Koch Milch in Flaschen kaufen oder gar Kakao, doch das schien meinen Eltern zu teuer und auch nicht notwendig. Vielleicht erklärt das auch meinen Durst nach dem Schulbesuch.

Es kam schon mal gelegentlich vor, dass es meinen Vater an einem warmen Sommerabend nach einem Glas Bier gelüstete. Flaschenbier war seinerzeit nicht üblich, es gab nur gezapftes Bier und das, wenn es nicht vor Ort getrunken wurde, aus einem Siphon. Wenige Häuser entfernt an der Ecke Turnstrasse, befand sich eine Gaststätte zu der mich mein Vater schickte, damit ich dort einen Siphon Bier für ihn hole. In der Gaststätte befanden sich an der Rückwand der Theke aufgereiht Siphons in verschiedenen Größen. Ein bauchiges Gefäß, meist aus braunem Glas mit schlankem Hals und Bajonettverschluß, Metallbänder um das Gefäß hielten den Griff. Für den bekannten Polizeioffizier Grafenhorst war Flaschenpfand nicht üblich.

Ein Schulfest sollte den Kontakt zu den Eltern verbessern. Zu diesem Zweck, führte im Saal einer Gastwirtschaft „Im Heubruch“, jede Klasse den Eltern der Schüler etwas vor. Der Onkel eines Klassenkameraden, Schüler der Untersekunda, spielte zu besonderen Anlässen die Orgel unserer Aula, aber an diesem Festabend gab er mit seinem Xylophon, das er virtuos beherrschte, eine tolle Vorstellung. Als er dann noch auf dem Flügel einen Stepptanz hinlegte, tobte der Saal. Aber auch die Aufführung meiner Klasse erhielt großen Beifall. Ich zählte zu einer Gruppe, die als Chinesen verkleidet war. Langer dunkler Mantel, gelber Chinesenhut, mit schwarzen Schriftzeichen und daran befestigtem Zopf, gemalten Schlitzaugen, angeklebten Chinesenbart war unser Äußeres. Wir sangen ein Lied mit kleinen Tanzschritten, „Chinamann liebt das Chinamädchen

Marzipan und er sieht sie voller Sehnsucht an und sagt immerzu, mein Liebling bist du. Komm zu mir und ich baue dann aus Freude dir, gleich ein Schloss aus echtem Goldpapier. Komm sage nicht nein, sei lieb und sei mein. Schon nach ein paar Tagen hat er sie verführt, denn die Liebe ist in China ganz unkompliziert. Chinamann liebt das Chinamädchen Marzipan und er schaut sie voller Sehnsucht an und sagt immerzu, mein Liebling bist du". Die Prüderie der Nazis ging so weit, dass der Lehrerschaft auferlegt wurde, uns zu veranlassen, anstelle des Wortes „verführt", eine Alternative zu singen. Das taten wir auch bei den Proben, doch bei dem Schulfest selbst vor den Eltern, sangen wir den Originaltext. Wir rechneten mit irgendwelchen Strafaktionen, doch nichts erfolgte. Auf jeden Fall aber erntete unsere Vorstellung einen riesigen Beifall. Als Mitglied des Schulchores hatte ich noch einige Auftritte, bei denen wir Lieder vortrugen, die wir auch bei Schulveranstaltungen, in unserer wunderschönen Aula mit Blei verglasten großen Fenstern, sangen. Das Schulfest jedenfalls war für unsere Schule ein voller Erfolg!

Vom Schulunterricht befreit, schickten uns völlig unerwartet unsere Lehrer an das Geländer des Bahnkörpers, gegenüber unserer Schule. Was wurde erwartet fragten wir uns? Der Schienenzeppelin sollte durch Wuppertal fahren. Natürlich hatten wir schon vom Schienenzeppelin gehört und waren nun interessiert, wie der wohl aussehen würde. Unsere Geduld wurde auf eine längere Probe gestellt. Doch endlich sahen wir, ein silbern glänzendes Fahrzeug, einem Zeppelin ähnlich, an dessen Ende sich ein Propeller drehte, über die Eisenbahnschienen sausen. Ob der Propeller nun dem Antrieb diente oder ein eingebauter Motor, diese Frage blieb offen.

Etwas anderes war der Besuch des Planetariums, das sich nicht weit von unserer Wohnung entfernt befand. Barmen hatte ein Planetarium, Elberfeld nicht, aber welche Städte hatten überhaupt ein Planetarium? Es war schon beeindruckend, den Himmel so nahe und so deutlich zu sehen, dazu mit den unterschiedlichsten Sternbildern und deren Wanderungen. Abends bei ausnahmsweise klarem Himmel, versuchte ich vom Dachfenster meines Zimmers aus, die verschiedenen Sternzeichen zu erkennen, musste aber bald feststellen, dass dieses so einfach wie im Planetarium nicht ging. Barmen war schon eine fortschrittliche Stadt.

Das erkannte man auch an dem Müllheizkraftwerk, welches der Zeit um mindestens 80 Jahre voraus war. Sämtliche städtische Einrichtungen, wurden durch die Verbrennung des Mülls geheizt, das führte sogar dazu, dass in jedem Stadtteil von Barmen, ein großes Hallenschwimmbad existierte, dass jeweils aus zwei kompletten Bädern bestand, nämlich eines für die Männer und eines für die

Frauen. Als Konzession an die Zukunft, gab es sogar jede Woche an einem Tage den Familienbadetag. Lag im Winter, was selten vorkam, einmal Schnee auf den Straßen, konnte man auf den Bürgersteigen erkennen, wo die Röhren des Heizkraftwerks verliefen, dort schmolz der Schnee nämlich am schnellsten. Nicht nur wir Kinder gingen gerne ins Schwimmbad, auch der Schulsportunterricht, der den höheren Schulen vorbehalten war, wurde in dem der Schule naheliegendsten Schwimmbad durchgeführt. Während wir in Heckinghausen wohnten, gingen wir Kinder in das dortige Hallenschwimmbad, jetzt im Stadtmittebereich war uns das „am Werth" am nächsten, mit der Schule aber fand der Schwimmunterricht, in dem von Unterbarmen statt. Die Nichtschwimmer hatten in jedem Schwimmbecken ihren durch Ketten getrennten Teil und für die Schwimmer gab es das 1 Meter, das 3 Meter und 5 Meter Sprungbrett. Ziel der neuen Schulführung war, jeder Schüler muss schwimmen können! Nun, ich hatte mir das Schwimmen selbst beigebracht und nutzte den Schwimmunterricht dazu, das „Freischwimmer-Zeugnis" zu erwerben. 15 Minuten drehte ich in dem Becken, ohne mich irgendwo festzuhalten meine Runden. Das schien mir so einfach, dass ich mich gleich zum „FahrtenschwimmerZeugnis" anmeldete. Das war schon wesentlich schwieriger, da man dafür 45 Minuten ohne Halt schwimmen musste. Leichtsinnigerweise hatte ich vorher noch nicht eine solche zeitliche Distanz geschwommen, ich war überheblich und der Überzeugung, für mich ist das kein Problem. Das wurde es aber doch, nachdem eine halbe Stunde vergangen war, wurde mir die Zeit recht lang. Runde um Runde drehte ich im Wasser, die Zeit kroch nur so dahin, dazu bekam ich noch Magenschmerzen. Als endlich die 45 Minuten herum waren, hatte ich Probleme überhaupt auf dem Treppchen aus dem Wasser zu kommen. Total abgeschlafft ließ ich mich auf einen Stuhl fallen, aber ich hatte es geschafft! Da war das Springen schon eine einfachere Sache, wenn ich auch nicht gerne mit dem Kopf voraus ins Wasser sprang. Vom 1 Meter Brett ging das ja noch, auch vom 3 Meter Brett, doch vom 5 Meter Brett zitterten mir die Knie. Von unten sah das gar nicht so hoch aus, aber stand man auf dem Sprungbrett und schaute hinunter, war das doch eine beachtliche Höhe. Der Schwimmunterricht fiel immer in die letzten beiden Schulstunden. Gingen Hajo und ich von dort aus nach Hause, kamen wir an einem Internationalen Hotel vorbei und fragten dort nach einer vortäglichen französischen Zeitung, die wir anstandslos bekamen. Zu Hause versuchten wir den Inhalt zu verstehen, wobei wir feststellten, dass man darin wenig oder gar nichts Deutschfeindliches finden konnte. Auch Hitler kam dabei positiv weg, kritisch vielleicht, aber nicht aggressiv. Unser Schulsport war unterteilt in Leichtathletik, Geräteturnen, Schwimmen, Ballspiele und Kampfsport. In Theorie und Praxis lernten wir alles in diesen Sparten, wobei Fußball sich am leichtesten in der Praxis umsetzen ließ. Da nachmittags kein Schulunterricht stattfand, trafen wir uns, sofern es die Zeit zuließ, nachmittags auf dem Schulhof, teilten uns in zwei Mannschaften ein und spielten ein bis zwei Stunden. Jeder hatte Fußballschuhe mit Stollen, so dass schon ein echtes Spiel zustande kam, das auch unseren Direktor reizte. Der hatte sein Arbeitszimmer zum Schulhof und konnte, da dieser nicht abgeschlossen wurde, sehen was dort passierte. Als junger Mann hatte er im Mühlheimer Sportverein, Spühlheimer Mordverein sagte er immer, aktiv Fußball gespielt und es jucke ihm immer im Fuß, wenn er uns zuschaute. Gerne machte er deshalb ein paar Schüsse auf's Tor. Da eigentlich Fußballspielen auf dem Schulhof nicht erlaubt war, wir es aber doch taten, war es uns nur recht, dass der Direx bei uns vor dem Ball trat.

Es war kurz vor den Sommerferien und in diesem Jahr recht warm. Auf dem Weg zu einem nachmittäglichen Fußballspiel auf dem Schulhof, überholte mich ein von Pferden gezogener Getränkewagen. Während die Pferde den Wagen den leichten Berg hinaufzogen, lief ich zum Ende des Wagens, hängte mich dort an, griff nach einer der Flaschen, öffnete den Bajonettverschluß und trank in vollen Zügen. Plötzlich griff mich jemand von hinten und schlug kräftig auf meinen Hintern. Ich hatte nicht bemerkt, dass sich der Kutscher von der Seite herangeschlichen hatte. Nun aber entwischte ich ihm mit einem Satz, lief schnell in eine andere Richtung, damit er nicht merken konnte wohin ich eigentlich wollte. Aus dieser Erfahrung klug geworden, gelang mir später in ähnlicher Situation, zwei Flaschen Limonade von hinten aus dem offenen Wagen zu stibitzen, in dem ich, unmittelbar bevor mich jemand bemerkte, mit meiner Beute fortlief. Das waren aber auch die einzigen „Ausrutscher"!

Das Lehrprogramm der Oberschulen wurde 1938 umgestellt. Danach bekamen wir in der Quarta neben Latein und Französisch als dritte Fremdsprache Englisch. Das kam so überraschend, dass es dafür überhaupt noch keine Lehrbücher gab. Bis diese uns endlich zur Verfügung standen, überbrückte unser Englischlehrer, diese Zeit, in dem er für uns Märchenbücher anschaffte mit dem Titel, „The happy prince and other tales" von Oscar Wilde. Noch Heute erinnere ich mich an den Anfang des ersten Märchens: „High above the city on a small column stood the statue of the happy prince. He was gilded all over and on his swordhilt glowd a bright safir. In his eyes he had two red rubies." Dieser Studienrat, einer der übrig gebliebenen älteren Lehrer, war mit einem amputierten Bein unterhalb und einem Bein oberhalb des Knies schwer beschädigt. Sein scharf geschnittenes Gesicht erinnerte an die Plastiken, die Gesichter von Frontsoldaten darstellten.Unser Religionsund Lateinlehrer dagegen, Humanist durch und durch, lehnte beispielsweise im Lehrfach Sport die Sparte Kampfsport und damit das Boxen und Ringen ab und verstand nicht, dass man als Schüler lernen musste, jemanden mit der Faust kampfunfähig zu schlagen. Das habe seiner Ansicht nach nichts mit Menschlichkeit und Humanismus zu tun. Wenn ich auch diese Ansicht nicht unbedingt teilte, so mochte ich seinen Unterricht gerne. Zitierte er im Religionsunterricht beispielsweise die Zeilen aus Paul Gerhards Lied „Der Mond ist aufgegangen", - - - - - - - - „ und aus den Wiesen steigen der w e i s s e N e b e l w u n d e r b a r" konnte man sich diese Beschreibung bildlich vorstellen. Er zählte auch zu der „alten Garde" der Lehrer, mit Gold geränderter Brille, stets im blauen Zwirn, weißem Hemd und Krawatte, dem jegliches Laute körperliche Schmerzen zu bereiten schien, hatte aber auch Humor wenn er uns über Latein den Spruch beibrachte, „Aqua das Wasser, Vinum der Wein, hol es der Teufel das verfluchte Latein". Unser Klassenlehrer dagegen war nicht geeignet für eine Jungenschule, hatte obendrein noch schwache Nerven und musste sich mit uns, die schnell seine Schwäche erkannt hatten, herumärgern. Hatten wir ihn wieder einmal „auf die Palme gebracht" und er fiel aus der Rolle, musste er sich nach der Unterrichtsstunde die Tränen aus den Augen wischen. Er tat mir leid, doch junge Menschen haben ihr Gefühl, vor allem das Mitgefühl, noch nicht entwickelt.

Kaum aus heutiger Sicht zu glauben, doch am 1. Januar 1938 wurde die STVO in Kraft gesetzt. Die Straßenverkehrsordnung, die es auch heute noch gibt. Natürlich hat sich der Inhalt im Laufe der Jahrzehnte geändert, den sich ständig verändernden und weiter entwickelten Verkehrsverhältnissen angepasst. Immerhin wurde damals festgelegt, dass auf der Straße rechts zu fahren sei und links überholt werden muss. Seinerzeit gab es jedoch sehr wenig motorisierte Fahrzeuge auf den Straßen, im Gegensatz zu Heute, deshalb hatte die STVO auch noch nicht die Bedeutung die sie heute hat.

Die Freundin meiner Mutter, aus der Zeit in der beide Schwestern waren, hieß Mally, für uns Kinder Tante Mally. Sie wohnte in Herne und war kinderlos mit einem Obersteiger verheiratet. Der Kontakt der beiden war recht intensiv, schon in Suhl hatte sie uns häufiger aufgesucht und nun in Wuppertal besuchte meine Mutter sie mindestens einmal im Jahr in Herne, aber auch sie kam hin und wieder zu uns. Ich durfte meine Mutter schon mal begleiten, wenn sie nach Herne zu Tante Mally fuhr. Sie wohnte in einem kleinen Einfamilienhaus mit einem Garten vor und einem hinter dem Haus, in dem sich ein Stallgebäude befand. In dieser Bergmannssiedlung waren alle Häuser gleich geschaffen, denn normalerweise hielten sich die Bergleute Hühner, Kaninchen oder Brieftauben. Nun war der Mann von Tante Mally kein normaler Bergmann, er war Obersteiger und als solcher hatte er in der Grube schon ´was zu sagen. Auf jeden Fall waren es nette

Leute und mir machte es schon als Junge immer Spaß, andere Lebensgewohnheiten kennen zulernen.

Die Verhältnisse in Österreich, konnte man mit denen der 20er Jahre in Deutschland vergleichen. Nach der Zerschlagung der Österreichischen Monarchie, dem Verlust des Balkans und der Tschechoslowakei, gab es für das Land wenig Ruhe, Linksparteien und Arbeitslosigkeit erschütterten den Staat. Die NSDAP wurde in Österreich immer stärker und zwang den Bundeskanzler Schuchnigg mit Hitler auf dem Obersalzberg zu verhandeln. Für mich kam jedenfalls der Anschluss Österreichs an das Deutsche Reich, einer Sensation gleich. Am 12. März 1938 marschierten die deutschen Truppen von tausenden jubelnder Menschen umgeben, in Österreich ein. Hitler verkündete „die Heimkehr seiner Heimat in das Deutsche Reich". In einer Volksabstimmung am 10. April 1938, stimmten die wahlberechtigten Österreicher dem Anschluss zu und wurden als Ostmark in Deutschland freudig begrüßt. Mein Vater hielt nicht viel von den Österreichern, die seiner Ansicht nach im letzten Krieg keine guten Soldaten gewesen seien. Da die österreichischen Soldaten keine Stiefel sonder Schnürschuhe trugen, hätte man diese nur „Kamerad Schnürschuh" genannt. Ich war jedenfalls begeistert und auch wie die meisten meiner Schulkameraden, stolz auf die Vergrößerung unseres Staates. Leider konnte man nur im Radio die Begeisterung der Ostmärker, wie sie jetzt genannt wurden, beim Einmarsch unserer Soldaten miterleben oder in den Zeitungen darüber lesen. Wollte man sich aber von beweglichen Bildern informieren lassen, musste man schon ins Kino gehen und sich die „Wochenschau" ansehen. Hitler der diesen Anschluss zu Wege gebracht hatte, wurde natürlich gefeiert. Seine Fahrt durch Österreich, glich einem Triumphzug, ohne gleichen. Hunderttausend begeisterte Menschen jubelten ihm zu, als er auf dem Heldenplatz an die Bevölkerung von Wien sprach. Wir Jungen hatten aber im Hinterkopf, die schönen Landschaften wie Tirol, Kärnten, Steiermark, Oberund Niederösterreich, die Wachau, die Berge und was es sonst noch alles gab, die wir „Reichsdeutschen", wie uns die Österreicher bezeichneten, nun problemlos besuchen konnten.

Wie aber eine Begeisterung um Hitler aussieht, sollte ich alsbald selbst erfahren. In den Zeitungen wurde der Besuch Adolf Hitlers in Düsseldorf angekündigt. Sonderzüge wurden eingesetzt, um den Bürgern der Umgebung die Möglichkeit zu geben, einmal Hitler zu sehen. Das galt auch für meine Mutter, die zwar kein Mitglied der „NS Frauenschaft" war, wie Tante Leni, aber Mitglied des „Deutschen Hausfrauen Bund", der wiederum als Mitglied der „NS Frauenschaft" galt. Schnell besorgte sie sich 2 Bahnkarten für sich selbst und für mich, für einen Sonderzug zum 30 Kilometer entfernten Düsseldorf. Den Drang Hitler zu sehen hatte ich eigentlich nicht, aber da sich die Gelegenheit bot, war ich einverstanden. Der Sonderzug war, wie alle Sonderzüge, total überfüllt. In Düsseldorf wurden wir durch die Menschenmassen zu den Straßen, durch die Hitler fahren sollte, gedrängt. Geduldig in 8 – 10er Reihen, harrten die Menschen an den Straßenrändern aus. Hitler würde von der „Golzheimer Heide" kommen, hieß es, wo er einen Kranz an das Denkmal von Albert Leo Schlageter niederlege. Albert Leo Schlageter, ein 1894 geborener ehemaliger Offizier, hatte während der Besetzung des Ruhrgebietes durch die Franzosen, Anschläge auf Verkehrswege verübt, um den Abtransport der laut des Versailler Friedensvertrags zu liefernden Kohlen, zu verhindern. Die Franzosen verhafteten ihn und verurteilten ihn zum Tode durch Erschießen, das auf der „Golzheimer Heide", dort wo jetzt das Denkmal steht, geschah. Endlich, nach stundenlangem Warten, hörte man den Jubel näher kommen. Alles schrie hysterisch „Heil", „Heil", „Heil" und riss die Hände zum „Deutschen Gruß" hoch, so das man durch die Menschenmauer fast nichts sehen konnte. Aufrecht im Auto stehend, grüßte er mit erhobener Hand, nach rechts und links und war schon vorbei ! Es war mir gelungen, einen Blick durch die vielen hochgereckten Hände zu erhaschen. Kaum war er vorbei, wälzte sich die Menschenmasse (mit uns) zu dem Gebäude, in welchem Hitler sich aufhielt und skandierte in Sprechchören, „wir wollen unsern Führer sehn", „wir wollen unsern Führer sehn", „wir wollen unsern Führer sehn" und wieder und immer wieder. Endlich zeigte er sich am Fenster und grüßte die Masse. Wie ein Orkan schrie die Masse „Heil", „Heil", und immer wieder „Heil" bis eine Gruppe aus der Masse den Sprechchor inszenierte, „Heil unserm Führer", „Heil unserm Führer" und wieder und wieder. Es dauerte nicht lange und es ging wieder von vorne los, „wir wollen unsern Führer sehn", „wir wollen unsern Führer sehn", „wir wollen unsern Führer sehn" bis er sich endlich wieder am Fenster zeigte. Dann brüllte die Masse wieder, „Heil", „Heil", „Heil unserm Führer, Heil unserm Führer" und wieder und immer wieder, bis er das Fenster verließ. Und schon schrie die Masse wieder „wir wollen unsern Führer sehen", doch scheinbar hatte meine Mutter genug und strebte mit mir Richtung Bahnhof. Andere schienen den gleichen Gedanken gehabt zu haben, denn der Sonderzug war wieder rappelvoll. Im Zug war meine Mutter ziemlich still, offensichtlich beschäftigte sie sich mit dem Erlebten. Mir erging es aber ebenso und ich fragte mich, hatte ich etwas anderes erwartet? Innerlich hatte es mich jedenfalls nicht erreicht.

Einer Sensation gleich, kam Hitlers Auftrag an Professor Ferdinand Porsche, einen Volkswagen für alle Deutschen, zu bauen der maximal 1 000,Reichsmark kosten durfte. Die Grundsteinlegung für dieses Werk erfolgte am 26. Mai 1938 in Wolfsburg. Wir Jungen waren „aus dem Häuschen", hieß das doch, unser

Vater würde in absehbarer Zeit ein Auto besitzen. Wir schwärmten, was das für uns bedeuten würde und rechneten uns schon aus, wann wir das Alter erreicht hätten, uns ein solches Fahrzeug anzuschaffen. Nun, in dem Alter in dem wir uns befanden, durfte es schon erlaubt sein ein wenig „zu spinnen". Die Wirklichkeit sah später anders aus. Gewiss, ich kaufte einen Volkswagen leider nicht für 1 000 Reichsmark sondern für 4 500 Deutsche Mark, aber auch erst 15 Jahre später!

1938 war das Jahr, in welchem die Familie in der Schulferienzeit, die Heimat unseres Vaters aufsuchte. Wir fuhren mit dem Zug nach Wernigerode am Harz. Mutter und Schwester bezogen ein kleines Eckhotel im Stadtteil Hasserode, an der sehr ruhigen Hauptstraße, der Vater und ich in der gleichen Straße, die Zimmer eines Steinmetzes. Frühstück und Mahlzeiten nahmen wir gemeinsam im Hotel ein. In der Nähe dieses Hotels befand sich der Hasseröder Friedhof, auf dem die Vorfahren unseres Vaters beerdigt sein sollten. Wir brauchten nicht lange zu suchen, bis wir die Gräber fanden. Sie lagen alle unter einem großen Baum, umzäunt von einem schmiedeeisernen Gitter: Andreas, Adolph, Friedrich Grafenhorst, unseres Vaters Vater, seine Großeltern Andreas, Friedrich Grauenhorst und Henriette, Sophie geborene Müller und Vaters Urgroßeltern Andreas Grauenhorst, seine Ehefrau Anna, Dorothea geborene Maushake. Vaters Mutter dagegen starb in Suhl und wurde auch dort begraben. Meterhohes Unkraut, mittelgroße Sträucher und kleine Haselnussbäumchen überwucherten die Gräber. Waltraut und ich nahmen uns vor, hier einmal Ordnung zu schaffen. Wir besorgten uns Schaufeln, Hacken und Rechen und versuchten den kleinen „Urwald" zu beseitigen. Uns machte die Aufgabe, die wir uns gestellt hatten Spaß, die Eltern darüber hinaus waren froh, dass wir beschäftigt waren. Das galt allerdings nur für ein paar Tage, denn wir wollten noch mehr von Wernigerode der Geburtsstadt unseres Vaters sehen und erleben. So fuhren wir mit der „Harzquerund Brockenbahn" von Hasserode nach „DreiAnnenHohne", machten eine Rundwanderung und fuhren mit der Schmalspurbahn wieder zurück. Die Fahrt zum höchsten Berg des Harzes, dem „Brocken" schenkten wir uns, sie hätte einen ganzen Tag gekostet, wir aber hatten ja noch mehr vor. So wanderten wir durch das Tal der „Bode", die den Harz durchquerte. In der „Steinernen Renne" türmten sich große und größere Steine, auch Felsen, unter und übereinander, vom Wasser rund gewaschen. Waltraut und ich kletterten den ganzen Tag darauf herum, wobei wir höllisch aufpassen mussten, nicht ins Wasser zu fallen. Merkwürdig war es, wenn samstags die Pferdewagen der Hasseröder Brauerei, mit langen auf dem Wagen liegenden Fässern durch Wernigerode fuhren und Frauen an den Straßen mit Schüsseln und Kannen darauf warteten, um aus den Zapfhähnen Schwarzbier zu erhalten. Das verwendeten sie nach altem Brauch, für den Sonntagsbraten. Unser Vater hatte uns doch mehrfach die Geschichte von dem Ortsdiener erzählt, der jeden Freitag durch den Ort ging und nach lautem Schellen mit seiner Glocke verkündete: „Es wird hiermit bekannt gemacht, dass keiner in die Bode macht, denn morgen wird gebraut“! Das Schwarzbier war ihm also nicht unbekannt, dennoch machte er sich den Scherz und fragte die Frauen, nachdem sie das Bier bekommen hatten: „I gitt, i gitt, was ist das für eine dunkle Brühe? Die sieht ja nach Jauche aus! Düngt ihr damit eure Gärten“? Die Frauen waren empört, wussten sie doch nicht, dass unser Vater scherzte. Sie beruhigten sich und erklärten ihm, was er schon lange wusste. Ja, unseren Vater kannte man in den Ferien nicht wieder, er war wie umgewandelt, aufgeräumt, lustig und immer zu Späßen aufgelegt. Diese Späße fehlten beim Besuch des Waisenhauses am Fuße des Schlosses von Wernigerode, in welchem unser Vater viele Jahre zubrachte. Immerhin lebte 1938 nach über 40 Jahren, der alte Waisenhausvater noch, dem unser Vater seine Familie vorstellte. Mir fiel es schwer, in ihm den Mann zu sehen, der einst über Wohl und Wehe und auch die Zukunft seiner Zöglinge bestimmte, der verantwortlich dafür war, dass unser Vater seinen Berufswunsch nicht verwirklichen konnte. Umso stolzer konnte unser Vater dem alten Mann berichten, was er aus seinem Leben gemacht hat. Waltraut und ich konnten uns, während dieser Zeit im Garten des Waisenhauses, an den reifen Johannisbeersträuchern gütlich tun, in dem Garten, in dem einst unser Vater als Kind hart arbeiten musste. Das Waisenhaus selbst war nicht mehr in Betrieb. Mit einigen anderen, bewohnte jedoch der ehemalige Waisenhausvater, das dazu gehörende Wohnund Verwaltungsgebäude. Das Schloss, das dem Grafen Botho von Stolberg-Wernigerode gehörte, war geschlossen, so dass mein Vater keinen Kontakt mit dem Fürsten bekommnen konnte, mit dem er gemeinsam gespielt und im Schlosschor gesungen hatte, schließlich verdankte ich ihm auch meinen Vornamen. Für unseren Vater muss dieses ein Besuch gewesen sein, der ihm „unter die Haut ging“. Doch trotz des schönen Wetters und des kurzweiligen Aufenthaltes im Harz, gingen die Ferien in Wernigerode zu Ende, was Waltraut und ich bedauerten, drohte doch alsbald wieder die Schule !

Es war das Jahr in dem ich 14 Jahre alt wurde und damit der Wechsel vom Jungvolk in die HJ anstand. Zuvor aber fanden im Herbst die „Deutschen Fechtmeisterschaften“ in der BarmerStadthalle statt. Zu diesen wurde unsere Schule aufgefordert, 30 Schüler für die Tage des Wettbewerbes dem Veranstalter zur Verfügung zu stellen. Im Auftrag der „Ernst Moritz Arnd Oberschule für Jungen“ übernahm unsere Klasse den Job, der sich als Assistenz der Kampfgerichte darstellte. Zu einem Gefecht von zwei Fechtern, waren 4 Kampfrichter erforderlich, jeweils zwei rechts und links neben der Planche, die den gegenüber kämpfenden Fechter zu beobachten und zu werten hatten. Der Oberkampfrichter als neutraler Wettkampfleiter, hatte die Feststellungen der Kampfrichter zu werten und über die Gültigkeit zu entscheiden. Neben dem Oberkampfrichter hatte einer von meinen Kameraden die Aufgabe, die Entscheidungen des Oberkampfrichters zu notieren und nach dem Kampf das Ergebnis in die öffentliche Wettkampfrangliste, dem „Leader Bord", einzutragen. Für uns Schüler bedeuteten die Fechtmeisterschaften, jeden Morgen statt in die Schule, in die Festhalle der Barmer Stadthalle zu gehen, die glücklicherweise nicht allzu weit von unserer Wohnung entfernt lag. Natürlich machte uns unsere Tätigkeit Spaß, lernten wir doch den Fechtsport kennen und viele der seinerzeit bekannten Fechter. Besondere Aufmerksamkeit genossen die Olympia-Teilnehmer, auch der Fechter Reinhard Heydrich, (7. 3. 04 geb., SS Obergruppenführer und General der Polizei, leitete als SD-und Gestapo-Chef die WannseeKonferenz, wurde am 27. 9. 41 Reichsprotektor von Böhmen und Mähren und am 4. 6. 42 von Tschechischen Widerstandskämpfern ermordet) der keinerlei Privilegien in Anspruch nahm, obwohl er sie hätte genießen können. Für uns Schüler war dieser Einsatz eine Abwechslung vom Schultageinerlei, der auch seine Spuren hinterließ. So fochten wir in der Zeit danach in den Pausen gegeneinander, in dem als Florett der ausgestreckte Arm galt. Die Regeln und Techniken hatten wir eine Woche lang täglich erleben können.

Damals waren jedenfalls Jugendliche leicht zu begeistern. So auch, als wir durch die Rundfunknachrichten erfuhren, dass Hitler angeordnet hatte, die Deutsche Westgrenze zu befestigen, um ein Gegengewicht zur französischen „Maginot-Linie" zu schaffen. Wir fanden das in Ordnung, wenn die Franzosen schon so etwas hatten, sollten wir nachziehen. Ein Bauboom im Westen entwickelte sich mit ungeahnten Ausmaßen. Tausende von Bauarbeitern und Freiwilligen zogen gen Westen und schufen den „Westwall", dessen Entwicklung natürlich von der Presse, wie auch den Medien begleitet wurde. Diese „Helden der Arbeit" wurden gefeiert, Erinnerungen daran konnte man kaufen. Tante Marga schenkte mir einen Ring aus Stacheldraht des Westwalls, den ersten Ring meines Lebens.

Jugendliche die 14 Jahre alt wurden, wechselten automatisch in die „HJ", die Mädel in den „BDM". Die Jungen hatten den Vorteil, sich entsprechend ihres Interesses oder ihres künftigen Berufsbildes zwischen der allgemeinen HJ, der Motor-HJ, der Flieger-HJ, der Reiter-HJ, der Nachrichten-HJ oder der Marine-HJ zu entscheiden. Für mich kam nichts anderes in Frage, als nur die Marine-HJ! Die Schulterklappen der Motor-HJ waren mit roten Paspelierungen versehen, die der Reiter-HJ mit gelben, die der Flieger-HJ mit hellblauen und die der Nachrichten-HJ mit rosaen, die Jungen der Marine-HJ trugen jedoch die blauen Uniformen der Kriegsmarine mit dem Unterschied, dass die Mützenbänder hellblau mit silberner Schrift „Marine-HJ“ und die Marinekragen runde Ecken hatte, allerdings musste am linken Arm, die Armbinde der HJ getragen werden. Aber nicht allein die Uniform war es weshalb ich zur Marine-HJ tendierte, die Gene werden ihren Teil dazu beigetragen haben. War doch der Bruder meines Vaters Kapitän und hatte das „Kapitänspatent auf Großer Fahrt“, auf großen Segelschiffen, den so genannten „Windjammern“ erworben. Selbst mein Vater, hatte als Kochsmaat, mehrfach den Atlantik gekreuzt. Also kein Wunder, dass es mich zur Marine zog !

Der Dienst in der Marine-HJ befasste sich, von öffentlichen Aufmärschen mit anderen HJ Einheiten abgesehen, im Heim und natürlich schwerpunktmässig mit Themen der Seemannschaft, wie auch der Seefahrt, wobei kein Unterschied zwischen der Handelsschifffahrt und der Kriegsmarine gemacht wurde. Dazu gehörten zum Beispiel die theoretischen Begriffe des Bootsbaues (Beim Bootsbau wird zuerst der Kiel gelegt, er wird zum Vorund Achtersteven hochgezogen - - - - -), die Theorie des Segelns, sämtliche Seemannsknoten, die Schiffstypen und die Bewaffnung der unterschiedlichen Einheiten, dazu die einzelnen Laufbahnen der Kriegsmarine. Unzählige Geschichten der und über die Seefahrt, fanden unsere offenen Ohren. Ob es sich um die Zeit der „Windjammer“ handelte (Onkel Oskar war 1.Offizier des Windjammers „Persimon“) oder die Kaperfahrt der „Emden“, die Skagerrakschlacht, die Fahrten Graf Luckners mit dem „Seeteufel“, die Ausbildungsreisen der Seekadetten auf den Schulschiffen „Gorch Fock“, „Albert Leo Schlageter“ oder „Horst Wessel“, es gab Themen genug. Auf nationalsozialistische Themen brauchten wir in der Marine-HJ nicht zurückgreifen. Allerdings war die Anzahl der Mitglieder in der Marine-HJ begrenzt und kam über eine Gefolgschaft von maximal 90 Personen nicht hinaus. Aber den anderen technischen Einheiten erging es nicht anders. Doch egal wo die Marine-HJ auftrat, stets waren wir der Mittelpunkt, sicher weil wir die einzige Einheit waren, die nicht das Braun der NSDAPOrganisationen trug. Für alle aber galt Hitlers Forderung: „Die Deutsche Jugend soll sein, so zäh wie Leder, so flink wie Windhunde und so hart wie Kruppstahl!“

Zunächst aber war nichts mit „hart sein“. Ich bekam wieder einmal einen Bronchialkatarrh, der nach Frau Dr. Assmann chronisch sein sollte. Ich musste ins Bett und meine Mutter verpasste mir einen Brustwickel, den ich hasste wie die Pest! Mit feuchten lauwarmen Tüchern wurde der Oberkörper eingewickelt. Darum herum kam eine gelblichweiße, rot eingefasste, grobe, kratzende Wolldecke. So fest eingewickelt musste ich zwei, nicht endenwollende Stunden, schwitzen. Der Schweiß lief mir am Körper herunter und ebenso im Gesicht. Ich durfte die Hände nicht unter der Decke herausnehmen. Das wollene Tuch kratzte eklig.

Nach zwei Stunden wurde ich endlich erlöst. Mit lauwarmen Wasser wusch mich unsere Mutter ab, ich bekam einen frischen Schlafanzug, das Bett wurde neu bezogen, dann endlich konnte ich ausruhen. Spätestens am nächsten Tag passierte das gleiche. Es war schon eine „Pferdekur", unterstützt noch vom „Stockrosentee", dieser widrigen, dunkel, braungrünen mit ein wenig Zucker versetzten Flüssigkeit, die mir jahrzehntelang das Trinken von Tee vermiest hat.

Die außenpolitischen Verhältnisse verschlechterten sich zusehends, insbesondere mit dem nach dem 1. Weltkrieg aus der K U KMonarchie gebildeten Staat Tschechoslowakei. Dort gab es mehr und mehr Unruhen, zwischen der tschechoslowakischen und der deutschen Bevölkerung. Die von den Deutschen bewohnten zusammenhängenden Gebiete in Böhmen und Mähren, sahen nach dem österreichischem Beispiel als Lösung den Anschluss an das Deutsche Reich und wollten „Heim ins Reich", unterstützt durch die dort tätige nationalsozialistische Partei des Sudetenlandes. Hitler erklärte im Rundfunk, dass er alles tun werde, die Deutschen in der Tschechoslowakei vor dem tschechischen Mob zu schützen und wenn es erforderlich sei, sie ins Deutsche Reich zu holen. Die Meldungen im Rundfunk berichteten von ununterbrochenen Verhandlungen der ausländischen Diplomaten, die letztendlich am 29. 9. 1938, zum „Münchener Abkommen" führten. Dem zufolge marschierten Deutsche Truppen am 1. 10. 1938 in die Tschechoslowakei ein, von der deutschen Bevölkerung, frenetisch jubelnd empfangen. Aus allen Lautsprechern schallte der „Egerländer Marsch". Das von den Deutschen zusammenhängend bewohnte Gebiet, wurde als „Sudetengau" dem Deutschen Reich angeschlossen, das übrige tschechoslowakische Staatsgebiet, wurde zum „Reichsprotektorat Böhmen und Mähren", unter deutscher Oberhoheit erklärt. Wir Jungens waren begeistert, wieder korrigierte der „Führer" das Unrecht des „Versailler Friedenvertrags" von 1919 und hatte auf Grund der Forderung der Bevölkerung, das Deutsche Reich vergrößert. Es war eine Zeit in der man stolz sein konnte, Deutscher zu sein!

Unser Vater war stets hart gegen sich selbst, insbesondere dann, wenn er gesundheitliche Probleme hatte. Diese Härte war auch sein Maßstab anderen gegenüber, denn er hasste Schwäche. Vielleicht musste man Verständnis dafür aufbringen, schließlich hatte er etliche Gallenoperationen hinter sich und ständige Magenschmerzen, auf Grund von Narben, die Magengeschwüre hinterlassen hatten. Außerdem war er auf einem Ohr taub. Im Krieg 14/18 hatte er zu dicht beim Abschuss seiner Kanone gestanden, was seinem linken Ohr nicht gut getan hatte. Vergaß man den Hörschaden und sprach ihn von der linken Seite an, sagte er stets „recht Seite"! Als gut erzogene Kinder wussten wir auch, dass man Damen, Eltern, Vorgesetzte und ältere Personen in der Öffentlichkeit, immer rechts von einem gehen ließ. Durch den Hörschaden unseres Vaters, war das aber bei ihm nicht möglich. Er beorderte uns dann stets auf die rechte Seite, die eigentlich den Eltern vorbehalten war. Zu seiner Uniform gehörte der Säbel oder der Degen, beides wurde links getragen, so dass auch hier eine Begleitung stets der rechten Seite vorbehalten war. Lustig sah es aus, wenn er eine Treppe hinab ging, mit der linken Seite voraus, da er sonst mit dem Säbel auf die Treppenstufen stieß.

Nachdem der Führer der SS Heinrich Himmler, Chef der Deutschen Polizei geworden war, mussten die Polizeioffiziere, die ab Hauptmann den Säbel zur Uniform trugen, anstelle des Säbels den in der SS üblichen Degen tragen. Während ein Säbel eine leicht geschwungene Klinge besaß verfügte der Degen über eine gerade, wobei es bei der Größe keinen Unterschied gab. Die von meinem Vater nicht mehr benutzten Säbel erhielt ich und befestigte diese mit ihren ziselierten Klingen, gekreuzt an der Wand, neben meinem Bett. Das gab dem Zimmer etwas Männliches! Es bestand sowieso nur aus ca. 15 Quadratmetern, 3 Meter breit, 5 Meter, lang mit einer schrägen Decke und einem in der Schräge befindlichem Dachfenster, das man mittels einer Metallschiene aufschieben konnte. Am Fußende meines Bettes stand ein Tisch mit Sitzgelegenheit und gegenüber befand sich ein Besuchsbett. Egal nun wie mein Zimmer eingerichtet war, ich freute mich jeden Tag auf mein Bett. Es war herrlich im Bett zu liegen, den Regen auf meinem Dachfenster prasseln zu hören, ich zog die Bettdecke bis an die Nase und fühlte mich einfach wohl!

In diesen Jahren hatte unsere Mutter als Haushaltshilfe, eine 17jährige aus dem Ortsteil WuppertalLangerfeld. Anneliese war ein liebes, freundliches und auch arbeitsames Dienstmädchen, wie man damals sagte. Nachmittags fuhr sie nach Hause, sofern unsere Mutter kein Kaffeekränzchen hatte. Das Haus in dem sie wohnte, gehörte zu der Motorradfabrik „Tornax", deren Produkte auch bei Motorradrennen eingesetzt wurden. So wundert es nicht, dass ihr Freund ein Motorradrennfahrer war und sie mir montags erzählte, wo er Rennen gefahren war und welche Erfolge er errungen hatte. Es interessierte mich einfach! Irgendwann nahm sie mich auch einmal mit nach Langerfeld, wo ich die Motorradfabrik besuchen konnte. Während die Dienstmädchen, die wir in den früheren Jahren beschäftigten, alle etwas ältere Jahrgänge waren, machte Anneliese eine Ausnahme. Da ich schon 14 Jahre alt war, sie aber nur gute 3 Jahre älter, ließ auch der Respekt ihr gegenüber nach. So blieb es nicht aus, dass wir gerne miteinander herum alberten, natürlich nur wenn unsere Mutter das nicht sah. Das war der Fall, wenn sie hinauf in mein Zimmer ging, um das Bett zu machen. Sie war recht kitzelig und das nutzte ich aus, zumal ich ihr körperlich schon überlegen war. Wir balgte uns dabei auf meinem Bett herum, maßen unsere Kräfte, kitzelten uns gegenseitig, wobei ich auf die weibliche Anatomie wenig Rücksicht nahm, denn unter ihrem Rock, war sie auch kitzelig. Es war eine schöne Zeit damals, als sie bei uns arbeitete.

Alex Möller

Der Bruder unserer Mutter spielte in den späteren 40er Jahren eine besondere Rolle in meinem und dem Leben der Familie Grafenhorst.
Als ehemaliger Zeitungsredakteur, Mitglied der SPD, Mitglied des Preußischen Landtages, Vorsitzender des Beamtenausschusses des Preußischen Landtages und Gewerkschaftsfunktionär wurde er nach der „Machtübernahme" durch die NSDAP 1933, vorübergehend in so genannte Schutzhaft genommen. Er war für die Kasse der Gewerkschaft verantwortlich. Nachdem jedoch die Nazis, nach der Überprüfung, ihm eine korrekte Führung bescheinigten, boten sie Alex Möller die Übernahme in die „Deutsche Arbeits Front" (DAF), der Arbeitnehmerorganisation der NSDAP an, die er aber ablehnte. Zunächst jedoch war er arbeitslos. Gegen den Rat unseres Vaters, heiratete er in Halle eine Frau zweifelhaften Rufes. Aus dieser Ehe ging 1928 der Sohn Günter hervor. Allerdings wurde diese schon nach wenigen Jahren geschieden, wobei der Sohn dem Vater zugesprochen wurde. Hatte doch mein Vater Alex zu Recht gewarnt!

Die Versicherungsunternehmen, deren Neugeschäft hauptsächlich von Vertretern geworben wurde, waren stets an Mitarbeitern im Außendienst interessiert. Die auf Grund der Zugehörigkeit zu jetzt verbotenen Parteien arbeitslos Gewordenen, fanden in den Außendiensten der Versicherungsgesellschaften eine neue Verdienstmöglichkeit. Das galt auch für Alex. Durch die Vermittlung seines Schwagers Willi in Essen, der dort ein Beerdigungsinstitut führte, nahm er ein Angebot des „Wiener Phönix" an. So tauchte auch eines Tages ein Vertreter des „Wiener Phönix" bei uns zu Hause auf, der unserem Vater eine Aussteuerversicherung für meine Schwester Waltraut anbot. Obwohl unser Vater nicht darauf einging, hinterließ der Vertreter eine Sparbüchse aus Metall, die ich mit einigem Geschick „knacken" konnte. Nach einer gewissen Zeit, meldete der „Wiener Phönix" Konkurs an und Alex, der auf beachtliche Erfolge verweisen konnte, wechselte zur „Karlsruher Lebensversicherung AG". Ein für ihn glücklicher Umstand, der sein weiteres und späteres Leben erfolgreich beeinflussen sollte, brachte ein Gesetz der NS-Regierung. Danach mussten sämtliche vorhandenen Sterbekassen aufgelöst und in ein bestehendes Versicherungsunternehmen überführt werden. Das war die Stunde des Alex! In seiner Heimat Westfalen, dem „Kohlenpott" gab es unzählige Sterbegeldvereine, aber auch Sterbekassen, die ganz normale Vereine Sport, Kultur oder Gesangvereine für ihre Mitglieder eingerichtet hatten. Starb ein Vereinsmitglied, erhielten die Angehörigen das Sterbegeld, um die Beerdigung und weitere damit verbundenen anfallende Kosten zu begleichen. Alex Möller überzeugte den Vorstand der Karlsruher Lebensversicherung AG eine Gruppen oder Kollektivversicherung mit eigenem Gewinnverband einzurichten und ging nur mit einem Tarifbuch, in der extra angefertigten Innentasche seines Maßanzuges, von Verein zu Verein, um die Anträge auf Aufnahme der Sterbegeldvereine abzuschließen. Er erhielt den Titel Filialdirektor, bekam ein aufwendig eingerichtetes Büro in Dortmund, dazu stand ihm ein PKW mit Chauffeur zur Verfügung.

Alex hatte eine Frau geheiratet, die der Ansicht meines Vaters nach, keinen guten Ruf hatte. Was das anbetraf überraschte es ihn auch nicht, dass die Ehe geschieden und sein Sohn ihm zugesprochemn wurde. Dieser Sohn Günter, bedeutete für ihn natürlich ein großes Hemmnis, das ihn bei seiner zeitaufwendigen Arbeit mehr als belastete. Da sich sein Vater um ihn nicht kümmern konnte, kam dieser nach Wuppertal-Barmen, in die Familie eines evangelischen Pfarrers mit mehren Kindern. Zu dessen Wohnung war es von uns aus nur wenige Minuten, so dass ich auf Anordnung meiner Mutter, manchmal zu dem Pfarrer gehen musste, um mit meinem Vetter zu spielen. Das machte mir allerdings keinen Spaß, zumal Günter 4 Jahre jünger als ich war und unsere Vorstellungen über Spielen auseinander gingen. Gott sei Dank fanden diese Besuche nicht so oft statt. Bald zog er zu seiner Mutter nach Halle. Sie hatte das Recht, ihren Sohn einmal im Monat zu sich zu holen, der verständlicherweise lieber bei seiner Mutter, als bei fremden Leuten war. Sie lebte dort mit einem „Nazi-Bonzen“ zusammen und konnte ihrem Sohn, außer Mutterliebe, auch ein verhältnismäßig normales Leben bieten.

Doch Alex lavierte sich durch das sog. „Dritte Reich“, wurde nicht zum Kriegsdienst eingezogen, wurde aber auf Grundn seiner Erfolge zum stellvertretenden Vorstandsmitglied berufen. Für meine Mutter war Bruder Alex überhaupt der Größte! Verständlich, hatte sie ihn doch als wesentlich ältere Schwester mit aufgezogen und war nun stolz auf das, was er aus sich machte. Aber erst ihre Mutter! Für sie war Sohn Alex fast göttlich! Schwester und Schwager aus Essen dagegen sahen ihn nicht so positiv. Alex hatte mit Schwager Willi, zusammen gearbeitet, beide bekamen Streit, der Jahre überdauerte. Für mich war Alex ein zwar selbstbewusster, aber arroganter und kaltblütiger, gefühlloser Typ der, wenn wir ihn mal in seiner Wohnung besuchten, mir gottgefällig ein 5Mark Stück in die Hand drückte. Einmal hatte ich im Bad, in der sich auch die Toilette befand, seinen Kamm benutzt. Als er das feststellte, machte er ein furchtbares „Theater“ daraus.

Überraschend für die Familie, Alex heiratete wieder. Die Glückliche war die Tochter eines am Dortmunder Theater beschäftigten Geigers. Die Verlobung wurde in der Wohnung seiner Braut, gefeiert, die Hochzeit recht aufwendig, im

„Kaiserhof" in Dortmund in der Nähe des Bahnhofs. Bei der kirchlichen Trauung musste Waltraut Blumen streuen, ich die Schleppe des Hochzeitskleides tragen. Kennzeichnend für die Überheblichkeit meines Onkels Alex dürfte die Tatsache gewesen sein, der Vorstand der Karlsruher Lebensversicherung AG hatte ein Geldgeschenk von 500 Mark zur Hochzeit überwiesen. Da er diesen Betrag als für ihn nicht adäquat ansah, teilte er den Herrn mit, er bedanke sich für dieses Geschenk, er habe es an das „Winterhilfswerk" überwiesen. Interessant aber für mich war, dass es im Hause der Braut noch eine Tochter gab, die gerade mal zwei Jahre älter als ich war. Waren wir zu Besuch in Dortmund, gehörte es zu unserem Pflichtprotokoll Onkel Alex, sofern er sich in Dortmund aufhielt, zu besuchen. Häufig hielt sich die Schwester von seiner Frau ebenfalls dort auf, was mich stets erfreute. Hatten wir doch dann die Möglichkeit, nach dem Kaffeetrinken, mit ihr in der Wohnung „um 12 Uhr stehn die Toten auf" zu spielen. Wir machten alles dunkel und versteckten uns, dass konnte auch in den Kleiderschränken oder unter den Betten geschehen, doch einer oder eine musste suchen. Es machte uns immer riesigen Spaß.

Es bestand eigentlich immer ein Spannungsverhältnis, mit der Familie seiner Schwester in Essen, seinen Eltern und Sohn in Dortmund und den neutralen Grafenhorsts in Wuppertal. In Dortmund durfte man nicht über die Essener sprechen, bei denen nicht über Onkel Alex. Unsere Mutter sprach mit beiden, jedoch getrennt. Sie wollte es sich mit keinem verderben.

Das Schicksalsjahr 1939

Wolfram, der Sohn unseres Turnlehrers, saß in der Bank hinter mir, neben ihm sein Freund Karl-Heinz. Beide von Statur nicht allzu groß, waren unzertrennliche Freunde (noch über das Jahr 2000 hinaus). Wolfram hatte eine Schwester Gisela, ein hübsches Mädel blond, schlank, Typ „Deutsches Mädel". Sie gefiel mir und ich bekam Kontakt mit ihr, zumal sie nicht weit von unserer Schule wohnte. Klugerweise ließ ich ihren Bruder, meinen Klassenkameraden, außen vor. Wir trafen uns gelegentlich und unterhielten uns über alle möglichen Dinge. Was sollten wir auch sonst tun? In irgendeinen Raum gehen war unmöglich, wo sollte der sein? Wir trafen uns halt auf der Straße und versuchten uns, in irgendeine Ecke zu verdrücken, was blieb uns anderes übrig? Ganz davon abgesehen, war diese beiderseitige Sympathie harmlos, wir mochten uns beide gerne aber war das schon Liebe mit 14 oder 15 Jahren? Doch diese Gemeinsamkeit musste schon intensiver gewesen sein, Gisela schenkte mir nämlich eine Locke ihrer blonden Haare, die ich immer bei mir trug und besonders darauf achtete, dass sie meine Eltern nicht fanden. Scheinbar war dem Lehrkörper meiner Schule unser Techtelmechtel nicht entgangen. Kein Wunder, wir konnten uns ja nur in der Öffentlichkeit bewegen. Ihr Vater, mein Turnlehrer, jedenfalls ließ sich nichts anmerken, dafür aber unser Mathematiklehrer, ein mittelalterlicher skurriler Typ. Er baute sich eines Tages vor meiner Bank auf mit der Frage, „qui puella nuveris"? „Kannst du mir das übersetzen"? Konnte ich nicht, „das haben wir noch nicht gehabt", war meine Antwort worauf er mir übersetzte, „welches Mädel wirst du heiraten"? Das war deutlich. Weshalb er mir diese Frage stellte, konnte ich mir denken, zumal er uns in Mathematik und nicht in Latein unterrichtete. Er war überhaupt ein origineller Typ. Eine Glatze mit Haarkranz zierte sein Haupt, seine große dünne Nase, hatte in der Mitte einen schwungvollen Höcker und lief dann wie eine Skisprungschanze am Absprungtisch, nach oben aus. Sein eigentlich relativ schlanker Körper, hatte einen stark birnenförmigen Hängebauch. Er trug rechts, was deutlich zu erkennen war, wenn er sich auf eine Bank setzte, ein Bein auf einen Sitz das andere auf den Boden und man seinen gewaltigen Hodensack, am rechten Oberschenkel quellen sah. Wir fanden das lustig, auch wenn er gelegentlich in der Zeit vor den Ferien vom Krieg und von der Liebe sprach, dabei drastisch schilderte: „Wenn einer verwundet im Schützengraben liegt, die Gedärme hängen heraus und schreit Olga, Olga, ist das etwas anderes, als wenn ihr mit einem Mädchen poussiert"! Wir Zuhörer grinsten dumm. Dabei versuchte er uns begreiflich zu machen, dass Liebe nicht gleich Liebe ist. Jeder Mensch hat seine ureigensten Empfindungen, zum Begriff der Liebe, wobei das Gefühl von Mensch zu Mensch verschieden ist. Dieses unerklärbare Gefühl, zu einem anderen Menschen hat vielerlei Ursachen.

Nicht nur das Aussehen, auch der Gang, der Geruch, die Sprache, das Verhalten, die Sympathie, die geistige Harmonie, sind unterschiedliche Komponente, die das Gefühl der Liebe beeinflussen oder gestalten. So kann jemand Liebe für eine Frau empfinden, die er subjektiv als schön und begehrenswert ansieht, ein anderer dagegen findet die gleiche Person hässlich und unattraktiv. Seine Bemühungen, uns das Unerklärliche begreiflich zu machen, waren lobenswert, doch für mich derzeit noch ein „Buch mit sieben Siegeln".

In diese Zeit passte das Thema „Goten", das in der Schule behandelt wurde. Alles was einen germanischen Anstrich hatte, war seinerzeit aktuell und die „Goten" waren nun mal ein ostgermanisches Volk. Der Stammsaga nach, kam es aus Skandinavien, über das Weichselgebiet, an der Nordseite der Karpaten entlang, zur Donaumündung und dem Schwarzen Meer, drang danach in das Römische Reich. Dann aber spalteten sich die „Goten" in zwei Völker, in die Ostgoten und die Westgoten. Während die Ostgoten von den Hunnen geschlagen wurden, zogen sich die Westgoten nach Westen zurück. Theoderich der Große, dessen Grabmal in Ravenna zu finden ist, führte die Westgoten, die sich in Pannonien (Ungarn) niedergelassen hatten, nach Italien und eroberte Rom. Während 369 Bischof Wulfila, die Bibel in die gotische Sprache übersetzte, wurde die Gotische Herrschaft immer wieder in Kriege verwickelt. Bei dem letzten Kampf um Rom, gegen den byzantinischen Heerführer Narses, fiel 552 der GotenKönig Totila und ein Jahr später der schwarz gelockte Teja. Unser Geschichtslehrer empfahl uns, den Bestseller von Felix Dahn, mit dem Titel „Kampf um Rom" zu lesen, den wir regelrecht „verschlangen". (Ich glaube, ich habe das Buch viermal gelesen.) Wie dieses Buch berichtet, zogen die letzten „Goten" mit ihrem toten König wieder nach Skadinavien, dorthin woher sie gekommen waren. Das Lied, „Gebt Raum ihr Völker unserem Schritt, wir sind die letzten Goten. Wir tragen keine Schätze mit, wir tragen einen Toten", mit seinen Strophen, wurde eine Art „Kultlied" unserer Zeit. Dieses besang dann auch das Ziel der letzten „Goten", die Insel Thule. Die schlechten Erfahrungen, die sie mit den Römern gemacht hatten, gingen in die letzte Strophe ein: „Das soll der Treue Insel sein, dort gilt noch Eid noch Ehre. Dort senken wir den König ein, im Sarg der Eichenspeere". Eine Geschichte und ein dazu gehörendes Lied, das so richtig in unsere damalige Zeit passte. Vielleicht sagt das aber auch etwas, über den Zeitgeist 1939 aus.

Dieses Lied entwickelte sich auch zu einer Art Protestlied. Es wäre seltsam, wenn wir als Schüler mit allen Entscheidungen der Schulleitung oder der Lehrer einverstanden gewesen wären. Einen handfesten Protest allerdings, hätten wir uns als „Schüler einer höheren Lehranstalt", nicht erlauben können. So rotteten wir uns, wenn wir gegen etwas angehen wollten, vor unserem Klassenraum zusammen und sangen „gebt Raum ihr Völker unserem Schritt wir sind die letzten Idioten“ wohl wissend, dass wir gehorchen mussten und realistischer Widerstand zwecklos war. Doch irgendwie wollten wir zeigen, dass wir gezwungen wurden, etwas zu akzeptieren, was nicht in unserem Sinne war.

Das Spielzeug meiner Kindheit und Jugendzeit, war aus heutiger Sicht recht primitiv und realitätsfern. Entweder es bestand aus Holz oder gepressten und bedrucktem Blech. Kleine Spielzeugautos aus Holz, hatten kleine aus 4 Speichen bestehende Räder, die es in Wirklichkeit gar nicht gab. Die Räder der kleinen und auch größeren Blechautos, hatten als Räder runde Blechscheiben mit aufgedruckten Speichen und Reifen. Man benötigte schon Fantasie, um mit diesem Spielzeug zu spielen. Jetzt aber brachte die Firma „Märklin“, kleine ungefähr 8 Zentimeter lange, aus Guss gefertigte, Spielzeugautos heraus, mit frappierender Ähnlichkeit der Autos, die sich auf den Straßen bewegten. Die PKWModelle bestanden aus Fahrgestell und Karosserie, sowie profilierten abnehmbaren Gummireifen. Eine Revolution auf dem Spielzeugmarkt. Im Gegensatz zu den PKWModellen, gab es auch Rennwagen der aktuellen Marken, wie Alfa Romeo, MercedesBenz und AutoUnion. Diese sehr naturgetreuen Autos kosteten im Spielzeugladen 5,Mark, was seinerzeit, als die Zigaretten das Stück 10 Pfennige kostete, nicht gerade billig war. Dennoch besaß ich bald das erste Auto dieser Art, einen Alfa RomeoRennwagen. Im Laufe der Zeit kamen weitere Autos dazu. Diese kleinen Modellautos, rollten so schön über die abgeschrägte Mauer des Stadtparks und dem Eisenbahngeländer. Verständlich, dass ich immer eines in der Hosentasche hatte. Mit meinem Fahrrad, das ich letztes Jahr zu Weihnachten vom „Christkind“ bekommen hatte, war ich so oft es ging und ich durfte unterwegs, mit Ausnahme des Schulwegs. Die Schulleitung hatte nämlich verboten, mit dem Fahrrad den Schulweg zu benutzen, obwohl damals der Verkehr als kaum nennenswert zu bezeichnen war. Trotzdem führte der Reichsminister Rudolf Hess am 7. Mai 1939, eine Geschwindigkeitsbegrenzung von 100 km/h für alle Kraftfahrzeuge ein, nachdem seit 1936 eine solche für Parteigenossen bestand. Das tangierte uns Fahrradfahrer nicht. Im Gegenteil, wir machten gemeinsam mit Freunden, eine Radtour zum 30 Kilometer entfernten Düsseldorf. Keiner von uns hatte schon mal den Rhein gesehen. Wir hielten auf der Rheinbrücke und schauten den Schiffen zu, den Schleppern, die bis zu 3 Lastkähne hinter sich zogen, oder den großen weißen Ausflugschiffen mit ihren seitlichen Antriebsrädern. Es war schon ein tolles Bild. Während wir noch den Schiffsverkehr bestaunten, hatte sich eine Gruppe Düsseldorfer Mädchen zu uns gesellt. Wir plauderten miteinander, doch mit von Stolz geschwellter Brust bemerkten wir ganz nebenbei, dass wir mit dem Fahrrad von Wuppertal nach hier gefahren wären. Offensichtlich imponierte ihnen das, wobei wir gemeinsam bedauerten, dass wir wieder zurück nach Wuppertal mussten. Nach der Erfahrung dieser Fahrradtour schlug ich meiner Mutter vor, sobald sie wieder mal in Dortmund ihre Eltern besuchen würde, mit dem Fahrrad nach dort zu fahren. Die Entfernung war zwar etwas weiter, nämlich 50 Kilometer, aber ich war überzeugt das problemlos zu schaffen. Und so geschah es eines Samstags. Ich rollte in gut 2 Stunden nach Dortmund und am nächsten Tag, wieder in gleicher Zeit nach Wuppertal zurück. Das Fahrradfahren machte mir schon Spaß. Doch „wo Licht ist ist auch Schatten", sagte ein altes Sprichwort und das bekam ich zu spüren. Ich sollte für meine Mutter, ein Paket auf der Hauptpost, in der Nähe des Hauptbahnhofs aufgeben. Ich spannte dieses auf meinen Gepäckträger und rollte leicht bergab durch die Ottostraße, dann die steile HeinrichJansenStraße hinab und wollte gerade in die Gewerbeschulstraße einbiegen. Wollte - - - - - hätte auch geklappt, wenn nicht gerade in dem Moment, in dem ich in die Gewerbeschulstraße einbiegen wollte, eines der wenigen PKW mit einem zweirädrigen Anhänger, diese Straße befuhr. Unglücklicherweise, streifte ich noch das amtliche Kennzeichen des Anhängers. Der Lenker des PKWs, merkte davon nichts und fuhr unbeirrt weiter. Ich dagegen kam aus dem Gleichgewicht und flog im hohen Bogen, auf den gegenüberliegenden Bürgersteig, während mein Fahrrad gegen die Bordsteinkante knallte und neben mir landete. Nach kurzem Schreck stand ich auf und betrachtete mein Fahrrad. Das Vorderrad glich einer 8, aber das Paket befand sich noch auf dem Gepäckträger. Ich wollte das Fahrrad aufheben und bückte mich, dabei stellte ich fest, mein linker Arm schmerzte merklich, so dass ich das nicht mehr fahrfähige Fahrrad unter meinen rechten Arm klemmte und den Weg zurück zu meiner Mutter lief. Sie war wenig erfreut, was ich mir denken konnte, schickte mich zum Arzt, der röntgete den Arm, gipste ihn ein, der Arm war gebrochen! Dummerweise war es der linke, wäre es der rechte gewesen, hätte ich keine Schularbeiten machen müssen. Doppeltes Pech!

Seit April 1939, wurde auf Grund eines „Führer-Erlass", die Mitgliedschaft in der Jugendorganisation des NS Regimes, zum „Ehrendienst am Deutschen Volk" und Pflicht für deutsche Jungen und Mädels von 10 bis 18 Jahren. Gleichzeitig galt der Samstag als Staatsjugendtag und dem Dienst in den Jugendorganisationen, für die an diesem Tag keine Schulstunden stattfanden. Nicht deutsche und nicht arische Jugendliche diesen Alters, die den NS Jugendorganisationen nicht angehörten, mussten während des Staatsjugendtages, weiterhin die Schule besuchen. Dienst in der Marine-HJ war mir lieber als Schulbesuch, ich war mit dieser Regelung einverstanden. Nachdenklich wurde ich allerdings, als ich von meinem Schulkameraden Männi (Manfred) in einem Gespräch erfuhr, dass er Samstags zur Schule gehen müsse, da er Halbjude sei. Deshalb sei er auch aus dem Jungvolk ausgeschlossen worden und könnte darum auch nicht Mitglied in der HJ werden. Zunächst tat er mir leid, weil er an den Samstagen in die Schule gehen musste, dann aber wurde mir bewusst, dass sich die Nationalsozialisten kompromisslos an die Regeln hielten, die sie sich gegeben hatten. Ich dachte an das Kinderbuch „Struwwelpeter" und die darin gestellte Frage, „Was kann der arme Mohr dafür, dass er nicht ist, so weiß ist wie ihr"? Nach dem Verschwinden von meinem Ohrenarzt Dr. R., wurde ich wieder einmal mit dieser Frage konfrontiert, die ich nicht beantworten konnte, mir aber Gedanken machte. Schon im letzten Jahr, hatte ich Verständnisprobleme, als die Geschäfte die jüdische Inhaber besaßen, von Angehörigen anderer NS-Organisationen zertrümmert wurden, weil ein einzelner Jude, einen Botschaftsangehörigen in Frankreich ermordet hatte. Wir Buben gingen in die Stadt um die Randale zu sehen, verstehen taten wir das, was wir sahen nicht. Mein Vater war ständig im Dienst, wenn er nach Hause kam, lagen wir schon im Bett. Ihn konnte ich nicht fragen, meine Mutter zuckte nur mit den Schultern. In der Schule wurde das Geschehene, weder angesprochen noch behandelt. Fragen wurden ausweichend und nichts sagend beantwortet. So nach und nach, ließen die aktuellen Ereignisse, dieses Thema in den Hintergrund treten.

Zweifellos hatte Hitler Deutschland wieder stark gemacht, was uns Jungen begeisterte. Der Flottenvertrag mit England, der die Beschränkung der deutschen Kriegsschiffbauten aufhob, war geschlossen worden. Aus dem 100 000 Mann Heer, das der Versailler Friedensvertrag Deutschland auferlegt hatte, war eine starke moderne Wehrmacht geworden. Der „MaginotLinie", hatte Deutschland den „Westwall" gegenüber gestellt. Das Saargebiet und Österreich gehörten zum Deutschen Reich, ebenso das Sudetenland. Die ehemalige Tschechoslowakei wurde ein Reichsprotektorat. Nun holten am 22. März 1939, das an Litauen abgetretene Memelland, Deutschen Truppen „heim ins Reich". Im Musikunterricht lernten wir gleich, das dazu passende Lied: „In den Ostwind hebt die Fahnen, denn im Ostwind wehn sie gut. Dort befehlen sie zum Aufbruch und dem Rufe unsers Bluts. Denn ein Land gibt uns die Antwort und das trägt ein deutsch Gesicht. Dafür haben viel geblutet und darum schweigt der Boden nicht."

So war das damals und eigentlich hätte man zufrieden sein können, wenn es nur den „Polnischen Korridor" nicht gegeben hätte! Der Versailler Friedensvertrag hatte den polnischen Staat geschaffen, auf Kosten Österreichs und des Deutschen Reiches. Das urdeutsche Land, das Deutschland an Polen abtreten musste, wurde „Polnischer Korridor" genannt, in welchem Deutschland und Bürgern des Deutschen Reiches, freie Durchfahrt nach Ostpreußen, vertraglich zugesichert worden war. Nachdem dieses ehemals deutsche Land, polnisches

Staatsgebiet wurde, besiedelten immer mehr Polen das Gebiet, so dass die dort wohnenden Deutschen, allmählich Minderheit wurden. Die Polen ließen die Deutschen immer mehr spüren, dass sie, die Polen, Herrscher des Staates waren. Die Folge waren sich häufende Zusammenstöße und Auseinandersetzungen der beiden Volksgruppen, die sich vor allem in den ehemals alten deutschen Städten, wie Bromberg, Thorn und Posen bemerkbar machten. Diese Spannungen, wurden natürlich von der Deutschen Reichsregierung unter Hitler registriert, die eine exterritoriale Schienenverbindung nach Ostpreußen, durch den Polnischen Korridor forderte. Die aber lehnte die polnische Regierung ab, worauf Hitler den mit Polen bestehenden Freundschaftsvertrag kündigte. Danzig, einst eine alte deutsche Hansestadt, durch den Versailler Friedensvertrag eine politisch freie Reichsstadt, drängte auf eine Lösung, im Sinne eines Anschlusses an das Deutsche Reich. Eine allgemeine Nervosität machte sich bemerkbar, auch in unserer Schule. Im Unterricht befassten sich die Lehrer, mit dem Thema des alten deutschen Landes im Osten, mit den Ordensrittern und deren Leistungen für die Kultivierung des Ostens, aber auch mit Hitlers Forderung des Landes im Osten. Die Presse und Rundfunk befasste sich intensiv, mit der regen Reisetätigkeit der Diplomaten und hochrangigen inländischen Politiker. Es war schon eine aufregende Zeit.

In dieser aufregenden Zeit, fuhren Grafenhorts in die Sommerferien und das erstmals ins Allgäu, nach Oberjoch. Bisher ging es in den gemeinsamen Ferien, meistens an die Küste, nun zum erstenmal ins Gebirge. Ich hatte keine Vorstellungen, wie diese steinernen Berge aussehen, konnte auch nichts erkennen, als wir abends mit dem Zug in Sonthofen ankamen, es war dunkel. Im Lichtkegel der Taxe, die uns über den kurvenreichen „Adolf-Hitler-Pass" den Berg hinauf nach Oberjoch fuhr, sahen wir nur Natursteinwände. Doch am anderen Morgen, wurde ich von völlig ungewohnten Lauten wach, stand auf, zog die Vorhänge von den Fenstern weg und öffnete sie. Unter blauem wolkenlosen Himmel, strahlte mich ein Alpenpanorama an, wie es nicht schöner hätte sein können, dazu das wechselseitige Jodeln, das durch das Tal schallte. Ich rief meine Schwester, damit sie auch diesen wundervollen Blick genießen konnte. Wir beide machten „Katzenwäsche", zogen uns schnell an, liefen zu den Eltern und gemeinsam gingen wir zum Frühstückstisch in dem Polizeierholungsheim, denn dort befand sich unser Feriendomizil. In einem kleineren Raum befanden sich 3 Tische, für die Offiziersfamilien. An einem, hatte sich die Frau des Polizeipräsidenten von Berlin niedergelassen, mit ihrem Sohn, 2 Jahre älter als ich, an dem weiteren Tisch saß die Frau eines Oberstveterinärs der Wehrmacht, mit ihrer Tochter 1 Jahr älter als ich und ihrem Sohn, der ein Jahr jünger als ich war. Alle anderen Gäste benutzten den großen Saal. Nach dem Frühstück, erkundeten wir Kinder, getrennt von den Eltern, erst einmal die Umgebung. Wir schauten an den in die Felsen gehauenen „AdolfHitlerPass“ hinunter und beobachteten ein Fahrzeug, das sich vom Tal hinauf schlängelte. Dann liefen wir zu den Wiesen die sich Richtung Tirol erstreckten und schauten den Männern vom Reichsarbeitsdienst zu, die sumpfige Wiesen drainierten. Mit ihren Spaten hoben sie Gräben aus, legten dort hinein in einem Abstand von 1 Zentimeter Tonröhren, schütteten danach die Gräben wieder zu und legten hierdurch die Wiesen trocken. Gegenüber unseres Domizils erhob sich mit 1 876 Metern Höhe der Berg Iseler, den wir beabsichtigten einmal zu besteigen. Natürlich unternahmen wir Vieles gemeinsam mit unseren Eltern. Aber auch mit den Jugendlichen waren wir viel zusammen.

Unser Vater hatte seinen „Stammplatz“, am oberen Aussichtspunkt des „AdolfHitlerPasses“, weil er dort den Verkehr auf dieser Passstraße gut beobachten konnte, aber auch einen weiten Blick ins Tal hatte. Dort war er meistens zu finden. Eines Mittags kam er wieder von dort, allerdings war es zum Mittagessen noch zu früh. Deshalb meinte er, wir können doch einmal auf den Berg hinter unserem Haus klettern, das kann nicht weit sein, man sieht ja den Gipfel von hier aus. Gesagt getan! Es schien ein leichtes Unterfangen zu sein und so stimmte ich zu. Wir kletterten los, es war sehr steil. Allmählich kam der von unten sichtbare Bergkamm näher. Doch wir wurden enttäuscht. Vor uns dehnte sich ein kleines Bergtal aus, das von einem Bergkamm gekrönt wurde, den wir von unten als Gipfel angesehen hatten. Wir hatten noch Zeit und nahmen den nächsten Hang in Angriff, denn dort schien der Gipfel zu sein. Auch dieser war recht steil. Wir schwitzten und kletterten bis wir nein, nicht den Gipfel, wieder ein kleines Bergtal erreichten. Wir wollten nicht aufgeben und nahmen diesen Hang. Doch auch dort wurden wir wieder enttäuscht. Wir schauten uns an und überlegten, versuchen wir es noch mal, reicht die Zeit oder geben wir auf? Aufgeben, das gab es doch für einen deutschen Offizier nicht! Wir bissen auf die Zähne und unternahmen einen neuen Anlauf, schafften den nächsten Hang und wurden wie sollte es anders sein-wieder um eine Enttäuschung reicher. Mittlerweile war es 13 Uhr, mein Vater sagte „jetzt erst recht“ und wir kletterten weiter. Endlich sahen wir die Bergspitze, ohne ein vorheriges Bergtal vor uns auf einem kleinen Anstieg. Als wir auch diesen überwunden hatten, wurden wir mit einem unbeschreiblich schönen Blick über Täler und Berge belohnt. Leider konnten wir diesen Ausblick nicht lange genießen, die Zeit drängte, wir mussten wieder hinab. Bis 14 Uhr gab es Mittagessen und unsere Mutter und Waltraut warteten. Mit einem „Affenzahn“ bewältigten wir den Abstieg, mehr im Laufen, Fallen und Rutschen, bis wir unten waren. Unsere Mutter schimpfte wie ein „Rohrspatz“, Worte von „Verantwortungslosigkeit“, „kein Zeitmaß“ und „Sorgen gemacht“, klangen heraus. Nun, man konnte sie ja auch verstehen. Wir hatten nicht gesagt was wir vorhatten, es war eine reine Augenblicksentscheidung. Den Verlauf hatten wir uns ja auch anders vorgestellt. Wichtig jedoch war, wir bekamen noch unser Mittagessen, obwohl es schon nach 14 Uhr war. Künftig jedenfalls, würden wir uns für die Kletterei, mehr Zeit nehmen.

Die nahmen wir uns, um den Berg Iseler zu besteigen. Etliche aus dem Erholungsheim hatten sich angeschlossen, als wir morgens nach dem Frühstück los marschierten. Nachdem wir das Tal durchschritten hatten, ging es stetig bergauf. Wir kletterten immer höher hinauf und erreichten die Baumgrenze. Dort aber sahen wir auf den Bergwiesen eine größere Anzahl von Kühen, die mit ihren um den Hals hängenden Glocken, bei jeder Bewegung läuteten. Eine der nebeneinander stehenden Almhütten wurde bewirtschaftet und bot uns Rast an. Hier trennte sich jedoch die „Spreu von dem Weizen“, diejenigen die nicht mit auf die Bergkuppe wollten, ließen sich unter den Sonnenschirmen der als Restaurant bewirtschafteten Alm nieder, während die Jugend, unter Führung meines Vaters, den Gipfel weiter besteigen wollte. Wir ließen die Baumgrenze hinter uns und kletterten immer höher. Bis zum Gipfelkreuz war es noch ein hartes Stück Arbeit. Dann aber, als wir die höchste Stelle erreicht hatten, belohnte uns ein Blick über die Bergspitzen der Alpen, den ich nie vergessen habe. Während wir die Umwelt bestaunten, stellten wir aber auch fest, dass es hier oben recht kalt war und so fand der Vorschlag wieder abzusteigen, allgemeine Resonanz. Aber der Abstieg war auch nicht so einfach! Nachdem wir aus den Felsen heraus waren, kamen wir in ein Gebiet voller Geröll. Je weiter der Abstieg, je größer die Steine. Mit jedem Schritt in dem Geröll rutschten wir ca. einen Meter mit hinab. Wir hatten fast das Ende der Geröllstrecke erreicht, als ein dicker Stein unserm Vater von hinten an die Beine rollte und er dadurch auf den Hosenboden rutschend, den Rand des Geröllgebietes erreichte. Für uns Kinder ein Grund, heftig zu lachen! Noch über die Waldwiesen, mitten durch die Kühe und wir hatten die bewirtschaftete Alm, mit unseren Müttern, erreicht. Jetzt konnten wir uns etwas ausruhen und Kuchen essen, darauf hatte ich mich schon so gefreut. Vor allem mit Schlagsahne, die ich doch sooo gerne aß ! (Die nächste Portion Schlagsahne, konnte ich erst 6 Jahre später essen!!) Neben der bewirtschafteten Almhütte, befand sich eine, in der Käse hergestellt und gelagert wurde. Die umherlaufenden Kühe lieferten die Milch, die von den Sennern dann zu Käse verarbeitet wurde. Unser Vater meinte, die Senner hätten sich seit dem Almauftrieb im Frühjahr sicher nicht mehr gewaschen. Danach ging es dann gemütlich wieder ins Tal.

Auf der Straße von Oberjoch nach Reutte, befand sich die ehemalige Grenzstation, mit den Gebäuden die von den Grenzbeamten für die Einund Ausreisekontrollen benutzt wurden. Ich stellte mich mitten auf die Straße, ein Bein auf die deutsche und das andere Bein auf die ehemals österreichischen Seite und dachte, wenn Hitler nicht Österreich „heim ins Reich" geholt hätte, stünde ich jetzt mit einem Bein im Ausland. Der Begriff Ausland hatte für uns Jungen etwas Faszinierendes, etwas das für uns verschlossen blieb.

Eines Tages fuhren wir mit dem Linienbus nach Sonthofen, um uns einmal die Stadt anzusehen. Ein nettes typisch bayrisches Örtchen mit einer Burg. Diese beheimatete die SSJunkerschule, die der Ausbildung des Offiziersnachwuchses der WaffenSS diente. Zu der Zeit als wir diese besichtigten, hielt sich der Sohn der Tante Berta aus Essen dort auf, dessen Ausbildung im November 39 zu Ende ging. Möglicherweise haben wir das gar nicht gewusst, denn irgendwelche Aktivitäten ihn zu treffen gab es unsererseits nicht. Aber auch eine „Napola" gab es in Sonthofen, wie an etlichen anderen Standorten in Deutschland. Zweck einer „Nationalpolitischen Erziehungsanstalt" (NAPOLA) war die Ausbildung des Führungsnachwuchses des „Dritten Reiches", nach dem Vorbild der kaiserlichen Kadettenanstalten. Doch Besichtigungen waren für Waltraut und mich eine stink langweilige Angelegenheit.

Abends versammelten sich die männlichen Hausgäste vor dem Lautsprecher des Radios, um sich über die politische Lage zu informieren, die immer bedrohlicher wurde. Man war sich einig, Hitler hatte bis jetzt alles richtig gemacht, er wird das auch jetzt tun. Er wird sich nicht von dem Franzosen Daladier und dem Briten Eden, schon gar nicht von den „Polacken" übervorteilen lassen. Die allgemeine Einschätzung gipfelte in der Hoffnung, die „Polenfrage" würde so geklärt, wie die mit Österreich, mit dem Sudetenund dem Memelland. Unser Vater machte ein ernstes Gesicht, er teilte diese allgemeine Meinung nicht. Gleichzeitig aber war er so vorsichtig, der Öffentlichkeit das nicht anmerken zu lassen. Zu uns am Tisch hielt er mit seiner Ansicht allerdings nicht zurück.

Uns Jugendliche belastete das Thema nicht. Jeden Abend den der liebe Gott kommen ließ, trafen wir uns in einem Nachbarraum, in dem wir fünf uns mit allem Möglichen beschäftigten, machten Gesellschaftsspiele oder spielten Verstecken. Die blonde Rosemarie gefiel mir, sie war mein „Schwarm" oder besser gesagt, ich war in sie „verknallt". Ob sie das gemerkt hat, ich weiß es nicht, gesagt habe ich ihr das jedenfalls nicht. Als Junge in diesem Alter traut man sich nicht das offen auszusprechen, hat man doch Angst sich zu blamieren. Aber ich hatte auch bemerkt, der junge Sohn der allein Reisenden war interessiert und hätte sicher bessere Chancen gehabt als ich, doch glücklicherweise reiste er mit seiner Mutter alsbald ab. So blieben nur noch Rosemarie, Bruder Erwin, Waltraut und ich übrig. Als sich aber auch unsere Abreise anbahnte, machte Rosemaries Mutter den Vorschlag, wir Jugendliche sollten doch eine Abschiedsvorstellung geben und machte sogleich allerhand Vorschläge dazu. Mich ernannte sie zum Theaterdirektor und textete sogleich nach der Melodie eines Volksliedes, ein Lied über die Ferien in Oberjoch. Die erste Strophe lautete: „Heute haben wir das Wort, heute läuft uns keiner fort, heute kann uns jeder seh'n, es ist um auf dem Kopf zu steh'n". Es ist um auf dem Kopf zu steh'n war der Refrain der einzelnen Strophen, die unsere Ferienerlebnisse beinhalteten. Jeder von uns übernahm nach eigenen Vorstellungen einen Part, den wir abends einübten. Um die Gäste über unser Vorhaben zu informieren, malten wir ein Plakat auf dem Datum und Ort verzeichnet war. In einem großen Raum, der in der Ferienzeit nicht benutzt wurde, richteten wir unsere Bühne ein. Dann ging es eines Abends nach dem Abendessen los. Alle Gäste hatten in dem großen Saal Platz genommen, danach trat ich nach einem Glockenzeichen auf die Bühne und hielt die erste Begrüßungsansprache meines Lebens. Natürlich hatte ich, wie alle meine Mitspieler, Lampenfieber, doch das verging im Laufe unserer Vorstellungen. Nachdem wir das von Frau Hüttenreiter getextete Lied gesungen hatten, trat jeder mit seinem eigenen Vortrag auf. Waltraut hatte eine gute Stimme und sang ein Lied, Erwin trug ein Gedicht vor, Rosemarie deklamierte etwas Klassisches. Dann folgte das Spiel „U-Boot", in dem wir einen Stuhl auf den Tisch stellten, einen der Gäste auf die Bühne baten, der sich auf den Stuhl setzen musste, eine Jacke übergestülpt bekam, damit er durch den Ärmel zum Kapitän schauen konnte. Der Gast fragte durch das „Sprachrohr, „wie lange geht die Fahrt"? „Eine Woche" war die Antwort. Die nächste Frage lautete, „wie hoch ist der Seegang"? Der Kapitän „ruhig, 2 – 3". Die nächste Frage, „wie ist das Wetter"? Der Kapitän „es regnet" und gleichzeitig schüttete er ein Glas Wasser, durch den Ärmel in das Gesicht des Gastes. Ein riesengroßes Gelächter der Zuschauer war die Folge. Doch der Gast nahm' s wie es sein sollte, eine humoristische Einlage. Die nächste Nummer war, „Der Taucher" von Friedrich von Schiller. Die Ankündigung wurde feierlich vorgetragen, so dass jeder dachte, jetzt kommt etwas Klassisches. Stattdessen hörten die Gäste nur, „gluck, gluck, gluck, weg war er"! Alle lachten. Natürlich hätte ich deklamieren können, „wer wagt es Rittersmann oder Knab', zu steigen in diese Sch - - - - grube hinab". Doch das schien mir bei dieser Gesellschaft obsolet. Auch nicht des Sängers Fluch, wie wir dieses klassische Gedicht von Schiller in der Schule verunstalteten:

„Es stand vor alten Zeit ein Schloss so hoch und her,
doch weil es abgerissen, drum steht es heut nicht mehr.
Umringt von duftgen Gärten, im blumenreichen Kranz,
drin saßen viele Vögel und wackelten mit dem Schwanz.
Drin saß ein junger König an Lob und Segen reich,

er aß sogar Kommissbrot und faules Pferdefleisch.
Einst zog zu diesem Schlosse ein edles Sängerpaar,
der Alte hat ne Glatze, der Junge gar kein Haar.
Der Alte mit der Glatze der saß auf schmuckem Ross,
der Junge ging zur Seite und patschte durch die Goss.
Der Alte sprach zum Jungen, „nun seit bereit mein Sohn,
nimm alle Kraft zusammen, den Mut und auch den Schmerz,
vergesse die Trompete nicht sie hängt dem Pferd am Sterz“.
Die Sänger standen beide im hohen Säulensaal
und auf dem Throne sitzend der König und sein Gemahl.
Die Königin sie streichelt des Wauwauss weiches Fell
und wirft dem Sänger nieder, ne halbe Rahmkamel.
„Du hast mein Volk verführet, verführst du auch mein Weib“?
der König ruft es wütend und bebt am ganzen Leib.
Und so weiter, und so weiter.

Das ging auch nicht. Wir einigten uns auf die „Glocke von Schiller“ und trugen die Verse nacheinander einzeln abwechselnd vor. Nachdem jeder seinen Teil zur Vorstellung beigetragen hatte, sangen wir noch ein paar Lieder und unsere Abschiedsvorstellung wurde mit einem kräftigen anhaltenden Applaus beendet. Während die Gäste gingen, besorgte Erwin noch schnell zwei Flaschen Rotwein, wir waren ja unter uns und wollten unseren Erfolg feiern. Damit das unter uns blieb, konnten wir keine Weingläser besorgen, sondern holten unsere Wassergläser aus den Zimmern. Wir hatten natürlich keine Ahnung wie man Wein trinkt und schütteten uns den Wein in den Gläsern, wie Wasser hinunter. Wir wurden lustiger und lustiger. Das konnten wir auch, schließlich waren wir unter uns! Mal schaute unser Vater rein, mal Rosemaries Mutter. Wir waren überzeugt, sie hätten etwas vermutet doch keiner ließ es sich anmerken. Lustig stellten wir fest, jeder hatte von uns durch den ungewohnten Alkohol einen kleinen „Schwips“, was uns noch lustiger machte. Für mich war es jedenfalls der erste „Schwips“ meines Lebens.

Zwei Tage später reiste Rosemarie mit Bruder Erwin und ihrer Mutter ab und fuhren auf direktem Wege per Bahn nach Hause, ins Schwabenland nach Leonberg. Wir einen Tag später, mit einem Stopp morgens in München und der Weiterfahrt am späten Nachmittag nach Wuppertal. München, die Nationalsozialisten nannten sie „Hauptstadt der Bewegung“, war eine schöne alte Stadt, in der über 900 Jahre die bayrischen Könige eine wichtige Rolle gespielt hatten. Für die NSDAP besaß diese Stadt eine besondere Bedeutung, weil bei einem Aufstand am 9. November 1923, vor der Feldherrnhalle, 16 SAMänner erschossen wurden. Diese 16 Toten lagen auf einem Platz in steinernen Sarkophagen.

An der Feldherrnhalle in der Residenzstraße, wies eine Tafel auf das Geschehen hin, darüber hing ein Kranz und zwei SSMänner in schwarzen Uniformen, mit schwarzem Stahlhelm, weißen Handschuhen und geschultertem Gewehr, hielten die Ehrenwache. Von der SA kannte ich das Lied „In München sind viele gefallen, in München war`n viele dabei. Es traf vor der Feldherren Halle, 16 Männer das tödliche Blei“. Mehr interessierte mich allerdings, das in der Nähe befindliche Bayrische Armeemuseum, welches ich mit meinem Vater besuchte. Das war ja alles schön und gut anzuschauen, aber viel wichtiger war für mich der Kauf der versprochenen Lederhose, die bei uns Jungen absolut „in“ war. Die gab es dann zum Abschluss des Münchener Besuchs, bevor wir den Zug nach Wuppertal bestiegen.

Wir fuhren 3. Klasse und saßen in einem Abteil, das relativ voll war. Gelegentlich stand man auf, um sich im Gang die Beine zu vertreten und auch ungehindert aus dem Fenster zu schauen. Dabei stand ich neben meinem Vater und hörte, wie er eines der neueren Soldatenlieder von Herms Niel, in Gedanken verloren, leise vor sich hin sang. Herms Niels Soldatenlieder zeichneten sich durch besonders viele Paukenschläge aus, auch das neue begann, „Früh morgens wenn die Hähne kräh'n zieh'n wir zum Tor hinaus“ (bum, bum, bum) - - - - - und endete mit dem Refrain „ja schön blüh'n die Heckenrosen, schön ist das Küssen und das Kosen“ - - - - - doch mein Vater sang, „schön blüh'n die Rosenhecken, kannst mich mal um 5 Uhr wecken“, anstelle kannst mich mal am A - - loch lecken. Für meinen super korrekten Vater, der für Anstand, Benehmen, Kultur und Höflichkeit stand, schon erstaunlich! Aber im Urlaub war mein Vater ein anderer Mensch. Er der immer im Dienst war, den ich selten einmal nicht in Uniform gesehen hatte, wurde offenbar mit dem Ausziehen der Uniform ein anderer Mensch, ein menschlicher Mensch! Doch es ging dem Ende der Ferien entgegen und ich würde ihn wieder nur als Uniformträger sehen, Vertreter der preußischen Disziplin.

Auf der langen Strecke von München nach Wuppertal, standen wir wieder einmal im Gang, die Landschaft rauschte an uns vorüber, als mein Vater ernst wurde und meinte, „es wird wohl Krieg geben“ und ergänzte diese Vermutung mit der „außenpolitischen Lage, die sich derart zugespitzt hat dass damit wohl zu rechnen ist“. Ich war überrascht, „meinst du wirklich. Kann es nicht sein, dass das erst in einigen Jahren der Fall ist? Ich werde doch erst 15 und kann noch nicht mitmachen, in 2 – 3 Jahren schon eher“. Darauf er, „du wirst schon noch Gelegenheit dazu bekommen. Wir haben 1914 auch geglaubt, Weihnachten sind wir wieder zu Hause und es hat 4 Jahre gedauert“. Die Antwort die mir noch heute gegenwärtig ist und deren Vorhersage zutraf, war damals nicht in meinem

Sinne. Ich hoffte der Krieg würde nicht stattfinden. Nicht aus Angst, ich kannte die Wirklichkeit eines Krieges ja nicht, nur die Geschichten von mutigen heldenhaften Männern und mutig war ich auch, ein Held wollte ich sein. Deshalb sollte der Krieg noch einige Jahre warten, bis ich alt genug war. Das war meine Meinung, genau so dachten auch meine Klassenkameraden. Aus heutiger Sicht unverständlich, doch ich müsste lügen, wenn es anders gewesen wäre.

Der Alltag begann wieder, die Schulferien waren zu Ende. Es lag doch eine gewisse Spannung in der Luft. Wir Schüler merkten es auch, da der eine oder andere Lehrer zur Wehrmacht eingezogen wurde. Auch die Themen im Schulunterricht streiften die außenpolitische Lage. Dann aber am 23. August 1939 die Sensation, der „Deutsch – Sowjetrussische – Nichtangriffspakt" wurde abgeschlossen! Nun verstand ich die Welt nicht mehr! Mit den Sowjets, die Russland mit dem Kommunismus beherrschten, wurde ein Nichtangriffspakt abgeschlossen. Es war immerhin ein Land mit einer Ideologie, die von den Nationalsozialisten heftig bekämpft wurde. Wir waren alle überrascht, sogar unsere Lehrer. Die aber versuchten mit taktischmilitärischen Vorstellungen, diese Entwicklungen zu erklären, die durch den am 25. August 1939 von den Engländern mit den Polen abgeschlossenen „Britisch – Polnischen – Hilfspakt", sogar eine Bestätigung bekamen. Die Spannungen stiegen, als man erfuhr dass deutsche Handelsschiffe, die sich im Ausland befanden, den Befehl bekamen, die Häfen in Deutschland anzulaufen und die deutschen Handelsschiffe, die sich in deutschen Häfen befanden, keine Erlaubnis bekamen, auszulaufen. Einen Tag später meldeten die Rundfunkanstalten, dass die französische Regierung ihre Ostgrenzen geschlossen hat, Belgien, Holland und die Schweiz ihre Armeen mobilisierten, um die eigene Neutralität zu schützen. Jeden Tag brachten die Radiosender neue Nachrichten, wobei ein gewisser Teil der Bevölkerung davon ausgenommen wurde, da lediglich 12,8 Millionen der Bürger, einen Rundfunkempfänger besaßen. Diese Ungleichheit der Nachrichtenversorgung führte zwangsweise zu einer brodelnden Gerüchteküche, der durch das Angebot eines preiswerten, einfach strukturierten, Volksempfängers begegnet wurde. Wie alle Rundfunkempfänger dieser Zeit, litten sie an der geringen Reichweite der deutschen Sender, so dass man lediglich deutsche empfangen konnte und damit nur einseitige Informationen erhielt.

Hitler forderte am 29. August 1939, ganz massiv die Rückgabe der deutschen Ostgebiete von Polen. Er wollte offensichtlich Fakten schaffen die aber und danach sah die Lage aus – bedeuteten militärische Gewalt. Bisher hatte Hitler mit seinen Drohungen Erfolg gehabt, wie Österreich, die Tschechoslowakei und das Memelland zeigten, vielleicht rechnete er auch jetzt damit. So dachten viele Deutsche, vor allem die den Krieg 1914/18 mitgemacht hatten. Doch der „Führer" wusste, dass nach dem „Britisch – Polnischen – Hilfspakt", auf den sich die Polen verließen und die Gewissheit, dass auch Frankreich mit Groß Britannien verbündet war, die Polen niemals nachgeben würden und er nur mit Krieg zum Ziele kommen würde. Das bewies die Mobilisierung der polnischen Truppen am 30. August 1939, mit der gleichzeitigen Sperrung des „Polnischen Korridors" zwischen dem Deutschen Reich und Ostpreußen. Der Rundfunk verbreitete laufend Meldungen, wonach im „Korridor" ständig Übergriffe auf deutsche Bewohner stattfänden und auch Grenzverletzungen der Polen zunähmen, wodurch in Deutschland eine Aversion gegen Polen provoziert wurde. Sicher eine geplante systematische Vorbereitung, auf das was kommen sollte. Die Westmächte mit Frankreich und England dagegen, wollten den ständigen Gebietsforderungen Hitlers Einhalt gebieten. Dieser aber mit dem Nichtangriffspakt der Sowjetunion im Rücken, schien sich seiner Sache sicher. Das ging schon daraus hervor, dass der für den 2. September angesetzte Reichsparteitag verschoben wurde. Noch deutlicher zeigte die Einführung der Bezugscheinpflicht die Richtung an, welchen die Reichsregierung zu gehen beabsichtigte. Am 1. September 1939 wurden die „Volksgenossen", wie die Bürger im „Dritten Reich" bezeichnet wurden, durch eine Ansprache Hitlers über den Rundfunk informiert, dass deutsche Truppen die Grenze zu Polen überschritten haben, die permanenten Übergriffe zurückschlagen und „seit 4,45 Uhr Granate mit Granate und Bombe mit Bombe vergolten werde"! Der Reichssender Köln berichtete darüber hinaus, dass das Linienschiff „SchleswigHolstein", ein Veteran des 1. Weltkrieges, die polnische Festung „Westernplatte" beschieße. Das war kein friedlicher Einmarsch wie in Österreich, in das Sudetenoder Memelland. Das bedeutete Krieg!

Krieg

Das war natürlich das Thema in der Schule, an normalem Unterricht war nicht zu denken. Zu Hause klebte ich eine Landkarte auf die Pappe eines Pappkartons, hängte diese an die Wand und markierte mit bunten Stecknadeln die Orte, die der Rundfunk als von deutschen Truppen erobert und besetzt meldete. Die polnischen Truppen technisch und zahlenmäßig den deutschen unterlegen, wehrten sich hartnäckig. Am 3. September 1939 forderte mit einem Ultimatum England und Frankreich, die deutschen Truppen bis 11 Uhr zurückzuziehen. Nachdem das, wie nicht anders zu erwarten war, von Hitler abgelehnt wurde, erklärten beide Staaten Deutschland den Krieg! Schon am nächsten Tag dem 4. September, griffen britische Bomber Wilhelmshaven und Cuxhaven an. Am Westwall dagegen entwickelte sich lediglich eine geringe Stoßtrupptätigkeit.

Unser Leben veränderte sich von Grund auf, vom Schulbetrieb einmal abgesehen, der völlig normal weiter ging. Die totale Verdunkelung wurde eingeführt mit aller Konsequenz, denn es durfte kein Lichtschein aus Wohnungen, Betrieben, Büros und Häusern von außen sichtbar sein. Wir deckten unsere Fenster mit so genannten schwarzem, überall zu kaufendem, Verdunkelungspapier ab. Nach und nach ersetzten wir dieses, durch schwarze an den Fenstern abschließende Rollos, die bei Dunkelheit heruntergezogen wurden. Die Städte lagen völlig im Dunkeln, selbst die Lichter der Autos waren abgedeckt, nur ein schmaler Lichtstreifen fiel während des Fahrens auf die Fahrbahn. Es waren jedoch nur wenige, sämtliche in Privatbesitz befindlichen Automobile, wurden für die Wehrmacht beschlagnahmt. Allein die für das Leben der Bürger benötigten Fahrzeuge, blieben davon ausgenommen und erhielten auf dem amtlichen Kennzeichen, einen roten sichtbaren Winkel. Die Menschen waren natürlich eine derartige Finsternis nicht gewöhnt. Kaum einer traute sich nach Anbruch der Dunkelheit, auf die Straße. Es befiel einem ein komisches Gefühl, ja es war geradezu unheimlich, bei völliger Finsternis durch die Straßen zu gehen, in denen normalerweise auch nach Sonnenuntergang das Leben pulsierte. Für notwendige Wege während der Dunkelheit, gab es phosphoreszierende Anstecknadeln, die an Lichtquellen aufgeladen werden mussten. Diese steckte man an die Bekleidung, um nicht mit einem anderen Fußgängern zusammen zu stoßen und von anderen wahrgenommen zu werden. Für jedes Haus wurde ein „Luftschutzwart" ernannt, der für die Überwachung der Verdunkelung, für alle Luftschutzeinrichtungen und Luftschutzmaßnahmen des Hauses die Verantwortung trug. In jedem Haus wurde ein Kellerraum als „Luftschutzraum" eingerichtet, in dem sich die Hausbewohner während eines Luftalarms einzufinden hatten. Dort wie auch im Hause selbst, mussten Eimer mit Sand, Feuerpatschen, soweit möglich auch Wasserschläuche und Löschmittel, vorhanden sein. Im Kellergang wurde ein Mauerdurchbruch zum Nachbarhaus geschaffen damit man, sofern nach einem Angriff der Aufgang des Hauses verschüttet war, durch den Kellergang des Nachbarhauses ins Freie kommen konnte. Ich machte mir die Mühe und richtete den „Luftschutzkeller“ recht wohnlich ein, mit einem Teppich und bequemen Stühlen und Sesseln. Unsere Mutter packte, wie auch alle Hausbewohner, in eine Tasche oder kleinen Koffer dringend benötigte Kleidung, alle Wertsachen und Dokumente, die man bei einem Luftalarm mit in den „Luftschutzkeller“ nahm. Jeder Haushalt bekam ein bedrucktes Blatt, auf dem Verhaltensregeln, für alle möglichen Fälle vorgegeben waren. Unser Vater las seiner Familie die einzelnen Absätze vor. Da man mit Fliegerbomben, chemischen und bakteriologischen Bomben rechnete, lautete der letzte Satz eines jeden Abschnittes - - - - - - - - - - „man lege sich flach auf den Boden“! Unser Vater leierte den Schlusssatz immer so eintönig, dass wir alle lachen mussten. Eigentlich war ja alles todernst und nicht zum Lachen, aber vielleicht war die Eintönigkeit der Grund. Von meinem Vater bekam ich einen schwarzen, rechteckiglänglichen Karton mit einem Umhängegurt, in dem sich die Volksgasmaske befand und einen Luftschutzhelm, der bei einem Luftangriff vor herunterfallenden Steinen, Trümmern und dergleichen schützen sollte. Jede Familie musste auf der neu eingerichteten Bezugsscheinstelle, die für die Familienangehörigen erforderlichen Lebensmittelkarten abholen, denn ohne diese gab es keine Lebensmittel, die man aber auch bezahlen musste. Auf den einzelnen Karten befanden sich Abschnitte für so und soviel Gramm Butter, Fleisch, Wurst, Brot, Milch, Käse und was sonst noch zum Leben notwendig war. Besondere Abschnitte mit Buchstaben und Zahl versehen, dienten den Sonderzuteilungen zum Beispiel „auf Abschnitt B 3 gibt es ein Ei“. Für jeden Bürger gab es eine Lebensmittelkarte, die auch nur für den galt auf den sie ausgestellt war.

In den ersten Kriegstagen brachte unsere Mutter einen großen Sack Bohnen nach Hause, den sie von irgendeinem ihr bekannten Gartenbesitzer bekommen hatte. Diese Bohnenschoten wurden zunächst gewaschen und danach von den seitlich recht starken Schotenfäden befreit, beide Enden abgeschnitten und die so bearbeitete Schote zu kleinen Scheibchen verarbeitet. Dafür gab es eine so genannte Bohnenschnippelmaschine, die das Scheibchenschneiden übernahm. Sie bestand aus 4 Messern in einer ca. 10 Zentimeter großen Scheibe, die mit einer Kurbel versehen, sich in einem Gestell befand, das an den Küchentisch zu schrauben war. In diesem Gestell befanden sich zwei Führungen, in die Bohnenschoten hineingesteckt wurden. Bedingt durch das Drehen der Kurbel wurden die Schoten in kleine Scheibchen geschnitten, die in eine darunter stehende Schüssel fielen. Unsere Mutter hatte an diesem Abend noch einiges zu erledigen, gab Waltraut und mir den Auftrag, die in mehreren Eimern befindlichen Bohnenschoten zu schnippeln. Sie selbst verschwand in der rabenschwarzen Nacht. Jeder von uns beiden leierte abwechselnd die Kurbel, doch bei diesen Mengen sahen wir kein Vorwärtskommen. Wir hätten Tage gebraucht, um alle Bohnenschoten zu schnippeln. So ging das nicht weiter! Dabei fiel mir ein, ich hatte doch einen kleinen 220 Volt Elektromotor, mit einer Antriebswelle, der allerhand technisches Spielzeug antrieb. Den montierte ich auf dem Küchentisch, verband ihn mittels eines Antriebsbandes mit der Bohnenschnippelmaschine und stellte den Motor an. Die Messer der Scheibe schnitten die Bohnenschoten in rasender Geschwindigkeit. Ich steckte zwei Bohnenschoten in die dafür vorgesehenen Führungen - - - - - - - - und schon waren sie verschwunden! Das ging derart schnell, man konnte den Vorgang kaum mit den Augen verfolgen. Die Bohnenschoten sausten nur so durch die Schlitze! Das war die Lösung! Oder doch nicht? Schnell musste ich den Motor abstellen, durch die hohe Geschwindigkeit flogen die geschnittenen Bohnenscheibchen nicht in die Schüssel, sondern überall hin. Rundherum an den Wänden und sogar an der Decke klebten durch die eigene Feuchtigkeit, die kleinen Bohnenscheibchen. Vom Prinzip her war das schon eine Möglichkeit, doch wir mussten eine Auffangvorrichtung schaffen. Das taten wir auch, in dem wir einen großen Trichter aus Pappe bauten, der die herausfliegenden Scheibchen auffing. Es dauerte nicht lange und die vollen Eimer, die uns unsere Mutter hingestellt hatte, waren leer. Sie brauchte jetzt nur noch die geschnippelten Bohnen in einen großen Steinguttopf füllen, darauf ein feuchtes Tuch mit einem runden Brett und einem Pflasterstein beschweren und fertig war der Vorrat für die Winterzeit. Die deutschen Truppen überrannten die polnischen in wenigen Tagen. Ich kam mit den Stecknadeln auf meiner Landkarte mit diesem Tempo gar nicht nach. Plötzlich und unerwartet marschierte am 17. September 1939 von der anderen Seite die rote Armee in Polen ein! Einen Tag später trafen sich erstmals deutsche und sowjetische Truppen in BrestLitowsk. 4 Tage später vereinbarte Hitler und Stalin eine so genannte Demarkationslinie, die Polen in ein sowjetisch und in ein deutsch besetztes Gebiet aufteilte. Nach knapp 4 Wochen kapitulierte die Regierung Polens. Der von General Guderians Panzer angeführte „Blitzkrieg", war ein großer Erfolg der Deutschen Wehrmacht. Wie sangen noch die Hitlerjungen? „In den Ostwind hebt die Fahnen, denn im Ostwind weh'n sie gut" - - - - -.

Natürlich beeinflussten diese Entwicklungen im Osten, auch unseren Schulunterricht. Zwar wurden die einzelnen Fächer konsequent gelehrt, doch blieb häufig Zeit, sich mit den Tagesereignissen zu befassen. Jedenfalls taten sich die Lehrer, mit den jüngsten doch recht schwer. Bisher waren für uns die Kommunisten die Todfeinde des Nationalsozialismus, zwei völlig unterschiedliche

Weltanschauungen. Jetzt aber erfuhr man, dass beide parallel zueinander das gleiche Ziel verfolgten und deshalb nicht miteinander kollidieren müssten. Diese Meinung vertraten auch die Medien und die mussten es ja schließlich wissen. Also machte ich diesen gedanklichen Schwenk mit!

Zu Hause ging das Leben mehr oder weniger seinen gewohnten Gang, wenn man von den beschränkten Einkaufsmöglichkeiten einmal absah. Der Schutzpolizei wurde die Verantwortlichkeit für den Luftschutz, für die Zivilbevölkerung übertragen und dazu Wuppertal-Barmen, in zwei Abschnitte eingeteilt. Ein Abschnitt wurde unserem Vater als Abschnittskommandeur übertragen und dazu der „Sicherheitsund Hilfsdienst“ (SHD) aufgestellt, der aus Handwerkern bestand, die aus Alters-oder Gesundheitsgründen, nicht zur Wehrmacht eingezogen worden waren. Diese Männer trugen blaugraue Uniformen mit Armbinden auf denen stand SHD.

Lebensmittelkarten und Bezugscheine die es für Bekleidung, Schuhe und dergleichen gab, lagen im Zuständigkeitsbereich unserer Mutter. Logisch, sie hatte ja auch dafür zu sorgen, dass die Familie etwas zum essen und anzuziehen hatte. Natürlich stimmte sie sich mit unserem Vater ab, der hatte ja schließlich das Geld zu verdienen, doch einkaufen, das war ihre Sache. Leider war das nicht mehr so einfach wie zu Friedenszeiten, es war halt alles rationiert. Man bekam nicht das was man wollte, sondern das was zugeteilt wurde. Ich hatte dabei noch etwas Glück, ich bekam seit ungefähr einem Jahr, die ausrangierten Anzüge von Onkel Alex. Da der Herr Filialdirektor immer gut gekleidet sein musste, trug er seine Maßanzüge nur kurze Zeit, sie waren also immer in tadellosem Zustand. Der Schneider machte sie für mich passend.

Der tägliche Ablauf für uns Kinder änderte sich, von der Verdunkelung einmal abgesehen, nicht wesentlich. Waltraut und ich gingen zur Schule, mittags nach Hause zum Mittagessen, nachmittags machten wir unsere Schulaufgaben, an manchen Tagen hatten wir HJ-Dienst. Darüber hinaus interessierten uns die Nachrichten und ganz besonders der tägliche Wehrmachtsbericht. Der Polenfeldzug bei dem 10 572 deutsche Soldaten gefallen und 30 322 verwundet worden waren, war zwar beendet, doch der Krieg mit Frankreich und England noch nicht. Wenn auch an der Westfront derzeit relative Ruhe herrschte, so war doch unsere Kriegsmarine, die mich besonders interessierte, recht aktiv. Unsere Hilfskreuzer, die Handelskrieg führten und unsere U-Boote, trieben sich auf den Meeren herum und versenkten so manches feindliche Schiff. Immerhin war die große Seemacht unser Gegner und wenn „U 47“, unter Kapitänleutnant Günter Prien, das britische Schlachtschiff „Royal Oak“ in der Bucht von

Scapa Flow versenkte, so war das schon eine große Schlappe für die Briten! Außerordentliche Erfolge der Wehrmacht, Kriegsmarine oder Luftwaffe wurden nunmehr durch „Sondermeldungen" des Rundfunks, mit einem vorherigen Signal, bekannt gegeben. So auch die Erfolgsmeldung des „U 47"! Wochen später versenkte das gleiche U-Boot ostwärts der Shetland Inseln, einen schweren britischen Kreuzer! Das war etwas, das ein deutsches Herz erfreute, besonders dann, wenn im Radio das Lied von Hermann Löns erklang: „Heute wollen wir ein Liedlein singen, trinken wollen wir den kühlen Wein. Und die Gläser sollen dazu klingen, denn es muss, es muss geschieden sein. Gib mir deine Hand, deine weiße Hand, leb wohl mein Schatz, leb wohl mein Schatz leb wohl, lebe wohl, denn wir fahren, denn wir fahren, denn wir fahren gegen Engelland! Ahoi !"

Aus Dortmund kamen schlechte Nachrichten. Mutters Vater musste ins Krankenhaus. Nachdem man zunächst nicht wusste was ihm eigentlich fehlte, ging es rapide mit ihm bergab. Er konnte nur noch seinen letzten Besuchern empfehlen, „Deutschland soll den Krieg schnell gewinnen und beenden", starb dann mit 72 Jahren, an einem nicht oder viel zu spät erkannten vereiterten Blinddarm. Zur Beerdigung fuhr die Familie Grafenhorst geschlossen nach Dortmund. Aus Essen kam Tante Berta, Muttis Schwester, mit Sohn „Bubi" aber ohne ihren Mann, der zur Marineartillerie eingezogen worden war. Onkel Alex mit Frau und angeheirateten Clan, war natürlich auch zugegen. Die eigentliche Beerdigung fand auf dem Dortmunder Hauptfriedhof statt. Es war seinerzeit üblich, bei besonderen Anlässen – und eine Beerdigung war ein solcher besonderer Anlass – Uniform zu tragen. So ging unser Vater in der Uniform des Hauptmanns der Schutzpolizei, Vetter „Bubi" in der Uniform eines Untersturmführers der Waffen SS (Leutnant) und ich in der Uniform der MarineHJ, mit den nächsten Angehörigen in der ersten Reihe hinter dem Sarg. Auf dem Weg zum Grab kamen wir am Krematorium des Friedhofes vorbei, aus dessen Schornstein sich leichter Rauch kräuselte. Mein Vater raunte mir zu, „schau der Rauch. Da wird gerade jemand verheizt". Ich hatte Mühe, das Lachen zu unterdrücken, aber typisch mein Vater! Nach der Beerdigung saßen die Angehörigen noch in irgendeinem Lokal zusammen, wobei nach einer Lösung des mit dem Tode des Großvaters verbundenen Problems gesucht wurde. Der Großvater hatte alles für seine Frau gemacht, nicht nur den amtlichen Papierkram, er kaufte auch ein, wusste was alles kostete, nahm ihr jeden Weg ab, nun stand die Oma alleine da, hilflos! Ihr Sohn musste dabei behilflich sein. Er selbst natürlich nicht, er machte alles mit Geld. Es wurde dafür jemand engagiert. Und meine Mutter, die alle Augenblicke in Dortmund war, kümmerte sich bald mehr um ihre Mutter, als um ihre eigene Familie.

Eine besondere Rolle spielte unser Vetter, der „kleine Willi“ oder „Bubi“, im Rahmen der Möllerschen Familie. Seine Pfadfinder wurden nach 1933 in die HJ überführt und als engagierter Jugendführer, erkletterte er in Essen die Hierarchieleiter der HJ hinauf bis zum Bannführer, dem obersten HJ-Führer einer Stadt. Noch 1937 konnte man sich zur Ausübung der Wehrpflicht eine Einheit aussuchen, in der man freiwillig seinen Wehrdienst ableisten wollte. „Bubi“ meldete sich beim „Flakregiment Hermann Göring“, wurde dort eingezogen, bekam aber unmittelbar danach eine Blinddarmentzündung, worauf er gleich wieder entlassen wurde. Wieder gesund und wieder zu Hause, bewarb er sich bei allen möglichen Einheiten und Waffengattungen, doch keine wollte ihn. Es blieb ihm nur noch die Waffen SS. Zu seiner Überraschung forderten die ihn, zu einer dreitägigen Aufnahmeprüfung auf. Während Bewerber wegen eines Hühnerauges nicht angenommen wurden, bestand er alle Prüfungen, wurde angenommen, eingezogen, ausgebildet und nach einem Jahr zur SS Junkerschule – die Offiziersschule der Waffen SS – kommandiert. Nach bestandener Abschlussprüfung, wurde er zum „Untersturmführer“ befördert, was dem Leutnant bei der Wehrmacht entsprach. Jährlich am 9. November, dem NS-Gedenktag, bekamen die Absolventen der SS Junkerschule von Adolf Hitler persönlich, als Anerkennung zur Offiziersbeförderung den Offiziersdegen überreicht. In diesem Jahr entfiel die Übergabezeremonie wegen des Krieges. Jetzt erwartete er die Abkommandierung zu einer Einheit. Ich hatte persönlich eine Aversion gegen die Waffen SS, wenn sie auch eine kampfstarke Truppe war, für mich waren das keine Soldaten. Die Waffen SS Angehörigen grüßten mit dem HitlerGruß, nicht mit dem militärischen. Offenbar aber hatte der „kleine Willi“ damit ein Problem, denn er grüßte nicht mit ausgestrecktem Arm, dem HitlerGruß, sondern mit im Ellbogen abgeknicktem Arm, so dass es wie ein militärischer Gruß aussah. Hatte er die Befürchtung er würde nicht als Soldat, als Offizier anerkannt, sondern als SS-Führer der Allgemeinen SS, einer Feierabendorganisation angesehen?

Nach dem Polenfeldzug wurde es relativ ruhig im Land. Hin und wieder gab es nachts „Fliegeralarm“, dann schaute ich mit meinem Luftschutzhelm auf dem Kopf, aus dem Dachfenster meines Zimmers in den Himmel. Außer Mond und Sternen, war nichts zu sehen. Kam dann die „Entwarnung“, krochen alle wieder in die Betten. An der Westfront fanden lediglich rege Spähtrupptätigkeiten statt. Einzig die britischen Bomber, versuchten den einen oder anderen Angriff auf Industrieund Hafenstädte. So ruhig würde dieser Krieg auf die Dauer nicht bleiben, war die Meinung unseres Kriegs erfahrenen Vaters. Die Westmächte von dem Überfall auf Polen überrascht, mussten erst einmal ihre Armeen mobil und kriegsbereit machen. Das galt aber auch für unsere Wehrmacht, deren Aufund Ausrüstung weiter fortschritt. Überall merkte man, dass die wehrfähigen Männer eingezogen wurden. Der Lehrkörper unserer Schule blieb davon nicht unberührt und wurde ausgedünnt, zudem ging unser Zeichenlehrer, ein bayrisches Unikum, in den wohlverdienten Ruhestand. Er war ein „Urvieh“, aber auch ein Choleriker der, wenn ihn einer ärgerte, in undefinierbarem Dialekt schrie, „i schmeiß dir glei an Schemel ins Kreuz“, einen Schemel auf den wir im Zeichensaal saßen. Offenbar konnten wir in Kriegszeiten auf das Zeichnen verzichten, nicht jedoch auf die Chemie. Als unser Chemielehrer eingezogen wurde, bekamen wir laufend Vertretungen. Im Gegensatz zum Fach Zeichnen, hatte ich Chemie gerne. Aber auch das Fach Chemie wurde, wie das Zeichnen, in einem speziellen Lehrsaal abgehalten. Wegen der optimalen Sicht auf den Vortragenden, befanden sich die Bänke auf steil aufsteigenden Stufen, hinter denen die Schränke mit den Chemikalien standen. Diese waren nicht verschlossen, so dass Hajo und ich uns, für unsere privaten außerschulischen Experimente, bedienen konnten. Wir mischten von verschiedenen Pulvern eine Mixtur, die wir auf die Straßenbahnschienen legten. Fuhr eine Bahn darüber knallte es, zwar nicht allzu laut, dass es einen Auflauf gegeben hätte, aber hörbar. Wir aber freuten uns, unser Experiment hatte geklappt.

Im Gegensatz zu den Schulen, die den Verlust der wehrfähigen Lehrer nicht oder nur schlecht ausgleichen konnten, wurde in der Industrie das Fehlen der Mitarbeiter durch Kriegsgefangene ersetzt. Es war schon eine alte Tradition, dass in größerer Zahl Polen in Deutschland arbeiteten, sei es in der Landwirtschaft, die im Herbst ohne die polnischen Landarbeiter nicht auskam oder im Bergwerk, von denen viele im Ruhrgebiet sesshaft wurden. Bekannte Fußballspieler wie Juskowiak, Kuzorra, Scepan sind heute für Kenner noch ein Begriff. So gab es für die 690 000 polnischen Kriegsgefangenen in Deutschland, eine große Anzahl, in nicht ungewohnten Beschäftigungen.

Der Krieg zeigte uns Jungen aber bald, dass es auch Verlierer gab. Am 17. Dezember 1939 verlor die Kriegsmarine das Panzerschiff „Admiral Graf Spee“, das nach erfolgreichem Handelskrieg und nach schwerem Gefecht mit britischen Kreuzern vor Uruguay auf der Höhe von Montevideo, in der Mündung des „La Plata“ sich selbst versenkte, da keine ausreichende Munition mehr vorhanden und darüber hinaus das Schiff schwer beschädigt war. Der verantwortungsvolle Kommandant wollte einen aussichtslosen Kampf, mit der Vernichtung von Menschenleben vermeiden. Es fiel uns schwer zu begreifen, dass es nicht nur Erfolge gab!

Das erste Kriegsweihnachten unterschied sich noch nicht wesentlich von den bisher üblichen Weihnachtsfeiern. Klar, durch die ständige Verdunkelung wurde man stets daran erinnert, auch durch Berichte im Rundfunk, wie die Soldaten im Einsatz an der Front, auf den Luftwaffenstützpunkten oder auf den Kriegsschiffen den Heiligen Abend verlebten. Auch die Lebensmittelzuteilungen reichten aus, ein gewohntes Weihnachtsfest zu feiern. Es war schon gespenstig, auf den dunklen Straßen, zum Gottesdienst an Heiligabend zu gehen. Erst nachdem der Vorraum der Kirche durchschritten war, konnten sich die Augen an das Licht gewöhnen. Wieder zu Hause, durften wir uns an unseren Geschenken erfreuen. Grafenhorsts hatten vom Weihnachtsmann (oder war' s das Christkind) ein Klavier bekommen. Für wen sollte das sein, oder war es nur als Repräsentationsstück geplant, das in gehobenen Bürgerhäusern zum Inventar gehörte? Unser Vater war zwar musikalisch, mehr jedenfalls als unsere Mutter, doch ich konnte mir ernsthaft nicht vorstellen, dass sich einer von beiden ans Klavier setzen würde. Blieben die „lieben Kinderchen" übrig. So musste ich tatsächlich zu einer Klavierlehrerin, doch die hatte unschwer erkannt, dass das nichts für mich war. Dann musste eben Waltraut ran. Und sie lernte, wenn auch nicht mit rasender Begeisterung. Aber immerhin lernte sie so, dass die Mutter eines meiner Freunde, in deren Wohnung auch ein Klavier stand, sich immer riesig freute, wenn Waltraut auf ihrem Klavier spielte und dazu mit klarer Stimme sang: „An meiner Ziege hab' ich Freude, sie ist ein wunderschönes Tier. Haare hat sie wie von Seide, Hörner hat sie wie ein Stier, meck, meck, meck, meck"! Die Eltern meines Freundes waren nette völlig unkomplizierte Leute. Ihr Sohn war zwar kein Mitglied der MarineHJ und ging auch nicht in meine Schule, dennoch verstanden wir uns gut und seine Eltern sahen es gerne, wenn wir zusammen waren.

In den Jahren vor 1939, hatte man in Wuppertal den Karneval entdeckt. Düsseldorf und Köln waren ja nicht weit entfernt. So gab es sogar 1938 einen Rosenmontagszug, den ich mir natürlich anschaute. Nun, es war für mich doch alles was ich sah, recht fremd. Ich war zu sehr Realist, wenn mir auch das überall zu hörende Karnevalslied „ins Ohr ging", „Heidewitzka Herr Kapitän, em müllermer Bötche fahren mer so jähn. Man kann so schön em Dunkle schunkle, wenn öwer us de Stäne funkle. Heidewitzka Herr Kapitän, em müllermer Bötche fahren mer so jähn." Oder den ebenfalls aktuellen Karnevalssong, „Es dat dann nix Marie, es dat dann janix, en egen Hüsche wat nit viel kost, en Stall voll Küchelche met dicke Büchelche und newenbi en Pöstche an der Post". Das gehörte nun, kaum hatte man damit angefangen, der Vergangenheit an, denn mit Beginn des Krieges wurden alle Volksbelustigungen verboten, ebenso Tanzveranstaltungen oder gar das Tanzen in der Öffentlichkeit. Das leuchtete auch ein. Während an der Front geschossen wurde, täglich Menschen ihr Leben und ihre Gesundheit einsetzten, konnte man nicht feiern und so tun als ob nichts wäre.

Unser Deutsch-Lehrer wurde zum Wehrdienst eingezogen und durch einen bereits vom Krieg gezeichneten Lehrer ersetzt. Er trug am linken Arm eine Unterarmprothese, trat recht forsch auf und erwartete auch von uns ein zackiges „Setzen". Danach sagte er kurz und knapp, „ich bin jetzt euer Deutschlehrer". Darauf bemerkte ich, herausgefordert von seinem militärischen Auftreten, zu meinem Nachbarn, „is dat dann nix Marie". Überraschend für mich hatte er das gehört und reagierte sofort," wer war das"? Ich meldete mich natürlich und er, „komm nach vorne". Kaum stand ich vor ihm hielt er blitzschnell seinen Arm mit der Prothese neben meinen Kopf und schlug mir mit der rechten Hand eine kräftige Ohrfeige auf die linke Backe und meinte, „is dat dann garnix". Das ging so schnell, dass ich gar nicht darauf reagieren oder mich darauf einstellen konnte. Jedenfalls hatte er auf diese Weise uns beigebracht, mit ihm war nicht zu spaßen.

Die traurige Geschichte des Panzerschiffs „Admiral Graf Spee", kam noch einmal durch das Handelsschiff „Altmark" in die Medien. Die „Altmark" war das Tank- und Versorgungsschiff des Panzerschiffs „Admiral Graf Spee". Sobald das Panzerschiff ein feindliches Handelsschiff aufgebracht hatte, wurde nach Übernahme seines Treibstoff- und Lebensmittelvorrats und dessen Besatzung, das Schiff versenkt. Die „Altmark" war nun kein ständiger Begleiter des Panzerschiffs, sondern wurde jeweils zu „bestimmten Treffpunkten" bestellt. Deshalb war das Versorgungsschiff auch bei den Seegefechten mit den britischen Kreuzern nicht zugegen und von dem negativen Ausgang für die „Admiral Graf Spee" auch nur insofern betroffen, als sie nunmehr auf sich alleine gestellt war. Das Schiff voller gefangener Seeleute versuchte nun, sich nach Deutschland durchzuschlagen. Das war natürlich nicht einfach, denn die Briten versuchten es abzufangen und machten Jagd auf die „Altmark". Fast geglückt wäre das Unternehmen, wenn nicht vor Norwegen ein britisches Kriegsschiff die „Altmark" entdeckt und verfolgt hätte. Das deutsche Handelsschiff zog sich in einen Fjord des neutralen Norwegens zurück, was die Briten nicht hinderte, in der Nacht zum 16. Februar 1940 längsseits des deutschen Schiffes zu gehen und nach kurzer Schießerei mit der deutschen Besatzung, die auf der „Altmark" gefangenen Seeleute zu befreien, an Bord zu nehmen und abzudampfen. Dass dieses ein Bruch der Neutralität war, sei nur vermerkt. Dennoch schaffte es die „Altmark" sich nach Deutschland durchzuschlagen. Und das war wiederum eine freudige Nachricht! Die deutschen U-Boote meldeten immer neue Versenkungen, worüber wir Marine HJ Jungen uns natürlich freuten. Unsere Kriegsmarine! Aber nicht nur unsere U-Bootwaffe konnte stolz sein, auch die Überwasserstreitkräfte! Voll beladen mit Soldaten und Kriegsmaterial, landeten diese, teils in schwere Kämpfe verwickelt, in Dänemark und Norwegen. Das war natürlich auch ein Bruch der Neutralität, doch galt es das Erz aus schwedischen Gruben, das per Bahn zum eisfreien Hafen Narvik in Norwegen transportiert wurde, für Deutschland zu sichern. Britische Kommandos hatten bereits dort Brückenköpfe gebildet, um das zu verhindern und für England zu sichern. Insbesondere die Landungen in Norwegen, deren schmale lange Fjorde schwer befestigt waren, führten zu beachtlichen eigenen Verlusten. So ging im Oslofjord vor Oslo, der schwere Kreuzer „Blücher", vor Christiansand der kleine Kreuzer „Karlsruhe" und vor Bergen der kleine Kreuzer „Königsberg" verloren. Einer größeren Anzahl von Zerstörern erging es ebenso, so dass die ZerstörerFlotte der Kriegsmarine für den weiteren Kriegsverlauf, entscheidend geschwächt wurde. Während alle britischen Brückenköpfe in Norwegen relativ schnell eliminiert wurden, gab es einen verbissenen und erbitterten Kampf um Narvik. Dabei gingen in diesen harten Auseinandersetzungen mit schweren, britischen, schwimmenden Kampfverbänden die letzten 10 Zerstörer des Norwegeneinsatzes verloren. Die überlebenden Besatzungsmitglieder kämpften nun Seite an Seite mit dem ostmärkischen 1. Gebirgsjägerregiment unter dem Kommando des Generals Dietl, in bitterer Kälte, Schnee und Eis. Das Radio informierte seine Hörer ständig über den verzweifelten Kampf um Narvik, wobei stets das Lied übertragen wurde: „Von dem steyrer Land und von Tirol, aus den kärntner Bergen sind wir wohl. Hoch im Norden kämpft in Schnee und Eis, steht das Alpenkorps vom Edelweiß". Die Briten mussten einsehen, dass sie trotz überlegener Feuerkraft und überlegenem Material, die Deutschen nicht überwinden konnten, zogen die Konsequenzen und verließen das Gebiet um Narvik. Ein Sieg der Moral und des Willens der deutschen Soldaten. Darauf konnte man stolz sein. General Dietl war in aller Munde!

Natürlich begeisterten uns Jungens die Erfolge, doch wir waren zu Hause und mussten uns mit dem Alltag auseinandersetzen. Und der brachte mal wieder eine Abwechselung. In der Nähe von Wuppertal gab es eine so genannte „Reichskolonialschule", die von Kindern, der in den ehemaligen deutschen Kolonien wohnenden Eltern, besucht wurden. Während das Internat erhalten blieb, wurde die Schule wegen des kriegsbedingten Lehrermangels aufgelöst und die Schüler in unsere Schule integriert. Darunter auch einige in unsere Klasse. Wir beneideten die neuen Klassenkameraden, die aus dem schwarzen Erdteil kamen, aus Afrika mit wilden Tieren und Farbigen. Was hatten die schon alles gesehen und erlebt! Wir kannten das alles nur aus Büchern und von Erzählungen. Obwohl sie für uns eine Art von Exoten waren, kamen wir mit ihnen gut aus, wenn wir auch bedauerten, dass sie von ihren Eltern für die Dauer des Krieges getrennt waren. Sie aber schienen sich nicht allzu sehr darüber zu sorgen. Seit der 1. Klasse der Oberschule gehörte ich dem Schulchor an. Ich sang gerne, musste wohl auch eine einigermaßen gute Stimme haben, doch vor allem hatte die Zugehörigkeit zum Schulchor einen positiven Einfluss auf die Musiknote im Zeugnis. Aber auch hier konnte man sich dem Zeitgeist nicht verschließen und so sangen wir, „was glänzt dort vom Walde im Sonnenschein, hör's näher und näher brausen. Es zieht sich herunter in düsteren Reih'n und gellende Hörner schallen darein und füllen die Seele mit Grausen. Und wenn ihr die schwarzen Gesellen fragt. Das ist, das ist Lützows wilde verwegene Jagd, das ist Lützows wilde verwegene Jagd"! Aus Schillers „Wallensteins Lager" sangen wir den Kanon, „und setzet ihr nicht das Leben ein, nie wird euch das Leben gewonnen sein"! Ob nun Schulchor, Seemanns, Wanderoder Soldatenlieder, mich erfreute das Singen. In den Jugendorganisationen war das stets eine Hauptbeschäftigung neue Lieder zu lernen, so dass ich mit den Jahren ein umfangreiches Repertoire bekam (das heute noch teilweise vorhanden ist).

Hin und wieder besuchten uns, während unserer Heimabende, ehemalige Mitglieder der MarineHJ die jetzt bei der Kriegsmarine Dienst taten. Das war natürlich für uns hoch interessant, wenn sie über die Ausbildung, ihren Dienst, über ihr Schiff oder Boot erzählten. Wir hörten ihnen mit roten Ohren zu und konnten gar nicht genug bekommen. Daraus entwickelte sich die Idee, einen Elternabend zu veranstalten, in dem wir den Eltern zeigen wollten was wir tun, was die Inhalte unseres HJDienstes sind, aber auch was wir von der Zukunft erwarten. Ich hatte noch keine Führerfunktion, doch engagierte ich mich, machte Vorschläge, half bei den Proben mit und nachdem ein geeigneter Saal gefunden wurde, luden wir die Eltern und Freunde zur geplanten Veranstaltung ein. Zu unserer Freude wurde der Saal recht voll. Nachdem unser Führer ein paar Worte zur Begrüßung der Eltern gesagt hatte, machten wir sie mit dem bekannt, mit dem wir uns auf Heimabenden beschäftigten. Wir zeigte ihnen die verschiedenen Seemannsknoten, ließen diese einige unserer Gäste nachmachen, wir erläuterten Details der Marineuniform, beispielsweise dass das schwarze Mützenband den auf See gebliebenen gewidmet ist, die drei weißen Streifen auf dem Marinekragen, an die drei Seeschlachten Nelsons erinnern sollen, was der blaue diagonal verlaufende blaue Streifen auf dem Marineknoten aussagt, ob der Träger dem Nordseeoder Ostseekommando angehört. Dann sangen wir Seemannslieder und Shanties und zum Abschluss stiegen wir auf eine von uns gebastelte Attrappe eines U-Bootes, wobei wir das Lied von Hermann Löns sangen, „Heute wollen wir ein Liedlein singen, trinken wollen wir den kühlen Wein" - - - - - - - mit dem Refrain, „denn wir fahren gegen Engelland, ahoi"! Wir waren jedenfalls von unseren Leistungen an diesem Abend zufrieden, vor allem hatte es den Eltern gut gefallen.

An unserer Schule lehrte ein Studienrat, dessen Sohn eine Zeit im Jungvolk mein Fähnleinführer war. Wir trafen uns in der „Ernst Moritz ArndtSchule" wieder, deren obere Klasse er besuchte. Er kannte meine Schwäche für die Seefahrt und lieh mir ein Buch mit dem Titel „Mein Freund Juli Bum". Juli Bum, ein Freund Graf Luckners, hieß mit richtigen Namen Julius Lauterbach, befuhr als Handelsschiffskapitän jahrelang die Weltmeere, war kein Freund von Traurigkeit, kannte in allen Häfen der Welt die besten Kneipen, wog über zwei Zentner, kaum tauchte er in eine dieser Kneipen auf spielte die Kapelle „zu Lauterbach hab' ich mein' Strumpf verlorn" - - - - - und wurde nach Ausbruch des 1. Weltkrieges zur kaiserlichen Marine eingezogen. Dort wurde er als Kapitänleutnant auf den Kreuzer „Emden" kommandiert und versah als Prisenoffizier dort seinen Dienst. Bekannt in der Seegeschichte ist die Kaperfahrt des Kreuzers „Emden", deren Besatzungsmitglieder als Dank und Anerkennung zum Familiennamen der Zweitname „Emden" verliehen wurde. (Ich hatte später bei der „Gothaer" einen Kollegen mit Namen KöhlerEmden.) In der Eigenschaft als Prisenoffizier, musste er viele Schiffe, von seinen alten Kapitänsfreunden versenken und sie selbst gefangen nehmen insbesondere, wenn sie Waffen, Munition oder Konterbande für den Feind transportierten. Eines dieser Schiffe, das er als Prise führte, wurde nicht versenkt und diente als Versorgungsschiff für Lebensmittel, Munition und Treibstoff des Kreuzers, der weit von der Heimat entfernt auf den Weltmeeren operierte. Mal begleitete der Versorger den Kreuzer, mal lief er einen eigenen Kurs zu einem festgelegten Treffpunkt. An einem solchen wartete Julius Lauterbach tagelang vergebens, bis ein feindliches Kriegsschiff den Versorger aufbrachte. Der war nicht mehr notwendig, die „Emden" war vernichtet. Nun wurde Lauterbach mit seiner Besatzung, in einem südamerikanischen Staat interniert. Jedoch nicht lange, er flüchtete rund um den Erdball, durch das Gebiet der Kopfjäger in Borneo, über Ceylon, Arabien und Türkei, bis er wieder in Deutschland auftauchte und für den Rest des Krieges ein neues Kommando übernahm. In seinem Buch „Mein Freund Juli Bum", schilderte Kapitän Lauterbach sein seemännisches Leben, mit seiner Flucht um den Erdball, der Flucht eines weltbekannten Mannes von 2 Zentnern Lebendgewicht. Nie wieder in meinem Leben habe ich ein solch spannendes Buch gelesen, ein Buch das ich nicht aus der Hand legen konnte, welches ich mehrmals mit gleicher Spannung gelesen habe. Eines Tages musste ich das Buch zurückgeben und brachte es seinem Vater, da er selbst als Pilot bei der Luftwaffe flog. Doch der Sohn des Studienrats hat es nicht mehr erhalten, da er als Stuka(Sturzkampfbomber) Pilot über Dünkirchen, bei einem Angriff auf die flüchtenden britischen, französischen, belgischen und holländischen Truppen, abgeschossen wurde. Ein trauriges Ende, das mit diesem Buch verbunden ist.

Am 10. Mai 1940 waren nämlich die deutschen Truppen im Westen zum Großangriff angetreten. Statt frontal die schwer und nur mit hohen Verlusten zu überwindende „MaginotLinie“ zu stürmen, umgingen Guderians Panzer diese befestigte Linie, missachteten die Neutralität der Beneluxstaaten und stießen weit im Westen in Frankreich hinein. Die geschlagenen alliierten Truppen versuchten bei Dünkirchen mit Schiffen den Ärmelkanal zu überqueren, um die englische Küste zu erreichen. Verzweifelt bauten die Alliierten auf dem Strand von La Panne, eine Anlegestelle für kleinere Schiffe durch nebeneinander gestellte LKWs. Das waren die Ziele der „JU 87“, der Sturzkampfbomber, die jedoch nicht verhindern konnten, dass sich 200 000 Briten und 140 000 Franzosen nach England retten konnten und lediglich 150 000 in Gefangenschaft gerieten. Die französische Regierung bat am 17. Juni 1940 um einen Waffenstillstand und ich benötigte eine neue Landkarte, um das Geschehen mitverfolgen zu können. Ob nun Hitler hier den Kriegs entscheidenden Fehler machte und nicht die geschlagenen Truppen nach England verfolgte, das verteidigungslos offen vor den deutschen Truppen lag, ist heute müßig zu entscheiden. Stattdessen machte er den Briten ein Angebot die Feindseligkeiten einzustellen, welches jedoch abgelehnt wurde. Hier traf sicher der Ausspruch eines Offiziers von Hannibals Armee zu, der gesagt haben soll, wie der Historiker Livius berichtet, „zu siegen verstehst du Hannibal, den Sieg zu nutzen verstehst du nicht“! Was wäre wenn?

In den letzten Jahren vor dem Krieg gab es im Radio eine Sendung mit dem Titel, „Kamerad wo bist du“? In dem Soldaten des 1. Weltkrieges, Kameraden aus dieser Zeit suchten und um das deutlich zu machen, mit einer Geschichte des gemeinsamen Erlebens verknüpften. Diese Sendung gab es jetzt als Buch, das mein Vater sich angeschafft hatte. Natürlich stürzte ich mich darauf, es enthielt spannende aber auch lustige Geschichten, von denen mir zwei noch in Erinnerung geblieben sind. In den letzten Kriegsjahren gab es weder in der Heimat, noch an der Front ausreichend zu essen. Die Soldaten durchsuchten in den besetzten Gebieten in den Dörfern, die verlassenen Häuser und Geschäfte mit dem Ziel etwas Essbares zu finden. Dabei fand einer in der Schublade eines ruinierten Ladens, in abgepackten Tüten Tee. Hocherfreut brühten die Kameraden etliche Kannen Tee über die sich alle hermachten. Nicht lange nach dem Genuss, rannte einer nach dem anderen zum „Donnerbalken“, denn der Durchfall war außerordentlich heftig. Nun erst bequemte sich endlich einer, der etwas französisch verstand, den Aufdruck auf den Tüten zu entziffern und stellte fest, es handelte sich bei dem vermeintlichen Tee, um ein Mittel gegen Verstopfung bei Pferden! (Ich musste immer lachen, wenn ich mir das plastisch vorstellte.) Eine andere Geschichte allerdings, stimmte mich nachdenklich. London wurde im 1. Weltkrieg durch Luftschiffe bombardiert. Diese Luftschiffe wurden seinerzeit mit Gas gefüllt, das leichter als Luft diese Zeppeline in der Luft trugen. Das Gas jedoch war feuergefährlich und bewirkte, dass ein durch ein Geschoss getroffenes Luftschiff, brennend abstürzte. Es fiel langsam, nicht wie ein Stein, so dass es schon ein paar Minuten dauerte, bis es am Boden aufschlug. Diese Art des Absturzes überlebten einige der Besatzungen. Einer davon erzählte nun in dem Buch, welche Gedanken ihn bewegten, als sein Zeppelin sich der Erde zu bewegte. Darunter war die Frage, hast du alle Möglichkeiten, die dir das Leben geboten hat auch genutzt? Diese Frage hat mich, je älter ich wurde, sehr beschäftigt. Habe ich alles richtig gemacht? Kann ich diese Frage mit einem uneingeschränkten „Ja“ beantworten?

Hitler musste Deutschland von den Rohstofflieferungen des Auslandes unabhängig machen. Dazu gehörte die konsequente Nutzung des Altmaterials, das zu sammeln, Aufgabe der Jugendorganisationen wurde. Alljährlich bekamen wir einen Straßenzug zugeteilt und mussten von Haus zu Haus, Trepp auf Trepp ab, von Familie zu Familie gehen und nach Altmaterial fragen. Gesammelt wurde eigentlich alles, alte Zeitungen, Papier, Pappe, jegliche Art von Metall, selbst alte Kleidung schleppten wir zu den Sammelstellen. Es war keine schöne Arbeit doch uns war klar, es musste sein. Selbst in unser Sangesgut schlich sich das Altmaterialsammeln ein. Den Refrain des Wanderliedes „Schwarzbraun ist die Haselnuss“, verlängerten wir mit - - - - - „Lumpen, Eisen, Knochen und Papier, ausgeschlagene Zähne sammeln wir, Lumpen Knochen, Eisen und Papier, alles sammeln wir“. Von einer Familie bekam ich einen kleinen Sack voll alter französischer Münzen, die ich natürlich abgab, allerdings konnte ich mir nicht verkneifen, eine Münze aus der Zeit Ludwigs des XIV einzustecken. Bei dieser Sammelei fand ich auf der Straße ein gültiges 5 Reichsmarkstück, das ich natürlich nicht abgab sondern behielt. In Gedanken überlegte ich schon, was ich mir dafür kaufen konnte. Diese Gedanken erübrigten sich recht schnell als mein Vater nämlich das Geldstück fand und die inquisitorische Frage stellte, „woher ist das Geld“? Ich hatte kein schlechtes Gewissen und berichtete, wie ich zu dem Geldstück gekommen war. Nun musste ich hören, ich hätte eine Fundunterschlagung begangen und alle gefundenen Wertgegenstände mit einem Wert ab 2 Reichsmark, seien auf dem Fundbüro oder der nächsten Polizeidienststelle abzugeben. Logisch, dass ich dorthin marschierte und meinen Fund ablieferte.

Vorwiegend des Nachts, flogen immer häufiger britische Bomber Angriffe auf deutsche Städte. Gab es Fliegeralarm, beobachtete ich von meinem Mansardenfenster aus den nächtlichen Himmel, streiften Flugzeuge das Wuppertaler Gebiet, sah ich die langen weißen Finger der Scheinwerfer, die den Nachthimmel absuchten. Unangenehm für die Menschen, wenn sie nachts unter Umständen mehrfach durch den Fliegeralarm aufgeschreckt wurden und am nächste Tag pünktlich zur Arbeit mussten. Da Wuppertal bisher von Angriffen verschont blieb, hatten humorvolle Bürger das Märchen erfunden, auf englischen Flugblättern sei zu lesen gewesen, „Wuppertal du finsteres Loch, wir finden dich doch“ Ein Märchen das wahr wurde!

Der Lehrermangel an unserer Schule wurde immer fühlbarer, permanent Vertretungen, Unterrichtsausfälle (gegen die ich eigentlich nichts hatte) aber auch Vertretungen, die absolut ungeeignet für den Lehrerberuf waren. So hatten wir einen MathematikLehrer, Studienassessor Herzberg, der so stark nuschelte dass man ihn kaum verstehen konnte. Er war nicht in der Lage, den Lehrstoff zu erklären und gab ihn der Einfachheit halber als Hausarbeit auf, doch die meisten Schüler scheiterten. Wer die Hausaufgaben nicht leistete, musste am nächsten Tag an die Tafel, um sie dort zu erläutern. Wer diese aber zu Hause nicht lösen konnte, war auch nicht in der Lage das an der Tafel zu können. Studienassessor Herzberg zog sein Notizbuch aus der Jackentasche und nuschelte, „Setzen sechs“! Er war ein absolut unsympathischer, widerlicher für den Lehrberuf ungeeigneter Kerl der eigentlich unser Mitleid verdient hätte, er war Epileptiker. Keiner von uns wusste damals, was für eine Krankheit ihn plagte. Mitten im Unterricht setzte er sich hinter das Lehrerpult auf den Stuhl und fing, ohne jegliche Vorwarnung, an zu Jaulen, Schreien und Wimmern, wobei ihm der Speichel aus dem Mund troff, war geistig völlig weggetreten, doch nach etwa 10 Minuten verhielt er sich, als sei nichts gewesen und setzte den Unterricht fort. Die Klasse war beim erstenmal, wie vom „Donner“ gerührt. Keiner wusste was zu tun war, was mit ihm passierte. Wir waren alle unschlüssig, bis wir dann später erfuhren, der Ärmste litt an der Fallsucht, der Epilepsie. Wenn er dann mal wieder einen Anfall hatte, nutzten wir das aus und taten, was wir sonst im Unterricht nicht hätten tun dürfen. Ja, es waren seinerzeit keine guten Verhältnisse an den Schulen! Der Krieg war an allem schuld!

Am 3. Juli 1940 leisteten sich die Briten eine unrühmliche Aktion, gegen ihren französischen Bundesgenossen. Im Waffenstillstandsvertrag wurde den Franzosen ihre gesamte Flotte überlassen, die vor MarselKebir bei Oran ankerte, um die französischen Überseegebiete zu schützen. Größere englische Flotteneinheiten, näherten sich den ankernden französischen Kriegsschiffen und forderten sie auf, sich dem britischen Verband anzuschließen. Nachdem die Franzosen sich weigerten, eröffneten die Briten das Feuer, schossen die sich nicht wehrenden französischen Kriegsschiffe zusammen, versenkten die meisten, zerstörten die restlichen und hinterließen den Franzosen über 1 000 Tote. Kein feiner Zug der Engländer!

Für Schwule hatte ich in meinem ganzen Leben kein Verständnis. Allein wenn ich sehen musste, wie sich Männer umarmten und küssten, schüttelte es mich. So war es für mich auch widerlich, als mich eines Tages ein Soldat aufsuchte, der sich auf den Besuch der Oberschule bezog, obwohl ich ihn nicht näher kannte. Als ich ihn nach einem nichtssagenden Gespräch zur Haustür brachte, öffnete er plötzlich seinen Hosenschlitz, holte seinen Penis heraus und forderte mich auf, diesen anzufassen, und hinundher zu schieben. Das war offensichtlich der wahre Grund seines Besuches. Ich ekelte mich, und war froh als er den Samenerguss bekam, und dann verschwand. Ein, zwei Wochen später tauchte er wieder auf. Kaum war in der Wohnung, kam mein Vater. Nach inhaltslosem Geschwafel zog er wieder von dannen, wobei ich ihn zum Hausausgang begleitete. Dort begann er wieder das mir mittlerweile bekannte „Spielchen", gegen das ich mich nun aber wehrte. Ihn störte das wenig. Nachdem sein Taschentuch seinen Samenerguss aufgenommen hatte, verschwand er wieder. In der Wohnung fragte mich mein Vater, was der Soldat von mir gewollt habe. Nach einigem Zögern berichtete ich das Erlebte und glaubte damit sei der „Fall" nun für mich erledigt. Mein Vater jedoch zeigte den Soldaten an, der von einem Kriegsgericht verurteilt wurde. Trotz des unangenehmen Vorganges, tat mir der arme Kerl leid. Zwar lehnte ich diese Art der Befriedigung ab, doch dafür bestraft zu werden, fand ich auch nicht in Ordnung. Unverschämt fand ich, dass sich das HJ-Ehrengericht damit befasste und mich nach einer Sitzung, mit einer Verwarnung bestrafte! Weder war der Vorgang im Rahmen eines HJ-Dienstes geschehen, noch hatte der etwas mit der HJ zu tun, außerdem war ich nicht der aktive Teil des Vorganges. Mein Vater sagte nur „vergiss es"! Bei dieser Gelegenheit erläuterte er mir die rechtliche Situation. Der § 175 des STGB (Straf Gesetz Buch) stellt den Verkehr mit Männern unter Strafe. Als er einmal als Laienrichter an das SS- und Polizeigericht kommandiert worden sei, stand der Fall eines Polizeibeamten aus einer Polizeieinheit zur Verurteilung an. Dieser hatte sich während seines Urlaubs, mit einem anderen Schwulen, in einer öffentlichen Toilette getroffen, wobei ihre „Tätigkeit" beobachtet wurde. Vor der Verurteilung trafen sich die Richter und Beisitzer in einem abgeschlossenen Besprechungsraum. Der Vorsitzende Richter fragte, welches Urteil die „Kollegen" für angemessen hielten. Mein Vater meinte, ein Jahr auf Bewährung wäre seiner Ansicht nach gerecht. Darauf meinte der Vorsitzende Richter, „wo denken sie hin. Für derartiges Tun ist die Todesstrafe vorgesehen"! Der Polizeibeamte wurde zwar nicht zum Tode verurteilt, erhielt jedoch eine beachtliche Gefängnisstrafe. So war das damals!

Es war die Zeit, in der meine Großmutter in Dortmund 70 Jahre alt wurde, was gebührend gefeiert werden sollte. Das dazu geeignete Wohnzimmer war mit Girlanden geschmückt, nach der Planung von Alex. Der aber wollte etwas vortragen und benötigte dazu meine Lederhose, die ich ihm selbstredend zur Verfügung stellen musste. Allerdings waren derzeit unten an der Hose die Nähte aufgeplatzt, so dass die Unterhose mit Inhalt zum Vorschein kam. Er merkte das zwar nicht, aber ich musste mich „halb totlachen“, wenn ich an seinen Auftritt dachte. Leider durfte ich daran nicht teilnehmen.

Die Ferien 1940 sahen meine Eltern, Waltraut und mich für 14 Tage, in dem kleinen Dörfchen Eppstein im Taunus. In einem Einfamilienhaus am Ortseingang, hatte uns eine Familie zwei Zimmer für diese Zeit vermietet, die Mahlzeiten dagegen nahmen wir in einem Gasthaus in der Mitte des Ortes ein. Unserm Vater erfreute besonders, dass die über dem Ort thronende Burgruine dem Grafen Zu Stollberg-Wernigerode gehörte. Überhaupt hatten es meinem Vater die verschiedenen Burgen im Taunus angetan. Nicht nur dass wir die Burgruine in Eppstein erkletterten, auch die von Königstein, die von Oberreifenberg, von Schlossborn, auch das Schloß in Kronberg schauten wir uns an. Wie immer im Urlaub, unser Vater war ein anderer, ein lustiger humorvoller Mensch, so auch hier. Wir hatten einen Berg erklettert, gegenüber auf einem Berg lag eine Burgruine. Unser Vater wollte wissen, um welche es sich handelt und fragte einen der durch sein Fernglas schaute, „welche Burgurine, eh, Burgruine ist das dort drüben“? Ich schaute weg, denn ich musste lachen. Wir hatten immer spaßeshalber das Wort Ruine verdreht in Urine. So passierte unserm Vater der Lapsus, in dem er auch hier bei einem Fremden, das Wort Ruine verdrehte. Zur Abwechselung unseres Urlaubs besuchte uns Vaters Schwägerin, Tante Grete aus Frankfurt/M., das ja nicht weit entfernt lag. 14 Tage sind schnell herum und so brachte uns die Eisenbahn wieder nach WuppertalBarmen, wo uns der Kriegsalltag empfing.

Wir kamen am frühen Nachmittag des Sonntags an und konnten im Radio noch die sonntägliche Nachmittagssendung „Das Wunschkonzert für die Wehrmacht“ hören. Diese Sendung war ein freiwilliges „Muss“ für Familien deren Angehörige, Verwandte oder Bekannte, irgendwo bei einer Wehrmachteinheit eingesetzt waren. Hier konnten Eltern für ihren Sohn, Frauen für ihre Männer, Kinder für ihre 27.

Väter oder Soldaten für ihre Eltern, Kinder, Frauen oder Bräute ein Musikstück, ein Lied, einen Marsch oder dergleichen bestellen und mit besonderen Mitteilungen versehen. Beispielsweise „Maria Meier aus Köln grüßt ihren Mann bei einer Panzereinheit, dem am Soundsovielsten ein kleiner Peter geboren wurde, mit dem Lied „schlafe mein Prinzchen schlaf ein“, oder „Matrose Gerd Müller auf einem U-Boot im Atlantik, gratuliert seiner Oma Katharina in Berlin zum 80. Geburtstag mit dem Lied „Großmütterchen, Großmütterchen“. Wie viele

Jungen meines Alters, ließ auch ich mir diese Sendung sonntags nicht entgehen, fanden wir sie doch interessant.

Es war die Zeit in der es Zwischenzeugnisse gab. Ob nun Zeugnis oder Zwischenzeugnis, ich hatte nichts dafür übrig, meistens gab es Ärger zu Hause, auch diesmal. In Deutsch gab es eine 3, in Französisch eine 4, wie auch in Englisch, in Latein eine 3, in Mathematik dank des Epileptikers Studienassessor Herzberg eine 5, Chemie eine 3, Physik 4, Sport 3 aber in Religion eine 5! Diese aber erzürnte unseren Vater derart, dass er mir beim Lesen dieses Zwischenzeugnisses, spontan eine Ohrfeige verabreichte mit dem Bemerken, dass er eine 5 in allen anderen Fächern akzeptieren würde, nicht aber in Religion. Ich war selbst überrascht über diese Note in Religion und konnte sie mir beim besten Willen nicht erklären. Diese Zwischenzeugnisse hatten die Aufgabe, dem Schüler seinen Leistungsstand sichtbar zu machen, damit er sich mehr engagiert, um im Zeugnis eine bessere Note zu erreichen. Mir ist das auch meistens gelungen, doch hatte ich auch Zeiten, in denen mir vor dem nächsten Schultag grauste. Beispielsweise, wenn ich die Mathematikaufgaben nicht begriffen hatte und mir den nächsten Tag, mit dem Verhalten unseres Mathematiklehrers ausmalen konnte. Ich ging den einfachsten Weg, ich machte „blau" und ging nicht zur Schule. Morgens verließ ich wie immer unsere Wohnung, lief zum großen Park, der sich in der Nähe unserer Wohnung befand und setzte mich dort auf eine Bank. So saß ich dort an einem schönen Sonnentag und las ein spannendes Buch. Gelegentlich schaute ich auf, ließ den Blick schweifen und zuckte plötzlich zusammen, ich dachte das Herz blieb mir stehen, auf einer Bank in der Nähe saß unser Studienassessor - - - - - dachte ich! Es saß dort wirklich ein Mann ähnlicher Statur und ähnlichen Aussehens, doch es war bei genauerem Hinsehen nicht der Assessor, er sah nur so aus. Vielleicht hatte mein schlechtes Gewissen die Ähnlichkeit gedanklich asoziiert. Ich zog daraus die Lehre, vom Schuleschwänzen hatte ich die „Nase voll". Doch dieses Zwischenzeugnis war auch für mich der Anlass, über den weiteren Schulbesuch nachzudenken. Vom Krieg einmal abgesehen, was wollte ich nach dem Schulbesuch eigentlich für einen Beruf ergreifen? Der Krieg verhinderte solche Gedanken, doch irgendwann würde der auch vorbei sein und dann? Gerne würde ich Seeoffizier bei der Handelsmarine werden, dazu genügte die „Mittlere Reife" und als „Einjähriger", so nannte man einen Schulabgänger mit „Mittlerer Reife", hatte ich auch bei der Kriegsmarine Chancen. Die Kehrseite der „Mittleren Reife" beinhaltete eine Berufsausbildung, aber welcher Beruf kam für mich infrage? Mein Vater schlug nach eingehender Beratung den Ingenieurberuf vor. Ich akzeptierte und erwärmte mich mit diesem Gedanken. Jetzt hatte ich endlich ein Ziel und arbeitet daraufhin!

Eines Abends erschien während unseres Heimabends ein älterer Herr, der sich als Beauftragter des Wehrbereichskommandos (WBK) ausweisen konnte und erklärte uns, dass er den Auftrag habe, Nachwuchs für die Funklaufbahn der Kriegsmarine zu werben. Die Ausbildung als Funker sei langwierig, erfordere geistige Kapazität, sei auch deshalb nicht so gefragt und habe daher einen hohen Prozentsatz von Bewerbern, die das Laufbahnziel nicht erreichten. Deshalb würde man jetzt schon Heranwachsende anwerben, die man noch vor Eintritt in die Kriegsmarine zum Funker ausbilde. Das Ausbildungsziel sei dabei das Seesportfunkzeugnis. Vorher jedoch sei allerdings eine Musterung beim WBK erforderlich, um die Wehrdiensttauglichkeit festzustellen, damit die Ausbildung nicht umsonst sei. Während für alle 24 Laufbahnen der Kriegsmarine Brillenträger zum Dienst auf Schiffen nicht zugelassen würden, mache man bei den Funkern mit einer Sehschwäche von unter 1 Dioptrien eine Ausnahme. Da meine Sehschwäche unter 1 Dioptrien lag, schien das Angebot wie auf mich zugeschnitten. Mit Einverständnis der Eltern, meldete ich mich zu der vormilitärischen Ausbildung als MarineFunker an, wurde wenige Monate später noch als 15Jähriger auf dem WBK einen ganzen Vormittag untersucht und für bordtauglich befunden. (Ohne es zu wissen war diese Entscheidung eine der besten meines Lebens, denn diese sicherte mir das Überleben des Krieges.) Nun hatte ich jeden Dienstag und Donnerstag abends von 19 bis 22 Uhr Funkunterricht, in einem dafür eingerichteten Raum in der Heidter Schule, in der Nähe unserer Wohnung. In diesem Raum befanden sich mehrere lange Tische an denen sich in Abständen Anschlüsse mit Kopfhörer befanden. Zunächst aber und das war das Schwierigste überhaupt zu lernen, das Umsetzen von kurzen und langen Tönen aus dem Kopfhörer, in unterschiedlichen Buchstaben und Zahlen. Man lernte nicht „Punkt" und „Strich" sondern für einen Punkt „dit" und für einen Strich „da". Mein Vornamen hörte sich danach wie folgt an „da dit dit dit, da da da, da dit dit, da da da". Das ABC war recht lang, denn es gab für jeden Buchstaben und jede Zahl unterschiedliche Lautzeichen. Das zu lernen war verdammt schwer. Schon verständlich, dass dabei mancher kapitulierte. Konnte man nun diese Buchstaben als Funkzeichen im Kopfhörer verstehen, galt das Ziel 70 Buchstaben in der Minute zu hören und niederzuschreiben aber auch über die Funktaste abzugeben. Um das zu beherrschen, dauerte die Ausbildung bei der Kriegsmarine 4 Monate!

Neben dieser Ausbildung galt es noch für die Schule zu lernen, hatte ich mir doch vorgenommen, die Noten des Zwischenzeugnisses wesentlich zu verbessern. Erschwert wurde das durch die militärische Lage die jeden, jede Familie und natürlich auch mich erfasste. So revanchierte sich die Deutsche Luftwaffe und bombardierte nun auch englische Städte. Über die Insel Kreta sprangen deutsche Fallschirmjäger ab, um britische Truppen zu bekämpfen. Griechenland kapitulierte am 28. 10 1940, wodurch deutsche Truppen über Mazedonien in Jugoslawien einmarschieren konnten. Die Italiener, die keine guten Kämpfer waren, bekamen von den Engländern in Nordafrika ständig „Prügel", so dass General Rommel mit seinem „AfrikaKorps" zu Hilfe kam und die Briten vor sich her trieb. Im Radio sangen die Soldaten „es rasseln die Ketten es dröhnt der Motor, Panzer rollen in Afrika vor". In dieser Zeit versenkten U-Boote 11 Schiffe mit 70 352 BRT (Brutto Register Tonnen).

Ostern 1941 rückte näher und damit mein Ausscheiden aus der „Ernst Moritz Arndt Schule", der Oberschule für Jungen in der Siegesstraße in WuppertalBarmen. Meine Anstrengungen die Leistungen zu verbessern waren größtenteils gelungen. Alle Noten hatten sich verbessert, von 3 auf 2, von 4 auf 3, lediglich der Epileptiker, konnte sich nicht überwinden, mir eine bessere Note zu geben als die 5. Durch die Vermittlung meines Vaters, bewarb ich mich als Praktikant bei der Firma Hermann Hemscheidt in WuppertalElberfeld im Üllendahl und zum Abendstudium bei der Ingenieur Schule Wuppertal-Elberfeld. Nach entsprechendem Vorgespräch, wurde ich bei der Firma Hemscheindt eingestellt, wie auch bei der Ingenieurschule (heute Fachhochschule) eingeschrieben.

Firma Hermann Hemscheidt WuppertalElberfeld

Für die nächsten 1 ½ Jahre sollte sich mein Leben radikal ändern, wie auch meine Tagesabläufe. Für diese Zeit sollte ich bei der Firma Hemscheidt tätig sein, anschließend dann noch ein halbes Jahr in einer Eisengießerei. Jetzt begann mein Tag mit dem Aufstehen um 5,15 Uhr, eine halbe Stunde verblieb mir für die Morgentoilette, Anziehen, Frühstücken und Weg den Berg hinunter zur Schwebebahn-Haltestelle Werther Brücke, mit der Schwebebahn bis Elberfeld Döppersberg, 6,30 Uhr umsteigen in die Straßenbahn bis Haltestelle Üllendahl, 10 Minuten Fußweg zur Firma Hermann Hemscheidt, dort umkleiden, 7 Uhr Arbeitsbeginn. Nach der Tagesarbeit um 17 Uhr, umziehen, Fußweg zur Straßenbahn-Haltestelle, Döppersberg in die Schwebebahn umsteigen, Werther Brücke aussteigen, den Berg hinauf zur Wohnung. Dort waschen, umziehen, Abendessen, Weg den Berg hinab zur Schwebebahn-Haltestelle Werther Brücke, mit der Schwebebahn bis Haltestelle Landgericht in WuppertalElberfeld, Semesterbeginn 19,30 Uhr bis Ende 22 Uhr. Rückfahrt mit der Schwebebahn bis Werther Brücke, Berg hinauf bis zur Wohnung, dort eingetroffen 23 Uhr. Die Arbeitszeit betrug 52 Stunden pro Woche, von Montag bis Freitag und Samstag bis 14 Uhr. Das Abendsemester an der Ingenieurschule fand Montags, Mittwochs und Freitags statt, der Funkunterricht an den verbliebenen Wochentagen Dienstags und Donnerstags.

Die Firma Hermann Hemscheidt stellte ursprünglich Bergwerkseinrichtungen her, jetzt im Kriege zusätzlich Stoßdämpfer für Panzer. Es handelte sich um einen Betrieb, der sich durch seine sozialen Leistungen hervorgetan hatte, die einzeln aufgeführt als Bronzetafeln den Betriebseingang zierten. Damit war er als „NS Musterbetrieb" ausgezeichnet, nun da er Kriegsmaterial herstellte, lautete die Auszeichnung „NS Kriegsmusterbetrieb". Diese Sozialleistungen, die heute für Betriebe Allgemeingut sind, waren seinerzeit absolute Ausnahmen und bestanden aus einer betriebliche Altersversorgung, Umkleide, Wasch-und Duschräumen, betriebliche kostenlose Gemeinschaftsverpflegung, einen Feriendienst für die Belegschaft, einen Betriebssportplatz, betriebsärztliche Betreuung, betriebliche Ausbildung mit Lehrwerkstatt, in welcher sich alle Arten von Maschinen befanden, die im Betrieb benutzt wurden, sowie für jeden Lehrling im ersten Lehrjahr, ebenso jedem Praktikanten im ersten Lehrvierteljahr, eine Werkbank mit Schraubstock und einer Schublade mit Werkzeugen aller Art. In der Lehrwerkstatt begannen die Schlosserlehrlinge im 1. Lehrjahr, die Praktikanten im 1. Vierteljahr, angeleitet und beaufsichtigt von einem Lehrgesellen (mit Meisterbrief). Hier lernten wir an einer Werkbank mit dem Handwerkszeug umzugehen. Auf einem Podest saß, während der Arbeitszeit, hinter einem Pult der Obermeister, vor einer Wand auf der die Aussage von Hans Sachs zu lesen war. „Meister ist wer was ersann. Geselle ist der was kann. Lehrling ist jedermann“! An der seitlichen Wand der Lehrwerkstatt befanden sich zwei Tafeln. Auf einer hinter Glas stand auf einem Tableau in der obersten Reihe, die in Monaten unterteilt war, alle Abteilungen des Betriebes, seitlich die Namen aller Lehrlinge und Praktikanten und fortlaufend unter den Betriebsspalten die Monate, in denen der Aufgeführte dort tätig sein sollte. Daran konnte jeder erkennen wann und wie lange er in dieser oder jener Abteilung arbeitete. Daneben befand sich eine weitere Tafel aus Holz, auf der wieder auf der linken Seite die Namen aller Lehrlinge und Praktikanten aufgeführt waren. In der obersten Reihe standen wiederum alle Abteilungen des Betriebes und darunter befanden sich kleine runde Löcher, in die jeder aus der Lehrwerkstatt unter der Abteilung in der er tätig war, seinen Stöpsel steckte. So konnte jeder sehen, wo der Betreffende oder eventuell Gesuchte zu finden war. Wir waren zu 3 Praktikanten, die nebeneinander an den Werkbänken standen und versuchten aus einem geraden Stück Blech, vielleicht 3 Zentimeter breit und 30 Zentimeter lang ein S nach Vorlage zu hämmern. Danach lernten wir die Arbeit mit einem Meißel, in dem wir von einem viereckigen 10 Zentimeter langen und breiten Metallblock, eine Schicht von 1 Zentimeter abmeißeln mussten. Es war nicht leicht mit einem Hammer, stets auf die Schlagstelle des Meißels zu schlagen, wenn man die Stelle die man abzutrennen hatte, beobachten musste. Schlug man daneben traf man die linke Hand, das tat weh. Das half aber alles nichts, die Aufgabe musste gelöst werden. Anschließend galt es noch, die gemeißelte Fläche mit den verschiedenen Feilen glatt zu bekommen. Am unangenehmsten aber war das meißeln von einem Gusseisenblock. Gusseisen war nicht nur hart, auch spröde, so dass man immer nur kleine Stücke herausschlagen konnte. Das Feilen eines solchen Gusseisenblocks glich einer Katastrophe. Gusseisen war sehr glatt, die „Zähne“ einer Feile griffen kaum. Kam man mit Mund oder Nase in die Nähe der zu feilenden Fläche, war das Feilen fast unmöglich. Die Arbeit in der Lehrwerkstatt war jedenfalls kein „Honigschlecken“! Mein Nebenmann an der Werkstatt, Praktikant Hans K., war ein lustiger Kerl, wodurch sich das Arbeitsklima merkbar entspannte. Er steckte sich eine Stecknadel mit buntem Kopf in die Backe, drehte mit der Zunge den im Mund befindlichen Stecknadelteil, so dass sich der bunte Stecknadelkopf auf seiner Backe kreisförmig bewegte. Wir hatten trotz der harten Arbeit manchen Spaß. Zum Beispiel versuchten wir uns beim gemeinsamen Mittagessen in der Kantine, das Essen gegenseitig unappetitlich zu machen. Wenn wir auch nach dem ersten Vierteljahr in der Lehrwerkstatt in den verschiedenen Abteilungen des Betriebes arbeiteten, trafen wir uns aber stets beim Mittagessen und sorgten für gute Stimmung. Nach den 3 Monaten in der Lehrwerkstatt arbeitete ich in der Fräserei, Schleiferei, Härterei, an den Bohrmaschinen, in der Schweißerei lernte ich das autogene, wie auch das elektrische Schweißen, bei dem letzteren konnte man sich schnell die Augen „verblitzen", dann tränten sie und schmerzten so, als ob man Sand in die Augen bekommen hätte. Die Montage befand sich in einem etwas abseits liegenden Gebäude, dort lernte ich das Nieten. Eine glühende Niete wurde von unten in ein Loch gesteckt und ich musste mit dem schweren 5 Kilo Hammer, diese von oben platt schlagen. Das war schon eine anstrengende Arbeit. Noch anstrengender aber war die Schmiede. Hier legte der Schmiedemeister ein glühendes Stück Eisen auf den Ambos, schlug mit seinem 1 Kilo Hammer auf die Stelle des glühenden Eisens, auf die ich mit dem 5 Kilo Hammer schlagen musste und immer im Takt, so lange bis ich den Hammer nicht mehr halten konnte. Ich war jedenfalls abends kaputt und dann musste ich noch zur Ingenieurschule oder zum Funkunterricht. In den Abteilungen in denen wir eingesetzt waren, mussten wir samstags in den letzten Stunden den Boden und die Maschinen reinigen. Davon wurde man besonders schmutzig. Wenn wir dann endlich um 14 Uhr Betriebsschluss hatten, gingen wir Praktikanten und Lehrlinge in die Härterei und wuschen unsere schwarzen Hände in heißem Sodawasser mit „P 3". In dem Becken, in dem sich diese heiße Brühe befand, wurden Maschinenteile von Fett und Öl frei gewaschen, das half auch unsere Hände vom Schmutz zu befreien. Doch zu Hause ging ich zunächst einmal in die Badewanne und reinigte mich und meine Hände mit der Wurzelbürste. Erst dann konnte ich unter die Menschen gehen.

Während des Abendsemesters Montag, Mittwoch und Freitag lernte ich das technische Zeichnen um Maschinen und Maschinenteile bildlich darzustellen und auch solche Zeichnungen lesen zu können. Um mich nun zu Hause weiter zu bilden, bekam ich ein Zeichenbrett, das ich an einen Tisch anschrauben konnte, mit Lineal, Zirkel und was sonst noch dazu gehörte. Daran zu arbeiten machte mir viel Spaß, so dass ich an manch dienstfreiem Sonntag dahinter saß und Maschinenteile zeichnete. Zu meiner Zeit in der Schleiferei, erschien mir die Handhabung des Einspannens eines zu schleifenden Zylinders zu zeitaufwendig. Darüber machte ich mir Gedanken und entwickelte eine Vorrichtung, die diesen Zeitrahmen wesentlich verkürzte. Das jedoch musste ich zeichnerisch darstellen, damit man das auch verstehen konnte.

Das bekannteste Verkehrsmittel Wuppertals war die Schwebebahn, die mich täglich 4 mal zu transportieren hatte. Ein Zug bestand aus zwei hintereinander gekoppelten Wagen, innen wie Straßenbahnwagen eingerichtet, die an je zwei hintereinander vorne und hinten paarweise gekoppelten Rädern hingen die auf einer Schiene liefen, die von einer Stahlkonstruktion getragen wurde, seitlich gestützt von Stahlträgern. Die Bahnstrecke verlief über der „Wupper" von Oberbarmen bis Vohwinkel, dort jedoch über die Straße. Es war schon interessant und kurzweilig, wenn man mit der Schwebebahn über die „Wupper“ fuhr und von oben in die Betriebe, Fabriken und Häuser schauen konnte. Jetzt im Kriege hatten es die Fahrer der Schwebebahn durch die Verdunkelung recht schwer, die einzelnen Züge innerhalb des Bahnhofs, der sich ja in der Höhe befand, anzuhalten. Am Tage konnte man auf die Schwebebahn wartend vom Bahnsteig aus durch ein Maschendrahtnetz nach unten auf die „Wupper“ schauen, die selten klares, meistens unterschiedlich gefärbtes Wasser führte. Die am Rande der „Wupper“ befindlichen Färbereien und Webereien, das Hauptgewerbe Wuppertals, ließen ihr gebrauchtes Wasser einfach in die Wupper fließen. Ursprünglich wollte der Erfinder der Schwebebahn, Carl Eugen Langen, (ein Kompagnon von Nikolaus Otto, dem Erfinder des Benzinmotors) die Verkehrsprobleme Berlins, die es offenbar 1894 schon gab, mit einer Schwebebahn lösen, doch die Berliner, allen voran Kaiser Wilhelm II, lehnten das erforderliche monströse Gerüst ab. Doch die beiden Stadtparlamente von Elberfeld und Barmen, genehmigten 1898 den Bau der Schwebebahn, da man die Topografie ausnutzte und den Streckenverlauf hoch über der „Wupper“ plante. Während der negativ eingestellte Kaiser bereits 1900 eine erste Probefahrt machte, weihte er mit der Kaiserin die ganze Strecke von Oberbarmen bis Vohwinkel am 24. Juni 1903 feierlich ein. Immerhin gibt es bei der Schwebebahn keinen Verkehrsstau, keine Zusammenstöße, die Schwebebahn war immer Pünktlich. Mitleidig konnte man von oben auf den sich stauenden Verkehr schauen, zudem ist es das sicherste Verkehrsmittel der Welt, das in 100 Jahren gerade mal 2 Unfälle mit wenigen Opfern zu verzeichnen hatte.

Mein neues Leben ließ fast vergessen, dass wir uns im Krieg befanden, zu viele Neuerungen stürzten auf mich ein. Die Sensation, dass der Stolz der Royal Navy, ja der Stolz Englands, das Schlachtschiff „Hood“ durch unsere „Bismarck“ versenkt wurde, erfuhr ich erst abends als ich vom Abendsemester nach Hause kam. Zeit dieses zu realisieren hatte ich kaum. Rein ins Bett, zu nachtschlafender Zeit wieder raus, an die Arbeit, von dort kurz nach Hause, wieder zur Schule, wenn ich zurückkam schlief die Familie schon und ich tat dann todmüde das Gleiche. Ein Rhythmus dem sich alles unterzuordnen hatte. Auch die Verfolgung der „Bismarck“ und deren Vernichtung, hörte ich erst abends spät. Doch ich bekam auch 14 Tage Jahresurlaub, ich glaube, es war der einzige Jahresurlaub, den mir die Firma Hemscheidt spendierte. Ich gammelte während der Urlaubszeit nur herum, genoss es auszuschlafen, ein wenig zu lernen, zu zeichnen, in der Sonne Spazieren zu gehen. Das aber wurde heftig unterbrochen durch das Radio, das natürlich schon wegen der Sondermeldungen über militärische Erfolge immer angestellt war. Eine Sondermeldung brachte die folgenschwere Nachricht, dass deutsche Truppen in das Reich der Sowjetunion einmarschiert seien. Für mich ein Schock! Vor zwei Jahren erst hatten wir umlernen müssen, denn bis dahin waren die Kommunisten die größten Feinde der Nationalsozialisten, plötzlich hatten beide Ideologien gleiche Ziele, nun waren die Sowjets wieder Gegner. Es war für mich nicht einfach umzudenken, aber anderen „Volksgenossen" ging es ebenso. Gleichzeitig aber dachte ich an Napoleons Marsch auf Moskau, den er bitter verlor, woran der Spruch „mit Mann und Ross und Wagen, hat sie der Herr geschlagen" noch erinnerte. Diese Historie spukte bei vielen im Kopf herum. Unsere Soldaten kämpften an der Westfront, Balkanfront, in Afrika und jetzt auch im riesigen russischen Reich, einen Vielfrontenkrieg. Den aber lehnten eigentlich die Generalstäbler ab. Doch für den Demagogen Jupp Göbbels galt der Spruch „viel Feind, viel Ehr", für die nachdenklichen Bürger, pardon „Volksgenossen" hieß es aber auch „viele Hunde sind des Hasen Tod!" Mir war jedenfalls trotz der anfänglichen großen Erfolge, nicht wohl bei diesem Unternehmen.

Nachdem ich die Oberschule verlassen hatte, musste ich wie alle Jungen und Mädels über 14 Jahre, welche nicht mehr eine Schule besuchten, sondern eine Lehre oder eine andere berufliche Tätigkeit aufgenommen hatten, bis zum 16. Lebensjahr die Berufsschule besuchen deren Klassen, je nach den beruflichen Tätigleiten, sortiert waren. Das galt auch für mich und so musste ich die Klasse der materialverarbeitenden Berufe in Wuppertal-Barmen besuchen. Die Schule befand sich im „Rauen Werth", nicht weit von der Schwebebahn-Haltestelle „Werther Brücke", also nicht weit von uns. Schulunterricht fand alle 4 Wochen für einen Tag statt. Unsere Klasse besuchten auch die Lehrlinge des 1. Lehrjahres und garantierten hierdurch ein niedriges, für uns Praktikanten nicht akzeptables Niveau, doch die Teilnahme war Pflicht. Wir saßen unsere Stunden dort ab und amüsierten uns über unseren Lehrer, der gleichzeitig das Amt des Schulrektors bekleidete und nicht wusste, wie er uns anzusprechen hatte. Die Lehrlinge waren 14, wir Praktikanten 16 Jahre alt, also „du" oder „sie". Er umging dieses Problem einfach und sagte zur Antwort auf eine Frage, „das kannst du machen wie sie wollen". Das war seine Lösung. Für diese Schule galt, im Verlauf der Kriegsjahre, die nächtliche Brandwache, die sofort vor Ort im Falle eines Brandbombentreffers auf die Schule, löschen und damit Schaden verhüten oder mindern sollte. Diese Brandwache wurde Reihe um von Schülern gestellt und damit war auch ich in einer der Nächte an der Reihe. Zu zweit belegten wir abends die vorhandenen Schlafliegen, verließen diese, da kein Fliegerangriff stattgefunden hatte, wieder morgens um 7 Uhr. Dann beeilte ich mich nach Hause zu kommen, mich umzuziehen und auf den Weg zur Firma Hemscheidt zu machen. Bevor ich aber den „Heidter Berg" hinauflaufen konnte, musste ich eine Fußgängerunterführung unterqueren. Es war noch dämmerig, während ich im „Schweinsgalopp" auf die dunkle nicht beleuchtete Unterführung zulief, die Treppen hinab, mit je zwei Stufen bei einem Schritt und - - - - - - plötzlich bis zum Bauch im Wasser stand. Wie kam es zu dieser Situation? In der Nacht trat am „Heidter Berg" ein noch nicht bekannter Wasserrohrbruch auf, das Wasser lief den Berg hinab und sammelte sich am tiefsten Punkt, das war die Fußgängerunterführung der Eisenbahn! Ich aber hatte es eilig, ging mit großen Schritten die Stufen hinab, schaute dabei auf meine Füße damit ich bei jeweils zwei Stufen keine verfehlte, sah bedingt durch mein Tempo daher das Wasser viel zu spät, konnte nicht mehr bremsen und stand im Wasser! Nun watete ich weiter, ging auf der anderen Seite die Treppe hinauf und lief mit Tempo den Berg hinauf. Meine Mutter erschrak, als sie mich so triefend nass sah, gab mir trockene Klamotten, die ich schnell überstreifte, nahm dabei eine Tasse Kaffee und ein Stück Brot zu mir, sauste nun in einem Umweg über die Eisenbahnbrücke zur Schwebebahn-Haltestelle „Werther Brücke", von dort mit der Schwebebahn und Straßenbahn zur Firma Hemscheidt. So wurde die Brandwache doch noch zu einem Erlebnis der besonderen Art.

Von Tante Berta kam schlechte Nachricht. Ihr Sohn Willi, genannt Bubi, war als Offizier der Waffen SS vor Leningrad (heute wieder St.Petersburg), das am 8. 12. 1941 von Deutschen Truppen eingeschlossen wurde, schwer verwundet. Während eines Angriffs seiner Einheit wurde sein rechtes Handgelenk zerschmettert, dazu bekam er noch einige Granatsplitter in den Körper. Zu allem Unglück schlug der Angriff fehl, die Soldaten mussten sich wieder auf ihre Stellung zurückziehen und Bubi zwischen den Fronten liegen lassen. Er schleppte sich unter einen Baum, bedeckte sich so gut er konnte mit Ästen und Zweigen, legte seine entsicherte und geladene Pistole neben sich um sich, sofern die Russen ihn entdeckten, selbst zu erschießen. Er konnte sich vorstellen, was die Sowjetrussen mit einem gefangenen Waffen-SS-Offizier anstellen würden. Zwei Tage später gelang es, nach einem erneuten Angriff einer Wehrmachteinheit, ihn zu bergen. Von nun an trieb er sich von Lazarett zu Lazarett herum, von Kurheim zu Kurheim, von Erholungsheim zu Erholungsheim. Scheinbar hatte er vom Krieg die „Nase voll" oder festgestellt, dass es sich im Erholungsheim besser leben lässt als an der Front. Außerdem sah er sehr gut aus in seiner Uniform mit ordensgeschmückter Brust, er war ein richtiger Frauentyp. Er ärgerte sich immer über die „Hurra-Taktik" der Waffen SS, die unnötige Opfer forderte. Wurde seine Einheit von einer Infanterieeinheit der Wehrmacht abgelöst und der kommandierende Offizier fragte, wie ist die Feindlage, wie lautet der Befehl? Bekam er als Antwort, „die vor uns liegende Höhe muss genommen werden". Darauf sagte der Wehrmachtoffizier, „dann wollen wir erst mal Artillerie anfordern". Erst nach entsprechendem Beschuss wurde dann angegriffen. Löste jedoch eine Waffen-SS-Einheit eine Wehrmachteinheit ab und der SS-Offizier hatte sich nach Feindlage und Befehl erkundigt, hieß es kurz und bündig, „fertig machen zum Angriff ! Angriff auf die vor uns liegende Höhe, Sprung auf Marsch Marsch"! Die SS-Soldaten stürmten los, ohne Rücksicht auf das feindliche Abwehrfeuer in das sie liefen, wobei ihre Offiziere, wenn nötig, mit gezogener Pistole, ihre Leute vorantrieben. Diese Art brachte zwangsweise hohe Verluste. Doch für einen Waffen-SS-Offizier gab es nur den Grundsatz, Befehl ist Befehl, ohne wenn und aber.

Erfreulicher war dann schon die Überraschung von Bubis Vater, Onkel Willi (Schneider), der als Kraftfahrer und angehöriger einer Minensuchflottille in Brest, für die Transporte seiner Einheit zuständig war. Wenn er notwendiges Material von Deutschland holen musste, brachte er auf der Leerfahrt stets einen LKW voll von Dingen, die es in Deutschland nicht mehr oder nur auf Bezugsscheinen gab, den Angehörigen der Offiziere wie beispielsweise Lebensmittel und Spirituosen. Er müsste kein „Schlitzohr" gewesen sein, wenn er nicht auch für seine Familie und deren Angehörige etwas davon abgezweigt hätte. So klingelte es eines Abends bei Grafenhorsts und Onkel Willi stand voll bepackt vor der Tür. Er wurde mit großem „Hallo" begrüßt, hielt sich ein zwei Stunden bei uns auf und ließ eine Menge Mitgebrachtes bei uns zurück. Danach musste ich mit ihm in die Stadt fahren, um ihm verschiedene Adressen zu zeigen bei denen er auch einiges abzuladen hatte. Nachdem er mich wieder nach Hause gefahren hatte, fuhr er mit seinem großen LKW weiter. Es war das letzte mal dass ich ihn lebend gesehen habe, denn er starb einige Zeit später an Krebs im Krankenhaus.

Das Oberkommando der Wehrmacht gab bekannt, dass der deutsche Angriff am 5. Dezember 1941 vor Moskau zum Stehen gekommen sei. Die winterlichen Verhältnisse ließen einfach keinen weiteren Vormarsch zu, zumal die Russen diese Wetterverhältnisse gewohnt, heftige Gegenangriffe eingeleitet hatten. Der Bevölkerung wurde verschwiegen, dass den Deutschen für eine 1 000 Kilometer lange Front, eine einzige Division als Reserve zur Verfügung stand. Obendrein erklärte die Deutsche Reichsregierung der USA den Krieg! Ich konnte es kaum fassen, als ich das hörte. Sofort kamen mir Bedenken, hatten die Deutschen durch den Eintritt der Amerikaner den 1.Weltkrieg nicht verloren? Auch wenn die Japaner, ohne jegliche Kriegserklärung, durch einen hinterlistigen Überfall ihrer Luftwaffe auf Pearl Harbour auf Hawaii, wesentliche Teile der US Flotte zerstörten und durch die schweren Kampfhandlungen mit den Japanern, große militärische Kräfte gebunden wurden, bleiben die USA neben der UdSSR die stärkste Nation der Welt. Das kann doch nicht gut gehen! Reicht die Qualität unserer militärischen Führung aus? Haben wir überhaupt ausreichend Soldaten? Verleitet General Rommel, der die Briten in Nordafrika vor sich hertreibt und „an der Nase führt“, nicht zu falschen Schlüssen? Ich wusste es nicht! Erfreulich allerdings die Meldung, dass deutsche U-Boote vor der amerikanischen Küste und im Sankt Lorenz Strom auftauchten und feindliche Schiffstonnage versenkten.Der Ernst des Krieges zeigte die Einberufung schon von 17-Jährigen. Ab 1. 1. 1942 stand der Jahrgang 1924 an. Alle die darunter fielen ob der Betreffenden noch 17 oder schon 18 Jahre alt war, spielte keine Rolle, alle wurden gemustert und kurzfristig eingezogen. Diejenigen die sich nicht freiwillig gemeldet hatten, wurden zunächst für ein halbes Jahr zum Reichsarbeitsdienst (RAD), danach, zur durch die Musterung festgelegten Wehrmachteinheit, eingezogen. Ich hatte mich der Form halber auch freiwillig gemeldet, eigentlich überflüssig, ich war ja durch die Musterung zur Funkausbildung festgelegt. Die daraufhin nochmals durchgeführte Musterung war, auch eine reine Formsache. Ich ersparte mir jedoch dadurch beim RAD den Dienst mit Spaten. Mir war aber klar, dass ich noch im Laufe des Jahres die Marine-HJ Uniform, gegen die der Kriegsmarine würde tauschen müssen. Die Marine-HJ litt natürlich unter den Einberufungen, die beiden oberen Jahrgänge gab es überhaupt nicht mehr. Durch meine Funkausbildung hatte man mir die Führung einer Kameradschaft übertragen, das war die unterste Führungsstufe der HJ. Durch die vielen Einberufungen musste ich aber die nächste Führungsstufe übernehmen und als Scharführer eine Marine-HJ-Schar leiten. Doch die Ausdünnung zwang die HJ-Führung in Wuppertal, die Marine-HJ-Gefolgschaften in Barmen und Elberfeld zur einer Marine-HJ Gefolgschaft Wuppertal zusammen zu legen, wobei ich als Adjutant des Elberfelder Marine-HJ-Gefolgschaftsführers die Zusammenarbeit zu koordinieren hatte. Ich durfte meine grüne Führerschnur gegen eine silberne Wolfsrune auf lilafarbenem Grund am linken Unterarm tauschen. Diese organisatorischen Arbeiten leistete ich Samstagnachmittags odere Sonntags. Die übrige Zeit galt der Firma Hemscheidt, dem Abendsemester und dem Funkunterricht, da blieb nicht mehr viel Zeit übrig.

Die Tage waren prall gefüllt, so dass die militärischen Entwicklungen so nebenbei zur Kenntnis genommen wurden. Doch die Tatsache, dass unsere Soldaten unter der sibirischen Kälte an der Ostfront litten, da sie fast ausnahmslos keine Winterbekleidung erhalten hatten, ließ gar manchen von uns den Kopf schütteln. Hatte die militärische Führung geglaubt, in Russland herrsche der ewige Sommer? Angeblich hatte man mit einem derartig frühen und vor allem harten Winter nicht gerechnet. Für wie blöd hält man die Bevölkerung, wenn jetzt der Aufruf erfolgte, alle überflüssige Winterkleidung an festgelegten Sammelstellen abzugeben, ebenso alle im Krieg nicht zu nutzenden Skier. Das alles sollte an die Ostfront transportiert werden. Welche immense Transportaufgabe! Ich jedenfalls fühlte mich verpflichtet meine Skier, die ich nicht benutzte, abzuliefern, wofür ich eine Urkunde erhielt auf der diese Tatsache belobigt wurde. Aber wer wusste schon was die Soldaten an der Ostfront auszuhalten hatten? Die Temperaturen gingen auf 40 Grad minus und mehr herunter, kein Auto sprang an. Nur unter großen Mühen konnte das bewerkstelligt werden, in dem man unter Motor und Getriebe ein Feuer entfachte und auf diese Weise das gefrorene Öl auftaute. Mit bloßen Händen durfte man nicht die Metallteile der Gewehre und Maschinengewehre berühren, sofort blieb die Haut daran kleben. Tote konnte man nicht mehr beerdigen, man stapelte sie irgendwo und wartete dass der Boden auftaute. Unbeschreiblich und undenkbar, was die Kreatur zu leiden hatte. Unter dieser Stimmungslage wurde die Nachricht, dass ein deutsches U-Boot den britischen Flugzeugträger „Ark Royal“ versenkt hatte, gar nicht genug gewertet, obwohl das eine unwahrscheinliche Leistung der U-Bootbesatzung war.

Aus der Überlegung an meinem Reißbrett eine Vorrichtung zu entwerfen, die eine leichtere und schnellere Handhabung beim Einspannen in das Futter einer Zylinderschleifmaschine ermöglichte, brachte mich im Laufe der Zeit auf die Idee, diese Arbeit als Verbesserungsvorschlag einzureichen. Das Problem aber das sich dabei stellte, war die dafür nicht vorhandene Freizeit. Diese fiel dem Abendsemester, dem Funkunterricht und dem HJ-Dienst zum Opfer. Lediglich der eventuell dienstfreie Sonntagvormittag, konnte für die Entwicklungsarbeit genutzt werden. So wurde nur allmählich erkennbar, um was es sich handelte. Gedanklich schwebte mir vor, sofern mein Verbesserungsvorschlag angenommen würde, diesen honoriert zu bekommen. Das würde meine Ausbildungsbeihilfe, wie das Lehrlingsund Praktikantengehalt offiziell genannt wurde, verbessern. Im 1. Halbjahr für Praktikanten, für Lehrlinge im 1. Lehrjahr erhielt man 20,Mark monatlich, im 2. Halbjahr, für Praktikanten, im 2. Lehrjahr für Lehrlinge waren es 30,- Mark, im 3. Halbjahr, für Praktikanten und im 3. Lehrjahr für Lehrlinge gab es 40,- Mark. Keine fürstlichen Bezüge !

Meine Funkausbildung machte Fortschritte. Ich konnte mit Kopfhörer gegebene Funkzeichen als Buchstaben und Zahlen erkennen. Das war die wichtigste Grundlage überhaupt. Die geforderte Geschwindigkeit von 70 Buchstaben/ Zahlen war eine reine Übungssache. Ob ich jedoch dieses Tempo bis zu meiner Einberufung schaffen würde, war eine andere Sache. Auf jeden Fall aber hatte ich die schwierigste Hürde überwunden. An einem dieser Funkabende brachte ein Kollege die Nachricht mit, in einem anderen Raum des Schulgebäudes, würde sich eine BDMEinheit aufhalten. Kaum war der Unterricht zu Ende, suchten wir das Stockwerk auf in dem sich die Mädels aufhielten. Aber auch sie hatten mitbekommen, dass MarineH-J Jungens in Hause waren. Es wäre ja unnormal gewesen, wären nicht auch sie an einem Kontakt mit uns interessiert und so palaverten wir miteinander eine ganze Zeit, bis ich nach Hause aufbrechen musste. Kaum lief ich die Treppe hinauf, kam mir schon meine Schwester entgegen und sagte mir, dass sich mein Vater ärgere, weil ich noch nicht da sei. Er kam mir auch gleich entgegen und meinte, „schau mal auf die Uhr"! Ich antwortete, „es ist genau 22 Uhr. Die Zeit zu der ich zu Hause sein sollte"! Dann hörte ich seinen Spruch: „Fünf Minuten vor der Zeit ist des Soldaten Pünktlichkeit"! Eigentlich hätte ich ihn darauf aufmerksam machen können, dass ich kein Soldat sei, doch ich wollte ihm keine „Retourkutsche" geben. Letztendlich hatte er doch den „längeren Arm". Aber so war er unser Vater, immer korrekt, er hasste jeglichen Verstoß dagegen, damit hatte ich zu leben, basta!

Die Bombenangriffe der Engländer nahmen zu. So wurde beispielsweise in einer Nacht die Stadt Rostock 4 mal angegriffen und die Stadt Augsburg am Tage. Sobald die feindlichen Flugzeuge die Küste Richtung Deutschland passiert hatten und man anhand des Kurses das Zielgebiet annehmen konnte, gab es Fliegeralarm. Mehrheitlich galt als Anflugsziel Westdeutschland, wodurch Wuppertal häufig unter Fliegeralarm zu leiden hatte. Die Störung der Nachtruhe war recht unangenehm, für mich besonders, da meine Schlafzeit recht kurz ausfiel und ich am nächsten Tag wieder mit allen Kräften gefordert wurde. Die Gegenangriffe unserer Bomber brachten keine Entlastung, obwohl die Luftwaffe Angriff auf Angriff flog. Zur Verstärkung wurden Italiener mit ihren Kampfflugzeugen eingesetzt, die aber sobald sie die britische Küste erreicht hatten und Abwehrfeuer bekamen, ihre für England bestimmten Bomben ins Meer warfen, um schnell wieder zum Startort zurückzufliegen. Unsere Bomberbesatzungen nahmen sich ihrer italienischen „Fliegerhelden" an, in dem innerhalb jeder Rotte (3 Flugzeuge) deutscher Kampfflieger, ein italienischer mitfliegen musste.

Auch noch im Kriegsjahr 1942 wurde, wie im Vorjahr, der 1. Mai gefeiert. Unsere Werkskapelle spielte auf den Plätzen im Üllendal, einem Ortsteil von Elberfeld, während wir aus der Lehrwerkstatt in der HJ-Uniform, mit den Sammelbüchsen in der Hand, für das NSV Winterhilfswerk Geldspenden sammelten. Eigentlich gab es doch unter Hitler keine Bedürftigen mehr, wofür sammelte aber die Nationalsozialistische Volkswohlfahrt für das Winterhilfswerk? Darüber machten wir uns keine Gedanken, wer überhaupt in dieser Zeit?

Kurz nach dieser Aktion, bekam ich den sehnlich herbei gewünschten „Bereitstellungsbescheid". Danach hatte ich in Kürze mit der Einberufung zu rechnen, durfte den Ort nicht verlassen und nur in dringenden Fällen mit Hinterlassung der Erreichbarkeit. Das war das erste Zeichen, dass es nun bald soweit ist, das zweite dass mein Vater mir zur Ansicht und Übung ein „Gewehr 98k" mitbrachte. Es war das Gewehr, das bei allen Teilen der Deutschen Wehrmacht in Gebrauch war. Zwar stammte die Technik aus dem Jahre 1898, doch derzeit gab es noch nicht besseres. Die Bezeichnung „k" bedeutete „kurz", das ursprüngliche Gewehr hatte einen längeren Lauf. Doch in allen Einheiten der Deutschen Wehrmacht gehörte das Gewehr 98k (die „Braut des Soldaten") zur Grundausbildung. Man musste wissen aus wie viel Teilen das Gewehr bestand, wie die Technik funktionierte, wie es instand zu halten, wie es zu handhaben ist und was alles noch dazu gehört. Bei meiner alsbaldigen Ausbildung brachte mir das Wissen schon einige Vorteile. Unglücklicherweise schmerzte mich beim Gehen eine Ferse. Der Onkel Doktor stellte eine Sehnenscheidenentzündung fest, was gleich bedeutend mit „krank feiern" war. Ich blieb zu Hause und konnte mich nun intensiv, um meinen Verbesserungsvorschlag kümmern. Unterbrochen wurde ich temporär nur durch die Abendsemester, den Funkunterricht und dem HJ-Dienst. Auf jeden Fall nutzte ich diese Gelegenheit aus. An einem dieser Tage stand „HJ-Theaterdienst" auf dem Plan. Um die Jugend für Kunst und Kultur zu begeistern, bekamen von Zeit zu Zeit die Jugendorganisationen Theaterkarten für Jugendvorstellungen. Diesmal war es das Schauspiel von Kleist „Minna von Barnhelm". Natürlich zog ich die sich von allen anderen abhebende Marine-HJ-Uniform an und genoss den Abend, unter den mehrheitlich anwesenden BDM-Mädels. Dabei traf ich auch die Schwester meines ExFreundes E. E., der ich mit stolz geschwellter Brust erzählte, ich hätte den „Bereitstellungsbescheid" erhalten. Sie schien das nicht zu beeindrucken, denn sie erwähnte ganz nebenbei, ihr Bruder sei bereits eingezogen. War der Kerl mir doch zuvor gekommen!

Eine Woche Schonung hatte ausgereicht, mich von den Schmerzen an der Ferse zu befreien aber auch meinen Verbesserungsvorschlag fertig zu stellen. Ich ging wieder zur Arbeit und übergab mit einem gewissen Stolz unserem Lehrmeister, meinen Verbesserungsvorschlag. Dernahm ihn erstaunt entgegen, schließlich brachte dieser bei einer Umsetzung eine 80 %ige Zeiteinsparung pro zu schleifendem Zylinder! Schon eine Woche später erhielt ich von der Firma Hermann Hemscheidt ein Schreiben, in dem die Annahme meines eingereichten Verbesserungsvorschlages lobend anerkannt und mit einem Geldbetrag von 350 Mark belohnt wurde. Natürlich freute mich das Ergebnis, zeigte es doch auch, dass der von mir eingeschlagene Berufsweg der richtige war. Kaum konnte ich den Eltern meinen Erfolg in der Firma mitteilen und wir uns darüber freuen, bekam ich von der Post ein Schreiben mit dem Inhalt: „Sie haben sich am 1. Juni 1942 bei der 6. Schiffsstammabteilung, 1. Kompanie In Wezep bei Zwolle / Niederland zu melden". Es wurde ernst für mich! Der lang herbei gewünschte Tag war gekommen und mein Traum in Erfüllung gegangen.

Kriegsmarine 1942 1946

Mit dem Einberufungsbefehl bekam ich vorgeschrieben was ich mitzubringen hatte. Von den Papieren, wie Personalausweis und dergleichen einmal abgesehen, eigentlich nur Rasierzeug, Zahnputzzeug, Nadel, Zwirn, Stopfgarn und Waschzeug. Alles was ich am Körper an Textilien trug, würde umgehend wieder an die Heimatadresse zurückgeschickt. Dann galt es die Zugverbindung nach Wezep bei Zwolle herauszufinden.

Zunächst ging ich zur Firma Hemscheidt, um mich bei meinem Lehrmeister und den Arbeitskollegen zu verabschieden. Danach meldete ich mich bei der Ingenieurschule ab und informierte meine HJ-Einheit, sowie meinen Funklehrer. Dem erläuterte ich, dass die Weiterführung des Funkunterrichts die Marine Nachrichtenschule in Aurich übernehmen würde. Er wünschte mir viel Glück, wie das übrigens alle taten, bei denen ich mich verabschiedet hatte.

Zu Hause stand natürlich alles im Zeichen meiner Einberufung, wobei von der Familie Waltraut eigentlich diejenige war, der das sichtlich nahe ging. Bei meinen Eltern konnte ich das nicht feststellen oder aber sie ließen sich das nicht anmerken. Mir vergingen die Tage nicht schnell genug, bis ich endlich abreisen konnte.

Am 1. Juni 1942 morgens früh war es dann so weit. Die Eltern und Waltraut brachten mich zum Barmer Hauptbahnhof und ich bestieg mit kleinem Gepäck den Zug der in Arnheim in Holland endete. Meine Mutter hatte mir zu den Dingen die ich mitzubringen hatte, noch einen Kuchen, eine Wurst und Süßigkeiten eingepackt. Mit vielem Winken und Tränen meiner Mutter, verschwand der Zug im Morgengrauen. Gegen Nachmittag hielt der Zug in Arnheim. Viele junge Burschen, die unterwegs zugestiegen waren, verließen mit mir die Wagen und ehe wir überlegen konnten wie es jetzt weitergehen sollte, schrie eine Reihe von uniformierten Bootsmaaten (Unteroffiziere bei der Kriegsmarine) mit hoch gehaltenen Schildern, auf denen zu lesen war „1. Kompanie 6. Schiffsstammabteilung“ oder „2. Kompanie 6. Schiffsstammabteilung“. Ich bewegte mich zu dem mit dem Schild „1. Kompanie 6. Schiffsstammabteilung“ und hörte schon mein erstes Kommando, „in Dreierreihen folgen“. Der mit dem Schild führte uns zu einem abseits stehenden Zug. Damit wir einen Eindruck von der künftigen Atmosphäre bekamen, brüllten die Maaten, „Tempo meine Herren. Nicht so lahm. Bewegen sie ihre Scheißständer (Beine)“. Die Türen fielen zu, der Zug mit den Rekruten fuhr los. Kaum in Wezep angekommen, wurde uns mit gleichem Geschrei das Aussteigen befohlen und es ging in Dreierreihen, wenige Kilometer zur außerhalb des Ortes liegenden Kaserne. Wir bogen von der Straße ab, marschierten am Wachtposten vorbei, durch das Kasernentor das sich hinter uns schloss. Nun war ich alleine auf mich gestellt und musste mir gefallen lassen, was andere mir befahlen. Mir konnte keiner helfen, als ich mir selbst. Ich konnte keinen um etwas bitten, ich kannte keinen, alle waren mir fremd. Aber für derartige Gedanken blieb keine Zeit, denn einzeln aufgerufen mussten wir in einer Reihe der Größe nach Aufstellung nehmen und wurden in Gruppen zu je 10 Mann eingeteilt. Die 10 Größten der 1. Kompanie, zu denen ich als 7. gehörte, kamen in die erste Gruppe, die nächsten 10 in die zweite und die nächsten 10 in die 3. Gruppe die gemeinsam den 1. Zug der 1. Kompanie bildeten. Die einzelnen Gruppen bekamen einen Raum mit Etagenbetten, Spinden und einem Tisch mit Bänken. Die zweistöckigen Betten hatten als Boden Bretter, auf denen sich eine mit Stroh gefüllte Matratze befand. Um sich zuzudecken bekam jeder eine Wolldecke. Nachdem wir erneut angetreten waren, marschierten wir zum Magazin und jeder erhielt einen Schlafanzug, eine Turnhose mit Turnhemd, Turnschuhe, Unterwäsche die aus Unterhemden mit langem Arm und langer Unterhose bestand, sowie Fußlappen statt Socken, Schuhe, Gamaschen, Drillich-und Takelzeug aus rauem Leinen. Mit diesen „Klamotten“ wurden wir auf der Stube eingewiesen, wobei uns vorgeschrieben wurde, wie die einzelnen Teile im Spind zu liegen haben. Endlich fielen wir todmüde ins Bett, Pardon das heißt jetzt Koje.

Morgens weckte der UvD (Unteroffizier vom Dienst) mit schriller Trillerpfeife und jagte uns sofort mit freiem Oberkörper in den Waschraum, während das Kommando „Kaffeeholer raustreten“ durch die Kaserne schallte. Einer unserer Stube war zum Kaffeeholer bestimmt worden, der mit denen der anderen Gruppen zur Küche marschierte und uns zum Kaffee Brot, Butter und Marmelade brachte. Dann zeigte uns unser Gruppenführer, Bootsmaat H., wie man die Füße mit den Fußlappen einpackt und erläuterte, dass man mit Fußlappen nicht so leicht wie mit Wollsocken Blasen bekommt. Ich kaute noch am letzten Bissen, als wir schon vor der Kaserne antreten mussten. Es ging nun zum Revier in dem uns der Stabsarzt nach Wehrmachtsart „bücken“ und „husten sie mal“ untersuchte und für diensttauglich erklärte. Wir erhielten noch mehrere Spritzen für irgendetwas und marschierten wieder zum Magazin. Dort erhielten wir die feldgraue Uniform, die sich von der Uniform des Heeres durch zwei gekreuzte gelbe Anker auf den Schulterklappen und Knöpfen die mit Ankern versehen waren, unterschied. Dann erhielten wir Stahlhelm, Gasmaske, Brotbeutel und Tornister und zu aller letzt das Gewehr 98k mit 6 Magazinen Übungsmunition, Koppel mit Patronentaschen und Tragriemen. Durch das überall lange Anstehen, das Üben des vorschriftsmäßig einzurichtenden Spindes, verging der Tag unheimlich schnell. Zu unserer großen Enttäuschung erhielten wir keine Marineuniform. Da wir in den ersten 4 Wochen keinen Ausgang bekämen, so hieß es, benötigten wir diese vorerst nicht. Um 2200 Uhr war „Zapfenstreich“ und auf das Kommando „Ruhe im Schiff, Licht aus“ erstarben alle Geräusche im Flur des 1. Zuges.

Der nächste Tag war eigentlich der erste richtige Ausbildungstag. Mir war schon vor der Einberufung klar, dass die ersten 3 Monate keine Erholung bedeuten würden, es käme eine harte Zeit auf mich zu. Unser Bootsmaat bot eigentlich schon dafür die Garantie. Er war „alter“ Infanterie-Unteroffizier der ehemaligen 100 000 Mann „Reichswehr“, dem Vorläufer der Wehrmacht, mit dem Ruf einer gefürchteten militärischen, an härte nicht zu überbietenden, dem „Kadavergehorsam“ ähnlichen Disziplin. Obendrein bekamen wir als Zugführer einen jungen Leutnant der Infanterie, mit heller schneidender Stimme der uns bewusst machte, dass die Ausbildung uns zeigen wird, welche armen „Würstchen“ wir doch sind. Der Kompaniechef, ein Kapitänleutnant, schließlich machte uns beim Kompanieappell klar, die Ausbildung habe das Ziel, aus Zivilisten Soldaten zu machen, unseren eigenen Willen zu brechen und sich dem Auftrag und Kommando widerspruchslos zu unterwerfen. Er schloss mit den Worten, die Rekrutenzeit ist Ausbildungszeit und während dieser Zeit ist die Gangart des Rekruten der Laufschritt.

Unser Bootsmaat nahm uns entsprechend hart ran. Er behauptete, wie alle Ausbilder zu Beginn der Rekrutenzeit, wir könnten weder stehen, noch gehen, schon gar nicht liegen. Das brachte er uns mit brutalen Methoden bei. Innerhalb der Kaserne sah man nur laufende Soldaten. Auch nach Dienstschluss, sogar auf dem Weg zur Kantine. Wehe, ein Ausbilder sah einen Rekruten über den Kasernenhof gehen und nicht laufen! Schon schrie er, „halt, kommen sie mal her. Wie heißen sie“? „Matrose Soundso“. „Hinlegen“, befahl er. „Hinlegen, auf“, „hinlegen, auf“, „hinlegen, auf“ so lange es ihm Spaß machte. Morgens nach dem Frühstück hieß es: „1. Zug raustreten“! Wir rasten von der Stube über den Flur auf den Kasernenhof. Dort erwartete uns schon der Ausbilder. „1. Zug in Dreierreihen antreten“! Blitzartig hatte der Zug sich gebildet. „Stillgestanden, richt euch. Augen gerade aus. Zur Meldung an den Zugführer Augen rechts“! Er marschierte auf den Zugführer zu, nahm stramme Haltung an, machte eine Ehrenbezeugung, „Bootsmaat Soundso meldet, 1. Zug angetreten“! Der Leutnant grüßte ebenfalls mit der Hand an der Mütze, „danke“ und sagte zu den Angetretenen „Morgen Männer“! „Morgen, Herr Leutnant“, schallte es zurück. Dann kommandierte er, „rechts um, ohne Tritt Marsch, ein Lied“ und zählte laut “21, 22, 23, alles hinlegen, auf, hinlegen auf, hinlegen auf“ und so weiter und so weiter. Wenn nach dem Kommando „ein Lied" nicht innerhalb von 3 Sekunden gesungen wurde, sahen wir uns schon auf dem Kasernenhofpflaster.

Nun spielte sich die Ausbildung nicht nur auf dem Kasernenhof oder Exerzierplatz ab, auch Schulungen in einem Raum gab es. Da ich mich schon früher für alle Themen der Wehrmacht interessiert hatte, ob es nun das Heer, die Luftwaffe oder Marine war, brachten diese Schulungen für mich nichts, was ich nicht schon wusste. Das imponierte dem Gruppenführer, so dass ich sein Wohlwollen mir gegenüber schon manchmal feststellen konnte. Diese positive Einstellung verstärkte sich noch, als ich auf dem Schießstand gute Ergebnisse erzielte. Mit dem Gewehr 98k schoss ich sitzend hinter dem Anschusstisch von 36 möglichen Ringen 35, liegend 36 und stehend ebenfalls 36. Das häusliche Familienwettschießen zahlte sich offenbar aus. Auch das Exerzieren machte mir ebenfalls keine Schwierigkeiten, so dass ich zum Abschluss der Ausbildung einer der Besten war.

Noch war es aber nicht soweit. Nach dem ständigen üben von Gewehrgriffen artete das Exerzieren aber auch manchmal in eine üble „Schleiferei" aus. So hatten wir eines heißen Sommertages auf einem schwarzen Schlackenplatz, dem Exerzierplatz", bei 30 Grad im Schatten (doch den gab es auf dem Schlackenplatz nicht), in dicker Feldgrauer Uniform, darunter ein langärmeliges Unterhemd mit langer Unterhose, auf dem Kopf den Stahlhelm und vor dem Gesicht die Gasmaske, eine grausame Schleiferei zu überstehen. Drei Stunden im Laufschritt, bei dem die schwarze Schlacke von der Hitze flimmerte, die Gasmaske vor dem Gesicht, in der sich das Schweißwasser zu einer Pfütze gesammelt hatte und immer in den Mund schwappte, alles in einer langen Reihe im Laufschritt. Das Gewehr in der rechten Hand mit langem Gewehrriemen, der sich urplötzlich um mein Knie hängte, so dass ich in die schwarze Schlacke fiel. Ich war fix und fertig, meine rechte Hand blutete durch die scharfen Schlacken. Mir ging durch den Kopf, hier lieg ich nun, ich arme „Sau", mir kann keiner helfen, ich muss dass hinter mich bringen. Der Ausbilder trat gegen meine Schuhe und in den Hintern „wollen sie nicht mehr oder können sie nicht mehr", war seine spöttische Bemerkung. Ich rappelte mich auf und lief die Strecke, die meine Kameraden gelaufen waren, hinterher bis ich sie eingeholt hatte. Nach drei Stunden hatten die Ausbilder genug, wir sollten jetzt auf den Kasernenhof marschieren, aber zackig! „Was für ein Lied singen wir", fragte der kommandierende Ausbilder: „Es ist so schön Soldat zu sein" sagte einer aus dem Zug. Der Ausbilder hatte den Hohn und Spott auf seine Frage erkannt. „Wer war das"? „Matrose F." meldete sich. „Raustreten" bekam er das Kommando und zwei Ausbilder nahmen sich den armen Kerl vor. Wir mussten warten und sahen der Schinderei zu. Bis F. nicht mehr alleine aufstehen konnte, wurde er schikaniert. Wir mussten ihn in die Mitte des Zuges nehmen, von zwei Kameraden rechts und links gestützt, marschierten wir auf den Kasernenhof und sangen„ es ist so schön Soldat zu sein, Rosemarie. Nicht jeder Tag bringt Sonnenschein Rosemarie - - - - - “. Wohl wahr!

Gott sei Dank war dieser Art von Schleiferei nicht alltäglich, doch gab es noch andere subtilere Möglichkeiten uns in die Knie zu zwingen. Das Gelände bot ungeahnte Möglichkeiten, denn nachdem wir Stehen, Gehen und Liegen gelernt hatten, mit dem Gewehr umgehen konnten, die Gewehrgriffe klappten, zackig grüßen konnten, ging es in das sich an das Kasernengelände anschließende sandige Heidegebiet. Wenn der Gruppenführer uns in einer Sandgrube den Hang hoch scheuchte und wir bei jedem Schritt im Sand wieder nach unten rutschten, wurde daraus eine strapaziöse Angelegenheit, genau so wie das „Robben“ mit Gewehr in Vorhalte, durch das dichte Heidekraut (auf dem Bauch liegend sich kriechend vorwärts bewegen und dabei das Gewehr mit beiden Händen vor dem Kopf halten). Mit solchen anstrengenden Möglichkeiten konnten uns die Ausbilder ganz schön „fertig machen“. Unser Bootsmaat hatte glücklicherweise noch menschliche Züge. War er gut aufgelegt und hatte Mitleid mit uns sagte er, wir machen jetzt dieses oder jenes und „wenn das beim ersten mal klappt, könnt ihr euch vielleicht eine kleine Pause von 2 Minuten herausschinden“. Natürlich „rissen wir uns zusammen“, dann klappte das auch. Wir durften uns in einer Vertiefung oder größerem Loch niederlassen, stellten einen Posten als Ausguck auf und schwätzten und palaverten bis der Ausguck meldete, „der Zugführer ist in Sicht“. Dann machte unser Gruppenführer den „wilden Mann“, brüllte und scheuchte uns herum bis der Leutnant wieder im Gelände verschwand. So belohnte er Leistung und das zahlte sich für uns aus. Beim Schleifen auf dem Exerzierplatz allerdings galt sein Grundsatz, „wenn ihr meint ihr könnte nicht mehr, beginnt erst die Leistung“! Das Ziel der Rekrutenausbildung war neben der reinen Ausbildung, uns hart zu machen, hart gegen sich selbst, um die Belastungen mit denen die Soldaten im Krieg konfrontiert werden, durchzustehen. Ich glaube, nach 3 Monaten hatte er das geschafft.

Natürlich blieb diese Schinderei nicht ohne Folgen an unseren Klamotten. Mal riss ein Knopf ab, mal entstand irgendwo ein Loch. Dafür gab es den Zeugdienst jeden Tag ab 18 Uhr, in welchem wir das reparieren mussten. Dabei wurde auch das Gewehr mit entsprechendem Gerät gereinigt. Ob das mit Erfolg geschah, prüfte der Bootsmaat hinterher und schaute durch den Lauf des Gewehres. Wehe er entdeckte darin noch ein Stäubchen. Dagegen wurde jeden Samstag die Stube geputzt. Vom Boden über den Tisch bis zu den Fenstern. Stellte der

Gruppenführer irgendwo etwas Schmutz an seinem kontrollierenden Finger fest, dann stellte er dem Nächsten die Frage, „was ist das". Die Antwort laute te dann meistens, „Schmutz, Herr Bootsmaat". Seine Feststellung, „das ist Scheiße! Was ist das"? „Das ist Scheiße, Herr Bootsmaat". Die Stube hatte dann keinen guten Tag. Beliebt war auch bei der Marine „Flagge Lutzi" oder der „Lumpenball". Das ging folgendermaßen vor sich: Plötzlich gab es abends „Alarm"! „1.Zug feldmarschmäßig antreten"! Das gab auf den Stuben ein Tohuwabohu. Jeder stürzte an seinen Spind, riss sich die Klamotten, die man gerade angehabt hatte vom Leib, sprang im wahrsten Sinne des Wortes in die Felduniform, schnallte Koppel und Trageriemen um, stülpte seinen Stahlhelm auf, schnappte sich beim herauslaufen sein Gewehr vom Gewehrständer und trat vor der Kaserne an. Dort standen die Gruppenführer des 1. Zuges und schimpften. „Bis ihr eure Klamotten anhabt ist der Krieg vorbei, meine Herren. So geht das nicht. Ihr tretet jetzt im Sportzeug in 2 Minuten wieder hier an. Weggetreten"! Nun zurück auf die Stube. Die Uniform und alles andere ausgezogen, in das Turnzeug rein und wieder hinaus auf den Kasernehof und in Dreierreihen antreten. „Meine Herren", brüllten die Unteroffiziere, „das waren keine 2 Minuten, das waren 5 Minuten!" „Ihr lernt das schon noch. In 3 Minuten steht der 1. Zug hier im Takelzeug angetreten! Weggetreten"! Das ging so den ganzen Abend. Mal feldmarschmäßig, mal im Drillichanzug, mal im Sportzeug mal wieder feldmarschmäßig, wie es den Herren Gruppenführern gefiel. Um 22 Uhr hieß es dann Licht aus, ruhe im Schiff"! Wir aber mussten vorher noch unsere Spinde wieder vorschriftsmäßig einräumen, was der zuständige UvD kontrollierte! Das machte jedenfalls keinen Spaß!

Morgens vor dem brutalen Wecken mit der Trillerpfeife, zitierten einige Bootsmaate, es war diejenigen die aus der Marine hervorgegangen waren, Strophen aus dem Seemans-ABC, dessen Strophen alle nicht „stubenrein" waren, uns aber mehr oder weniger zum Lachen brachten. Auf jeden Fall versetzten diese uns in eine fröhlichere Stimmung. Die letzte Strophe lautete, „Lüft an das Katje, senkt die Rohre. Ein jeder weckt seinen Nebenmann, der letzte stößt sich selber an. Reise, Reise, aufstehen"! Und dann schrillte die Trillerpfeife. Kaum war man aus der Koje gesprungen, betrat schon der UvD den Wohnraum. Der ihm am nächsten stand rief „Achtung", nahm stramme Haltung an und meldete, „Matrose Soundso meldet: Stube 1 alles auf und gesund"! Der UvD gnädig, „weiter machen". Ich hatte eines Tages keine Lust, die in Aussicht stehende Schinderei mitzumachen und so wurde dem UvD gemeldet „ Matrose Soundso meldet: Stube 1, einer krank, alle anderen auf und gesund". Nun konnte ich nicht einfach in meiner Koje bleiben, sondern musste mit den anderen, die sich ebenfalls krank gemeldet hatten, zum Krankenrevier marschieren. Der dort tätige Sanitätsgefreite fragte was mir fehle. „Ich habe Kopfweh und fühle mich nicht wohl“. Er gab mir aus einem Schnapsglas etwas zu trinken, das wie Rizinus schmeckte und verordnete mir Bettruhe. Leicht gesagt, Bettruhe. Ich erreichte kaum meine Koje, so schnell musste ich auf die Toilette. Kaum war ich wieder in meiner Koje, trieb mich mein Darm wieder auf die Toilette. Das ging so bis zum Nachmittag. Ich aber schwor mir, nie wieder mit diesem Trick „blau zu machen zu wollen“!

Meine Koje befand sich im Oberstock. Die Bodenbretter der Kojen waren nicht alle vollzählig, so dass zwischen ihnen immer ein Spalt blieb. Wir machten uns den Spaß, nahmen ein oder zwei, vielleicht auch mehrere heraus und derjenige der in seine obere Koje kriechen wollte, brach ein und landete auf der unteren Koje. Lautes Gelächter! Man musste also bevor man in seine Koje kletterte, vorher von unten die Bodenbretter prüfen! Abends wenn wir in den Kojen lagen, kam es nicht selten vor, dass einer ein Lied anstimmte und wir Seemannslieder sangen oder dem Matrose St., von Beruf Metzger, zuhörten, der gerne die schwermütigen Lieder der Fremdenlegion zum besten gab. (Die mir heute noch geläufig sind).

Bevor wir unsere blaue Marineuniform erhielten, bekamen wir noch unsere Erkennungsmarke, wir sagten „Hundemarke“ dazu. Meine war ein längliches ovales Metallschildchen, mit einer längs verlaufenden Sollbruchstelle mit gestanzten Löchern, um es mit einem Band am Körper zu tragen. Auf beiden Hälften stand unter dem eingestanzten Namen „B 24356/42 D“. B bedeutete die Blutgruppe, 24356 die Stammrollennummer und 42 D der Dienstbeginn 1942. Im Falle des Falles, wurde die eine Hälfte der Erkennungsmarke abgebrochen und diese einer Dienststelle oder Einheit abgegeben, die den Tod des Inhabers meldete. Die am Körper verbleibende Hälfte klärte auf wer der Tote war.

Wir hatten bis zum Erbrechen die Eidesformel gelernt, hatten endlich unsere Marineuniform angepasst bekommen, die uns, so wie wir sie bekommen hatten, überhaupt nicht gefiel. Der Mütze mit ihren kurzen Mützenbändern, dem langen Kolani und den relativ engen Hosen, sah man den Rekruten an. Das würde ich alsbald ändern! So fuhren wir mit der Eisenbahn nach Steenwijk zum Standort der 3. und 4. Kompanie, um dort gemeinsam vereidigt zu werden. Nach dem feierlichen Akt, ging es den gleichen Weg zurück, nur hatte es zwischenzeitlich angefangen zu regnen. Unser Zugführer, ging mit gutem Beispiel voran, er sang aus vollem Halse, „wer recht in Freuden wandern will, der geht der Sonn entgegen“ - - - - - -der Junge, mit dem morgentlichen 21, 22, 23 war abgelöst, der, den wir bekommen hatten, war auch Infanterieleutnant, Brillenträger, Schullehrer aus Radebeul bei Dresden.

Meine Mutter hatte mir in einem Brief mitgeteilt, mein Vater läge mit einer Magenoperation im Krankenhaus, befinde sich aber bereits auf dem Wege der Besserung. Klugerweise hatte sie mir in dem Brief eine polizeiliche Bescheinigung vom Vertreter meines Vaters mitgeschickt, auf der zu lesen stand, dass mein Vater nach einer schweren Operation in bedenklichem Zustand im Krankenhaus liege und es empfehlenswert wäre, mir einen Besuch bei meinem Vater zu ermöglichen. Ich zeigte diese Bescheinigung meinem Gruppenführer, der mich an den Kompaniefeldwebel (genannt „Spieß"), die rechte Hand des Kompaniechefs, verwies. Ich übergab die Bescheinigung einem Schreibstubengefreiten (gen. "Schreibstubenbullen"). Völlig überrascht wurde ich, kaum eine halbe Stunde später, zum Kompaniefeldwebel gerufen. Der drückte mir einige Papiere in die Hand und sagte „bis zum Sonntag hauen sie ab"! Ab wann brachte ich noch hervor: „Los, los ab sofort" und ich rannte auf meine Stube, zog mich blitzschnell um und rannte in blauer Uniform zum Bahnhof, bekam noch den Zug, stieg in Arnheim um und stürmte abends die Treppe in der Untere Lichtenplatzerstraße 127 hinauf. Große Freude über diese Überraschung! Am nächsten Tag, es war ein Freitag, besuchte ich meinen Vater im Krankenhaus, der sich riesig freute mich zu sehen. Es ging ihm schon besser, so dass ich es mir leisten konnte, bei herrlichem Sonnenschein durch die Stadt zu bummeln. Es war ein tolles Gefühl! Natürlich hätten Kenner gemerkt, dass es sich bei mir um einen Rekruten handelte, denn ich hatte noch kein Laufbahnabzeichen auf dem Ärmel und das hatte eigentlich jeder Matrose. Das aber wusste mein ehemaliger Klassenkamerad nicht, den ich in der Stadt traf. „Was, du bist bei der Marine", begrüßte er mich erstaunt, ich entgegnete lässig, „schon 4 Wochen". „Komm doch in die Schule und erzähl uns wie es dir ergangen ist, „dann fällt wenigstens eine Schulstunde aus". Ich fand den Vorschlag nicht so gut und meinte, „die Lehrer haben keine guten Erinnerungen an mich". „Ach, das ist doch längst vergessen" sagte er. Ich habe es letztlich gelassen und mich weiter über den Urlaub gefreut, während meine Kameraden in Holland „geschliffen" wurden. Nach mehreren Krankenhausbesuchen brachte mich am Sonntag die Eisenbahn wieder nach Wezep und noch 2 Stunden vor dem Zapfenstreich, meldete ich mich beim „Spieß" zurück.

Der Dienst war anstrengend und der Schlafbedarf bei jungen Menschen besonders groß, so dass wir bei jeder Gelegenheit schliefen. Auch beim jeden Mittwochvormittag stattfindenden Kompaniechefunterricht, allerdings nur dann, wenn man in den hinteren Reihen saß. Mit den Bänken unserer Stube stürmten wir nach dem Frühstück in die Sporthalle und versuchten diese möglichst weit hinten zu deponieren. Das klappte leider nicht immer. Doch eines Mittwochs hatten wir Glück und konnten uns weit hinten niederlassen. Wir hörten in entspannter Stellung, den für mich nicht interessanten Monologen des KoChefs zu, die uns aber geradezu zum Einschlafen verleiteten. Ich hörte im Halbschlaf von ihm die Worte, „da hinten schläft einer". Blitzschnell wurde ich wach, fuhr erschreckt hoch und ahnte instinktiv, ich bin gemeint. Natürlich tat ich so, als ob ich nicht betroffen wäre und schaute mich suchend um. „In der drittletzten Reihe rechts, der Zweite, nein nicht sie, der daneben, aufstehen", befahl der Kompaniechef. Jetzt ging es nicht mehr anders, ich musste aufstehen. Unglücklicherweise kam in diesem Moment der „Spieß" zur Tür herein, um dem KoChef etwas zu melden. Der zum „Spieß" gewandt mit Blick zu mir, „der da hinten hat geschlafen, was machen wir mit dem"? Kurz und knappe Antwort des „Spieß", „bei der Mittagsmusterung melden"! So stand wie jeden Tag, die Kompanie zur Mittagsmusterung angetreten. Der 1. Zug und 4. Zug links und rechts im rechten Winkel zum 2. und 3. Zug. Nach dem Kommando, „Meldungen und Gesuche vortreten", mussten die Betreffenden in der Mitte des Platzes, vor dem Kompaniechef und dem „Spieß", in einer Reihe antreten. Ein Bootsmaat nahm stramme Haltung an, grüßte mit der Hand an der Mütze, „Bootsmaat Soundso meldet UvD von heute auf morgen", grüßte wieder, machte eine Kehrwendung und trat in seinen Zug wieder ein. Der nächste Bootsmaat nahm stramm Haltung an, grüßte und meldete, „Bootsmaat Soundso UvD abgelöst", grüßte machte eine Kehrtwendung und reihte sich in seinen Zug ein. Dann kam ich dran. „Matrose Grafenhorst meldet sich wie befohlen". „Was war noch mit ihnen"? „Ich soll heute Morgen geschlafen haben, Herr Kaleu"! Der KoChef blickte fragend zum Spieß der dann sagte, „Sechs mal eine halbe Stunde nachexerzieren", der KoChef nickte und ich wiederholte, „jawoll, „sechs mal eine halbe Stunde nachexerzieren", grüßte mit der Hand an der Mütze, machte eine Kehrwendung und reihte mich bei meinem Zug wieder ein. Während Strafexerzieren eine Disziplinarstrafe war, die ins Führungsbuch eingetragen wurde, galt das Nachexerzieren lediglich als eine Erziehungsmaßnahme, ohne jeglichen Nachteil, die allerdings mit den Soldaten, die mit Strafexerzieren bestraft worden waren, gemeinsam durchgeführt wurde. So hieß es nach dem Mittagessen und auch nach Dienstschluss, „die Soldaten zum Straf-und Nachexerzieren vor der Kaserne antreten". Der Dienst habende UvD nahm sich der kleinen Gruppe an und scheuchte sie eine halbe Stunde auf dem Kasernenhof herum. Danach kamen wir schweißnass wieder zu unserer Gruppe und traten nach der Mittagspause, sofort mit dieser zum weiteren Dienst an. Während unsere Mittagspause dadurch verloren ging, wirkte sich das nach Dienstschluss nicht so negativ aus. In die Kantine ging ich sowieso nur selten, ruhte mich mehr in meiner Koje aus, las etwas oder schlief. Da ich noch keine 18 Jahre alt war, konnten wir auch keine Zigaretten kaufen, dafür stand uns Schokolade zur Verfügung. Zurück zum Nachexerzieren. Ich hatte aber bemerkt, dass keiner notiert hatte, wann ich und auch wie oft ich, am Nacherzieren teilgenommen hatte. So meldete ich mich frech nachdem ich 4 oder 5 mal teilgenommen hatte zur Mittagsmusterung, nahm Haltung an, grüßte mit der Hand an der Mütze und meldete: „Matrose Grafenhorst meldet, sechs mal eine halbe Stunde nachexerzieren verbüßt". Der KoChef dankte, „wegtreten" und ich nahm nach einer Ehrenbezeugung und Kehrtwende meinen Platz in meinem Zug wieder ein.

Irgendwann war auch die 1.Gruppe einmal mit der Kasernenbewachung dran. Nachdem jeder von unserer Gruppe scharfe Munition empfangen hatte, marschierten wir um 12 Uhr zum Kaserneneingang, um die dort angetretene Gruppe abzulösen. Anschließend wurden wir vergattert und mit den Befugnissen und Pflichten während des Wachdienstes bekannt gemacht, darüber hinaus erhielten wir die Parole der nächsten 24 Stunden. Bevor die abzulösende Gruppe abmarschierte, übernahm unsere Gruppe, nach einem vorher festgelegten Plan, die einzelnen Wachtposten. Die Freiwache hielt sich in einem mit Pritschen zum Schlafen eingerichteten Raum auf, dem sich der „Bau", ein separater Raum, anschloss, in dem sich die mit Arrest bestraften Matrosen aufhielten. Zur Flaggenparade um 18 Uhr, traten die sich nicht auf einem Wachtposten befindlichen Matrosen an, marschierten vor das Eingangstor und holten, nach einer festgelegten Zeremonie, die dort wehende Reichskriegsflagge herunter. Auf ähnliche Weise erfolgte morgens um 7 Uhr das Hissen der Flagge. Am Eingangstor vor dem „Schilderhaus" stand ich als Posten meine 2 Stunden ab, wobei die Wachablösung am Kaserneneingang nach genau vorgeschriebenem Ritus, den wir natürlich trainiert hatten, erfolgte. Während dieser Zeit erschien mal unser Zugführer dem ich meldete: „Matrose Grafenhorst meldet, keine besonderen Vorkommnisse"! Ansonsten tat sich nichts. Nachts hatte ich mit einem Matrosen aus Dresden Wachdienst, der im Scherz gerne jemanden als „Orschgeije" (Arschgeige) bezeichnete und deshalb den Spitznamen „Orschgeije" erhalten hatte. Wir sollten in finsterer Nacht eine Seite des eingezäunten Kasernengeländes bewachen und dabei einzeln dem Zaun entlang gehen. Das jedoch wurde uns beiden zu mulmig und auch zu langweilig, deshalb gingen wir gemeinsam, dabei unterhielten wir uns über unsere Elternhäuser und das bisherige Leben. Während wir daher trabten und palaverten, stand plötzlich wie aus dem Boden geschossen unser Gruppenführer mit gezogener Pistole vor uns! Zu Tode erschrocken kamen wir nicht einmal dazu unsere Gewehre von der Schulter zu nehmen und nach der „Parole" zu fragen! Wäre das jemand gewesen der uns übel wollte, hätten wir „alt ausgesehen". Der Bootsmaat bewies uns damit, unsere Leichtfertigkeit und das nicht der Lage angepasste Verhalten. Gott sei Dank, hatte das keine negativen Folgen für uns beide.

Nachdem wir den neuen Zugführer bekommen hatten, fragte dieser die Soldaten seines Zuges, wer bei ihm als Ordonnanz tätig sein wollte. Ordonnanz nannte man das hier bei der Marine, in der Wirklichkeit war das der „Bursche" des Leutnants. Normalerweise meldet man sich beim Militär zu nichts freiwillig. Ich aber meldete mich, da ich mir davon Forteile versprach, die auch eintrafen. Als Ordonnanz hatte ich die Behausung des Zugführers in Ordnung zu halten, das Bett, bzw. die Koje zu machen, das benutzte Geschirr zu spülen und abzutrocknen, den Boden sauber zu halten und aufzuräumen (aufzuklaren hieß das bei der Marine). Dazu benötigte ich natürlich eine gewisse Zeit, die ich mir vom normalen Dienst nehmen musste. Das hatte zur Folge, dass, ich meine Tätigkeiten für den Leutnant, in die Zeit aller unangenehmen Vorgänge legte. Während meine Kameraden Exerzier-oder Geländedienst schoben, Zeugdienst hatten oder den abendlichen Spindappell absolvierten, hielt ich mich im Zimmer des Leutnants auf, hörte dabei Radio oder las Zeitung. So ließ ich den lieben Gott einen guten Mann sein. Wenn ich das Gefühl hatte ich müsse mal wieder zu meinen Kameraden, dann meldete ich mich zum Dienst. Auf diese Weise hatte ich mir die Rekrutenzeit etwas angenehmer gestaltet.

Eines schönen sonnigen Samstags, lief im Laufschritt eine Gruppe des 2. Zuges in einem großen Kreis um den Kasernenhof und sang dabei das bekannte Lied, „Wochenend und Sonnenschein", während unsere Gruppe am Rande Gewehrgriffe übte (man sagte dazu „Griffe kloppen"). Plötzlich meldet sich ein Matrose bei unserem Gruppenführer, nimmt die Hacken zusammen, grüßt mit der Hand an der Mütze und sagt: „Herr Bootsmaat Meier bittet um ein Gespräch mit dem Matrosen Grafenhorst". Mein Bootsmaat fragte nicht lange warum, sondern sagt, „Matrose Grafenhorst gehen sie zu Bootsmaat Meier". Ich nahm stramme Haltung an und sagt, „jawoll Herr Bootsmaat, ich gehe zu Bootsmaat Meier". Wir beide trabten zu dem besagten Bootsmaat Meier, während der Matrose meldete; „Matrose Soundso meldet Befehl ausgeführt" sagte ich, „Matrose Grafenhorst meldet sich zur Stelle". Was ich bei dem Bootsmaat Meier sollte und warum der mich rufen ließ, konnte ich mir nicht denken. Doch da man beim Kommiss das Denken den Pferden überlassen sollte, wegen deren größeren Köpfen, ließ ich es darauf ankommen. Bootsmaat Meier fragte mich: „Sind sie aus Wuppertal"? „Jawoll Herr Bootsmaat, ich bin aus Wuppertal"! „Sind sie aus Barmen oder Elberfeld"? „Jawoll Herr Bootsmaat, ich bin aus Barmen"! „Kennen sie den Rott"? Der Rott war Wohnviertel eines Ortsteils von Barmen. „Jawoll Herr Bootsmaat, ich kenne den Rott"! „Kennen sie den Zahnarzt Dr.

Krieger"? Dr. Krieger hatte seine Praxis in der Nähe der Turnhalle, die ich mit meiner Klasse schon mal besucht hatte. „Jawoll Herr Bootsmaat ich kenne die Praxis von Dr. Krieger"! „Wissen sie dass Dr. Krieger eine Tochter hat"? „Jawoll Herr Bootsmaat, ich weiß dass Dr. Krieger eine Tochter hat"! „Dr. Kriegers Tochter ist meine Verlobte"! Nach einem kurzen Moment sagte er, „los, laufen sie gleich mit"! Ich konnte nur noch „Jawoll Herr Bootsmaat" sagen, grüßen eine Kehrtwendung machen und mich der Kreise drehenden und singenden Gruppe anschließen. So drehte ich einige Runden und sang „Wochenend und Sonnenschein". Da ich mir das denken abgewöhnt hatte, wusste ich auch nicht, warum ich hier mitlaufen musste. Nach etlichen von mir gelaufenen Runden rief er: „Matrose Grafenhorst zurück zur Gruppe 1 des 1. Zuges"! Ich hielt an, nahm stramme Haltung an, grüßte und sagte, „jawoll Herr Bootsmaat"! Bei meiner Gruppe angekommen meldete ich nur, „Matrose Grafenhorst meldet sich zurück" und reihte mich ein.

Jeden Mittwochnachmittag stand auf dem Dienstplan „Sport". Neben allen Leichtathletiksportarten gab es außer Geräteturnen verschiedene Ballspiele. An einem solchen Nachmittag sollten wir gegrätscht über einen quer stehenden Kasten springen. Das war nicht ganz einfach, vor allem wenn das sportliche Training dazu fehlte. Und das war bei den meisten, wie auch bei mir der Fall. Unser nicht allzu großer, untersetzter, nicht mehr ganz junger Zugführer, ob dieser Situation etwas verärgert, nahm in voller Uniform, Stiefel, Koppel, Pistole, Mütze einen Anlauf und grätschte locker über den Kasten ! Donnerwetter, konnte man nur sagen. Jedenfalls zeigte er uns lahmen Böcken, wie man das macht. Er flößte uns damit Respekt ein und wir sahen ihn jetzt mit anderen Augen!

Natürlich nutzte ich meine Stellung bei Leutnant Z. aus, vor allem drückte ich mich abends vor dem berüchtigten Spindappell. Den einzelnen UvDs schien es nämlich geradezu Spaß zu machen, bei dem kleinsten Mangel in einem Spind, den gesamten Inhalt des Spindes davor auf den Boden zu schmeißen, damit der Nutzer des Spindes, alles wieder vorschriftsmäßig einräumen konnte. Und wenn es dem UvD nicht passte, schmiss er noch mal alles davor auf den Boden. Das passierte mir jedenfalls nicht, auch wenn ich dem allgemeinen Dienst tagsüber nicht ganz ausweichen konnte. Schon gar nicht, wenn es drei Tage zum Truppenübungsplatz ging.

Vor Abschluss unserer Grundausbildung, die eigentlich einer reinen Infanterieausbildung glich, mussten wir beweisen, dass wir uns auch im Gelände in Kompaniestärke bewegen und einen Feind mit scharfer Munition bekämpfen konnten. Wir marschierten also feldmarschmäßig, das hieß in der feldgrauen (schönen dicken) Uniform mit Koppel und Trageriemen, Brotbeutel, Seitengewehr, Stahlhelm, Gasmaske umgehängt, Gewehr und Tornister, in dem sich alles für 3 Tage Benötigte befand, zum 30 Kilometer entfernten Truppenübungsplatz. Die Sonne brannte heiß vom Himmel, die Strecke bestand aus einem endlos langen Heideweg, mit tiefem sandigen Geläuf. Jede Gruppe hatte ein Maschinengewehr zu schleppen, das zusätzlich abwechselnd der Reihe nach getragen wurde. Nach ungefähr 15 Kilometern gab es 15 Minuten Pause, dabei durfte weder der Tornister abgesetzt werden, noch durften wir uns hinsetzen, da die Gefahr bestand, sich dabei einen „Wolf" zu holen. Wir suchten uns einen Baum aus, auf dem wir den Tornister auf einen Ast schieben konnten, um auf diese Weise entlastet zu werden. Nach 3 weiteren Stunden kamen wir endlich auf dem Truppenübungsplatz an. Quartier bezogen wir auf dem Heuboden des nicht benutzten Pferdestalls. Leider stand die Luke, von der normalerweise das Heu zum Pferdestall herab geworfen wurde, offen und prompt fiel einer dort herunter, wobei er auf den steinernen Boden des Stalles aufschlug. Ein Krankenwagen fuhr ihn ins Lazarett. Wir schliefen im Heu und empfingen am nächsten Tag jeder 60 Schuss scharfe Munition. Wir übten einen Angriff, in dem wir uns in dem unwirtlichen Gelände langsam vorarbeiteten und die plötzlich in unterschiedlichem Abstand vor uns aus dem Boden springende Figuren, Soldaten, Fahrzeuge darunter Panzer, unter Gewehrund MG-Feuer nahmen. Nachdem wir erneut scharfe Munition empfangen hatten, unternahmen wir einen Angriff der ganzen Kompanie, die sich in einer langen auseinander gezogenen Reihe vorarbeitete. Wieder nahmen wir die vor uns auftauchenden Figuren unter Feuer. Offenbar war unser Zug zu zügig vorgegangen, denn wir bekamen plötzlich von der rechten Seite Feuer aus scharfer Munition. Wir gruben uns ein und warteten bis der 2. und 3. Zug unsere Höhe erreicht hatte, um dann gemeinsam vorzugehen. Am nächsten Tag marschierten wir wieder den gleichen Weg zurück, den wir gekommen waren, mit der gleichen Pause nach 15 Kilometern. Wir waren alle froh wieder in unserer Kaserne zu sein und rechneten uns aus, dass wir in 8 bis 10 Tagen Wezep verlassen würden.

Eine Eigenart der Kriegsmarine waren die für jeden Einzelnen angelegten so genannten „Führungsbücher", in denen vor jedem Kommandowechsel oder bei ständigem Kommando alle 1/2 Jahre, bestimmte Kriterien mit einer Art Schulnote bewertet wurden. Damit erhielt bei einem Kommandowechsel der neue Chef einen Eindruck, mit was für einen Untergebenen er es zu tun bekam. Mit allen Unterlagen, die für eine Versetzung erforderlich waren, bekam der das Kommando Wechselnde sein „Führungsbuch" in einem verschlossenen Umschlag mit. Da nun die Ausbildungszeit dem Ende zu ging, füllte der jeweilige Gruppenführer für seinen Zugführer, für jeden den er ausgebildet hatte, ein solches Buch mit seinen Beurteilungen aus. Die unserer Gruppe lagen auf dem Zimmer des Zugführers. Bei meinen Arbeiten auf seinem Zimmer fielen mir die „Führungsbücher“ in die Augen. Die Verlockung war groß sie mir einmal anzuschauen, natürlich auch wie ich beurteilt worden war. In aller Ruhe las ich die Beurteilungen meiner Gruppe und fand die über mich als realistisch. Dummerweise erzählte ich meinen Kumpels auf der Stube, dass die „Führungsbücher“ auf dem Zimmer von Leutnant lägen, worauf ich bestürmt wurde die Ergebnisse doch allen mitzuteilen. Im Glauben an die Kameradschaft tat ich das auch und wurde überrascht, als mein Gruppenführer mich zu sich rief und mir einen kräftigen Anschiss verpasste. Einer meiner Kameraden, es war Matrose St., habe sich bei ihm, über die seiner Ansicht nach unberechtigte Beurteilung beschwert. Auf die Frage des Bootsmaates woher er diese kenne, habe er geantwortet, es gäbe einen in unserer Gruppe der alle „Führungsbücher“ eingesehen habe. Das aber konnte nur ich sein! Der Anschiss war berechtigt! Für mich aber eine Lehre, dass ich künftig damit rechnen muss, Eigeninteresse kann höher eingeschätzt werden, als der Wert der Kameradschaft! Großzügigerweise hat unser Bootsmaat diesen Vorgang nicht dem Leutnant gemeldet. Ich wusste das zu schätzen!

Auf dem Truppenübungsplatz hatten wir bewiesen, dass wir gut ausgebildet waren, doch der Abteilungskommandeur der 6. Schiffsstammabteilung forderte zum Abschluss, noch ein Nachtgefecht zwischen den beiden in Wezep stationierten Kompanien. So wurde die 2. Kompanie zum Angreifer und die 1. Kompanie, also wir, zum Verteidigen bestimmt. Wir erhielten ausreichend Platzpatronen und bezogen in der Heide bei Wezep unsere Stellung. Die 1. Gruppe übernahm den linken Flügel. Ich lag allein am Rande eines Kornfeldes. 100 Meter neben mir lag der Matrose mit dem schönen Namen Hühnerbein, an dem schloss sich der Matrose mit dem ebenfalls netten Namen Unsinn an. Es war still und stockdunkel, nur die Sterne leuchteten, das reife Korn duftete, ich lag allein, war meinen Gedanken überlassen und dachte an die nähere Zukunft. Die nächste Etappe war die Marine Nachrichten Schule in Aurich in Ostfriesland. Und danach ? Was passiert dann mit mir? Wo werde ich eingesetzt? Was wird aus meinen Eltern und meiner Schwester in diesem Krieg? Allmählich wurde ich müde, hatte mich in die Richtung gelegt, in der ich den „Feind“ erwartete, mein Gewehr geladen und gesichert. Mit dem Kopf auf dem Gewehrschaft war ich langsam eingenickt. Plötzlich schreckte ich auf, hatte weit rechts von mir einen Schuss gehört. Dem folgten in Abständen mehrere Schüsse die langsam näher kamen und auch heftiger wurden. Ein Busch voraus bewegte sich, ich entsicherte mein Gewehr. Es war windstill. Also konnte die Bewegung des Busches nur von einem „Feind“ herrühren. Eine langsam vorwärts kriechende Gestalt glaubte ich zu erkennen, Hühnerbein schoss, kurz danach Unsinn. Ich wartete um das Ziel genauer zu erkennen und schoss dann ebenfalls. Überall wurde jetzt geschossen. Es war ein schön gespielter Krieg. Die 1. Kompanie hatte den Angriff der 2. Kompanie abgewehrt, was nicht anders zu erwarten war. Der Krieg war beendet und wir marschierten in die Kaserne zurück. Noch lange schwätzten wir über das Erlebte.

Die Ausbildungszeit war zu Ende. Aus Jungen hatte man Soldaten, hatte man Kerle gemacht! Wir waren andere Menschen geworden, andere jedenfalls als die, welche die schreienden Bootsmaate am Bahnhof aufgesammelt hatten. Uns hatte man den absoluten Gehorsam eingeimpft, nach dem Grundsatz „Befehl ist Befehl"! Jetzt aber wollten wir vollwertige Matrosen der Kriegsmarine werden, wozu die anschließende Laufbahnausbildung notwendig war. Der Wechsel vom äußerlichen Soldaten zum Matrosen vollzog sich, in dem wir die feldgraue Uniform mit Koppel, Trageriemen, Patronentaschen, Gewehr, Stahlhelm, Schuhe mit den schönen Fußlappen abgaben und für unsere persönlichen Sachen mit Unterwäsche, Drillichund Takelzeug sowie Seestiefel, anstelle des Tornisters einen Seesack erhielten. Nach offizieller Verabschiedung durch den Kompaniechef, Zug-und Gruppenführer wurden wir aus der 6. SStA, der 6. Schiffsstammabteilung, entlassen und mit einem Marschbefehl zur Marine Nachrichten Schule (MNS) nach Aurich in Ostfriesland, mittels Eisenbahn in Marsch gesetzt. Dort mussten wir uns am 1. September 1942 melden.

Marine Nachrichten Schule (MNS) in Aurich

In Aurich angekommen, gingen wir in losen Gruppen, mit dem Seesack auf dem Rücken, Richtung Marine Nachrichten Schule und meldeten uns an der Wache am Eingang zur Schule. Dort mussten wir antreten (wie immer der Größe nach) und marschierten entlang mehrerer in UForm angelegter Kasernenblöcke (für die einzelnen in Ausbildung befindlichen Kompanien), bogen in den Hof der 5. ein. Endlich kam das Kommando „Halt" und nachdem wir in Zügen zu 30 und Gruppen zu 10 Mann aufgeteilt worden waren, wurden wir auf die Stuben verteilt. Auch hier gehörte ich wieder der 1. Gruppe des 1. Zuges an, allerdings der 5. Kompanie der Marine Nachrichten Schule. Unser Zug belegte das 1. Stockwerk, über uns der 2. Zug und auf der gegenüberliegenden Seite der 3. und der 4. Zug. Das Erdgeschoss gehörte den Verwaltungsbüros, der einstöckige Verbindungsbau diente dem Wachbereich. In der 1. Stube im 1. Stockwerk der Stube 501, befand sich mein Spind und meine Koje in der 3. Etage. Ich hatte mir diese soweit oben ausgesucht da ich damit rechnete, von den Bettkontrollen der UvDs verschont zu werden, was sich auch als richtig herausstellte. Zweiund Dreistockbetten bedeuteten eine Überbelegung die kriegsbedingt zu sein schien, denn beim ersten Kompanieappell im Hof sagte uns der Kompaniechef, dass die Ausbildungszeit der Funklaufbahn 4 Monate betrüge, unsere jedoch auf 3 herabgesetzt sei, da Funker dringend von den Einsatzeinheiten benötigt würden. Hier wirkte sich der Vorteil meiner Funkausbildung in der Marine HJ aus, so dass mich die verkürzte Ausbildung eigentlich nicht tangierte.

Hier ging es nicht wie bei der 6. SStA um die soldatische Ausbildung, diese hier hatte eine andere Qualität. Natürlich gehörten wir auch hier einer militärischen Organisation an und hatten uns an deren Regeln zu halten, das galt jedoch für den Umgang, die Inhalte der Ausbildung war eine fachlich spezifische.

So kam morgens nach dem Wecken mit Strophen des „Seemans ABC der UvD auf die Stube und hörte sich die Meldung (wie bei der SStA) an: „Matrose Grafenhorst meldet, Stube 501 alles auf und gesund"! Oder wer auch immer diesen Spruch machte. Nach dem Frühstück traten wir im Hof gruppenweise an und marschierten in die einzelnen Schulungsräume. Während wir alles über den Beginn bis zum damaligen Stand der Fernmeldetechnik lernten, lag der Schwerpunkt des Erlernens des Funkoder MorseABC mit dem Gehör, das ich bereits kannte und beherrschte. Mittagessen erfolgte mit den anderen Kompanien, in einem in der Mitte des Kasernengeländes liegendem Esssaal. Nach kurzer Mittagspause ging es wieder in die Schulungsräume, bis zum Dienstschluss um 17 Uhr.

In den ersten Wochen hatten wir abends noch Freizeit. Nachdem aber die Gruppe bereits die Funkzeichen in Buchstaben und Zahlen umsetzen konnte, ging es jeden Abend zum „Pressehören“ von 20 bis 22 Uhr. Die internationalen Pressemeldungen wurden meistens chiffriert gegeben und mit hohem Tempo, dem wir nicht gewachsen waren. Doch sollten wir uns an den Dienst mit dem Kopfhörer und den Funkzeichen gewöhnen und versuchen den einen oder anderen Buchstaben zu entziffern. Je öfter und je länger wir dieses machten, umso mehr Funkzeichen konnten wir in Buchstaben und Zahlen umsetzen.

Mittwochs ging es auf den rot gestreuten Sportplatz, nicht um Sport zu treiben, nein, dort wurde exerziert. Nach der Ankunft in der Nachrichten Schule, hatten wir jeder ein Gewehr mit Patronentaschen und Trageriemen erhalten. Es waren zwar französische Beutegewehre, aber zum Exerzieren waren diese gut genug. Da wir in der Rekrutenkompanie mit langem Gewehrriemen exerziert hatten, wurde hier mit stramm gezogenen Gewehrriemen geübt. Sinnvoll war diese Exerziererei nicht, doch gehörten wir immerhin zu einer militärischen Einheit und da musste das wohl so sein. Vielleicht auch eine Abwechselung an der frischen Luft. Die wurde uns allerdings auch Freitags im Laufe des Nachmittags geboten, denn da stand Sport auf dem Dienstplan. Leider wurde öfter statt Sport „Bucheckern sammeln“ angesagt und wir mussten in den Buchenwäldern, um das Kasernengelände herum, Bucheckern auflesen, die zu den Ölmühlen gebracht wurden, um dem kriegsbedingten Notstand an Ölen aufzubessern. Für uns war das mal etwas anderes, eine Abwechselung vom geistigen fast ganztäglichen Unterricht.

Das Essen das wir hier bekamen war zwar schmackhaft aber nicht allzu üppig, so dass wir eigentlich immer Hunger hatten. Wir waren jung, unser Körper benötigte für das Wachstum und den Aufbau entsprechendes „Futter“. Wir überlegten eine Lösung, dabei hatte einer von uns festgestellt, dass ein Fenster zum Kartoffelkeller der Küche defekt war. So machten wir uns abends zu Zweit abwechselnd im Takelzeug auf und holten Kartoffeln, die wir in der Takelbluse verstauten damit keiner etwas merkte. Auf der Stube brieten wir auf Spirituskochern Bratkartoffeln. Nach und nach hatte jeder sich einen solchen mit Trockenspiritus (Esbit) zu heizenden Kocher besorgt, ich ließ mir den von zu Hause schicken. Nach Dienstschluss fand auf unserer Stube stets ein „lustiges“ Brutzeln statt. Wir bezeichneten uns gerne als die „Erfinder der fettlosen Bratkartoffel“, da wir ja kein Bratfett zur Verfügung hatten und als Fettersatz unseren Kaffee (Kaffeeersatz) dazu verwendeten. Das klappte sogar ganz gut, weil dadurch die Kartoffelscheiben nicht anklebten.

Im Gegensatz zur Rekrutenausbildung gab es in Bezug auf die Zuteilung von Zigaretten auf der MNS keinen Unterschied, zwischen denen die noch keine und denen die über 18 Jahre alt waren. Wir durften auch Alkohol trinken und in der Kantine einkaufen. Obwohl mich das nicht unbedingt interessierte, war ich doch kein Raucher und hatte vor, es auch nicht zu werden. Anders sah es bei den UvDs aus. Auch hier gab es abends den leidigen Spindappell. Schnell hatten wir herausbekommen, dass man den einen oder anderen UvD mit Zigaretten bestechen konnte. Die Zuteilung reichte für manchen Raucher nicht aus und so legten wir, völlig achtlos, ein Päckchen Zigaretten abends vor dem Spindappell auf den Stubentisch. Der UvD betrat die Stube, einer der Anwesenden meldete „Stube 501 zum Spindappell angetreten", der UvD drehte sich so geschickt um, dass er die auf dem Tisch liegende Zigarettenpackung unauffällig in seiner Tasche verschwinden ließ und wir hörten nur, „danke, Licht aus, ruhe im Schiff". Ich kletterte dann in meine Koje und hörte durch den Lautsprecher täglich um 22 Uhr den Soldatensender Belgrad mit Lale Andersens Song, „vor der Kaserne, vor dem großen Tor, stand eine Laterne und steht sie noch davor" . Mich befiel dabei stets eine eigenartige Stimmung, mit ein wenig Heimweh, mit Gedanken an die unsichere Zukunft und was einen sonst so alles fern der Heimat durch den Kopf ging.

Das tägliche Einerlei, Unterricht, Unterricht, Unterricht mit den Unterbrechungen Mittwochs und Freitags. So geschah es eines Mittwochs, wir hatten uns nach dem Mittagessen wieder einmal auf dem roten Sportplatz herumgesult, das ständige Hinlegen, auf, Hinlegen, auf, Hinlegen, hatte unser Outfit rot gefärbt. Zuletzt geschah es noch einmal auf dem Kasernehof nach einem „Gewehr ab", das dem Kommandierenden nicht exakt genug erschien. Nachdem er das einige male mit uns gemacht hatte, ließ er uns „auf die Stuben wegtreten". Kaum waren wir auf 501 angelangt, ertönte durch den Lautsprecher, „Matrose Grafenhorst zum UvD! Ich überlegte, während ich die Treppen hinunter lief, was will denn der von mir? Dort angekommen sagte der UvD, nachdem ich mich bei ihm gemeldet hatte, „gehen sie ins Besuchszimmer. Sie haben Besuch"! Nanu dachte ich, wer will mich besuchen, machte die Türe auf und - - - - - stand meiner Mutter gegenüber! Ich hatte ja heute Geburtstag, es war der 21. 10. 1942! Meine Mutter hatte es sich nicht nehmen lassen, ihren Sohn an dessen Geburtstag zu besuchen. Dabei hatte sie vom Fenster aus gesehen, wie wir schikaniert wurden. Und nun stand ihr rot gefärbter Sohn vor ihr! Ich bekam für den Rest des Tages Urlaub, duschte mich, zog mich um und ging mit meiner Mutter in den Ort, wo wir in einem Gasthaus meinen Geburtstag feierten. Zum Zapfenstreich musste ich wieder in der Kaserne sein und meine Mutter fuhr am nächsten Tag wieder nach Wuppertal zurück.

Im Bereich der Nachrichten Schule wurden einige Diphteriefälle registriert. Als ich eines Tages fröstelte, meldete ich mich krank. Der Stabsarzt steckte mich der Einfachheit halber in die Isolationsbaracke, in der sich alle Diphterieverdächtigten aufhielten. Es war eine ungemütliche Behausung. Im Waschraum, dem die Fensterscheiben fehlten, war es kalt, auch gab es nur kaltes Wasser. Als es mir nach 2 Tagen wieder besser ging wollte ich dort raus, doch der Stabsarzt sagte, „die Inkubationszeit beträgt 10 Tage und so lange müssen sie hier bleiben".

Eine bessere Idee hatte ich als ich hörte, wenn man Schuheinlagen benötige, müsse man mit dem Zug nach Leer zum dortigen Orthopäden fahren. So meldete ich dem Oberstabsarzt, dass mir beim Laufen die Füße wehtäten. Wie ich erwartet hatte, schickte er mich nach Leer zum Orthopäden. Ich fuhr nach Leer, ließ mir dort ein Einlagenmodell anfertigen, bummelte ein wenig in Leer herum und fuhr wieder zurück, um 8 Tage später wieder nach Leer zu fahren, beim Orthopäden meine Einlagen abzuholen, mir wieder ein paar schöne Stunden in Leer zu machen, zur MNS zurückzufahren und die Einlagen nie zu tragen.

So versuchte man das eintönige Einerlei des Schulalltags zu durchbrechen. Nachteile ergaben sich für mich nicht, ich hatte ja durch die Funkausbildung bei der MarineHJ einen gewissen Vorsprung den anderen Schülern gegenüber. Es gab so manche Tricks, die man für sich ausnützte. So gab es Sonntags keinen Unterricht und man konnte sich nach dem Mittagessen beim UvD melden einen Ausweis für den Ausgang zu erhalten. Diese UvDs nutzten das aus und ließen sich ein sauberes Taschentuch, einen sauberen Kamm, oft auch noch saubere Unterwäsche und eine tadellose nicht zu beanstandende Uniform vorführen. Natürlich fanden sie stets einen Anlass irgendetwas zu bemängeln und den Ausgangswilligen zurückzuschicken. Ich aber umging die UvD-Schikanen, denn ich hatte herausbekommen, dass man Sonntagvormittags zur Kirche, ohne eine UvD-Schikane die Urlaubskarte bekam. Ab sofort war ich sonntags Kirchgänger, bekam meine Urlaubskarte, die für den ganzen Tag bis 22 Uhr galt, problemlos, ging in die Stadt und kehrte dort ein, wo die „Gebetbücher Henkel haben". Zum Mittagessen war ich wieder in der Kaserne und konnte anschließend ohne UvD-Kontrolle wieder in die Stadt gehen.

Neben der Gemeinschaftstoilette auf dem Flur, befand sich der Wohnraum der Gruppenführer unseres Zuges. So konnte es passieren dass des Nachts, wenn es einer eilig hatte, im Dunkeln schlaftrunken die Tür verwechselte, sich an die Wand stellte um sich zu erleichtern und durch ein Geschrei erschreckt feststellen musste, dass er sich geirrt hatte. Schnell raus und weg!

Dem Marschieren nahm man die Eintönigkeit, wenn man sang. Das hatten wir schon früher festgestellt, lediglich die unterschiedlichen Umgebungen machten die Inhalte der Gesänge aus. So sangen wir, wenn wir abends zum Pressehören marschierten, „es scheint der Mond so hell auf dieser Welt. Zu meinem Madel bin ich hinbestellt" - - - - dem Text nach kommt der junge Mann an das Haus seines Mädels, das ihn aber nicht einlässt, da „ihre Eltern noch nicht schlafen sein". Der junge Mann aber will unbedingt zu ihr, „einen güldenen Taler den schenk ich dir, wenn du mich schlafen lässt heut Nacht bei dir", worauf sie antwortet, „nimm deinen Taler, scher dich nach Haus. Such dir zum Schlafen eine andere aus." In einem anderen Lied, „ich ging einmal spazieren" - - - - - heißt es im Refrain, „in Honululu, im Lande der Azoren und auf Samoa ist alles gleich. Da geh'n die kleinen Mädchen, zum Tanze in das Städtchen, ohne Hemd und ohne Höschen, mit einem Feigenblatt." Unser Kompaniechef teilte uns mit, dass sich die Bevölkerung beschwert habe und bäte diese unzüchtigen Lieder nicht mehr zu singen!!! Wir konnten das nicht fassen und nur die Köpfe schütteln. In welcher Zeit leben wir, wo sind wir hier! Ja, das war es! Aurich lag in Ostfriesland und nicht umsonst lautete der Spruch: „Im Land wo die Ostfriesen hausen, da lasst uns schnell vorübersausen"! Wohl wahr! Oder: „Aurich, traurig, schaurig"! Diese Ostfriesen schienen hier besonders prüde, zu sein wobei die Frage erlaubt sein sollte: Wie pflanzen die sich eigentlich fort?

Gegen Ende des Monats November bereiteten wir uns auf die Prüfung vor, da unsere Ausbildung bekanntlich verkürzt war. Unser Gruppenführer, ein sympathischer Funkmaat mit EK 2 und Kriegsabzeichen der Schnellboote, fragte jeden seiner Gruppe nach Versetzungswünschen. Alle Arten von Kriegsschiffgattungen waren dabei. Die wenigsten wollten auf Dickschiffe (Kreuzer, Schlachtschiffe), keiner auf eine Landfunkstelle, eine ganze Reihe zu den U-Booten. Mein Wunsch war von jeher, kleine Einheiten, Minensuch- oder Vorpostenboote. Nach 2 Wochen hatten wir die Prüfung alle bestanden und konnten den lang ersehnten „Blitz" das Laufbahnabzeichen an den linken Oberarm der Uniform nähen. Jetzt waren wir endlich vollwertige Matrosen, Matrose IV Funk Grafenhorst!

Endlich am 14. Dezember 1942 verlas unser Gruppenführer, zu welcher Einheit wer kommandiert wurde. „Fricke, Frey, Günther, Gabler, Grafenhorst zur 36. Minensuchflottille Ostende". Der Gruppenführer ergänzte noch, „ich habe mit der 2. Schnellbootsflottille in Ostende gelegen und kenne die 36. Minensuch, ein schönes „Gammelkommando" haben sie da erwischt. Gammeldkommando bedeutete in der Marinesprache, eine Einheit bei der es nicht allzu militärisch zuging. Das war genau das Richtige! Ich freute mich riesig!

Am nächsten Tag gaben wir die Waffen, Koppelzeug mit Trageriemen, Bettzeug und das was in der Kaserne bleiben musste ab, reinigten die Stube gründlich, packten den Seesack mit allem was dazu gehörte, erhielten den Marschbefehl mit Wehrmachtfahrschein, bekamen mitgeteilt wann welcher Zug abgeht, an dem ein für uns reservierter Wagen angehängt war, bekamen Erlaubnis in den Ort zu gehen und mit den Angehörigen zu telefonieren. Mein Vater hatte ein Diensttelefon, so dass ich ihn erreichte und sagen konnte mit welchem Zug wir welche Strecke fahren würden, worauf er meinte, er würde versuchen uns irgendwo zu erreichen.

Im Morgengrauen des 16. Dezembers 1942 bestiegen alle die ein Kommando Richtung Westen und westliche Küste von Holland bis Südfrankreich bekommen hatten, den für uns reservierten Wagen des Zuges nach Emden. Dort hängte man uns an den Zug nach Köln. Wir 5, die wir zur 36. Minensuch kommandiert waren, hatten ein Abteil für uns eingenommen. Als der Zug in Münster hielt, schaute ich zum Fenster auf den Betrieb der im Bahnhof herrschte und sah einen Herren, der mich an meinen Vater erinnerte. Den aber kannte ich eigentlich nur in Uniform und hätte mir denken können, dass er noch krank geschrieben keine Uniform tragen würde, sondern als Zivilist reiste. Als ich nämlich genauer hinsah erkannte ich ihn, machte mich bemerkbar und er stieg zu uns in den Wagon und nahm in unserem Abteil den noch freien Sitz. So saß er mit meinen Kameraden im gemeinsamen Abteil und fuhr mit uns weiter. Es kam eine angeregte Unterhaltung zustande, bei der einer meiner Kameraden mir eine Zigarette anbot. Darauf meinte mein Vater, wenn ich rauchen würde, sollte ich das niemals auf nüchternen Magen tun, da die Magensäfte den leeren Magen angreifen würden und daraus Magengeschwüre entstehen könnten. (Ich habe das mein ganzes Leben berücksichtigt.) Hin und wieder ging einer meiner Kumpels hinaus auf den Gang, um dort aus dem Fenster zu schauen. Mein Vater nahm die Gelegenheit wahr mich zu informieren, dass er ein Gesuch einreichen könnte, um mich vom Frontdienst freizustellen, da ich der letzte Lebende der Sippe Grafenhorst sei. Ich sagte ihm, ich möchte das nicht! Ich käme mir wie ein Drückeberger oder Feigling vor, der seine Kameraden in Stich ließe! Er meinte, er hätte das von mir nicht anders erwartet und hätte nur aus Pflichtbewusstsein von der Möglichkeit gesprochen. Schade, er musste in Düsseldorf aussteigen, es war so schön mit ihm zu plaudern. Wir stiegen aber alle in Köln aus und kamen, da es Abend war, am gleichen Tag nicht weiter. Unser Kollege Frey war in Troisdorf zu Hause und fuhr schnell mal dorthin, während wir in der Wehrmachtunterkunft bis zum Morgen blieben. Als unser Kumpel Frey wieder zu uns stieß, stiegen wir in den Fronturlauberzug nach Brüssel ein, wechselten dort in einen Zug nach Ostenende, das wir gegen Abend erreichten.

36. Minensuchflottille

Am Bahnhof Ostende kontrollierten uns die „Kettenhunde", wie die Angehörigen der Feldgendarmerie von allen Soldaten genannt wurden. Der Grund dafür war, die um den Hals liegende grobe Metallkette, in der Mitte unterbrochen durch ein Metallschild mit der Aufschrift „Feldgendarmerie", die den Träger als Angehörigen der Militärpolizei auswies. Auf unsere Frage nach der 36. Minensuchflottille bekamen wir zur Antwort, „gegenüber der Kirche Sint-Petrusen-Pauluskerk beim Seebahnhof". Wir trabten mit unseren Seesäcken dorthin und wurden zum 4. Stock verwiesen, da sich dort die Flottillenfunkstelle befinde und das Refugium des Flottillenoberfunkmeisters. Bei dem meldeten wir uns. Er begrüßte uns freundlich und verwies uns an die für die 36. MS Flottille requirierten Häuser im Seebad „De Haan" und gab uns die Adresse. Wir fuhren mit der Küstenbahn nach dort und fanden die uns angegebene ehemalige Behausung reicher Engländer in dem Villen-und Badeort. Die Ausstattung der Villa war für uns sensationell. Völlig eingerichtet, modern, mit allem erdenklichen Komfort, wir fühlten uns wie im Schlaraffenland. Keiner von uns hatte je in einer solchen Behausung geschlafen.

Am nächsten Morgen, nachdem wir ausgeruht, komfortabel gebadet und gefrühstückt hatten, fuhren wir mit der Küstenbahn zur Flottillenfunkstelle. Dort erwartete uns bereits der Oberfunkmeister und teilte uns zum Dienst ein. Das Mittagessen nahmen wir in einer Kantine des Seebahnhofs ein. Dort befand sich auch der Liegeplatz der Gruppe „Anton" und Gruppe „Dora" der 36. MS-Flottille. Während die Boote der Gruppe „Anton" in Zeebrügge lagen, hatte die Gruppe „Dora" hier fest gemacht. Es war Niedrigwasser und so schaute ich von oben auf eine ganze Anzahl im „Päckchen" (nebeneinander) liegender kleiner ehemaliger Fischkutter, mit einem 2 ZentimeterGeschütz und mit Minensuchgerät am Heck. Ich war gelinde gesagt, entsetzt, das sollen Minensuchboote sein? Tatsächlich taten diese kleinen Minensuchboote ihren Dienst auf See wie ihre großen Brüder, die ehemaligen Fischlogger die als Gruppenführerboot von ehemaligen Fischdampfern geführt wurden. Ich hatte mich aufklären lassen wobei ich erfuhr, dass die Gruppe „Bruno" in Dünkirchen stationiert war und die Gruppe „Cäsar" in Calais. Entsprechend ihrer Größe, waren sie auch wesentlich stärker bewaffnet. Etliche Boote der Gruppe „Dora" übrigens, versahen in der Ostsee an der Küste Estlands und Litauens den Minensuchdienst. Nach dem Aufenthalt in der Flottillenfunkstelle, gingen wir gegen Abend wieder in unsere Villa.

Doch schon am nächsten Morgen erklärte mir der Oberfunkmeister der Flottille, „packen sie ihre Sachen, fahren sie mit Bahn und Zug nach Suydcote. Dort befindet sich in einem Sanatorium, das Übernachtungs-und Erholungsheim der Gruppe „Bruno“ und melden sich am nächsten Tag bei Funkmaat Burdack mit dem Auftrag, auf M 3617 einzusteigen. Dort versehen der Matrose IV Funk Karl H. und der Funkgefreite Horst B. den Dienst. Da H. abgelöst wird, sollen sie ihn ersetzen“.

So machte ich mich auf den Weg, mit meinem ganzen Habe im Seesack, zum Bahnhof in Ostende. Dort fuhr die „Kusttram“ ab, die längste Straßenbahn der Welt, 67 Kilometer lang, die von der niederländischen bis zur französischen Grenze entlang der Küste und den Stränden, durch Orte und Seebäder mit ihren Villen und Hotels führte. Es war frustrierend zu sehen, dass sich kein Mensch am Strand aufhalten konnte, diese voll eingerichteten Häuser und Hotels aus den 20er Jahren, allesamt mit Stacheldraht versperrt, überall mit Hinweisen auf vorhandene Minen. In Gedanken stellte ich mir vor, wie das wohl in der Friedenszeit im Sommer hier ausgesehen haben mag. Kurz vor der belgischfranzösischen Grenze war Endstation in „De Panne“. Nach 3 Kilometern Fußmarsch traf ich auf den Bahnhof Adinkerke. Dort hielt der Zug nach Duinkerke / Dunkerque oder wie wir sagten Dünkirchen. Es dauerte nicht lange und ich konnte einsteigen. Der Zug fuhr nur eine kurze Strecke und hielt in Suydcote. Ich stieg aus, war fast alleine und orientierte mich. Es war ein typisches französisches Bauerndorf. Dem Bahnhof gegenüber, in einiger Entfernung, befand sich ein auffallend langes gestrecktes Backsteingebäude. Das musste das Sanatorium sein. Ich bog in eine von Bäumen gesäumte breite Allee ein, betrat den Eingang und musste nach irgendeinem Lebewesen suchen. Nach einer Zeit endlich fand ich einen älteren Matrosenstabsgefreiten, der offensichtlich hier den Hausmeister „spielte“. Dieses ehemalige von Deutschen requirierte Sanatorium, diente den Besatzungen sich nach anstrengenden Einsätzen zu erholen, mal wieder in einem ordentlichen Bett zu schlafen und zu relaxen, wie man heute sagen würde. Doch „Goethe“ sagte im „Faust“, „grau mein Freund ist alle Theorie“ und das galt offensichtlich auch hier. Recht selten war jedenfalls jemand von der 36. MS hier. Auf jeden Fall aber bekam ich ein Bett und konnte wieder einmal herrlich schlafen.

Am andern Morgen machte ich mich auf zum Bahnhof, bestieg den alsbald kommenden Zug, den ich in Dünkirchen verließ. Auf meine Frage an den am Bahnhofsgebäude stehenden „Kettenhund“, nach der 36. Minensuchflottille knurrte dieser nur, „liegt im Hafen, frag am Hafeneingang wo genau“ und schaute weg. Nun tippelte ich mit dem schweren Seesack, einen recht langen

Weg durch die vollkommen zerstörte Stadt. Verkehr gab es keinen und so ging ich über die Fahrbahn deren Ränder die Trümmer der Häuser begrenzten. Die deutschen „JU 87", die Sturzkampfbomber oder auch „Stukas" genannt, hatten britische und französische Truppen, die nach England flüchten wollten, heftig bombardiert und diese Ruinen hinterlassen. Am Hafeneingang erklärte mir der Wachtposten den genauen Liegeplatz der 36. Minensuchflottille. „Im Innenhafen an der „Mole 3". Dort lagen die Boote der Gruppe „Bruno" nebeneinander im „Päckchen", so nannte man das. An drei Seiten befand sich das Hafenbecken, die Kopfseite beherbergte ein längeres Gebäude, in dem die Schreibstube lag, sich das Dienstzimmer des Gruppenführers, die Sanitätsstube und das für uns wichtige Postzimmer befand. Der übrige Teil der Mole war eine nach allen Seiten offene Halle ohne Wände. In der Schreibstube gab ich die mir mitgegebene Post ab. Im gleichen Moment kam der Gruppenführer Oberleutnant zur See Zweig aus seinem Dienstzimmer, das in die Schreibstube führte. Ich nahm Haltung an, grüßte und meldete: „Matrose IV Funk Grafenhorst zur Gruppe „Bruno" als Funker auf M 3617 kommandiert". Nach kurzem Gruß meinte er, „na, dann geh'n sie mal auf 17". Ich machte kehrt und verließ den Raum, trat durch einen kurzen Gang ins Freie und fragte einen mit einer Maschinenpistole Bewaffneten, „wo liegt Boot 17?" „Das ist es" antwortete er, wobei er auf eines an der Pier liegendem Boote deutete, auf das ich dann zusteuerte.

M 3617

Ich stieg mittschiffs über die Reling und stand dem sich auf der anderen Seite an die Reling lehnenden Kommandanten, mit blauer Hose, dunkelblauem Pulli und weißer Mütze, gegenüber. Wieder nahm ich Haltung an, grüßte mit der Hand an der Mütze, „Matrose IV Funk Grafenhorst meldet auf M 3617 kommandiert". "Gehen sie ins Deck, nehmen sich Koje und Spind und melden sich im Funkraum", seine Antwort. Ich grüßte, machte kehrt und ging auf den Niedergang zu, ließ meinen Seesack hinunter fallenden und ging die fast senkrecht führenden Stufen hinunter. Im Wohndeck befand sich lediglich ein Matrosenobergefreiter der freundlich lächelnd auf mich zukam, mir die Hand gab und sagte, „ich bin Emil Löwe". Ich nannte meinen Namen und sagte, dass ich als Funker auf dieses Boot kommandiert wäre. Er war sehr freundlich und zeigte mir eine freie Koje, mit dem dazu gehörenden Backskasten sowie einen nicht belegten Spind. Dabei erwähnte er, dass er schon seit Indienststellung an Bord wäre, verwundet gewesen sei, was man an seinem Arm erkennen konnte und aus Mühlhausen in Thüringen stamme. Er klärte mich über die Besatzung auf, wobei er darauf hinwies, dass es für mich sicher von Vorteil sei, dass der Decksälteste (dienstältester Matrose der unter der Besatzung, besonders im Wohndeck, uneingeschränkt das Sagen hat) zur Zeit auf Heiratsurlaub weile, denn der mache den Neulingen an Bord gerne Schwierigkeiten. Der ihn vertrete sei ein Ostpreuße genannt „Stuchel", aber sehr umgänglich, wie überhaupt unter der Besatzung eine gute Stimmung herrsche. Jeder neu an Bord Gekommene müsse gleich zuerst eine Woche Backschaft machen, das bedeute die Mannschaft zu bedienen, morgens Kaffe, Brot, Butter und Jam von der Küche holen, nach dem Kaffee das Geschirr spülen und in den Schrank einräumen, Ordnung im Wohndeck schaffen, den Boden säubern, mittags wieder das Geschirr aufstellen, Essen aus der Kombüse holen, danach wieder alles abräumen, spülen, abtrocknen, einräumen und gegen Abend die „Zulagen" (Brot, Butter, Wurst, Käse) und Kaffee aus der Kombüse holen, danach wieder alles abräumen, spülen einräumen. Nach dem Einsatz, die Milchsuppe aus der Kombüse holen, Teller und Löffel auf die Back (Tisch) stellen, danach wieder spülen und einräumen, während sich die Besatzung bereits in die Kojen verkrochen hat. Die Backschaft dauere stets eine Woche, doch könne der „Decksälteste", wenn der Backschafter Fehler mache, zur Strafe die Backschaft um eine Woche verlängern. Na, an so \`was hätte ich nicht gedacht. Ich musste also aufpassen, dass mir keine Fehler unterliefen. Nachdem mich Emil aufgeklärt hatte, kletterte ich in die Brücke, wo sich der Funkraum befand. Ich begrüßte Karl H., ein schon älterer, offenbar mehrfach degradierter, aber ausgezeichneter Funker und Horst. Die beiden zeigten mir die Einrichtung des kleinen Funkraums, der sich im Ruderhaus hinter dem Ruder und der Maschinenkupplung, im 2 Zentimeter Chromnickelstahl gepanzerten Brückenaufbau befand. Danach ging ich wieder in das Wohndeck in dem allmählich die ganze Mannschaft eintrudelte. Alle in einer Art „Räuberzivil", blauer Troyer (Marinepullover), total verdreckte Takelhose und Holzschuhe („Pantinen" oder „Holzkinken" genannt), die Heizer (Maschinenpersonal) mit schwarzer Lederhose und blauem Arbeitskittel. Alle trugen auf dem Kopf das dunkelblaue Marineschiffchen mit dem Flottillenabzeichen, (ein holländisches Meisjen mit Holzschuhen auf einer Mine tanzend). Problemlos wurde ich aufgenommen, setzte mich neben einen der Besatzung und beobachtete die Tätigkeit der beiden Backschafter. Nachdem ich meinen Namen und Heimatort genannt hatte, stellte sich heraus, dass ein Maschinengefreiter aus einem Ort in der Nähe von Kassel stammte. Darüber hinaus waren eigentlich alle Landschaften Deutschlands vertreten.

M 3617 war ein ehemaliger Fischlogger, der 1939 als britischer Drifter an die Holländer nach Katwjk verkauft wurde und unter der Registrierung „KWI" den Namen „De Zes Gezusters" erhielt. Nach dem Frankreich-Feldzug von der Kriegsmarine requiriert und zum Minensuchboot umgebaut. Mit den Maßen 28 Meter lang, 6,60 Meter breit, mit einem Tiefgang 3,40 Meter und 97 Bruttoregistertonnen war M 3617 eines der kleineren Stahlboote, doch dank einer starken Maschine eines der schnellsten. Es war im Krieg üblich, Erfolge äußerlich kenntlich zu machen. Der Schattenriss eines Flugzeuges an die Brücke gemalt, bedeutete den Abschuss eines Flugzeuges, der einer Mine, eine unschädlich gemachte. Diese Erfolge mussten allerdings von einer neutralen, also einer daran nicht beteiligten Stelle, bestätigt werden. So hatte M 3617 an seiner Brücke 6 Flugzeuge und etliche Minen gemalt das bewies, ich gehöre jetzt zur Besatzung eines erfolgreichen Bootes.

Der Kommandant, ein Obersteuermann, wahrte die Distanz zur Mannschaft. Die „seemännische Nummer eins" der Mannschaft war auf M 3617 ein Oberbootsmannsmaat, der für alles Seemännische an Bord verantwortlich zeichnete. Die dafür erforderlichen Einrichtungen, die technischen Geräte, den gesamten Waffen-und Sperrwaffenbereich einschließlich der Minensuchgeräte, sowie der Munition und Munitionsbestand für die verschiedenen Waffen. Er war also vom seemännischen Bereich das „Mädchen für alles", also die „Nummer 1". Der zweite Unteroffizier an Bord war der Maschinenmaat, der „L I" (leitende Ingenieur). Wie die Bezeichnung schon aussagt, der Verantwortliche für die Maschinen an Bord mit 2 Maschinengefreiten, den „Heizern" wie sie genannt wurden. Nun gab es noch die so genannten Funktionäre, Steuermannsgast, Signalgast, Sperrmechaniker, Koch (Smut oder Smutje genannt) und Funker. Die Bezeichnung Gast ist eine seemännische Bezeichnung und steht für Mann oder Person. Im Unterschied zu allen Laufbahnen, genossen die Funker einen Sonderstatus, sie wurden auch scherzhaft „die Intelligenz der Flotte" genannt, sicher weil deren Ausbildung die längste Zeit in Anspruch nahm, aber auch hohe Ansprüche an den Intellekt stellte. Andererseits aber neidete man ihnen, dass Funker auf allen Kriegsschiffen von den so genannten „Allemannsmanövern" befreit waren und das waren gerade die Schwerstarbeiten an Bord (diese könnten nämlich das Tastgefühl negativ beeinträchtigen). So bestand die Besatzung von M 3617 aus dem Kommandanten, der seemännischen Nr. 1 mit 12 Seeleuten, zu denen 4 zur Geschützbedienung der 3,7 Zentimeter Kanone, 6 zur Geschützbedienung der 2 mal 2 Zentimeter Schnellfeuergeschützen 2 Mann zur MG Bedienung, dem Maschinenmaat mit 2 „Heizern", den „Funktionären" wie Steuermanns, Signalgast, Sperrmechaniker, 1 Koch (dem vom seemännischen Personal einer als „Hilfskoch" zur Hand ging), 3 Funkern (normalerweise 2). Damit bestand die Besatzung, am Tage meines „Einstieges" auf M 3617 aus 24 Personen. Alle Waffen, außer dem 3,7 Zentimeter Geschütz auf der Back, waren mit Schutzschilden aus 2 Zentimeter dickem Chromnickelstahl versehen, auch die MG-Stände, ebenso der gesamte Brückenaufbau mit dem Funkraum bis zum Signaldeck.

Emil Löwe ergriff die Initiative und schlug für den Abend vor, in das in der Stadt befindliche Soldatenkino zu gehen, dem sich der größte Teil der Mannschaft anschloss. Es wurde ein Film mit Marika Röck gegeben. Danach wolle man sich bei „Jeanette" treffen. Kaum saßen wir im Kino kam unser Gruppenführer herein, der uns mit lauten „Hallo" begrüßte. Dabei stellte ich fest, dass er sich unserem allgemeinen Trend angepasst hatte, denn seine Uniform war schon arg verschossen, die „Kolbenring-" (Ärmelstreifen) sahen mehr kupfern als golden aus und seine Mütze war arg zerdrückt. Doch das machte ihm nichts aus. Er war jedenfalls der einzige Offizier, der öffentlich seine Männer begrüßte. Das allein zeigte schon den Geist, der bei der Gruppe herrschte.

Wir bekamen einen netten aber üblichen Revuefilm zu sehen. Danach ging es dann zu „Jeanette", einer typischen französischen Kneipe, die wie alle von den Lords besuchten, den Namen nach der weiblichen Chefin bekommen hatte. Offenbar waren die Jungs von „17" hier Stammgast, denn diejenigen die nicht mit uns ins Kino gegangen waren, hatten sich hier schon richtig schön vollaufen lassen. So wurden wir auch mit großem „Hallo" begrüßt und mussten nun einiges nachholen. Obwohl ich kein Alkoholtrinker war, musste ich hier beweisen, dass ich mich zugehörig fühlte und kniff auch nicht. Gegen Mitternacht gab jeder Jeanette einen Geldschein mit dem sie offenbar zufrieden war, denn eine korrekte Abrechnung gab es nicht. Dann wankte einer nach dem anderen zur

Tür hinaus, wobei auf dem Weg zum Hafen, doch einige am Arm mitgeschleift wurden. Problematisch wurden die Sperren am Hafen. Dort standen Stacheldraht bewehrte „Spanische Reiter" in mehreren Reihen, durch die ein schmaler ZickZackPfad führte. Nach Beantwortung der „Parole" schwankten wir nun durch diese schmalen Gassen, in völliger Dunkelheit, welche die Umrisse kaum erkennen ließen, mit den intensiven Versuchen, mit unseren Uniformen nicht am Stacheldraht hängen zu bleiben. Das war nicht ganz einfach und gelang auch nicht immer, wie man an den Reparaturstellen der Kolanis meiner Kumpels feststellen konnte. Normalerweise galt der „Zapfenstreich" bei allen Teilen der Deutschen Wehrmacht um 22 Uhr. Doch besaßen alle Besatzungsmitglieder der 36. Minensuchflottille eine Urlaubskarte auf der zu lesen war: „Keine Urlaubsbeschränkung! Inhaber ist Mitglied einer schwimmenden Einheit im Fronteinsatz". Wir hatten also zeitlich unbefristeten Urlaub für Landgänge.

Am nächsten Morgen weckte uns die „Nummer 1" Obermaat Pfeiper, einer der den 1. Weltkrieg bereits mitgemacht hatte, ging von einer Koje zur anderen, schüttelte jeden Einzelnen am Arm mit seinem Standartspruch, „Seemann komm hoch, du musst pissen"! Allmählich krochen alle aus ihren Kojen, schlichen den Niedergang hoch und ließen sich im Waschraum kaltes Wasser über den Kopf und Körper laufen. Nach dem Anziehen, der Backschafter hatte alles herbeigeholt, frühstückte man und fand sich an Oberdeck ein, um Kartoffeln zu schälen und Gemüse zu putzen. Außer den Vorgesetzten nahmen alle daran teil. Bei der Wintertemperatur war das recht unangenehm, insbesondere, wenn die Finger durch die Feuchtigkeit der Schalen kalt wurden. Dann konnte das wehtun. Kaum waren wir mit dem Schälen und Putzen fertig, tauchte die „Nummer 1" auf und sagte jedem einzelnen seiner Seeleute, was er nun zu tun habe. Alle anderen verschwanden, die Heizer in die Maschine, die Funktionäre suchten sich zu beschäftigen und die Funker gingen eigentlich jeden Morgen zum relativ großen Funkraum des Führerbootes M 3620. Dort traf man den Gruppen-Funkmaat an, sowie die Funker anderer Boote der Gruppe. Sofern abends ein Einsatz geplant war konnte es sein, dass ein Boot nicht einsatzfähig war und der Funkmaat bestimmte, dass ein Funker dieses Bootes, den Funker, der sich von einem Einsatzboot in Urlaub befand, vertrat. Sonst besprach man mit ihm technische Dinge, wenn beispielsweise ein Sender oder Empfänger unklar war und zur Reparatur musste oder wann man in den Urlaub fahren wollte. Jeder verheiratete Angehörige der 36. Minensuchflottille konnte alle 6 Monate für 2 Wochen in Urlaub fahren, unverheiratete alle 7 Monate. Da galt es die Vertretungen zu organisieren. Übrigens, zu palavern gab es immer etwas.

Die Gruppe „Bruno" bestand aus dem Führerboot M 3620, einem ehemaligen

Fischdampfer und 7 ehemaligen Fischloggern, wovon nur M 3620, M 3611, M 3617, M 3636 eine Funkstation an Bord besaß. Die Aufgabe der 36. M.S.Flottille bestand primär darin, die betonnten Seewasserstraßen im Seegebiet zwischen der holländischen Küste und dem Pas de Calais, von Minen frei und befahrbar zu halten. Diese wurden für die deutschen schwimmenden Einheiten, die in den Atlantik beordert waren, oder zurückkamen benötigt. Dazu gehörten Unterseeboote, Hilfskreuzer und Nachschubschiffe. Von Fall zu Fall mussten Boote der Flottille, Geleit fahren oder dafür Position beziehen. Doch allmählich arteten die Einsätze mehr, einer Überwachung dieses Seegebietes aus. Die Durchführungen dieser Aufgaben, wurde durch die zunehmende Luftüberlegenheit der Alliierten immer verlustreicher für uns, so dass man die Einsätze ab 1942 auf die Nacht verlegte. Ich wurde also zum Nachtarbeiter.

Der Weg zum Funkraum und daneben liegendem Ruderhaus führte über eine Stahltreppe vom Deck nach oben (wenn man so sagen will zur 1. Etage). Nach öffnen der Panzertür (die normalerweise immer offen stand) betrat man das Ruderhaus, in dem sich während der Fahrt des Bootes ein „Heizer" befand, der die Kommandos des Kommandanten für die Antriebsgeschwindigkeit, mittels einer Schaltung umsetzte. Daneben befand sich das Ruder, mit dem notwendigen Kompass. Von hier aus wurde jedoch nur bei Feindberührung das Boot geführt, ansonsten vom Signaldeck aus, auf dem sich nochmals Ruder und Kompass befanden. Durch eine Schiebetür im Ruderhaus mit der Aufschrift „Zutritt nur dienstlich", betrat man das kleine Funkschap (Schap = kleiner Raum / kleines Behältnis). Ein Tisch über Eck mit 2 Sitzen, eine 40/70 Watt Funkstation, einen Empfänger, eine Schlüsselmaschine (eine Enigma) und ein Geheimschrank, waren die Einrichtungen der Funkstation von M 3617. Für den Geheimschrank gab es noch eine Sprengladung für den Fall, dass sich der Feind des Bootes bemächtigte. Dann, so lautete der Befehl, ist der Geheimschrank zu sprengen, wenn es nicht anders möglich ist, mit den Funkern. Bedingt durch die Panzerung, gab es weder Fenster noch Bullaugen. Der Betrieb konnte nur mit elektrischer Beleuchtung erfolgen.

Dünkirchen hatte bedingt durch den Tidenhub, der hier über 8 Meter betrug, einen Innenhafen der durch eine Schleuse mit dem Außenhafen verbunden war. Die bei Hochwasser geöffneten Schleusentore, die bei fallendem Wasser wieder geschlossen wurden, sicherten einen gleich bleibenden Wasserstand im Innenhafen. Dagegen bedurften im Außenhafen die Leinen zum Festmachen der Boote, bedingt durch den sich ständig verändernden Wasserspiegel, permanent der Korrektur. Die Bewachung der Boote, stellte das täglich mit andern Booten wechselnde Wachboot. Die Bewachung erfolgte durch zwei Matrosen, wovon einer mit einer Maschinenpistole bewaffnet permanent auf der Pier entlang der festgemachten Boote die Wachaufgabe wahrnahm, der andere Matrose, der „Läufer“, nur mit einer Pistole bewaffnet und für die Leinen der Boote verantwortlich war. Im Innenhafen hatte er praktisch nichts zu tun, dagegen musste er im Außenhafen dauernd unterwegs sein, um die Leinen der Boote bei fallendem Wasser zu fieren oder bei steigendem Wasser einzuholen.

Neben dem Wachboot gab es noch das Funkwachboot, das durch die FT-Flagge kenntlich gemacht, sich täglich mit den anderen Booten, die eine Funkstation beherbergten abwechselte. Es war dieses die einzige Funkverbindung zur Gruppe „Bruno“. Während des Einsatzes hatten alle Boote mit Funkstation ihre Station eingeschaltet, im Hafen jedoch nur das Funkwachboot. Obendrein hatte ein Funker des Funkwachbootes die unangenehme Aufgabe, sobald die Boote nach einem Einsatz an der Pier festgemacht hatten, ein verschlossenes Schreiben zur Dienststelle des Hafenkommandanten zu bringen, der dieses als Fernschreiben an die Seekriegsleitung weiterleitete. Das war ärgerlich, während sich die Besatzung über die Milchsuppe her machte und sich anschließend in die Koje haute, musste der Funker die Pistole umschnallen und sich in der meist vorhandenen Dunkelheit durch alle möglichen Hindernisse und Wachposten, den manchmal unbekannten Weg zum Hafenkommandanten (meistens in Außenbezirk des Hafens oder der Stadt) zu suchen. Alle Funksprüche mussten aufgenommen und entschlüsselt werden. Danach wurden sie in die Funkkladde eingetragen und am nächsten Morgen dem Gruppenführer vorgelegt. Besser war es, Funkwachboot und kein Einsatz, dann wechselten sich nämlich die beiden Funker zweiständlich ab. Leider aber konnte man sich das nicht aussuchen!

Das war nun meine Welt! Durch mein Interesse seit der Jugendzeit für alles Maritime, kannte ich natürlich auch die seemännischen Namen der einzelnen Gegenstände und Tätigkeiten an Bord, die umgangssprachlich historisch begründet waren. In kurzer Zeit hatte man diese so verinnerlicht, dass man auch außerhalb, wie auch im sprachlichen Bereich, beispielsweise in Briefen oder im Urlaub, die normalen deutschen Worte gar nicht mehr gebrauchte.

Ich hatte mich recht schnell eingelebt, da es mir meine Kameraden (man sagte scherzhaft, „die Kameraden sind alle gefallen, es gibt nur Kumpels“) leicht gemacht hatten. Doch noch vor Weihnachten, am 23. Dezember 1942 hieß es plötzlich „um 18 seeklar“!

Der Ernst des Krieges beginnt

Seeklar um 18 Uhr bedeutete, das Boot muss um 18 Uhr fertig und bereit zum Einsatz sein! Mein 1. Einsatz stand bevor. Ich ging in den Funkraum um zu sehen, was dort „einsatzbereit" gemacht werden musste. Die mit Buchstaben versehenen diversen Walzen des „Schlüssel M", wurden durch den an Bord kommenden Funkmaaten eingestellt, die Empfangsanlage überprüft, das aber war es auch schon. Ich schaute mich deshalb ein wenig an Bord um. Ein emsiges Treiben war nicht zu übersehen. Von den Waffen wurden die Bezüge abgezogen und schussbereit gemacht, die Maschinengewehre auf beiden Seiten hinter den Schutzschilden eingeklinkt und ebenfalls feuerbereit gemacht, der Signalgast fummelte an seinen Blinkgeräten und dem Scheinwerfer herum, der Steuermannsgast kramte im Ruderhaus in seinen Seekarten, in der Maschine wurde die E-Maschine (der „E-Jockel") angeworfen und der Stromanschluss am Anschlusskasten auf der Pier abgeklemmt, sowie das Kabel eingeholt. Nachdem alle die erforderlichen Vorbereitungen zum Auslaufen abgeschlossen hatten, traf man sich auf der Schanz des Achterdecks und palaverte.

„Alle Mann auf die Stationen" schallte es über Deck. Kurz danach ging ein Ruck durch das Schiff, eine Rauchwolke entwich dem Schornstein, die Antriebsmaschine lief, wobei ich feststellte, dass diese ganz schön laut war. Der Kommandant, der Steuermannsgast und der Signäler kletterten die eiserne Leiter zum Signaldeck hoch. Von dort hatte man eine bessere Übersicht und konnte das Schiff auch besser dirigieren, zumal sich dort ein Ruder befand sowie ein Sprachrohr für Anweisungen zur Geschwindigkeit des Bootes, die der im Ruderhaus befindliche „Heizer" umzusetzen hatte. Das Ruderhaus hatte durch die Sehschlitze in der Panzerung nur eine eingeschränkte Sicht und wurde nur bei Feindberührung benutzt. Der Kommandant gab den Befehl „Vorderleine los und ein", das war die Leine die vom Vorschiff schräg nach vorne über einen Poller lag. Ein Seemann an Land machte sie los und warf sie auf das Vorderschiff, wie die nachfolgenden. „Achterleine los und ein", war das nächste Kommando. Jetzt passierte das gleiche achteraus. „Vorderspring los und ein" hörte ich die Stimme des Kommandanten, das war die Leine die in Höhe der Brücke, zu einem schräg nach achtern an einem dort befindlichen Poller festgemacht war. Nun rief der Kommandant „Langsame Fahrt zurück"! Ganz langsam bewegte sich das Schiff zurück, es kam Spannung auf die Achterspring, die bewirkte dass sich der Bug des Schiffes langsam nach außen bewegte. Jetzt rief der Kommandant, „Maschine stopp", nach kurzer Pause, „Langsame Fahrt voraus, Achterspring ein", mit einem Satz sprang der Seemann, der die Leinen los gemachte hatte, auf das Heck des Schiffes, das sich langsam voraus bewegte.

Nachdem der Kommandant auf „halbe Fahrt“ gegangen war, glitt das Boot mit langsamer Fahrt durch die offene Schleuse vom Innen-zum Außenhafen, am Leuchtturm und den Molenköpfen der Hafeneinfahrt vorbei, in die offene See, gefolgt von drei weiteren Booten und einem Tonnenleger.

Es war stockdunkel. Meine Augen mussten sich erst an die Dunkelheit gewöhnen. Im Funkraum war für mich kein Platz und Horst meinte, ich solle mich erst einmal an Bord umsehen, mich dann in einer Stunde melden, um die beiden Funker nacheinander abzulösen. So konnte ich die frische Luft genießen und einmal beobachten, wie solch ein Einsatz abläuft. Wir fuhren mit 4 Loggern Geleit für einen Tonnenleger der als Dienstfahrzeug für die richtigen und intakten Seezeichen zuständig war. Ein Logger fuhr voraus, einer achteraus, je einer rechts und links des Tonnenlegers. An den Geschützen standen dick vermummt mit Stahlhelm auf und Schwimmweste an, einer mit einem Fernglas vor den Augen, die Geschützbedienungen. Es war absolutes Rauchverbot, denn eine glimmende Zigarette kann in der Dunkelheit aus 12 Seemeilen Entfernung gesehen werden. Die Jungens an den Geschützen unterhielten sich gedämpft, vom Signaldeck hörte man hin und wieder Kommandos zur Fahrtgeschwindigkeit durch das Sprachrohr an die Maschine, die von zuständigen Heizer wiederholt und umgesetzt wurden. Die See war relativ ruhig, die Maschine lief „große Fahrt“. Das Boot bewegte sich leicht hin und her. Mir schoss urplötzlich der Gedanke durch den Kopf, werde ich wohl seekrank? An eine solche Möglichkeit, hatte ich bisher überhaupt nicht gedacht. Nun, ich würde es ja wohl erleben, wenn das Wetter einmal schlechter wird! Jetzt aber schipperten wir mit den drei anderen Loggern und dem Tonnenleger durch die Nacht. An der einen oder anderen Tonne hielt das Arbeitsschiff, während wir im Kreise darum herum fuhren. Der Kommandant und die Signaldeckbesatzung beobachteten ununterbrochen mit ihren Nachtgläsern das Meer und den Himmel. Ebenso die Geschützbedienungen. „Fliegeralarm“ schallte es plötzlich durch das Schiff. Die Männer an den Geschützen brachten diese feuerbereit in Stellung. Ein Flugzeug am Horizont zog seine Kreise. Man wusste nicht, hat der Pilot uns gesehen, was hat er vor, will er uns angreifen? Offenbar hatte er uns nicht gesehen oder nichts mit uns vor, denn er verschwand hinter dem Horizont. „Fliegeralarm aufgehoben“ schallte es über Deck. Alles ging in den Normalzustand über und ich meldete mich im Funkraum, löste Horst am Schlüssel ab und nach einer Stunde Karl mit dem Kopfhörer. Die Arbeit am Schlüssel, wie auch die mit dem Kopfhörer, erledigte ich problemlos, wie auf der Nachrichten Schule gelernt. So gegen Mitternacht klopfte es an der Funkraumtür. Wir löschten das Licht, damit kein Schein nach draußen fiel. Der Smut kam mit heißem Kaffee zum Wachhalten! Eine gute Einrichtung die es auf allen Booten der Gruppe „Bruno“

gab. Der Funkverkehr war mäßig. Zu Beginn eines jeden Funkspruchs wurde die Uhrzeit des Ereignisses gegeben. Zum Ende des Funkspruchs gab man ein „sk". Funksprüche von der Landfunkstelle wurden nach der Uhrzeit mit einer fortlaufenden Leitzahl versehen, an der man erkennen konnte, dass man alle Funksprüche auch aufgenommen hatte. Kam ein Funkspruch von einem Schiff so hatte dieser keine Leitzahl. Die aber bekam er von der Landfunkstelle, wenn sie den Funkspruch aufgenommen und wiederholt hatte. Darüber hinaus passierte in dieser Nacht nichts, es war also eine ruhige Nacht bei der wir im Morgengrauen wieder in Dünkirchen einliefen, durchschleusten und am alten Liegeplatz festmachten. Dann gab es Milchsuppe und anschließend gingen alle Mann in die Kojen. Erst gegen Mittag am mittlerweile „Heiligen Abend" weckte uns der Oberbootsmann „Seemann komm hoch du musst pissen"!

1. Weihnachten an Bord

Nach dem Mittagessen verholte M 3617 zum Werftkai, der gegenüber der Mole 3 lag. Danach begannen wir uns auf den „Heiligen Abend“ vorzubereiten. Zunächst galt es einen Weihnachtsbaum zu „organisieren“ Wir schwärmten aus, um irgendetwas dieser Art zu finden, was in einem großen leeren Hafengebiet gar nicht einfach, ja eigentlich hoffnungslos erschien. Irgendwo wuchs am Rande zwischen Unkraut ein kleines Tännchen, das mit Wurzeln ausgegraben wurde. Als Ständer benutzten wir eine größere Keksdose aus Blech die wir mit Sand füllten und darin das Bäumchen „einpflanzten“. Der Koch war mit seinem Hilfskoch den ganzen Nachmittag beschäftigt ein Festessen zu zaubern, das abends mit den Vorgesetzten im Mannschaftsdeck eingenommen werden sollte. Gegen Abend, nachdem wir uns mit unserer Ausgehuniform „fein gemacht“ hatten, wurden die „Backs“ (Tische) die quer hintereinander standen mit Bettlaken als Tischtücher gedeckt, Geschirr und Gläser darauf gestellt, sowie die Bestecke aufgelegt. Diese Beschäftigung ließ uns völlig vergessen, wie es an diesem Tag und zu dieser Stunde bei unseren Familien zu Hause zuging.

Im Rundfunk, in der Wochenschau und in den Zeitungen hörte und sah man in der Heimat, wie Soldaten Weihnachten feiern. Im Schützengraben, in Bunkern, auf Feldflugplätzen, auch auf Kriegsschiffen. Alles war immer sehr feierlich mit Weihnachtsliedern und allem was zu einem Weihnachtsabend gehört. Nun würde ich mein erstes Weihnachtsfest an Bord fern der Heimat feiern und dachte an die Berichte über die Weihnachten der Soldaten. Wird das hier an Bord so ähnlich? Von den Eltern hatte ich keine Weihnachtspost zu erwarten. Ihnen war meine Feldpostnummer M 24599 noch nicht bekannt. Da konnte man halt nichts machen!

Um 19 Uhr, die Mannschaft hatte sich im Mannschaftsdeck versammelt, kamen der Kommandant, die „Nummer 1“ und der Maschinenmaat den Niedergang herunter. Auf einem normalen Kriegsschiff hätte jetzt einer „Achtung“ gerufen, alle hätten die Hacken zusammen genommen, stramm gestanden und Meldung gemacht. Nicht so auf M 3617! Die Vorgesetzten, ebenfalls in Ausgehuniform, stellten sich zu uns, schlugen uns vor wie man sich zusammensetzen sollte, damit die Vorgesetzten zwischen der Mannschaft saßen. So geschah es auch. Die beiden Backschafter, der Koch und Hilfskoch trugen nacheinander ein 4 Gänge Menue auf. Dazu gab es vom Soldatenheim gespendeten Wein. Während des Essens ging es eigentlich recht gepflegt zu, die Gespräche dagegen verliefen recht spröde. Sicher bedingt durch die Anwesenheit der Vorgesetzten. Nach dem Essen ging man dann zum gemütlichen Teil über, die vom Kommandanten eingeleitet wurde mit dem Bemerken, „was ist heute los mit euch? Kürzlich habt ihr so gefeiert, dass keiner mehr auf allen Vieren stehen konnte und jetzt tut ihr so, als ob ihr nicht bis 3 zählen könntet". Flugs standen einige Flaschen „harter Getränke" auf den „Backs" mit dem Bemerken, „dann woll`n wir mal"! Statt Wein wurde jetzt in die Wassergläser, und nur solche standen uns zur Verfügung, Cognac, Gin, Rum und Klarer eingeschenkt. Dazu sangen wir keine Weihnachtslieder, sondern Seemannslieder. Gottfried Ri. und Erich Kl. holten ihre Gitarren herbei und begleiteten unsere Gesänge. Ein Glas gab das andere, ein Song den anderen. Die Inhalte der Lieder sanken tief und immer tiefer, der Gesang laut und immer lauter und die Trinker voll und immer voller. Wenn einer wegen der vielen Flüssigkeit mal raus musste, war das mit etlichen Schwierigkeiten verbunden. Man musste sich durch die Sitzenden hindurchquälen, mit schwankendem Gang den Niedergang erreichen und hinaufklettern, wobei man immer die richtige Stufe treffen musste. War man an Deck fiel man durch die frische Luft fast schon auf die Reling. Der Rückweg war wesentlich einfacher. Man ließ sich einfach den Niedergang herunterfallen. So etwas passierte einem schon mal mit Holzschuhen in normalen Zeiten. Doch das war weiter nicht schlimm. Jetzt prahlte der Kommandant, der kaum noch stehen konnte, mit seinen Schießkünsten, die natürlich alle bezweifelten. „Revolver her", rief er nur! Schnell holte einer den Revolver, den der „Läufer" zur Wachbootzeit trug. Es war ein alter holländischer Revolver Kaliber 10 oder 12 dessen Bleigeschosse auf 5 Meter Entfernung zwei gefaltete Zeitungen nicht durchschlugen. Mehr eine symbolische Waffe. In die Decke waren 6 Glühbirnen geschraubt wovon dreiviertel der Birnen aus der Decke herausschauten. Der Kommandant behauptete nun, „wetten dass ich mit dem ersten Schuss eine Birne treffe"? Nie, nein, auf keinen Fall, das klappt nie", war die Meinung der Besatzung. Der Kommandant stand schwankend auf, zielte mit dem rechten Arm, der ebenfalls hin und her schaukelte, ein lauter Knall, ein riesiger Feuerstrahl mit nachfolgendem weißen Rauch und ein riesiges Gegröhle, die Lampe brannte unbeirrt „Nun, wir werden seh`n" knurrte der Kommandant nur. Dasselbe Procedere mit gleichem Erfolg. Ihn hatte jetzt die Wut gepackt und er probierte es erneut mit gleichem Erfolg. So ging das noch einige male, bis die Patronen in dem Revolver verschossen waren. Alle Birnen jedoch brannten hell und strahlend, doch das an der Wand auf einer Konsole stehende Radio, hatte mehrere Treffer abbekommen und war defekt. Auf jeden Fall war es eine riesige Gaudi! Den russischen Gepflogenheiten angepasst, wurden jetzt die Gläser an die Wand geworfen, deren Splitter sich in den rundherum an den Wänden befindlichen Kojen wieder fanden. Auch der arme Weihnachtsbaum musste dran glauben. Irgendein Volltrunkener hatte ihn in eine Koje geworfen, wobei der Sand den Boden in einen Sandstrand verwandelte. Plötzlich kam der Kommandant auf die Idee, „wir besuchen jetzt den Sperrbrecher und wünschen ein frohes Weihnachtsfest". Alle waren begeistert. Mit einigen Flaschen Schnaps unter dem Arm schwankten wir hintereinander zum Dock, in dem der Sperrbrecher lag. Das Trockendock war schätzungsweise 18 Meter tief in dem der Sperrbrecher mit seinen 3 000 bis 5 000 BRT zur Reparatur lag. Eine Gangway mit seitlicher Führung durch ein Drahtseil, führte schräg nach unten auf das Deck des Schiffes. Die schon durch das Betreten schwankende Gangway schaukelte durch unsere ebenfalls darüber schwankenden Gestalten noch heftiger, so dass ich mit einem Bein daneben trat und beinahe die 18 Meter hinunter gestürzt wäre, wenn mich nicht mein Hintermann festgehalten hätte. Die versammelte Mannschaft des Sperrbrechers wurde mit einem „Fröhliche Weihnachten" begrüßt, doch außer einem gemeinsamen Umtrunk passierte weiter nichts. Die Sperrbrecher-Leute waren nicht in unserer Stimmung. Vielleicht weil bei ihnen einige Offiziere zugegen oder wir ihnen nicht adäquat waren. Sie schoben uns freundlich ab, mit der Zusage am nächsten Tag uns einen Gegenbesuch zu machen (der nie stattfand). Wir krochen wieder über diese eklige Gangway auf unser Boot zurück. Während wir weiter den Schnaps aus den Tassen tranken, da die Gläser alle kaputt waren, hörten wir außenbords ein Geräusch. „Da ist jemand ins Wasser gefallen", sagte einer. Bevor wir das aber richtig registriert und reagiert hatten, kam unser völlig triefender Maschinenmaat langsam den Niedergang herunter, wobei aus seiner Uniform das Wasser lief, hielt seine Armbanduhr ans Ohr und lallte, „ ich wollt doch nur mal sehen ob die Uhr auch wasserdicht ist!" Ein tierisches Gelächter der Mannschaft! Wir hatten schon früher erfahren, dass einige Unteroffiziere von der Marineverwaltung eine angeblich wasserdichte Armbanduhr erhalten hatten, was seiner Zeit noch etwas Außergewöhnliches darstellte. Der Schnaps ging zur Neige, alle waren voll, die Müdigkeit machte sich bemerkbar, die Vorgesetzten schlichen sich davon und ich haute mich in meine Koje. Da diese sich im Vorschiff befand und damit außerhalb der Feierei lag, war sie in einwandfreiem Zustand. Die meisten jedoch hatten Mühe ihre Kojen schlafbar zu machen. Der Toten ähnliche Schlaf ging bis zum Mittag des 25. 12. 42.

Der nächste Tag war schlimm, ich fühlte mich hundsmiserabel. Der dann folgende Tag war auch nicht viel besser. Außer der Arbeit unser Wohndeck wieder gründlich zu säubern und alles in Ordnung zu bringen verging Weihnachten, das ich mir anders vorgestellt hatte.

Der Alltag des Minensuchers, Minen suchen, Minen räumen

Allmählich waren die Nachwehen überwunden und der Ernst des Lebens forderte sein Recht. Wir legten vormittags ab und fuhren in einen abgelegenen Teil des Hafens, um „Schleife zu fahren“. Stunde um Stunde fuhren wir eine Acht zwischen magnetischen Polen, um das Boot zu entmagnetisieren. Im ersten Weltkrieg verwendete man so genannte Ankertauminen. Minen die unter der Wasseroberfläche schwammen und mittels einer Leine oder Kette von einem auf dem Meeresboden liegenden Anker gehalten wurden. Berührte ein Schiffsbug einen aus dem Minenkörper herausragenden Fühler, detonierte die Mine. Ankertauminen wurden jedoch in diesem Krieg, nur noch zu großräumigen Absperrungen verwendet. Minen, mit denen wir es zu tun hatten, waren Grundminen elektrische oder magnetische, die auf dem Meeresgrund lagen und durch Strahlen ausgelöst wurden. Fuhr ein Schiff ohne MES (Minen Eigen Schutz) über eine solche Mine. löste der vom Schiff ausgehende Magnetismus eine Detonation aus. Ein Kabelstrang von 8 Leitungen führte innen an der Bordwand um unser Boot herum, unter Strom gesetzt, gab das Boot keinerlei elektrische oder magnetische Strahlungen nach außen ab, vergleichbar mit einem Korken der auf der Wasseroberfläche schwamm. Die Wirkung des MES musste von Zeit zu Zeit durch das „Schleife Fahren“ erneuert werden. Um diese Minen aber unschädlich zu machen, gab es an Bord verschiedene Geräte. Das am meisten Eingesetzte hatte die Bezeichnung SSG (schweres Suchgerät) das hinter dem Minensuchboot geschleppt wurde. An Deck stand ein dafür Strom erzeugender Generator, eine 2 Meter im Durchmesser große Kabeltrommel, mit einem 2,5 bis 3 Zentimeter dicken Strom führenden Kabel, das mit einem starken Stahlkabel verbunden, an dem einige Bojen mit Leitblechen angeklemmt, im Wasser achteraus einen großen Kreis bildete. Durch das Strom führende Kabel lief der Strom, strahlte durch den vom Minensuchboot geschleppten großen Kreis in das Wasser und löste durch den Stromimpuls die auf dem Boden liegende Mine aus. Dann gab es das HSG, das Hohlstabgerät (wir sagten „Seekuh“), ein ca. 10 Meter langer runder schwimmender Körper, der in gehörigem Abstand geschleppt wurde, ebenfalls Strom von dem Generator bekam, diesen ausstrahlte und den gleichen Effekt erzielte wie das SSG.

Nun waren die Engländer ja keine Anfänger und beherrschten die Techniken der Unterwasserkriegführung. Sie kannten unsere Fahrstraßen und wussten, dass diese ständig von Minensuchern abgefahren wurden. Folglich stellten sie die Kontaktauslöser ihrer Minen unterschiedlich ein. Einige detonierten bereits nach einem Kontakt, andere nach 2, 5, 9, 13, 18 oder gar 25 Kontakten, also völlig unterschiedlich. Man wusste demnach nie, ist der Weg tatsächlich frei von

Minen. Ganz davon abgesehen, dass nachts britische Flugzeuge Minen abwarfen. Die Kontakte der Minen wurden häufig so eingestellt, dass diese vom Suchgerät erfassten erst 5 Minuten oder später ausgelöst wurden nämlich dann, wenn das nachfolgende Schiff im Bereich der detonierenden Mine fuhr. Damit waren selbst Minensuchboote gefährdet. Eine weitere Art von Minen, mit denen wir es zu tun hatten, waren Grundminen die auf Geräuschkontakte reagierten. Schraubengeräusche sind, wie man weiß, unter Wasser sehr weit hörbar. Diese Tatsache nützten die Minenbauer aus. An dieser Art von Minen befanden sich Membranen die Schraubengeräusche registrierten. Da man die Geräuschstärke kannte, die eine Schiffsschraube abgab, wenn ein Schiff über eine auf dem Grund liegende Mine fuhr, wurden die Kontaktauslöser entsprechend eingestellt. Um diese Minen unschädlich zu machen, fuhren wir den so genannten „Spargel", eine Stahlstange am Vordersteven in Höhe der Wasserfläche drehbar gelagert, an dessen Ende eine „Rabatzboje" befestigt war. Diese Stange wurde senkrecht ins Wasser gelassen, die Strömung des Wassers während der Fahrt bewegte den Propeller in der „Rabatzboje", der ein höllisches Schiffsschrauben ähnliches Geräusch erzeugte und die Minen zur Detonation brachten. Den gleichen Effekt erzielte das KKG, das Knallkörpergerät. In ein langes Rohr mit einer Öffnung in Höhe der Reling, seitlich befestigt, das bis unter den Schiffsboden reichte, wurden entsprechende Knallkörper eingeführt und gezündet. Die auf diese Art erzeugten Geräusche, brachten auf Schiffsschraubengeräusche eingestellte Minen zur Detonation.

Im Gegensatz zum Heiligen Abend verlief Sylvester relativ ruhig. Wir aßen wieder gemeinsam mit den Vorgesetzten im Wohndeck, blieben aber den restlichen Abend bis Mitternacht unter uns. Jeder war um 0 Uhr an Oberdeck und sah einige 2 Zentimeter Leuchtspurgeschosse, die das neue Jahr anzeigen sollten. Jeder war mit seinen Gedanken beschäftigt. Ich dachte an zu Hause. Wie wird der Jahreswechsel dort begangen? Wird mein Vater zu Hause sein können? Lassen die englischen Bomber die Bürger in den Städten in Ruhe? Ich schaute zum Himmel und suchte den Polarstern. Wenn jetzt meine Mutter auch zu diesem Stern schauen würde sähen wir beide, den Polarstern! Der Morgen brachte wieder den Alltag.

Wir Funker trafen uns, man kann schon sagen, jeden Morgen, im Funkraum des Führerbootes. M 3620. Mit 310 BRT war das Boot vermessen, (M 3617 = 97 BRT) 1914 in England gebaut, nach Alkmar als IJM und 1919 als „Ganton" verkauft. Am 1. 9. 1939 als „Hulpmijnenveger 3" eingesetzt, ab Juli 1940 von der deutschen Kriegsmarine requiriert und als M 3620, Führerboot der Gruppe „Bruno" der 36. Minensuchflottille, eingesetzt. Es handelte sich um ein mit

Kohlen beheiztes Dampfschiff, dessen relativ großer Funkraum sich über dem Kessel befand was zur Folge hatte, dass es dort immer schön warm war. Jetzt im Winter eine feine Sache aber im Hochsommer bei sommerlichen Außentemperaturen war es dort genau so warm, dann aber nicht mehr angenehm. Ein im Hafen liegender Dampfer hatte auch den Nachteil, er war nicht sofort einsatzbereit, im Gegensatz zu den motorbetriebenen Loggern. Der Dampfkessel benötigte stets zum Antrieb der Maschine einen bestimmten Kesseldruck, der nur durch tüchtiges Heizen erreicht wurde. Die Logger warfen einfach ihre mit Diesel betriebenen Motoren an und es konnte losgehen.

Für uns ging es erst am 8. Januar, dann aber schon um 18 Uhr los. Karl war nicht mehr an Bord, so dass wir eine normale Funkbesatzung melden konnten. Leider aber war die Funkstation durch einen technischen Defekt unklar, sie konnte also nicht in Betrieb genommen werden. So setzte man die beiden Funker als Ladeschützen an die beiden 2 Zentimeter Geschütze. Wir zogen uns dick an, die Kapokschwimmweste umgebunden und den Stahlhelm auf dem Kopf. Es war für mich schon sehr interessant, den Verlauf eines Einsatzes an Oberdeck an einem Geschütz mitzumachen. Aber auch hautnah das mühevolle Aus-und strapaziöse Einholen des Räumgerätes mitzuerleben. Die Nacht, es war ja Winter, war bitterkalt. Die Augen hatten sich bald an die Dunkelheit gewöhnt und man konnte dank klarer Sicht sehr weit sehen. Die See schimmerte wie Blei. Permanent wechselten wir das Fernglas, damit einer immer den Himmel und die See absuchen konnte. Querab fuhr M 3616, auf der anderen Seite M 3619, alle mit ausgebrachtem SSGSuchgerät, achteraus M 3620 mit der „Seekuh". Die See war einigermaßen zahm, so dass wir beim Stehen nicht viel ausgleichen mussten. Aber es ging ein kalter Wind. Die „Nummer 1" schlich von Geschütz zu Geschütz, schlug mit einem Holz in der Hand auf den Stahlhelm, wenn er glaubte der darunter sei eingenickt. Um Mitternacht kamen Koch und Hilfskoch mit einer Kanne heißen Kaffees, aus der jeder an Bord eine Tasse voll bekam. Der weckte die Lebensgeister! Endlich liefen wir Richtung Dünkirchen, das SSG wurde eingeholt in dem die seemännische Mannschaft in zwei Reihen neben-und hintereinander von Hand Kabel, Bojen und Stahltrosse einholte. Alles war nass und die Handschuhe vom Wasser durchtränkt, die Hände dadurch so kalt, dass man kaum noch Gefühl verspürte. Dann liefen wir nach 8 Stunden ein, durch den Außenhafen und die Schleuse zum Liegeplatz an der Mole 3. Nach dem Festmachen wurde die Maschine abgestellt, der Landanschluß hergestellt, der E-Jockel abgestellt. Alles traf sich im Wohndeck zur Einnahme der Milchsuppe, aber dann ging es ab in die Kojen!

Völlig unerwartet mussten wir am nächsten Mittag um 13,50 Uhr durchschleusen, um am helllichten Tag auszulaufen. Unsere Aufgabe lautete, M 3620 Flakschutz zu geben, während dieses Boot seine Waffen einschießt. Prompt gibt es „FL, FL, FL, FL" durch das Bordsignal, Fliegeralarm! Wir erkennen weit ab einen tief fliegenden Jagdbomber und richten unser Geschütz darauf, um so sofort schießen zu können. Der jedoch geht kein Risiko ein, dreht ab und gerät außer Sicht. Wir laufen wieder ein, machen aber am Außenhafen fest, da um 23,30 Uhr seeklar angesetzt ist. Um 0,30 Uhr geht es raus. Ich wieder an „meinem" Geschütz. Das Wetter ist saumäßig, starker Seegang, die Brecher fegen über das Deck. Wir verstecken uns hinter dem Schutzschild unseres Geschützes und halten uns irgendwie fest. Das Ausbringen des Suchgerätes ist unmöglich, so dass wir nach einer Stunde wieder einlaufen. Das Wetter beruhigt sich im Laufe des Tages, so dass wir am Abend erneut versuchen unsere Suchaufgabe durchzuführen. Es ist erneut sehr kalt und friert an Deck. Wir ziehen uns wieder dick an, das allerdings den Nachteil hat, müssen wir ins Wasser, saugt sich das dicke Zeug schnell voll Wasser, wird schwer wie Blei und man kann sich nicht über Wasser halten. Aber gegen diese Kälte gibt es keine andere Lösung. Nach 7 Stunden liefen wir ein, alle als Eiszapfen! Die Milchsuppe und die anschließende Koje wärmt uns allmählich auf.

Am gleichen Abend, es ist der 11. Januar 1943, laufen wir wieder aus zu einer Suchfahrt nach Westen bis ungefähr in Höhe von Gravelines, das auf halben Weg von Dünkirchen nach Calais liegt. Ich bin wieder an „meinem" Geschütz. An Steuerbord kann man die Leuchtfeuer von Dover sehen. Plötzlich gab es einen urgewaltigen Schlag, eine riesige Wassersäule achteraus von M 3619. Das Boot hatte eine Mine geräumt. Die dadurch erzeugte haushohe Wasserwelle hebt und senkt auch unser Boot, Wir erleben die ungeheure Sprengkraft einer Mine! Kurz vor dem Einlaufen rammt uns M 3636 vorne am Bug an der Backbordseite. Bei uns kein Schaden jedoch ist das SSG beschädigt, wird gekappt und geht verloren. Nach dem Festmachen, Milchsuppe und in die Kojen.

Den nächsten Tag benötigt unser Boot, um wieder einsatzbereit zu werden. Ein neues SSG wird an Bord genommen und von unseren Seeleuten eingerichtet. Wir Funker sind daran nicht beteiligt und finden uns wieder im Funkraum des Führerbootes ein. Der Funkmaat meint, da auf M 3617 die Funkstation immer noch nicht klar ist, solle ich für den nächsten Einsatz auf M 3620 einsteigen, um den dort in Urlaub befindlichen Funker zu ersetzen. Seeklar sei um 16 Uhr! Ich gehe also gegen 16 Uhr mit gemischten Gefühlen auf M 3620. Auf dem Führerboot befand sich neben dem Gruppenführer auch der Gruppenfunkmaat und natürlich nur gute Funker. Mir würde der Funkmaat schon auf die Finger schauen und meine Leistung beurteilen. Das ergab schon einen gewissen Druck. Als ich zu gegebener Zeit auf M 3620 eintraf sagte der Funkmaat zu mir, „schalten sie schon mal die Station ein und gehen auf Welle“ (mit Welle war die für uns vorgegebene Wellenlänge gemeint). Der zweite Funker vom Führerboot sollte sich an die „Enigma“ (Schlüsselmaschine) setzen und ich die Funksprüche aufnehmen, den schon etwas schwierigeren Part. Hier in diesem Funkraum war es angenehm warm, dazu stellte ich fest, von der Maschine hörte man so gut wie gar nichts. Kein Vergleich mit dem Dieselmotor auf M 3617. Die Suchfahrt mehrer Boote ging nach Ostende, außer M 3631 das dort in die Werft gehen sollte und geschleppt wurde. Der Funkverkehr war recht mäßig, immerhin löste mich auch der Funkmaat einmal ab, so dass ich an Deck gehen konnte, um frische Luft zu genießen. Während um 18,45 M 3619 eine treibende Mine sichtet, meldet mein Boot M 3617 Schwierigkeiten mit der Maschine und kann nicht volle Fahrt laufen. Dabei kam mir der Gedanke, wenn ich auf einem anderen Boot eingesetzt wäre und mein Boot ginge verloren, würde ich meine persönlichen Dinge verlieren und besäße nur das was ich gerade am Körper trüge. Na, noch ist es nicht so weit. Jetzt liefen wir in Ostende ein und machten dort fest. Ich aber musste auf mein „lahmendes“ Boot warten, bis ich dort wieder einsteigen, die Milchsuppe essen und mich in meine Koje legen konnte.

Erstmals erlebte ich Ostende vom Wasser aus. Wir lagen am Seebahnhof, den ich noch von meinem kurzen Aufenthalt bei der Flottillenverwaltung kannte, gegenüber dem „Visserskaai“, den vielen Kneipen mit den netten Mädels hinter den Tresen, die viel versprachen aber nichts hielten. Aber Ostende hatte bei mir einen besonderen Stellenwert. Ich hatte mich einer kleinen Gruppe unserer Besatzung angeschlossen, um Gottfried R., Horst Albrecht B., Erich Kl. und Fritz G. Es waren die wenigen unserer Besatzung die Absolventen höherer Schulen waren, wobei es Erich Kl. aus St. Pölten bei Wien, sogar schon bis zum Lehrer geschafft hatte. So ging diese Gruppe nach dem Einlaufen und der Milchsuppe morgens immer ins Thermalbad in Ostende, das etwas außerhalb der Stadt lag. Jeder von uns nahm dort ein Wannenbad, wobei ich regelmäßig einschlief, das warme Wasser war zu verführerisch. Ich wurde erst wieder wach, wenn das Wasser mir zu kalt wurde oder die Bedienung mich weckte. An Bord zurückgekehrt, machten wir einen ausgedehnten Schlaf und wenn wir abends nicht wieder ausliefen, ging die Klique vom Thermalbad nachmittags nach Mariakerke, einem Vorort von Ostende. In einer kleinen Straße, zwischen gepflegten kleinen Häusern, in grünen Gärten, gab es ein gemütliches Kaffee mit einer Wirtin „unserer Mutti“, die zwei hübsche Töchter, „unsere Schwestern“, hatte. Mit großem „Hallo“ wurden wir stets empfangen, „Ihr liebe Jungs seid wieder da“, sagte die „Mutti“ in ihrer flämischdeutschen Sprache. Dann rief sie ihre beiden bildschönen Töchter, eine mit dunklen die andere mit blonden Haaren, beide anfangs 20, die jeden einzelnen von uns in die Arme nahmen. Dann gab es Kaffee und Kuchen „oder was wollt ihr essen“, fragte die „Mutti“ immer. In „Bunter Reihe“ saßen wir am großen runden Tisch. Wir fühlten uns hier wie zu Hause und wenn es dann gemütlich wurde, sangen wir alle, mit Begleitung von Erich Kl. und Gottfried R., die ihre Gitarren stets mit nach Mariakerke nahmen, Seemanns oder auch Wanderlieder. Es waren Momente, in denen wir uns wie einer großen Familie zugehörig fühlten. Doch keiner von uns wäre auf die Idee gekommen, etwas mit einem der Mädels „anzufangen“. Sicherlich wäre dadurch auch diese harmonische Atmosphäre zerstört worden.

Nachdem am nächsten Abend wieder mit Suchgerät nach Dünkirchen gelaufen wurde, der Funker von M 3620 sich aus dem Urlaub zurückgemeldet hatte, M 3617 jedoch noch immer keine einsatzfähige Funkstation hatte, beorderte mich der Funkmaat für die Rückfahrt auf M 3636, von dem derzeit ein Funker in Urlaub war. Der wie auf M 3617 kleine Funkraum von M 3636, befand sich im Ruderhaus. Um 0,30 Uhr liefen wir von Ostende aus zur Suchfahrt nach Dünkirchen. Geringer Funkverkehr doch heftiger Seegang, schätzungsweise Seegang 6, starke Dwarssee, die das Boot von der rechten auf die linke Seite legte und wieder zurück, das aber auf der ganzen Rückfahrt. Wenn auch die Waffen nicht eingesetzt werden konnten, so doch das Räumgerät. Jetzt wurde mir auf einmal schlecht, ich musste den Funkraum verlassen und mich an Oberdeck über die Reling beugen. Das war wegen des Seeganges nicht einfach, denn die See ging einmal auf der Backbord, danach wieder auf der Steuerbordseite über die Reling. Doch mir war derart übel, dass es mir sogar egal gewesen wäre, wenn mich die See mit über Bord gespülte hätte. Darüber hinaus war es mir mehr als peinlich, dass ich mein Aufgabe nicht erfüllen konnte und ein totaler Ausfall war. Kaum waren wir eingelaufen, schlich ich schnell auf M 3617 und haute mich in meine Koje. Tage danach hörte ich wie ein Funker von M 3636 von jemandem gefragt wurde, „wie viel Funker seid ihr an Bord“ und dieser antwortete, „normalerweise 2, bei Seegang nur einer“! Das hat mich fürchterlich gewurmt und an mir gefressen. Ich habe mir dann geschworen, nie wieder soll mir das passieren! Den Schwur habe ich gehalten! Während meiner ganzen Dienstzeit, bin ich kein einziges Mal mehr, wegen Seekrankheit ausgefallen!

Am 19. Januar endlich war die Funkstation von M 3617 wieder klar und ich konnte meine Aufgabe als Funker erfüllen, wofür ich ja eigentlich ausgebildet wurde. Außer den Einsätzen hatten wir Funker ein „schlaues Leben“ an Bord. Für Seeleute gab es auf einem Schiff immer etwas zu tun, notfalls wurde Rost geklopft oder das Deck mit seinen Holzplanken geschrubbt. Auch das Maschinenpersonal hatte stets Arbeit, befanden sich doch im Maschinenraum, neben der 6 Zylinder Antriebsmaschine, zwei Dieselmotore für die Stromerzeugung, ein Motor für die Pumpe und mehrere Lichtmaschinen, den Transformator und an Deck noch das Stromaggregat für das SSG. Der Koch mit seinem Hilfssmut war ständig beschäftigt, lediglich die Funktionäre, Steuermanns, Signalgast und die Funker hatten keinen „Arbeitgeber“ und gestalteten die Zeit auf ihre Art. Die Hauptsache, sie erfüllten ihre Aufgaben während der Einsätze zu 100 %! Man lief an Bord gekleidet wie es einem gefiel und vor allem, wie es sich für den einzelnen als praktisch erwies. Eine Arbeitshose, einen Pulli, eine Jacke, meist ein älterer Kolani, eine Mütze, hauptsächlich das „Schiffchen“ und Holzschuhe. Wie die meisten der Boote unserer Gruppe, hatte auch unser Boot einen Bordhund. Der Hund, nicht größer als ein Foxterrier aber eine Promenadenmischung, war eine Hündin. Seinen Namen verdankte sie ihrem Aussehen, denn von der Farbe her ähnelte sie einem „Feudel“, einem Aufputzlumpen. Wie das so bei Bordhunden ist, sie waren immer der Liebling aller, wurden von allen verwöhnt und versorgt. Die Jungs von anderen Booten, die noch keinen Hund hatten, waren an einer Schwangerschaft unserer „Feudel“ interessiert und meldeten schon mal Ansprüche an.

Gab es keine Räumfahrt, keinen Geleitschutz, keine Verlegung, gab es noch die Sofortbereitschaft in der die Boote am Kai des Außenhafens festgemacht hatten, um auf den Einsatzbefehl zu warten oder auf die Meldung „Sofortbereitschaft belegt“. Belegt war die Bezeichnung für aufgehoben oder auch abgesagt. So lagen wir in „Sofortbereitschaft“ am Kai des Außenhafens. Es war schon spät am Abend, während ich in meiner Koje liegend, mich mit meinem Gegenüber Hermann Jordan unterhielt. Plötzlich erschütterte eine Detonation unser Boot. Wir sprangen aus den Kojen und stürzten an Oberdeck. Was war geschehen? In der Dunkelheit konnten wir erkennen, dass es auf dem vor uns liegendem Boot im Vorschiff brannte. Dort war die Last (Raum) des Sperrmechanikers! Schnell wurden Schläuche angeschlagen und gelöscht. Wir konnten im Dunklen nichts mehr erkennen, hörten aber der Sperrmechaniker sei tot und gingen auf unser Boot zurück, wo wir noch längere Zeit palaverten. Am nächsten Morgen aber schauten wir zu, wie die verbrannten Reste der Einrichtung von Bord geschafft wurden. Die Leiche des Sperrmechanikers sahen wir nicht, aber die in einer Schale liegende abgerissene Hand. Ich kann nicht sagen, dass mich das sonderlich beeindruckt hätte, vielmehr beschäftigte mich die Tatsache, dass mich das innerlich kalt ließ. War ich doch bisher von den Grausamkeiten des Krieges verschont geblieben, hatte eine ganz normale Jugendzeit verlebt, war auch kein Softi oder Warmduscher und hatte auch ein ganz normales Verhältnis zu Mensch und Tier. Woran lag das? Ich redete mir ein, es lag sicher daran, dass ich den Toten nicht persönlich kannte.

Nachdem die Funkstation auf M 3617 wieder in Ordnung war, liefen wir auch Nacht für Nacht aus. In den nächsten Nächten als Geleitschutz für den Tonnenleger, wobei das Wetter teilweise so schlecht war, dass Tonnenarbeiten unmöglich waren. Ein andermal war der Funkempfang durch atmosphärischen Störungen so schlecht, dass selbst die Funkstelle der 2. Sicherungsdivision (Befehlsbereich Holl. Küste bis Pas de Calais) XS 4 – 5 sendete, also schlechteste Funkbedingungen.

Endlich gab es ein paar Ruhetage und die in Ostende! Während Dünkirchen, von kleinen Außenbereichen einmal abgesehen, nur eine Trümmerlandschaft darstellte, handelte es sich bei Ostende um ein gepflegtes ehemaliges Weltbad ohne sichtbare Kriegsschäden. Die Geschäfte hatten geöffnet, Menschen waren wohl wie in Friedenszeiten auf den Strassen zu sehen. Alles das gab es in Dünkirchen nicht. Nach dem Schlaf ging es ins Thermalbad, nachmittags zu „Mutti" nach Mariakerke und abends gingen wir in ein „vornehmes" Lokal. Dort verkehrte allerhand Publikum, viele gepflegte Einheimische, gut aussehende Frauen und natürlich Offiziere. Eigentlich passten wir „Lords" (Matrosen) dort nicht hin. Doch warum nicht ?? Und so machten wir uns einen schönen Abends auf. Neben einer Tanzkapelle (tanzen verboten!) trat ein Alleinunterhalter auf, der ganz nette Witzchen erzählte. „Da sitzt doch dieser Tage", plauderte er, „eine hübsche elegante Dame vor mir am Tisch, mit einer wunderschönen Rose an ihrer Bluse. Ich fragte sie, ach verzeihen sie gnädige Frau, bekommt die Rose an ihrer Bluse eigentlich Wasser oder Milch, damit sie nicht welkt? Darauf antwortet sie entrüstet, natürlich Wasser! Da blieb mir nichts anderes übrig als zu sagen, dann muss sie aber einen langen Stengel haben." Schallendes Gelächter und Applaus! Solche Sprüche hatte dieser Typ drauf! Mittlerweile waren 22 Uhr vergangen und Mannschaftsdienstgrade hatten „Zapfenstreich", mit anderen Worten, sie hatten um diese Zeit in der Kaserne oder an Bord zu sein. Nicht aber wir! Und so erwarteten wir schon schadenfroh die „Kettenhunde", die auch eine halbe Stunde später auftauchten. Einige Offiziere der Wehrmacht machten die Militärpolizisten auf uns aufmerksam, dass wir als Mannschaftsdienstgrade hier nicht mehr hingehörten. Sie steuerten auch zielgerecht auf uns zu. Wir aber zeigten lässig unsere Urlaubskarte auf der vermerkt war, dass für uns als Angehörige einer „schwimmenden Einheit im Fronteinsatz", zeitlich unbeschränkter Urlaub galt. Sie zogen ab und mussten den Wehrmachtwichtigtuern erklären, dass für uns andere Regeln galten.

Die friedliche Atmosphäre von Ostende drückte sich auch durch einen Schneider aus, der für uns maßgeschneiderte Uniformteile herstellte. Zwar nicht billig, aber mit Hilfe der Eltern machbar. Jeder hatte gerne eine eigene Ausgehuniform aus feinem Tuch, die man hier bestellen konnte. So ließ ich mir auch eine anmessen, bat in einem Brief die Eltern um einen Zuschuss, denn der Wehrsold und die Frontzulage reichten dazu nicht. Bis wir mal wieder nach Ostende kamen, würde die Uniform wohl fertig sein und ich das dazu erforderliche Geld besitzen.

Nachmittags gingen wir wieder zu „Mutti" und abends besuchten wir einige Kneipen am Visserskaai. Den nächsten Tag hatte M 3617 Wachboot. Das tangierte uns Funker nicht unbedingt, da wir alle 4 Tage unsere eigene 24stündige Funkwache hatten, doch verhielten wir uns solidarisch. Abends gab es auf einmal Arbeit, für die Besatzung des Wachbootes. Ein nackter Matrose eines Nachbarbootes, lief oder rannte von Haus zu Haus, durch die Stadt und einige Männer unseres Bootes, sollten diesen nun einfangen. Ein Trupp von 6 Mann zog los um Alex S. wieder auf sein Boot zu transportieren. Nachdem man die ganze Stadt durchsucht hatte, fand man ihn endlich nach 3 Stunden und lieferten ihn auf M 3616 ab, zu dessen Besatzung er gehörte. Später als ich mit ihm auf einem Boot fuhr, fragte ich ihn einmal, wie es zu dieser Geschichte gekommen sei. Er habe in einigen Lokalen kräftig getrunken, sei dann wohl müde geworden und habe sich dann nach seiner Erinnerung so verhalten wie an Bord, sich ausgezogen, in die Koje gelegt, um zu schlafen. Sei dann aufgeschreckt worden und fortgelaufen, um sich dann an anderer Stelle wieder zum Schlafen zu legen, wobei er sich weiter ausgezogen habe. Dann sei er wieder aufgeschreckt worden und so wäre das wohl noch etliche male passiert, aber man hätte ihm keine Ruhe gelassen.

Nach den eintönigen Einsätzen der jüngsten Vergangenheit und den ruhigen Tagen in Ostende ging es in der nächsten Nacht ordentlich „rund"! Wir liefen bereits 17,30 Uhr aus, wieder zum Geleit des Tonnenlegers mit drei anderen Booten und dem Ziel Dünkirchen. Tief hängende Wolken, sehr starke Dünung, stockdunkle nacht. Trotz diesen ungünstigen Voraussetzungen arbeiteten die Männer des Tonnenlegers. Im Funkraum „war der Teufel los"! Wir hatten alle Hände voll zu tun. Sehr starker Funkverkehr ein SSD-und KR-Funkspruch jagte den anderen. (SSD = sehr sehr dringlich / KR = kriegswichtiger Funkspruch) Die SSDund KRFunksprüche unterbrachen jeglichen anderen Funkspruch, sie besaßen unbedingtes Vorrecht. Jeden dieser Funksprüche mussten wir sofort nach der Entschlüsselung dem Kommandanten melden. Zu diesem Zweck hatten wir im Funkraum ein Sprachrohr, dass zum Signaldeck führte, dort als

Muschel geformt mit einer Signalpfeiffe versehen einen schrillen Pfiff ausübte, wenn man im Funkraum hinein blies. Die Signalpfeiffe wie ein Flaschenkorken geformt verschloss das Sprachrohr aber auch genau so im Funkraum für Funksprüche, die vom Kommandanten kamen und gesendet werden sollten. In dieser Nacht war das Sprachrohr ständig in Betrieb, denn es herrschte Hochbetrieb, ohne Rücksicht was draußen geschah. Und dort herrschte „Feuerbereitschaft" an allen Geschützen. Überall wurden feindliche Flugzeuge beobachtet. Die Küstenbatterien feuerten unablässig auf die Flugzeuge, die sie über See erreichen konnten. Auch unsere Boote hatten genug Ziele, bekamen aber keine „Feuererlaubnis", um nicht die Jagdbomber auf uns aufmerksam zu machen. Im Bereich Dünkirchen – Calais wurden feindliche Schnellboote gemeldet. (MTB = Motor Torpedo Boats / MGB = Motor Gun Boats) Wir wollten zwar eigentlich nach Dünkirchen, doch der Tonnenleger fand wegen der Dunkelheit eine Tonne nicht, deshalb liefen wir nach Ostende zurück und ein.

Nachmittags waren wir wieder bei „Mutti" die uns sorgenvoll erwartete, hatte die Familie doch nachts die Schießerei gehört und hoffte, dass wir nichts damit zu tun hatten. Umso herzlicher war die Begrüßung, alle ströhmten herbei, sogar der Vater den man seltener sah. Am folgenden Tag liefen wir schon um 17,30 Uhr aus, um nicht wieder wegen der Dunkelheit die Tonne zu verfehlen. Der Kapitän des Tonnenlegers stellte jedoch fest, dass die an der festgelegten Stelle zu findende Tonne nicht mehr vorhanden war. Entweder war sie ein Opfer des schlechten Wetters oder aber die Briten hatten sie versenkt, was sie manchmal taten. Uns blieb nichts anderes übrig als nach Dünkirchen zu laufen, damit der Tonnenleger auf dem Tonnenhof eine neue Tonne holen konnte.

Man sollte jedoch die Rechnung nicht ohne den Wirt machen, sagt ein altes Sprichwort, denn das Wetter spielte uns einen Streich. Sturm mit Windstärke 10 ließ einen Gedanken an Auslaufen nicht zu. Dafür hatten wir 24 Stunden Funkwache. Wir lösten uns alle zwei Stunden ab. Tagsüber war nicht viel los aber auch nachts nicht. Das schlechte Wetter ließ Aktivitäten auf dem Wasser nicht zu. Morgens um 10 Uhr musste dem Gruppenführer die Funkkladde, in die jeder Funkspruch eingetragen worden war, vorgelegt werden. Anhand der Leitzahlen konnte man die Vollzähligkeit prüfen. Ich klopfte an die Tür des Dienstzimmers, „herein" tönte es. Ich öffnete die Tür, trat ein und schloss die Tür hinter mir, knallte die Hacken zusammen (stand stramm) und meldete: „Matrose IV Funk Grafenhorst bittet Herrn Oberleutnant die Funkkladde vorlegen zu dürfen"! „Schon gut, schon gut, nicht so zackig", meinte er. Während er die Funkkladde studierte, betrachtete ich das gerahmte Foto das auf seinem Schreibtisch stand. Es zeigte eine schöne, gepflegte, blonde Frau in einem dunklen Kleid mit Dekolleté, wobei mir der Kontrast zwischen dem dunklen Kleid und den blonden Haaren auffiel. Ob sie wohl wusste, dass er hier immer so gammelig herumlief oder ging er zu Hause korrekt angezogen? Ich kam nicht weiter mit meinen Gedanken. „Danke, in Ordnung“ sagte er nur. Ich knallte wieder die Hacken zusammen, machte eine Kehrtwendung, verließ den Raum und ging an Bord zurück.

In der nächsten Nacht liefen wir mit dem Tonnenleger nach Ostende, um in der dann folgenden Nacht die Ersatztonne endlich an ihrem Platz zu verankern. Da wir abends wieder ausliefen, blieb keine Zeit für einen Besuch bei „Mutti“. Um 18 Uhr ging es los. Mit uns an Bord der Flottillenchef der 36. Minensuchflottille, ein Korvettenkapitän mit Ritterkreuz. Während des Einsatzes besuchte er die Gefechtsstationen an Bord, darunter den Maschinen-und auch den Funkraum. Ein offensichtlich angenehmer jovialer Typ, der mit einem freundlichen „Grüß Gott“ bei uns eintrat, sich unsere Arbeit anschaute, ein paar Fragen stellte und wieder verschwand. Der Tonnenleger setzte derweil seine Tonne aus die, wegen des inzwischen aufgekommenen starken Seegangs, dabei gleich beschädigt wurde. Ein weiterer Versuch wurde zwecklos, denn die See ging immer höher. Wir drehten bei und nahmen Kurs Dünkirchen. Das Wetter verschlechterte sich immer mehr und mehr. Die Geschützbedienungen seilten sich an. Bei uns im Funkraum flog alles was nicht festgeschraubt war herum, wobei der Akku umfiel, dessen auslaufende Säure, einen unangenehmen Gestank verbreitete. Dabei wurde mir schlecht. Da aber starker Funkverkehr herrschte, konnte ich meinen Platz am „Schlüssel M“ nicht verlassen. Obendrein kam aus der Decke Seewasser, von den über das Deck donnernden Brechern, die an den Brückenaufbau prallten, nach oben geleitet wurden und von dort in den Funkraum an irgendeiner undichten Stelle eindrangen. Jetzt mussten wir auch noch den Standplatz der „Einigma“ verlegen, wodurch die Arbeit zusätzlich erschwert wurde. Solch ein schlimmes Wetter hatte ich noch nicht erlebt! Endlich erreichten wir Dünkirchen wobei M 3630, das Führerboot der Gruppe „Cäsar“ in der Hafeneinfahrt auf Grund lief, wieder frei kam und mit Schlagseite im Außenhafen fest machte.

Am nächsten Tag verlegten wir in den Innenhafen an unseren Liegeplatz, denn es gab viel zu tun. Die Brecher hatten teilweise ganze Arbeit geleistet und etliches durch die Kraft der Wassermassen beschädigt oder gar zerstört, das nun repariert werden musste. Auch im Funkraum mussten wir alles das, was sich selbstständig gemacht hatte so fixieren, dass es sich bei der nächsten gleichen Situation nicht wieder löste. Die vergangene Nacht und der dann folgende Tag mit viel Arbeit hatte körperliche Substanz gefordert, so dass sich die gesamte Besatzung in die Kojen verzog bis am andern Morgen Obermaat Pfeiper kam uns weckte mit den bekannten Worten, „Seemann komm hoch du musst“ Das Wetter war nach wie vor schlecht, so dass an Einsatz nicht zu denken war. Die Zeit wurde ausgenutzt und „kompensiert“. Wir fuhren wieder in ein abgelegenes Hafenbecken, zwei beamtete Marineingenieure, wegen ihrer silbernen statt goldenen Knöpfe und Tressen „Silberlinge“ genannt, kamen an Bord und eichten mit ihren Spezialgeräten unseren Kompass. Das war ein bis zwei Mal im Jahr erforderlich und eine langweilige Angelegenheit. Wir mussten uns mit unserem Boot über viele Stunden ganz langsam um 360 Grad drehen. Gut erholt konnten wir abends wieder etwas unternehmen. Da in Dünkirchen neben dem Soldatenkino und dem Wehrmachtbordell nichts los war ging man in eine der Kneipen, entweder zu „Jaqueline“, „Jeanette“ oder „Poulette“. Letztere befand sich in der Nähe des Hafeneinganges zur Mole 3. Logisch dass man uns dort häufiger antraf und eigentlich regelmäßig nach dem Landgang, bevor es wieder an Bord ging. Das Lokal betrat man durch einen Perlenvorhang in dem Poulette, ein passabel aussehendes Mädel um die 25, uns immer freundlich begrüßte und ebenso bediente. Bier war nicht so unser Geschmack, wir tranken lieber französischen Cognac. Im Laufe der Zeit hatte ich mich daran gewöhnt und konnte schon einiges vertragen.

Ich war ja eigentlich auf einen Minensucher kommandiert worden, hatte aber die meisten Einsätze als Geleitschutz für den Tonnenleger gefahren. In dieser Nacht stiegen sogar die Männer des Tonnenlegers bei uns ein, um von unserem Boot aus an den Tonnen Arbeiten durchzuführen. Zwar hatte der Sturm nachgelassen, es war aber nach wie vor starker Seegang, so dass ein kleineres, wendigeres Boot für die durchzuführenden Arbeiten geeigneter war. Schon um 17,30 Uhr ging es bei relativ starkem Seegang los. Wir fuhren an die einzelnen Tonnen so nahe wie möglich heran, so dass die Männer trotz der stark bewegten See, sobald Seezeichen und Boot auf einer Welle die gleichen Bewegungen machte, mit einem Satz auf die Tonne sprangen. Eine artistische Leistung! Im geeigneten Moment sprangen die Männer wieder zurück und es ging zu den nächsten Tonnen, eine nach der anderen. Gegen Morgen machten wir erst wieder in Dünkirchen fest und zollten den Männern vom Tonnenleger großen Respekt!

Nach einem Ruhetag wurde für den nächsten Tag um 22 Uhr Seeklar angesetzt. Außer dem Kommandanten und den Funkern, wusste normalerweise keiner an Bord, welcher Einsatz bevorstand. Deshalb behandelte die Besatzung die Funker recht rücksichtsvoll, immerhin konnte man von denen mal etwas erfahren, natürlich unter „absoluter Geheimhaltung“. Das galt auch für die „Nummer 1“ und auch den „LI“. Beim nächsten Einsatz hatten wir den Auftrag, für einen größeren Geleitzug, der durch den Kanal gebracht werden sollte, „auf Position zu gehen". Zur Absicherung der von uns geräumten Wasserstraße, mussten unsere Boote festgelegte Positionen einnehmen. Einerseits stellten wir ein bewaffnetes Feuerschiff ohne Leuchtfeuer dar, andererseits sicherten wir die Fahrtroute gegen feindliche SBoote ab. Die im Kanal eingesetzten Minensuchflottillen waren eben „Mädchen für alles"!

Um 23 Uhr legten wir am 8. Februar 1943 in Dünkirchen ab, um ab 0 Uhr die uns zugewiesene Position einzunehmen. Starker Funkverkehr, sogar mit Sturmwarnung. Das ließ uns einiges erwarten. Es war bitterkalt, Sturm kam auf und unser Boot wälzte sich in der tobenden See. Im Funkraum hörte man die Brecher über Deck donnern. Die Maschine meldete Probleme mit der Stromspannung. Da die Spannung primär für das MES und unsere Funkanlage benötigt wurde, mussten alle nicht benötigten Stromverbraucher ausgeschaltet werden. Auch unsere Elektroheizung, wodurch es unangenehm kalt wurde. Die Finger wurden klamm und hinderten bei der Arbeit. Wir zogen uns wärmer an, banden uns Schals um den Hals und erfüllten unter widrigen Verhältnissen und schwerem Seegang, frierend mit steifen Händen unsere Aufgabe. Endlich passierte uns das Geleit mit „Schiff 14", dem bisher so erfolgreichen Hilfskreuzer „CORONEL" und den Geleit fahrenden Minensuchbooten der 1. Minensuchflottille. Nachdem uns das Geleit passiert hatte, holten wir den Anker ein und liefen Richtung Dünkirchen. Es war sehr dunkel, dazu noch außerordentlich schlechte Sicht. Plötzlich einheftiger Stoß, wir hatten in der Finsternis den Molenkopf der Hafeneinfahrt gestreift, Gott sei Dank kein Schaden! Dafür liefen einige MBöcke (große aktive Minensuchboote) und „CORONEL" vor der Einfahrt auf Grund. Das ablaufende Wasser, der starke Seegang und sehr schlechte Sicht, führten offenbar zu dieser Situation. Die Boote der 36. Minensuchflottille, die auf Position gelegen hatten, liefen unbeschädigt ein und machten im Außenhafen fest. Um 5 Uhr gab es Milchsuppe und dann ging`s schnell in die Kojen.

Um 15,30 Uhr kam der Befehl „sofort Funk besetzen"! Ab 16,30 sollten wir klar zum Auslaufen sein. „Schiff 14" saß immer noch fest, doch von den MBöcken kam „M 3" frei, lief aber mit Schlagseite ein und machte hinter uns fest. Es wunderte mich, dass die britischen Bomber sich nicht auf „Schiff 14" stürzten, dafür schwoll der Funkverkehr gegen 17,30 stark an. Eine gewisse Nervosität machte sich überall bemerkbar. Keiner wusste so recht was passieren würde, wie es weiter gehen sollte. Erst um 21 Uhr erfuhren wir, dass um 2 Uhr „Seeklar" angesagt ist. Wir schalteten mit dem Wissen, dass das Funkwachboot seine Station besetzt hat, unsere aus und nahmen noch eine Mütze voll Schlaf. Um 2 Uhr am 10. 2. 43 liefen wir aus und gingen wieder gemeinsam mit M 3636 auf Position. Seegang 6+, also schwere See, dazu Sturm mit Stärke 8+. Unser Boot war im wahrsten Sinne des Wortes Spielball der Wellen. Es schaukelte furchtbar. Obwohl wir im Funkraum alles fest verschraubt hatten, reißt sich unser Allwellenempfänger los und krachte auf den Boden. Horst Albrecht hatte sich irgendwie festgeklemmt und nahm die Funksprüche auf, ich stemmte mich gegen Tisch und Wand und bediente den „Schlüssel M". Die Brecher rasten über das Boot, das sich manchmal weit auf die Seite legte, wobei man befürchten musste, es würde kentern aber es richtete sich immer wieder auf, um dasselbe mit der anderen Seite zu wiederholen. Doch diese schwere See hatte auch den Vorteil, es schwemmte „Schiff 14" und die festsitzenden „M-Böcke" wieder frei. Wir aber konnten bei diesem Seegang unsere Position nicht halten und mussten diese Situation der Seekriegsleitung melden. Unter den im Funkraum herrschenden Verhältnissen war es nicht leicht einen Funkspruch zu verschlüsseln und dann abzusetzen. „Kann Position nicht mehr halten. M 3617". Unglücklicherweise wurde der Funkspruch nicht gleich von der Landfunkstelle gehört, so dass wir ihn wiederholen mussten. Dann nahmen wir den Funkspruch von der 2. Sich. Div. auf: „M 3617 einlaufen. 2. Sich.Div." Das hätten wir ja gerne gemacht, doch jetzt streikte unsere Maschine! Auch das noch ! Die Brennstoffpumpe war defekt! Bei diesem Wetter ! Wir trieben in der tobenden See dem Land zu! „An Hako (Hafenkommandanten) Dünkirchen von M 3617: Erbitte sofort Schlepperhilfe, liege bei „Emil 8" (Emil 8 war eine Wegtonne mit der Kennung E 8). Vor der Küste lag ein Wrack auf das wir zu trieben. Wir warfen den Anker, doch die Trosse brach sofort. Kurz vor dem Wrack, sprang unsere Maschine wieder an, blieb aber nach 2 Minuten wieder stehen. Das aber reichte, um von dem Wrack freizukommen. Ein MBock der auf Grund gelaufen war und jetzt mit „AK zurück" (AK = äußerste Kraft) auf uns zu steuerte gab Blinkzeichen „Platz machen"! Ja, täten wir schon, wenn wir nur könnten! Unser Signalgast blinkte den MBock an, „wir können nicht, haben Maschinenschaden!" Das M-Boot schert an uns vorbei, Hein Becker bittet per Blinkzeichen, „Schleppen sie uns ab!" Kurze und knappe Antwort. „Nein" und verschwand im Dunklen, wobei wir weiter im Schaum der aufgewühlten See der Küste zu trieben. 20 Meter vor dem Strand, die Seeleute machten sich schon auf alles gefasst, sprang die Maschine wieder an, aber wieder nur für diesmal 5 Minuten. Das reichte um von dem gefährlichen Strand wegzukommen. Wir schlurften etliche male über den Meeresboden, blieben aber nicht sitzen. Nun gaben wir unseren 3. Funkspruch ab: „An Grufü Bruno (Grufü = Gruppenführer): Erbitte sofort ein Boot als Schlepperhilfe. M 3617". Da uns der Hafenkommandant keine Schlepperhilfe schickte, möglicherweise wurde diese anderweitig benötigt, forderten wir unseren Gruppenführer zur Hilfe an. Nach wenigen Minuten blieb im Hexenkessel der See, unsere Maschine wieder stehen, sprang erneut für kurze Zeit an, um alsbald die Arbeit wieder einzustellen. Das ging hintereinander über 10 Mal, brachte uns jedoch immer ein kleines Stückchen weiter, bis wir endlich um die Mole herum in den Hafen getrieben wurden. Jetzt kommt endlich Hilfe durch M 3636, das längsseits ging und uns an die Pier schleppte, an die wir morgens um 9 Uhr festmachen konnten. Die Milchsuppe bekamen wir kaum runter, so müde und kaputt waren wir. Obendrein waren wir diesmal mit einem „blauen Auge" davon gekommen. Ein wenig bildeten wir uns schon etwas auf die Tatsache ein, dass wir schwerstem Wetter getrotzt hatten.

An Bord selbst sah es chaotisch aus. In der Kombüse (Küche) gab es ein Durcheinander, wobei das Salz im Kaffee, zwischen Bohnen, Erbsen und Zucker gelandet war. Im Wohndeck sah es nicht besser aus. Was nicht niet-und nagelfest verankert oder verschlossen war, lag kreuz und quer herum oder fand sich in den Kojen wieder. Der Ofen lag zwischen verstreuter Asche. Das unangenehmste aber war das Wasser, das trotz der Schotten den Fußboden unter Wasser gesetzt hatte und nachdem es abgelaufen war, eine sehr unangenehme Feuchtigkeit hinterließ.

Am nächsten Tag besichtigte Oberleutnant Zweig M 3617 und entschied: Für 14 Tage Boot M 3617 AKB (Außer Kriegsbereitschaft). Nun konnten wir in aller Ruhe unser Schiff wieder in Ordnung bringen, vor allem eine neue Brennstoffpumpe einbauen lassen. Wir waren alle noch recht angeschlagen und hatten auch keine Lust etwas zu unternehmen, also faulenzten wir in den nächsten Tagen, bis der alte Unternehmensgeist wieder erwachte. Aber auch „Schiff 14" besuchte die Werft in Dünkirchen. Auf der Einfahrt in den Kanal hatte es einen Bombentreffer kassieren müssen und der Schaden sollte einigermaßen repariert werden. Das lockte natürlich die „Britsh Airforce" und hatte Folgen. Während Kurt und ich im Funkraum saßen, hörten wir plötzlich Flugmotorengeräusch und rannten schnell auf die Brücke. 6 – 9 Jagdbomber kamen von See und überflogen ganz niedrig das Hafengebiet. Heftige Detonationen erklärten was sie hier wollten. Jetzt erst gab es „Fliegeralarm". Vielleicht aber sollte der vorausschauend vor dem nächsten Bombenangriff warnen, der kurz nach dem Mittagessen erfolgte. Ich stand gerade an der Pier neben unserem Boot und sah eine größere Bomberformation im Anflug auf den Hafen. Mit einem Satz sprang ich an Bord, riss den Schonbezug von Erichs 2 ZentimeterKanone, schlug ein Magazin an und Erich feuerte auf die Anfliegenden. Ich wechselte blitzschnell das leere mit einem vollem Magazin und Erich feuerte weiter. Alles was in Dünkirchen eine Kanone hatte, schoss auf die Bomber. Ein phantastisches Abwehrfeuer das auch gut im Ziel lag. Nach 5 Minuten flogen die Verbände so hoch, dass wir sie mit unseren Geschützen nicht mehr erreichen konnten. Dabei beobachteten wir dass 5 feindliche Flugzeuge brannten und die Besatzungen sich mit Fallschirmen zu retten versuchten. Der „Wehrmachtsbericht“ meldete: „An der Kanalküste verlor der Feind am gestrigen Tage durch Jagd (?) und Flakabwehr 5 Flugzeuge, darunter 2 schwere Bomber“. Von der Jagdabwehr sahen wir zwar nichts, da wohl mehr der Wunsch der Vater der Gedanken. Aber was sind schon 5 Flugzeuge bei den Bomberströmen, die täglich die Städte in Deutschland angriffen.

Die Zeit der einst so erfolgreichen Unternehmungen der Hilfskreuzer, schien bedingt durch den Kriegsverlauf der Vergangenheit anzugehören. Es waren Handelsschiffe, die unter neutraler Flagge und einem unverfänglichen Namen getarnt, unter Attrappen der Aufbauten schwer bewaffnet, Kaperoder auch Handelskrieg führten. Begegnete ihnen ein neutrales Handelsschiff, mit dem Ziel eines Hafens im feindlichen Land, enttarnte man sich und versenkte es kurzerhand. Handelsschiffen die in einem mit Deutschland im Krieg befindlichen Land registriert waren, erging es ebenso. Auch die Möglichkeit, gekaperte Schiffe mit Ladungen kriegswichtiger Güter unter deutscher Führung nach Deutschland zu bringen, waren wegen der Luftüberlegenheit der Alliierten nicht mehr machbar. Den letzten Versuch Kaperkrieg zu führen, sollte die „CORONEL“, unter seinem Kommandanten, der mit diesem Schiff unter dem Namen „UTRECHT“, im Atlantik und Indischen Ozean sehr erfolgreich war, noch einmal probieren. „Schiff 14“ alias „CONDOR“, einst als „TOGO“ getauft, hatte 350 Mann Besatzung, war mit sechs 15 Zentimeter Geschützen, sechs 4 Zentimeter Zwillingsgeschützen, einem Flugzeug, einem S-Boot und 93 Minen ausgerüstet. Für ein bewaffnetes Handelsschiff eine gewaltige Feuerkraft.

Nachdem uns „Schiff 14“ verlassen hatte, wurde es wieder ruhiger im Hafen von Dünkirchen. Es war wieder einmal Sonntag. Gottfried R., der sich als Atheist stets über seinen Vornamen ärgerte, wollte Offizier bei der Handelsmarine werden und hatte deshalb die Steuermannslaufbahn eingeschlagen, war aber darüber hinaus ein leidenschaftlicher Maler. Man traf ihn oft unter Deck an einer aufgespannten Leinwand, auf der er ein Vollmastschiff unter Segeln malte.
Erich K. spielte auf seiner Gitarre und sang sein Lieblingslied:
Heit kummen d`Engeln auf Urlaub nach Wean,
den tut`s wos aus drom ham`s Weanerstadt so gern.
Hörnt doch die Schrammeln die spielen dazu,
Leidel beim Wein die kriagen garnit gnug.
Hinter an Bam steht Gott Amor und locht,
veal wird er onstelln in Wean heite Nocht.
Der Herrgott im Himmel schaut runter auf Wean,
Weaner Leit, weaner Freid do liegt wos drin.

Der Petrus sagt verschmitzt als er beim Herrgott sitzt
Die Engeln möchte gern auf Urlaub fohrn nach Wean.
Der Petrus sieht des ein, drum sagt er auch nit nein
und unterschreibt für d`Engeln den Urlaubsschein.
Heit kummen d`Engeln auf Urlaub nach Wean

Dabei kam immer Stimmung auf. Wir kannten mittlerweile den Text und sangen mit. Sangen wir erst einmal, hörten wir so schnell nicht auf. Es gab ja so viele lustige Lieder. Seeleute singen nun mal gerne und das galt auch für uns.

Die erholsamen Tage waren zu Ende. Es ging wieder zur Suchaufgabe in die Nacht, eine kalte Nacht mit Steam und Seegang. Ein solches Wetter brachte immer die Möglichkeit, seekrank zu werden. Ein Schiff, besonders ein kleines, wie unser Minensuchboot, bewegte sich ständig auf dem Wasser, das ja keine feste Masse darstellte. Man musste sich als dauernder Bewohner eines solchen Schiffes, daran gewöhnen. Die Einsätze auf offener See, brachten zwangsweise mehr Bewegung mit sich. Das Wasser war selten ganz ruhig. Kam es aber zu einem Wetter mit höherem Seegang, wurde der Körper stärker gefordert. Dabei konnte der Magen revoltieren und seinen Inhalt auf ungewöhnliche Weise verlassen. Das war weiter nicht schlimm. Der Seemann hatte dafür eine ganze Reihe von Bezeichnungen. Neben dem Erbrechen, Brechen, Kotzen, sprach man auch von Reihern, Essen aus dem Gesicht fallen, rückwärts Essen, in die Pütz (Eimer) peilen (schauen), Spucken um nur einige zu nennen. War der Mageninhalt heraus, gab es keinen Magendruck mehr und man fühlte sich erleichtert, war sogar uneingeschränkt handlungsfähig. Das war keine richtige Seekrankheit. Seekrank war man dann, wenn der ganze Körper und die Psyche davon erfasst wurde, man sich krank fühlte, schlapp und willenlos, wenn einem alles egal war. Das war mir einmal auf M 3636 passiert, daher kannte ich diesen Zustand. Doch später hatte ich die Übelkeit bei starkem Seegang völlig im Griff, wie alle meine Kameraden auch. Die Arbeit im Funkraum forderte die Übelkeit geradezu heraus, sofern man empfindlich war. Man saß in einem kleinen unbelüfteten Raum, der jede, selbst die kleinste Bewegung des Schiffes übertrug. Dagegen hatte der Körper durch die Sitzposition keine Möglichkeit diese durch Gegenbewegungen auszugleichen, wie beispielsweise die übrigen Besatzungsmitglieder die stehend die Bewegungen des Schiffes abfangen und begegnen konnten. Spürte ich Magendruck und die Beschäftigung im Funkraum ließ es zu, ging ich an Deck, in die frische Luft. Dort konnte ich jeden Seegang ertragen. Je länger ich an Bord war, umso mehr hatte sich der Körper an die ständigen Bewegungen gewöhnt. Die Empfindlichkeit bei Seegang ließ nach, ja verschwand ganz. Kam ich jedoch aus einem zweiwöchigen Urlaub mit festem Boden zurück, hatte ich bei den ersten Einsätzen bei schlechtem Wetter Probleme, die erst nachdem sich der Körper wieder akklimatisiert hatte, nachließen und völlig verschwanden.

Ja das Leben an Bord war nicht einfach, selbst in ruhigen Zeiten nicht. Das Wohndeck war doppelwandig, denn die Außenwand des Schiffes bestand aus Stahl und wurde innen durch Holzwände verkleidet, ebenso der Boden und die Decke. Der Temperaturunterschied zwischen der Außenwand aus Stahl und der Innenwand aus Holz produzierte Feuchtigkeit (Schwitzwasser) an den Holzwänden. Entlang der Innenwände befanden sich jedoch die doppelstöckigen Kojen deren Stoffbezüge der Bettwäsche die Feuchtigkeit der Holzwände aufsogen, wodurch die Kojen ständig etwas feucht, besser gesagt klamm waren. Man hatte also stets eine nicht trockene Koje, woran man sich, wie an alles auf einem Schiff, gewöhnen musste. Auch daran dass unsere „Mitbewohner", die Ratten, sich zu Hauf in diesen Zwischenwänden tummelten, dabei manchmal beim Hin-und Herrennen laut quietschten und wir spaßeshalber feststellten, dass offenbar wieder ein „Länderspiel" (der Ratten) stattgefunden habe. Unsere Toilette an Oberdeck, gegenüber dem Waschraum, hatte den Abfluss außenbords. Gelegentlich, wenn dieser verstopft war, musste ein Schlauchboot ausgesetzt werden, das in Höhe des Abflusses gezogen wurde, um von dort mittels Stangen die Verstopfung zu beseitigen. Das war für diejenigen die den Auftrag dazu hatten, gar nicht ungefährlich nämlich dann, wenn plötzlich das zur Verstopfung Führende herausschoss und das Schlauchboot nicht rechtzeitig seitlich weggezogen wurde.

Zur einsatzfreien Zeit hatten wir eine neue Freizeitbeschäftigung entdeckt, Heringe räuchern! Wir gingen zu den Fischern, sobald diese vom Fang kamen und erhielten für ein halbes Kommissbrot einen Eimer frisch gefangener Heringe. Einer alten Öltonne wurde der Deckel ab und am Boden eine Öffnung herausgeschnitten. Der obere Rand wurde rundherum mit tiefen Kerben versehen, in die Stangen mit am Kopf aufgespießten Heringen hinein gehängt wurden. Durch die Öffnung am Boden wurden gehäufelte Holzspäne und Sägemehl hineingelegt und angezündet. Damit aber dieses Material nicht brannte sondern nur glimmte, wurde Wasser darauf gespritzt und weiterhin Rauch erzeugt. Die fachmännische Durchführung hatten zwei Besatzungsmitglieder übernommen, die von Hause aus Fischer waren. Wir aber hatten unseren Speiseplan ergänzt und konnten auch etwas zusätzlich mit in den Urlaub nehmen. Gab es „Seeklar" wurden die Ölfässer problemlos an die Pier gestellt und wir konnten auslaufen.

Mein erster Heimaturlaub

Mittlerweile war ich schon über 3 Monate auf M 3617 und hätte eigentlich Gefreiter werden müssen. Immerhin hatte ich mir nichts zu schulden kommen lassen und meinen Dienst ohne jegliche Beanstandung durchgeführt. Anstelle der Beförderung bekam ich völlig überrascht von der Schreibstube die Nachricht, ich könne 14 Tage Heimaturlaub beantragen. Die Regel des 7monatigen Urlaubsanspruches der Unverheirateten, von im Kanal eingesetzten Einheiten, hatte ich allerdings bei der 36. Minensuchflottille noch nicht erfüllt, diente allerdings bei der Kriegsmarine bereits 9 Monate. Mir war es schon recht! Da einige Boote mit Funkstationen in der Werft lagen und Urlaubsvertretung vorhanden war, fackelte ich nicht lange, sprach mit dem Gruppenfunkmaat, der zustimmte, ging zur Schreibstube und beantragte 14 Tage Urlaub mit je 2 Reisetagen.

Bevor ich jedoch abreisen konnte, galt es noch einige Hürden zu überwinden. Zunächst musste ich zum Sanitätsgefreiten, dem Chef der Sanitätsstube. Der untersuchte mich gründlich mit dem Schwerpunkt Geschlechtskrankheiten und Läuse. Da er bei mir nichts fand, vermerkte er auf dem Urlaubsschein mit einem Stempel versehen „frei von Läusen und ansteckenden Krankheiten". Dann erhielt ich von der Schreibstube zwei Wehrmachtsfahrscheine, auf denen jeweils das An und Abreisedatum sowie der Abund Anreiseort vermerkt war. Insgesamt hatte ich mich nach 16 Tagen wieder an Bord zu melden. Danach reinigte ich meine Uniform gründlich, die durch die vielen Einsätze bei schlechtem Wetter gelitten hatte. Suchte Wäsche und dergleichen zusammen, die ich mitzunehmen gedachte. Dann ging ich zu einem der Vororte, die durch die Bombenangriffe nicht gelitten hatten und es noch einige Geschäfte gab. Ich kaufte meiner Mutter ein Paar gefütterte Lederhandschuhe, wobei meine Französischkenntnisse einen Tiefschlag erhielten. Mein Schulfranzösisch verstand die alte Frau in dem Laden nicht. Erst als sie es mit deutsch versuchte, klappte die Verständigung. Glücklicherweise fiel der anstehende Einsatz wegen schlechter Wetterlage aus und ich konnte in aller Frühe durch die menschenleere Stadt zum Bahnhof laufen. Kurz vor der Abfahrt erreichte ich den Zug nach Brüssel, stieg dort in den Fronturlauberzug nach Düsseldorf und bekam den Anschlusszug nach Wuppertal. Als ich in Wuppertal-Barmen ausstieg und auf den Bahnhofsvorplatz heraustrat, konnte ich es gar nicht glauben, was ich in den letzten 9 Monaten erlebt hatte und fühlte mich, als ob ich nie fort gewesen wäre. Lediglich mein Anzug erinnerte mich, dass sich etwas geändert haben musste. Ich ging nun mit meinem kleinen Köfferchen, den altbekannten Weg, bis ich vor dem Haus Untere Lichtenplatzerstraße 127 stand. Klingelte, wartete bis die automatische Tür sich öffnete, stürmte mit zwei Stufen auf einmal die Treppen hinauf und hörte meine

Mutter, „wer ist denn da“, die als sie mich erkannte nur herausbrachte, „du Bodo, wo kommst du denn her“? Eigentlich eine überflüssige Frage, doch in der Aufregung fiel ihr nichts anders ein. Sie nahm mich in die Arme, drückte mich, wobei ihr die Tränen über das Gesicht liefen. Waltraut kam angelaufen, zog mich am Arm und versuchte mich auch zu drücken. „Bodo, Bodo, Bodo“, stammelte sie nur und dann gingen wir in die Wohnung, in der sich seit meinem Fortgang nichts geändert hatte. Mein Vater, der mittlerweile Abschnittskommandeur geworden war und die Verantwortung für den Luftschutz der Stadt übertragen bekommen hatte, war telefonisch nicht erreichbar. Wenige Stunden später kam er, genau so erfreut und überrascht wie meine Mutter und Waltraut. Die Fragen nahmen natürlich kein Ende. Verständlicherweise wollten sie alles wissen, wie es mir ginge, wie das Leben auf einem Schiff ist, wie die Vorgesetzten, wie die Kameraden sind, ob unsere Einsätze gefährlich seien, wie das Essen ist, wie das Wohnen auf einem Schiff und was es noch an Fragen gab.

Meine Mutter verwöhnte mich und stellte ständig Fragen, „was möchtest du denn essen“, was möchtest du trinken“, „was bekommst du nicht auf deinem Schiff und möchtest es gerne einmal essen“? Obwohl sämtliche Lebensmittel auf Lebensmittelmarken zugeteilt wurden und beschränkt waren, wollte sie mir den Urlaub verständlicherweise zu Hause so schön und angenehm wie möglich machen. Sie hätte mich am liebsten den ganzen Tag um sich. Dabei wäre ich gerne einmal in die Stadt gegangen, um durch die Straßen zu bummeln, obwohl es mich wurmte, noch nicht einmal Gefreiter zu sein, keinen Kriegsorden an der Uniform zu tragen und wie ein Rekrut oder junger Funker einer Landfunkstelle herumzulaufen, man konnte mir auch nicht ansehen, dass ich einer Einheit im Fronteinsatz angehörte. Von meiner Mutter hörte ich permanent, „Bodo, wo gehst du hin“? „Bodo, wann kommst du wieder“? „Bodo, was hast du vor“? „Bodo, hast du genug Geld mit“? Einerseits verstand ich sie ja, ich war ihr Kind das sie groß gezogen hatte, das ihr durch den Krieg entzogen wurde. Nun hatte sie es kurzfristig wieder und wollte es bei sich haben. Andererseits schien ihr nicht bewusst zu sein, dass es sich bei mir nun um einen erwachsenen Menschen handelte, mit eigener Verantwortung. Das Besitz ergreifende Klammern belastete mich und erzeugte innerliche Spannungen. Trotzdem riss ich mich hin und wieder los und besuchte auch mal den Rest der Familie meines Freundes aus der Kinderzeit, der natürlich wie auch sein Vater eingezogen war, nur noch die Mutter und Tochter sowie Opa und Oma gab es noch. Dann besuchte ich „meine Firma Hemscheidt“ im Üllendahl. Auch hier waren meine Praktikantenkollegen eingezogen, ebenso die Lehrgesellen, wie mir der Obermeister berichtete. Am liebsten ging ich durch die Straßen der Stadt. Da sehe ich doch auf der anderen Straßenseite in entgegen gesetzter Richtung einen Matrosen gehen.

Ich schaue genauer hin und traue meinen Augen nicht, Päule, mein Klassenkamerad aus den ersten Schulklassen der Volksschule der mich immer für die KPD gewinnen wollte und mir sogar einen Sowjetstern schenkte. Mit großem „Hallo" begrüßten wir uns und unterhielten uns, was bei jedem von uns in der Zwischenzeit alles passiert war. Er war wie ich Kriegsfreiwilliger auf einem Vorpostenboot, doch leider war sein Urlaub gerade abgelaufen. Auch besuchte ich die Eltern von Karl-Heinz in der Ferdinand-Thun-Straße, der ebenfalls eingezogen worden war. Waltraut war nicht dabei und so vertröstete ich seine Mutter, in dem ich ihr versprach, ich würde meiner Schwester sagen, sie solle mal wieder zu ihr kommen und auf ihrem Klavier das Lied spielen und dazu singen, „an meiner Ziege habe' ich Freude ist ein wunderschönes Tier, Haare hat sie wie von Seide, Hörner hat sie wie ein Stier meck, meck, meck, meck" - - - - - .Das hörte sie immer gerne und konnte darüber so herzhaft lachen. Meinen Vater besuchte ich natürlich auch einmal in seiner Dienststelle, obwohl er während meines Urlaubs so oft er konnte zu Hause war. Er hatte als ehemaliger Teilnehmer des 1. Weltkrieges auch ein natürlicheres Verhältnis zu meiner momentanen Situation und sah alles wesentlich realistischer. Eines Abends zu Hause, schenkte er mir eine Pistole mit dem Kaliber 7,65 Marke „Walther", die kleinste 7,65er die es gab. Als hätte er gewusst, dass von der 2. Sicherungsdivision angeordnet worden war, alle Angehörigen der Kriegsmarine haben ab sofort beim Landgang, stets eine Schusswaffe zu tragen. Begründet wurde dieser Befehl, den zunehmenden Überfällen in den Westgebieten durch Partisanen und Widerständlern zu begegnen, da Wehrmachtsangehörige außerhalb ihres Dienstes meistens unbewaffnet ausgingen.

Es gelang mir tatsächlich einmal abends auszugehen. Ich traf mich mit einem Marineangehörigen, den ich während eines Stadtbummels kennen gelernt hatte. Er regte an, am Abend ein nettes Lokal in Elberfeld aufzusuchen, dort würde eine Band spielen. Meiner Mutter brachte ich bei, dass ich mich mit einem Kameraden treffen wollte, denn es gefiel ihr ja nicht, mich abends nicht bei sich zu Hause zu haben. So traf ich mich mit dem Kumpel, gemeinsam fuhren wir mit der Schwebebahn nach Elberfeld. Beim Betreten des Lokals, das wegen der totalen Dunkelheit nicht leicht zu finden war, stellten wir fest, fast alle Tische waren besetzt, vor allem von weiblichen Gästen. Schnell hatten wir einen Tisch entdeckt, an dem zwei recht hübsche Mädels saßen und steuerten darauf zu. „Guten Abend, können wir uns zu ihnen setzen"? „Ja natürlich" antworteten beide. Nachdem wir uns gesetzt hatten, begannen wir das Gespräch mit wenig geistvollem Inhalt. Über das Wetter, was sie beruflich tun, ob sie öfter in diesem Lokal anzutreffen sind, wie ihnen die Musik gefällt und was es sonst noch so zu fragen gab, um eine Unterhaltung in Gang zu bringen. Zuerst war es ein wenig zäh, aber je länger wir dort saßen umso besser wurden die Gespräche. Natürlich luden wir sie zu einem oder mehreren Getränken ein. Die Band spielte die üblichen bekannten Schlager. So konnten wir uns über die Musik unterhalten, bedauerten aber, dass seit Kriegsbeginn ein Tanzverbot in allen öffentlichen Räumen galt und auch für die Bands kein Jazz mehr erlaubt sei. Ab 22 Uhr durften sie überhaupt nicht mehr spielen, aber auch die Lokale hatten zu schließen. Es blieb uns deshalb nichts anderes übrig, als die Zeche zu zahlen, gemeinsam aufzustehen und dem Ausgang zuzustreben. Mich traf fast der Schlag als ich feststellen musste, dass das Mädel, welches mir gegenüber gesessen und mit dem ich mich so nett unterhalten hatte, stark humpelte. Sie hatte ein steifes Bein, möglicherweise durch Kinderlähmung. Sie tat mir aufrichtig leid und ihre Situation beschäftigte mich noch eine ganze Zeit. Pläne konnte man in diesen Zeiten nicht machen, weshalb wir uns auch nur für den schönen Abend bedankten und alles Gute wünschten. Meine Mutter aber war nicht zu Bett gegangen, sondern erwartete mich, wahrscheinlich schon sehnlich.

Die Urlaubszeit verging wie im Fluge. Allmählich rückte der Abreisetag näher. Gedanklich beschäftigte ich mich mit meinen Kameraden und vor allem mit M 3617, bei dem ich mich ja zurückmelden würde, wodurch mich die Abschiedsstimmung nicht zu sehr belastete. Gewiss, was auf uns zukommen würde wusste keiner. Ich fuhr wieder dorthin wo geschossen wurde, umgeben von Elementen. Die Eltern und meine Schwester blieben zurück und konnten nicht ahnen, was die nächtlichen feindlichen Einflüge anrichten würden. Deshalb hieß es für uns: Werden wir uns wieder sehen? So brachten mich meine Mutter, mein Vater und meine Schwester in bedrückter Stimmung am 7. März 1943 zum Bahnhof. Mit Kuchen, Süßigkeiten und auch mit etwas Wäsche, hatte mich meine Mutter versorgt. Großer Abschied mit vielen Tränen, langem Winken und ab ging es nach Düsseldorf. Dort bestieg ich den Fronturlauberzug nach Brüssel. Während der langen Bahnfahrt beschäftigte ich mich geistig, mit dem im Urlaub Erlebten. Dabei kam mir eigentlich nie der Gedanke, dass ich meine Eltern und Schwester nicht mehr wieder sehen könnte. Genau so wenig zweifelte ich daran, dass mir etwas passieren würde. So war ich auch sicher mein Boot M 3617 unversehrt anzutreffen. Gut, vielleicht hatten die Jungens während meiner Abwesenheit einiges erlebt, das gestand ich ihnen ja zu. Erfolge sollten sie aber ohne mich nicht gehabt haben. Mit diesen Gedanken entfernte ich mich mehr und mehr von meiner Heimat.

In Brüssel angekommen stellte ich fest, eine Weiterfahrt nach Dünkirchen ist erst am nächsten Morgen möglich. Ich musste also hier übernachten. Aber wo? Zunächst übergab ich mein Gepäck der Wehrmacht-Gepäckaufbewahrung. Dort hatten sich etliche Marineangehörige mit dem gleichen Problem eingefunden. Gemeinsam gingen wir zum Ausgang um zu überlegen, wo oder in welchem Hotel wir unterkommen. Vor dem Bahnhof gab es, wie in der ganzen Stadt, infolge der Verdunkelung nicht viel zu sehen. Lediglich eine Gruppe Mädels stand am Eingang, die offenbar unsere Situation kannten. In leidlichem Deutsch machten sie uns verständlich, dass sie in der Nähe des Bahnhofs Zimmer hätten und uns für eine Nacht aufnehmen könnten. Was sollten wir hier noch lange herumstehen und palavern, außerdem war es kalt. Ein nettes Mädel, eine warme Behausung und ein Bett waren schon verlockend. Ich sagte einem Mädel, dass ich am nächsten Morgen schon um 7 Uhr aufstehen müsste, um meinen Zug zu bekommen. „Nix Problem, hab` Wecker"! Einige zögerten noch.

In Brüssel sollten sich die Überfälle auf deutsche Soldaten gesteigert haben, hörte man. Das war auch meine innerliche Sperre, die mich hinderte spontan zuzusagen. Doch mir wurde kalt. Ich schob alle Bedenken beiseite und sagte, „los, gehen wir"! Während wir los zogen nahm ich die Pistole, die ich von meinem Vater bekommen hatte, lud durch, zeigte dem Mädel dass sie geladen war und hielt sie entsichert mit dem Finger am Abzug in meiner Hosentasche auf sie gerichtet. Das Mädel wusste, würde mir etwas passieren, wäre sie das erste Opfer. Ein Überfall, ein Hinterhalt oder eine Falle hätte für sie üblen Folgen. Dennoch war mir etwas mulmig, als wir durch die engen Gassen gingen. Mir kamen doch Gedanken, ob ich nicht etwas leichtsinnig gehandelt hatte? In diesem Moment aber standen wir vor dem Haus, sie schloss auf und stieg mit mir drei Treppen hoch und schon standen wir in einem einfach eingerichteten Zimmer. Aber es war mollig warm! Wir krochen ins Bett. Ich legte meine Pistole unter mein Kopfkissen. Jetzt hörten wir Schritte im Treppenhaus. Ich nahm meine Pistole, entsicherte, das Mädel öffnete die Tür einen Spalt und lachte. Denn eines der Mädel vom Bahnhof, kam mit einem Matrosen die Treppe herauf und ging in ihr Zimmer. Vorher aber verabredete ich mich mit dem Matrosen, am nächsten Morgen gemeinsam zum Zug zu gehen. So geschah es dann auch.

Mittags kam ich mit dem Zug in Dünkirchen an. Mit schnellen Schritten strebte ich dem Hafen und der Mole 3 zu, wobei mich die Frage beschäftigte, liegt M 3617 dort, ist es überhaupt in Dünkirchen? Was wird in der Zwischenzeit passiert sein? Werde ich viel versäumt haben? Ob aber M 3617 überhaupt noch existierte, diese Frage stellte sich mir nicht, obwohl nur ein Minentreffer als Antwort genügt hätte. So überraschte es mich nicht, M 3617 mit anderen Booten der Gruppe im „Päckchen" an der Pier zu sehen. Schnell ging ich hinunter ins Wohndeck und traf dort Pit den ich gleich fragte, „war in der Zwischenzeit etwas besonderes los“? „Nee“ antwortete er was mich erleichterte. Ich hätte mich nämlich geärgert wenn mir etwas entgangen wäre. So meldete ich mich überall zurück und zog mich bordgerecht um. Nachdem ich alles eingeräumt und mir Horst über die Geschehnisse der letzten 14 Tage berichtet hatte, fühlte ich mich wieder wie zu Hause. Unser Boot hatte überwiegend in der Werft gelegen, so dass Horst bei Einsätzen aushelfen musste. Der nächste Einsatz wurde für den übernächsten Tag den 11. 3. 43 angesetzt.

Der Alltag hat mich wieder

Wir bekamen den Befehl auszulaufen, um festzustellen ob eine Suchfahrt möglich sei. Vor der Mole blies uns ein starker Steam entgegen, die Wellen gingen hoch, so dass wir schnell wieder einliefen. Der Einsatz wurde abgeblasen. Die nächsten 5 Tage änderte sich das Wetter nicht und so waren unsere Ziele das Soldatenkino, „Poulette“, „Jaqueline“ oder „Jeanette“. Erst am 18. März wurde das Wetter besser, so dass wir endlich wieder wussten, warum wir eigentlich hier waren. Zwischen Dünkirchen und Calais lag auf halbem Weg der Ort Gravelines. Auf See lag in Höhe dieses Ortes die Kennung „AW“, in der Umgangssprache „Anton Willi“, die bei vielen Räumfahrten das Umkehrziel bedeutete. So auch in der nächsten Zeit. Trotz schlechten Wetters, ging es jede Nacht raus mit allen einsatzfähigen Booten. Die Seeleute taten mir bei diesem Sauwetter leid, insbesondere wenn sie das Räumgerät einholen mussten. Die Arbeit in stockdunkler Nacht, mit ständig schwankendem Boot, in zwei Reihen hintereinander, durch die Beine die nassen Kabel über Hand ziehen, wobei die „Nummer1“ am Ende der Schanz (Ende des Bootes über Wasser) unter sich die gurgelnde See, eine Reihe anführte, der Sperrmechaniker die zweite, wobei es leicht passieren konnte, dass einer der Leute durch die unregelmäßigen Bewegungen des Schiffes ins Wasser stürzte. In der Dunkelheit bei Seegang und der Drift des Wassers, fast ein tödlicher Vorgang. Es war schon eine Schinderei. Dagegen war das Geleit fahren, schon wesentlich angenehmer, wenn auch nicht ungefährlicher.

An Bord herrschte Kameradschaft in des Wortes wahrster Bedeutung. Jeder musste sich vorbehaltslos auf den anderen verlassen können. Befand sich mal ein Außenseiter in dieser Gefahrengemeinschaft gab es zwei Möglichkeiten, entweder er fügte sich ein oder nicht. Tat er das nicht, würde er gnadenlos „heraus gebissen“, hätte keine frohe Stunde an Bord, würde ständig schickaniert, wo immer es ging. Die gesamte Besatzung hätte auf eine Abkommandierung gedrängt und ein Kommandant war auf ein friedliches Klima auf seinem Schiff angewiesen. So erging es Peter Sch., einem Krefelder Matrosengefreiten mit Geschützführerlehrgang, der an allem etwas auszusetzen hatte, alles besser wusste, immer das letzte Wort hatte, obwohl er neu an Bord war. Irgendwie tat er mir leid, da jeder versuchte, ihm das Leben an Bord schwer zu machen. Ihn beeindruckte das aber kaum, er hatte ein unwahrscheinlich dickes Fell. Das aber reizte die anderen umso mehr. Einen derartigen Querulanten an Bord konnte die Besatzung nicht ertragen. Er wurde abkommandiert. Auf den Sperrbrecher 184 kam er zur Geschützbedienung des achteren Geschützes, flog bei einer der nächsten Einsätze durch eine Minenexplosion außenbords und ertrank. Mich bedrückte sein Schicksal. Hätte er sich auf 17 angepasst, wäre ihm das nicht passiert.

Aber auch die Vorgesetzten an Bord zählten zu der Gefahrengemeinschaft. Das wussten sie und sie verhielten sich auch dementsprechend. Militärischen Drill oder Umgangston im Kasernenhofsstil gab es nicht. Die Besatzung respektierte die Vorgesetzten, mehr aber auch nicht. Man begegnete ihnen an Bord täglich immer und immer wieder. Lediglich der Kommandant wurde einmal pro Tag gegrüßt, das war`s aber auch schon. Ein Befehl wurde nicht mit Hacken zusammen knallen entgegen genommen, man sagte lediglich „jawohl" und tat das was der Befehl forderte, völlig unmilitärisch. Ein neu an Bord kommandierter Vorgesetzter musste sich gewaltig umstellen, wollte er keine Probleme mit der Besatzung bekommen. In aller Regel informierten die anwesenden Maaten, den neu hinzu gekommenen Kollegen. Schwierig war es natürlich für Maaten, die frisch von der Unteroffiziersschule kamen. Kasernenhofdrill gewohnt, das Bewusstsein jetzt etwas befehlen können und nun in ein solches Klima, wie bei der 36. Minensuch versetzt zu werden, brachte Probleme mit sich. Genau so erging es Maaten die von einem Dickschiff oder Landkommando kamen. Sie unterlagen den gleichen ungeschriebenen Gesetzen wie jeder der Besatzung, entweder man passt sich an oder man wird dazu gezwungen. Da gab es die Geschichte eines frisch auf ein Boot kommandierten Bootsmaaten, der militärisches Verhalten der Besatzung forderte und befahl. Er ließ sich auch nicht von Kollegen belehren. Beim Einholen des Suchgerätes steht der Bootsmaat als erster am Heck, in tief dunkler Nacht, unter ihm brodelt das Heckwasser. Beim Schlingern des Bootes bekommt er einen kleinen Schubs und fällt ins Wasser. Sollte das eine Warnung sein hieße es sofort „Mann über Bord" und man könnte ihn wieder herausholen. In besagten Fall aber war es keine Warnung mehr, man war sich einig. Nach dem leichten Stoss fiel der Maat ins Wasser, eine halbe Minute später hieß es, „Mann über Bord". Bedingt durch die Strömung war er schon so weit abgetrieben, dass eine Rettung in der Dunkelheit unmöglich war. Die Gesetze einer Einheit im Fronteinsatz waren hart, mussten aber sein, denn alle wollten überleben.

Lagen wir an der „Mole 3" und der Ruf um die Mittagszeit schallte über die Pier „Post abholen", rannte der Nächst eines jeden Bootes zur Schreibstube, dort wo in einem Vorraum die Post durch den „Postbüttel" ausgegeben wurde. Schnell bildete sich eine erwartungsvolle Traube von Matrosen. „Maschinengefreiter Meier" rief der „Postbüttel", „hier" rief derjenige, zu dessen Boot der Maschinengefreite Meier gehörte und erhielt einen Brief, Päckchen oder was es sonst war. So rief der „Postbüttel" einen nach dem anderen auf wobei es vorkam, dass ein Brief an einen „unbekannten Matrosen" adressiert war. Irgendeiner meldete sich und bekam den Brief. Es gab unter den Besatzungen Matrosen die wenig oder gar keine Post bekamen, denen gab man diese Briefe an „unbekannte Soldaten". Meistens waren es Mädels die Kontakte, Bekanntschaften oder nur Briefpartner suchten. Im Vorraum der Schreibstube gab man auch die Post ab, die für die Heimat bestimmt war. Sämtliche Post während des Krieges an Wehrmachtsangehörige des Heeres, der Luftwaffe oder Kriegsmarine adressiert oder von diesen in die Heimat geschickt wurden, waren gebührenfrei, lediglich der Vermerk „Feldpost" musste auf dem Umschlag angebracht sein. Eine leider wenig oder gar nicht gewürdigte Leistung der Post, die täglich Millionen von Briefen, Päckchen und Paketen, egal wo sich deutsche Soldaten aufhielten, zu ihren Einheiten expedierten.

Unseren Postbüttel, einen Obergefreiten, lernte ich eines Landganges kennen. Ein lustiger Typ, überfreundlich, großzügig, übernahm die Zeche in der Kneipe, legte aber auch Wert als spendabel angesehen zu werden, war lustig, erzählte Witze „am laufenden Band". Mir aber war er zu freundlich, auch etwas zu großzügig, jedenfalls hinderte mich innerlich irgendetwas, weiteren Kontakt mit ihm zu pflegen und ich ging ihm aus dem Wege. Eines Tages wurde er verhaftet. Er hatte Feldpostpäckchen veruntreut. Das galt im Kriege als eines der schwersten Verbrechen. Oft befanden sich in den Feldpostpäckchen vom Munde abgesparte Waren, die Familienangehörige ihren Liebsten schickten. Umso härter fielen in solchen Fällen die Strafen aus, die bis zur Todesstrafe gingen. Was er für eine Strafe bekam, wissen wir nicht. Für mich aber eine Bestätigung „meiner inneren Stimme", die mich indirekt vor einem weiteren Kontakt mit dem Postbüttel warnte.

Wegüberwachung mal nach Osten mal nach Westen, Suchfahrten, Geleitfahrten, Positionsfahrten waren unsere nächtlichen Einsätze. Dabei konnte es passieren, dass per Funk Meldungen kamen, „Boote der 46. Minensuchflottille stehen im Gefecht mit feindlichen Schnellbooten" oder „Einheiten einer Räumbootsflottille räumen eine Mine". Bei dickstem Nebel gab es mehrmals „Alarmstufe1", einmal sogar „Höchste Alarmbereitschaft". Sofort wurde in den Außenhafen durchgeschleust, wobei die Geschütze besetzt sein mussten. Ein andermal fiel während unseres Einsatzes der große E-Diesel aus und das Notstromaggregat musste den Ersatz liefern. Dabei meldete der Funk, dass sich ein Boot der 15. Vorpostenflottille ein Gefecht mit feindlichen Schnellbooten und Flugzeugen lieferte. Das Notstromaggregat jedoch konnte nicht ausreichend Strom liefern, weshalb das MES nicht eingeschaltet wurde. Daraufhin bekamen wir den Befehl nach Dünkirchen zurück zu laufen. Leider konnten wir nicht einlaufen, da die Sperre nicht geöffnet wurde. Alle Häfen der Kanalküste wurden durch Netzsperren gesichert, die das Eindringen feindlicher Einheiten unmöglich machten. Über die gesamte Breite der Hafeneinfahrt sperrten Stahlnetze, die unter Wasser bis zum Grund reichten und von Bojen getragen wurden, die Hafeneinfahrt. Für diese Sperren waren die kleinen ehemaligen jetzt bewaffneten Fischkutter der Hafenschutzflottille verantwortlich. Jedes Auslaufen und jedes geplante Einlaufen wurde der Hafenschutzflottille gemeldet, so dass jeweils die Sperre geöffnet war. Kam jedoch eine deutsche Einheit außerhalb der angegebenen Zeiten, so forderten die Angehörigen des Hafenschutz die den Leuchtturm am Hafeneingang besetzt hatten, das ES (Erkennungssignal). Erst wenn das stimmte, wurde die Sperre für das Einlaufen der Einheit geöffnet. M 3617 lag nun vor der Hafeneinfahrt, gab wiederholt das ES ab, doch es rührte sich nichts. Entweder war der Leuchtturm nicht besetzt oder der zuständige Posten schlief. Erst nach 2 Uhr bequemte man sich die Sperre zu öffnen.

Während der Gruppenführer auf dem Führerboot seine Kammer hatte, ebenso der Gruppenmaschinist und der Gruppenfunkmaat, wurden sie natürlich auch dort verpflegt. Der Sanitätsgefreite der das Revier leitete und der Schreiber der die Gruppenschreibstube beherrschte, wohnten an Land und wurden von unterschiedlichen Booten verpflegt. Der „Schreibstubenhengst" wurde von M 3617 versorgt. Das hatte den nicht zu unterschätzenden Vorteil, wir erfuhren immer etwas mehr von den Geschehnissen in der Gruppe. Beispielsweise hörten wir zuerst wer befördert oder wer abkommandiert wurde, auf welches Boot ein Neuer kam, wer etwas angestellt hatte und so weiter. So konnte ich auch unseren „Essensgast" nachdrücklich darauf aufmerksam machen, wie ich das auch schon beim Funkmaat getan hatte, dass meine Beförderung bisher vergessen sei. Er versprach sich darum zu kümmern.

Es wäre wohl nicht wahr, wollte jemand behaupten, ein Soldat würde auf Auszeichnungen keinen Wert legen. Das war meistens wichtiger als eine Beförderung. Natürlich galt das auch für Besatzungen von Kriegsschiffen. So gab es für alle Waffengattungen so genannte Kriegsabzeichen. Für das Heer beispielsweise, das Infanteriesturmabzeichen oder das Panzerabzeichen für eine bestimmte Anzahl von Leistungen im Feindeinsatz. Die Kriegsmarine vergab das Dickschiffabzeichen (Kreuzer, Schlachtschiffe, Zerstörer und dergl.), das U-BootEhrenzeichen, das Schnellbootabzeichen und das Kriegsabzeichen für Minensuch, Vorpostenund Sicherungsverbände. Ein äußeres Zeichen dass der Träger Kriegseinsätze, Angriffe und Gefechte mitgemacht hatte. Verständlich, dass derjenige der das noch nicht besaß, danach strebte. Es gehörte bei uns mehr oder weniger zur Uniform! An Bord wurde vom Decksältesten eine Kladde mit den Namen sämtlicher Besatzungsmitglieder geführt, in der jeder Einsatz an dem ein Besatzungsmitglied teilgenommen hatte, registriert wurde. Grundlage für die Verleihung des Kriegsabzeichens waren 100 Punkte. Diese setzten sich aus unterschiedlichen Bewertungen zusammen. 100 Punkte erhielt jemand der den Untergang des Schiffes, auf dem er diente, überlebt hat. Ein Gefecht auf See zählte 33 Punkte, eine geräumte Mine 10 und eine Einsatzfahrt (Such, Geleit, Positionsfahrt und dergleichen) 0,75 Punkte. Selbst wenn die Bedingungen erfüllt waren, wurde weiter registriert. Das hatte jedoch nichts mit der Verleihung der Eisernen Kreuze wie EK II und EK I zu tun. Die gab es für besondere Leistungen vor dem Feind, wie „Deutsches Kreuz in Gold“ und auch das „Ritterkreuz“ in mehreren Stufen, die aber für uns kaum erreichbar waren. Während die Geschützbedienungen, neben dem Kommandanten, am ehesten die Möglichkeit hatten sich auszuzeichnen, war das für das Maschinenpersonal, den Funktionären, darunter dem Funkpersonal nur in Ausnahmefällen möglich.“

Die Reparatur unseres großen E-Diesels verschaffte uns ein paar Tage Werftliegezeit, über die wir nicht böse waren, denn es herrschten die Frühjahrsstürme, die Einsätze nicht gerade zu einer angenehmen Beschäftigung werden ließen. Doch schnell waren diese Tage vorbei und es ging wieder raus! Diesmal zu einem merkwürdigen Unternehmen. Wir M 3617, M 3636, M 3619 und M 3620 fuhren Suchaufgaben mit den Suchgeräten SSG und gleichzeitig Geleit für einen 800 Tonnen Dampfer der zum Umbau in die Werft sollte, dazu ein weiterer Dampfer, 3 Hochseeschlepper und 3 Räumboote (R-Boote), von einem fehlte durch Minentreffer das Heck, weshalb das beschädigte Boot von den beiden anderen RBooten unterfangen und mit dem Bug achteraus geschleppt wurde. Wir hatten noch einige Stunden vor uns, als M 3620 eine Torpedolaufbahn sichtete, die das Führerboot verfehlte. Offenbar stammte der Torpedo von einem britischen MTB das bei Nieuwpoort ein Hafenschutzboot kampfunfähig geschossen und geentert hatte. Unsere Gegner waren scharf auf die „Enigma“, die Ent-und Verschlüsselungsmaschine, weshalb die Chance zum Entern genutzt wurde. Für einen solchen Fall hatten wir ja im Funkraum die Sprengladung, um die Enigma und die Geheimsachen zu vernichten. Während wir unbehelligt Richtung Ostende liefen, wurde die Gruppe „Caesar“, die von Dünkirchen nach Calais unterwegs war, von britischen Schnellbooten angegriffen, wobei auf unserer Seite einige leicht verwundet wurden. Plötzlich trat dichter Nebel auf, der uns jedoch nicht ans Einlaufen in Ostende hinderte.

Nachdem wir unser Programm in Ostende abgespult hatten, holte ich mir vom Schneider den bestellten und angemessenen Kolani, natürlich gegen Bezahlung und dann ging es abends raus Richtung Dünkirchen. Was wir nicht voraussehen konnten, die Rückfahrt verlangte von uns das Letzte. Der Nebel war einem steifen, kalten Nordostwind gewichen. Wegen des zunehmenden Seeganges konnte kein Gerät ausgebracht werden. Der Wind nahm ständig zu, natürlich auch der Seegang. Per Funk kam „Sturmwarnung mit Windstärke 8“! Stärke 8 bis 10 bedeutete Orkan! Ab Tonne „Emil 1“, in Höhe von Nieuwpoort, ging es erst richtig los. Unser Boot schlingerte und stampfte furchtbar. Kein Funkverkehr, wer wollte auch bei solch einem Wetter auslaufen! Warum wir das unbedingt mussten konnte nur bedeuten, in Dünkirchen befinden sich keine Seestreitkräfte, die zur möglichen Verteidigung notwendig waren oder aber es erwartete uns irgendeine besondere Aufgabe. Ich versuchte mal frische Luft zu schnappen und schaute von der Brücke über das Schiff. Es sah gespenstig aus, wenn die See von vorne über die Back und das Deck rollte und man vom Schiff nichts mehr sah, lediglich die Geschützrohre, die aus dem brodelnden Wasser hervorschauten. Zwischen den anrollenden Wogen sah man kurz die Geschützbedienungen die sich angeseilt hatten und schon rollte der nächste Brecher über das Boot. Plötzlich sah ich neben uns das Nachbarboot hoch auf einem Wasserberg, gleich danach in einem tiefen Wassertal, worin es verschwand, um auf einem hohen Wasserberg wieder aufzutauchen. Das Wetter wurde schlechter und schlechter! Obwohl die Maschine 3 mal AK (Äußerste Kraft) lief, kamen wir nur ganz allmählich vorwärts. Im Funkraum lag mal wieder alles was nicht fest vernietet oder verschraubt war auf dem Boden. Vor dem Auslaufen hatten wir unseren Sender M 3620 abgeben müssen, da der vom Führerboot defekt war. Im Seenotfall hätte er uns auch nichts mehr genützt, denn bei diesem Orkan hätte uns keiner helfen können. Plötzlich vom Schiffsboden her ein Rumpeln und Krachen. Wir müssen mit einem unter Wasser befindlichen Wrack Berührung gehabt haben. Nach Kontrolle, Gott sei Dank kein Wassereinbruch! Meter um Meter kämpfen sich die Boote vorwärts. Endlich nach 8 Stunden (!) wird Dünkirchen erreicht. Nach dem Festmachen ging es ans Aufräumen im Wohndeck, das wieder schrecklich aussah. Die Milchsuppe tat gut. Danach fielen alle wie Tod in die feuchten Kojen.

Die nächsten Wochen sahen uns, bei wesentlich besserem Wetter, mit den Booten unserer Gruppe, im Seegebiet zwischen Dünkirchen und Ostende. Die Fahrstraßen in diesem Bereich wurden konsequent geräumt. Einmal detonierte dabei bei „Emil 6“ eine an Land gespülte Mine, dann fiel mal wieder unsere Maschine aus, so dass wir von einem Schlepper auf den Haken genommen wurden, bis sie wieder ansprang, Ein andermal fiel die von M 3611 aus, das von einem anderen Boot geschleppt wurde. In einer Nacht beobachteten wir in Höhe Nieuwpoort auf der Seeseite ein kurzes aufblitzen von Lichtern. Uns war bekannt, dass sich dort keine deutschen Einheiten befinden konnten. Also waren es feindliche S-Boote. Natürlich war bei uns alles klar zum Gefecht, aber es tat sich nichts. Dann gab es mal wieder zwischen Dünkirchen und Ostende „Fliegeralarm“.

Ein feindlicher Nachtjäger fliegt sehr niedrig über das Wasser, offensichtlich suchend. In der Dunkelheit scheint er uns nicht zu erkennen. Wir waren natürlich gefechtsbereit, doch er tat uns nicht den Gefallen. In einem Funkspruch erfahren wir, dass die Gruppe „Anton" einen Tieffliegerangriff vor Ostende zu überstehen hatte, wobei M 3606 beschädigt wurde und mehrere Schwerund Leichtverwundete zu verzeichnen waren. So verging eine Nacht nach der anderen. Der Einsatz war relativ eintönig, mit wenigen Ausnahmen, aber ein notwendiger Dienst. Das Wasser war selten spiegelglatt und bedeutete für die Besatzung unserer relativ kleinen Schiffe eine ständige körperliche Anstrengung, mit einer notwendigen guten Kondition, zu der noch die geistige Konzentration, kam die lebensnotwendig wurde, denn jede Sekunde konnte aus den Wolken ein Jagdbomber herabstoßen, auf den man blitzschnell reagieren musste. Wir waren also wirklich „die Kanalarbeiter" die ihr Kriegshandwerk im Dunkel der Nacht versahen, unbemerkt von der Öffentlichkeit. Keine Siegesmeldungen wiesen auf die „Nachtarbeiter" hin, während die Erfolge der U-Boote ständig Sondermeldungen veranlassten, mit dem Wortlaut: „Das Oberkommando der Wehrmacht gibt bekannt". Unsere Einsätze waren nicht erwähnenswert.

Die Frühjahrsstürme bescherten uns einige einsatzfreie Nächte, bis der Seegang wieder erträglicher wurde und wir mit dem Tonnenleger zu Tonnenarbeiten auslaufen mussten. Doch selbst dafür war der Seegang noch zu stark und wir liefen ein. Doch in der folgenden Nacht klappte es. Dann lösten wir wieder einmal die Aufgabe als Minensuchboot und fuhren mit Gerät nach Ostende. Dort fühlten wir uns immer besonders wohl, im Gegensatz zu dem völlig zerstörten Dünkirchen. Doch diesmal konnten wir unser Programm „Thermalbad und Mutti" nicht abwickeln, denn völlig unerwartet kam der Befehl zum Ablegen, obwohl ein Teil der Besatzung in der Stadt war. Unser Befehl lautete, als Führerboot das Artillerieschulboot „Reiher", ein altes deutsches Torpedoboot des 1. Weltkrieges, auf dem „Landweg", durch die Kanäle nach Zeebrügge zu bringen. Während wir in den „Kanal van Brügge naar Ostende" schleusten, sprangen die fehlenden Besatzungsmitglieder an Bord, so dass wir wieder vollzählig waren. M 3617 fuhr voraus, gefolgt von „Reiher" und den weiteren Booten der Gruppe. Natürlich waren alle Stationen besetzt und gefechtsbereit. Kühler Wind mit kräftigem Sonnenschein gestaltete die Temperatur frühlingshaft, so dass wir unsere Funkstation bei mäßigem Verkehr, kurzerhand nach draußen verlegten. Der Kanal zog sich in leichten Bögen durch die Landschaft, meistens auf beiden Seiten von Bäumen gesäumt, durch Wiesen, Felder und kleine Orte. Mich beschlich ein eigenartiges Gefühl, während wir so bei frühlingshaftem Wetter und strahlenden Sonnenschein durch die Gegend schipperten, als ob wir in Friedenszeiten eine Kaffeefahrt machten. Eigentlich kannte ich doch nur Nachtfahrten im engen Funkraum. Feindliche Flugzeuge ließen sich nicht sehen, während uns zwei deutsche Jagdflugzeuge erschreckten, da wir sie nicht gleich als deutsche erkannten. Sie übten Angriff und wir Abwehr, so hatte beides einen Sinn. Kurz vor dem Wechsel in den „Boudewijn Kanal“ hatte „Reiher“ einen Ruderdefekt, der aber schnell behoben wurde. Nach einigen Stunden erreichten wir den Hafen von Zeebrügge. Dort erwartete uns Boot M 3619 dass ein beschädigtes R-Boot von Dünkirchen nach hier geschleppt hatte und wegen des schlechten Wetters nicht weiter kam. „Reiher“ machte im Hafen fest, während wir das an der Mole taten. Doch lagen wegen der von See kommenden hohen Wellen die Boote hier so unruhig, dass auch wir in den Hafen verlegten. Dort an der Signalstation lagen auch die Einheiten der Gruppe „Anton“. Am nächsten Tag liefen wir mit „Reiher“ aus, lieferten das Boot in Vlissingen ab und da sich das Wetter zusehends verschlechterte, machten wir wieder in Zeebrügge an der Signalstation fest. Noch eine weitere Nacht hielt uns das schlechte Wetter in Zeebrügge, mit der längsten Mole der Welt, fest. Dann aber ging es zurück nach Dünkirchen. Jetzt wehte nur ein laues Lüftchen, die See hatte sich beruhigt, doch der Vollmond ließ uns besonders wachsam sein. Diese helle Nacht reizte die feindlichen Nachtjäger uns anzugreifen, deshalb wurde der Gefechtsstand für den in der Mastspitze befindlichen Flammenwerfer besetzt, der zur Abwehr tief fliegender Jagdbomber verwendet werden sollte.

Die Einsatzdauern richteten sich nach der Dunkelheit, je länger der Tag, je kürzer die Nacht und die Einsatzzeiten. So ging es um 22 Uhr nach Calais, wo ein Geleit abgeholt werden sollte. Dort stellte sich aber heraus, dass es sich um sehr langsam fahrende Prähme handelte und eine Rückfahrt nach Dünkirchen in der gleichen Nacht nicht möglich war. Diese wurde auf die nächste Nacht verschoben und wir blieben in Calais. Am Seebahnhof machten wir fest, dem Bahnhof den in Friedenszeiten Reisende für einen Englandaufenthalt benutzten, um von dort auf ein Fährschiff nach Dover umzusteigen. Nach dem Morgenkaffe kletterten wir die am Bahnhof befindlichen Kräne hinauf, um mit dem Fernglas zum 30 Kilometer entfernten Dover zu schauen. Mich berührte es schon eigenartig, dort in Feindesland die Häuser, ja die Fenster und Türen so nahe zu sehen. Nach dem Mittagessen gingen die meisten der Besatzung in die Stadt. Ich kannte Calais noch nicht und schloss mich an, zumal wir nicht so häufig nach dort kamen. Der Weg vom Seebahnhof zur Stadt führte am Innenhafen vorbei, den die Gruppe „Caesar“ als Einsatzhafen benutzte. Eingangs der Stadt passierte man das wunderschöne alte historische Rathaus, bog dann in die Hauptstraße ein, die zu einem Platz inmitten der Stadt führte, an dem sich das Theater befand. Dort setzten wir uns in eine Kneipe oder Bistro und beobachteten das lebhafte Treiben der Bürger in der fast unzerstörten Stadt. Es wimmelte nur so von Menschen, man konnte sich nicht vorstellen dass Krieg herrschte und das Land von fremden Truppen besetzt war. Wovon lebten die Menschen hier, wo und vor allem was arbeiteten sie? Diese Fragen konnten wir nicht klären, aber sie beschäftigten uns. Um 22 Uhr erst legten wir ab zur Rückfahrt nach Dünkirchen mit den langsamen Prähmen und einem geschleppten Schlepper bei ruhigem Wasser. Die nächsten Einsätze sahen uns bei mondhellen Nächten und besetztem Flammenwerfer mit Räumgeräten auf See. Darunter war auch ein Einlaufen in Ostende, an einem wunderschönen Frühlingstag. Leider konnten wir diesen Sonnentag nicht nutzen, denn M 3617 hatte Wachboot. Das betraf uns Funker zwar nicht, doch wir verhielten uns solidarisch mit der übrigen Besatzung, die an der Pier abwechselnd mit Posten und Läufer Wache schoben. Ich legte mich ein wenig in die Frühlingssonne, schrieb Briefe, einen an die Eltern und meine Briefpartnerin Rosemarie, die ich ja, anlässlich unseres letzten Familienurlaubs in Oberjoch 1939, kennen gelernt hatte. Rosemarie schrieb mir alle paar Wochen einen Brief, über den ich immer sehr freute, hatte ich doch ein Faible für sie. Nachmittags haute ich mich in meine Koje las und schlief. Spät abends wurde ich wach, denn es war recht laut geworden. Der Kommandant Obersteuermann Richter, gelernter Dachdecker, leicht rötliche Haare, Berufssoldat, Spanienkriegsteilnehmer der gerne mal „Einen" zu sich nahm, hatte offenbar an diesem Tag „Einige" zu viel getankt, stellte sich plötzlich an die Pier und kassierte von jedem Matrosen, der nach 22 Uhr auf sein Boot wollte, das Soldbuch, den Personalausweis des Soldaten. Völlig überflüssig! Als „Schwimmende Einheit im Fronteinsatz" galt für jeden der Besatzung zeitlich unbegrenzter Urlaub. Nicht genug mit diesem Blödsinn, er rutschte auf der glitschigen 7 Meter langen Leiter zu seinem Boot noch aus, fiel ins Wasser, lebensgefährlich zwischen Boot und Kaimauer. Dem schallenden Gelächter das sofort erlosch, folgte hektische Aktivität. Die Schiffe liegen auch im Hafen trotz Festmacherleinen nicht ruhig an der Pier, sie bewegen sich immer zur Kaimauer und zurück, so das ein Mensch zwischen Boot und Kaimauer erdrückt werden kann, trotz der den Schiffsrumpf schützenden Fender. Es musste schnell gehandelt werden. Die Wachtposten zogen mit einigen aus der Stadt kommenden Matrosen, unseren Obersteuermann aus dieser misslichen Lage. Am nächsten Tag lagen eine ganze Anzahl Soldbücher zum Trocknen in der Sonne an Oberdeck, die von den Besitzern nacheinander abgeholt wurden. Wenn auch dieser Vorgang mit dem „Mantel der christlichen Nächstenliebe" zugedeckt wurde, wir jedenfalls konnten noch lange danach schadenfroh darüber lachen.

Bei leichtem Seegang ging die Suchfahrt zurück nach Dünkirchen. Es war verdammt hell, so dass es schon bei Nieuwpoort „Fliegeralarm" gab. Ein tief fliegender Nachtjäger flog unser Boot von vorne an, drehte ab, machte einen

Bogen und griff die mit Suchgerät nebeneinander fahrenden Boote mit seinen Bordwaffen an. Alles feuerte aus sämtlichen Rohren auf das Feindflugzeug das Richtung Land flog und dort von der Landflak empfangen wurde. So gefährlich dieser Angriff war, die Leuchtspurmunition zauberte ein phantastisches Feuerwerk. Das außen fahrende M 3614 hatte durch eine Reihe von Treffern Schwer- und Leichtverwundete zu beklagen. Deshalb mussten wir einen Funkspruch absetzen: „Rücklaufe Ostende. Erbitte Sperre und Sanka. M 3617“ Darüber hinaus war starker Funkverkehr zu verzeichnen. Wir hatten viel zu tun. Die „Tommies“ hatten sich wohl für diese Nacht etwas vorgenommen. Überall wurden Fliegerangriffe gemeldet. Auch Gruppe „Caesar“ hatte es erwischt. Wir liefen wieder in Ostende ein, die Sperre war offen, mehrere Sankas warteten. Nach dem festmachen und der Milchsuppe ging`s in die „Mulle“.

Wir blieben einige Tage in Ostende und besuchten natürlich morgens das Thermalbad und nachmittags unser „Kaffe“ mit der „Mutti“ und ihren Töchtern. Mit dem üblichen großen „Hallo“ wurden wir empfangen und gleich mit der Frage konfrontiert, ob uns in der Nacht etwas passiert sei? Das Lokal lag nicht weit vom Strand entfernt, so dass sie das Schießen gehört, auch Leuchtspurgeschosse gesehen und vermutet hatten, dass wir draußen auf See seien. Wir nickten dazu, wobei wir ihnen anmerkten wie sie sich freuten, dass uns nichts passiert war. Spät abends gingen wir zurück an Bord.

Die Boote der 36. Minensuchflottille waren, wie alle Kriegsschiffe der Kriegsmarine grau gestrichen, einzelne darunter zusätzlich mit schwarzen unregelmäßig geformten und verteilten Flächen. Auf See waren die Boote dadurch schwer zu erkennen. Auch in mondhellen Nächten vom Flugzeug aus, von der vom Mond beschienenen Seite. Jedoch auf der anderen dem Mond entgegengesetzten Seite, sah man durch den schwarzen Mondschatten exakt die Umrisse der Schiffe. Demzufolge griffen die Flugzeuge uns auch immer aus dieser, der dunklen Seite an, aus der angreifende Flugzeuge am schwersten zu erkennen waren. Besonders nachteilig war für uns, dass unsere Boote von Motoren angetrieben wurden, die ein Geräusch erzeugten, dass jenes von Flugzeugen übertönte. Obendrein suchten sich die Feindmaschinen die für sie günstigste Angriffsposition aus, kamen aus dem Dunklen, mit abgestelltem Motor, visierten das anzugreifende Ziel und gaben Feuer oder warfen Bomben. Während wir ahnungslos, wie auf dem Präsentierteller daher schipperten und erst, wenn wir angegriffen wurden, uns wehren konnten. Gott sei Dank hatten wir darauf trainierte Geschützbedienungen, die trotz dieser ungünstigen Verhältnisse, frühzeitig die Ziele erkannten und die Angriffe abwehren oder stark behindern konnten. Mit eigenem Radar wären wir fast unangreifbar aber unsere Feinde waren uns wieder einmal durch die Radartechnik überlegen.

Die nächsten Einsätze sah unser Boot mit den anderen der Gruppe mit Räumaufgaben im Seegebiet Ostende – Dünkirchen – Calais. Abends in der Zeit zwischen Seeklar und Auslaufen, wenn jeder der Besatzung seine Vorbereitungen für den Einsatz erledigt hatte und auf den Auslaufbefehl wartete, traf man sich auf der achteren Schanz. Es lag darin eine gewisse Spannung, die jeden betraf, ohne dass irgendeiner darüber gesprochen hätte. Was wird auf uns zukommen, was wird passieren oder läuft alles reibungslos ab? Werden wir angegriffen, trifft uns eine Mine, saufen wir ab? Alles das waren Fragen die sich jeder von uns innerlich stellte, die aber keiner öffentlich aussprach. Offenbar um diese spannungsintensive Zeit zu überbrücken sangen wir, wobei uns Fritz Gr. und Erich Kl. mit ihren Gitarren begleiteten. Mit unserem Stammlied wurde stets begonnen:
„Was liegt dort an der Mole
so einsam und so still?
Ja, das sind die kleinen Boote
von der 36. Flottill.

Klar zum Manöver war die Losung
die vom Führerboot gesandt.
Leinen los das war die Antwort
und verschwunden war`n sie bald.

Auf der Suche nach dem Feinde
finden sie ein nasses Grab.
Ein Matrose und ein Heizer
sanken in die Flut hinab.

Zugegeben, es war kein erbauliches Lied, aber letztlich waren wir im Krieg und ein solches Los könnte uns treffen und wir an Bord rechneten mit allem, obwohl uns das nicht immer bewusst war. Doch mit diesem Lied waren unsere Gesänge ja nicht zu Ende. Es gab kein Lied das für uns zu „fein“ gewesen wäre. Die schlimmsten Gassenhauer, so sie sich gut singen ließen, waren dabei. Ob es der „Stachow aus dem Korridor“ war, „Bolle reiste jüngst zu Pfingsten nach Pankow war sein Ziel“, „auf dem Hofe ein Leierkasten, erster Stock Gesang“ oder „Fritze Bollmann wollte angeln“, unser neu an Bord gekommener Fähnrich stimmte, „Paulinchen war ein Frauenzimmer“ an und was es noch alles gab. Bis das Kommando kam, „klar zum Ablegen“ und alle zu ihren Gefechtsstationen eilten.

Wieder einmal mussten wir als Führerboot mit M 3611, M 3614, M 3619 Geleit für den Tonnenleger fahren, der auf das Wrack eines „M-Bocks“ eine Tonne setzen sollte. Das aber musste erst gefunden werden. Man wusste wo das Schiff durch Bombentreffer versenkt worden war, doch die genaue Stelle kannte man noch nicht. Die See war an dieser Stelle nicht allzu tief, um so größer war die Gefahr das ein Schiff mit dem Wrack in Berührung kam, Leck schlug und sank. In dem Bereich in dem das Wrack vermutet wurde, zogen zwei Boote ein mit ihnen verbundenes langes Schleppseil, mit einem schweren Gewicht über Grund. Blieb nun das Schleppseil mit dem Gewicht an einem Widerstand hängen, konnte man elektronisch feststellen, ob es sich um das gesuchte Wrack handelte. Wir fanden es in dieser Nacht nicht. Wegen starkem Seegang brachen wir das Suchen ab und meldeten das durch einen Funkspruch: „An 2. Sich. Div.: Aufgabe abbreche wegen Wetterlage. Grufü B 36. MS.Fl.“ Nach 3 Stunden liefen wir ein, um am nächsten Abend zu gleicher Aufgabe wieder auszulaufen. Aber auch nach 7 Stunden war es uns nicht möglich, das Wrack zu finden. Durch atmosphärische Störungen wurde der Funkverkehr erheblich erschwert und machte uns große Schwierigkeiten bei der Aufnahme von Funksprüchen. Wir liefen wieder ein, schleusten durch und machten am alten Liegeplatz fest.

„In einer Nacht im Mai“

Da kann so viel passieren“, hieß es in einem jener Zeit gängigen Schlager von Marka Rökk gesungen. Diese Zeilen passten zur Nacht auf den 29. Mai 1943.

Nach etlichen Nächten fanden wir endlich in dieser Nacht das gesuchte Wrack. Der Tonnenleger setzte um 1, 30 Uhr die entsprechende Wrack-Tonne. Erleichtert liefen wir wieder in Richtung unseres Heimathafens als um 2,30 Uhr Hermann J., der die Kupplung im Ruderhaus bediente, an die Tür des Funkraumes klopfte. Ich knipste das Licht aus, öffnete die Tür und fragte in Erinnerung an den letzten Fliegerangriff, „Fliegeralarm“? Mit gedämpfter Stimme antwortet er, „S-Bootsalarm“! Vom Signaldeck aus, wurden Schatten im Dunkel der Nacht beobachtet. Im Moment gab es keinen Funkverkehr, so dass ich kurz den Funkraum verlassen und aus dem offenen Eingang des Ruderhauses nach draußen auf die See schauen konnte. Ich hörte vom Kommandanten den Befehl an die Geschützbedienung der 3,7 Zentimeter Kanone, „ein paar Schuss nach Backbord“! Die Nacht war pechschwarz, so dass ich die Flugbahn des Leuchtspurgeschosses beobachten konnte, die parallel zum Wasser mit einem leichten Aufwärtsdrall verlief. „Etwas tiefer“, korrigierte der Kommandant. Dieser Schuss berührte erst weit draußen die Wasseroberfläche und wurde nach oben abgelenkt. Im selben Augenblick, sah ich es auf der gesamten Backbordseite im Dunklen aufblitzen und vernahm gleichzeitig das Geräusch der Einschläge bei uns und das Surren der Granatsplitter. Der Kommandant, die „Nummer 1“, der Rudergänger und Signalgast, ließen sich an der Eisenleiter herunterfallen und sprangen ins geschützte Ruderhaus, ohne jedoch die Tür zu schließen. Die wurde von einem Haken in einer Öse an der äußeren Panzerung gehalten. Schloß man die Tür nicht, gab es keinen Schutz im Ruderhaus. Offenbar hatte aber keiner der ins Ruderhaus Geflüchteten den Mut, aus dem Ruderhaus hinauszugehen, den Haken zu lösen und die Panzertür zu schließen. Ein Treffer durch die offene Tür ins Ruderhaus und wir alle wären mausetot. Deshalb sprang ich hinaus, löste den Haken, dabei spürte ich einen Schmerz im rechten Fuß, und schloss die Tür. Nachdem ich mich in den Funkraum verzogen hatte stelle ich fest, dass ein Grantsplitter vom Oberleder in die Sohle vorne am Schuh eingedrungen war und durch meine Hosen, ohne mich zu berühren, am linken Oberschenkel ein weiterer Granatsplitter ein Loch verursacht hatte. Na, da hatte ich ja Glück gehabt.

Alles was schießen konnte feuerte in die Richtung der im Dunklen aufblitzenden feindlichen Mündungsfeuer. Doch auch die Einschläge der feindlichen Granaten und das Klappern der herumschwirrenden Granatsplitter, waren nicht zu überhören. Nach der Anzahl der Boote und auch nach der Stärke und Bewaffnung waren die Briten uns weit überlegen. Unsere Jungens hatten meistens derart viele Ziele, dass sie Mühe hatten alle „zu bedienen". Ein ganz tollkühner Kommandant griff uns mit seinem S-Boot ganz nah von Backbord an und wollte feuernd auf unsere Steuerbordseite. Doch unsere Geschütze hatten das MGB voll erwischt und deckten es mit Treffern ein. Es sank! Danach ließen die Angriffe der Briten nach, die sich offenbar zurückzogen. Das heftige Gefecht hatte ungefähr 15 Minuten gedauert. Wir setzten auf Befehl einen Funkspruch ab: „KR KR, Im Gefecht mit feindlichen SBooten. M 3617". Wir vermissten die Wiederholung unserer Meldung durch die Landfunkstelle. Uns kamen Zweifel ob wir überhaupt gehört wurden und wir überprüften unsere Sendeanlage. Dabei stellten wir an der Sendekontrolllampe fest, dass unsere Antenne nicht sendete. Im Moment der Gefechtspause rannte ich schnell durch das Ruderhaus, auf den Brückenumlauf und sah den Draht der herunter geschossenen Antenne herumliegen. Schnell ergriff ich das Drahtende und befestigte es provisorisch mit einem Isolator an einem Mastteil. Und schon ging wieder ein Geschoßhagel auf uns nieder. Schnell durch die Tür des Ruderhauses in den Funkraum und den Funkspruch noch mal abgegeben, der jetzt gehört wurde. Offenbar hatten die Briten eine neue Strategie entwickelt uns zu vernichten. Sie teilten sich in zwei Gruppen und griffen uns abwechselnd von zwei Seiten an. Während unsere Geschütze die von Backbord angreifenden Boote bekämpften, erhielten sie heftigen Beschuss von der aus dem Dunkel der Steuerbordseite angreifenden Gruppe. Bei der Bekämpfung der Backbord-Gruppe wurden die Geschützbedienungen durch die Schutzschilde der Kanonen geschützt, nicht aber beim Angriff der auf Steuerbord angreifenden Gruppe, die mit ihren Waffen die ungeschützte Rückseite unserer Kanonen trafen. Die Geschütze wendeten um 180 Grad und nahmen die Bekämpfung der Steuerbord-Gruppe auf, aber schon wenige Minuten später griff die Backbordgruppe wieder an. Das Schreien an Deck, „neuer Angriff von Steuerbord" konnten wir im Funkraum hören, das sich abwechselte mit, „neuer Angriff von Backbord"! Es ging hin und her. Durch die Übermacht der britischen MGBs und MTBs die sich mit den Backbord/Steuerbord-Angriffen die einzelnen Boote vorgenommen hatten, wurde unsere Gruppe auseinander gesprengt. Die 3,7 Zentimeter Kanone schoss nur noch vereinzelt, da außer einem die Geschützbedienung verwundet war. Von den 2 Zentimeter Kanonen feuerte lediglich noch eine, auch hier waren alle verwundet. Lediglich ein Maschinengewehr mit Emil feuerte unablässig. Die Briten ließen nicht locker. Plötzlich, während ich auf dem Weg nach draußen war um die Antenne solider zu befestigen, kam die Meldung aus der Maschine, „Treffer in der Maschine, Boot macht Wasser". Schnell machte ich kehrt, denn ich sah schon die schäumende Bugwelle zweier MGBs, schießend auf uns zukommen und verschwand blitzschnell im Ruderhaus. Jetzt galt es den Geheimschrank auszuräumen, um ihn zur Versenkung klar zu machen. Doch glücklicherweise meldete die Maschine, „Maschine kann Wasser halten". Ein Treffer einer 4 Zentimeter Granate, hatte genau in der Wasserlinie ein größeres Loch gerissen. Doch Fritz Sch. dichtete das Leck geistesgegenwärtig ab. Die Schießerei ließ immer nur kurz nach, dann ging es von neuem los. Ein Treffer schlug nach dem anderen bei uns ein. Man merkte es an den Erschütterungen. Ein Glück nur, dass die Aufbauten durch die Panzerung die Geschosse abhielten. Unsere Abwehr ließ nach, es war lediglich noch ein Geschütz intakt. Dafür füllte sich das Ruderhaus mit Verwundeten, selbst in unserem kleinen Funkraum lagen einige, von denen einer ständig stöhnte, „mein Sack, mein Sack"! Von anderen Booten erfuhren wir, dass M 3619 nicht mehr zu sehen war, es schien verloren. M 3614 brannte. Der Tonnenlager und M 3611 waren schwer beschädigt. Es sah nicht gut für uns aus. Der Gefechtslärm nahm auf einmal wieder zu, ohne uns! Bei uns feuerte nur noch ein MG. Dennoch griff uns ein MGB an, drehte erstaunlicherweise trotz unserer schwachen Abwehr ab. Was war der Grund? Der Signalgast des von uns vermissten und völlig zusammen geschossenen M 3619 erkannte eine Räumbootsflottille dicht unter Land von Dünkirchen Richtung Calais laufen und schoss ein Notsignal. Daraufhin änderte der Verband den Kurs und lief mit „AK voraus" uns zu Hilfe, wobei sie sich in das Gefecht einschalteten. Nun änderten sich die Machtverhältnisse. Das erkannten auch die Briten sofort, die sich „Hals über Kopf" zurückzogen. Der Kampf endete nach etwa 2 Stunden. Die Boote der 36. Minensuch sammelten sich mit dem Tonnenleger und liefen mit den Booten der 8. RFlottille langsam Richtung Dünkirchen. Ich stieg über die Verwundeten und schaute von dem Brückenumlauf zurück auf das „Schlachtfeld" und sah achteraus ein brennendes MGB. In der dunklen Nacht sah das schaurig schön aus, bis plötzlich mit einem Feuerball eine Explosion die Nacht erhellte. Auf dem Wasser sah ich noch kleine flackernde Teile, die alsbald verloschen. Der Brand auf M 3614 war zwischenzeitlich gelöscht. Das Führerboot der 8. RFlottille hatte unseren Rückmarsch nach Dünkirchen per Funk gemeldet und Sperre sowie Sankas bestellt. Wir lagerten die Verwundeten alle an Oberdeck, wobei wir erfuhren, dass Erich Kl. gefallen war, durch einen Granatsplitter hinter dem Ohr in den Kopf. Das Erlebte, die Anspannung und das Bewusstsein „wir sind noch einmal davon gekommen" beschäftigte uns geistig noch so sehr, dass uns der Tod von Erich Kl. noch gar nicht richtig gegenwärtig war. Uns überraschte das von uns vermisste M 3619, rechts und links von je einem R-Boot unterfangen, in den Hafen einlaufen zu sehen. Es sah völlig verwüstet aus. Kein Geschütz war mehr zu gebrauchen, große Flächen waren aus den Schutzschilden heraus gebrochen und Teile menschlicher Körper dahinter verspritzt, der Mast schwer beschädigt, wie auch die Aufbauten, nichts was noch intakt war. An Deck lagen etliche Tote und Verwundete. Aber auch eine kleine Anzahl Engländer befanden sich an Bord. Nachdem die Maschine ausgefallen war, so erfuhren wir, die Geschützbedienungen tot oder verwundet waren, nichts mehr schoss, ging ein MGB längsseits, wobei noch ein paar Unverwundete Handgranaten warfen und die Tommies mit Brandkanistern und ebenfalls mit Handgranaten antworteten. Gleichzeitig sprangen eine Reihe Engländer an Bord von M 3619, wobei der Smut aus Verzweifelung einen an Bord springenden Engländer mit dem Fleischbeil auf den Kopf schlug, bevor er von einer Handgranate zerrissen wurde und nur noch der halbe Körper an Deck lag. Nachdem die Tommies M 3619 längsseits festgemacht hatten drehten sie bei, um mit dem gekaperten Boot die britische Küste zu erreichen. Während durch das Notsignal gerufen, die gesamte 8. RFlottille heranrauschte, bekamen die Briten offenbar Angst, kappten die Verbindungsleinen, legten ab und die an Bord von M 3619 befindliche Matrosen ließen sie wo sie waren. Die aber wollten auf das MGB springen, doch das war schon zu weit entfernt, so dass die im Wasser schwimmenden Tommies froh waren, von den Deutschen gerettet zu werden. Während wir kein Boot verloren hatten, versenkte die 8. RFlottille 3 und wir 2 MGBs. Von den gefangenen Engländern einmal abgesehen, hatten die Deutschen 9 Tote zu beklagen, 5 von M 3619, 3 von R 116 und 1 von M 3617.

Bei der Einnahme der Milchsuppe fiel die Spannung von uns ab. Auch wurde uns bewusst, was wir durchgemacht hatten und was das für uns bedeutete. Noch ganze 6 Mann würgten die Milchsuppe runter. Außer Erich Kl., dem ich besonders nahe stand, waren bis auf uns sechs, alle anderen der Besatzung verwundet und befanden sich im Lazarett. Während wir wortlos löffelten, schoss die Flak auf einfliegende Bomber. Bei jedem Schuss zuckten wir zusammen, so waren unserer Nerven gereizt. Schlafen konnte von uns paar Übriggebliebenen keiner. Auch ich wälzte mich in meiner Koje herum und verfiel in idiotische Träume. Vor allem machten uns die nächsten Tage zu schaffen. Die Kameraden die sich im Lazarett aufhielten, fehlten uns. Vor allem der immer gut gelaunte Erich und seine „Engeln aus Wean". Das was an Bord getan werden musste, ging kaum einem „von der Hand". Natürlich wurden unsere 4 Boote „außer Kriegsbereitschaft gestellt", sie mussten erst einmal wieder repariert und einsatzbereit gemacht werden, während die anderen Boote unserer Gruppe weiter die nervtötenden Einsätze, Minensuchen, Geleit fahren, auf Position gehen abspulten. Wir Funker hörten die täglichen Nachrichten durch unseren Allwellenempfänger. Unsere besondere Aufmerksamkeit beanspruchte stets der Bericht des „Oberkommandos der Wehrmacht" der die täglichen Ereignisse an den Fronten, in der Luft und auf dem Wasser meldete. Am 29. Mai 1943 berichtete das Oberkommando der Wehrmacht im Radio: - - - - -„ Sicherungsverbände der Kriegsmarine lieferten sich im Kanal mit feindlichen Schnellbooten ein Gefecht in dessen Verlauf ohne eigene Verluste, 5 britische Schnellboote versenkt wurden.“ Aber auch den „Soldatensender Calais“ konnten wir empfangen, den englischen Propagandasender, der in deutscher Sprache die Moral der deutschen Soldaten untergraben sollte. Der Bericht diesen Senders, stellte die Geschehnisse geradezu auf den Kopf. Dort hieß es nämlich: „Feindliche Schnellboote griffen einen unserer Sicherungsverbände in der Nähe von Calais an. Dabei gingen 5 unserer Schiffe verloren“. Wenn man dabei berücksichtigt, dass dieser Sender sich als deutscher Sender darstellte, so war diese Meldung eine glatte Lüge! Die Tatsache: Nicht die feindlichen Schnellboote griffen an, sondern die Sicherungsverbände, nicht die eigenen Schiffe gingen verloren, sondern die der feindlichen Schnellboote. Gut, dass man die Wirklichkeit miterlebt hatte, um die Qualität dieses Senders um die Wahrheit zu werten ! Dieser Sender war für uns gestorben!

Die restlichen Besatzungen der 4 Boote und die Besatzungen der übrigen Boote der Gruppe „Bruno“ fuhren nach Ostende zur Beerdigung unserer 9 Gefallenen. Es war eine feierlich Angelegenheit mit Ansprachen, Gebeten, Ehrensalut über die offenen Gräber und einer Marinekappelle die „ich hat’ einen Kameraden“ - - - - - spielte, wobei mir und meinen Kameraden die Tränen nur so liefen! Es ging uns allen „unter die Haut“. Und mir stand noch eine weitere Belastung bevor. Ich musste nach Mariakerke zur „Mutti“. Kaum machte ich die Türe hinter mir zu, kamen alle drei angestürmt, „wo ist Gottfried, wo ist Erich, wo ist Fritz, wo ist HorstAlbrecht“ riefen sie durcheinander. „HorstAlbrecht ist auf Dienstreise, Gottfried und Fritz liegen im Lazarett und Erich ist tot, er ist gefallen, soeben war die Beerdigung“! Mehr brachte ich nicht heraus. Die „Mutti“ fiel mir um den Hals und weinte bitterlich, dann rannte sie in die Küche und die beiden Mädels nahmen mich in die Arme, wobei ihnen die Tränen den Wangen hinunterliefen und hörten gar nicht auf zu weinen. Ich stand völlig hilflos da. Dann ging ich in die Küche und fand die „Mutti“ dort am Tisch sitzend in Tränen aufgelöst. Ich war einer solchen Situation nicht gewachsen. Es war und blieb ein trauriger Besuch und ich war froh, danach wieder bei meinen Kumpels zu sein. Doch während des Rückwegs beschäftigten mich die Gedanken mit dem soeben Erlebten. Es waren doch Belgier, Deutsche hatten ihr Land besetzt, wir waren eigentlich doch ihre Feinde. Weshalb waren sie so lieb zu uns, weshalb mochten sie uns, weshalb schmerzte der Tod unseres Kameraden sie, wie ich es erlebt hatte? Ist das Menschlichkeit über die Grenzen der Völker? Gilt hier der Mensch, egal woher er kommt, egal wer er ist? Ich hatte Probleme mit der Bewältigung dieser Fragen, damit war ich auch noch nicht konfrontiert worden.

Ich bekam einen Brief von zu Hause der mich erschütterte. In der unserem Gefecht folgenden Nacht, wurde das Haus in der Unteren Lichtenplatzerstraße 127 durch Bomben zerstört. Von unserer Wohnung gab es nichts mehr. Meine Mutter, die Besuch von ihrer Freundin Mally aus Herne hatte, wurde mit meiner Schwester durch den Luftalarm recht spät geweckt, während die Bomben schon fielen. Alle drei sprangen aus dem Bett und rannte in der Nachtbekleidung hinunter in den häuslichen Luftschutzkeller. Während es Luftangriffs trafen einige Bomben das Haus das zusammenfiel, wobei die Außenmauern stehen blieben. Die im Keller verschütteten Hausbewohner, konnten sich durch die Mauerdurchbrüche in den Kellergängen, in den Keller des nächsten Hauses retten. Die Eltern besaßen nichts mehr. Alles was sie sich in den 20 Ehejahren angeschafft hatten, war einfach weg! Nichts war mehr vorhanden, Sachen mit denen Erinnerungen verbunden waren, Andenken an Eltern, Geschwister und Großeltern waren zerstört, waren verbrannt. Kein Bett, kein Dach mehr über dem Kopf, nichts anzuziehen, nichts zu essen! Wohin ? Obwohl schon einige Tage vergangen waren bis die Post mich erreichte, schockte mich diese Nachricht. Irgendwie wird ihnen wohl geholfen, mit diesen Gedanken beruhigte ich mich. Unglücklicherweise war mein Vater nach Kassel versetzt, wie konnte er helfen? Dass ich nur noch besaß was ich an Bord hatte, wurde mir gar nicht bewusst. Natürlich konnte ich mich nicht in die Lage versetzen, welche Gefühle die Eltern nach einem solchen Schicksalsschlag bewegten. Ich war zu weit entfernt, lebte in einer eigenen Welt und musste mich mit dem Geschehen an Bord befassen. Da ich einer „Einheit im Fronteinsatz" angehörte, konnte ich auch keinen „Bombenurlaub" beantragen, der einem Soldaten zustand der sich nicht im Einsatz befand. Der Krieg hatte unsere Familie in seiner ganzen Brutalität erfasst!

Wir lagen am Werftkai und viele „Grandis" (Werftarbeiter) flickten unser Boot wieder zusammen. Das bedeutete aber auch, eine Woche im Trockendock liegen. Unser Boot fuhr in ein ca. 100 Meter langes Becken hinein. Hinter uns wurde das Becken durch ein Tor wasserdicht verschlossen. Das Boot hielt sich in der Mitte, während das Wasser aus dem Becken entwich. Langsam sank das Boot tiefer und tiefer, setzte mit dem Kiel auf eine Reihe stehender Zementblöcke. Gleichzeitig wurden die Seiten durch lange Holzpfähle abgestützt, während das restliche Wasser ablief. Die Werftarbeiter schweißten das Loch an unserer Außenwand zu und die Besatzung „durfte" den Schiffsboden von Muschelbewuchs befreien. Eine Sauarbeit! Mit einem an einem langen Holzstiel befestigten Schaber, standen wir unter dem Schiffsboden und schabten über uns den Muschelbewuchs ab. Dabei rieselte etliches auf uns und fand trotz Schal und Mütze, den Weg zu unserem Körper. Das kratzte eklig. Danach wurde der so gereinigte Schiffsboden mit Stahlbürsten blank gescheuert und mit roter Mennige als Rostschutz gepönt (gestrichen). Das Pinselschwingen über unseren Köpfen verursachte „Sommersprossen" nicht nur auf Mütze und Schal, vor allem auf Gesicht und Hals. Und diese Farbe ging auch nicht leicht von der Haut ab. Es dauerte schon eine Zeit, bis wir wieder wie Mitteleuropäer aussahen.

Nach einem Jahr bei der Kriegsmarine

M 3617 lag bis zum 25. Juni 1943 in der Werft. Nun war ich schon ein gutes Jahr bei der Kriegsmarine und immer noch kein Gefreiter. Mich ärgerte das, hatte es doch für den Außenstehenden den Eindruck, ich sei ein Anfänger. Und das war ich nun wirklich nicht. Ich konnte mich schon zu den „Kriegern" zählen. Mittlerweile hatte ich 55 Seeeinsätze und 2 Gefechte hinter mich gebracht. Für den „Sprudelorden" reichte es mit 101,75 Punkten immerhin! Das von uns spöttisch so genannte „Kriegsabzeichen für Vorposten, U-Bootjagd und Sicherungsverbände" zeigte in einem ovalen goldenen Eichenkranz aus einer stilisierten Wasserfläche eine Wassersäule, eine nachempfundene Darstellung, einer detonierenden Wasserbombe oder Mine. Nachdem ich mit dem Gruppenfunkmaat ein ernstes Wort wegen meiner vergessenen Beförderung gesprochen hatte schlug er mir vor, mich als KriegsOffizierBewerber (KOB) einzureichen, da bei mir die Voraussetzungen Schulbildung, gute Führung, Frontbewährung gegeben seien. Ich stimmte zu.

Der größte Teil der Besatzung besaß bereits das „Eiserne Kreuz 2. Klasse". Wenn die „Gruppe Bruno" Bootsweise antrat, standen in der vorderen Reihe stets die Matrosen mit dem „EK 2"Band an der Uniform. Es sollte zeigen, hier handelte es sich um die Besatzung eines erfolgreichen Bootes. So auch in den ersten Tagen des Juli, als die Gruppe auf der Pier zu einem Besuch des Flottillenschefs antreten musste. Er lobte unseren Einsatz und verlieh das „Eiserne Kreuz 2. Klasse" an diejenigen unsers Bootes, die es noch nicht besaßen. Ich war leider nicht dabei, hatte dafür Verständnis, denn ich war ja noch nicht so lange an Bord. Fritz Sch. erhielt das „EK 1. Klasse" für seine Geistesgegenwart, das durch Treffer erhaltene Leck abzudichten und damit ein Sinken des Bootes zu verhindern. Alle die verwundet worden waren, bekamen das Verwundetenabzeichen. Dieser Ordenssegen wurde natürlich gefeiert. Aber auch ich durfte feiern, denn zwischenzeitlich war meine Beförderung zum Gefreiten ins Soldbuch eingetragen worden. Von einem zum Obergefreiten Beförderten, bekam ich dessen nicht mehr benötigte Gefreitenwinkel. Da diese nicht mehr neu an meiner Uniform aussahen, konnte man denken, ich sei ein alter „Krieger". Doch anlässlich eines kurz danach erfolgten Appells unserer Gruppe wurde mir mit Wirkung vom 24. Juli 1943, der „Sprudelorden" verliehen. So, nun konnte ich mich auch in der Öffentlichkeit sehen lassen. Dieser Orden gehörte sozusagen zur Uniform des „Kanalarbeiters", wie man uns scherzhaft wegen unserer Einsätze im Kanal nannte. Das bedeutete natürlich, der Besatzung „Einen" auszugeben, was sich aber nicht wörtlich auf „Einen" bezog sondern in Wirklichkeit bedeutete, trinken bis zum Umfallen. Gelegentlich eines Besuches bei „Paulette" startete ich meine Einladung. Es wurde recht lustig und feucht. Nach und nach schlichen diejenigen, die genug hatten, an Bord. Der Rest, ein „harter Kern", blieb übrig und saß an einem großen runden Tisch, ich auf einem Stuhl mit dem Rücken zur Wand. An der gegenüber Liegenden hing eine Uhr. Deren sich laufend weiter bewegende Zeiger störten mich ungemein, insbesondere weil es auf Mitternacht zuging. Ich nahm meine Pistole, zielte auf die Uhr und stellte diese mit einem Schuss ab. Ein „Blattschuss" würde der Jäger sagen. Paulette hinter dem Tresen sagte nichts, doch die Oma stürzte aus der rückwärtigen Stube, schlug die Hände über dem Kopf zusammen und schrie „mon dieu, mon dieu". Paulette beruhigte sie, die Oma verschwand wieder, wir aber lachten, denn Paulette wusste, dass wir wie immer alles großzügig zahlen würden. Nachdem es die Uhr nicht mehr gab galt der alte Spruch, „dem Glücklichen schlägt keine Stunde" und so wankten wir irgendwann in der Nacht, durch die vielen Sperren zur Mole 3, unserem Liegeplatz.

Meeting point

Die Kneipen „Jaqueline" und „Paulette" waren kleinere Lokale, die hauptsächlich von den Besatzungen der in Dünkirchen stationierten Boote frequentiert wurden, besonders weil sie verkehrsmäßig günstig am Weg zu unserem Liegeplatz lagen. Darüber hinaus waren sie, was das übrige Militär betraf, kaum bekannt. Das Soldatenheim lag für uns nicht so günstig in der Stadt, beziehungsweise was von dieser noch übrig war, hatte ein recht spießiges nicht unbedingt einladendes Restaurant mit einem Aufenthaltstraum. Nichts für uns! Liefen in Dünkirchen fremde Einheiten ein, gingen deren Besatzungen, sofern sie nicht in der nächsten Nacht wieder ausliefen, an Land. Aber wohin in dieser zerstörten Stadt? Vom Soldatenkino einmal abgesehen oder dem Soldatenheim, gab es nichts wohin man hätte gehen können, außer zum „Wehrmachtsbordell".

Aus den Erfahrungen des 1. Weltkrieges hatte man gelernt. 1914 – 1918 wurden französische und belgische Mädels mit Geschlechtskrankheiten infiziert, auf deutsche Soldaten losgelassen mit dem Ziel, in größerem Umfang Soldaten durch die Übertragung von Geschlechtskrankheiten kampfunfähig zu machen und damit die deutsche Kampfkraft zu schädigen. Eine strategische Maßnahme des Feindes! Dem hatte die Wehrmacht vorgebeugt und „Wehrmachtsbordelle" eingerichtet und streng kontrolliert. Jedes dieser Bordelle war nach einheitlichem System eingerichtet. Es handelte sich um ein schönes Lokal, in welchem man von den Mädels höflich und nett bedient wurde. Dabei versuchten sie freundlich ohne Druck, mit eindeutigen Angeboten, die Besucher zu gewinnen. Hatte man keinen Bedarf, konnte man sich wie in einem üblichen Lokal aufhalten und Getränke bestellen. Ging man aber mit einem Mädel, musste man dieser zunächst das Zimmer bezahlen, das sie mit der Chefin abrechnete. Danach betrat man den Raum des Wehrmachtssanitäters, dem man sein Soldbuch aushändigte. Nun suchte man mit dem Mädel das Zimmer auf. Im Lokal selbst befand sich an den Wänden der Hinweis, dass der Verkehr mit den Mädels, nur mit Kondom erlaubt sei und Nichtbeachtung zur Strafe führte. Nach erbrachter Leistung bezahlte man das Mädel. Um wieder in den Gastraum zu kommen, musste man, das ging gar nicht anders, den Raum passieren in dem sich der Sanitäter aufhielt, der auch das Soldbuch aufbewahrte. Von ihm erhielt man eine Spritze in den Penis, bekam dafür das Soldbuch zurück. In diesem lag eine amtliche Bescheinigung, dass man am Soundsovielten mit dem Mädel Soundso Geschlechtsverkehr hatte und ordnungsgemäß saniert worden sei.

Das „Wehrmachtsbordell" befand sich in Dünkirchen neben den Wassertürmen, die das Bombardement überstanden hatten. Es war groß und recht gemütlich eingerichtet. Sobald wir morgens feststellten, irgendwelche Kriegsschiffe sind in der Nacht eingelaufen und wir hatten für den Abend kein „Seeklar“, marschierten wir zu den Wassertürmen. Mit Sicherheit würden wir Besatzungsmitglieder dieser zwischenzeitlich Eingelaufenen dort antreffen. Natürlich waren wir neugierig was das für Einheiten waren, woher sie kamen, wohin sie wollten. Häufig traf man dabei Bekannte. Auf jeden Fall aber konnte man sich mit Leuten unterhalten, die einem nicht täglich „über die Füße liefen“. Es galt als unser Treffpunkt, es war der „meeting point“!

Es war doch klar, wo derart viele junge Männer zusammen lebten und das noch auf engstem Raum, konnten die Bedürfnisse eines jungen Menschen nicht dauerhaft unterdrückt werden. Das war natürlich auch der Führung bewusst, weshalb die Köche dem Essen eine Art Soda, wir nannten es „Hengolin“, beifügten, um den Trieb zu mildern. Ganz und dauerhaft half das aber nicht. Weshalb die kontrollierten „Wehrmachtsbordelle“ eingerichtet wurden.

In den meisten Häfen der Welt und nicht nur in den Häfen gab es Bordelle. Auch in Dünkirchen. Zwar gab es von den Randvororten abgesehen keine Bewohner mehr in der zerstörten Stadt, doch für die Unterhaltung des Hafens und der Werft wurden Arbeiter benötigt. Auch gab es noch eine ganze Reihe von Fischern. Für solche Leute waren zwei Bordelle in alten Privathäusern eingerichtet, die Angehörigen der Wehrmacht verboten waren, entsprechende Plakate an den Gebäuden wiesen darauf hin. Doch eines Abends, auf dem Rückweg zu unserem Liegeplatz, kamen wir an eines dieser für uns verbotenen Häuser vorbei. Wir klopften aus lauter Jux und Neugier an die Tür. Ein Mädel machte uns in Begleitung einer anderen auf und zog uns schnell ins Treppenhaus. Sie waren scheinbar bestrebt uns nicht in eine große Diele, in der mehrere Männer und auch Mädels saßen, hinein sehen zu lassen. Vielleicht war es auch ein konspirativer Treff oder aber sie wollten, dass wir nicht gesehen wurden. So zogen sie uns eine dunkle Treppe hinauf, jede in ein Zimmer. Dort erklärte mir aber zunächst in gebrochenem deutsch das Mädel, es sei streng verboten sich mit deutschen Soldaten einzulassen. Das wussten wir natürlich, doch uns reizte ein wenig das Abenteuer. Das sollten wir haben, denn in dem Moment klopfte es draußen an der Tür, mit unüberhörbarem „aufmachen“! Uns war klar, das konnten nur „Kettenhunde“ sein. Irgendjemand öffnete, „Feldgendarmerie“ schallte es durch das Haus. Schnell warf sich das Mädel etwas über, nahm mich an die Hand, zog mich durch einen Gang in den hinteren Teil des Hauses und dort eine Treppe hinunter zum Hinterausgang des Hauses. Ich stand auf der Straße. Die Tür ging noch einmal auf, mein Kumpel kam heraus. Wir lachten beide und meinten, „da haben wir ja noch mal Glück gehabt“.

Es geht weiter

Nachdem wir an einem schönen Sonnentag „kompensiert" und an einem Regentag „Schleife gefahren" hatten, war M 3617 wieder einsatzbereit. Offenbar um nicht aus der Übung zu kommen begannen wir am 25. Juni wieder, womit wir am 29. Mai aufgehört hatten, mit Geleitfahrt für den Tonnenleger, begleitet von M 3611. Das ging die nächsten Tage so weiter, unterbrochen von einem Tag mit zu hohem Seegang. Eines Abends vor dem Auslaufen, wir strebten nach unseren Gesängen unseren Einsatzplätzen zu, flogen ganz niedrig von See 2 Jagdbomber auf uns zu. Obwohl durch die geringe Höhe nicht gleich erkannt, bekamen die Flieger ein Abwehrfeuer das sie zum Abdrehen zwang. Möglicherweise gehörten sie zu einem Pulk von 5 Jagdbombern, welche die auf Dünkirchen zulaufenden Boote der 15. Vorpostenflottille angegriffen hatten. Nacht für Nacht befanden wir uns draußen auf See, entweder Geleitschutz oder Räumeinsätze. Zwischendurch liefen wir auch mal Ostende an aber am Abend wieder aus, so dass wir keine Zeit für unser Programm erübrigen konnten. In einer Vollmondnacht, es war wenig Funkverkehr und wir gingen abwechselnd mal an Oberdeck, schaute ich mir den herrlichen Sternenhimmel mit dem strahlenden Vollmond an, wobei ich über manches nachdachte. Wie oft werde ich den Himmel noch so betrachten können? Wie sehen die Sterne in Wirklichkeit aus? Gibt es sie überhaupt noch, die unendlich viele Lichtjahre von uns entfernt sind? Auch dachte ich an meine Mutter. Wenn sie jetzt zu Hause ebenfalls zum Himmel schauen würde, sähen wir beide dasselbe, trotz der großen Entfernung.

Während der Suchfahrt beobachteten wir auf dem Außenweg, den wir heute schon geräumt hatten, ein Gefecht über das wir nicht per Funk informiert wurden. Wir wussten deshalb nicht wer sich dort bekämpfte, sahen aber dass ein Boot explodierte. Daraus schlossen wir sofort, britische Schnellboote waren beteiligt. Die britischen Schnellboote, die MTBs und MGBs, waren mit Benzinmotoren ausgerüstet. Bedingt durch die Benzintanks waren sie empfindlicher als ihre Gegner. Nach einem Treffer in einem Benzintank, war sein Schicksal besiegelt. Die deutschen S-Boote dagegen wurden mit Dieselmotoren angetrieben und waren nicht so empfindlich, doch fast so schnell, aber auch so wendig wie die britischen. Während die deutschen S-Boote ihre Torpedos von Backund Steuerbord in Fahrtrichtung schossen, warfen die Briten ihre Torpedos achteraus, mussten sofort danach den Kurs ändern um nicht von ihnen getroffen zu werden. Von der Technik her waren die britischen MTBs den deutschen unterlegen. Sie glichen den Nachteil aus durch die gleich schnellen MGBs, den mit 4 mal 4 ZentimeterGeschützen bestückten Booten, womit sie den deutschen S-Booten weit überlegen waren.

Die Problematik des Minensuchens zeigte sich in einer anderen Nacht. Wir kamen von Ostende mit allen Booten und fuhren mit sämtlichen Räumgeräten SSG, „Seekuh", „Rabatzboje" und KKG Richtung Dünkirchen. Auf Gegenkurs kam uns die Gruppe „Dora" entgegen und meldete uns „Weg von Minen frei". Es dauerte jedoch nicht lange und es gab kurz hintereinander zwei gewaltige Detonationen mit entsprechenden Wassersäulen. Unser Boot machte einen Riesensatz, schwang auf und nieder. Boot M 3613 hatte zwei Minen geräumt. Offenbar handelte es sich um Geräuschminen. Während wir noch überlegten waren es auf Geräuschen eingestellte Minen oder Magnetminen, krachte es erneut, wobei unser Boot wieder einen ordentlichen Satz machte und lange auf und ab schaukelte. Ein weiteres Boot hatte eine Mine geräumt, worauf wir Befehl bekamen einen Funkspruch abzusetzen mit genauer Positionsangabe. Während der Fahrt der Gruppe „Dora" hatten die Minen nicht gezündet, so dass der Gruppenführer der Gruppe „Dora" den Weg Minen frei melden konnte. Erst durch unsere Überfahrt wurden die Kontakte ausgelöst. Ob aber weitere Minen mit noch mehreren Kontakten auf dem „Weg" lagen, konnten wir nicht feststellen. Das war eines unserer Probleme.

U-Boote, Schnellboote und Räumboote waren räumlich kleine Einheiten mit einem außerordentlich beengten Innenraum. Täglich in derartig knappen Raum zu leben, beanspruchte Moral und Psyche der Mannschaft, weshalb man für diese Einheiten so genannte Begleitschiffe geschaffen hatte. Darauf gab es entsprechenden Wohnraum, sanitäre Einrichtungen und Versorgungsmöglichkeiten. Hier konnten sich die Mannschaften der relativ kleinen Boote entspannen. Allerdings waren diese Begleitschiffe nicht für den aktiven Seekrieg vorgesehen. Sie waren zwar bewaffnet, denn es waren ja Kriegsschiffe und so wurden sie nur infolge der knappen schwimmenden Einheiten, aushilfsweise als Begleitschutz eingesetzt. Ein solches Räumbootsbegleitschiff rammte uns kurz vor der Hafeneinfahrt Dünkirchen so heftig, dass die 3,7 ZentimeterKanone aus ihrer Verankerung und unser schwerer Geheimschrank aus seiner Verschraubung gerissen wurden. Außerdem flog noch unser Allwellenempfänger auf den Boden. Diese Schäden zwangen uns zu einem Werftaufenthalt, der mir zu einem vorgezogenen Heimaturlaub verhalf.

Heimaturlaub in Kassel

Den Weg zum Bahnhof Dünkirchen kannte ich, auch die Fahrzeiten der Züge. Dieses mal musste ich jedoch einmal mehr umsteigen, mein Fahrziel hatte sich geändert. Hinzu kam dass man im Kriege bei Einsatzeinheiten die Urlaubszeit nie definitiv voraussagen konnte, deshalb kam dieser Urlaub auch wieder überraschend.

Der Zug hielt im Hauptbahnhof Kassel, meiner neuen „Heimatstadt, besser gesagt die meiner Eltern. Kassel hatte noch keinen Fliegerangriff erlebt, deshalb waren die Bewohner Kassels „Ausgebombten“ gegenüber entgegenkommend und halfen ihnen bei der Beschaffung von Wohnraum sowie dazu gehörenden Möbeln. Darüber hatte mich meine Mutter in einem Feldpostbrief informiert. Auch dass sie eine schöne Wohnung gegenüber des großen Parks, der „Karlsaue“ bekommen hatten. Sie gab mir auch den Hinweis, wie ich die Wohnung in Kassel finden würde, falls ich mal auf Urlaub käme. Den nutzte ich jetzt aus, stand vor des Haustüre der „Menzelstraße 22“, drückte auf den Klingelknopf bei „Grafenhorst“, die Tür sprang auf und in der 2. Etage nahm mich meine Mutter in die Arme.

Dank der Bezugscheine konnten die Eltern sich die Möbel für ihre neue Wohnung anschaffen. Der Möbelhändler führte auch Möbel aufgelöster Haushalte, von denen sich die Eltern ihrem Geschmack entsprechend einige Teile aussuchten. Bei dieser Gelegenheit erfuhr ich zum ersten Mal von jüdischen Familien, die nach den USA ausgewandert seien. Bisher hatte ich davon noch nichts gehört, ganz davon abgesehen, dass mich das auch nicht sonderlich interessierte. Ich machte mir auch keine Gedanken welche Gründe vorlagen. Schon gar nicht welche menschlichen Tragödien damit verbunden waren. Woher sollte ich das auch wissen? Dagegen begegnete man überall Verwundeten, Amputierten, Opfern des Krieges. Deren Schicksale waren mir gegenwärtig und sichtbar. Das Los jüdischer Familien dagegen mir – und nicht nur mir – unbekannt. Jetzt aber hatte ich Urlaub und wollte diese Tage richtig genießen.

Die Eltern hatten wieder ein Zuhause und das gefiel mir. Doch die Inhalte der Wohnung, die Möbel, die Kleider, die ja mit verbrannt waren, die Umgebung und auch die Stadt selbst, waren mir fremd. Schmerzlich vermisste ich alle persönlichen Dinge, die man kannte und gewohnt war, die zur Familie gehörten, mit denen Erinnerungen verbunden waren und zu denen man einen Bezug hatte. Das verstärkte das Gefühl der „Fremdheit“, das für zwei Wochen mein Zuhause sein sollte, mein wirkliches Zuhause aber war M 3617! Natürlich interessierte mich die Stadt, die mir gefiel. Doch es fehlten mir Bekannte, Freunde, Schulkameraden. Schon das Idiom der Sprache störte mich, klang es doch anders als das in Wuppertal. Meine Mutter aber, das kannte ich ja aus dem vorherigen Urlaub zur Genüge, wollte mich am liebsten immer um sich haben, „wo willst du hin", "wann kommst du wieder"? Ich verstand das ja aus ihrer Sicht. Doch ich wollte mich auch einmal frei bewegen, ohne abstraktes Klammern. Zu den Mahlzeiten hieß es, „was möchtest du essen"? Sie gab sich große Mühe, denn die Lebensmittelzuteilungen waren recht bescheiden. Umso mehr musste ich staunen, was sie alles zu Wege brachte. Sogar Kuchen gab es zum Nachmittag. Da es aber keine Schlagsahne gab, stellte sie künstliche Schlagsahne her, immerhin konnte man sich beim Genuss des süßlichen weißen Schaums mit Einbildung und Phantasie etwas Ähnliches vorstellen. Meine Mutter tat jedenfalls alles, mir den Urlaub so angenehm wie möglich zu gestalten. Ich habe das auch stets anerkannt und mich entsprechend verhalten. Letztendlich war ich froh bei ihr und meiner Familie zu sein. Hier konnte ich mich auch unbeschränkt bewegen und vor allem endlich mal wieder in einem trockenen Bett schlafen, woran ich mich noch erst gewöhnen musste. Meine Mutter nahm mich auch gerne zum Einkaufen mit. Das war für mich sogar nicht uninteressant, vor allem flößte mir Respekt ein, wie klaglos die Frauen die geringen Mengen und die vielen Ersatzprodukte akzeptierten. Umso mehr stieg meine Anerkennung über die Leistungen meiner Mutter.

Waltraut sah ich erst ab Mittag, wenn sie aus der Schule kam. Mein Vater hatte Dienst als Abschnittskommandeur der Polizei. Die Aufgaben dieser in der Heimat im Kriege, beschränkte sich auf Ermittlungen aller Art, Verfolgung von Straftätern, die gesamte Organisation des Luftschutzes darunter den Schutz der Bevölkerung bei Fliegerangriffen und alles was damit zu tun hatte. Verkehrsprobleme dagegen gab es bei dem Verkehr der gegen 0 ging nicht. Kassel war mir bis dato unbekannt. So ging ich, sobald ich mich loseisen konnte, in die Stadt und schaute mir die alte kurhessische Residenz an. Nicht weit davon entfernt war das gegenüber dem Rathaus befindliche Tanzlokal, in dem der seiner Zeit bekannte Teddy Staufer und auch Bernard Eté, die abgeschwächte Form des verbotenen Jazz spielten. Obwohl das Tanzverbot während des Krieges in öffentlichen Räumen bestand, sorgte doch die Musik der beiden Bands für ein volles Lokal. Um die Stadt weiter kennen zu lernen, half mir dabei nachmittags meistens meine Mutter. Mit ihr erklomm ich das berühmte „Herkules-Denkmal" im Park des Wilhelmshöher Schlosses, auch mal an einem Nachmittag, die „Karls Aue" die vor unserer Haustür lag.

Ich hatte meine Eltern zu Beginn meines Urlaubs informiert, dass ich zum 15. August nach Fulda fahren wolle, da dort unser Schiffskoch heirate und ich zur

Hochzeit eingeladen wäre. Diesen Grund hatte ich erfunden, um in der Nähe von Fulda eine Arbeitsmaid zu besuchen, die dort arbeitete und mir häufig Briefe schrieb. Da ich die Einstellung meiner Eltern richtig vermutete, hatte ich ihnen dieses „Märchen" erzählt. In dem von mir während meines Urlaubs benutzten Zimmer, hatte ich auch logischerweise meine persönlichen Sachen deponiert. Meine Mutter entdeckte (!) darunter einen Brief, mit dem Absender einer „Arbeitsmaid". Neugierig wie Mütter nun mal sind, las sie den Inhalt. Darin stand, dass sie sich auf meinen Besuch am 15. August sehr freue und ich bei dem Bauern, bei dem sie zur Zeit arbeite, übernachten könne. Heute würde man von einem Vertrauensbruch sprechen, doch damals habe ich mich über die Schnüffelei meiner Mutter geärgert und vor allem darüber, dass sie nun auch noch gleich meinen Vater unterrichtet hatte. Der machte daraus eine Staatsaffaire! Er erwarte von mir, dass ich nicht zu dem Mädel fahren werde, wenn ich allerdings den Wunsch der Eltern ignoriere, hätte ich mich am gleichen Abend wieder in der Menzelstraße einzufinden. Käme ich am gleichen Tag nicht zurück, könne ich meine Sachen nehmen und sofort wieder zu meiner Einheit fahren!! Das konnte doch nicht wahr sein! Mein eigener Vater schickt mich wieder an die Front zurück. Dort wo ich ständiger Lebensgefahr ausgesetzt war! Typisch mein Vater! Hatte er sich in Wut geredet, kannte er sich selbst nicht mehr. Meine Mutter aber unternahm niemals etwas gegen seinen Willen, darunter habe ich schon als Kind und Schüler leiden müssen, sie spielte nur die Beleidigte. Meine Eltern wollten einfach nicht wahrhaben, dass ich kein Kind mehr war, sondern als Erwachsener meinen Man stellen musste. Ich hatte Bertel (so hieß sie mit Vornamen) geschrieben ich komme und dann kam ich auch! Mit der Eisenbahn fuhr ich nach Fulda, von dort mit einer Nebenbahn Richtung Gersfeld und stieg in Memlos aus. Von dort musste ich noch 2 Kilometer laufen. Dann hatte ich den Dorfplatz erreicht, an dem sich die Unterkunft der Arbeitsmaiden befand. Es war früher Nachmittag, die Mädels hatten Dienstfrei und machten Zeugdienst, Körperpflege oder beschäftigten sich anderweitig. Kaum stand ich dort, hatten mich irgendwelche Arbeitsmaiden entdeckt. Es dauerte nicht lange und ein Schwarm Mädels stürmte auf mich zu. Sie zogen mich am Arm auf den Hof der Unterkunft. Es war warm, alle Fenster standen auf, überall liefen halbnackte Mädels herum, etliche standen unter Duschen. Es war ein reizvoller Anblick. Doch es dauerte nicht lange und Bertel tauchte auf. Wir begrüßten uns im Kreise der kichernden und glucksenden Mädels, die nicht von uns wichen. Unter einer großen Linde stand eine Bank darauf setzten wir uns, einige mit uns auf der Sitzfläche, andere auf die Rückenlehne und wieder andere auf den Boden. Es waren 15 bis 20 Mädels und ich mitten drin!!! Ich fühlte mich wie der „Hahn im Korb"! Meine Kumpels an Bord würden mich beneiden, wenn sie das wüssten! Einige Mädels hatten schnell ihre Gitarre geholt und dann wurden

Volkslieder gesungen. Eine romantische Stimmung. Nach dem schönen Lied „es dunkelt schon in der Heide“ machten wir beide uns auf und gingen ein wenig durch die Felder spazieren dabei erzählte sie, die ich ja nur aus Briefen kannte, von sich und ihrer Arbeit beim „Reichsarbeitsdienst“. Eigentlich wollte ich den letzten Zug um 8 Uhr abends erreichen, um noch am gleichen Tag in Kassel einzutreffen. Doch Bertel meinte, ich müsse wohl 18 mit 8 Uhr verwechselt haben, denn der letzte Zug sei um 18 Uhr gefahren. Hatte ich natürlich nicht! Ein Trick von Bertel mich länger dazubehalten, was ich ihr auch nicht verübelte, ich fand das sogar völlig in Ordnung. Sie hatte mich bei „ihrem“ Bauern zur Übernachtung angemeldet, nette Leute, die mich freundlich aufnahmen. Sie aber musste wieder um 22 Uhr in ihre Unterkunft. Der Sohn des Bauern fuhr mich auf dem Soziussitz seines Motorrades am nächsten Morgen zum Bahnhof in Memlos. Eigenartigerweise hatte ich auf der Fahrt nach Kassel kein schlechtes Gewissen. Die Drohung meines Vaters konnte ich nicht ernst nehmen. Den Eltern war offenbar bewusst geworden, welche Ungeheuerlichkeit die Drohung des Vaters in Wirklichkeit bedeutete. Sie waren beide bestrebt das Verhältnis wieder zu normalisieren, das merkte man an ihren Bemühungen.

Mein Kumpel aus Grebenstein bei Kassel und ich hatten abgemacht, wer von uns beiden Urlaub bekommt, besucht die Eltern des anderen. Das Versprechen wurde von uns eingehalten und so besuchte ich seine Eltern in Grebenstein, die sich riesig freuten. Sie luden mich zum Kaffee ein und ich musste natürlich viel erzählen. Zum Abschied gaben sie mir ein Päckchen für Hermann mit.

„Alles hat ein Ende, nur die Wurst hat zwei“ war ein nicht selten gebrauchtes Sprichwort unserer Mutter und galt heute meinem Urlaub. Es war wieder einmal Zeit mich ernsteren Dingen zu widmen, Koffer packen, noch dieses oder jenes mitnehmen und ab ging es zum Bahnhof in Begleitung der Familie. Nach tränenreichem Abschied rollte der Zug aus Kassels Hauptbahnhof und ich war mit meinen Gedanken allein. Für mich war es keine Frage, dass ich den nächsten Urlaub wieder in Kassel mit meiner Familie verbringe. Doch was würde bis dahin noch alles passieren? Jetzt aber war für mich die Hauptsache, M 3617 erwartete mich in Dünkirchen.

Der „Fronturlauberzug“ den ich gewählt hatte fuhr nicht über Brüssel, sondern nach Lille in Nordfrankreich. Dort musste ich nach Dünkirchen umsteigen und kam gegen 17 Uhr an. Um 20 Uhr aber konnte ich erst weiterfahren. Was sollte ich bis dahin machen? Zunächst gab ich mein Gepäck in der Wehrmachtaufbewahrung ab und wollte bis zur Abfahrt, die mir nicht bekannte Stadt ansehen. Um den Bahnhof herum gab es eine Reihe offenbar zweifelhafter Kneipen. Ich wollte zunächst etwas trinken, hatte Durst und ging in eine hinein. Kaum hatte ich den in schummerigem Licht getauchten Raum betreten, zog mich schon der warme Arm einer Frau an sich und flüsterte „Chérie“ in mein Ohr. Na, da war ich ja in den „richtigen Laden“ eingefallen. Aber wie sang Heinz Rühmann, „das kann doch einen Seemann nicht erschüttern“ und ließ mich in eine Sitzecke ziehen. Ich leistete keinen Widerstand, denn ich war neugierig, wie es wohl weitergehen würde. Außerdem sah die kleine Französin lieb aus und sie war es auch. Nachdem ich mit ihr etliche Gläser getrunken hatte, mit wenig Alkohol, dafür teuer, wobei mir ihre Umsatzbeteiligung schon klar war, schleifte sie mich mit auf ihr Zimmer. Sie war sehr zärtlich, was man eigentlich von allen Französinnen mit denen wir auf diese Art in Berührung kamen, sagen konnte. Im Lokal spielte die „Serenade von Mexico“. Man hörte es deutlich durch die dünnen Wände, wobei mein Blick auf die Uhr fiel 19,45 Uhr. Wie von der Tarantel gestochen fuhr ich hoch, raffte meine Sachen zusammen, verabschiedete mich und raste zum Bahnhof und - - - - - sah gerade noch die Schlusslichter des Zuges nach Dünkirchen. Es gab 14 Tage Urlaub und 2 Tage für die An-und Abfahrt. Je kürzer die Fahrt, je länger der Urlaub, so hatte ich auch kalkuliert. Heute hätte ich mich auf meinem „Schlickrutscher“ zurückmelden müssen. Na, das würde ja einen gewaltigen Anschiss geben! Jetzt schob ich erst einmal die Gedanken beiseite, trank noch ein belgisches Bier in einer solideren Kneipe und suchte die Wehrmachtunterkunft auf, um am nächsten Morgen die verpasste Fahrt anzutreten.

Wie geplant so geschehen. Nach der Ankunft in Dünkirchen, lief ich vom Bahnhof durch die Stadt zum Hafen und zur Mole 3. Auf dem Weg dorthin hoffte ich sehr, dass ich dort auch das unbeschädigte Boot M 3617 an der Pier finden würde. Dabei verscheuchte ich die Gedanken, ja ich ließ sie gar nicht erst aufkommen mir auszumalen, was wäre wenn! Doch M 3617 lag, als ob ich gar nicht fort gewesen wäre mit anderen Booten im Päckchen an der Pier. Der Kommandant stand in weißem Hemd, die Hände in die Seite gestemmt, an Oberdeck. Ich stellte mein Gepäck ab, ging auf ihn zu, machte eine Ehrenbezeugung und meldete, „Funkgefreiter Grafenhorst meldet sich vom Urlaub zurück“! „Melden sie sich beim Funkmaat“! „Jawohl, Herr Obersteuermann“! Zuerst ging ich jedoch ins Wohndeck und stellte die Fragen aller Fragen, „was war los“? „Alles wie immer“, bekam ich zur Antwort. Beruhigt stellte ich mein Gepäck ab, gab Hermann J. das Päckchen von seinen Eltern und ging nun zum Führerboot M 3620. Auf dem Weg dorthin überlegte ich, weshalb schickt mich der Kommandant zum Funkmaat, es war doch selbstverständlich. Ging es um die Verspätung des einen Tages, der Kommandant jedenfalls hatte nichts gesagt. Im Funkraum von M 3620 traf ich den Funkmaat und meldete mich auch bei ihm aus dem

Urlaub zurück. Er verlor kein Wort wegen meiner Verspätung fragte nur, „wie war´s"? Dann meinte er, „ihr Urlaub hat ihnen Glück gebracht". Ich verstand ihn nicht, doch er fuhr nach einer Pause fort, „sie sollten am 15. August auf M 3600 einsteigen und dort die Funkstelle des neu in Dienst gestellten Führerbootes der Gruppe „Anton" übernehmen. Da sie sich jedoch im Urlaub befanden, wurde ein Funker der Flottillenfunkstelle dorthin kommandiert. Während der Überführungsfahrt von Rotterdam nach Ostende, sank das neue M 3600 (ein ehemaliger französischer Minensucher) nach mehreren Minentreffern 5 – 6 Seemeilen östlich von Ostende. Unter den 5 Toten befanden sich die Funker. Sie haben „Schwein" gehabt"! Einerseits hätte ich bedauert mich von unserer wirklich gelebten Bordkameradschaft trennen zu müssen, andererseits war die Übertragung dieser Aufgabe für mich eine Anerkennung, war ich doch noch nicht so lange auf M 3617 und dort auch nur 2. Funker. Wichtig jedoch war, das Schicksal hatte es gut mit mir gemeint! Ich hoffte es würde mich weiterhin nicht verlassen. Immerhin hatte mir der Urlaub das Leben gerettet!

Herbst 1943

Die Realität holte mich schnell ein, M 3617 hatte Funkwache. Da für heute kein Einsatz vorgesehen war, lösten Horst Albrecht und ich uns alle 4 Stunden ab. Morgens um 10 Uhr mussten wir die Funkkladde dem Gruppenführer vorlegen, in der die Eingänge von Funksprüchen der letzten 24 Stunden aufgezeichnet waren. Wir Funker hatten mit unserem Oberleutnant zur See und Gruppenführer eine Art vertrauliches Verhältnis, das wohl von seinem Vorgänger Kapitänleutnant Freiherr von H. stammte. Bekanntlich waren die Besatzungen der 36. MS. Flott. keine Säulenheiligen und keine Brüder von Traurigkeit. Wenn wieder mal eine Besatzung der Gruppe eine Kneipe „auseinander genommen", die „Feldjäger" die Übeltäter festgestellt und dem Einheitsführer mit der Aufforderung zur Bestrafung gemeldet hatten, ließ er die Jungs kommen, las ihnen die Meldung vor und hörte ihre Darstellung. Dann kam sein Spruch, „macht was ihr wollt, nur lasst euch nicht dabei erwischen"! Das war´s auch schon! Anfragen der Feldgendarmerie bezüglich der Bestrafung ignorierte er. Kam eine erneute Anfrage, so hatte sein Hund, mit Namen „Sauzahn", die Meldung „gefressen". Kurz vor meiner Kommandierung zur Gruppe „Bruno" wurde er, nach Verleihung des Ritterkreuzes, abkommandiert und durch Oberleutnant z. See Zw. ersetzt. In dem hatten wir auch einen guten Vorgesetzten, wusste er doch um die schwierigen Lebensumstände an Bord, die ständigen Nachteinsätze, er kannte unsere Probleme und verhielt sich den Besatzungen gegenüber menschlich, verständig, großzügig. Das waren Offiziere zu denen alle ein ehrliches Vertrauen hatten, zu denen man gehen konnte, wenn persönliche Probleme auftraten, von denen man wusste, sie befassten sich damit und halfen mit Rat. Das waren keine Offiziere von den Kasernenhoftypen, den „Schleifern", das waren Menschen mit der Aufgabe Menschen zu führen.

Ich klopfte an die Türe des Oberleutnants an, „herein" hörte ich ihn rufen und trat in sein Zimmer. Doch da standen zwei Bootsmaate, ich drehte mich schnell um und wollte den Raum verlassen, „bleib hier" rief er. Ich stand mit meiner Funkkladde unter dem Arm etwas abgesetzt neben den beiden Maaten. „Stellen sie sich vor" sagte er zu mir, „die Zwei wollen mich auf den Arm nehmen" und fuhr an die Maaten gewandt fort, „meine Herren, sie können das versuchen, sie können mich auch schaukeln, nur runterfallen lassen, das sollten sie nicht tun. Das aber wollten sie offensichtlich. Machen sie dass sie rauskommen"! Die Zwei nahmen Haltung an, machten schnell kehrt und verschwanden. Der Oberleutnant meinte zu mir, „das muss man sich mal vorstellen, die wollten mich verarschen. Was sagst du dazu"? Dabei war er wieder auf das vertrauliche du übergegangen. Mir war das soeben Erlebte schon etwas peinlich. Schließlich handelte es sich um Vorgesetzte, wenn auch nicht von meinem Boot, so doch von unserer Gruppe. Würde ich mal auf ein Boot versetzt, auf dem sie Dienst tun, hätte ich sicher „schlechte Karten". Ich hielt mich deshalb mit meiner Meinung zurück. Ich kannte auch den Grund nicht. Der Gruppenführer hatte sicher keine Antwort von mir erwartet.

In den nächsten Nächten waren wir wieder draußen. Es dunkelte schon etwas früher, demzufolge dauerten die Einsätze auch wieder länger. Bisher lagen unsere Aktivitäten schwerpunktmäßig im Seegebiet zwischen Dünkirchen und Ostende, jetzt verlagerten sie sich mehr nach Westen in den Raum Dünkirchen – Calais. Mit der Gruppe „Caesar" unter Oberleutnant zur See Waldmann, fuhren wir häufiger gemeinsame Einsätze tiefer in den „Ärmel Kanal". Statt Ostende war das Ziel Calais. Aber auch in diesem Seegebiet räumten wir Minen. So unser Boot M 3617 mit einer gewaltigen Wassersäule. Doch das war ja unsere Aufgabe, Minen räumen, Minen unschädlich zu machen. So lange unser MES in Ordnung war, konnten wir darauf vertrauen.

Das Wetter wurde schlecht und immer schlechter. Die Waffen konnten nicht eingesetzt werden. Jeder an Bord war froh, nicht selbst über Bord gespült zu werden. Mit unmenschlichen Mühen wurden die Räumgeräte eingeholt. Der Grufü sah ein, so hat das keinen Zweck mehr und wir liefen in Calais ein. Eine Schlechtwetterperiode hielt uns nun in Calais fest. Nachdem diese nicht nachließ und sich sogar zu einem der gefürchteten Herbststürme entwickelte, glaubte ich mich verhört zu haben als das Kommando „18 Uhr seeklar" gegeben wurde. Die Gruppe „Bruno" sollte unbedingt zurück nach Dünkirchen! Mir schwante nichts Gutes bei diesem Wetter. Vor nicht allzu langer Zeit erst hatten wir einen Orkan abgeritten, wussten also was auf uns zukam und sicherten auf Grund dieser Erfahrung unsere Geräte noch zusätzlich. Dann ging es raus! Nach dem Ablegen banden sich alle an Oberdeck irgendwie und irgendwo fest. Schon beim Auslaufen, wir passierten die Flakbatterie „Erika" (10,5 Kanonen) am Hafenausgang und schon begann die Schaukelei. Funkverkehr gab es keinen. Wer geht auch bei diesem Wetter raus? Westwind Stärke 8 empfing uns. Kaum waren wir aus dem Hafen bekamen wir eine Dwarssee die unser Boot so auf die Seite zwang dass wir dachten, es fällt um und kentert. Nachdem es sich etwas erhoben hatte drehten wir auf ONO (Ost Nord Ost) und das Boot richtete sich auf. Tauchte nun aber mit dem Bug immer tief ein, erhob sich als wollte es in den Himmel fahren und stürzte wieder in die Tiefe. Dabei donnerten die Brecher über das Deck. Die Schutzschilde der Geschütze wurden so festgezurrt dass sie als zusätzlicher Schutz vor der anrollenden See dienten. Die 3,7-Zentimeter Kanone hatte kein Schutzschild, hier versteckte sich die Bedienung in und hinter dem Waschraum und der Toilette. Ein purer Wahnsinn uns bei dieser Wetterlage rauszujagen. Die da oben müssen ja wissen was sie tun! Wir verstanden das nicht. Mit dem Sturm von achtern und den gewaltigen Wellen die uns schoben, hatten wir die Strecke nach Dünkirchen in einer Rekordzeit von unter 3 Stunden geschafft. Alle waren glücklich als wir die Hafeneinfahrt von Dünkirchen hinter uns hatten, machten an der Pier des Außenhafens fest und erholten uns bei der Milchsuppe.

Der nächste Tag beschäftigte die Besatzung mit Reparaturarbeiten um das Boot wieder einsatzklar zu machen. Die anderen mit uns verlegten Boote hatten die gleichen Aufgaben. Immerhin war es erstaunlich, dass keiner der Besatzung verletzt oder gar außenbords gegangen war. Zeigte es doch dass die Hochseefischlogger, die unsere Boote ursprünglich einmal waren, derartige Stürme abreiten konnten und unsere Jungens harte Burschen waren, die so etwas wegsteckten!

Wir lagen, das war seltsam, nach wie vor im Außenhafen und hatten jeden Abend „seeklar“, konnten zwar an Land gehen mussten aber abends wieder anwesend und immer klar zum Auslaufen sein. Das wurde jedoch immer wieder wegen der Wetterlage „belegt“. Jeden 4. Tag hatten wir Funkwache. Da wegen des Herbststurmes die feindlichen wie auch die eigenen Schiffe im Hafen blieben, die Jagdbomber keine Ziele hatten, war der Funkverkehr recht mäßig. Manchmal gab es stundenlang keinen Funkspruch. Nur die Leitstelle gab dann mal ein v, v, v, v zur Abstimmung damit wir wussten dass wir noch auf der richtigen Frequenz waren und unser Empfangsgerät in Ordnung ist. Man konnte dabei in aller Ruhe Briefe schreiben oder lesen, ein Vorteil des Herbststurmes. Tagsüber kamen die Funker der anderen Boote, um zu erfahren ob und was es neues gibt. Das jedenfalls erfuhr man am ehesten durch Funksprüche. Darüber hinaus wurde geklönt, „Döntjes“ erzählt und Seemannsgarn gesponnen.

Die fleißigste Briefschreiberin war meine Mutter. Es folgten Rosemarie und Bertel, die alle paar Wochen schrieben. Mein Schwarm aber war Helga Kü., ihr Vater war ein Kollege meines Vaters. Ich hatte sie bei einem Besuch bei Kü. in Wuppertal kennengelernt. Sie war ausgesprochen hübsch, tat sich aber mit dem Schreiben schwer, was ich sehr bedauerte. Ich dagegen schrieb gerne Briefe. War es doch eine Freizeitbeschäftigung. Beispielsweise, wenn es regnete und wir nicht an Land gingen oder ich hatte keine Lust die „Wassertürme“, „Paulette“, „Jaqueline“ oder das Soldatenkino zu besuchen. So schrieb ich nach Hause über das Leben an Bord und was alles so passierte. Meine Mutter antwortete mir mal darauf, es sei ja alles sehr interessant aber sie verstünde oft nicht von was ich eigentlich schreiben würde. Ich hatte nicht daran gedacht, dass es für Dinge an

Bord und Tätigkeiten bei der Seefahrt eigene Bezeichnungen gab. So hieß ein Eimer „Pütz“, der Putzlappen „Feudel“, der Tisch „Back“, hinten war „achtern“, die Leine hieß „Tampen“, es gab „luv“ und „lee“, die „Schanz“, die „Brücke“, die „Koje“ und so weiter und so weiter. Nicht nur bei der „christlichen Seefahrt“, auch bei der Kriegsmarine hatte alles seinen Namen.

Das Miteinander der Besatzung hatte eine besondere Qualität. Es war eine Gefahrengemeinschaft in des Wortes wahrster Bedeutung. Einer war auf den anderen angewiesen und alle mussten sich aufeinander verlassen können. Das Verhältnis untereinander war rau aber kameradschaftlich. Der Ton war kumpelhaft, nicht rüde oder gar rüpelhaft. Die Fäkaliensprache bezog sich lediglich auf den Ausdruck „Scheiße“, als Kraftausdruck oder Verärgerung. So kam ich einmal gegen Abend von der Funkwache und wollte mein Abendbrot essen, das aus Wurst, Käse, Fleisch oder Fisch, den so genannten Zulagen, bestand. Das Kommisbrot hatte ein anderer, der auch erst später sein Abendbrot einnehmen wollte. „Werf´ mir mal das Brot an den Kopf“, eine zu jener Zeit gebräuchliche Redensart, wenn jemand von einem anderen etwas haben wollte. Doch von dem ich das Brot forderte, schien das wörtlich zu nehmen und warf mir tatsächlich das Brot an den Kopf. Die scharfe abgeschnittene Seite flog mir an die linke Wange und verletzte mich dort leicht. Erschreckt entschuldigte sich sofort der Werfer, denn er wollte mir keinen Schaden zufügen. Es tat ihm wirklich leid, man konnte es ihm ansehen, es war auch nichts Ernstes, es blutete ein wenig. Letztlich lachten wir alle darüber.

Auch das schlechteste Wetter geht einmal vorüber. Und so liefen wir abends wieder aus zur Suchfahrt nach Westen. In Höhe der Tonne „CW“, (an Land liegt der Ort Gravelines) erschütterte eine Detonation unser Schiff, das eine gewaltigen Satz machte und sich gar nicht beruhigen wollte. Der Strom fiel aus, M 3617 hatte eine Mine geräumt. Fritz wechselte die Sicherungen aus und wir sendeten einen Funkspruch an die 2. Sicherungsdivision mit Räumerfolg und Positionsangabe. Das zerstörte Räumgerät wurde eingeholt, gegen morgen liefen wir in Dünkirchen ein.

Am nächsten Tag, es war noch hell, liefen wir aus Richtung Osten. Bei „Emil 1“, wie die Tonne bei „P 214“ hieß, gingen wir auf Position und erwarteten ein Geleit. Nachdem uns dieses Passiert hatte, es war mittlerweile dunkel geworden, drehten wir bei und folgten dem Geleit nach Westen, um es nach hinten abzusichern. Aus welchen Fahrzeugen sich das Geleit zusammensetzte, konnte man in der Dunkelheit nicht erkennen, auch nicht die Anzahl der Schiffe. Bei diesem Aufwand musste es schon etwas Größeres sein, denn Gruppe „Anton“

und Gruppe „Dora“ hatten das Geleit bei Ostende von der 34. Minensuchflottille übernommen und nun liefen wir gemeinsam Richtung Westen, wo bei Tonne „CW“ die Gruppe „Caesar“ zu uns stieß. Gemeinsam ging es Richtung Calais, dort dachten wir einzulaufen. Weit gefehlt! Der gesamte Konvoi lief an Calais vorbei, passierte die engste Stelle des „Kanals“ bei „Cap Griz Nez“ und schon schlugen Granaten der Küstenbatterien von Dover zwischen uns ein. Eine Grante nach der anderen heulte heran. Traf aber bei uns glücklicherweise nichts. Gegen diese heran fliegenden Brocken konnten wir mit unseren „Kanönchen“ nichts ausrichten. Schnellboote und Jagdbomber konnten wir bekämpfen, nicht aber derartige Geschütze. Doch unsere eigenen Fernkampfbatterien halfen uns, in dem sie die Engländer in Dover unter Feuer nahmen. Nun beschossen sich beide. Die Granaten heulten über uns hinweg und wir konnten darunter unbeirrt weiterlaufen. Allmählich ließen die Fernkampfbatterien nach und wir nahmen Kurs auf die Hafeneinfahrt von Boulogne. Wir hofften uns am nächsten Tag einmal den Ort ansehen zu können, wurden aber enttäuscht. Uns schickte man in einem abgelegenen Winkel des Hafens. Eingangs der nächsten Nacht übernahm die 38. Minensuchflottille das Geleit und Gruppe „Bruno“ lief „nach Hause“, nach Dünkirchen. Die Gruppe „Caesar“ nach Calais ihrem Heimathafen.

Der „Kanal“, auch „Ärmel Kanal“ genannt, war eine wichtige Wasserstraße von der Nordsee zum Atlantik und umgekehrt. Man ersparte sich den Riesenumweg um die Britischen Inseln und war deshalb für die deutsche Kriegsführung von besonderer Bedeutung. Alle Schiffe die den schnellsten Weg zum Atlantik wählten, mussten hier durch. Die U-Boote konnten den Weg getaucht nutzen, hatten ihn aber nur nötig, wenn es sich um neue Boote handelte, die aus der Werft kamen. In Nantes, Lorient und La Rochelle befanden sich große U-Bootbunker, die an der Atlantikküste gebaut worden waren, in denen sich alles befand, was ein U-Boot für seinen Einsatz benötigte. Dort gab es sogar eine Reparaturwerft die bombensicher untergebracht war. Auch Ausrüstungs, Munitions, und Verpflegungslager, Unterkünfte für die Besatzungen, Krankenrevier und was sonst noch alles benötigt wurde befand sich unter mehreren Metern dicken Betondecken. Diese U-Bootbunker konnten von bisher bekannten Bomben und Luftminen nicht durchschlagen werden. Das zum Bau erforderliche Material musste herangeschafft werden, teils über Land, per Bahn, per LKW aber auch auf dem Wasserweg durch den „Kanal“. Den Weg dazu von Minen frei zu halten war unsere Aufgabe.

Mein Kumpel Hermann kam aus dem Urlaub zurück und brachte mir ein Päckchen von meinen Eltern, die er besucht hatte, mit. Der Inhalt kam gerade recht, denn ich hatte in wenigen Tagen Geburtstag und sollte 19 Jahre alt werden. Zu Hause wäre das ein schönes fest gewesen, mit Kerzen, Geburtstagsgeschenken, vielen lieben Wünschen und Zeichen der Verbundenheit. Doch hier an Bord in einer kriegerischen Männergesellschaft, verlief der Tag anders. Von dem normalen Ablauf des Tages einmal abgesehen, hätte ich „Einen" ausgeben müssen. Einen ausgeben bedeutete jedoch, dass jeder der Besatzung „voll" sein musste. Das wurde stets eine teure Angelegenheit. Ich war deshalb nicht „wild" auf diese Art von „Einen ausgeben". Aber das war nun mal hier so üblich bei Geburtstagen, Beförderungen, Auszeichnungen und was es sonst noch so zum Feiern gab. Zunächst aber hatte ich Glück, denn am Tage meines Geburtstages hatte Boot M 3617 Funkwache und deshalb fiel die Sauferei aus. Die nächsten Nächte sah uns auf See und je weiter sich die Feierei verschob, umso mehr hoffte ich, dass meine Kumpel meinen Geburtstag vergessen würden. Ich hatte Glück, es war so! Bedingt durch die vergangenen Herbststürme, die uns am Auslaufen hinderten, liefen wir jetzt jede Nacht aus, so wir das Suchgerät ausbringen und die Waffen einsetzen konnten. Auf diese Weise wurde der Rückstau abgebaut.

Überraschenderweise wurde mein Funkkollege zur Unteroffiziersschule abkommandiert, er wollte Funkmaat werden. Es war ein kurzer und schneller Abschied. Bei „Paulette" gab er der Besatzung noch „Einen" aus und verschwand schon am nächsten Tag. An seine Stelle kam ein Fähnrich Funk, Er war jünger als ich und gerade mal ein Jahr bei der Kriegsmarine. Nach 9 Monaten als Seekadett, im Range eines Hauptgefreiten, war er Fähnrich geworden im Range eines Unteroffiziers in der Uniform eines Offiziers, dem lediglich deren Rangsabzeichen fehlten. Um weiter die Offiziersleiter zu besteigen, musste er eine bestimmte Zeit „Frontbewährung" absolvieren. Und das tat er auf M 3617. Da aber unser Boot nicht auf solche „Exoten" eingerichtet war, musste er im Wohndeck mit der Mannschaft schlafen, jedoch mit dem Kommandanten und Maaten speisen. Um das Kuriosum voll zu machen, musste er, bedingt durch die Abkommendierung meines bisherigenKollegen, Dienst tun als 2. Funker, während ich als nur Gefreiter Leiter der Funkstelle war. Fähnrich Stuck war ein netter Kerl, lustig und immer gut aufgelegt, kam mit jedem gut aus. Er nahm diese vertrackte Situation auch nicht so ernst, er sei ein seemännischer Zwitter, meinte er und passte sich an.

Zwischen 0 und 0,30 Uhr klopfte es immer während unserer Einsätze, an der Tür zum Funkraum. Unser Koch kam mit einer Tasse heißen Kaffees zu uns, wie zu jedem einzelnen Besatzungsmitglied, einschließlich des Kommandanten. Eine segensreiche Einrichtung! Auf M 3620, dem Führerboot, passierte einmal bei einer solchen Situation folgende Geschichte. Der Kommandant wollte stets eine Tasse Kaffee mit Untersetzer serviert bekommen. Nun aber fuhr der Koch in Urlaub und ein anderer musste ihn vertreten. Beim Erklettern der Treppe zur Brücke, verschüttete er etwas Kaffee auf den Untersetzer, zumal etwas Seegang herrschte, worauf der Kommandant ihn anschnauzte. Das passierte ihm während der Vertretungszeit etliche Mal und stets regte sich der „Alte" auf. Als der Koch aus dem Urlaub zurückkam fragte ihn sein Vertreter, wie er das immer geschafft habe ohne „Fußbad" den Kaffee zu servieren. „Bevor ich die Treppe zur Brücke hinaufgehe, nehme ich einen kräftigen Schluck aus der Tasse und gebe den oben vor der Tür wieder in die Tasse hinein", war seine Antwort. Es war ja dunkel!

Der Schreibstubenhengst unserer Gruppendienststelle war bekanntlich unser Gast zum Mittagessen. Dabei erfuhren wir als Neuestes, dass die beiden Gruppen „Bruno" und „Caesar" umorganisiert werden sollten. Die schnellsten Boote der Gruppe „Bruno" sollten der Gruppe „Caesar" zugeführt werden und deren langsameren Boote dafür zu unserer Gruppe. Das hieße, M 3617 käme nach Calais zur Gruppe „Caesar" unter Oberleutnant zur See W. Diese Gruppe operierte in Feindnähe, nämlich in der Nähe der britischen Küste, und sollte beweglicher werden. Das war für mich keine gute Nachricht, nicht dass ich Angst vor der Nähe des Feindes hätte, eher das Gegenteil war der Fall, ich würde zwangsweise den Gruppenführer wechseln müssen und mit unserem verstand ich mich gut. Dem Gruppengführer der Gruppe „Caesar" ging kein unbedingt positiver Ruf voraus. Von Beruf Apotheker, in seiner Freizeit Sportsegler, unnahbar und auch unnachgiebig. Im Laufe des Tages, ich hielt mich an Oberdeck auf, ging unser Gruppenführer die Pier entlang, sah mich an Deck stehen und zeigte beim vorbeigehen mit dem Finger auf mich wobei er sagte, „du kommst auch wieder zu mir zurück"! Damit meinte er wohl, dass ich wieder zur Gruppe „Bruno" zurückkomme. Das freute mich natürlich, andererseits betrübte es mich auch. Ich würde alle meine Kameraden, mit denen ich mich so gut verstanden habe verlieren und mit neuen Kameraden und neuem Kommandanten zu Recht kommen müssen. Vor allem, ich müsste mich auf einem neuen Boot einleben und was das für einen Neuen auf einem Boot heißt, das hatte mich die Erfahrung geleert. Es muss halt im Leben immer etwas passieren, Stillstand ist Rückschritt.

Vom Schreiberling hörten wir, dass zum Wechsel von M 3617 zur Gruppe „Caesar", auch einige der bisherigen Besatzung zu Unteroffizierslehrgängen abkommandiert würden. Der Funk Fähnrich aber blieb an Bord, seine Frontbewährung war noch nicht abgelaufen. Ich sollte auf M 3616 einsteigen, das derzeit in der Werft lag, umgebaut wurde und eine Funkstation erhielt, die ich zu leiten habe. Ein weiterer Funker würde mir beigegeben. Doch zunächst lief die Gruppe „Bruno“ am 25. 11. 43 nach Calais, übergab dort die Boote M 3617, M 3619, M 3636 an Gruppe „Caesar“, übernahm die Boote die als Ausgleich zur Gruppe „Bruno“ kamen und lief mit diesen nach Dünkirchen zurück. Ich dagegen blieb mit M 3617 in Calais. Neben den Dingen die sich dadurch änderten, bekam ich auch eine neue Feldpostnummer die jetzt „M 10367“ lautete. Oh Schreck! Aus dem Radio erfuhr ich, dass Kassel, die Stadt in der meine Familie wohnte, von alliierten Bombern angegriffen worden war. Was war mit meinen Eltern und meiner Schwester? Verständlich dass mich die Gedanken plagten, bis mir endlich nach einigen Tagen meine Mutter in einem Brief mitteilte, die Stadt sei zwar schwer zerstört, die Wohnung sei jedoch nicht getroffen und die Familie wohl auf. Wenigstens eine gute Nachricht! Meine Mutter hielt einen engen brieflichen Kontakt mit mir, mein Vater dagegen hat mir während meiner Kriegsmarinezeit zwei mal einen Brief geschrieben, einmal vor seiner großen Operation 1942 und jetzt in einem Brief nach der Zerstörung Kassels 1943. Dieser mit Bleistift auf grauem groben Papier Geschriebene lautete:

„Mein lieber Junge !
Mutti hat Dir ja über das Schicksal der „Gauhauptstadt Kurhessen“, über Kassel schon Mitteilung gemacht, auch ich teilte ihr gleich nach den ersten Tagen des Angriffs einiges über die Art der eingetretenen Schäden mit. .Heute dürften einige Zahlen, die ich bitte streng vertraulich behandeln zu wollen, interessieren. Wie überall so sind ja über Kassel die tollsten Gerüchte im Umlauf. Dass die Zahl der Toten, bei diesen Gerüchte machenden Personen, grundsätzlich das 10 fache beträgt, ist eine Selbstverständlichkeit. Also, nachdem man nun ein klares Bild über den Umfang der Katastrophe gewonnen hat, ergaben sich folgende Zahlen:
Der Angriff dauerte von 20,45 – 22,10 Uhr, also 1 Stunde 25 Minuten. Er wurde von ungefähr 500 Flugzeugen durchgeführt. An Bomben wurden abgeworfen:
100 zu je 35 Zentner,
100 zu je 18 Zentner,
850 zu je 10 Zentner,
130 000 Stabbrandbomben zu je 1,7 Kilogramm
40 000 Phosphorbrandbomben zu je 14 Kilogramm.
Es fielen ca. 5 000 Personen, Schwerverwundete 800 Personen, Obdachlos ungefähr 130 000.
Du siehst mein Junge, dass die schöne Stadt einen gewaltigen Knacks erhalten hat. Die Alt-und Mittelstadt ist gänzlich ausgebrannt. Alle Hotels sowie Geschäftshäuser, Theater, Rathaus, Kinos sind vernichtet. Die Vororte haben weniger stark gelitten. Die Schulen und Kirchen sind zu 90 % vernichtet. Dass unser Haus davon gekommen ist, hat Mutti sicher geschrieben. Ich glaube ja nicht, dass dieser Angriff der letzte gewesen ist, denn alle Städte denen es so ergangen ist wie Kassel, haben hinterher noch verschiedene Angriffe erleben müssen.
Was aus Kassel werden wird ist noch unklar. Eifrig sind die Behörden dabei ihre Büros

wieder in Ordnung zu bekommen, soweit die Häuser noch stehen. Wo Behörden sind, herrscht auch ein lebhafter Verkehr. Die Straßenbahnen scheinen auch den Betrieb wieder aufnehmen zu wollen, denn man ist dabei die Oberleitung zu legen. Die Hauptarbeit haben uns die Verschütteten gemacht. Heute noch wird nach Verschütteten gegraben. Bagger werden eingesetzt und arbeiten heute noch. Während anfangs die Leichenbergung noch einigermaßen erträglich war, wurde sie doch nach 8 Tagen äußerst unangenehm. Die Bergung konnte nur noch mit Gummianzügen, Gasmasken und Gummihandschuhen durchgeführt werden. Auf dem Friedhof lagen teils 500 – 700 Leichen in Reih und Glied und erwarteten die Beerdigung in Massengräbern. Wenn jede Leiche eine Erkennungsmarke gehabt hätte, dann wäre die Bestattung schneller vorangegangen und dann hätten wir auch nicht 50% als „unbekannt" beerdigen brauchen. Was heute noch geborgen wird ist entweder eine nasse Masse oder es sind vollkommen ausgeglühte Knochenreste. Ich hatte ja die größte Lust wieder von Kassel versetzt zu werden. M. E. nach ist auch die Anwesenheit von Polizei in dem Ausmaß, den wir uns heute nicht mehr erlauben können. Hoffentlich hören wir bald von Dir. Mein lieber Bodo, glaube ich Dir ein allg. Bild von dem Geschehen in K. gegeben zu haben. Über Einzelheiten ließen sich Briefe schreiben.
Wenn Du diesen Brief gelesen hast, dann vernichte ihn, damit er nicht in andere Hände gerät. Ich wünsche Dir alles Gute und mit den besten Grüßen und herzl. Küssen bin ich stets Dein getr. Vati".

(Dem Wunsche meines Vaters bin ich nicht nachgekommen und besitze den Brief, der immer unleserlicher wird, noch heute als ein Zeitdokument meines Vaters.)

Als neuen Einsatzhafen fand ich die Stadt Calais wesentlich sympathischer, im Vergleich zu der vollkommen zerstörten Innenstadt Dünkirchen. Der Fußweg vom Hafen zur Innenstadt war in etwa gleich weit, doch kamen wir in Calais in eine betriebsame Stadt und nicht wie in Dünkirchen in eine unbewohnte Trümmerlandschaft. Wenn auch Dünkirchen, bedingt durch die Flucht der britischen, polnischen, belgischen und französischen Truppen vor der deutschen Wehrmacht nach England, eine traurige Berühmtheit erfuhr, so handelte es sich bei Calais um eine von 1347 bis 1518 britische und eine historische Stadt.

Die Einsätze der Gruppe „Caesar" unterschieden sich nicht von denen der Gruppe „Bruno". Räumeinsätze, Geleitschutz und Position einnehmen. Das Führerboot M 3630, auch ein ehemaliger Fischdampfer, lief mit dem Gruppenführer in aller Regel mit uns aus, wobei erkennbar war, dass die von der Gruppe „Bruno" übernommenen Boote stets dabei waren. Meist ging es mit Räumeinsätzen an Cap Gris Nez vorbei bis vor Boulogne und wieder zurück, mal bis in Höhe Gravelines. In den ersten Tagen machte uns das Wetter große Schwierigkeiten mit Sturm und Regen, trotzdem räumte M 3636 und kurz danach auch M 3630 je eine Mine mit den bekannten Nebenerscheinungen. Nachdem sich das Wetter beruhigt hatte, erlebte ich in einer der Nächte eine eigenartige Erscheinung. Durch den Wellengang wurde immer etwas Seewasser durch die Speigatts an Deck gespült. Ich konnte bei dem zu den Speigatts zurück laufenden Wasser eine Vielzahl kleiner grünlich leuchtender Pünktchen sehen, so als ob tausende kleiner Glühwürmchen im Wasser schwimmen. Die Bugwelle vorne am Steven, wie auch das Heckwasser leuchtete phosphorartig grünlich und so hell dass es weithin leuchtete. Keiner an Bord war in der Lage uns dieses Faszinosum zu erklären. Obendrein war diese Erscheinung für uns sehr gefährlich, denn durch die Helligkeit an Bug und Heck unserer Schiffe, waren wir für den Gegner weithin sichtbar. Glücklicherweise haben die Tommies diese Erscheinung nicht ausgenutzt. Doch gegen morgen normalisierte sich das Wasser.

Ich wartete und wartete auf die Einhaltung der Zusage, wieder zur Gruppe „Bruno“ kommandiert zu werden. Auf M 3617 gab es, bedingt durch die verschiedenen Abkommandierungen, eine Reihe neuer Gesichter. Die Kumpels an die man sich gewöhnt hatte, waren ja nicht mehr an Bord. Der „Alte“ war noch derselbe, ebenso der Maschinenund Obermaat. Die Besatzungen der anderen Boote die bisher schon zu der Gruppe „Caesar“ gehörten, kannte man auch noch nicht. Der Gruppenführer, ein ziemlich unnahbarer Mann, war mir ebenso fremd. Mein Wohlbefinden war jedenfalls gestört!

Endlich erhielt ich den Befehl, mich am 22. 12. 1943 auf M 3616 zu melden, mir fiel ein „Stein vom Herzen“! Doch eine rechte Freude kam bei mir auch nicht auf. Kam ich doch in eine zusammengewachsene Gemeinschaft als Fremder und wusste was auf „einen Neuen“ zukam. Diese Gedanken wegschiebend packte ich meine Sachen, räumte den Spind, die Backskiste, stopfte alles in meinen Seesack, meldete mich beim Kommandanten, beim Gruppenfunkmaat und Gruppenführer ab, marschierte zum Bahnhof und bestieg den Zug nach Dünkirchen. Während der Fahrt fiel mir ein, dass ich fast auf den Tag genau vor einem Jahr auf M 3617 kommandiert worden war und dachte über das abgelaufene Jahr, wie auch über die Erlebnisse in dieser Zeit nach, 118 Einsätze, 4 geräumte Minen, 2 Gefechte mit der Versenkung zweier britischer MGBs.

In Dünkirchen angekommen, schleppte ich mich mit meinem Seesack durch die Stadt zur „Mole 3“, meldete mich in der mir gut bekannten Schreibstube und natürlich beim Gruppenführer. Der meinte lachend, „na, wie haben wir das geschaukelt“? „Klasse, Herr Oberleutnant“! Der Funkmaat meinte als ich mich bei ihm zurück meldete, M 3616 läge noch in der Werft, die Funkanlage würde eingebaut und ein zweiter Funker von der Nachrichtenschule kommend sei unterwegs. Ich schnappte mir meinen Seesack, marschierte um das Hafenbecken herum zum Werftkai. Dort lag M 3616, mein „neues Boot“, mein „neues zu Hause“!

M 3616

Am Werftkai lag vor mir im Sonnenschein M 3616. Emsiges Leben und Treiben an Bord. Überall Kabel, Leinen und Schläuche die teils zur Pier führten. Werftarbeiter in blauen Overalls schienen schwer beschäftigt zu sein. Es war zwar Winter, aber die Temperatur fast frühlingshaft. Durch das Schleppen meines Seesacks war ich ordentlich geschwitzt und warf ihn kurzerhand an Bord, sprang hinterher und sah in diesem Durcheinander die „Nummer 1". „Ich bin der neue Funker und suche den Kommandanten", sagte ich zu ihm. „Der ist in seiner Kajütte, den Niedergang runter, dann rechts an der Kombüse vorbei", antwortete er. Dort klopfte ich an der Tür, „herein" hörte ich, trat ein, „Funkgefreiter Grafenhorst meldet sich auf M 3616 kommandiert"! „Wo sind sie bisher gefahren und wie lange", wollte er wissen. Nachdem ich ihm die gewünschte Auskunft gegeben hatte meinte er, „gehen sie zum Decksältesten, lassen sich Koje und Spind zeigen und kümmern sie sich um den Funkraum"! „Jawohl, Herr Obersteuermann", machte kehrt und verschwand. An Oberdeck fragte ich einen der Besatzung nach dem Decksältesten. Der deutete auf einen 25 – 27-jährigen der die Reling mit roter Mennige strich. „Kann ich mal stören"? „Klar, einen Moment", dann drehte er sich zu mir. Ich erklärte ihm, dass ich als Funker an Bord kommandiert sei, nun Koje und Spind suche. „Wie heißt du und wo kommst du her", wollte er wissen. Ich nannte meinen Namen und sagte, dass ich aus Wuppertal komme. „Elberfeld oder Barmen", fragte er. „Barmen", antwortete ich. Er blieb spontan stehen, reichte mir die Hand, „ich bin aus Elberfeld. Jetzt haben wir zwei Wuppertaler an Bord". Dann zeigte er mir die Koje für mich, unmittelbar neben dem Gang zur Kommandantenkammer und gegenüber dem Eingang zur Kombüse.

Ich räumte meine Sachen ein, bezog meine Koje, wobei der Smut neugierig aus seiner Kombüse schaute und fragte, „bist du der neue Funker"? Nachdem ich das bestätigte, nannte er seinen Namen und zeigte mir sein „Reich". Dann endlich machte ich mich auf den Funkraum zu suchen. Der lag am Ende der Aufbauten, direkt vor der Achterschanz, auf der sich die achtere 2-Zentimeter Kanone befand. Von dort betrat man einen im Vergleich zu M 3617 größeren, von beiderseitigen Bullaugen erhellten Raum, der allerdings nicht den Eindruck eines Funkraumes machte. Hier herrschte ein heilloses Durcheinander, herumhängende Kabel, überall herum liegende Werkzeuge, dazwischen standen Geräte. Obendrein krochen in diesem Chaos noch einige Grandis (Hafenarbeiter) herum. Ein Monteur schloss Stromquellen an, die wir zum Funkbetrieb benötigten und aus Spannungen von Gleich-und Wechselstrom der Stärken 220 und 110 Volt bestanden. Um festzustellen welche Spannung und welche Stärke ein

Anschluss hatte, feuchtete der Mann einen Finger im Mund an und hielt ihn dann in die unter Strom stehende Fassung. Als ich das sah, standen mir die „Haare zu Berge", der Grandi brummte nur „deu cent vingt volt". Ich hatte den Eindruck vom Stand der Einrichtung des Funkraumes, es würde noch Wochen dauern!

M 3616 war im Vergleich zu M 3617 sichtbar größer. M 3617 war mit 97 Bruttoregistertonnen (BRT) vermessen, M 3616 dagegen mit 151 BRT, was sich auch durch eine größere Länge bemerkbar machte. Vor allem auch durch die Bewaffnung. Mittschiffs befand sich auf M 3617 eine zwei 2-Zentimeter Kanone, hier waren es zwei und auf der Back statt der 3,7 eine 8,8 Zentimeter Kanone, Typ U-Bootslafette. Im Zuge der Entwicklung des U-Bootkrieges wurden die nicht mehr einzusetzenden 8,8 UBLF den Seekrieg führenden, schwach bewaffneten Booten zugeordnet. Auf Grund der Größe von M 3616 war dieses Boot gerade dazu prädestiniert. Ursprünglich diente dieses Boot als Fischlogger mit einem Kromhout Diesel von 80 PS der Reederei Unie Scheveningen mit der Registernummer „Sch 361". Entsprechend der stärkeren Bewaffnung, war auch die Besatzung größer, die von einem Obersteuermann als Kommandant und ehemaligen Schiffsoffizier der 10 Jahre Ostasien hinter sich hatte, geführt wurde, unterstützt von der „Nummer 1", einem Ostpreußen aus Elbing, von Beruf Zigarrendreher und einem „LI" als Maschinenmaat, der aus Gera stammte. Alles keine „Militaristen", daher auch der freundliche Umgangston. Äußerlich durch den „Sprudelorden" als kriegserfahren sichtbar, akzeptierte mich die Besatzung problemlos. An die Wohngewohnheiten auf dem für mich neuen Boot, musste ich mich allerdins erst noch gewöhnen. Im Gegensatz zu M 3617 gab es ein Heer von Kakerlaken, die überall in Scharen herumkrochen. Bedingt durch die unter Deck befindliche Kombüse (auf M 3617 befand diese sich achtern an Oberdeck) mit der von dort ausstrahlenden Wärme, eine beliebte Heimat der kleinen Käfer, die jedoch absolut unschädlich waren. Die kleinen Viecher fraßen lediglich die obere Schicht von Fotografien ab, die mancher Seemann an die Kojenwände gezwickt hatte. Die Deckskanten in der Nähe von Lampen, schienen Lieblingsplätze der Käfer zu sein. Dort saßen sie in dicken Schichten, die von Zeit zu Zeit mit Lötlampen weggebrannt wurden. Wollte ich mich in meine Koje legen, musste ich immer erst mit meiner Hand die Kakerlaken hinausfegen. Es konnte auch sein, dass man mal eine aus der Suppe fischte. Die Funker eines Nachbarbootes das den Funkraum unter Deck hatte machten sich den Spaß, über ihren Arbeitstisch einen Kreidstrich zu ziehen, der eine magische Anziehungskraft auf die Kakerlaken ausübte. Während die Käfer über den Kreidestrich liefen, zielten die Funker mit tropfenden Kerzen auf sie. Durch das langsam hart werdende Wachs, wurden die Kakerlaken eingewachst und gaben

Souvenirgeschenke ab. Allerdings gab es wie auf M 3617, auch hier auf M 3616 Ratten. Noch unangenehmer da die Kombüse unter Deck lag und diese Nager Löcher in die Metallschränke fraßen. War die Kombüse unbenutzt, tobten sie sich darin aus. Ergriff ich von meiner Koje aus die Türklinke und stieß die Tür auf, machte gleichzeitig das Licht an, sah ich, wie überall die Ratten versuchten, schnell wieder in die von ihnen gefressenen Löcher zu verschwinden. Gewiss, das war alles nicht schön, doch uns jungen Burschen machte das nicht viel aus, wir gewöhnten uns daran.

Weihnachten 1943

Ich hatte mich noch nicht ganz eingelebt, stand auf einmal ein junger Matrose IV Funk aus Aschersleben neben mir und meinte, er sei auf M 3616 als zweiter Funker kommandiert worden. Ich ging mit ihm zum Decksältesten, dem MatrosenStabsgefreiten Jupp, mehrfach degradiert, Teilnehmer des Spanienkrieges auf der „Deutschland". Ein Pfundskerl, konsequent aber kameradschaftlicher Kumpel, der für Koje und Spind sorgte und Kurt, wie sein Vornamen lautete, die Kommandantenkammer zeigte, in der er sich beim Kommandanten zu melden habe. Danach zeigte ich ihm den künftigen Funkraum der im Gegensatz zu dem von M 3617 nicht gepanzert war. Das fand ich zwar nicht schön, insbesondere wenn ich an den 29. Mai 1943 dachte, doch ich nahm´s in Kauf. Was sollte ich auch machen? Wegen mir hätte die Seekriegsleitung keine Panzerung extra einbauen lassen.

Noch ein Tag und dann war „Heiliger Abend". Die Besatzung die schon länger zusammen war, plante eine gemeinsame Feier. Wir beide, Kurt und ich, die das Pech hatten neu an Bord zu sein, bekamen den Nachteil des „Neu zu sein" zu spüren. Wir bekamen den Auftrag, Nachtdienst in einer französischen Kaserne in der Stadt zu schieben. Diese Kaserne Baujahr „18-hundert damals" befand sich in der Mitte der Stadt in einer Seitenstraße, nicht weit vom Soldatenkino entfernt, völlig unbenutzt. Wie das Sanatorium in Sydcote, stand diese alte Kaserne der Gruppe „Bruno" zur Rekonvaleszenz der Besatzungen zur Verfügung. Gut gemeint aber unpraktisch. Ich kann nicht sagen, dass mich dieser Dienst am „Heiligen Abend" besonders erfreute, nein, er ärgerte mich ungemein. Immerhin war ich bei der 36. Minensuch ein bewährtes Besatzungsmitglied, zwar auf einem anderen Boot, doch kein Neuer „in diesem Geschäft"! Aber auf M 3616 war ich halt ein „Neuer" an Bord, wie ebenfalls der zweite Funker. Während sich die Besatzung zur Weihnachtsfeier fein machte und das Wohndeck feierlich hergerichtet hatte, „marschierten" Kurt und ich in die tote Stadt und suchten diese alte Kaserne in einer Seitenstraße auf. Kein Mensch war dort, nur wir beide. Wir machten es uns bequem und übten uns in Langeweile. Nachdem jeder seinen Lebensweg vom Elternhaus, über die Schule, bis zu dieser Kaserne, erzählte hatte, schauten wir mal vor die Kaserne. Alles war totenstill. Kein Wunder. Die meisten Häuser waren zerstört. Eine wirklich besch - - - - - ne Situation. Uns blieb nur übrig, alsbald die vorhandenen Kojen aufzusuchen, obwohl uns diese toten, menschenleeren Räume nicht gerade gemütlich vorkamen. Morgens wurden wir von zwei Besatzungsmitgliedern eines anderen Bootes abgelöst.

An Bord angekommen, konnten wir kaum den Niedergang herunter gehen. Überall lagen Bier-oder Schnapsleichen herum und mittendrin der Kommandant. Es musste ja hier schlimm zugegangen sein! Zwei Mann die an der Pier Wache hielten, schnappten sich den Kommandanten und schleppten ihn an Oberdeck, da der Kerl unbedingt Wasser lassen wollte. Als sie ihn danach langsam den Niedergang herunterführten erschienen erst die Sockenhalter die herunterhingen, dann langsam Schuhe, Hose und zuletzt der ganze Kerl. Nachdem die beiden Posten den Kommandanten in seine Kammer geschleppt hatten, fiel der mit großem Getöse in seine Koje, wobei er Stühle und mehrere Einrichtungsgegenstände mitriss.

Allmählich regte sich Leben im Wohndeck und nach vielem kalten Wasser unter der Dusche wurde der Raum aufgeklart, wie aufgeräumt in der Seemannssprache heißt. Wir verbrachten den Tag mit den anderen der Besatzung, die uns die tollsten Geschichten der Weihnachtsfeier erzählten. Kurt und ich übernahmen leicht verärgert das Weihnachtsgeschenk des Soldatenheimes, für jeden eine Flasche Cognac und nahmen uns vor, für die entgangene Weihnachtsfeier „Einen drauf" zu machen. Wir zogen los Richtung Coudekerke, nicht ohne vom Kommandanten zu hören, um 24 Uhr wieder an Bord zu sein.

In Coudekerke, einem einigermaßen erhaltenen Vorort von Dünkirchen, befand sich ein Lokal, genannt die „Bretterbude". Die beschädigte Außenfront des Lokals hatte man mit Brettern repariert, daher der Name „Bretterbude"! Darüber hinaus aber war das Lokal in Ordnung, immer gut besucht, vornehmlich von jungen Franzosen, Französinnen und Besatzungsmitgliedern der Gruppe „Bruno". An der Stirnseite, befand sich auf einer Erhöhung eine kleine 3MannKappelle mit Akkordeon, Geige und Schlagzeug. Als wir dort eintrafen, suchten wir uns einen freien Tisch, den es nicht gab. Wir setzten uns zu einem jungen französischen Pärchen und bestellten Bier, hielten jedoch unsere Flaschen unter dem Tisch, um eventuellen Krach mit dem Wirt zu vermeiden. Nach und nach aber kamen auch unsere Flaschen zum Zuge und unsere französischen Tischpartner, mit denen wir uns radebrechend mit Händen und Füßen unterhielten, fanden unseren Cognac exzellent. Zunächst waren wir die einzigen „Lords", doch allmählich tröpfelten immer mehr von unserem Boot ein. Es wurde voller und gemütlicher. Ich zog mit meiner Flasche von Tisch zu Tisch, egal wer daran saß und schenkte aus. Ich weiß nicht mehr wie viel Uhr es war, meine Kumpels und auch Kurt sah ich nicht mehr, das Lokal hatte sich schon reichlich geleert. Erstaunlich, aber neben mir saß eine kleine nette Französin, die sich um mich bemühte. Sie brachte es fertig, mich am Arm aus dem Lokal zu schleppen, wobei sie mir erklärte, wir gingen jetzt zu ihr, ich könnte nicht mehr zu meinem

Schiff gehen. Damit mochte sie wohl recht haben, mir war jedoch alles egal. Sie zog mich halbwegs hinter sich her, hielt plötzlich vor einem Haus mit einer Wiese davor, legte den Zeigefinger vor ihren Mund und bedeutete mir, dass hier ihre Eltern wohnten, mit denen sie noch etwas zu besprechen habe, ich solle warten. Stehen das aber konnte ich alleine nicht mehr, ich ließ mich einfach auf die Wiese fallen. Als die kleine Französin wieder auftauchte, war ich schon fast eingeschlafen. Sie raffte mich auf und schleppte mich weiter bis wir endlich einen Weg mit einseitiger Bebauung erreichten. Vor einem der kleinen Häuser blieb sie stehen und bedeutete mir leise zu sein, über ihr wohne ein alter Mann, der von ihrem Besuch nichts wissen dürfte. Durch einen Vorgarten schlichen wir in ihre Parterrewohnung, wobei ich gleich durch die offene Tür ins Schlafzimmer zog. Ich ließ mich auf ein Bett fallen, während die kleine Französin mich auszog und mich zudeckte. Doch das bekam ich schon gar nicht mehr mit.

Morgens, der Tag graute, ich wurde wach. Erstaunt drehte ich mich um, wo war ich hier? Neben mir im Bett in einem unbekannten Schlafzimmer lag eine Frau. In der Ecke ein Kinderbett. Wie bin ich nur hierher gekommen? Ich musste lange überlegen, allmählich kam ich dahinter. Mich juckte es! Aha, Flöhe! Meine Nachbarin wurde wach, stand auf, kochte Kaffee (der fürchterlich schmeckte). Während ich mich anzog, gab sie mir noch ein Stück Brot und ich verließ das kleine Häuschen. Vorher hatte mir meine kleine Französin erklärt, dass ich den Weg rechts hinunter gehen müsse, das wäre der richtige Weg. Während der Himmel sich bemühte die Nacht zu verscheuchen, lief ich in die angegebene Richtung. Wo ich mich befand wusste ich nicht, konnte mich auch nicht an den nächtlichen Weg erinnern, hörte nur durch den Morgendunst, den Heulton eines Seezeichens. Ich musste also in der Nähe der Küste sein, kannte sogar den Signalton der Boje und wusste, das ist die Ansteuerungstonne des Hafens von Dünkirchen. Na, da war ich aber weit außerhalb der Stadt gelandet. Ich bog rechts in eine Straße mit stadtähnlichem Charakter ein und sah einen schwach erleuchteten Bahnübergang, daneben einen kleinen Bahnhof, an dessen Giebel der Name der Station prangte, den ich aber, da es noch zu dunkel war, nicht entziffern konnte. Ich lief herum, um irgendwie und irgendwo herauszubekommen, wie der Bahnhof hieß. Dabei stieß ich auf eine Leiter, legte sie an den Giebel, kletterte einige Sprossen hinauf und las „Rosendael“, die letzte Bahnstation vor Dünkirchen! Jetzt lief ich beruhigt weiter, nun kannte ich die Richtung und war nach einer Stunde im Zentrum der zerstörten Stadt. Nach einer weiteren halben Stunde, hatte ich den Liegeplatz von M 3616 erreicht. Der Posten sagte mir, ich solle mich beim Kommandanten melden, womit ich natürlich gerechnet hatte. Doch zunächst strebte ich in meine Koje.

Nachdem die Besatzung und auch der Kommandant aufgewacht und an Deck die frische Luft genossen, die Morgentoilette gemacht war, es zum Mittagessen ging, meldete ich mich beim Kommandanten, „ich soll mich bei Ihnen melden, Herr Obersteuermann“. „Wo waren sie heute Nacht“, seine Frage. „Ich hatte zuviel getrunken und den Weg nicht mehr gefunden, Herr Obersteuermann“! Er zweifelte, schaute mich leicht grinsend an, „erzählen sie keine Märchen. Sie haben heute Nacht bei einem Mädel gepennt“! Ich entgegnete nichts, was sollte ich auch sagen. Nach kurzer Überlegung meinte er, „sie machen 4 mal Backschaft und können gehen“! „Jawohl Herr Obersteuermann“, wiederholte aber die Strafe nicht, wie das eigentlich vorschriftsmäßig hätte sein müssen. Ich hatte mich ja auch nicht militärisch korrekt bei ihm gemeldet. Dafür war ich schon zu lange bei diesem „Verein“, um das Militärische lockerer zu sehen. Als Neuer an Bord musste ich sowieso Backschaft machen, die sah ich jetzt als Strafe an. Der Kommandant aber kümmerte sich überhaupt nicht darum. Für mich war der „Fall gegessen“!

Unser Koch war sehr darauf bedacht, als ein guter Koch angesehen zu werden. So gab es an Feiertagen nachmittags Kaffee mit Buttercremetorte, so auch Weihnachten 1943. Am 2. Feiertag hatten alle die „Schnauze voll“ von der Sauferei, umso mehr genossen wir den Kaffee mit Torte.

M 3616 war immer noch nicht einsatzklar, obwohl der Funkraum fast fertig war, es fehlte lediglich der Allwellenempfänger. Unser rothaariger Funkmaat Köhler, der den bisherigen Funkmaat abgelöst hatte, erklärte mir, „wenn der Allwellenempfänger bis Neujahr nicht geliefert ist, muss er in Poperinge abgeholt werden“. Mir war bekannt dass es in Poperinge einen Betrieb gab der Funkgeräte lieferte und auch reparierte, doch wo der Ort lag wusste ich nicht. Na, woll´n wir erst mal Sylvester und Neujahr hinter uns bringen, dann sehen wir weiter.

Und das taten wir dann auch! Sogar recht gepflegt an Bord, alle gemeinsam mit Kommandanten und Maaten im Wohndeck. Der Koch zeigte sich einmal mehr von seiner besten Seite, denn er hatte ein feines Menü gezaubert. Der Alkohol wurde nur mäßig genossen und um 0 Uhr gemeinsam angestoßen. Was wird uns das Jahr 1944 wohl bringen? Wie werden die Eltern und meine Schwester das Jahr beginnen? Diese und ähnliche Fragen, bewegten meine Kameraden sicherlich auch. Gut dass wir nicht in die Zukunft schauen konnten, zu wissen was diese bringt, ist meist nur belastend.

Nachdem wir einige Tage „anständig“ waren, zogen wir nach Neujahr wieder gegen Abend in die „Bretterbude“. Sie war wie fast immer gut besucht. Das französische Bier war ein labberiges Zeug, doch der Cognac hatte es in sich. Deshalb tranken wir zunächst Bier und erst in vorgerückter Stunde härtere Sachen. Das war dann die Zeit in der die Kappelle spielte, „après la guerre fini soldat allemand parti“ - - - - - was wir stets inbrünstig mitgrölten, wobei wir den nachfolgenden Teil mit einem nicht „stubenreinen“ Text sangen. Auf die Tische ging es aber, wenn „Alte Kameraden“ erklangen, wir alkoholselig uns umarmend versprachen, uns alle nach dem Kriege zu treffen.

Neujahr 1944 gehörte der Vergangenheit an. Die Fertigstellung von M 3616 ging mit Riesenschritten voran. Der Funkraum war völlig eingerichtet bis auf den Innenanstrich und den noch fehlenden Allwellenempfänger. In unserer Freizeit durchstöberte ich gerne die Räume und Hallen der leer stehenden Hafengebäude. Hin und wieder fand ich schon mal etwas Verwendbares, in unserer Umgangssprache hieß das „organisieren“. Kurt und ich durchstöberten jetzt gezielt die einzelnen Häuser und fanden einen Eimer Farbe dazu Pinsel, zwei kleine Gardinen, einen leeren Kokossack, eine in Messing gefasste Deckenleuchte und ein Bücherbord. Die Farbe hell, cremefarbig mit einem Stich ins rosa, verarbeiteten wir an den Wänden und der Decke, das vermittelte dem Raum einen warmen Eindruck. Von den Grandis bekamen wir braune Farbe, mit der wir den Fußboden und die Fußleisten strichen, sowie das Bücherbord und die Einfassung der Bullaugen. Den Kokossack trennten wir auf und erhielten daraus einen Kokosläufer, der den ganzen Boden bedeckte und durch die wohnliche Deckenleuchte, mit den kleinen geradezu wie für unsere Bullaugen geschaffen Gardinchen, den Eindruck eines Wohnraumes vermittelte. Das Bücherbord eignete sich gut für verschiedene Dienstanweisungen und unsere Langeweile verkürzende „Schmöker“. Die ganze Besatzung einschließlich der Vorgesetzten waren natürlich neugierig und staunten nicht schlecht ob unseres wohnlichen Arbeitsplatzes, wenn auch eine großes Schild mit rotem Blitz und der Aufschrift „Zutritt nur dienstlich“, den Zugang verwehrte. Doch so genau nahmen wir das bei der Besichtigung nicht. Der Gag war jedoch ein Leder bezogener Bürosessel den wir noch irgendwo aufgetrieben hatten, dem zwar ein Bein fehlte, doch das hatten wir schnell repariert. Unsere Neider behaupteten jedenfalls, der Funkraum sehe jetzt aus wie ein „Puff“. Wir aber waren stolz auf unsere Arbeit!

Mitten im Krieg

Der Funkmaat nörgelte wegen des fehlenden Allwellenempfägers und versuchte sich an dem im Brückenbereich eingebauten Sender und Empfänger für ein neues Sprechfunksystem. Das möchte ja ganz praktisch sein, mit anderen Booten über dieses System Kontakt zu halten, anstelle beispielsweise mit Blinkzeichen. Doch wer sollte eigentlich dieses Funksprechgerät bedienen? Der Funkraum lag mehr als eine halbe Schiffslänge davon entfernt und der musste immer von 2 Funkern besetzt sein. Ganz davon abgesehen, dass keiner der beiden seinen Platz verlassen konnte, war auch keiner von uns an diesem Funksprechgerät ausgebildet. Dazu kam noch, dass kein anderes Boot über dieses System verfügte. Was sollte das also? Eine typische Fehlleistung der Führung, die es nicht selten im Krieg gab.

Nun aber machte der Funkmaat Druck. Ich bekam den Auftrag nach Poperinge zu fahren und ohne Allwellenempfänger nicht zurück zu kommen. Nachdem ich mich erkundigt hatte, wo der ominöse Ort eigentlich lag, machte ich mich auf zum Bahnhof, nahm den Zug bis Ypern und stieg dort aus. Der Ort war als Mittelpunkt der Flandernschlacht im 1. Weltkrieg bekannt. In unmittelbarer Nachbarschaft lag der Ort Langemark, bei dem tausende junger deutscher Kriegsfreiwilliger, meistens Studenten, dem mörderischen Abwehrfeuer britischer Truppen zum Opfer fielen. Nun, deshalb war ich nicht hier. Ich fuhr mit einer Art Straßenbahn nach Poperinge. Von weitem konnte man schon am Rande des Dorfes das Betriebsgebäude liegen sehen. Am Empfang erläuterte ich mein Begehr und er hielt die Auskunft, dass ich am nächsten Tag, im Laufe des Nachmittags, das Gewünschte abholen könne. Was nun tun? In diesem Dorf konnte ich nicht bleiben, fuhr also zurück nach Ypern, nahm mir ein Zimmer in einem Hotel und schaute mir anschließend das saubere kleine Örtchen Ypern an. An einem gepflegten Platz mit vielem grünen Bewuchs befand sich ein, mich eigenartigerweise beeindruckendes Denkmal der belgischen Königin Astrid, die in der Schweiz bei einem Autounfall ums Leben kam. (Dieser Name der mir so gefiel, sollte in meinem späteren Leben noch eine Rolle spielen.) Gegenüber dieses Platzes, in ausgesprochen ruhiger Lage, befand sich ein Kaffee in das ich hinein ging und mich an einen Tisch, der am Fenster stand niederließ, da man von dort den gegenüberliegenden Park sehen konnte. Auf der anderen Seite des Lokals, ich hatte das gar nicht gleich bemerkt, saß an einem Tisch eine hübsche dunkelhaarige Frau mit einem kleinen Mädchen, vielleicht 3 bis 4 Jahre alt, die sich mit einer älteren Dame unterhielt. Diese stand auf, offenbar die Wirtin, bediente mich und brachte mir das bestellte Bier, setzte sich dann aber wieder zu der Hübschen mit Kind. Es dauerte nicht allzu lange, plötzlich stand die Kleine neben mir und sagte etwas zu mir, was ich leider nicht verstand, denn es war offenbar flämisch. Die Mutter rief sie zu sich zurück, entschuldigte sich, doch ich gab ihr zu verstehen, dass es mich erfreute, wenn ein so kleines Mädchen sich für mich interessiere. Auch die Wirtin murmelte irgendeine Entschuldigung, brachte mir ein neues Bier und setzte sich wieder zur Mutter mit Kind, offensichtlich waren die beiden befreundet. Dabei beobachtete ich, dass mich die Hübsche musternd ansah. Nanu, dachte ich, scheinbar bin ich für die Dame nicht uninteressant und erwiderte den Blick. Die Wirtin schien das bemerkt zu haben, denn sie forderte mich auf, sich zu ihnen an den Tisch zu setzen. Nichts lieber als das, ging es mir durch den Kopf und ich setzte mich zu Mutter mit Kind. Die beiden flämisch sprechenden Frauen verstanden aber auch meine deutschen Worte und konnten mir auch auf flämisches Deutsch antworten. Wir unterhielten uns über allgemeine Themen, über das Wetter, den Ort, Flandern, wo ich beheimatet bin und dergleichen. Die Wirtin verschwand in die Küche und Agnes, die mir ihren Vornamen genannt hatte, musste nach Hause ihr Töchterchen ins Bett bringen, versprach aber wieder zu kommen. Sie hielt Wort und kam zurück. Die Wirtin schloss das Lokal ab und lud uns zum Abendessen ein. Natürlich überraschte mich das, fand es aber richtig gemütlich, wie in einer Familie. Die Gespräche drehten sich um rein persönliche Dinge, um mein Elternhaus, Schulbesuch, Berufswunsch, sie erzählten mir von ihrem Leben hier in Flandern. Nach dem Abendessen zog sich die Wirtin zurück und ließ uns beide allein. Nun erzählte mir Agnes aus ihrem Leben, von ihrem Mann der dienstverpflichtet in Deutschland arbeite, von dem sie aber seit einem Jahr keine Nachricht mehr erhalten habe. Nach einer Weile setzte ich mich neben sie, was ihr offenbar nicht missfiel, auch als ich sie wie unabsichtlich an ihrem Arm fasste akzeptierte sie das, zog auch ihre Hand nicht zurück, als ich diese nahm, selbst als ich meine Hand auf ihre Schulter legte stellte ich keine Gegenwehr fest. Im Gegenteil legte sie ihren Kopf an meine Brust, so dass mir nichts anders übrig blieb, als sie zu küssen. Sie hatte das wohl erwartet. Irgendwie war bei uns das Gefühl geweckt und so saßen wir Händchen haltend eng beieinander, die Wirklichkeit vergessend, die uns keine Chance gab. So verging die Zeit wie im Fluge. Am späten Abend kam zwangsweise der Abschied. Agnes versprach mir aber mich am nächsten Tag wieder zu sehen.

Nachdem ich in meinem Hotel erwachte, nahm ich den dazu gehörenden Komfort in Anspruch, denn solchen konnte mir M 3616 nicht bieten. Ich genoss die Badewanne mit allem was dazu gehört, zog mich an, frühstückte allerdings spartanisch und machte mich auf den Weg nach Poperinge. Dort im Werk tauchte am Empfang, kaum dass ich angekommen war, ein „Silberling“ im Range eines Kapitänleutnants auf der mir kurz und knapp erklärte, mein Gerät sei noch nicht fertig, ich müsse am nächsten Tag wieder kommen. Der Typ wusste ja nicht welchen Gefallen er mir damit tat, ich hätte ihm um den Hals fallen können. Mir blieb nichts anderes übrig, ich musste wieder nach Ypern fahren. Dabei überlegte ich, dass mein Boot, wegen der Schlamperei in Poperinge, keinen Einsatz fahren konnte. Dieser „Silberling" trug die Verantwortung für das Werk und damit auch für die Verzögerung. Wohl mit schicker Uniform war er aber offenbar ein typischer Beamter. Die Beamten der Kriegsmarine trugen dunkelblaue Uniformen, wie die aktiven Marineoffiziere, lediglich anstelle der goldenen Litzen und Knöpfe der Offiziere, waren diese bei den Beamten silbern, daher der Begriff „Silberling". In Ypern angekommen führte mich mein Weg direkt zum Kaffee wo ich Agnes traf, die scheinbar schon auf mich gewartet hatte. Sie fiel mir um den Hals und küsste mich, dabei hatte ich das Gefühl, sie meinte es ernst. Wir tranken eine Tasse Kaffe wobei Agnes meinte, sie müsse nach Hause zu ihrer Tochter, die dort alleine wäre. Sie nahm mich an die Hand und zog mich mit in ihre Wohnung, die sich in der Nähe befand. Das kleine Mädelchen begrüßte mich mit einem Knicks, ich zog den Kolani aus und machte es mir bequem. Das Töchterchen sah in mir einen geeigneten Spielpartner, wobei es für mich recht schwierig war sie zu verstehen. Agnes half mir dabei. In ihrer geschmackvoll eingerichteten Wohnung, die auch in Deutschland hätte sein können, fühlte ich mich gleich wohl. Dabei verging die Zeit so schnell, dass ich das erst bemerkte, als Agnes sagte, sie müsse das Abendessen vorbereiten, ihre Schwester käme, anschließend wollten wir gemeinsam zu einer Veranstaltung gehen, bei der ihre Schwester singen würde. Ich musste ein paar mal schlucken, mit ihrer Schwester gemeinsam essen und zusammen eine Veranstaltung besuchen, da kam ´was auf mich zu! Während ich mich mit der Kleinen befasste, Agnes den Abendbrottisch deckte, kam ihre Schwester. Sie war ebenfalls hübsch etwas jünger, die mich gleich begrüßte, als ob wir uns schon lange kennen würden. Es dauerte nicht lange und wir saßen gemeinsam am Tisch, wie bei einer richtigen Familie. Trotz der etwas schwierigen Verständigung, unterhielten wir uns recht gut. Wie weit war da doch die Wirklichkeit! Mein Auftrag, mein Boot, der Krieg, die Zukunft! Nur wenige Sekunden verwendete ich gedanklich daran, ich genoss die Gegenwart! Nach dem Abendessen wurde die Tochter für´s Bettchen zurechtgemacht, die Schwester verabschiedete sich, sie musste noch mit ihren Kolleginnen proben. Agnes zog sich um, dabei fiel mir ein, dass wir noch gar nicht darüber gesprochen hatten, wo ich kommende Nacht schlafe. Ich ließ das erst einmal auf mich zukommen. Dann gingen wir los, ich in Uniform. Wir betraten einen größeren Saal, nicht weit von Agnes Wohnung. Die Besucher dieser Veranstaltung waren gemischt, Junge, Alte, Männlein und Weiblein, ich als einziger in der Uniform der deutschen Kriegsmarine. Ich muss gestehen, mir war nicht wohl dabei. Doch es nahm auch keiner Notiz von mir.

Nicht dass mich jemand angerempelt oder provozierend angeschaut oder sich mir gegenüber unfreundlich verhalten hätte, nichts dergleichen. Wir nahmen in einer der vorderen Reihen zwischen den Einheimischen Platz, mit denen Agnes auch gelegentlich einige Worte wechselte. Ich fragte mich innerlich, was Agnes eingefallen war, mich so in aller Öffentlichkeit mitzunehmen. Warum tat sie das? Ich war doch Angehöriger eines Staates der ihr Land überfallen hatte; mit Tod und Zerstörung im Gefolge. Keiner ließ mich das fühlen! Sahen alle nur das Menschliche, das auch ich nur ein Mensch war? Ich habe diese Frage Agnes nie gestellt. Vielleicht wollte ich auch die Antwort nicht wissen! Es war jedenfalls ein netter Abend, mit vielen Rezitationen von Klassikern, dazu Chorgesänge aber auch Soloauftritte von Agnes Schwester, die wirklich eine schöne Stimme hatte. Die Rezitationen der Klassiker verstand ich zwar nicht wörtlich, kannte aber die meisten und wusste wovon sie handelten. Auch von den Chorgesängen kannte ich einige mit deutschem Text. Doch fast alles andere, ausschließlich in flämischer Sprache, verstand ich nur bruchstückhaft. Nach der Veranstaltung gingen wir, wie wir gekommen waren, durch die hinausströmenden Besucher „nach Hause". Dort angekommen schauten wir zuerst nach der Tochter, die in ihrem Bettchen mit einem kleinen Hasen im Arm schlief. Sie sah reizend aus, ein goldiges kleines Mädelchen! Wie selbstverständlich nahm mich Agnes mit ins Schlafzimmer, wir zogen uns aus und legten uns nebeneinander ins Bett. Natürlich hätte ich mit ihr geschlafen, doch da sie unpässlich war, ging das leider nicht. Mich störte das auch nicht unbedingt, fühlte ich mich doch emotional verbunden. Am Morgen des nächsten Tages erlebte ich den morgendlichen Tagesablauf einer Familie. Die Hausfrau erhob sich zuerst, machte Toilette, kleidete sich an, weckte das Töchterchen, zog es an, deckte den Kaffeetisch. Nach dem gemeinsamen Frühstück, brachte die Mutter das Töchterchen in den Kindergarten. Nach der Rückkehr, ich hatte mich zwischenzeitlich abreisefertig gemacht, verabschiedete ich mich von Agnes, versprach ihr aber von Poperinge noch einmal vorbei zu schauen. In Poperinge hatte man schon auf mich gewartet und übergab mir (leider) den Allwellenempfänger. (Ich war noch nicht so „abgekocht" einen weiteren Tag in Ypern zu bleiben.) Mit dem Gerät unterm Arm sagte ich Agnes „au revoir", machte den mir sehr schwer fallenden Abschied kurz, stieg am Bahnhof in den Zug, in Dunkerque wieder aus und lief den Weg zu unserm Liegeplatz. Kam ich aus dem Urlaub, konnte ich nicht schnell genug an Bord kommen. Dieser Antrieb fehlte mir jetzt. Die vergangenen Tage waren zu schön und hemmten das unerbittliche Muss!

Es wird härter

Nachdem der Allwellenempfänger angeschlossen worden war, konnte das Boot „klar“ gemeldet werden. Zunächst aber mussten wir noch „entmagnetisieren“ und am nächsten Tag „kompensieren“, legten dann aber zu den andern Booten der Gruppe an der Mole 3 an und waren wieder einsatzbereit.
Plötzlich sprang ein Offizier im Leutnantsrang an Bord, ein bulliger Typ, sprach jeden an, auch mich, „mein Name ist Lohmann“, gab mir die Hand und erläuterte, dass er jetzt Stellvertreter des Gruppenführers sei. Diese absolut ungewöhnliche, unmilitärische Begrüßung, machte ihn für uns gleich sympathisch. Vielleicht hatte man ihn vorgewarnt und aufgeklärt, was ihn bei uns erwartete. Das bedeutete aber auch, dass er auf unserm Boot die Einsätze fahren werde. Uns störte das nicht, auch nicht, dass am gleichen Tage, dem 24. Januar 1944, „seeklar“ befohlen wurde. M 3616 musste durchschleusen und draußen vor dem Hafen feststellen, ob der Seegang einen Einsatz zuließ. Kaum hatten wir die offene See erreicht, gingen die Brecher über das Deck, so dass weder die Waffen, noch das Räumgerät eingesetzt werden konnten. Demzufolge liefen wir wieder ein, schleusten durch, legten an der Mole 3 an und übernahmen die Funkwache bis zum nächsten Tag.

Am nächsten Morgen, Kurt hatte Funkwache, stand ich auf dem Achterdeck hinter dem Funkraum um ihn abzulösen und sehe plötzlich zwei alliierte Jagdflugzeuge auf uns zukommen. Der Geschützführer der achteren Kanone springt mit einem Satz von der Pier auf´s Achterdeck. Ich reiße in einem Reflex den Schonbezug von dem Geschütz, schlage ein Magazin an und schon werden die Maschinen unter Feuer genommen. Aber auch andere Boote schießen mit ihren Geschützen auf die beiden Flugzeuge. Die aber drehten ab, flogen auf´s Meer hinaus; wo eine der beiden noch „ins Wasser gefallen“ sein soll.

Nachdem Kurt seine erste Funkwache problemlos hinter sich gebracht hatte, galt diese Bewährung auch bei seinem ersten Einsatz der jetzt anstand. Wir führten mit der Gruppe „Caesar“ einen Räumeinsatz durch. Während wir Richtung Calais dümpelten, konnten wir gut erkennen; dass ein vorausfahrendes Geleit von britischen MGBs angegriffen wurde. Leider war der Abstand nach dort für uns zu groß, so dass wir nicht eingreifen konnten. Nachdem die MGBs sich abgesetzt hatten übernahmen die Fernkampfbatterien der englischen Küste, die Bekämpfung des Geleits. Normalerweise griffen dann deutsche Fernkampfbatterien ein, doch das konnten wir nicht mehr feststellen.

Von Calais aus ging es in der folgenden Nacht wieder mit Räumgerät und in Begleitung der Gruppe „Caesar" nach Dünkirchen. Die vielen dabei aufzunehmenden Funksprüche vermittelten den Eindruck, der Feind wird aggressiver. Besondere Aufmerksamkeit war deshalb geboten. Und schon beobachtete das Brückenpersonal hin und wieder kurz aufblitzende Lichter. „Alles auf Gefechtsstation", schallte es über Bord. Doch es tat sich weiter nichts, wenn man von einer Treibmine einmal absieht die M 3620 sichtete. Vor dem Einlaufen schoss unsere 8,8 Kanone ein paar Granaten zu Übung.

Das Wetter ließ es zu, in den nächsten Wochen jede Nacht, zwischen Dünkirchen und Calais Räumeinsätze zu fahren, bis Anfang März die Frühjahrsstürme diesem Treiben Einhalt gebieten. Allerdings lagen wir nicht in unserm „Heimathafen", sondern in Calais fest. Solche Liegezeiten waren eine langweilige Angelegenheit. Die Instandhaltung und kleinere Reparaturen waren schnell erledigt und was dann tun? Man erkundete das Hafengelände, kletterte mal auf einen Kran mit Fernglas, um nach Dover zu schauen und ging an Land. Alles aber wird nach einigen Tagen durch die Wiederholungen langweilig. In Ostende hatten wir das Thermalbad und „die Mutti", in Dünkirchen gab es verschiedene Kneipen „Jaqueline", „Paulette" und die „Bretterbude" aber in Calais? Es gab Zeiten da führten wir Räum-und Geleiteinsätze zwischen Dünkirchen und Ostende durch, seltener schon mal zwischen Dünkirchen und Calais, jetzt schienen wir eine Phase erwischt zu haben, die uns mehrheitlich zwischen Dünkirchen und Calais sah. Calais war nicht zerstört, deshalb bot sich ein Stadtbummel mit Kaffeebesuch an. Das nutzten wir auch fast täglich aus. Auf den Weg in die Innenstadt kam man zwangsweise an einer kleinen Straße vorbei, in die wir einbogen und in das Haus mit der Hausnummer 86 gingen. Es war das Wehrmachtsbordell mit dieser Nummer. Einige Häuser weiter gab es noch eines mit der Hausnummer 94. Wir aber zogen völlig unbegründet die Nummer 86 vor. Es war früher Nachmittag und um diese Zeit noch nichts los. Die Mädels dieses Etablissements saßen gewöhnlich alle um einen Tisch herum und unterhielten sich. Mit großem „Hallo" wurden wir begrüßt, setzten uns zwischen die Mädels, wurden zum Kaffee, manchmal auch zu Kuchen, eingeladen und unterhielten uns mit ihnen. Sie erzählten uns woher sie kamen, was sie vor dem Krieg geschafft hatten, von ihren Familien und alle möglichen anderen Geschichten. Es war ein richtig netter Kreis. Nach einer gewissen Zeit standen wir auf und gingen in die Stadt, um abends auf dem Rückweg wieder bei ihnen einzukehren. Dann aber war gewöhnlich ´was los! In Nummer 86 war Betrieb, Zigarettenqualm waberte durch den Raum, an den Tischen saßen mit den Mädels Männer der Organisation Todt (OT), in ihren olivbraunen Uniformen mit OTArmbinden die den „Atlantikwall", die Befestigungen am Atlantik und vor allem die Abschussrampen der „V1“ und „V2“ bauten. Sie versoffen und verprassten hier ihren Sold, was sollten sie auch sonst damit machen? Wehrmachtssoldaten sah man hier in Calais wenig, obwohl hier wie überall an der Küste Verteidigungstruppen stationiert waren. Das aber merkte man hier kaum. Natürlich befanden sich unter den Gästen in „86“, auch Angehörige der Marine. Ich hatte im Laufe der Zeit mit einer „Dame“ eine Art Sympathieverhältnis. Sie war klein und zierlich, keine unbedingte Schönheit, doch ebenmässige Züge, stets wie eine Dame gekleidet mit Strümpfen und hochhackigen Schuhen. Wenn ich abends aus der Stadt kam war es nicht selten, dass sie einem fröhlich zechenden OTMann die Zigaretten stibitzte und mir zuschob. Sie mochte mich offenbar, denn ich brauchte bei ihr nichts zu bezahlen, selbst das Zimmer übernahm sie. Es war für uns eine Abwechselung, die bald den ständigen Einsätzen wich.

Im Gegensatz zu Dünkirchen, wo die Fischer nur mit ihren viereckigen Netzen von der Pier aus Fische fingen, fuhren die von Calais mit kleinen Booten, tagsüber unter der Küste, und fingen mit ausgebrachten Netzen ihre Fische. Mit einem Kommissbrot unter dem Arm „marschierte“ morgens unser Koch zu den einlaufenden Fischern und bekam dafür einen Eimer voller Fische. Eines Morgens kam er zurück und sagte, die Fischer hätten auch einen Hai gefangen. Ich wollte das nicht glauben, lief hin um mich selbst zu überzeugen. Da sah ich tatsächlich einen ungefähr 1 Meter langen Haifisch, einen so genannten Grundhai, der für die Menschen ungefährlich aber auch in diesen Gewässern zu finden ist. Außerdem hatte der Koch, bei seinem Besuch der Fischer, einen Aal erworben, der über 1 ½ Meter in der Länge und ungefähr 10 bis 15 Zentimeter im Durchmesser maß. Um ihn zu bearbeiten, musste er an den Fleischerhaken in der Kombüse gehängt werden.

Das Wetter erlaubte uns auszulaufen und so ging es endlich wieder nach Dünkirchen. Mittags meldete der „Läufer“ der Wache, „um 16 Uhr haben sämtliche Besatzungsmitglieder Bootsweise auf der Pier im Ausgehanzug anzutreten.“ Na nu, was sollte das sein, das hatten wir ja noch nie? Wir traten neben unseren Booten in Dreierreihen an, diejenigen die das EKBand trugen in der ersten Reihe. Die Kommandanten ließen ihre Besatzungen stillstehen, „Augen rechts“ und meldeten dem Gruppenführer „Boot 3616 mit 28 Mann angetreten“. Der bedankte sich und ließ die Besatzungen rühren. Dann richtete der Gruppenführer der Gruppe „Bruno“ein paar Worte an die Angetretenen und kam zum Grund dieses Appells. „Auf Grund bewiesener Tapferkeit, beispielhaften Mut, Übersicht und Pflichterfüllung unter Einsatz des Lebens verleiht der Führer und Oberster Befehlshaber das Eiserne Kreuz 2. Klasse an und nun rief er eine Anzahl Namen von Besatzungsmitgliedern der Boote auf, die von ihm den

Orden an die Uniform gesteckt bekamen. Plötzlich hörte ich, „Funkgefreiter Bodo Grafenhorst von M 3616“, ohne lange zu überlegen sauste ich aus meiner Kolonne heraus, baute ich mich mit einer Ehrenbezeugung vor ihm auf, darauf steckte er das Band mit dem daran befindlichen Orden in das Knopfloch meines Kolanis, gab mir die Hand, übergab mir die Urkunde, ich machte wieder eine Ehrenbezeugung, eine zackige Kehrtwendung und ging schnellen Schrittes wieder an meinen Platz in der Kolonne zurück. Das kam für mich überraschend, war ich nach dem Seegefecht auf M 3617 seinerzeit leer ausgegangen, so kam jetzt die Belohnung mit Verspätung, für meinen damaligen Einsatz wirklich unter Einsatz meines Lebens. Am Tage der Auszeichnung trug man den Orden so, wie man ihn erhalten hatte, danach nur das Band im obersten Knopf des Uniformrockes, bei der Marine war das der Kolani. Nun waren Beförderungen und Auszeichnungen, für die Besatzung der man angehörte, immer ein Anlass das Ereignis zu feiern. Das Feiern hieß die Besatzung in eine Kneipe einzuladen und das Trinken bis zum Abwinken zu finanzieren. Das konnte Teuer werden! Nach wenigen Wochen schickte mir meine Mutter einen Zeitungsausschnitt mit der Überschrift „Tapfere Söhne des Kurhessen Gaues“, auf dem zu lesen stand, dass der Funkgefreite Bodo Grafenhorst und noch ein anderer mit dem EK II ausgezeichnet wurde. Nun hatte ich sogar mit meinem Vater gleich gezogen!

Wir lebten in einer eigenen Welt. Was anderswo passierte interessierte uns nicht, oder nur am Rande. Wir hatten hier unsere Probleme zu lösen, die uns manchmal Schwierigkeiten machten, oft auch banal waren, aber sie mussten gelöst werden. Zwar hörten wir im Radio die militärische Lage, die schon zu Besorgnis Anlass gab, wenn beispielsweise die Schlacht um Stalingrad verloren ging, die Sowjetarmeen immer mehr gen Westen vordrangen, von 400 U-Booten sich ständig 235 im Einsatz befanden, die einst mehr Schiffe versenkten als gebaut wurden, jetzt aber keinerlei Erfolge zu melden waren, dass der bisherige Großadmiral Raeder vom bisherigen Befehlshaber der U-Boote (BdU) Generaladmiral Doenitz abgelöst wurde, wir sahen auch täglich die Bomberströme, in von der Flak unerreichbaren großen Höhen, nach Deutschland fliegen, mit der Gewissheit dass sie dort Tod und Verderben brachten, wir nichts dagegen machen konnten nur hoffen, dass unsere Lieben davon nicht betroffen wurden. Wir nahmen das alles zwar zur Kenntnis, machten uns auch unsere eigenen Gedanken darüber, doch heute um 19 Uhr war seeklar und um 20 Uhr liefen wir aus, das war unsere Wirklichkeit!

Für diese Nacht, die vom 14. auf 15. 3.44, war Vorfeldüberwachung angesagt, zu der beide Gruppen „Bruno“ und „Caesar“ von Dünkirchen aus Richtung Westen in See gingen. An Bord von M 3616 Leutnant Lohmann, die beiden

Gruppenführer fuhren auf dem Führerboot der Gruppe Caesar M 3630, das meiner Ansicht nach, schönste kriegsschiffähnlich Boot der 36. Minensuchflottille. In 1905 in der Rikswerft Amsterdam als „Stoomloodsvartuig 5“ mit 461 BRT gebaut, im August 1939 als „BV 17“ von der niederländischen Marine übernommen und am 14. 5.1940 auf Position vor Ijmuiden liegend, von der deutschen Kriegsmarine requiriert, dann Januar 1942 als M 3630 und Führerboot der Gruppe „Caesar“ in Dienst gestellt. Der Verband fuhr Lücke 4-er und 3-er Reihen, mit jeweils größerem Abstand. M 3616 lief etwas rückversetzt neben M 3630. Die Nacht war rabenschwarz, kaum Funkverkehr. Nach etwa 2 Stunden Funkmeldung, „Feindliche S-Boote vor der niederländischen Küste“. Holland ist weit weg, ging es mir durch den Kopf, während ich den Funkspruch zur Brücke meldete. Wir tuckerten querab Gravelines Richtung Calais und sahen einer langweiligen Nacht entgegen. Plötzlich gab es eine gewaltige Detonation, mit einem Klappern und Rappeln an Deck. Gleichzeitig feuerten die Geschütze aller Boote. In dem ohrenbetäubenden Lärm, hörten wir Schreie und Hilferufe. Wir im Funkraum wussten eigentlich nicht was passiert war, bis das Sprachrohr pfiff: „Hier Funkraum“, „hier Brücke. Setzen sie folgenden Funkspruch ab: „Bin im Gefecht mit feindlichen S-Booten bei CW. Mit Unterschrift“. „Jawoll“, Kurt wiederholte, während ich die Unterlagen eines neuen Systems, das einer schnelleren Übermittlung bei Feindberührung dienen sollte, ergriff und erstmals überhaupt anwendete. Unter dem Kennzeichen„PP 2200 KR“ setzten wir den Funkspruch ab, während draußen das Gefecht tobte. Der Funkspruch wurde von der Leitstelle sofort verstanden. Kaum war die Bestätigung eingegangen, als sich das Sprachrohr wieder meldete: „Geben sie folgenden Funkspruch ab: Boot M 3630 gesunken. Erbitte Sperre und Sanka 4 Uhr Calais. Lohmann“. Kurt wiederholte und nach der Verschlüsselung sendete ich den Funkspruch, der ebenfalls wieder sofort von der Leitstelle verstanden wurde. Nun wussten wir endlich was los war, konnten die Schreie und Hilferufe zwischen den feuernden Geschützen deuten. Allmählich ebbte das Schießen ab und hörte dann ganz auf. Ich gab Kurt den Kopfhörer und ging schnell mal raus. Dabei stolperte ich gleich über einen Toten, den man aus dem Wasser gezogen hatte. Überall auf dem Achterdeck lagen Trümmerteile vom M 3630, die das Klappern und Rappeln nach der Detonation verursacht hatten. Die Boote suchten mit Scheinwerfern das Wasser nach weiteren Schwimmenden ab, wobei die dicken Wachmäntel mit denen die im Wasser Treibenden bekleidet waren, sich voll Wasser gesogen hatten und es großer Kraftanstrengungen bedurfte, aus dem Wasser gezogen zu werden. Kaum war ich wieder im Funkraum meldete sich das Sprachrohr erneut. Wir mussten einen weiteren Funkspruch absetzen: „PP 2325. Laufe nicht Dünkirchen sondern Calais“. Nachdem der Funkspruch gehört und bestätigt wurde, empfing ich einen von der Leitstelle. „An 36. M.S.Flott. Mit neuem

Angriff rechnen. 2. Sich. Div." Mittels Sprachrohr gab ich den Inhalt an die Brücke. Es dauerte nicht lange und die Geschütze begannen wieder zu schießen. Und schon wieder meldete sich die Brücke. „Funksppruch absetzen. „QQ 2335 KR. An 2. Sich. Div. Stehe im Gefecht mit feindlichen S-Booten. Gruppe B 36. M.S. Flott." Während wir bisher die Verschlüsselung mit dem Schlüssel M, der Enigma, vornahmen versuchten wir es jetzt erstmals, mit dem schnelleren Buchverfahren, dem QVerfahren oder QuatschVerfahren. Wir konnten befriedigt feststellen, dass sich das Absenden der Funksprüche nach diesem Verfahren, wesentlich schneller durchführen ließen. Der erneute Angriff der Engländer dauerte 20 lange Minuten. Danach verzogen sie sich und wir liefen gegen 4 Uhr, ohne weitere Feindberührung, in Dünkirchen ein. Wir stellten fest, dass in dieser Nacht die Tommies an vielen Stellen des Kanals tätig waren. (Erst viel später erfuhr ich aus dem Buch „Churchills Moat. The Channel War 1939 – 1945" dass das MTB 417 von uns dabei versenkt wurde) Im Hafen endlich erfuhren wir auch, was eigentlich genau geschehen war. Eine auf Lauer still und regungslos liegende englische S-Bootflottille (MTBs und MGBs) ließ uns heran kommen, suchte sich das größte Schiff aus, das war das Kohlendampfschiff M 3630 und versenkte es mit einem Torpedotreffer. Glück für uns, die wir auf der Steuerbordseite von M 3630 fuhren, denn nur ein oder zwei Grad Abweichung des Torpedolaufs, hätte uns getroffen! Die beiden Gruppenführer waren in der Brücke eingeklemmt, konnten sich nicht befreien und gingen mit dem Wrack in die Tiefe. Doch durch die Explosion des Dampfkessels wurde die Brückenbesatzung wieder frei, tauchte auf und konnte von unseren Booten gerettet werden. Die Auseinandersetzung mit den Briten dauerte ein und eine halbe Stunde, 18 Mann von M 3630 kamen dabei ums Leben, darunter die Funker. Die Bodenplatte ihres Schlüssel M, der Enigma" lag auf unserm Achterdeck. Zeigte es doch die Wucht des Torpedos, aber auch dass der Funkraum im Zentrum der Detonation lag. (Glücklicherweise war es nicht unser Funkraum).

Nach einem Ruhetag an dem unser Boot aufgeräumt wurde, die auf unser Boot geflogenen Teile von M 3630 aufgesammelt waren, Munition ergänzt und „klar Schiff" gemacht worden war, nutzten wir die nächste Nacht um uns auszuschlafen. Es deutete sich an, die nächsten Nächte werden wir unterwegs sein. Die beiden Gruppenführer lagen im Lazarett, Leutnant Lohmann übernahm die Führung der Gruppe „Bruno". So liefen wir, sofern es das Wetter zuließ Abend für Abend aus zu Räumeinsätzen, wobei wir etliche Minen räumten, die uns vermuten ließen, die Engländer haben sich vorgenommen, uns das Leben schwer zu machen. So viele Minen wie wir jetzt räumten, haben wir im vergangenen Jahr nicht geräumt. Offenbar hatten die Briten ihre Taktik geändert, sie hatten ihre Waffensysteme verfeinert und weiter entwickelt. Wir dagegen hatten statt der 3, 7 eine 8,8 Zentimeter Kanone bekommen und M 3620 ein Funkmessgerät (später Radar genannt), dass uns nicht ein einziges mal genutzt hat. So setzten die Briten jetzt Trägerflugzeuge ein, mit so genannten akustischen Lufthorchtorpedos, die abgeworfen Schraubengeräusche ansteuerten, darüber hinaus setzten sie neuerdings Raketen ein, obendrein hatte jedes ihrer Flugzeuge Radar, denen wir ausgeliefert waren. Wir dagegen kämpften noch mit den Mitteln mit denen die Boote 1940 ausgerüstet worden waren.

Wir freuten uns, endlich gab es einmal wieder schlechtes Wetter das hieß, wir konnten wegen starken Seeganges keine Waffen einsetzen und mussten im Hafen bleiben. So führte uns der Weg nach den anstrengenden Nächten, schon nachmittags in die „Bretterbude". Alle hatten kräftig „getankt", ich war bis zur Oberkante Unterlippe voll und wollte allmählich den Hafen ansteuern, doch vorher noch einmal kurz zum WC, Pissoir wie das hier hieß. Der Weg dorthin führte an der Kapelle vorbei, rechts durch eine Schwingtür, entlang einer Mauer, rechts davon zwei typisch französische Toilettenhäuschen. Darin auf dem Boden eine Zementplatte, mit einem tiefen Loch in der Mitte und einem Griff an der gegenüberliegenden Wand. Man hockte sich zur Entsorgung hin, hielt sich an dem Griff fest und zielte in das Loch. Leider gab es kein Licht, so dass man schon im Dunkeln genau zielen musste, sonst konnte man die Hacken erwischen und das war dann unangenehm. Ich befand mich auf dem Rückweg stolperte und fiel hin. Normalerweise wäre das nicht schlimm gewesen, doch bei meinem Versuch aufzustehen war es, als ob mir jemand den Kopf herunter drückte, ich kam einfach nicht hoch. Ich rutsche an die Wand, hangelte mich ganz allmählich hoch, bis ich wieder senkrecht stand und mich an der Wand festhielt. Nachdem ich mich dort etwas ausgeruht hatte, wankte ich in den Gastraum, wo zwar die Kapelle spielte, aber von den „Lords" keiner mehr anwesend war, außer Kurt! Kurt war ein Neuling, ich ein erfahrener Kumpel, außerdem sein Stationsleiter. Zu jener Zeit hatte er noch Respekt und wartete auf mich, um mich mit an Bord zu schleppen, was auch gelang.

Das ungesunde Leben unter Kakerlaken, Ratten, schlafen in immer feuchten Kojen, leben auf einem Boden der sich ständig etwas bewegte, die nächtlichen Einsätze mit kurzem Schlaf bis mittags, führte dazu, das eigentlich jeder an Bord rauchte, vornehmlich Zigaretten, die wir ausreichend erhielten. Sie dienten vor allem dem Wachhalten, bei den nächtlichen Einsätzen. Nun durfte dabei nachts an Oberdeck und auch auf dem Signaldeck nicht geraucht werden. Das Aufglimmen einer Zigarette war auf See 12 Seemeilen weit, ungefähr 23 Kilometer, zu sehen. Der Gegner könnte hierdurch auf uns aufmerksam werden. Doch gerade das ständige, die See wie auch den Himmel mit und ohne Fernglas Absuchen, strengte an und macht müde. Die „Lords" fanden eine Lösung dieses Dilemmas, denn für sie war das Rauchen als Wachhaltemittel wichtig. Sie nahmen die Papphülsen, in denen die 2 Zentimeter Geschosse in Kisten angeliefert wurden, bohrten in den Boden ein Loch, steckten dorthinein eine Zigarettenspitze, versahen die Hülsen mit Luftlöchern und konnte auf diese Weise Zigaretten in der Nacht auf See rauchen!

Auf den meisten Booten gab es sogenannte Bordhunde. Auf M 3616 aber gab es keinen. So hatte ich mir beim Abschied von Boot M 3617 das Versprechen geben lassen, sobald „Feudel" einmal Junge bekommt, ich der Erste bin der einen erhält. Eines Tages war es dann so weit und „Feudel"brachte ein kleines schwarzes Bündel zur Welt, das unbeholfen herumpurzelte. Es bekam den Namen „Purzel" und wurde unser Bordhund auf M 3616. „Purzel" wurde von allen an Bord verwöhnt, war unwahrscheinlich anhänglich, sobald einer auf die Pier ging, sprang „Purzel" hinterher. Ging einer in die Stadt „Purzel" lief mit, gingen wir alle zusammen war es schwer „Purzel" zu überlisten, nicht mitzukommen. „Purzel" war aller Liebling, immer bei uns und lockerte unser Leben an Bord auf.

Das Radio diente uns in erster Linie, durch die Nachrichtensendungen und den Berichten des Oberkommandos der Wehrmacht, einigermaßen auf dem Laufenden zu bleiben. Hatten wir Einsatz war die Besatzung ab Mittag mit Arbeiten beschäftigt und das Radio überflüssig, wie auch abends bei „seeklar". Hatten wir aber keinen Einsatz, lief das Radio ab nachmittags bis zum anderen Morgen. Ich fand das immer toll, wenn ich mal nachts wach wurde und die Musik des Radios hörte. Auch wenn ich sie im Halbschlaf wahrnahm. Ich befand mich dann immer in einer eigenartigen Stimmung. Regelmäßig aber hörten die Meisten der Besatzung die sonntägliche Sendung „Das Wunschkonzert für die Wehrmacht" das Heinz Gödecke moderierte. Stellte es doch die Verbindung der Soldaten mit der Heimat her, hörten wir das, was die Soldaten Ihren in der Heimat sagen wollten und die Angehörigen ihren Männern, Väter, Brüder von zu Hause mitzuteilen hatten. Es war eine Sendung die uns allen zu Herzen, manchmal auch „unter die Haut" ging. M 3620 lag noch in der Werft. Ich überlegte, könnte ich jetzt in Urlaub fahren, hätte ich durch einen Funker von M 3620 eine Vertretung, denn für einen Urlaubsantrag war eine Vertretung die Voraussetzung. Allerdings waren die 7 Monate, seit meinem letzten Urlaub, noch nicht abgelaufen. Aber die Vertretungschance bot sich so schnell nicht wieder. Ich ließ es auf einen Versuch ankommen und - - - - - - - - - hatte Erfolg! Der Urlaub 14 Tage nach Kassel wurde mir genehmigt. Vor der Abreise musste ich die üblichen Rituale hinter mich bringen und nach dem entsprechenden Vermerk auf dem Urlaubsschein, konnte ich den Urlaub antreten.

Wiedersehen mit Kassel

Diesmal fuhr ich abends los und traf am nächsten Tag um die Mittagszeit in Kassel ein. Schon der erste Blick, als ich den Bahnhof verließ, fiel auf Trümmer, die der letzte Bombenangriff hinterlassen hatte. Mit der Straßenbahn fuhr ich ins Aueviertel, dort wohnten die Eltern. Auf der Fahrt dorthin sah ich viele zerstörte Häuser und Einrichtungen aber auch, dass überall an der Beseitigung der Schäden gearbeitet wurde. Ich beobachtete die Leute in der Straßenbahn und war überrascht, nicht nur unfreundliche Gesichter zu sehen, sicher hatte jeder sein „Päckchen" zu tragen, in dieser so schweren Zeit, doch ließen sie sich das nicht anmerken. An der Haltestelle Heinrich-Heine-Straße stieg ich aus, lief den kurzen Weg zur Menzelstraße 22, wo ich meine Mutter überraschte. Sie konnte nicht mit mir rechnen, denn sie wusste ja nicht, dass ich Urlaub bekommen hatte. Die „Feldpost" brauchte oft viele Tage, manchmal sogar Wochen, eine kurzfristige Ankündigung war gar nicht möglich. Im Kriege musste man auf alles gefasst sein und mit allem rechnen! Umso größer war die Freude über die unverhoffte Überraschung. Mein Vater war im Dienst und tauchte erst gegen Abend auf, war aber ebenso überrascht wie meine Mutter. Es gab viel zu erzählen, vor allem über die Luftangriffe die sehr viel Schäden mit vielen Toten zur Folge hatten. Luftschutz war Aufgabe meines Vaters. Das Organisieren des notwendigen Funktionierens des Gemeinwesens nach den Angriffen war fast unlösbar. Meine Schwester war in Rennertehausen in einem so genannten „Kinder-Land-Verschickungslager" (KLV) wir nannten es „Kinderlandverschleppungslager". Man hatte die schulpflichtigen Kinder aus den Städten, die unter den Luftangriffen zu leiden hatten, mit ihren Schulen auf die weit verstreuten und kaum angegriffenen Dörfer verlegt. Sie wohnten dort meistens bei einer Bauernfamilie und besuchten von dort aus ihre Schulen, die hauptsächlich in den Dorfschulgebäuden oder den Dorfsälen untergebracht waren. Meine Mutter zauberte, im wahrsten Sinne des Wortes, stets wenn ich auf Urlaub war, ein wohlschmeckendes Essen auf den Tisch. Ich habe nie feststellen können, wie sie das stets fertig brachte. Es gab kaum etwas Gescheites auf Marken, sogar Kuchen und Schlagsahne(ersatz) „zauberte" sie nachmittags. Eine Leistung die ich eigentlich nie richtig würdigte!

Mein Vater plante mit mir einen Besuch in Naumburg bei seinen Schwestern. Vielleicht wollte er mal für ein paar Tage von der schwierigen Situation in Kassel ausspannen, mal nicht nur Trümmer sehen, sich nicht nur mit den damit verbundenen Problemen auseinander setzen zu müssen. Meine Mutter stimmte zu. Für mich überraschend, normalerweise war ich für die Dauer meines Urlaubs ihr Privateigentum. So fuhr ich mit meinem Vater, nach Naumburg an der Saale.

Nun war ja mein Vater Offizier und ich nur Gefreiter. Weder durfte ich als Gefreiter in der 2. Klasse fahren, noch mein Vater als Offizier in der 3. Klasse. So fuhren wir getrennt, aber in einem Zug, jeder in der für ihn zugelassenen Klasse. Aber wir kamen beide gemeinsam in Naumburg an! Zunächst gingen wir zu seiner ältesten Schwester Leni, bei der meine Schwester und ich als Kinder einige male die Ferien verlebten. Dort übernachteten wir auch. Natürlich besuchten wir seine jüngste Schwester Anneliese, die nicht weit entfernt wohnte. Ihr Mann war derzeit als Gerichtsinspektor in grauer Uniform in Halle tätig, aber wegen unseres Besuches, zu Hause. Mich störte an ihm immer seine Schwärmerei, für seine Tochter Anneliese, im Vergleich zu mir ein Jahr älter („die ach wie toll, gestern wieder von einem Offizier zu einem Theaterbesuch eingeladen wurde"): Doch das treffen der Geschwister fand bei Tante Leni statt und immer wenn der Grafenhorst Stamm beieinander saß, ging es laut zu. Jeder wollte bei den Diskussionen Recht haben. Das große Wort führte mein Vater und seine Schwester Leni, eine Führerverehrerin, dagegen kam ihr Ehemann, der Royalist mit „Kaiser-Wilhelm-Bart", aber auch der von Tante Anneliese, kaum zu Wort. Ein Glück nur dass Tante Marga, mit dem lautesten Organ, nicht zugegen war, sie hatte sich einen alten Witwer in Aue im Erzgebirge „an Land gezogen" und geheiratet. Die wenigen Tage in Naumburg waren aber doch recht schön für mich. Allerdings bedauerte ich, dass mein Jugendschwarm Liselotte sich nicht in Naumburg aufhielt, da sie irgendwo als Arbeitsmaid tätig sein musste. Jetzt hätte sie mir ihre Lieder (an die ich mich heute noch erinnere) vorsingen können, „Winde wehn, Schiffe gehn, weit in fremdes Land und des Matrosen allerliebster Schatz bleibt weinend stehn am Strand."

Die Rückfahrt gestaltete sich wie die Hinfahrt, jeder in seiner Klasse, doch wir kamen wieder gemeinsam in Kassel an. Meine Mutter freute sich riesig, hatte sie doch 3 Tage auf ihren Sohn verzichten müssen. Mein Vater hatte sich einige Tage Urlaub genommen und zeigte mir etwas von der Stadt, das nicht zerstört war, denn das gab es auch. Meine Mutter gab sich nach wie vor die größte Mühe, mir den Aufenthalt so angenehm wie möglich zu machen. Das schlug sich vor allem im Essen nieder. Sie tat wirklich alles Menschmögliche in dieser Zeit und jeden Nachmittag den ich zu Hause verbrachte gab es Kaffe(ersatz), Kuchen mit Schlagsahne(ersatz), sie war halt eine Mutter!

Auch diese Tage gingen vorüber. Am letzten Tag brachten mich meine Eltern zum Zug. Meine Mutter in Tränen aufgelöst, mein Vater mit ernstem Gesicht (ein Mann weint nicht). Nach der Abfahrt winkte ich aus dem Abteilfenster, so lange ich sie sehen konnte. Am nächsten Tag musste ich in Lille umsteigen, vermied jedoch diesmal die Kaschemmen, traf gegen Abend in Dünkirchen ein und machte mir auf den Weg zum Liegeplatz die üblichen Gedanken, liegt M 3616 auch an der Mole 3, gibt es das Boot noch, was ist in der Zwischenzeit passiert, habe ich etwas versäumt? Von alledem nichts! M 3616 lag unversehrt am gewohnten Liegeplatz, in der Zwischenzeit keine besonderen Vorkommnisse. Ich meldete mich auf der Schreibstube, beim Funkmaaten und Kommandanten zurück. Keiner stellte fest, dass ich den Urlaub um einen Tag überschritten hatte. Ich aber fühlte mich wieder wie zu Hause.

Die Lage wird kritisch

Offiziell war nichts bekannt, doch es sickerte durch, dass alle Marineangehörige auf U-Bootstauglichkeit untersucht werden sollten. Die U-Bootwaffe hatte große Verluste, U-Boote konnte man bauen, Menschen aber nicht. Außerdem kam hinzu, dass die jetzt im Bau befindlichen U-Boote mit dem so genannten Schnorchel ausgerüstet wurden, mit dem sie tage-und wochenlang unter Wasser, nicht aufgetaucht, fahren konnten. Zwar waren sie dadurch schwerer zu finden, Radar aber konnte sie dennoch unter bestimmten Voraussetzungen erfassen. Dieses lange Fahren unter Wasser, mit nicht optimaler Luftzuführung, setzte dem Körper über alle Maßen zu, so dass eine häufigere und längere Regeneration erforderlich wurde. Das erforderte eine besondere körperliche Kondition, außerdem mehr Personal für den ununterbrochenen Einsatz der Boote. Nun wurde jeder der 36. Minensuchsuchflottille offiziell, von einem Arzt auf U-Bootstauglichkeit untersucht. Alle von M 3616 waren U-Boots tauglich! Was hatten man wohl für ein Untersuchungsergebnis erwartet? Obwohl die U-Bootsfahrer einen besonderen Rang innerhalb der Kriegsmarine einnahmen, waren wir nicht neidisch darauf. Jeder wusste was für ein harter Job der Dienst auf einem U-Boot war. Trotzdem hatte ich schon bevor ich eingezogen wurde und die U-Boote die tollsten Erfolge einfuhren, nicht den Wunsch zur U-Bootwaffe kommandiert zu werden. Mein Wunsch war genau das, wohin ich kommandiert wurde, eine kleine Fronteinheit Vorposten-oder Minensuchboot. Jetzt aber konnte es mir passieren, dass ich dorthin kommandiert wurde, wohin ich überhaupt nicht wollte.

Leutnant Lohmann wurde zum Oberleutnant zur See befördert und übernahm als Gruppenführer die Gruppe „Bruno". Ob unser bisheriger Gruppenführer noch im Lazarett lag oder der Rehabilitation frönte, konnten wir nicht in Erfahrung bringen. Mit dem bisherigen Gruppenführer, hatte ich ein mehr als gutes Verhältnis. Er schätze meine überlebenswichtige, unbedingte Zuverlässigkeit, meinen Einsatzwillen, mein Verantwortungsbewusstsein und meine Aufrichtigkeit, wie er mir einmal sagte. Das bewies auch meine Rückholung zu seiner Gruppe, als M 3617 zur Gruppe „Caesar" kommandiert wurde. Aber er verhinderte auch meine Kommandierung zur Fähnrichsausbildung, meine positiven Eigenschaften waren offensichtlich für ihn wichtiger. Dieses gute Verhältnis hatte sich auf seinen Nachfolger nahtlos übertragen, es wurde im Laufe der Zeit sogar noch besser. Ich konnte in einem gewissen Rahmen, eigentlich tun und lassen was ich wollte! Während meines Urlaubs hatte M 3608 ein sensationelles Räumergebnis. Mit einem KKG (Knallkörpergerät) das Schraubengeräusche imitierte, löste es 17 Minendetonationen aus! Unmittelbar neben einem auf Position liegenden Hafenschutzboot ging dabei eine Mine hoch, wobei das Boot verloren ging. Das war zwar bedauerlich, zeigte doch andererseits mit welchem Aufwand der Gegner gegen uns arbeitete. Überhaupt änderte sich zu dieser Zeit vieles. So wurde im Raum Dünkirchen die Zivilbevölkerung evakuiert. Auch „unsere" Kneipen „Paulette", „Jaqueline", Soldatenheim, Soldatenkino, selbst die Wehrmachtbordelle wurden geschlossen, lediglich Couderkerke war von dieser Maßnahme nicht betroffen, die „Bretterbude" jedenfalls existierte noch. Doch auch hier waren grundlegende Veränderungen eingetreten. Als wir nämlich an einem einsatzfreien Abend dort eintrafen, sahen wir überall in luftwaffengrauer Uniform, herum stehende und sitzende Soldaten. Nanu, dachten wir, wo kommen die denn her? An den Kragenspiegeln der Luftwaffenuniform konnte man stets erkennen, welcher Organisation der Luftwaffe der Träger angehörte. Gelb trugen das fliegende und dazu gehörende Personal, orange der Luftnachrichtendienst, rot die Flugabwehr und nur eine Schwinge auf dem Kragenspiegel die Soldaten der Luftwaffenfelddivision, also Soldaten für den Bodenkampf. „Was wollt ihr denn hier", war unsere herausfordernde Frage. „Was geht das euch an, haut ab" oder „das könnte euch so passen" und schon flogen die Fäuste. Ich schnallte mein Koppel ab mit der daran befindlichen Pistole, nahm es um das recht Handgelenk, schwang es so, dass es auf der Brust eines „Grauen" landete, der fiel um. Ich nahm mir den nächsten in gleicher Weise vor, bekam aber, gerade als ich diesen niedergestreckt hatte einen schmerzhaften Schlag in meine Hüfte, doch Jan Lund streckte den Verursacher nieder Die „Grauen" hatten wahrscheinlich weder mit uns gerechnet, noch mit unserer Aggressivität und Härte. Sie zogen sich relativ schnell unter Flüchen, Drohungen und Rachesprüchen aus dem Lokal. Wir aber übernahmen wieder unser angestammtes Terrain bis gegen Mitternacht die „Alten Kameraden" erklangen. Wir gingen an Bord zurück, wobei uns klar war, es würde eine Fortsetzung geben. Diese Einheit lag im Umkreis von Coudekerke, für sie bot sich die „Bretterbude" als Freizeitaufenthalt an. Wir dagegen waren nur an einsatzfreien Nächten in der „Bretterbude" und hatten damit die „schlechteren Karten". Irgendwann müssten wir miteinander koperieren.

Tagsüber strichen Kurt und ich durch´s Hafengelände, schauten uns die in der letzten Nacht eingelaufenen Einheiten an, durchstreiften die Hallen, Gebäude, verlassene Büros, fanden manchmal auch etwas Brauchbares. Unser Organisationstalent hatte sich herumgesprochen. So kam eines Tages unser Oberleutnant zu uns und meinte, „ihr Funker seit doch immer im Hafen unterwegs. Ich brauche mal eine Kiste 40 x 60. Ihr könnt mir doch sicher so `was besorgen". Es war zwar nicht ganz einfach, doch den Ruf rechtfertigend, bekam er natürlich seine Kiste.

Abends liefen wir, es war der 8. Mai 44, mit Räumaufgaben nach Calais, wo wir gegen morgen im Außenhafen festmachten. Für die folgende Nacht blieben wir einsatzfrei, besuchten tagsüber die Stadt, vertrieben uns die Zeit im „86“, palaverten noch eine ganze Zeit an Bord herum, hauten uns dann in die Kojen. Kaum hatte Morfeus uns in seinen Armen, schlugen mit heftigem Getöse überall Bomben ein, bei gleichzeitigem „Fliegeralarm“. Die Kampfflugzeuge zogen ganz niedrig über den Kanal, der hier gerade mal 30 Kilomter breit misst. Das war auch der Grund, weshalb der Angriff so spät erkannt wurde. Wir konnten nicht damit rechnen und deshalb nicht auf die Flugzeuge schießen. Die Flakbatterie „Erika“ mit ihren 10,5 Zentimeter Flakgeschützen war ebenfalls nicht in der Lage, da deren Geschütze sich nur für größere Höhen eigneten, sie konnte sich nur mit ihren 2-Zentimeter Kanonen wehren. Es musste schon eine zahlreiche Bomberarmada gewesen sein, denn die Einschläge waren überall im Hafen zu sehen. Von der Flakbatterie abgesehen, die es heftig getroffen hatte, richteten sie jedoch keine weiteren ernsthaften Schäden an. Wegen stürmischer Wetterlage bekamen wir keinen Einsatzbefehl, ebenso die Gruppe „Caesar“, die in Boulogne lag, wir blieben in Calais. Kaum war Mitternacht vorbei, ich war gerade eingeschlafen, brummte es laut in die Fliegeralarmsirene hinein, mit gleichzeitigen Bombeneinschlägen. Eine Welle anfliegender Bomber nach der anderen warf ihre Bomben. Es hörte gar nicht auf! Unsere 2-Zentimeter Kanonen mischten diesmal mit, doch Erfolge konnte man in der dunklen Nacht nicht feststellen. Nach einer halben Stunde war alles vorbei. An Einschlafen war natürlich nicht zu denken. Keines unserer Boote, die am Seehafenbahnhof lagen, hatten etwas abbekommen. Die Versorgungsleitungen des Hafens, Schleusen, Zufahrten, Gleise der Hafenbahn waren schwer getroffen, die Flakbatterie „Erika“ hatten die Tommies dem Boden gleichgemacht. Das Wetter ließ keinen Einsatz zu, wir mussten in diesem unangenehmen Gewässer bleiben, wurden jedoch überall im Außenhafen verteilt. Die Besatzungen mussten abends in die Bunker des Hafengebietes, lediglich Läufer für das Fieren der Boote, der Wachtposten und die Funker des Bootes welches Funkwache hatte, waren davon ausgenommen. Das Funkwachboot war M 3616! Abends hatten wir fallendes Wasser das bedeutete, zum Aussteigen während der Nacht, stand M 3616 nur eine in die Kaimauer eingelassene, glitschige Stahlleiter zur Verfügung. Meine Wache ging von 22 bis 2 Uhr, da wir nachts uns alle 4 Stunden abwechselten. Vorgesehen war das Schiff nach einem Bombentreffer zu verlassen, sofern es brennt oder so schwer beschädigt ist, dass es sinkt. Allgemein rechnete man während der Nacht mit einem neuen Bombenangriff. Meine Situation war also nicht allzu erbaulich! Angst hatte ich eigentlich nicht, die hatte ich mit meinen Zivilklamotten abgegeben, ein wenig mulmig war mir schon, vielleicht besser mit „unangenehmen Gefühl“ ausgedrückt. Doch nach dem Motto: „Viel Lärm um nichts“ verlief die

Nacht. Ich saß zwar auf dem Sprung das Schiff zu verlassen, doch der Funkverkehr beanspruchte mich derart stark, dass die Zeit wie im Fluge verging. Die Bomber ließen uns in dieser Nacht in Ruhe!

Die 2. Sicherungsdivision achtete darauf, dass die Häfen in ihrem Bereich, ständig mit den Gruppen der dort stationierten Flottillen besetzt waren. So hielten wir uns einige Tage in Calais auf und nahmen die Gelegenheit wahr, unseren E-Diesel zu reparieren. Zuständig dafür war bei uns an Bord Hauptgefreiter Theo Köhler. Theo hatte einen Sprachfehler, er stotterte furchtbar, vor allem wenn er einen Satz beginnen wollte, dann hörte man zuerst ein längeres „Nummnummnummnumm". Er war aber ein herzensguter Mensch, stets hilfsbereit, Ostfriese mit einer richtigen „treuen Seele", er tat uns allen leid. Trotzdem hieß er bei uns an Bord nur „Nummnumm". Beide Onkel von ihm waren Admiräle, die beide mit der „Bismark" untergegangen waren. Sein Weiterkommen bei der Kriegsmarine verhinderte sein schrecklicher Sprachfehler. Allerdings sah er immer in seinen Lederklamotten aus, als ob er die Bilge gereinigt hätte. Als nun der französische Spezialist an Bord kam, der den E-Diesel reparieren sollte, stellten wir fest, dass dieser ebenfalls stotterte. Wir wiesen ihm den Weg zum Maschinenraum, der sich unten im Schiff befand und warteten oben an der Tür zum Niedergang in die Maschine. Wir wollten wissen, wie die beiden Stotterer miteinander auskamen. Der Franzose kam unten an und begann, wie nicht anders zu erwarten war, mit stotternden Worten. Theo wurde in seiner Beschäftigung gestört, schaute auf und wollte etwas sagen, doch außer „Nummnummnummnumm" kam nicht viel heraus. Der Franzose antwortete nun auch mit Stottern zu Beginn seines Satzes. Theo meinte jetzt, der Franzose wolle ihn verarschen, wurde wütend, wobei noch mehr „Nummnummnumm" herauskam. Der Franzose nun aufgeregt, bekam dadurch auch keinen vernünftigen Satz mehr heraus. Plötzlich herrschte Stille, beide schauten sich an und schienen nun die Realität zu begreifen, beide hatten einen Sprachfehler! Wir oben am Schott zum Maschinenraum amüsierten uns über das was wir sahen. Doch schlagartig wurde uns bewusst, wie gemein wir uns den Beiden gegenüber verhielten. Jeder schlich davon zu seiner Tätigkeit. Darüber gesprochen haben wir später auch nicht!

Wir lagen noch immer im Innenhafen von Calais. Ein Läufer brachte die Nachricht, dass wir nachmittags Bootsweise auf der Pier antreten sollten. Das war an sich eine seltene Angelegenheit. Warum wussten wir nicht, es könnte `was Hochoffizielles sein. Kaum waren wir angetreten, flogen einige Jagdbomber in unsere Richtung ganz niedrig über den Hafen, jedenfalls so niedrig, dass wir sie vorher gar nicht sehen konnten. Wir stoben auseinander und sprangen an Bord. Im gleichen Augenblick schmissen die Jabos etliche Bomben, die auf die auf der

Pier lagernden großen Kieshaufen fielen, vor denen wir eben noch gestanden hatten. Wir wurden davon eingedeckt und besetzten unsere Geschütze, doch die Tommies tauchten nicht mehr auf. Nachdem wir uns gereinigt hatten, traten wir wieder an, so dass alle Kommandanten dem Gruppenführer Oberleutnant Lohmann ihre angetretene Bootsbesatzung melden konnten. Er sprach ein paar Worte und verlieh an einige Besatzungsmitglieder Eiserne Kreuze. Von M 3616 erhielt Erich Gose das EK I, Matrosen Obergefreiter Mackel das EK II und Matrose IV Funk Kurt Kosiol das EK II. Hierdurch wurde unser Einsatz anlässlich des Verlustes von M 3630 gewürdigt. Doch so schnell wie Kurt Kosiol hatte noch keiner das EK bekommen. Kurt war gerade mal ein halbes Jahr an Bord, hatte noch nicht einmal die Bedingungen für das Kriegsabzeichen erfüllt, war noch nicht zum Gefreiten befördert worden, aber er wurde mit dem EK-II ausgezeichnet! Gratulation und echte Freude, denn seine Auszeichnung galt unserem Team! Immerhin stand nun auch ein Besäufnis in Aussicht!

Nicht sehr erfreut erfuhren wir von einer so genannten „Gastaufe“, der sich jeder unterziehen musste. Während des ganzen Krieges, rechnete man stets mit dem Einsatz von Kampfgas. Wir mussten auch sobald wir unser Boot verließen, die Gasmaske mitnehmen. Zwar hatte sich keine der Kriegsparteien bisher daran vergriffen, doch die Erinnerungen an den Gaskrieg während des 1. Weltkrieges war noch lebendig. Um darauf vorbereitet zu sein, wurde eine „Gastaufe“ vorgeschrieben. Alle Soldaten hatten eine Gasmaske zur Verfügung und sollten damit auf die vermuteten Abläufe bei einem Gasangriff vorbereitet werden. Man rechnete zuerst mit dem Einsatz von Reizgas. Dieses vor dem Giftgas verwendet hätte zur Folge, dass durch Einatmen des Reizgases und dem anschließenden Benutzen der Gasmaske der Brechreiz so groß würde, dass man gezwungener maßen die Gasmaske abnehmen musste. Dann aber würde man das Giftgas einatmen mit tödlichen Folgen. Um diese Situation zu erkennen, musste jeder eine solche „Gastaufe“ über sich ergehen lassen, die im Soldbuch eingetragen wurde. So marschierten wir in den hinteren Bereich des Innenhafens, in dem sich ein leerstehender Bunker befand, in dem die Gastaufe stattfinden sollte. Ein Bootsmaat erwartete uns, ließ uns eintreten, schloss das Tor und ließ uns einige Minuten in einem zügigen Dauerlauf, in diesem düsteren, fensterlosen Raum rotieren. Auf das Kommando „Halt“ hieß es nach einer kurzen Pause, „Gasmasken auf“. Jetzt strömte das Reizgas in den Raum. Um das alles noch etwas anstrengender zu gestalten, mussten wir noch einmal 2 Minuten laufen bis das Kommando „Halt“ kam. Wir atmeten schwer. Nun kam das Kommando „Gasmasken ab“! Bedingt durch das anstrengende Laufen benötigten unsere Lungen Luft. Die aber sollten wir so wenig wie möglich einatmen, deshalb versuchte jeder so flach wie möglich und so gering, wie es nur ging, zu atmen. Und das für die längsten

2 Minuten meines Lebens! Das Tor ging auf und wir stürzten alle nach draußen mit einem Drang nach frischer Luft. Doch die Lunge ließ das einatmen gar nicht zu. Sie blockierte das Einatmen, so dass wir zwischen den vor dem Bunker verlaufenden Eisenbahnschienen lagen und von einem Brechreiz gequält wurden. Die Nase lief, die Augen tränten, der Mageninhalt wollte hinaus, so lagen wir eine ganze Zeit auf dem Boden, bis wir ganz allmählich wieder zu atmen begannen und der Normalzustand sich einstellte. Jeder schlich sich zum Boot, haute sich in die Koje und ruhte sich von dieser ungewöhnlichen Strapaze aus. Im Soldbuch erinnerte der Eintrag „Gastaufe erhalten am 18. Mai 1944" an das unangenehme Erlebnis.

Von den „OTMännern" erfuhren wir, dass ihre Arbeit nicht nur dem Ausbau des „Atlantikwalles" diente, vordringlich bestand ihre Aufgabe, die Abschussrampen für die „V1" und „V2" tief im Wald zu bauen. Zunächst wurde nichts anderes als die Betondecke gegossen, Schicht auf Schicht und wieder Schicht auf Schicht und nochmals Schicht auf Schicht. Erst wenn die letzte Schicht gegossen worden war, die so stark sein musste dass auch die schwerste Luftmine sie nicht durchdringen konnte, wurde unter der Decke mit dem Ausschachten begonnen. Der Gegner hatte natürlich schon längst die Baustellen entdeckt und mit dauernden Luftangriffen versucht, diese zu zerstören. Bei manchen Luftangriffen erzitterte der Boden noch im Umkreis von vielen Kilometern. Dennoch wurden die Abschussrampen durch dieses Bausystem nicht zerstört, lediglich die Bauarbeiten verzögerten sich.

Nicht nur an Land auch auf dem Wasser tat sich einiges. So tauchten eines Morgens eine Anzahl merkwürdiger „Schiffe" auf. Aus ehemaligen Landungsfahrzeugen, hatte man Artillerieträger gemacht. Während wir mit unserem spitzen Bug die Wasserfläche durchschnitten, schoben sich diese Fahrzeuge auf dem Wasser vorwärts. 49 Meter lang, 6,60 Meter breit, 1,4 Meter Tiefgang mit insgesamt 380 Tonnen Wasserverdrängung. Mit einer beachtlichen Bewaffnung von 2 Geschützen im Turm von 8,8 oder 10,5 Zentimetern, dahinter noch je eine 3,7 Zentimeter und eine 2 Zentimeter Vierlingskanone. Diese „schwimmenden Festungen" sollten helfen, die Wasserfront gegen Landungsversuche zu verteidigen. Wir waren skeptisch, allerdings imponierte uns die starke Bewaffnung.

Vieles deutete auf Veränderung hin. Es konnte ja auch nicht so wie bisher weitergehen. Die Bauten des Atlantikwalles, die Luftlandedivision in Coudekerke, die merkwürdigen Artillerieträger, die Evakuierung der Bevölkerung, machte uns aufmerksam, dass man offensichtlich mit einer groß angelegten Landung der Alliierten rechnete. Kürzlich mussten alle Streitkräfte im Raum Calais zu einer „Besichtigung" antreten, an der wir auch teilnahmen. Der Generaladmiral der Kriegsmarine Karl Dönitz hielt eine Ansprache die darin gipfelte, „es ist mit einer groß angelegten Landung der Alliierten zu rechnen. Gelingt es dem Gegner sich an Land zu halten, oder gar die Verteidigungsfront zu durchbrechen, ist der Krieg verloren"! Dieses zu verhindern sei unsere Aufgabe! Danach schritt er die Front der angetretenen Einheiten ab. Ich stand in der vordersten Reihe, Dönitz ging langsam von einem zum andern und schaute jedem ins Gesicht. Dieser Blick den ich förmlich spürte, an den ich mich jahrelang noch erinnerte, erweckte in mir den Eindruck, er wolle jedem noch einmal das sagen, was er uns allen auferlegt hatte. Karl Dönitz hatte eine bemerkenswerte Ausstrahlung! Die Zukunft sollte zeigen, wie Recht er hatte, wenn auch Demagoge Goebbels und Konsorten, uns anderes weiß machen wollten.

An vielen Stellen konnte man feststellen, dass die militärische Situation schwieriger geworden ist. So mussten wir die auf den Booten vorhandenen Stielhandgranaten abgeben, die Front benötige diese. Dafür bekamen wir französische Beutehandgrananten. Um die Handhabung damit kennen zu lernen, marschierten wir zu einem unbebauten Acker, steckten dort eine Pappfigur in die Erde, nahmen die Eierhandgranate, drehten den Sicherungsring ab und warfen sie in Richtung Pappkamerad. Dort detonierte sie und beschmutzte die Figur, hinterließ jedoch keinen Schaden! Die Wirkung war, von dem Knall abgesehen, gleich null! Kein Wunder, dass die Franzosen vor unseren Soldaten weggelaufen sind !

Das Marinekommando West und die für uns zuständige 2. Sicherungsdivision hatten Sorge, wir könnten dezimiert werden und stünden bei einer Verteidigung der feindlichen Landung nicht zur Verfügung. Deshalb verbot sie den Einsatz in mondhellen Nächten. So lagen oder gammelten wir während einer Mondphase im Hafen. Plötzlich, eines Abends gab es „Sofortalarm"! Das hieß sofort seeklar, gefechtsbereit, durchschleusen und auslaufen. Obwohl wir so etwas noch nicht geübt hatten, ging alles blitzschnell, nach wenigen Sekunden schon lief die Maschine, Leinen los, irgendwer in Hemd und Unterhose löste die Leinen. Holte sie ein, andere hatten sich etwas übergezogen, machten die Geschütze gefechtsklar, wir Funker besetzten den Funkraum, ohne uns darum zu kümmern, was eigentlich los war. Während wir in der Schleuse lagen, um in den Außenhafen zu laufen, die Männer der Besatzung sich schnell dem Einsatz entsprechend angezogen hatten, stand ich vorne auf der erhöhten Back neben der 8,8 Zentimeter Kanone, mit Sperrmechaniker Kurt und sah im Seegebiet vielleicht 2 – 3 Seemeilen entfernt, ein schweres Seegefecht, das offenbar hin und her tobte. Der nächtliche Himmel über dem Wasser leuchtete, durch die große Zahl der

Leuchtspurgeschosse, wie ein wahres Feuerwerk. Gruppe „Bruno“ hatte den Auftrag die offenbar in Bedrängnis geratenen deutschen Boote der 15. Vorpostenflottille (15. Vp.) zu unterstützen und zu helfen, also mitten hinein in das Feuerinferno. Es war schon ein eigenartiges Gefühl das mich beschlich. Angst war es nicht, doch etwas mulmig. Das schien auch mein Nebenmann ähnlich zu fühlen, denn er meinte, „wenn mir ´was passiert, setze dich mit meinen Eltern in Dortmund in der Klönnestraße 51 in Verbindung und wenn dir ´was passiert, wende ich mich an deine Eltern“. Das ging von ihm aus, nicht von mir. Ich hätte dieses Thema gewiss nicht angeschnitten. Kaum liefen wir mit Höchstfahrt mitten hinein, ebbte das Feuer der MGBs ab, erlosch ganz, wobei die Tommies mit hoher Geschwindigkeit außer Sicht kamen. Die Boote der 36. M.S., die keinen einzigen Schuss abgegeben hatten, drehten bei und liefen wieder in den Hafen Dünkirchens ein. Allein die Feststellung der Tommies dass Hilfe für die deutschen Boote kam, veranlasste sie abzuhauen (wie bei uns am 28. Mai 1943). Wir nannten es Feigheit, die Tommies wahrscheinlich Cleverness.

Die Seefahrt war nicht jedermanns Sache, erforderte sie doch mehr vom Körper als normal. Doch was ist im Kriege normal? Einigen machte die Schaukelei nichts aus, andere gewöhnten sich daran (dazu gehörte ich). Es gab aber auch Menschen, die sich nie daran gewöhnen konnten, selbst wenn sie den Willen dazu gehabt hätten. Doch es konnte sogar sein, dass bei starkem Seegang auch die an die Schaukelei Gewöhnten, denen sie nichts ausmachte, ihren Mageninhalt über die Reling leerten. Das kam aber seltener vor und war eine Ausnahme. Nach der Entleerung des Magens wurde es einem schlagartig besser, man fühlte sich sogar wohl. Schlimm war nur, wenn jemand nach dem Erbrechen körperlich abschlaffte, unfähig zu denken, geschweige denn etwas zu tun. Das aber war die eigentliche Seekrankheit! Stellte man das bei einem Besatzungsmitglied fest, wurde es an Land versetzt. Da die Sperrbrecher oft monatelang in der Werft lagen, wurde zu uns ein Funker von dort zu den Einsätzen auf M 3616 kommandiert, damit er die Übung nicht verliere. Er kam zum „Seeklar“ an Bord. Sobald sich aber unser Boot in Bewegung setzte und fuhr es auch nur durch das spiegelglatte Wasser des Innenhafens, stand er schon an der Reling und entleerte seinen Magen. Nach diversen Versuchen bei denen sich das nicht änderte, wurde er wegen Borddienstuntauglichkeit zu einer Landfunkstelle versetzt. Das gab es auch!

Während ich an einem frühen Nachmittag in Richtung Stadt bummelte, dröhnte über mir eine alliierte Bomberflotte, nicht allzu hoch, von ungefähr 50 Bombern, 5 in einer Reihe, dabei dachte ich, die wollen sicher wieder eine in Bau befindliche Abschussrampe angreifen. Ich schaute interessiert hoch und sah bei den in der Sonne blitzenden Maschinen aber auch gleichzeitig, dass sich davon etwas löste und erkannte Bomben, die von allen Fliegern abgeworfen wurden. Instinktief rannte ich los um irgendeinen Schutz zu finden. Links von mir befand sich das Hafenbecken, rechts die rundherum offenen Lagerhallen der Mole 3, sonst gab es keine Schutzmöglichkeit. Das Dach der Lagerhalle bot keinen Schutz, ich warf mich ohne zu überlegen, neben einen Träger der Dachkonstruktion und schon krachte es überall, vor mir, neben mir ins Wasser, die Erde bebte, das Hallendach schwankte, die Bomben durchschlugen es. Dreck, Steine, Staub, Erde flogen um mich herum und nahmen mir jegliche Sicht. Ein Zementbrock des Daches, von gut einem Kubikmeter, schlug neben mir auf den Boden. Doch so plötzlich das Inferno begann, so schnell endete es. Ruhe trat ein, ich stand auf, konnte aber nichts sehen. Der Staub setzte sich allmählich. Ich rechnete nicht mit einem erneuten Angriff, klopfte den Staub auf meiner Uniform ab und dachte, da bin ich noch einmal davon gekommen! Ich drehte mich um und lief zurück zum Liegeplatz meines Bootes, um zu sehen ob es etwas abbekommen hatte. Alle Boote der Gruppe „Bruno" lagen unbeschädigt, als ob nichts gewesen wäre, an der Pier.

Beim Herumstreifen im Hafengebiet hatte Kurt ein im Wasser liegendes voll gelaufenes 5 – 6 Meter langes Holzboot entdeckt, das wir von unserem Gruppenschlepper zu unserem Liegeplatz ziehen ließen. Dort schöpften wir es soweit aus, dass wir es mit vereinten Kräften auf die Pier ziehen konnten. Zunächst ließen wir es dort liegen um es trocknen zu lassen. Anschließen drehten wir ein Stück Leine auf, um davon die Kardeele zu verwenden. An einem Dreibein hängten wir eine Pütz und füllten sie mit in Stücke gerissener Dachpappe. Das Feuer darunter schmolz den Teer der Dachpappe ab. Die Kardeele der Leine, pressten wir in die Zwischenräume der einzelnen Planken und gossen darauf den flüssigen Teer. So hatten wir fachmännisch das Boot wasserdicht gemacht. Nun konnte das Boot wieder ins Wasser gelassen werden.

Die Bewohner der Stadt Dünkirchen waren evakuiert und ebenso die dort tätig waren. Es gab im Ort nichts mehr, selbst das Wehrmachtsbordell war verschwunden. Das aber gab es in Bergues, neben einigen romantisch gelegenen Lokalen. Dorthin lud uns der Gruppenführer zu einem Nachmittagsausflug ein. Das Unternehmen startete eines schönen Sonnentages nach dem Mittagessen, wobei der Gruppenschlepper den größten Teil der Ausflugwilligen aufnahm, der Rest bestieg unser nun ins Wasser gelassenes Boot. Der Schlepper nahm unser Boot ins Schlepp und so fuhren wir, ein lustiger Haufen mittendrin unser Oberleutnent Lohmann, durch die Schleuse in den Kanal nach Bergues. Zwar hatten wir fachmännisch das Boot abgedichtet, dabei allerdings nicht berücksichtigt, dass danach das Boot einige Tage im Wasser liegen muss. Die Feuchtigkeit schließt nämlich die abgedichteten Zwischenräume durch das Aufquellen der Holzplanken. So mussten wir während der Fahrt das eindringende Wasser schöpfen bis wir in Bergues festmachten. Kaum hatten wir dort angelegt, stürmten alle in die Lokale, wobei es bei Kaffee und Kuchen richtig lustig wurde. Alle hatten Spaß und als es gegen Abend wieder zurückgehen sollte, holten wir mit großem „Hallo" die letzten unserer Kameraden aus dem „Haus mit den 3 Töchtern", die dort Schlange gestanden hatten. In ausgelassener Stimmung brachten wir die Rückfahrt hinter uns, auf der wir wesentlich weniger schöpfen mussten. Die Abdichtung hatte Fortschritte gemacht!

Da uns die 2. Sicherungsdivision zwang im Hafen zu bleiben, statteten wir der „Bretterbude" mal wieder einen Besuch ab. Wie nicht anders zu erwarten, hatten es sich die „Blaugrauen" dort bequem gemacht, die über unser Erscheinen nicht gerade erfreut waren. Schon gab es an einem Tisch eine heftige Auseinandersetzung um einen Stuhl, den sowohl einer unserer Leute, wie auch einer der „Blaugrauen" belegen wollte. Sofort mischten sich andere ein. Blaue Jungs waren sofort mit den „Blaugrauen" in einer heftigen Schlägerei verwickelt, die das ganze Lokal erfasste. Plötzlich ging die Tür auf und 3 „Kettenhunde" betraten den Saal. Jeder der sich mit seinem Gegenüber prügelte, nahm ihn jetzt in den Arm und die beiden taten so, als ob sich zwei alte Kameraden gerade erst wieder getroffen hätten. Den „Kettenhunden" blieb nichts anderes übrig, als abzuziehen. Beim Hinausgehen trat der letzte der Drei unseren Decksältesten heimtückisch ans Bein. Der griff reaktionsschnell den Verursacher an beide Ohren, drehte diese mit den Händen, wobei er sie noch auseinander zog. Der „Kettenhund" schrie auf, Jupp versetzte ihm noch einen Stoß mit dem Knie so dass er auf die Straße flog und die Türe war zu. Wir erwarteten jetzt die Rückkehr der „Kettenhunde", doch nichts geschah! Nun schien die Vernunft einzukehren. Was sollte der Quatsch mit der dauernden Schlägerei. Die „Blaugrauen" lagen nun mal in Coudekerke und waren hier zu Hause. Verständlich dass ihr Stammlokal die „Bretterbude" wurde. Wir dagegen konnten nur die „Bretterbude" aufsuchen, wenn wir keinen Einsatz hatten oder nicht anderweitig benötigt wurden. Also vertrugen wir uns und feierten Freundschaft! Schon etwas angeschlagen, sah ich meine Chance gekommen mein schon lange gehegtes Vorhaben in die Tat umzusetzen. Ich ging unauffällig in die Toilette, zog meine französische Eierhandgranate aus der Tasche, drehte den Sicherungsring ab und ließ sie in das Loch der Toilette fallen. Schnell verließ ich sie und mischte mich unter meine Kumpels. Plötzlich gab es einen dumpfen Knall der den Boden erschütterte. Die Mädels schrieen auf, Qualm zog in die Gaststätte, die Beherzten drängten nach dort, woher der Knall kam. Ich natürlich auch. Nun sahen wir die „Bescherung"! Der

Sammelbehälter der sich unter dem Loch der Toilette befand war geborsten, der Inhalt war überall, an den Wänden, an der Decke, alles war mit übelst stinkender Masse bedeckt. Jeder hielt sich die Nase zu, der Gestank war unerträglich. Wir mussten zwangsweise das Feld räumen. Das nahmen die „Blaugrauen" zum Anlass, mit uns zusammen bei ihrer Unterkunft in einen großen Raum zu gehen, wohl ehemals ein Lagerraum, jetzt Aufenthaltsraum. Wir ließen uns auf den Zementboden mit dem Rücken zur Wand nieder. Die Gastgeber machten in der Mitte eine Art Lagerfeuer an und ließen unentwegt die Flasche kreisen. Dabei wurden „Gassenhauer" gegrölt, denn als Singen konnte man das nicht bezeichnen. Allmählich ging das Feuer aus und es wurde dunkel. Statt Licht zu machen schlug ein „Blaugrauer" vor, jetzt spielen wir „Juchhu". Ohne eine Zustimmung zu erwarten, rief der Typ, „alle aufstehen und an die Wand stellen". Allein das Aufstehen fiel uns allen wegen des genossenen Quantums Alkohol recht schwer. Nachdem sich wohl alle in der Finsternis an die Wand gestellt hatten rief der Wortführer, „alles klar", seine Kumpels grölten Zustimmung. Einer schrie „juchhu" gleich darauf fiel plötzlich von irgendwo her ein Schuss, schon schrie wieder einer aus einer anderen Ecke „juchhu", gleich darauf wieder ein Schuss. So ging das munter weiter. Kaum hatte ich den 3. Schuss realisiert, überlegte ich blitzschnell in welcher Richtung ich den Ausgang zu suchen hatte. Die Jungens spielten nämlich „Russisches Roulette", das war aber nichts für mich. Ich wollte mir nicht auf diese Weise einen Schuss einfangen! Hinter einem abgedunkelten Vorhang fand ich die Tür, aber ich nicht alleine! Alle meine Kumpels hatten die Flucht angetreten und trotz ihres Alkoholspiegels die Situation erfasst. Nun schwankten wir gemeinsam Richtung Hafen, durch die mit „spanischen Reitern" gespickten Hindernisse hindurch, bei denen man so leicht bei unsicherem Gang hängen bleiben konnte, ließen uns an Bord den Niedergang zum Wohndeck hinunterfallen, die Stiegen fanden wir des Alkohols wegen nicht mehr, aber die Kojen ! Ein erlebnisreicher Abend lag hinter uns!

Auch die mondhellen Nächte gingen mal vorbei. So fuhren wir Nacht für Nacht Räumeinsätze zwischen Dünkirchen und Calais. Gerne wären wir mal wieder nach Ostende gekommen, um das Thermalbad aufzusuchen und bei „Mutti" Kaffe zu trinken, doch das schien nur noch eine schöne Erinnerung zu sein. Eines Nachts, ich war mal an Deck gegangen um frische Luft einzuatmen und unterhielt mich mit dem Geschützführer der achteren Kanone. Dabei schaute ich achteraus über die von einem wunderschönen Sternenhimmel überzogenen schimmernden Wellen, als sich plötzlich etwa 100 Meter hinter unserem Kielwasser ein immer größer werdender Berg aus Wasser mit schäumender Krone erhob. Es hatte den Anschein, als ob aus der Meerestiefe ein Meereswesen aufsteigt. Eine ohrenbetäubende Detonation jagte mich in den Funkraum. Der

Funkspruch lautete: „An 2. SiDi. M 3616 räumt eine Mine bei CW. – Lohmann". Das Boot stieg auf, tauchte dann wieder ab. Dabei verschlüsselten wir den Funkspruch und sendeten ihn, während sich nur ganz allmählich das Boot beruhigte. Allzu viele Räumerfolge konnten wir in den nächsten Wochen nicht melden, obwohl wir Nacht für Nacht draußen im Räumeinsatz waren.

Unsere Seemännische „Nummer 1" Bootsmaat Balz teilte uns mit, M 3616 bekäme ein Echolot eingebaut. Das bedeutete ins Trockendock und damit keinen Einsatz. Ein Echolot diente der Tiefenmessung unter dem Kiel. Es wurde in den Schiffsboden eingebaut, bestand aus einem Sender der Funkstrahlen zum Meeresboden sendete die von dort zurückkamen und vom Empfänger aufgenommen wurden. Aus der Dauer dieses Vorganges wurde die Entfernung ermittelt. Wir verließen unseren Liegeplatz an der Mole 3 und liefen in das gegenüber liegende Trockendock. Nachdem das Wasser daraus abgelassen, das Boot im Dock verkeilt war und auf den Zementblöcken aufgesetzt hatte, musste die Besatzung, jeder mit einem langen Schaber, über Leitern ins Dock klettern und den Schiffsboden von dem Muschelbewuchs befreien, anschließend wieder mit roter Mennige anstreichen. Ich hatte diese Arbeit schon auf M 3617 hinter mich gebracht und wusste, was das für eine Sauarbeit war, bis alles abgekratzt, der Schiffsboden wieder sauber und endlich angestrichen war. Dann erst kamen die „Grandis" (Werftarbeiter) schweißten ein Loch in den Schiffsboden und bauten die Echoanlage ein. Ob ein Echolot für unser Boot notwendig sein sollte, ob es überhaupt von Nutzen war, auch noch in dieser zugespitzten Kriegslage, blieb uns ein Rätsel. Aber wir hatten uns an derartige für uns unsinnige und zweifelhafte Entscheidungen der Seekriegsleitung gewöhnt, schüttelten die Köpfe, zuckten die Schultern und meinten „die spinnen". Was soll´s!

„Overlord“

Nach der ekligen Arbeit unter dem Schiffsrumpf, lagen wir todmüde in unseren Furzmullen (Kojen), schliefen den Schlaf der Gerechten, als ich plötzlich durch ein Geräusch wach wurde. Irgendjemanden hörte ich über unsere Gangway stolpern, auf`s Deck springen und in den Niedergang rufen: „Alarm, die Alliierten sind gelandet!“! Blitzartig wurden alle wach, zogen irgendetwas an, den Niedergang hoch, über die Gangway auf die Pier. Dort versammelten sich die Jungens von Boot 16. Der uns geweckt hatte, fuhr mit dem Schlauchboot unseren Kommandanten zum Liegeplatz der Gruppe „Bruno“. Wir standen herum und überlegten, was diese Meldung für uns bedeutete. Unterschiedliche Meinungen wurden diskutiert, der Himmel färbte sich schon. Es war jedoch von unserem Gequassel einmal abgesehen absolut ruhig. Jetzt wurde es auf der Mole 3 lebhaft, man hörte Stimmen, Wortfetzen. In kurzen Abständen sprangen die Motoren an und die Boote liefen Richtung Schleuse. Jetzt kam das Schlauchboot mit unserem Kommandanten zurück. Er kam zu uns und sagte: „Alle mal herhören! Womit wir gerechnet haben das ist eingetreten. Die Alliierten sind mit starken Kräften gelandet, im Raum Caen in der Bretagne, also noch ein ganzes Stück weit weg. Vermutlich sind Fallschirmeinheiten im Landesinneren ebenfalls gelandet. Es ist nicht bekannt ob weitere Landungen unternommen wurden oder werden, aber damit ist zu rechnen. Die Landung wird von starken Seestreitkräften begleitet. Inwieweit diese sich bis zu uns ausdehnen, ist nicht bekannt. Die 36. Minensuchflottille liegt in Sofortbereitschaft, M 3616 ist nicht einsatzfähig und ist dem Hafenkommandanten unterstellt. Der Dienst geht normal weiter“!

Der nächste Tag verlief absolut normal, als ob es die Landung der Alliierten gar nicht gäbe. Natürlich befassten wir uns gedanklich mit der uns genannten Situation. Uns war die Überlegenheit der Gegner bewusst. Was aber nützte die qualitative Überlegenheit Deutscher Soldaten bei dem Materialeinsatz der Alliierten, der geradezu unerschöpflich zu sein scheint? Das Radio gab nicht viel her. Es bestätigte lediglich die Landung starker Alliierter Kräfte im Raum Caen-Cotentin, südlich Cherbourg, in die Deutsche Abwehreinheiten in schweren Kämpfen verwickelt seien und bisher Geländegewinne verhindert hätten. Die Bretagne gehörte zu einem anderen Funkkreis, so dass wir über Funk nichts erfahren konnten. Im Gegenteil verlief der Funkverkehr in unserem Bereich absolut ruhig. Bisher jedenfalls merkten wir in Dünkirchen nichts von besonderer Aktivität der Alliierten. Lediglich die Boote der Gruppe „Bruno“ wurden dezentralisiert im Hafen verteilt, stets in der Nähe eines Bunkers, damit im Falle eines konzentrierten Bombenangriffs möglichst wenig Verluste eintreten. Außerdem konnten die Besatzungen in den Bunkern Ruhe pflegen. Bei uns an Bord ging der Einbau des Echolots schleppend voran. Offenbar hatten die französischen Werftarbeiter, nach der jetzt eingetretenen Situation, keine sonderlich Lust für den Feind zu arbeiten.

Nach und nach erfuhren wir so ganz allmählich etwas über die für uns frustrierende Lage. 6 500 schwimmende Transportfahrzeuge, hatten 8 Divisionen mit 14 Panzerbrigaden an die Küste geworfen die von einer und einer halben deutschen Division verteidigt wurde. Unterstützt wurde der Gegner von 5 Schlachtschiffen, 2 - 3 Kreuzern, 105 Zerstörern. Gegen diese Macht kämpften 3 Zerstörer, 36 Schnell und 34 U-Boote, einem Kamikazeunternehmen vergleichbar. Die ständig in die Kämpfe greifende überlegene feindliche Luftwaffe, konnte durch deutsche Flieger nicht gestört werden. Auf ein deutsches Flugzeug kamen 29 alliierte!! Darüber hinaus hatten die Alliierten 3 Luftlandedivisionen mit Fallschirmjägern hinter die deutschen Linien abgesetzt. Trotz der phänomenalen alliierten Übermacht spricht es für die Moral der deutschen Verteidiger, dass die Angreifer erst nach 6 Wochen Caen endlich erobern konnten! Das stärkte unser Selbstbewusstsein, andererseits aber auch die Erkenntnis, dass eine derartige Übermacht nicht aufzuhalten sein wird.

Verwirrend für mich war die Tatsache, dass sich plötzlich auf M 3616 kommandiert ein 3. Funker Matrose meldete. Normalerweise bestand die Besatzung einer Funkstation auf einem ehemaligen Fischdampfer oder –Logger aus 2 Funkern. Jetzt hatten wir 3, was sollten wir mit dem machen? Noch verrückter wurde es als am 17. Juni, sich noch ein Funker bei uns an Bord kommandiert meldete. Wussten wir schon nicht was der 3. Funker hier an Bord sollte, mit dem 4. konnten wir nun gar nichts anfangen. Meine Ausbildungszeit als Funker musste abgekürzt werden, da die Frontboote dringend Funkpersonal benötigten, offenbar hatte man jetzt zuviel ausgebildet oder aber es gab keine Einsatzmöglichkeiten, da man so viel Boote und Schiffe verloren hatte. Ganz davon abgesehen dass der Platz an Bord von M 3616 reichlich knapp wurde. Natürlich konnten solche „Eleven" keinen vollgültigen erfahrenen Funker ersetzen, außerdem mussten wir ihnen noch beibringen, wie der Betrieb bei uns an Bord ablief. Glücklicherweise verließen wir endlich nach dem Einbau des unserer Ansicht nach völlig überflüssigen Echolots das Trockendock. Wir bekamen einen Liegeplatz im Nachbarhafenbecken direkt neben einem Bunker. Die Boote der Gruppe „Bruno" hatten während unseres Trockendockaufenthaltes keine Einsätze gefahren. Man war gewarnt dass sich in unserm Seegebiet, zur Flankensicherung des Landeunternehmens, schwere feindliche Seestreitkräfte befinden sollten. Offenbar hatten die sich verzogen oder spielten nur in der Fantasie der Seekriegsführung eine Rolle. Jedenfalls liefen wir mit den anderen Booten der Gruppe zur so genannten Vorfeldüberwachung aus, schipperten unbehelligt gen Westen und wieder zurück. Kein Feind belästigte uns, lediglich M 3616 räumte eine Mine durch unseren Mineneigenschutz, noch nicht einmal durch ein Räumgerät.

Die Deutsche Kriegsführung hatte den Alliierten 1940 mit dem Westfeldzug gezeigt, wie eine gewaltige Übermacht auf einen Frontabschnitt konzentriert, diesen durchbricht und anschließend von hinten umgeht und weitere Geländegewinne ohne kämpfen zu müssen erobert. Genau diese Taktik beabsichtigten offensichtlich die Alliierten anzuwenden. So dachte ich und musste an die Worte von Dönitz denken der uns gesagt hatte, „durchbricht der Feind nach der Landung unsere Front, ist der Krieg verloren". Noch war es nicht so weit, wir hätten aber darauf keine Wetten angenommen! Gruppe „Bruno" lief jetzt Nacht für Nacht aus zur Vorfeldüberwachung zwischen Dünkirchen und Calais, Gruppe „Anton" überwachte das Gebiet zwischen Ostende und Dünkirchen und die 34. Minensuchflottille das Gebiet von Holland bis Ostende. Schon in der nächsten Nacht sollte es uns langsam dämmern, dass die Zukunft für uns ungemütlicher werden würde. Am 25. Juni 44 griff uns ein Nachtjäger mit Bordwaffenbeschuss an, versuchte es aus verschiedenen Angriffspositionen immer wieder. Aber unsere Jungens an den Geschützen waren wachsam und gaben ihm keine Chance, er verzog sich. Wir tuckerten weiter und waren gedanklich schon bei der Milchsuppe, Dünkirchen war schon in Sicht, plötzlich krachte es ein paar Mal. Wasser klatschte an Deck, Splitter rasselten an Bordwänden und Aufbauten. Hatte uns doch aus den Wolken heraus ein Jagdbomber mit Bomben angegriffen. Vielleicht war es der, welcher uns mit Bordwaffen beschossen hatte und dem wir jede Schussposition vermasselten. Doch er trieb sich weiter in unserer Gegend herum. Kaum war er in Reichweite, gab es Feuer von uns, sogar mit unserer 8,8 Zentimeter Kanone. Wir liefen unbeirrt auf Dünkirchen zu, das jedenfalls veranlasste den Jabo uns in Ruhe zu lassen. Im Hafen konnten wir keine ernsthaften Schäden feststellen!

Die Invasion hatte auch bei uns Zeichen gesetzt, obwohl wir nicht im direkten Landungsbereich eingesetzt waren. Das Thema „Schlechtes Wetter" oder „mondhelle Nächte" gab es nicht mehr. Jede Nacht, die der liebe Gott kommen ließ, sah uns auf See zur Vorfeldüberwachung. Wir liefen im Hellen aus und im Hellen wieder ein. Ein 12 Stunden Törn dem 5 Stunden Schlaf folgte. Der Rest gehörte den Arbeiten an Bord. Waffenpflege, Munitionsergänzung, Reinigung des seemännischen Gerätes. Für uns Funker galt jeder 4. Tag „Funkwachboot", mit noch weniger Schlaf. Zwar hatten wir durch die beiden zusätzlichen Funker eine Erleichterung, doch einer der beiden Neuen musste die auf Urlaub befindlichen Funker anderer Boote vertreten. Seit dem „D Day“ wurde die Verpflegung, die bisher schon gut für ein Boot im Fronteinsatz war, aufgestockt. Besonders drückte sich das bei der Zuteilung der Marketenderware aus. Bekamen wir bisher 22 Zigaretten pro Tag, wurde die Zuteilung um 40 Zigaretten erhöht, insgesamt also 62 Zigaretten pro Tag! Ebenso wurde die wach haltende Schokolade Marke „Schokakola“ verdreifacht! Nicht schlecht ! Doch jede Nacht 12 Stunden angespannt auf See, schlauchte auch ganz schön!

Zunächst glaubten wir oder hofften sogar, dass der Angriff eines Jagdbombers in der letzten Nacht ein Einzelfall war, wie er im Laufe der Zeit immer einmal wieder vorkam. Doch wir hatten uns getäuscht. Kam doch ganz niedrig über Wasser fliegend ein Jabo (Jagdbomber) auf uns zu. „Flieger an Backbord“ schallte es über Deck. Die Worte waren noch nicht verhallt, feuerten sämtlich Geschütze aller Boote. Das Flugzeug drehte ab, aber nur um es von der anderen Seite erneut zu versuchen. „Für wie blöd hält der uns“ meinte trocken ein Geschützführer und feuerte gemeinsam mit den anderen Geschützen. Der Jabo verschwand. Wir tuckerten weiter natürlich mit wachsamen Augen, die durch des Kochs heißen Kaffees, um Mitternacht noch besonders geschärft wurden. Der Horizont färbte sich schon etwas, als plötzlich zwischen Boot 3614 und 3616 eine Serie Bomben mit lautem Krachen ins Wasser platschten und hohe Wasserfontänen erzeugten, die vielfach auf`s Deck klatschten. „Das war knapp“, meinte „Piff“, so nannten wir unseren 3. Funker, der gerade von draußen kam. Mit abgestelltem Motor stieß aus den Wolken der Jabo, klinkte seine Bomben aus und verschwand mit Vollgas hinter den Wolken. Ein Trick der Alliierten! Hoffentlich haben die nicht noch mehr solcher Sonderheiten „auf Lager“, es könnte schwierig für uns werden.

Wir im Funkraum verrichteten unsere Arbeit, wie wir es auf der Nachrichtenschule gelernt und wie diese sich bei uns bewährt hat. Was draußen passierte, hörten wir lediglich durch die Kommandos von der Brücke und vernahmen natürlich das Schießen der Geschütze, die Schreie der Geschützbedienungen, das Krachen der Bombendetonationen. Waren wir Führerboot, bekamen wir zudem noch den Auftrag die Ereignisse durch Funk zu melden. Während eines Gefechtes waren wir der passive Teil der Besatzung, wie das Maschinenpersonal, der Signal auch der Steuermannsgast, gehörten jedoch der Vollständigkeit dazu. Den Gefechtslärm nahmen wir wahr, ohne zu wissen was draußen vor sich ging. Doch das Maschinenpersonal hörte dieses manchmal überhaupt nicht, der ständige Lärm der laufenden Maschinen verhinderte das. So war das nun mal bei uns an Bord. Wir waren eine Gefahrengemeinschaft, in der sich jeder auf jeden verlassen konnte!

Die nächsten Nächte verliefen ohne Besuche aus der Luft. Dennoch krachte es heftig, doch aus dem verhalten unseres Bootes wussten wir, eine Minendetonation. Wieder einmal hatten wir mit unserem MES eine Mine zur Detonation gebracht. Dazu waren Mineneigenschutzanlagen eigentlich nicht gedacht, doch waren wir froh, dass diese wirkten und die Minen nicht unter unserm Kiel, sondern erst nachdem wir darüber gefahren waren detonierten. Unser ständiger Begleiter bei diesem sommerlichen Wetter waren mäßiger Seegang und mondhelle Nächte. Doch der wenige Schlaf und die ständige Anspannung gingen allmählich an die Substanz. Aus dem Radio hörten wir von geringen Geländegewinnen der Alliierten und wenn es auch nur geringe Geländegewinne sein sollten, es waren aber Gewinne! Diese Nachrichten kritisch gewertet, durften uns nicht beeinflussen unsere Aufgaben korrekt und engagiert durchzuführen. Die Einsätze ohne dass uns die Alliierten in Ruhe ließen, schienen der Vergangenheit anzugehören. Am 6. Juli griff uns wieder ein tief fliegender Jagdbomber von Steuerbord mit Bordwaffen an. Kaum hatten wir ihn abgewehrt, feuerte ein anderer von Backbord mit seinen Bordwaffen auf uns und überflog uns sehr mutig, warf seine Bomben wegen unserem Abwehrfeuer jedoch ungenau, so dass keine Schäden eintraten. Wenn er seinen Airport erreicht haben sollte, dann nur mit schweren Beschädigungen. Gerade mal eine halbe Stunde war vergangen, als uns wieder ein Jagdbomber angriff. Sein Metallrumpf blitzte im Mondschein, dadurch waren die Geschützführer gewarnt und konnten ihn mit gezieltem Abwehrfeuer empfangen. Obwohl seinem Angriff der Erfolg versagt blieb, ließ er nicht locker und versuchte es erneut, jetzt im Tiefflug. Aber auch das brachte für ihn keinen Erfolg, die Geschützführer hatten ihn im Visier und schossen bevor er überhaupt zum Angriff kam, so dass er ihn abbrach. Alle an Bord atmeten durch. Man hörte an den Geschützständen das Klappern der Magazinfüllgeräte. Die Jungens an den Geschützen rechneten mit weiteren „alliierten Besuchen“. Die Nacht war noch nicht vorbei und der Hafen von Dünkirchen noch lange nicht erreicht. Es dauerte auch nicht lange, aus der einzigen Wolke am Himmel stürzte sich ein Jabo auf uns und warf dabei 2, 3, 4 Bomben die wegen unseres Abwehrfeuers nicht trafen, drehte jedoch sofort ab, um unserem Feuer zu entgehen und verschwand in der Dunkelheit. Das alles ging sehr schnell. Allmählich hatten wir alle die „Nase voll“ und waren der Meinung „für Heute reicht`s“. Das sahen aber die Alliierten anders. Schon wieder versuchte einer tief über dem Wasser fliegend uns anzugreifen. Alle Mann die sich an Deck aufhielten, suchten ständig den Himmel und das Wasser nach feindlichem Kriegsgerät ab. Obwohl wir kein Radar besaßen, konnte uns selten einmal ein Feind überraschen. So verfehlten die Bombenabwürfe bisher stets das Ziel, was auf das immer gut liegende Abwehrfeuer zurückzuführen war. Aber auch die Art der Vorfeldüberwachung, die von uns durchgeführt wurde, trug dazu bei. Der Verband fuhr in größeren

Abständen auf Lücke, niemals in einer Linie und stets so, dass ein Bombenflugzeug beim Überfliegen allerhöchst nur 2, meistens jedoch nur 1 Fahrzeug hätte treffen können. Dabei gilt es zu berücksichtigen, dass die gegnerischen Flugzeuge uns gegenüber im Vorteil waren, sie besaßen alle Radar! Sie fanden uns allein durch ihr Radar. Wir aber hatten kein Radar und mussten mit Augen und Ferngläsern suchen, konnten sie noch nicht einmal hören. Die Motorengeräusche unserer Logger waren so laut, dass wir keine Flugzeugmotoren hören konnten. Wir mussten dagegen ununterbrochen in der Lage sein zu schießen und immer auf Abwehr eingerichtet sein. Das lief auch beim Angriff eines Jabos in gleicher Weise ab. Frühzeitig wurde er gesichtet, unter Feuer genommen, er drehte ab und verschwand, um sich kurz darauf von oben auf uns zu stürzen. Auch hier bekam er es mit allen Rohren zu spüren, drehte unverrichteter Dinge ab und kam außer Sicht. Wieder klapperten die Nachfüllgeräte. In dieser Nacht wurden Unmengen von Munition verbraucht. Das war auch gut so. Schon kam der nächste Jagdbomber, der sich aus zwischenzeitlich wolkiger gewordenem Himmel auf uns stürzte, wieder schlecht gezielt, die Bomben auf den weit auseinander gezogenen Verband warf und sich nach entsprechender Antwort von uns verzog. Wir fuhren den letzten Törn und gingen in Höhe Gravelines auf Gegenkurs. Durch dunstiges Morgengrauen, erkannten wir leider den sich über Wasser heranpirschenden Jabo relativ spät, doch noch früh genug, um ihn mit entsprechendem Abwehrfeuer zu empfangen. Das nahm ihm offenbar den Mut, denn er warf seine Bomben noch bevor er uns erreichte. Er verschwand so schnell, wie er gekommen war. Dünkirchen lag vor uns. Geistig waren wir schon alle bei der Milchsuppe die der Koch bereits anrichtete. Doch ein Jagdbomber schoss aus dem Himmel auf uns zu, feuerte mit seinen Bordwaffen, warf seine Bomben ordnungsgemäß neben sein Ziel. Unsere Jungens waren wach und wehrten sich wie gewohnt. Der Angreifer verzog sich nach seinem Misserfolg, bekam noch Feuer von der Landflak und konnte sich nach England verziehen. Gruppe „Bruno" aber lief endlich ein. Jedes Boot verzog sich an seinen Platz irgendwo im Hafen. Die Besatzungen verschwanden in den Bunkern, nur nicht die Funker von M 3616, die hatten nämlich Funkwache. So marschierte Bruno mit seinem Funkkumpel, zum Hafenkommandanten, um dort den Bericht des Gruppenführers über den Verlauf des Einsatzes abzuliefern. Am frühen Nachmittag verholten die Boote eines nach dem anderen zur Mole 3, um die Munitionsbestände aufzufüllen, die waren in der letzten Nacht zur Neige gegangen.

Abends ging es wieder raus zur Vorfeldüberwachung. Insgeheim hofften wir, dass diese Nacht etwas ruhiger verlaufen möge. Aber kaum waren wir draußen, es war noch nicht richtig dunkel, erwartete uns schon ein tief fliegender Jagdbomber, der uns aber nicht angriff. Uns hatte er sich sicher für einen für ihn günstigeren Zeitpunkt aufgehoben. Wir aber waren gewarnt. Leider konnten wir uns nicht wie die Landser in die Erde oder einen Graben verkriechen oder wie die U-Boote einfach wegtauchen, wir schwammen für alle sichtbar auf dem Wasser, gleich einer Schießscheibe. Die wollte offenbar ein Jabo testen. Von der letzten Nacht noch in Übung, bekam er von unseren Booten ein derart heftiges Abwehrfeuer, dass er sich gar nicht traute uns anzugreifen. Er warf seine Bomben schon vorher ins Wasser. Scheinbar hatte er sich darüber so geärgert, dass er uns mit Bordwaffen angriff. Egal von welcher Seite er es versuchte, er kam an uns nicht heran. Schließlich gab er auf. Kaum hatten wir das überstanden, fielen plötzlich Bomben zwischen uns ohne etwas zu treffen. Gleichzeitig hörten wir das Aufheulen eines Flugzeugmotors. Mit abgestelltem Motor glitt er aus der Wolke, warf seine Bomben und wusste was danach passieren würde, zog schnell seine Maschine hoch, bekam noch Feuer, verschwand aber in den Wolken. Glück gehabt. Mit diesen Tricks könnten sie uns weh tun! Einen bedeckten Himmel auf diese Weise ausnutzen, konnte nicht lange gut gehen! Sie konnten mit ihrem Radar durch die Wolken sehen, wir nicht! Das aber war der Casus Knacktus! Gott sei Dank aber gab es über See nicht allzu oft bedeckten Himmel. Doch auch ohne diesen, griff uns einer mit seinen Bordwaffen tief über Wasser im Zickzackkurs fliegend an. Bei jeder Kursänderung deckte er seine Ziele mit Feuerstössen ein. Doch das nutzte ihm nichts, die geballte Feuerkraft nahm sich seiner an, er drehte ab und ließ uns in Ruhe. Nach 12 Stunden liefen wir ein.

So vergingen die Tage in einem eintönigen Rhythmus. Nach dem Einlaufen legte jedes Boot an seinem Platz im Hafen an, die Besatzung verzog sich nach der Milchsuppe in die Bunker, schlief bis zum frühen Nachmittag. Nach dem Mittagessen ging es dann zur Mole 3, zur Munitionsergänzung und Proviantübernahme. Danach durchschleusen in den Außenhafen und gegen 19 Uhr lief der ganze „Verein“ wieder aus.

Die nächsten Nächte blieben ruhig, keine Feindberührung, keine Jaboangriffe. Es kam uns schon komisch vor. Vielleicht hatten die Alliierten etwas anderes zu tun. Denn eines Nachts donnerte ein merkwürdiges Geschoß, relativ niedrig fliegend mit einem langen Feuerschweif über uns gen England! Die „V1“, eine der angeblichen Wunderwaffen. Doch ein Wunder waren sie nicht! Wunderlich ja, sie veranlassten beim Erreichen der britischen Küste, ein wunderschönes Abwehrfeuer, einem Feuerwerk ähnlich, das uns imponierte, doch die Fluggeschwindigkeit war nicht allzu groß, so dass Jagdflugzeuge oder Jabos sie abschießen konnten und nicht allzu viele ihr Ziel erreichten. Jetzt hatten wir auch die Erklärung, weshalb wir von den Jabos in Ruhe gelassen wurden! Hoffentlich bleibt das auch so, wünschten wir uns. Zugegeben, es faszinierte uns immer, wenn wir von See aus die fantastische Feuerwand bei Dover beobachteten, sobald eine „V1“ auftauchte 1.

Am 20. Juli 1944 lag M 3616 an einem ruhigen Nachmittag an unserm alten Liegeplatz an der Mole 3. Jeder der Besatzung war mit irgendetwas beschäftigt. Wir Funker hörten im Funkraum Radio, als plötzlich das Programm durch das bekannte Fanfarensignal unterbrochen wurde und eine Sondermeldung ankündigte. „Auf den Führer und Obersten Befehlshaber der Deutschen Wehrmacht Adolf Hitler, ist heute ein Attentat verübt worden. Eine gewissenlose Klique von Offizieren hat die Absicht gehabt den Führer zu töten. Der Putsch ist misslungen, die Ordnung wiederhergestellt“, so oder so ähnlich lautete die Meldung in der es sinngemäß weiter hieß, um der unverbrüchlichen Treue zum Führer Ausdruck zu verleihen, ist ab sofort für alle Wehrmachtteile der Hitlergruß anzuwenden. Im Moment hatte es uns die Sprache verschlagen. Wir saßen wie gelähmt. Ich glaubte meinen Ohren nicht zu trauen. Auf den Führer ein Anschlag? Unmöglich! Und doch sollte es wahr sein. Was waren das für Menschen, Offiziere die ihren Soldateneid gebrochen haben? Den Eid den jeder Soldat geschworen hatte, auch wir, auch ich - - - - - „ bis in den Tod - - - - - - So wahr mir Gott helfe“! Nach und nach fand sich die Besatzung ein. Keiner wollte das glauben, es schien allen unmöglich. Doch die Meldung wurde im Rundfunk mehrfach wiederholt, so dass sich jeder ein Bild machen konnte. Aber die Meinung war einheitlich, wenn jeder das machen wollte, würde ein Chaos daraus entstehen. Andere wiederum meinten, das sei doch Meuterei und wiesen auf 1918 hin, als Deutsche Matrosen durch Meuterei das Kaiserreich stürzten. Was sind das für Menschen, die sich an ihren Eid nicht mehr gebunden fühlen? Kann das jeder nach eigenem Belieben entscheiden? Was war der Grund derartig Schwerwiegendes zu tun? Wollten sie sich aus ihrer Verantwortung stehlen? In dieser Kriegslage! Wir wussten es nicht, wir kannten ihre Gründe nicht, uns sagte keiner etwas, man ließ uns mit unseren Fragen allein! Wir konnten nur aus der Sicht des Nichtwissenden urteilen. Auf jeden Fall werden die Betreffenden gewusste haben, was sie taten. Aber warum? (Diese Frage konnte erst nach dem Krieg geklärt werden und wurde dann auch anders bewertet als zu jener Zeit.) Mich ärgerte besonders die Anordnung, statt des militärischen Grußes ab sofort mit erhobenem rechten Arm grüßen zu müssen. Wir waren doch Soldaten und dazu gehörte der soldatische Gruß. Mit den Naziorganisationen wollte ich und meine Kameraden nichts zu tun haben und nicht mit denen auf die gleiche Stufe gestellt werden. Das geschah aber durch den jetzt angeordneten Gruß mit erhobenem rechten Arm. Meine Kumpels an Bord und ich kämpften für unser Land, für Deutschland, und nicht für die Nazibonzen! (Das wir das letzten Endes doch taten, war uns damals nicht bewusst!) Leider hatten wir keine

Informationsmöglichkeiten. Es gab keine Zeitungen, noch kein TV, aber es gab Feindsender, wie den „Soldatensender Calais", doch der verbreitete nur Lügen, wie ich selbst erfahren musste. Wir hatten uns mit den Gegebenheiten die hier vorherrschten auseinanderzusetzen, konnten nicht weiter grübeln warum und weshalb. Heute um 19 Uhr hieß es Auslaufen zur Vorfeldüberwachung!

Wenn wir durch das Radio erfuhren, dass eine Million alliierter Soldaten **erst 1%** französischen Bodens erobert hatten, so hieß das doch die Alliierten haben **schon 1%** französischen Bodens erobert! Das war ebenso wenig eine positive Meldung, wie die Nachrichten von der Ostfront, bei denen man nur von „erfolgreichen" Absetzbewegungen hörte. Absetzbewegung hieß, „vorwärts Kameraden wir müssen zurück"! Das galt auch für die Atlantikfront die am 27. Juli von den alliierten Truppen durchstoßen wurde! Bedrückende Nachrichten, die Gott sei Dank, das eigene Tun verdrängte.

Erst am 5. August hatten wir wieder eine Begegnung mit alliierten Jagdbombern. Diesmal waren es welche vom Typ „Hawker Typhon". Meine Funker hatten Kopfhörer und Schlüssel M besetzt, ich holte an Deck einmal frische Luft, als es „Fliegeralarm" gab. So schnell konnte ich nicht in den Funkraum kommen, zumal die dort arbeitenden Funker erst einmal das Licht löschen mussten. Deshalb sprang ich hinter das achtere Geschütz, das dem Funkraum am nächsten stand. Hier war ich durch das Chromnickelstahlschutzschild geschützt, außerdem konnte ich der Geschützbedienung beim Nachladen helfen. Wie gewohnt bekam der Jabo gezieltes Feuer, so dass er seine Bomben schlecht gezielt zwischen die Boote warf. Es waren aber diesmal Bomben die mit einem Aufschlagzünder versehen waren. Sobald diese mit dem Wasser in Berührung kamen, detonierten sie. Die Folge waren unzählige viele kleine und große Splitter, die fast waagerecht rundherum flogen und viele Schäden verursachten. Unser Chromnickelstahl hielt diese Splitter ab, da die Detonation nicht in unmittelbarer Nähe erfolgte. Auch der 2 Stunden später angreifende Jabo versuchte es auf die gleiche Art und Weise. Allerdings hinterließen seine Bombenwürfe, etliche Sachschäden an den Aufbauten einiger Boote. Nicht aber bei uns. Alle guten Dinge sind 3, sagt ein Sprichwort. Ob der dritte Angriff dieser Nacht nun ein gutes Ding war, galt lediglich für uns. Der Jabo warf nämlich seine Bomben so unmöglich, dass keine Schäden entstanden. Wegen unseres guten Abwehrfeuers konnte er nicht besser zielen. Tieffliegerangriffe schienen gefährlicher zu sein. Von der Art, wie wir 5 Tage später einen zu überstehen hatten. Es war ein widerlicher Typ. Er versuchte es immer und immer wieder, von allen Seiten versuchte er an uns heranzukommen, was ihm aber letztlich Dank unseres Abwehrfeuers nicht gelang. Am 14 August 4 Tage später griffen uns in der Nacht zur Abwechslung, nacheinander 2 Jagdbomber vom Typ „Hawker Typhon“ mit Bomben an. Sie richteten beide keine Schäden an. Wenige Tage später wurden wir wieder einmal durch einen Jabo überrascht, der mit abgestelltem Motor aus einer Wolke schoss, zwei Bomben ausklinkte und mit Vollgas wieder in den Wolken verschwand. Trotz des Angriffs aus dieser aussichtsreichen Position, fielen die Bomben abseits unsers Verbandes. Wir fragten uns schon, was der Sinn der Jagdbomberangriffe sein sollte. Bisher konnten die alliierten Flieger, egal auf welche Art und Weise wir angegriffen wurden, nicht einen einzigen Erfolg verzeichnen! Waren wir so gut oder unsere Gegner so schlecht?

Erfolgreicher aber waren die Alliierten leider an Land. Am 18. August 1944 landeten sie unter dem Decknamen „Dragone“ in Südfrankreich, mit Unterstützung von 5000 Flugzeugen, denen ganze 200 deutsche Jagdflugzeuge Widerstand leisteten. Die Deutschen, die fast ganz Europa besetzt hatten, wurden jetzt von allen Seiten dorthin zurückgedrängt, von wo sie kamen. Wann würden wir davon erfasst?

Unsere kleinen Minensuchboote hatten, von Einzelfällen abgesehen, Schiffsführer im Feldwebelrang, die meisten mit dem Dienstgrad Obersteuermann. Da der Kommandant eines Kriegsschiffes stets eine weiße Mütze trug war es leicht, den zuständigen Kommandanten zu finden. So erging es mir als ich an Bord von M-3617 kommandiert wurde. In dunkelblauer Hose und dunkelblauen Troyer saß mit seiner weißen Mütze der Kommandant auf der Reling. Die weiße Mütze wies ihn als den zuständigen Kommandanten aus. Während die meisten Kommandanten in unserer Flottille Berufsseeleute oder Fischereikapitäne, also Reservisten waren, gab es aber auch einige die aktive Obersteuerleute waren und der Laufbahn der Kriegsmarine entstammten. Der gravierende Unterschied, der Kommandant von M 3617, hatte außer im Einsatz, kaum direkten Kontakt mit seiner Besatzung, der lief nur über die „Seemännische Nummer 1“. Der Kommandant von M 3616 war Berufsseemann, hatte 10 Jahre in Ostasien gefahren und war eigentlich mehr der Kumpel der Mannschaft, die ihn als Verantwortlichen akzeptierten und der den menschlichen Kontakt pflegte. So hatten wir immer im Funkraum einen Kasten Bier stehen, denn hin und wieder kam der Kommandant und fragte nach einem Fläschchen Bier. So festigten wir das menschliche Miteinander. Es konnte aber auch vorkommen, dass der Kommandant der Besatzung einen Wettbewerb vorschlug: Wer von der Besatzung bekommt von 10 Flaschen Bier die Kronenkorken mit einem Öffner schneller ab, als der Kommandant ohne Öffner nur mit den Zähnen? Dazu wurden je 10 Flaschen in zwei Reihen aufgestellt. Eine davon öffnete einer der Besatzung mit einem Öffner, die andere Reihe der Kommandant ohne Öffner, nur mit seinen

Zähnen. Es war nicht zu glauben, der Kommandant gewann eigentlich immer! Er hatte jedenfalls ausgezeichnet gute Zähne! Es war schon oft lustig an Bord, mit diesem Kommandanten! Sein „Steckenpferd“ war, vorbildliche Seemannschaft und Kampfgeist, dafür weniger das militärische Auftreten!

„ - - - - - - - - - „soldat allemand parti“,

sangen die Franzosen in der „Bretterbude“ und wir mit ihnen, wenn die Kapelle spielte „apres la guerre fini, soldat allemand parti“! Doch soweit war es noch nicht. Noch waren wir in Frankreich und der Krieg noch lange nicht beendet. Natürlich wollten wir nicht ewig in Frankreich bleiben und so sangen wir den Wunschtext der Franzosen mit. Allerdings mehrten sich die Anzeichen, dass unser Heimathafen nicht mehr lange Dünkirchen heißen würde. Die Alliierten machten permanent Geländegewinne und irgendwann würden sie auch uns erreichen. Doch es entwickelte sich anders!

Am 3. September 1944 kam unser Gruppenfunkmaat zu mir und erkundigte sich, „sie waren doch schon öfter in Poperinge im Werk“? Ich bejahte, worauf er meinte, „sie könnten mal dorthin fahren. Wir haben noch einen Allwellenempfänger dort zur Reparatur. Bevor die dort den Laden dicht machen, sollten wir uns den holen. Machen sie das?“ „Wann soll dass sein“, meine Frage. „Morgen, wenn sie wollen.“ Natürlich wollte ich, dachte ich doch gleich an Ypern und Agnes. Bedingt durch einen Kupplungsschaden konnte M 3616 nicht auslaufen und da wir auch keine Funkwache hatten, konnte ich im Bunker endlich einmal durchschlafen. Am nächsten Morgen, machte ich mich auf den bekannten Weg nach Ypern. Dort angekommen, ging ich zum Bahnhofshotel, wegen eines Zimmers für die kommende Nacht. Ich konnte nicht sagen warum ich das tat, es war absolut intuitiv. Nichts hätte näher gelegen, als zu dem kleinen Lokal zu gehen, in dem Agnes verkehrte, doch ich tat es nicht. Im Gegenteil, eine innere Unruhe trieb mich an. Ich stieg sofort in die Bahn nach Poperinge, ging zum Werk, traf am Eingang einen Marinebeamten, den Leiter des Betriebes, grüßte „Funkobergefreiter Grafenhorst von der 36. Minensuchflottille Gruppe „Bruno“. Ich habe Befehl den Allwellenempfänger abzuholen, der sich hier zur Reparatur befindet“. Der Beamte erwiderte den Gruß und meinte dann, „Sie können in den Betrieb hineingehen und können sich aussuchen was sie wollen. Sie können alles mitnehmen. In 1 Stunde wird das Werk gesprengt.“ Natürlich konnte ich von dem großzügigen Angebot keinen Gebrauch machen. Außer dem Chef des Betriebes, war auch kein Mensch zu sehen der mir hätte weiterhelfen können. Der Chef selbst erschien mir recht hilflos. Jetzt wurde ich erstmals mit dem Vormarsch der Alliierten konfrontiert, dass wurde mir klar. Nun würde alles anders für mich werden. In dieser Situation war ich jedoch froh, nicht einen schweren Allwellenempfänger mitschleppen zu müssen. In Ypern ging ich auf direktem Wege zu Agnes. Sie war erstaunt mich so plötzlich vor sich zu sehen, nahm mich in den Arm, küsste mich und lud mich zum Abendessen ein, das wir gemeinsam mit dem Töchterchen einnahmen. Es herrschte eine gedrückte

Stimmung. Uns beiden war bewusst, dass uns eine turbulente und ungewisse Zukunft bevorstand. Was werden würde, wussten wir nicht. Ich fühlte mich auch in meiner Haut nicht wohl. Gehörte ich doch zu den Verlierern, der sie in diese Situation gebracht hatte. Bald nach dem Essen, noch bevor sie die Kleine ins Bettchen gebracht hatte, brach ich auf. Wir umarmten uns und versprachen, sobald als möglich, wieder Kontakt miteinander aufzunehmen. Es wurde ein Abschied für immer!

Mittlerweile war es dunkel geworden und ich ging zum Hotel. Auf dem Wege dorthin, sah ich auf den Straßen lagernde Trupps von Soldaten mit ihren Pferden. Ich ging auf sie zu und fragte woher sie kommen. „Von Tournai! Wir hauen vor den Amis ab. Widerstand ist zwecklos. Jedes mal, wenn wir uns festgesetzt und den einen oder anderen Panzer abgeschossen haben, ziehen sie sich zurück. Keine Viertelstunde später kommen 100 Bomber und pflügen alles mit Bombenteppichen um. Du haust nur ab und siehst zu, dass du davon kommst“! Ein anderer ergänzte, „sobald wir wieder eine Verteidigungslinie aufgebaut haben und wir den anrollenden Panzern Widerstand leisten, ziehen die sich zurück. Kurze Zeit danach, du kannst darauf warten, kommt eine Welle von Bombern und pflügt die Erde um. Uns hat die WaffenSS abgelöst, noch halbe Kinder. Wir sind erst mal raus und sehen zu, dass wir weiterkommen“. So ist das also, ging es mir durch den Kopf und strebte dem Hotel zu. Dass die Entfernung von Tournai nach Ypern mal gerade 50 Kilometer betrug, war mir dabei nicht gegenwärtig. Daran dachte ich auch gar nicht. Ich war mit meinen Gedanken bei dem soeben Gehörten. Ich ging auf mein Zimmer, zog mich aus, haute mich ins Bett und schlief auch gleich ein.

Durch lautes Geräusch wurde ich wach. Sah auf meine Uhr und stellte 2 Uhr in der Nacht fest. An der Tür des Nachbarzimmers wurde heftig geklopft, „Karl steh auf die Amis sind da“! Wie von einer Tarantel gestochen sprang ich aus dem Bett. Nebenan ging die Weckarie weiter. Ich versuchte schnell in meine Hose zu kommen, öffnete dabei die Tür. Im Gang standen zwei Luftwaffensoldaten, ich fragte sie, „Was ist los“? „Die Amis sind da. Sieh zu das du wegkommst“! Ein guter Rat! Ich sauste in mein Zimmer, ergriff in fliegender Hast meine Klamotten, rannte während ich mich noch anzog die Treppen herunter und stand auf der nachtschwarzen Straße. Die Luftwaffensoldaten waren nicht mehr zu sehen. Von Ferne hörte ich Panzerketten aus Richtung Kortrijk, das 20 Kilometer entfernt lag. Auch Geschützdonner war zu vernehmen. Was sollte ich nun tun? Guter Rat war jetzt teuer! Warten bis die Amis mich gefunden hatten, kam nicht infrage. Also nichts wie weg! Aber wohin? In welche Richtung? Aus welcher Richtung kamen die Amis? Und wohin wollten sie? Alles

Fragen ohne Antworten! Weder hatte ich eine Landkarte, noch eine Vorstellung, wie die Infrastruktur hier aussah. Es gab keinen, der mir hätte helfen können. Ich stand mutterseelenallein in dunkler Nacht, in einer fremden Stadt auf der Straße. Ich musste irgendetwas unternehmen. Aber was? Wobei ich aufpassen musste, nichts Falsches zu tun. Mit dem Zug kam ich von hier nicht fort, das war mir klar. Wollte ich von hier fort – und ich wollte – blieb nur noch die Straße übrig. Aber welche ? Um mich zu orientieren ging ich in die Richtung, in der ich die Kettengeräusche hörte. Dabei erreichte ich den Stadtrand an einer Straßengabelung. Geradeaus ging es in nördlicher Richtung zum nächsten Ort. Links führte die Straße in westlicher Richtung, aus der vermutlich die Amis kamen. Wollte man also nicht in die Stadt hinein, musste man rechtwinkelig links abbiegen. An dieser Stelle befand sich ein kleiner Hügel auf dem Sträucher und Bäumchen wuchsen. Hinter denen versteckte ich mich vorerst, um zu sehen was passiert. Ich sah weder ein Fahrzeug noch einen Menschen und wusste auch nicht, auf was ich hier eigentlich wartete. Die Zeit verging. Endlich hörte ich in der Ferne Panzerketten, die allmählich lauter wurden, also näher kamen. Dann sah ich in der Dunkelheit die Schatten der Panzer größer und größer werden und hoffte inständig, dass die Panzer rechtzeitig nach links abbogen. Führen sie geradeaus überrollten sie mich! Der erste Panzer stoppte kurz, eine Lampe leuchtete auf die Wegweiser die sich vor dem Hügel befanden. Schon heulten die Panzermotoren auf, die Ketten quietschten und die Panzerkolonne von 10 Panzern bog nach links ab, ließ dabei die Stadt rechts liegen. Das Kettengeräusch entfernte sich. Es wurde wieder still. Die Kolonne war noch nicht lange verschwunden, schon rollte die nächste heran. Der gleiche Vorgang. Kaum war das Panzergeräusch leiser und leiser geworden, kam eine neue Kolonne. Mit lautem Kettenrasseln und Quietschen passierten sie die Abzweigung. Dann wurde es still, verdächtig still. Nachdem es eine ganze Weile ruhig war, hörte ich den Motor eines Autos näher kommen. Ich hoffte es wäre ein deutsches Fahrzeug. Ich hatte mich aber getäuscht, es war ein Jeep. Er hielt an, ein Ami stieg aus, schlug im Licht eines Scheinwerfers ein Schild an den Stamm der Wegweiser. Sicher ein taktisches Zeichen. Dann ging der Ami auf das Gebüsch zu hinter dem ich hockte. Mir stockte der Atem. Er machte seine Hose auf und pinkelte in meine Richtung. Glücklicherweise entdeckte er mich nicht, sein Strahl war auch nicht besonders stark, so bekam ich auch nichts ab. „Left“ hörte ich ihn sagen. Er sprang in den Jeep und das Fahrzeug verschwand. Jetzt wurde es wieder ruhig. Die Zeit verstrich. Es wurde am Horizont allmählich hell. Was sollte aus mir werden? Worauf wartete ich eigentlich? Das mich die Amis irgendwann entdeckten? Plötzlich hörte ich wieder das Motorengeräusch eines Autos. Einen LKW erkannte ich schemenhaft. Beim Näherkommen stellte ich fest, es ist ein Opel Blitz. Damit stieg die Hoffnung, es könnten deutsche Soldaten sein. Ich sprang aus meinem Gebüsch, rannte auf die Straße, riss die Arne hoch, das Auto stoppte. Im Führerhaus saßen 3 Mann, „nehmt ihr mich mit“ fragte ich. Die sahen mich mit großen Augen an, hier einen einzelnen Matrosen anzutreffen. „Waren die Ami-Panzer schon hier“, ihre Gegenfrage. Ich bejahte und erläuterte ihnen, was ich hier erlebt hatte. „Welche Richtung“, wollten sie noch wissen. Ich deutete diese mit der Hand an. „Gut, fahren wir dorthin weiter“. Ich wollte natürlich wissen, wohin sie fahren wollten. „Zunächst Richtung Brügge. Wir halten immer Abstand zu und zwischen den Ami-Kolonnen. Das ist sicherer, vor allem vor den Tieffliegern“. „Nehmt ihr mich bis dahin mit“, wollte ich endlich wissen. „Los, spring hinten drauf, wir nehmen dich bis dahin mit“! Ein angenehmes, wohliges Gefühl durchströmte mich, ich war nicht mehr alleine. Erleichtert kletterte ich auf die Ladefläche und los ging`s.

Auf der Ladefläche war es zwar nicht bequem, aber das war mir egal. Ich hatte die Chance weiterzukommen und das war das Wichtigste. Von den Amis war glücklicherweise nichts zu sehen. Irgendwo mussten sie wohl abgebogen sein, wir überholten nur zurückflutende deutsche Truppen. Wo diese herkamen konnte ich nicht feststellen, denn der LKW fuhr ohne Halt weiter. Vorbei an Soldaten mit pferdebespannten Fahrzeugen, die einen chaotischen Eindruck auf mich machten. Hinten an requirierten dreirädrigen Ackerwagen hingen die Geschütze, denen in losen Haufen die Soldaten folgten. Neben den Zugtieren lief Peitsche schwingend ein Soldat, der die Tiere ständig antrieb. Kilometer lang schien der Trupp zu sein. Mich deprimierte das alles und erinnerte mich an den Spruch von Napoleons Rückzug aus Russland „mit Mann und Ross und Wagen, hat sie der Herr geschlagen“! War das die einst so stolze und siegreiche Deutsche Wehrmacht? Endlich hatten wir diese traurigen Kolonnen überholt, bis wir an einer Straßensperre innerhalb eines Ortes halten mussten. Gegenüber sah ich auf einen großen Platz auf blanken Boden Soldaten liegen, während sich in einem Abstand davon eine größere Anzahl von Pferden befand. Ich betrachtete diesen Haufen und sah, dass die Soldaten Pelzmützen trugen. Offensichtlich eine Einheit von Kosaken, die sich freiwillig zum Dienst in der Deutschen Wehrmacht verpflichtet hatten. Aber ich glaubte meinen Augen nicht zu trauen als ich einen Unteroffizier mit Kosakenmütze sah, der mit seiner Peitsche auf die vermutlich schlafenden Kosaken einschlug. Das schockierte mich! Selbst wenn die Kosaken das vielleicht für normal empfanden. Meine Gedanken waren noch bei dem was ich gerade gesehen hatte als es weiter ging. Während der Weiterfahrt überlegte ich, dass mein Ziel zunächst Ostende sein sollte. Dort befand sich der Flottillenstab und zwei Gruppen der 36. Minensuchflottille. Mit den Soldaten nach Brügge zu fahren und über Zeebrügge nach Ostende zurück, wäre ein zu großer Umweg. Von Torhout etliche Kilometer vor Brügge, ging eine Eisenbahnlinie direkt nach Ostende. Diese zu benutzen, vorausgesetzt die Amis waren noch nicht so weit und die Zuglinie überhaupt noch in Betrieb, wäre für meine derzeitige Situation wohl das Beste. Bei einem kurzen Aufenthalt des LKWs wegen eines defekten Fahrzeugs, das erst weggeräumt werden musste, machte ich die Soldaten im Führerhaus mit meinen Überlegungen bekannt und bat sie deshalb in Torhout kurz am Bahnhof zu halten. Sie stimmten mir zu und hielten auch in Torhout am Bahnhof an. Mit einem herzlichen „Danke" verschwand ich.

Im Bahnhof suchte ich einen Bahnbeamten, der mir über den Betrieb der Bahn verbindlich Auskunft geben konnte. Nachdem ich endlich einen gefunden hatte, bestätigte mir dieser, dass geplant sei noch einen Zug nach Ostende zu starten, sofern die Tieffliger das nicht unmöglich machten. Bisher seien die Züge leider immer wieder von Tieffliegern angegriffen worden. Ich stieg zu 2 Personen in ein Abteil des Zuges ein, der sich gegen 15 Uhr in Bewegung setzte. Während die Landschaft an meinem Fenster vorbeirauschte, unterhielten sich die beiden Belgier mit gedämpften Stimmen, bis nach etwa einer halben Stunde der Zug heftig bremste, die Lokomotive einen langgezogenen Pfeifton absetzte, die beiden Mitreisenden die Abteiltüren öffneten, heraussprangen und sich in den neben den Bahngleisen verlaufeneden Graben warfen. Ganz niedrig überflog, mit seinen Bordwaffen feuernd, ein Tiefflieger mehrfach den Zug. Nach einer Weile, der Flieger ließ sich nicht mehr sehen, pfiff der Zug erneut, alle Reisenden stiegen wieder ein und der Zug fuhr weiter bis, ja bis das „Spiel" von neuem ablief. Wieder „besuchte" uns der Tiefflieger, jedoch beschädigte er weder die Lok, noch irgendein Abteil, denn es waren keine Verletzten zu sehen. Nachdem der Zug wieder angefahren war, hielt er im Bahnhof Gistel. Dort schienen die Bahnbeamten zu überlegen, ob der Zug weiterfahren solle. Nach längerer Diskussion wurde beschlossen, weiterzufahren! Mir fiel ein Stein vom Herzen, doch wir waren noch nicht in Ostende. Schon wieder erschreckte uns ein Tiefflieger, der es aber kurz machte. Verletzte gab es auch diesmal Gott sei dank nicht und nach einer weiteren Stunde rollten wir im Bahnhof von Ostende ein. Ich war froh die Fahrt überstanden zu haben, wobei mir einfiel, dass sich auch hier die Qualität der Fliegerangriffe mit meinen Erfahrungen von der Zielgenauigkeit der alliierten Flieger deckte. Trotzdem fand ich das Beschießen der von Einheimischen benutzten Eisenbahnzüge als absolut überflüssig und auch rücksichtslos! Was hatten die armen Menschen mit unserem Krieg zu tun?

Nachdem ich meinen Mitreisenden ein „au revoir" spendete, marschierte ich zur Flottillenverwaltung die in der Nähe des Hafens lag. Mir fiel auf, dass nur wenige

Menschen auf den Straßen zu sehen waren. Die Flottillenverwaltung lag da wie tot, kein Mensch war zu sehen, aber auch das Mobiliar war nicht mehr vorhanden. Ich ging in den Bau hinein, in dem ansonsten lebhafter Betrieb herrschte und traf auf einen Bootsmannsmaaten. „Was suchen sie hier"? „Ich bin Funkobergefreiter Grafenhorst von M 3616 der Gruppe „Bruno", befinde mich auf Dienstreise und komme von Poperinge. Ich wollte mich erkundigen, wie ich zur Gruppe „Bruno" gelangen kann". „Letzte Nacht sollte die Gruppe „Bruno" in Ostende einlaufen", erläuterte der Maat, „doch wegen schlechtem Wetter konnten die Boote nicht auslaufen, sie liegen noch in Dünkirchen". Dann meinte er, „die Flottillenverwaltung ist geräumt. Gehen sie zum Hafenkommandanten und übernachten dort. Morgen früh können sie feststellen, ob die Boote der Gruppe „Bruno" hier eingelaufen sind". „Und wenn nicht", fragte ich, „weiß ich auch nicht", die wenig tröstliche Antwort. Ich grüßte und stapfte zum Hafenkommandanten.

Die Dienststelle des Hafenkommandanten (Hako) befand sich im Hafengelände. An der Einfahrt des eingezäunten Gebietes stand ein Posten unter Gewehr. „Ich will hier beim Hako übernachten", erläuterte ich dem Posten, „wohin muss ich gehen"? „Hier rechts, dort hinten der Bunker, da kannste pennen", war die Antwort. Nach dem kurzen Weg dorthin, betrat ich den Bunker und fand ihn voller Soldaten unterschiedlicher Waffengattungen. Sie saßen oder lagen auf den übereinander stehenden Betten. Bedingt durch dürftiges Licht und Zigarettenqualm, konnte man kaum etwas erkennen. Nachdem sich meine Augen an dieses diffuse Licht gewöhnt hatten, fragte ich einen Flaksoldaten und deutete auf das Bett neben ihm, „ist das Bett noch frei"? „Frag nicht lange, hau dich hin", die knappe Antwort. Das tat ich auch, zog die Uniform aus und legte mich auf das Bett. Jetzt schaute ich mir den Bunker mal genauer an. Die Bunkerdecke war halbrund von Boden zu Boden, weiß gekalkt, ungefähr 60 Betten standen an beiden Seiten hinter und übereinander. An den Betten hatten die Liegenden ihre Klamotten gehängt, denn es gab weder Tische noch Bänke oder Stühle. Mittlerweile war es Abend geworden. Zu essen oder trinken gab es nichts. Der Bunker war halt nur zum Schlafen eingerichtet. Es war recht laut, denn die es hierhin verschlagen hatte, kannten sich meistens nicht. Jeder wollte dem anderen erzählen, woher er kam und wohin er wollte. Wären das nicht alles Soldaten gewesen hätte man denken können, es handele sich um ein Obdachlosenasyl. Der Begriff stimmte sogar, denn alle suchten für die Nacht ein Obdach. Ich hatte mich gerade mit den zum Bett gehörenden beiden Wolldecken zugedeckt, als die Tür aufging, ein Feldwebel eintrat und laut rief, „alle mal herhören"! Das Stimmengewirr ebbte ab, es wurde ruhig, „Ihr gehört ab sofort zur Alarmeinheit 374 und seit dem Hafenkommandanten unterstellt. Morgen früh erfahrt ihr mehr. Gute Nacht“!

Na, dann gute Nacht. So hatte ich mir das nicht vorgestellt. Die Andern im Bunker sicher auch nicht, denn es wurde still. Sicher musste jeder erst einmal mit dieser Nachricht fertig werden. Dann aber ging das Palaver los. Jeder wollte seine Meinung kundtun. Ich hielt mich, wie es meine Art war, zurück. Es hatte mich auch eigenartigerweise nicht erschreckt, dem „Soldatenklau“ in die Fänge gegangen zu sein. Auch konnte ich mir nicht vorstellen, mit dem zusammengewürfelten Haufen Ostende zu verteidigen. Mir war schon verständlich, dass man im Hinblick auf die großen Verluste und die Entwicklung des Vormarsches in Frankreich, alle Dienststellen nach überflüssigen und nicht notwendigen Personal „durchkämmt“, um diese zu Kampfeinheiten zusammen zu stellen, doch ich zählte mich nicht dazu. „Es wird nichts so heiß gegessen, wie es gekocht wird“, sagte ein altes Sprichwort. Jetzt wollte ich erst einmal schlafen, ich war hundemüde, dann würde ich weitersehen.

Früh morgens so um 6 Uhr wurde ich wach. Alles schlief noch. Ich stand auf, suchte außerhalb des Bunkers eine Waschgelegenheit, fand einen Wasserhahn, dessen kaltes Wasser mich schnell munter machte. Dann ging ich wieder in den Bunker, zog meine Uniform an und verließ geräuschlos das ungeliebte Nachtquartier. Schnurstracks ging ich an dem Posten vorbei und sagte beiläufig, „ich muss schnell mal zur Flottillenveraltung meine Klamotten holen“. Der Posten reagierte nicht und so marschierte ich zum Hafen, um zu sehen ob die Gruppe „Bruno“ zwischenzeitlich eingelaufen war. Ich war enttäuscht. Nicht ein einziges Kriegsschiff lag im Hafen! Also musste die Gruppe „Bruno“ noch in Dünkirchen liegen. An die Möglichkeit, die Gruppe sei von Dünkirchen an Ostende vorbei direkt nach Zeebrügge oder Vlissingen gelaufen, dachte ich nicht. Mein Ziel war mein Boot M 3616 in Dünkirchen. Ich ging also zur Haltestelle der „Kusttram“, wartete bis tatsächlich eine kam, ich einsteigen konnte und fuhr mit ihr und wenigen Fahrgästen die ganze belgische Küste entlang, bis zur Endstation in De Panne. Dort musste ich die Bahn verlassen und noch 3 Kilometer bis zur Grenzstation der französischen Einsenbahn, Adinkerke laufen. Ob die Eisenbahn überhaupt fuhr, wusste ich nicht. Dort angekommen wurde ich enttäuscht, es ging kein Zug mehr! Was sollte ich tun? Wie kam ich von hier nach Dünkirchen? Sind in Dünkirchen vielleicht schon die Amis? Alles Fragen ohne Antworten! So setzte ich mich auf einen Stein neben der Straße und wartete. Auf was eigentlich? Ich wusste es nicht, aber es blieb mir auch nichts anders übrig. Keine Menschenseele ließ sich blicken. Mittlerweile waren 3 Stunden vergangen. Doch plötzlich hörte ich Motorengeräusch und sah ein näher kommendes Fahrzeug. Es war ein Wehrmacht Planwagen. Ich sprang auf die Straße und winkte mit beiden Händen heftig, damit das Fahrzeug hielt. Das tat es auch mit quietschenden Bremsen! Im Führerhaus zwei völlig betrunkene Soldaten. Der Fahrer lallte, „waas willst`n du“? Ich antwortete mit einer Gegenfrage, „wo fahrt ihr hin „? „Wir wolln nach Kündirchen“, mir war klar dass er Dünkirchen meinte und fragte, „nehmt ihr mich mit“? Lallend bekam ich die Antwort, „uum Dünkiirchen sind Franzosen deer“, erholte tief Luft, „der Refinanz und Amis“, brachte er einigermaßen verständlich heraus und ergänzte, „wir fahren Marke“, ein kräftiger Rülpser unterbrach sein Gestammele, wobei er einen kräftigen Schluck aus seiner Flasche nahm, „Marketender Marketenderwaren. Steig hinten auf.“ Ich kletterte auf den Planwagen, auf dessen Ladefläche noch eine ungefähr 40 Zentimeter breite unbeladene Fläche vorhanden war, auf die ich mich niederlassen konnte. Mit heftigem Ruck fuhren wir los. Ich war natürlich froh weiter zu kommen, obwohl die Fahrt mit den beiden Betrunkenen auch nicht ganz ungefährlich war. Die aus Kisten und Kasten bestehende Ladung quietschte und knarrte. Der Fahrer fuhr als gäbe es Rekorde aufzustellen. Nach hinten sehend konnte man die Spur verfolgen die von einer Straßenseite zur anderen verlief. Kein Wunder bei dem Alkoholspiegel des Fahrers! Der Straßenbelag bestand aus Schlaglöchern und mal aus Kopfsteinpflaster, demzufolge „arbeitete“ die Ladung und engte allmählich meinen Platz ein. So weit ich konnte, schob und drückte ich Kartons und Kisten zurück, wodurch sich nach und nach eine Höhle bildete in der ich saß. Nach etwa einer Stunde wurde die Straße schlechter. Die Ladung fing an sich selbstständig zu machen, wobei ich feststellte, das Fahrzeug war auf einem, im schlechten Zustand befindlichen Feldweg abgebogen. Mir kamen Bedenken von der Ladung erdrückt zu werden. Plötzlich hörte ich Schüsse und Maschinengewehrfeuer, wobei das Auto jetzt gewaltige Sprünge machte und ich befürchtete es fiele um. Es roch nach Alkohol und unmittelbar danach wurde ich nass, während das Schiessen heftiger wurde. Durch die Schaukelei fielen einige Kisten vom Wagen herunter, Flaschen gingen zu Bruch, ich wurde nass wobei es immer stärker nach Alkohol roch. Durch den starken Alkoholgeruch wurde mir schwindelig. Wieder fiel eine Kiste vom Wagen, während sich das Fahrzeug ganz schräg legte und ich befürchtete es fiele um. Durch die lose hängende Plane sah ich dass der LKW durch einen Graben fuhr. Doch dann richtete er sich wieder auf. Ich saß zwischen tropfenden Kisten eingezwängt und hoffte inständig dass Ziel möge bald erreicht sein. Dann aber fuhr der Wagen merklich ruhiger, scheinbar wieder auf befestigter Straße, auch hatte die Schiesserei aufgehört. Jetzt vernahm ich das Geräusch der abrollenden Reifen auf Pflastersteinen und nach 10 weiteren Minuten endlich hielt das Fahrzeug. Ich hörte Stimmen und deutsche Worte. Offenbar waren wir am Ziel. Doch es rührte sich nichts. Keiner kam die Ladefläche zu öffnen und mich damit aus meiner unbequemen Lage zu befreien. Ich rief „hallo“, nichts tat sich. Ich rief wieder und wieder, wobei ich versuchte mich aus meiner Höhle zu befreien, um über die Bordwand nach draußen zu springen. Endlich endlich klappten zwei Luftwaffensoldaten die hintere Ladeklappe herunter, so dass ich herab springen konnte. Durch den Alkoholdunst etwas benommen stellte ich fest, wir waren bei der Luftlandedivision im Vorort von Dünkirchen gelandet. Während die Fahrer nicht mehr zu sehen waren, entluden die Soldaten mit viel Palaver den LKW. Einen etwas abseits stehenden Unteroffizier fragte ich nach den Alliierten. Der meinte, diese hätten wohl mit Aufklärungseinheiten den Stadtrand von Dünkirchen erreicht. Ob sie sich dort eingegraben hätten, wisse er nicht. Die Gegend sei jedoch durch die Freiheitskämpfer der Résistance unsicher. Da keiner von mir Notiz nahm, setzte ich mich auch gleich in Richtung Hafen in Bewegung. Auf den Weg dorthin beschäftigte ich mich mit der Frage, ist die Gruppe „Bruno“ noch in Dünkirchen? Und wenn nicht ? Bei diesen Gedanken brach mir der Schweiß aus! Meine Schritte wurden schneller, immer schneller. Ich traute mich nicht den Posten am Hafen zu fragen ob die 36. noch im Hafen läge. Zu groß war meine Angst, eine negative Auskunft zu erhalten! Im schnellstmöglichsten Gang lief, ja rannte ich fast die Pier entlang und - - - - - - - - - - mein Herzt blieb fast stehen, die Boote der Gruppe „Bruno“ und darunter M 3616 lagen friedlich an der Mole 3. Ich hätte vor Freude laut aufschreien können, eine wahre Zentnerlast fiel von mir ab. Plötzlich querte Oberleutnant Lohmann meinen Weg. Sofort fielen alle Emotionen von mir ab. Ich ging auf ihn zu um mich zurückzumelden, doch der rief erstaunt, „Mensch Grafenhorst, wo kommen sie denn her? Sind sie ein Geist“? Nach kurzer Pause, „wir haben nicht mehr mit ihnen gerechnet“! Mit wenigen Worten berichtete ich ihm von meiner geplanten „Dienstreise“, aus der eine „Odyssee“ wurde. Ich sah wohl recht „abgerissen“ aus, denn er meinte, „bringen sie sich erst mal in Ordnung und hauen sich ein paar Stunden in die Koje. Heute Nacht geht es raus. Wir wollen versuchen nach Vlissingen durchzulaufen. Vorausgesetzt das Wetter und die Alliierten lassen das zu“! An Bord wurde ich wie ein verlorener Sohn empfangen. Man merkte doch allen an, dass sie froh waren, mich wieder auf M 3616 zu haben. Das tat meiner Seele gut! Nicht umsonst wollte ich wieder zu meinen Kameraden. Hier erfuhr ich was wirkliche Kameradschaft, was eine echte Gefahrengemeinschaft bedeutete!

Der Rückmarsch

Dünkirchen war mein Heimat und Einsatzhafen von Dezember 1942 bis zum September 1944, außer einem kurzen Abstecher zur Gruppe „Caesar“ nach Calais. Dünkirchen verließen wir nun und das war uns allen bewusst, für immer. Hier in Dünkirchen kannte ich alles, das Hafengelände, die Kneipen, die Wassertürme, das Soldatenheim, das Soldatenkino, die „Bretterbude“ und was es sonst noch alles gab. Das gehörte nun der Vergangenheit an. Es war schade! Doch dass mich das gefühlsmässig berührte konnte ich nicht sagen. Die sentimentalen Gefühle sind möglicherweise bei einem knapp 20-Jährigen noch nicht richtig entwickelt. Das was im Moment passierte, nahm die Gedanken in Anspruch und die Frage, was erwartet uns heute Nacht? Liegen die Alliierten auf Lauer? Wohin geht es und wie weiter?

Es war schon seltsam und vielleicht auch unverständlich, keiner von uns verspürte irgendwelche Angstgefühle. Würden uns die Tommies oder Amis erwarten, genügte ein Treffer und damit die Frage, säuft man gleich ab oder ertrinkt man allmählich, wird man verwundet oder bekommt man „Eine“ verpasst und alles ist zu Ende? Keiner von uns beschäftigte sich mit derartigen Gedanken. Diese Fragen hätten wir uns eigentlich vor jedem Einsatz stellen können und keiner tat es. Lag das an unserer Jugend, an unserer Erziehung, an unserer Einstellung? Ich konnte diese Fragen nicht beantworten. Stockdunkle Nacht, schlechtes Wetter mit Nieselregen und noch schlechtere Sicht, konnten wir gut gebrauchen! Günstige Voraussetzungen unbemerkt Dünkirchen zu verlassen. Ob alliierte Seestreitkräfte draußen patrouillierten war nicht bekannt. Deshalb liefen wir auch zur Sicherheit bei Niedrigwasser aus. Größere Kriegsschiffe konnten bei niedrigem Wasserstand nicht so nahe an die Küste heranfahren und schon gar nicht manövrieren. Nachdem sich alle Boote der Gruppe „Bruno“ im Außenhafen versammelt hatten, machten wir uns zum Auslaufen bereit. M 3631 das infolge Maschinenschadens in der Werft gelegen hatte und geschleppt werden sollte, machte den Anfang. Dahinter ein ebenfalls zu schleppendes Hafenschutzboot der Hafenschutzflottille Brest. Beide liefen jedoch durch den niedrigen Wasserstand beim Auslaufen auf Grund und stoppten die ganze Auslaufaktion. Nach vergeblichen Versuchen die beiden Boote frei zu bekommen, gingen zwei unserer Boote vorsichtig längsseits, übernahmen die Besatzungen mit ihren persönlichen Sachen und die dort gelagerten Kantinenbestände, Einrichtung wie auch Munition. Alle anderen Boote durchliefen die Ausfahrt problemlos, warteten jedoch vor der Einfahrt ungeduldig. Schließlich wusste keiner was weiter draußen los war. Endlich hatte man von den Aufgelaufenen übernommen was zu übernehmen war und es ging los.

Der Verband lief dicht unter Land. Die See war rau. Die Sicht miserabel. Jeden Moment rechnete man mit einem Feuerüberfall der alliierten Kriegsschiffe. Für Jagdbomber und Nachtjäger war die Sicht schlecht, doch diese hatten ja, wie auch die Seestreitkräfte, Radar. Deshalb mussten wir, egal bei welchem Wetter, mit Angriffen der Gegner rechnen. Das Brückenpersonal mit dem Kommandanten und auch die Jungens an den Geschützen beobachteten konzentriert den Himmel, wie auch den Horizont. Doch entgegen unseren Erwartungen, tat sich nichts. Auch der Funkverkehr war ruhig. So liefen wir unbehelligt an Ostende vorbei und in Zeebrügge ein. Eigentlich sollte es nach Vlissingen gehen. Doch wegen des Auflaufens der beiden Boote die geschleppt werden sollten, reichte die Zeit nicht mehr, in der Nacht Vlissingen zu erreichen. In Zeebrügge machten wir an der, wegen ihrer Länge bekannten Mole fest, mussten aber, da sich der raue Seegang auch hier auswirkte und die Boote trotz Fender heftig gegen die Mole schlugen, weiter in den Hafen verholen, wo wir ruhiger lagen.

Nachdem wir ausgeschlafen und gefrühstückt hatten, gingen Kurt und ich, wie häufig auch in Dünkirchen, einmal wieder auf Erkundung aus und verschafften uns Zugang zu den Hafengebäuden in der Nähe unseres Liegeplatzes. In Zeebrügge war nicht viel zerstört. So waren die von uns aufgesuchten Gebäude und Räume, alle in recht gutem Zustand. Hochprozentig handelte es sich um verlassene Büro- und Lagerräume. In einem dieser recht nobel eingerichteten Büroräume, lließen wir uns nieder und machten es uns bequem. Nacheinander fand sich fast die ganze Besatzung ein. Die Jungens stöberten überall herum. Machten Schubladen und Schränke auf, schmissen die Inhalte auf den Boden. Waren Gläser und Geschirr dabei, klirrte es ordentlich. Das reizte zu mehr Unsinn und Zerstörung, wobei gelacht und gejohlt wurde. Alle wurden übermütig und eine Art Zerstörungsrausch kam über uns. Es machte einen Riesenspaß alles kaputt zu machen. Das ging soweit, dass sich der eine oder andere an den Kristallkronenleuchter hing, hin und her schaukelte, bis die Aufhängung riss und alles von Beifallsgejohle begleitet zu Boden ging. „Alles hat einmal ein Ende, nur die Wurst hat zwei", sagte meine Mutter gerne. Nachdem wir alle wieder an Bord waren, unsere Stimmung sich gelegt hatte, kam ein Katzenjammer über uns. Wir fühlten uns plötzlich mies und verstanden gar nicht, weshalb und wieso wir uns derart benommen hatten. Unser Verhalten wurde uns peinlich! Gewissensbisse plagten uns und eigenartigerweise sprach keiner über das soeben Erlebte! Auch später nicht. Normalerweise waren wir sonst ein netter gewaltfreier Haufen, zwar keine „Klosterbrüder" aber harmlose Jungens. Was war mit uns los? Was war der Grund dass der Verstand derart mit uns durchgegangen war? War es die derzeitige Situation in der wir uns befanden, die Druck erzeugte? Das konnte es eigentlich nicht sein. Wir hatten schon viel Schwierigeres gemeistert.

Ich aber fand keine Antwort. Lange habe ich darüber nachgedacht, auch Jahre später. Doch eine Erklärung fand ich nicht.

Am nächsten Abend verließen wir den „Ort der bösen Tat“, liefen von Zeebrügge nach Vlissingen, überquerten dabei die Mündung der Westerschelde in die Nordsee und machten im Hafen von Vlissingen, das an der Südspitze der Insel Walcheren lag, fest. Die Fahrt verlief ereignislos, wie auch die der nächsten Nacht. Wir umfuhren die Insel Walcheren westlich, an der Insel NederBeveland vorbei und erreichten gegen Morgen die Osterschelde. Im Laufe des Tages befuhren wir das über 4000 Quadratkilometer große Schelde-Wal-(Rhein)-Delta mit vielen Inseln. Plötzlich tutete die Alarmsirene an Bord „di-di-da-dit, didadidit“ und hieß FL Fliegeralarm! Alle auf Gefechtsstationen! Jagdbomber flogen in der Nähe herum, verschwanden, tauchten wieder auf, verschwanden, tauchten wieder auf! Sie hielten uns jedenfalls auf Trab, bis sie endlich nicht mehr auftauchten. Aber am Horizont sah man ein brennendes Schiff. Beim Näherkommen stellten wir einen als Vorpostenboot umgebauten Fischdampfer fest, von der Besatzung verlassen. Als sichtbares Zeichen, die Flagge im Topp! Offensichtlich ein Einzelfahrer der von den phasenweise sichtbaren Jagdbombern angegriffen und schwer beschädigt wurde. Während wir das Wrack passierten, hofften wir, dass dann nicht gerade die Munition explodierte. Wir hatten Glück!

Den ganzen Tag und die folgende Nacht waren wir unterwegs. Gerade hatten wir Willemstad passiert, als aus den Wolken ein Jagdbomber auf uns zuraste und dabei aus allen Rohren schoss. Er hatte wohl die in Kiellinie fahrenden Boote entdeckt, warf einige Bomben, die erfahrungsgemäß nicht trafen und verschwand. Der Bordwaffenbeschuss richtete auf einigen Booten leichte Schäden an, verletzte aber keinen. Das war mal wieder gut gegangen! Wie oft werden wir noch das Glück bemühen müssen? Ich selbst hatte von dem Fliegerangriff nichts mitbekommen, ich lag in meiner Koje und schlief. Erst als ich von dem zwischenzeitlich abgewehrten Fliegerangriff erfuhr, leuchtete mir ein, woher die Farbsplitter auf meiner Kojendecke stammten. Durch das Rütteln und Vibrieren beim Schießen der 2-Zentimeter-Schnellfeuer-Kanone über meiner Koje, hatten sich Farbteilchen von dem Deckenanstrich über mir gelöst. So fest hatte ich geschlafen. Das Getöse der Geschütze ließ mich nicht aufwachen! Der Schlafmangel machte sich bemerkbar!

Am anderen Morgen passierten wir Dordrecht und machten in einem Hafenbecken von Rotterdam fest. Hier versammelten sich alle Boote der 36. Minensuchflottille. Rotterdam war der größte Hafen, in welchem ich bisher mit meinem Boot eingelaufen war. Beim Einmarsch der deutschen Truppen 1940 in das neutrale Nederland, wurde die Stadt schwer beschädigt. Verständlich dass die Holländer nicht gut auf Deutsche zu sprechen waren. Man warnte uns den Stadtteil Kattendrecht (wir nannten es Kattendreck) zu betreten. Zu oft waren dort deutsche Soldaten umgebracht worden oder verschwanden spurlos. Keine guten Voraussetzungen, in die Stadt zu gehen. Trotzdem entschlossen wir uns, Kurt, Bruno und, ich einen Stadtausflug zu wagen. Nach kurzem Schlaf starteten wir, denn mittags sollten wir wieder an Bord sein. Es war zu der Zeit eine Musterung angesetzt.

Wir drei bummelten durch große breite Straßen mit wenigen Passanten und keinem Fahrzeugverkehr. Nach einer Weile sah ich einen kleinen Uhren-und Schmuckladen der geöffnet hatte. Das überraschte uns, damit hatten wir nicht gerechnet. Noch überraschter waren wir, als wir hineingingen und feststellten, dass der Inhaber oder Verkäufer bereit war uns etwas zu verkaufen. Ich suchte meine Barschaft von 20 Gulden zusammen und erstand dafür einen silbernen Fingerring. Er bestand aus zwei schmalen Silberreifen mit einer rechteckigen Silberplatte. Damit hatte ich mir eine Freude gemacht, es war der erste Edelmetallring meines Lebens!

Nach dem Mittagessen trat die gesamte Flottille Bootsweise an. Der kommandierende Admiral der 2. Sicherungsdivision schritt die Front ab und bedankte sich in einer kurzen Rede für den „heldenhaften Einsatz gegen eine große Übermacht“, wünschte allen eine glückliche Zukunft und „allzeit eine Handbreit Wasser unter dem Kiel“. Anschließend wurde dem Gruppenführer der Gruppe „Anton“ Oberleutnant zur See Blasberg, das Ritterkreuz des Eisernen Kreuzes verliehen.

Im Seebereich der belgischen Küste hatten die Briten so genannte „Antennenminen“ eingesetzt. Das waren zwei Minen die jede durch einen Draht mit zwei schwimmenden Körpern verbunden und die wiederum miteinander verknüpft waren. Fuhr ein Schiff in eines dieser schwimmenden, kaum sichtbaren, Kabel hinein, kam Zug darauf und beide Minen detonierten. Oberleutnant Blasberg fuhr mit einem schnellen Sportboot am Tage an die Verbindungskabel heran, verband diese mit einer am Sportboot festgemachten Leine, gab mit dem Sportboot Gas, es kam Zug darauf und die Minen detonierten. Im Laufe der Zeit machte er ein ganzes Minenfeld auf diese Art unschädlich. Für dieses mutige Unternehmen erhielt er nun das Ritterkreuz.

Kaum waren wir weggetreten, kam der Befehl die Masten und Signaldecks zu demontieren. Außer den Booten M 3620, M 3619, M 3613 und das neu gebaute in Rotterdam zu uns gestoßene M 3681. Diese Boote konnten wegen zu großen Tiefganges, nicht die Rückreise der übrigen Boote der Flottille über die inländischen, niederländischen Kanäle bis nach Den Helder gehen. Von dem Rückmarsch nach Den Helder war allerdings die Gruppe „Dora“ ausgeschlossen. Diese Gruppe wurde nach und nach mit so genannten KFK-Booten umgerüstet. Aus Eichenoder Kiefernholz auf Eisenspanten mit einer Seitenhöhe von 2,90 Metern, einer Länge von 12,80 Metern, einer Breite von 4,50 einem Tiefgang von 1,90 Metern gebaut und mit einer 3,7 Zentimeter sowie vier 2Zentimeter Geschützen als Minensuchboote ausgerüstet, konnten die KFKs (Kriegs Fisch Kutter) mit geringfügigen Umbauten in Friedenszeiten als Hochseefischerboot eingesetzt werden. Mit einem 220 PS starkem Motor brachten es die Boote, von denen immerhin in den letzten Kriegsjahren auf allen möglichen europäischen Werften 1000 Stück hergestellt wurden, auf eine Geschwindigkeit von 11 Knoten.

Die befohlene Demontage wurde in kurzer Zeit durchgeführt. Wegen des jetzt fehlenden Mastes, mussten für unsere Antennen andere Lösungen gefunden werden. Um 18 Uhr sollte die Kanalfahrt beginnen, wurde aber wegen eines furchtbaren Wirbelsturmes um eine Stunde verschoben. Wir beobachteten wie der Sturm Bäume herausriss, Teile von Dächern durch die Luft segelten und auf die Straßen krachten. Dann aber ging es um 19 Uhr los. In der Dunkelheit auf dem Wasser über Land zu fahren, war doch ein wenig gespenstig und vor allem gewöhnungsbedürftig. Ehe wir uns daran gewöhnt hatten, gab es nach wenigen Stunden Fahrt einen heftigen Ruck und das Boot bewegte sich nicht mehr vorwärts. Wir saßen fest!

Natürlich wollte ich wissen was los war und ging an Oberdeck. Der Sturm hatte nachgelassen, doch es war dunkel, schlechte Sicht und nasskalt. Rundherum Wasser ! Wir befanden uns auf einem breiten Strom oder Kanal, vielleicht 100 Meter vom Ufer entfernt. Unter Wasser musste sich ein Hindernis befinden, auf das wir aufgelaufen waren. M 3614 warf eine Leine herüber, wollte uns von achtern herunter ziehen und - - - - - - saß nun selbst fest! Unter dem Wasserspiegel muss sich wohl ein Steindamm befinden. Im Bereich Isselmonde, in dem wir uns befanden, machte sich der Tidenhub der Nordsee noch bemerkbar. Der Steindamm ragte bei Niedrigwasser ungefähr einen Meter aus dem Wasser, war aber bei hohem Wasserstand nicht zu sehen. Das Wasser fiel und wir bekamen Schlagseite nach Steuerbord. Fieberhaft wurde untersucht ob wir irgendein Leck eingefangen hatten. Die Maschine wurde abgestellt. Wir bekamen den Befehl einen Funkspruch abzusetzen, „M 3614 und M 3616 bei Isselmonde aufgelaufen.

Erbitte dringend Schlepperhilfe. M 3616". Das Wasser fiel weiter und weiter, unsere Schlagseite wurde immer stärker. Die E-Maschine wurde abgestellt, jetzt war es überall dunkel. Das Wasser fiel weiter, wir konnten sogar den Steindamm sehen und uns das Malheur von außen anschauen. Der Damm fiel trocken. Die starke Schlagseite barg die Gefahr des Kenterns. Deshalb machten jeweils zwei Boote an Steuerbord fest, um mittels vieler Leinen die Boote abzufangen. Die Besatzung bekam den Befehl, mit ihren persönlichen Sachen, die Boote zu verlassen und auf das an Steuerbord festgemachte Boot umzusteigen. Wir Funker erhielten den Befehl die Funkanlage auszubauen. Die Schräglage des Bootes erzeugte auf die Verschraubung der Funkgeräte an den Wänden, eine unwahrscheinlich starke Spannung. Nur mit gewaltiger Kraftanstrengung, ließen sich die Schrauben lösen. Obendrein wurden diese Bemühungen durch den unsicheren Stand infolge der Schräglage besonders erschwert. Nachdem nun die schweren Funkgeräte ausgebaut und auf das Nachbarboot transportiert worden waren, wurden die Besatzungen der beiden Boote informiert, dass geplant sei M 3616 und M 3614 zu sprengen, sofern die Boote nicht mehr frei kommen. Als wir Funker als letzte im Wohndeck versuchten, unsere persönlichen Sachen zu bergen, sah es dort schrecklich aus. Alles, war aus den Kojen, den Schränken und Schubladen gefallen war, lag zerstreut herum. Komisch war es auch die Steuerbordwand als Fußboden zu benutzen. Gerade waren die Männer auf den Nachbarbooten untergekommen, gab es „Fliegeralarm". Auch das noch! Offenbar ein „Pathfinder" der ein Ziel suchte. Er setzte nämlich einen „Christbaum", wie die konzentriert abgeworfenen Leuchtkugeln genannt wurden. Blitzschnell wurden alle Geschütze besetzt und feuerbereit gemacht, von den beiden Havaristen abgesehen. Um uns aber nicht zu verraten, wurde keine Feuererlaubnis gegeben Er schien uns aber nicht bemerkt zu haben, denn er verzog sich und wir atmeten auf. Der Horizont färbte sich schon leicht als einer einen Schrei ausstieß, „Wasser" und nach draußen auf das Wasser zeigte. Tatsächlich, das Wasser stieg und neue Hoffnung keimte auf. Es wurde heller, das Wasser stieg weiter. Der Steindamm war schon nicht mehr zu sehen. Zwei Hochseeschlepper, von der großen Sorte, kamen in Sicht! Das Glück schien vollkommen! Nachdem sie angeblinkt worden waren, drehten sie bei. Machten dann dicke Stahltrosse bei M 3614 fest, während die Besatzungen die Leinen der Boote, welche die Havaristen unterfangen hatten, lösten und zogen ganz locker M 3614 von dem Steindamm. Danach geschah bei uns dasselbe! Jubel auf den Booten!

Mittlerweile war es 7 Uhr geworden und die Besatzungen kamen mit ihren Klamotten wieder an Bord. Zuerst aber mussten die beiden Boote wieder einsatzbereit gemacht werden. Auch die Funkstation musste wieder eingebaut werden. Die Maschine lief und wir machten an einem Anleger an Land fest, um die

Arbeiten besser durchführen zu können. Danach setzten wir einen Funkspruch ab, „M 3614 und M 3616 wieder klar. Laufen weiter. M 3616“. So geschah es und der Gesprächstoff an Bord beinhaltete natürlich das Erlebte der letzten Nacht. Alle waren sich aber einig, hätten wir unsere Boote verloren, wären wir alle zum Infanterieeinsatz kommandiert worden.

In Amsterdam hatten die anderen landwärts fahrenden Boote auf uns gewartet und so liefen wir jetzt gemeinsam mit 8 bis 10 Stunden Verspätung weiter. Vor Utrecht brach sich unglücklicherweise unser Hilfskoch Hannes das Schlüsselbein. Das veranlasste uns sofort einen Funkspruch abzusetzen, „Erbitte Sanka an Schleuse vor Utrecht. M 3616“. Für uns aber ging es weiter Richtung Norden, wobei wir gegen Morgen die Käsestadt Alkmaar passierten. Hier erhielten wir den Befehl, wegen Jabogefahr erst bei Dunkelheit weiter zu laufen. Wir machten in Alkmaar fest, vertraten uns die Füße und nachdem es dunkel geworden war, ging es weiter. Nach einer ereignislosen Nacht erreichten wir die Hafenstadt Den Helder. Dort erwarteten uns die Boote der Flottille, die den Seeweg entlang der niederländischen Küste nehmen mussten, wobei sie bei einem Fliegerangriff einen Angreifer abschossen.

Nun waren die drei Gruppen der 36. Minensuchflottille wieder zusammen und uns hatte das Meer wieder! Um 7 Uhr verließen wir Den Helder und liefen auf der Ostseite der Waddeneilanden an der Insel Texel und Vlieland vorbei nach Terschelling. Dort gingen alle Boote, außer den Gruppenführerbooten die im Hafen fest machten, auf der Reede vor Anker.

Um 17 Uhr war für die gesamte 36. Minensuchflottille seeklar angesetzt. Es sollte entlang der Seeseite der westfriesischen Inseln nach Borkum gehen. Kaum hatten wir die offene See erreicht, empfing uns ein kräftiger Nordsturm mit langer Nordseedünung. Ich saß alleine im Funkraum, Kopfhörer auf, es war ungefähr 18 Uhr. Plötzlich riss Bruno die Funkschapptür auf, stürzte herein, warf sich in eine Ecke und schrie, „jetzt ist alles aus“! Unmittelbar danach passierte das gleiche mit Kurt. Ich wusste nicht wie mir geschah, machte die Tür auf, um nach draußen zu schauen, wollte wissen was eigentlich los ist. Ich musste aber auch tief Luft holen, denn ich sah in einiger Entfernung einen großen Schwarm von Flugzeugen niedrig über das Wasser auf uns zufliegen. Er glich einem Wespenschwarm. Lautes Schreien an Deck und schon begannen die Geschütze aller Boote, etwa 20, aus allen Rohren zu schießen. Das schien die tief fliegenden Jagdbomber gar nicht zu beeindrucken. Sie flogen weiter auf uns zu! Sie schossen alle, es waren 32, aus ihren Bordkanonen, so lange bis sie unseren Verband erreicht hatten und dann steil hochzogen, wobei ich die Gesichter der Piloten erkennen konnte. Ich konnte das alles nämlich von meinem Bullauge aus sehen, beobachtete wie die Flugzeuge kehrt machten und einen neuen Anflug starteten. Mit allen Rohren feuernd kamen sie wieder auf uns zu, um dann hoch zu ziehen, kehrt zu machen, um einen neuen Angriff zu fliegen, wobei ich feststellen konnte, dass 2 Jabos abschmierten und ins Wasser fielen, ein weiterer beim 3. und beim letzten Anlauf 2 Jagdbomber brennend, mit dicker Rauchfahne Richtung Heimat abflogen. Drei Jabos wurden abgeschossen. Ob die 2 brennenden Jabos ihren Air Born noch erreicht haben, wage ich zu bezweifeln. Aber auch die anderen Jabos hatten viele Treffer erhalten. Bei uns an Bord waren Einschüsse festzustellen, alle harmlos. Doch andere Boote hatten viele Verwundete und auch 10 Tote zu beklagen. Deshalb machten wir kehrt und liefen in Terschelling ein, um die Toten an Land und die Verwundeten mit Seenot, Flugsicherungs- und Lazarettschiffen nach Harlingen ins Lazarett zu bringen. Wir aber blieben zunächst in Terschelling.

Der Funkraum von M 3616 war leider nicht gepanzert. Da sich rechts und links im Funkraum je ein Bulleye befand, konnte man nur am Tag hinausschauen, denn abends wurden diese abgedeckt, so dass kein Schein nach draußen fiel. Da ich mit Kopfhörern am Arbeitstisch saß, um Funksprüche aufzunehmen, konnte ich die Angriffe der Flugzeuge beobachten, wie sie angeflogen kamen, wie sie abdrehten und auch feststellen, wie viele abgeschossen wurden. Das war so spannend und aufregend, dass ich gar nicht auf den Gedanken kam, eine Geschossgarbe könne unsern Funkraum treffen. Das hätte unter Umständen böse Folgen gehabt. Mich ärgerte allerdings, dass ich mich nicht selbst gegen diese Angriffe wehren konnte, stattdessen meinem Auftrag entsprechend Funksprüche aufnehmen musste.

Wir lagen zwei Tage in Terschelling. Immer mehr Einheiten liefen ein oder gingen auf Reede. Der Platz wurde allmählich eng. Kein Wunder! Die 36. Minensuchflottille erhielt den Befehl Terschelling zu räumen, um anderen Einheiten Platz zu machen. Die Flottille lief in Kiellinie aus, Kurs ONO, als letztes Boot M 3616. Wir hatten eine stärkere Bewaffnung und deshalb den Auftrag nach achtern zu sichern. Manchmal meinte es das Schicksal doch gut mit uns. Unsere Maschine streikte einmal wieder, wegen irgendeines Defektes. Fieberhaft arbeitete das Maschinenpersonal, während der Signalgast den ablaufenden Booten blinkte, „Maschine ausgefallen. Erbitte Schlepperhilfe". Keine Reaktion! Der Signalgast blinkte erneut den Hilferuf. Wieder mit negativem Erfolg. Er versuchte es wieder und wieder. Doch die 36. Minensuchflottille lief weiter und verschwand bald hinter dem Horizont. Dort aber sahen wir plötzlich Leuchtspurgeschosse gen Himmel und solche von dort nach unten. Der Spuk dauerte jedoch nur wenige Minuten. Wir drückten die Daumen, dass uns der feindliche Flieger nicht entdeckt. Als Einzelfahrer wären wir für ihn eine leichte Beute gewesen. Wir hatten sogar zweifach Glück. Der Flieger hatte beim Abwurf der Bomben zwar nichts getroffen, doch fielen diese auf die Position, die wir eigentlich einzunehmen hatten. Wegen unseres Maschinenschadens, waren wir aber nicht dort zu finden. Mal wieder Glück gehabt!

Während wir im Hafen Borkums festmachten, stand auf einmal unser ehemaliger Gruppenführer von 1942 bis 1944 zu unserer Begrüßung an der Pier. Das war eine Überraschung und eine große Freude für uns, die wir ja einiges mit ihm erlebt hatten. Aber auch er, mittlerweile Kapitänleutnant mit „Deutschen Kreuz in Gold", das er für den 14.3.44 erhalten hatte, freuten sich die „Alten", die ihn kannten, wieder zu sehen. Er war ja keiner der Offiziere die auf militärische Umgangsformen Wert legten, so standen wir im Kreis um ihn herum und erzählten was inzwischen mit seiner alten Gruppe so alles passiert war. Das interessierte ihn natürlich sehr. Derzeit war er Kommandant eines Spezialschiffes, erzählte er, und würde demnächst Kommandant eines neuen M-Bockes. Bei der Verabschiedung meinte er, dass er sich freuen würde uns irgendwo mal wieder zu sehen. Damals wussten wir nicht, dass dieses unter völlig veränderten und traurigen Umständen erfolgen würde. Danach fuhren wir mit der Inselbahn in den Ort und waren am Abend wieder an Bord.

Am nächsten Morgen hieß es „Leinen los", mit Kurs auf die Deutsche Bucht. Unterwegs begegneten uns Kriegsschiffe aller Art, Zerstörer, Torpedoboote, M-Böcke, alles schöne Schiffe. Wir wunderten uns, dass es so viele von dieser Sorte gab und waren der Meinung, dort wo gekämpft wird gehörten sie eigentlich hin. Nicht hier im absolut ruhigem Gewässer der Deutschen Bucht. Möglicherweise waren diese schönen Schiffe der Seekriegsführung aber zu schade eingesetzt zu werden. Es gab doch solche wie unsere, bei denen es nicht so darauf ankam. Alle unsere Boote hatten die in zahllosen Auseinandersetzungen mit stets überlegenem Gegner errungenen Erfolge, in Form von Silhouetten der abgeschossen Flugzeuge, der versenkten SBoote und geräumten Minen an die Brücken angemalt. So erkannten die schönen Heimatschiffe, die dergleichen nicht aufzuweisen hatten, was und wer ihnen begegnete. Aber, sie zollten uns Respekt! Sie grüßten uns nämlich zuerst. Schiffe die sich begegnen dippten die Flaggen, mit anderen Worten, sie holten ihre Flaggen nieder und zogen sie wieder hoch, wobei das kleinere Schiff das größere zuerst grüßt und die Schiffssirene betätigt. Wir aber stellten mit Erstaunen fest, dass uns die begegnenden Schiffe, egal was das für Schiffe und wie groß diese waren, immer zuerst grüßten! Diese Hochachtung tat uns gut!

Nach Erreichen der Deutschen Bucht ankerten wir zunächst auf Schillig Reede. Durch das Fernglas schaute ich nach Schillig und den Nachbarort Horumersiel, dem Ort in dem ich mit meinen Eltern und meiner Schwester 1936 Urlaub gemacht hatte. Ich konnte sogar das Kinderkarussell am Strand erkennen, auf dem Waltraut sich immer gerne schieben ließ. Was waren das doch damals für Zeiten! Was ist alles seitdem passiert? Derartige Gedanken gingen mir durch den Kopf.

Am nächsten Tag, es war mittlerweile der 17. September 1944, waren wir gerade im Begriff in Cuxhafen einzulaufen, als es „Fliegeralarm" gab. Alles was im Hafen lag und schwimmen konnte, lief aus und strebte uns entgegen. Uns blieb nichts anderes übrig, als kehrt zu machen und dem allgemeinen Trend zu folgen. Es passierte nichts, auch war kein Flugzeug zu sehen. Offenbar hatten die sich andere Ziele vorgenommen. Es gab „Entwarnung" und nun ging es in den Fischereihafen von Cuxhafen. M 3616 machte an Halle 19 fest.

Unser Kommandant gab das Kommando, das Boot aufzuklaren, zu säubern, erst danach gab es das Mittagessen. Statt Mittagsschlaf gingen wir in die Stadt. Unser erster Landgang in einer deutschen Stadt! Das Ziel war zunächst die „Bunte Kuh". Die „Bunte Kuh", war die Stelle von wo aus man in Friedenszeiten, Bekannte und Verwandte, die in Hamburg für eine Überseereise an Bord eines Schiffes eingestiegen waren, bei der Vorbeifahrt noch einmal zuwinken konnte. Natürlich war dort jetzt nichts los, aber wir waren wenigstens einmal dort gewesen. Nun wollten wir in die Stadt. Doch bei dem Wollen ist es leider geblieben. Uns kamen nämlich „Kettenhunde" in Gestalt von Feldgendarmen entgegen, die uns zuriefen, „Alarm Küste. Sofort zu den Einheiten"! An Bord angekommen erfuhren wir, dass die Alliierten bei Arnheim mit Fallschirmjägern gelandet waren, um den Rheinübergang dort zu sichern. Immerhin wurden unter dem Codewort „Market Garden" 35 000 Soldaten mit 1 500 Transportflugzeugen und von diesen gezogenen Gleitern abgesetzt. Dabei wurden sie von 1 240 Jagdflugzeugen und 1 000 Bombern unterstützt. (Später erfuhren wir durch den Wehrmachtsbericht, dass nach tagelangen Kämpfen, diese Alliierte Aktion zusammenbrach und die Überlebenden in Gefangenschaft gingen.)

Was mit der 36. Minensuchflottille geschehen sollte, wussten wir nicht, wir machten uns darüber auch keine Gedanken. Ändern hätten wir sowieso nichts können. Der Aufenthalt in Cuxhafen war leider recht kurz. Am nächsten Morgen liefen wir aus nach Brunsbüttel. Dort war der Eingang zum Kaiser-Wilhelm-Kanal (KW Kanal), (heute NordOstseeKanal) und gab uns schon den Hinweis, dass wir in die Ostsee verlegt werden. Zunächst aber mussten die Boote „Schleife fahren“. Der MinenEigenschutz aller Boote musste aufgefrischt werden. Der KW-Kanal war natürlich ein reizvolles Ziel der alliierten Bomber Minen abzuwerfen, um durch einen Minentreffer den Kanal unbenutzbar zu machen. Nachdem alle das „Schleife fahren“ hinter sich gebracht hatten, ging es in die Schleuse und den KW-Kanal. Bei Rendsburg, nach zweidrittel der Fahrt, kamen wir an der Kolonialschule vorbei, in welcher Mädels auf ihre Tätigkeit in afrikanischen Kolonien vorbereitet wurden. Es gehörte zur Tradition der Reichs- später der Kriegsmarine bei der Vorbeifahrt an dieser Schule, die Schiffssirenen oder Hupen ertönen zu lassen, während die Besatzung an Deck mit ihren Mützen winkte. Die Mädels der Schule erwiderten die Grüße mit Handtüchern und Bettlaken. Natürlich hielten auch wir an der Tradition fest und hatten viel Spaß dabei. Gegen Abend erreichten wir die Schleuse in Kiel, schleusten durch und machten an der Marine-Sperrschule fest. Der nächste Tag diente der Brennstoffund Munitionsergänzung sowie der Proviantübernahme. Vom Dieselöl bis zum Sauerkraut, von Granaten bis zu Zigaretten reichte das „Programm“. Wir wussten immer noch nicht, wohin es gehen sollte. Wir schwammen ja nun in der Ostsee und irgendwo musste auch unser Ziel liegen. Es gab aber zu bedenken, die Ostfront grenzte an die Ostsee. Doch in unseren Gedanken spielten wir eher mit einem Einsatz an der dänischen Küste und Dänemark. Das aber war bei uns gleichbedeutend mit Schlagsahne, die es bei uns seit 1939 nicht mehr gab.

M 3616 hatte 24 Stunden Funkwache. Alle 4 Stunden wechselten wir uns ab. Am Tage ging das problemlos, aber nachts hatte ich immer Probleme mit Kurt dem 2. Funker. Um 24 Uhr sollte er mich ablösen. Da ich wusste was auf mich zukam, weckte ich ihn um 23,50 Uhr, indem ich meinen Kopfhörer abnahm, aus dem achtern liegenden Funkraum längs Deck lief, den Niedergang zum Wohndeck herunter stürzte, Kurt rüttelte und immer wieder rüttelte, bis er endlich wach wurde. „Ja, ja“ brummte er. Ich sauste wieder den Weg zurück zum Funkraum, ich durfte ja keinen Funkspruch verpassen. Wenn ich auch nicht den originalen Funkspruch gehört hatte, so musste ich mindesten die Wiederholung aufnehmen. Deshalb musste der Wechsel immer schnell gehen. Nach 10 Minuten aber war Kurt noch nicht erschienen. Ich machte mich erneut auf den Weg. Gleicher Ablauf, gleiche Zusage, negativer Erfolg. So nett der Kerl war, so gut wir uns verstanden, aber der Wachwechsel in der Nacht mit ihm war immer eine Qual.

Am nächsten Morgen legten wir ab, liefen die Kieler Förde hinaus in die Ostsee. Vor dem Passieren des „Marine-Ehrenmals“ in Laboe trat die Besatzung an Oberdeck an, nahm stramme Haltung ein, mit „Front zum Ehrenmal“, gedachten der Gefallenen und der auf See gebliebenen Kameraden. Weiter ging´s an Fehmarn vorbei, wobei ich an die Ferien (Urlaub) dachte, die ich mit meinen Eltern und meiner Schwester 1935 dort verlebt hatte. Ob es wohl den alten offenen 6sitzigen Mercedes mit Spitzkühler und außen liegender Kulissenschaltung noch gab, mit dem uns unser Vater immer an den Strand gefahren hatte? Auch galt die Küste der Insel Fehmarn dem Gedenken des Segelschulschiffes „Niobe“ der Reichsmarine, das durch eine Fallböe mit Mann und Maus dort versank. Ein warnender Hinweis, die Ostsee war nicht ungefährlich. Für mich war die Ostsee immer ein großer Binnensee, dem die Romantik des weiten grenzenlosen Meeres fehlte. Deshalb lautete auch die Adresse meiner Bewerbung zum Eintritt in die Kriegsmarine, „An den Admiral der Nordsee“. Bisher hatte ja auch alles wunderbar geklappt. Jetzt landete ich doch noch in der Ostsee! Wenn ich dieser auch keinen größeren Wellengang zugetraut hatte wurde ich doch, nachdem der Wind aufgefrischt hatte und der Seegang stärker wurde, eines Besseren belehrt. Wir passierten „Cap Arcona“ die Nordspitze der Insel Rügen, hier machte die See mit uns was sie wollte. Dabei wurde ich an den Orkan erinnert, den wir im Kanal abgeritten hatten. Das Meer tobte! Gegen Morgen liefen wir in Sassnitz ein, das mich an meine Kinderheimzeit in den Sommerferien 1934 erinnerte. Nach einem Kurzschlaf am Vormittag und der Mittagsmahlzeit, musste die 36. Minensuchflottille Bootsweise um 15 Uhr antreten. Der bisherige kommandierende Admiral der 2. Sicherungsdivision der uns in Rotterdam aus dem Westraum entlassen hatte, begrüßte uns jetzt in Sassnitz als Kommandierender Admiral der 9. Sicherungsdivision. In seiner Ansprache forderte er von uns den „restlosen Einsatz für Führer Volk und Vaterland“, für den er uns bei der Verabschiedung gedankt hatte. Die Zeit hatte sich offensichtlich nicht geändert, lediglich die Region. Nach dieser „Nabelschau“ liefen wir aus und spät abends in Osternothafen von Ostswinemünde ein. Bedingt durch die mal wieder streikende Maschine, wurden wir von M 3608 eingeschleppt. Nun lagen alle Boote der 36. Minensuchflottille vollzählig in Swinemünde. 3 Wochen später stieß die Gruppe „Dora“ noch zu uns. Die Verlegung aus dem Ärmelkanal in die Ostsee war abgeschlossen! Die Gruppe „Dora“ die in Rotterdam zurückgeblieben war, hatte ihren Auftrag die deutschen Truppen von der Insel Walcheren auf das Festland zu transportieren, um den belgischen Hafen Antwerpen zu verteidigen, erfolgreich beendet. In pausenlosem Einsatz, unter schwersten feindlichen Beschuss von Land durch Artillerie und Panzer, von See von schwimmenden Einheiten, darunter das Schlachtschiff „Warspite“, wurde der Auftrag durchgeführt. Leider explodierte M 3663 am 28. September und M 3662 wurde nach einem Treffer, durch einen Sherman-Panzer am 19. September 1944 in Terneuzen auf Strand gesetzt. Alle anderen Boote der Gruppe „Dora“ fanden sich, wenn auch teils erheblich beschädigt, in Swinemünde ein.

Nachdem wir erfuhren, dass Swinemünde zunächst unser Einsatzhafen sei, begrüßte die 36. Minensuchflottille am 23. September 1944 nun der Kommandierende Admiral der Ostsee. Er bedankte sich ebenfalls für den bisher geleisteten Einsatz und erwartete diesen auch im neuen Einsatzgebiet. Mittlerweile kannten wir die pflichtgemäß abzuspulenden Sprüche!

Swinemünde

Vorerst lagen wir an der Pier von Swinemünde. Wie bei uns üblich, erkundeten Kurt und ich die Umgebung und den Ort selbst. Auf fast allen Booten hatten Werftarbeiter Einzug gehalten. Sie mussten die Schäden, die bei der Rückführung aufgetreten waren, beseitigen und die demontierten Brücken wieder aufbauen. Eines Tages erspähten Kurt und ich zwei Nachrichtenhelferinnen in Uniform, die entlang der Pier schlenderten und interessiert unsere Boote betrachteten. Beide sahen nett aus und gefielen uns, so dass wir sie kurzerhand mit ein paar lockeren Sprüchen anmachten. Die Beiden den Umgang mit Soldaten gewöhnt, konterten und sogleich entspann sich eine muntere Unterhaltung. Bekanntlich litten wir beide nicht an Minderwertigkeitskomplexen und erzählten ihnen recht selbstbewusst woher wir kamen, was wir bisher gemacht hatten und weshalb wir nun hier lägen. Dabei gingen wir entlang der Boote und erklärten ihnen Einzelheiten. Die Größere der beiden schien sich mehr für Kurt zu interessieren, hörte auf den Namen Hannelore kam aus Rotenburg bei Hannover, die etwas Kleinere warmherzigere Ursula, genannt „Usch" stammte aus Eibenstock im Erzgebirge. Den ganzen Nachmittag verbrachten wir mit ihnen, gingen spazieren, jeder erzählte von sich wobei ich mich mit „Usch" gut verstand, zumal wir auch die gleichen Ansichten vertraten. Später suchten wir ein Kaffee auf und brachten die Mädels gemeinsam zum Bahnhof, sie mussten wieder nach Heringsdorf zu ihren Einheiten. Beim Abschied wollte ich „Usch" küssen, doch sie drehte sich weg und meinte, „nicht am ersten Tag, wir kennen uns ja kaum", womit sie Recht hatte.

Es vergingen die Tage, keine Einsätze, daher sehr langweilig. Die dienstfreien Zeiten der Mädels waren uns bekannt und so überbrückten wir die Langeweile, durch Besuche in Heringsdorf, wohin wir mit dem Zug fuhren. Wir bummelten den Strand von Heringsdorf entlang, unterhielten uns über alle Probleme dieser Welt und setzten die Gespräche fort, wenn die Mädels uns wieder in Swinemünde besuchten. So ging das eine ganze Zeit hin und her. Mal fuhren wir nach Heringsdorf, mal sie nach Swinemünde. Allmählich hatten sich bei uns Gefühle entwickelt, man könnte sagen, wir waren verliebt. Zumindest was „Usch" und mich betraf. Aber intim werden, daran dachten wir nicht, denn die Umstände ließen es nicht zu. Sie mussten wieder zu ihrer Dienststelle, wir wieder an Bord. Auch waren die beiden Mädels immer zusammen, wie auch Kurt und ich. Weder durften sie zu uns an Bord, noch wir in ihre Unterkunft. Wo sollten wir einmal alleine sein? Es gab keine Möglichkeit! Also blieb es mehr bei einer geistigen, als einer körperlichen Verbindung. Das war auch schön sich mit einem Menschen zu befassen, den man gerne hatte.

Der letzte Heimaturlaub

Diese langweilige Zeit schien günstig Heimaturlaub zu beantragen. „Usch" fand das toll, denn die Nachrichtenhelferinnen bekamen kaum Urlaub. Seit sie vom Arbeitsdienst direkt als Nachrichtenhelferinnen übernommen worden waren, hatte sie noch keinen Urlaub bekommen. Als „schwimmende Einheit im Fronteinsatz" stand uns ja nach bestimmten Monaten Heimaturlaub zu. Waren wir aber überhaupt noch im Fronteinsatz? Jedenfalls beantragte ich 14 Tage Urlaub und bekam sie auch anstandslos genehmigt.

Da gab es einen „Jugendschwarm" von mir, ein Mädel namens Helga. Ihr Vater war in Wuppertal Offizierskollege meines Vaters. Die beiden Herren verstanden sich gut und so besuchten sich die Familien hin und wieder einmal, wobei ich Helga näher kennen lernte. Sie war ein bildhübsches Mädel, naturblond, schlank, langbeinig, eine Art „Traumfrau". Ihr Vater war zwischenzeitlich nach Bremen-Blumental versetzt und ich eingezogen worden. So blieb es bei einer Brieffreundschaft. Allerdings war Helga recht schreibfaul, weshalb der Briefwechsel nicht allzu heftig wurde. Ich hätte sie gerne einmal besucht. Von Dünkirchen aus war das recht schwierig, doch von Swinemünde, praktisch entlang der Küste, konnte man das leichter organisieren. Da ich meine Reiseroute selbst planen musste, legte ich die Strecke über Hamburg nach Bremen-Blumental und am nächsten Tag von dort nach Kassel fest. Wie immer standen mir 14 Tage Urlaub und 2 Reisetage, vom 4. bis 20. Oktober 1944 zu. Ich konnte aber einen Tag gewinnen und reiste schon am 3. abends ab. So stand ich schon am nächsten Tag an der Haustüre in Bremen-Blumental, die der Hausherr in aufgeknöpften Uniformrock öffnete und mich willkommen hieß. Nach und nach tröpfelten die Familienmitglieder ein, die Ehefrau, die ältere Tochter und zuletzt Helga, die wie immer toll aussah. Ich war ja kein Unbekannter, weshalb ich in die Familie problemlos integriert und auch eine Schlafstelle für mich eingerichtet wurde. Helga und ich gingen ein wenig spazieren. Dabei zeigte sie mir die Umgebung ihrer Heimat, erzählte von sich, schließlich hatten wir uns eine lange Zeit nicht gesehen. Ihren Worten entnahm ich, dass sie noch ungebunden war und keinen Freund hatte. Es war auch in dieser Zeit schwierig einen passenden jungen Mann zu finden, schließlich war die männliche deutsche Jugend, bis auf wenige Ausnahmen, mit dem Kriegshandwerk beschäftigt. Sie war lieb, sagte sogar dass sie mich gern hätte, ließ sich in die Arme nehmen und küssen, doch es fehlte dabei die Wärme. Es sprang der berühmte Funke nicht über, eine unsichtbare Glaswand schien zwischen uns zu stehen. Ich war sehr enttäuscht. Dabei stellte ich fest, dass mich das innerlich nicht deprimierte. Vielleicht war es auch gut so. Die Zeit war nicht geeignet längerfristig zu planen. Keiner wusste wie es weitergehen sollte. Abends im Kreise der Familie saßen wir lange zusammen und sprachen über die Kriegslage und die Situation in der Heimat. Dabei stellte ich mit Erstaunen fest, dass der Vater eine recht kritische bis negative Einstellung äußerte. Von einem Polizeioffizier hätte ich diese eigentlich nicht erwartet. Immerhin war er für mich, der erste Mensch der das Geschehen im „Dritten Reich“ realistisch sah, dabei die daraus resultierenden Verhältnisse offen aussprach und der Zukunft des Systems keine Chance gab. Wie mein Vater darüber dachte, wusste ich nicht. Immerhin waren beide Berufskollegen. Doch mir gegenüber hielt sich mein Vater mit kritischen Äußerungen stets zurück. Meiner Meinung nach wollte er mich nicht mit seiner Meinung belasten.

Den „Fall Helga Küppers“ vertagte ich innerlich auf die Zeit nach dem Kriege. Dabei wusste ich nicht und konnte auch nicht erahnen, was alles noch auf unsere Familie und auf Deutschland zukommen sollte. Die Zeit gestaltete sich so schwierig, dass auch zunächst keine Pläne für die Zukunft gemacht werden konnten. So blieb Helga eine schöne Erinnerung.

Der Zug brachte mich am nächsten Tag gegen 21 Uhr nach Kassel. Es war dunkel, außer Soldaten die vom Zug kamen, sah man keinen Menschen auf der Straße. Die Häuser der Stadt waren alle zerstört, weder Straßenbahn noch Autos waren zu sehen. So ging ich mit einigen aus dem Zug, auf den von den Trümmern der Häuser freigemachten Straßen Richtung Innenstadt. In der linken Hand meinen Koffer, die recht Hand frei, um grüßen zu können. In der Dunkelheit hatte ich nicht bemerkt, dass ein Hauptmann der Wehrmacht neben mir ging. Ich wurde erst darauf aufmerksam als dieser zu mir sagte, „halten sie mal“. Dem höheren Dienstgrad musste ich folgen und blieb stehen. „Nehmen sie mal meinen Koffer“, sagte der. Ich konnte gar nicht lange überlegen. Obwohl ich mit diesem Offizier überhaupt nichts zu tun hatte, war das ein Befehl dem ich zu folgen hatte. Jetzt nahm ich in meine rechte Hand seinen Koffer, der saumäßig schwer war, und trabte neben ihm her. Zwischenzeitlich waren aus unserer Gruppe mehrere abgebogen, so dass noch 3 Personen übrig blieben. Wir kamen an eine Straßenkreuzung und waren gerade dabei diese zu überqueren, als wir ein Motorengeräusch hörten und stehen blieben, wobei ich den schweren Koffer absetzte. Ein nur mit einem winzigen abgeblendeten Lichtchen versehener LKW kam die Straße von links herauf und bog scharf nach rechts ab, so dass wir schnell einen Rückwärtsschritt machen mussten, um nicht erfasst zu werden. Erfasst aber wurde der Koffer des Hauptmanns, ich konnte ihn nicht so schnell zurückziehen. Der LKW fuhr gnadenlos über den Koffer ohne anzuhalten. Der Hauptmann schrie und fluchte besah dabei seinen Koffer. Ich aber verzog mich so schnell ich konnte, in das Dunkel der Nacht und ging erleichtert in die Richtung Menzelstraße 22. Dort traf ich meine Mutter eine halbe Stunde später an, die mich völlig überrascht in die Arme nahm.

Zunächst ging´s an´s Erzählen, wobei ich den Kurzbesuch in Bremen-Blumental ausließ. Mein Vater der jetzt ständig im Dienst war kam, um eine „Mütze voll Schlaf" zu nehmen, wie es bei der Marine hieß. Meine Schwester befand sich bekanntlich im Kinderlandverschickungslager (KLV) in Frankenberg. Die Urlaubstage selbst vergingen ähnlich der früheren. Meine Mutter nahm Besitz von mir, sie schleifte mich überall mit hin, bemühte sich aber wie immer in meinem Urlaub, mir die Tage so schön wie möglich zu machen. Gestört wurde der Urlaub jedoch durch mehrfachen Fliegeralarm in der Nacht. Die Menschen suchten aus den Erfahrungen heraus, nicht mehr in den Luftschutzkeller der eigenen Häuser Schutz, sondern in den weitaus sicheren öffentlichen Luftschutzbunkern. Von der Wohnung bis zu dem in den Felsen gesprengten Luftschutzbunker Weinberg mussten wir 10 Minuten laufen, das reichte für uns. Ich fühlte mich in meiner Uniform zwischen den vielen Menschen nicht wohl. Ich hatte doch ein gewisses, nicht begründbares Schuldgefühl. Schließlich war die Wehrmacht nicht in der Lage, diese unmenschliche Bombardiererei zu verhindern und ich war Mitglied dieser Wehrmacht! Während meines Urlaubs fand kein Angriff auf die Stadt Kassel statt. Die Fliegeralarme wurden vorsorglich ausgelöst, da man die Angriffsziele der alliierten Bomberflotten häufig noch nicht kannte. Bedingt durch die Zerstörung der Innenstadt Kassels, gab es auch nichts, was mich hätte veranlassen sollen, irgendwo hin zu gehen. So fuhren wir mit der Eisenbahn zu einem gemeinsamen Besuch Waltrauts in Frankenberg. Mittlerweile waren die Schülerinnen der Klassen nicht mehr bei den unterschiedlichen Bauern untergebracht. Sie wohnten gemeinsam im „Hotel Hessischer Hof" der Kreisstadt Frankenberg. Der Unterricht fand dagegen im Dorfsaal statt. Waltraut freute sich natürlich riesig über den Besuch, bekam schulfrei und konnte sich ganz ihrem Bruder und den Eltern widmen. Während wir uns gerne stritten, auch im Urlaub, war die Zeit heute zu schade dazu und so herrschte Friede. Eigentlich waren wir alle froh und glücklich, wenn nur die Umstände die uns hier zusammen führten, nicht so bedrückend wären Doch wir versuchten zu verhindern, dass diese Gedanken uns jetzt belasteten. Wenn wir uns trennen würden, war es dazu früh genug. Gegen Abend musste Waltraut ins Heim zurück und unser Zug brachte uns nach rührseligem Abschied wieder nach Kassel.

Auch dieser Urlaub ging zu Ende und ich erkundigte mich am vorletzten Tag nach den Rückfahrtmöglichkeiten. Die waren nicht leicht vorauszusagen, denn die Alliierten zerstörten in der Nacht meistens Schienenstränge was zur Folge hatte, dass Umwege und Umleitungen gefahren werden mussten. Meine Mutter und mein Vater brachten mich zum Bahnhof. Dort hatte ich ein für mich erfreuliches Erlebnis. Ein Landser mit EK 1er Klasse und mehreren Panzervernichtungsabzeichen, Obergefreiter dem man den Ostfrontkämpfer ansah, hatte bei der Begegnung einen Unteroffizier, blanke Brust (ohne Orden oder Auszeichnungen), offenbar ein Ausbilder, wohl geflissentlich übersehen und wurde von diesem in aller Öffentlichkeit angebrüllt, „können sie nicht grüßen"? Der lässig lächelnd antwortete schlagfertig, „jawohl, ich soll sie von der Ostfront grüßen. Dort wartet man auf sie", und ging einfach weiter. Die Umstehenden, die den Vorgang miterlebt hatten, lachten laut und klatschten Beifall. Auch ich musste lachen und hatte auf diese Weise noch ein lustiges Erlebnis, beim ansich traurigen Abschied von den Eltern und Kassel. Die Rückfahrt über Hannover, Berlin nach Swinemünde dauerte recht lange. In der letzten Nacht hatten die Alliierten mehrfach Gleise getroffen, die Umleitungen erforderlich machten. Da nützte auch der an alle Tender der Lokomotiven gemalte Spruch nichts, „Räder müssen rollen für den Sieg". Auch nicht die, in allen Abteilen der Züge hängenden Warnhinweise, "Achtung, Feind hört mit". Ich war jedenfalls froh, als ich M 3616 wieder erreicht hatte.

Stralsund

M 3616 lag nach wie vor fest an der Pier von Swinwmünde und ich war froh, wieder bei meinen Kumpels zu sein. Doch diese wussten immer noch nicht, was mit uns passieren sollte. „Schon" am 22. Oktober aber änderte sich das. Unser Kommandant rief die Besatzung zusammen und erklärte uns, dass M 3632 und M 3616 am nächsten Tag nach Stralsund auslaufen sollen um dort in der „Kröger Werft" zu einem modernen Minensuchboot umgebaut zu werden. Wenigstens war jetzt eine Entscheidung gefallen. Ob der Umbau zu dieser Zeit, an dem die Sowjettruppen Deutschland Stück für Stück eroberten, die Alliierten vom Westen das von Deutschen eroberte Gebiet, nacheinander abnahmen, irgendeinen Sinn haben sollte, war ernsthaft zu bezweifeln. Zwei Besatzungen gammelten nun in der Werft herum, wo jeder Soldat an der Front gebraucht wurde!

Am nächsten Tag ging es morgens los, bei außerordentlich schlechtem Wetter. Eine gewaltige Dünung hob uns auf Wellenberge und ließ uns in Wellentäler absinken. Querab von uns fuhr M 3632. Mal sah ich aus dem Bullay das Boot neben uns auf einem hohen Wasserberg schwimmen, dann verschwand es wieder in einem tiefen Wellental. So ging das bis zum Nachmittag, an dem wir die gewaltigen Kirchtürme von Stralsund sahen, einliefen und in der „Kröger Werft" mit M 3632 festmachten. Das sollte nun für uns die nächste Zeit unsere „Heimat" sein.

Der Kommandant erkundigte sich am nächsten Tag, wer von der Besatzung einen Handwerksberuf erlernt habe, um in der Werftliegezeit in der Werft mitzuarbeiten. Es meldeten sich eine Reihe von Besatzungsmitgliedern, das Maschinenpersonal hatte in dem Maschinenraum zu tun, wir Funker bekamen den Auftrag den Funkraum neu zu gestalten und die technischen Geräte dafür zu besorgen. Das bedeutete, nach einer Aufstellung des Gruppenfunkmaates, die vorgegebenen Apparate von den Herstellern zu holen, damit diese dann eingebaut werden können. Nun, Reisen zu den einzelnen Herstellern und Marinelagern oder Ausrüstungsämtern würden uns schon gefallen.

Wer jedoch nichts zu tun hatte, fand sich in der Schmiede der Werft ein. Dort arbeitete ein Schmied, wie man als Laie sich einen Schmied vorstellt: Ungefähr 1,80 Meter groß, 2 Zentner schwer, umgebundener Lederschurz, den Arbeitskittel vor der Brust geöffnet, so dass die Brusthaare freien Austritt hatten, speckiger Hut auf dem kaum behaarten Kopf, zwei muskulöse Arme, bedeckt über und über mit Tätowierungen. Er freute sich stets, wenn er Zuschauer hatte und plauderte gerne über seine vergangene Zeit bei der christlichen Seefahrt. Besonderen Spaß aber machte er uns, wenn er das glühende Eisen mit seinem Hammer bearbeitete. Dabei ließ er seinen Standartspruch los, „zack die, bum die, nicht allein auf die Tätowierung kommt es an, sondern auf die Kraft und Gewandtheit“! Natürlich merkte er, dass er damit seine Zuhörer amüsierte und so machte er seinen Spruch gerne vor aufgeschlossenem Publikum.

In dieser Werftzeit in Stralsund reisten meistens Kurt und ich, zu den von uns ausgesuchten Werken oder Lägern. Unser Kommandant unterschrieb für uns, jeden gewünschten Dienstreiseausweis und jeden Eisenbahnfahrschein, um den ich ihn bat. Er hatte unbeschränktes Vertrauen zu mir. Handelte es sich um ein größeres Gerät, nahmen wir schon mal Bruno mit. Mal reisten wir nach Eberswalde mit Übernachtungsstation Berlin, mal nach Kiel über Lübeck, mal nach Halle über Aschersleben. Gewöhnlich handelte es sich fast immer, um mehrere Besuche der Werke oder Ausrüstungsläger, da das was wir haben wollten, nicht vorrätig, noch nicht fertig, noch nicht geliefert war. Telefonisch konnte das nicht geregelt werden, man musste vor Ort seine präzisen Wünsche vortragen und auch den Auftragsannehmer persönlich verpflichten. Auf den Reisen haben wir natürlich einiges erlebt.

So trafen wir in Berlin ein und konnten erst am nächsten Tag nach Eberswalde weiter fahren. Die Nacht verbrachten wir im Haus „Vaterland“, das die Wehrmachtsbetreuung rund um die Uhr anbot. In einem großen Saal voller Soldaten, auf der letzten Station zur Ostfront, war immer etwas los. Alle Dienstgrade waren vertreten, als Marineangehöriger allerdings fiel man auf. Das störte uns aber nicht, zumal wir saubere Papiere hatten. Auf der Bühne wurde ständig etwas geboten, ein Varietéprogramm jagte das andere. Uns machte das zunächst Spaß, doch nach etlichen Stunden meldete sich die Müdigkeit. Wir suchten eine ruhige Ecke auf, machten es uns bequem und pennten trotz Bühnenprogramm, wie die meisten Landser auch. Gegen Morgen brach die Mehrheit der nächtlichen Penner auf. Das ging meistens recht geräuschvoll zu, denn die Landser schleppten ihr persönliches Gepäck und ihre Waffen stets mit sich. Wir aber fuhren mit dem Zug nach Eberswalde und fanden am Ortsende eine kleine Fabrik. Der vom Pförtner gerufene leitende Angestellte erklärte uns, dass das von uns Gewünschte in einer Sammellieferung an das Marine-Ausrüstungsamt in Kiel gegangen sei, sich derzeit auch kein Exemplar mehr am Lager befände. Während unseres Aufenthaltes dort, sahen wir überall auf dem Werksgelände hübsche dunkelhaarige Frauen in blauen Arbeitskitteln. Bei Blickkontakt mit ihnen lächelten sie verschämt und tuschelten miteinander. Eine dieser „Schönen“ ging nicht weit an uns vorbei, dabei sahen wir auf ihrem Arbeitskittel ein kleines blaues „P“ in einem gelben Viereck blau eingerahmt. Es handelte sich bei den „Schönen“, um kriegsverpflichtete Polinnen! Nicht umsonst hieß es, „der Polin Reiz ist unerreicht“! Nach dieser erfolglosen Reise, machten Kurt und ich uns alsbald nach Kiel auf. Der Zug ging nur bis Lübeck. Unser Signalgast Günter Peters stammte aus Lübeck. Als dieser hörte wir führen über Lübeck, bat er uns seine Eltern aufzusuchen und ihnen Grüße von ihm zu bestellen. Kein Problem, ich erfüllte seinen Wusch. Die Nacht über mussten wir in Lübeck bleiben und suchten den Wartesaal auf. Der war fast überfüllt, da die meisten Soldaten ebenfalls erst am nächsten Tag weiterkamen und sich deshalb hier aufhielten. Kurt hatte schon an einem Tisch zwei Plätze für uns organisiert. Wir schliefen im Sitzen, in dem wir unsere Mützen gepolstert mit unseren Wollhandschuhen, vor uns auf den Tisch legten und mit dem Kopf darauf schliefen. Die Hände und Arme lagen dabei auf den Knien. Nach einigen Stunden machte mich starkes Jucken an einem Handgelenk wach. Ich schaute mir die juckende Stelle an und sah eine Reihe Insektenstiche rund um das Handgelenkt. Gegenüber wachte ein Landser auf, der sah wie ich mein Handgelenk betrachtete und meinte lakonisch, „Wanzen“. Er drehte seinen Kopf um und schlief in aller Ruhe weiter. Bei der trüben Beleuchtung war es müßig, nach der Wanze zu suchen. Trotz des Juckens schlief ich wieder ein. Am nächsten Tag ging es dann nach Kiel. Im MarineAusrüstungslager mussten wir ein Formular ausfüllen und erhielten die Auskunft, wenn das Gerät vorhanden sei, bekämen wir Nachricht! Wie die aussehen sollte, sagte man uns nicht. Wir jedenfalls fuhren unverrichteter Dinge zurück aber nur bis Lübeck. Dort kamen wir erst am nächsten Tag weiter. Der Zufall wollte es, wir übernachteten wieder an dem Tisch der vorherigen Nacht. Bedenken wegen der Wanzen hatte ich schon, doch es gab keinen anderen Platz und ich hoffte, dass die Wanzen sich in der Zwischenzeit einen anderen Wirt oder auch Tisch ausgesucht hatten. Ich hatte mich getäuscht! Wie in der Nacht vorher wurde ich durch ein infernalisches Jucken am anderen Handgelenk wach! Dieses Mal fand ich an dem nicht von Wanzen „behandelten“ Handgelenk, genau die gleichen Insektenstiche! Mit gelinden Zorn versuchte ich wieder einzuschlafen. Auf der Rückfahrt zog ich die Ärmel meines Kolani immer über die Handgelenke, damit keiner die Wanzenstiche sah. Es dauerte auch seine Zeit bis die Erinnerungen daran nicht mehr sichtbar waren. Jetzt kam der Kommandant mit einem Wunsch zu mir, wir sollten für den Bereich „Seemannschaft“, etwas von einer Fabrik in Halle holen aber neben Kurt auch Bruno mitnehmen. Gesagt getan. Wir fuhren los Richtung Halle, es war Samstag. Wir trabten zu der angegebenen Fabrik. Ein Beauftragter der Firma erklärte uns freundlich, dass das Gewünschte vorhanden sei, er uns das aber nicht aushändigen könne. Damit wir es aber erhielten, würde das per Lieferung an unsere Adresse in Stralsund gesandt. Deshalb hätten wir nicht mit drei Mann hier nach Halle fahren müssen. Wir kamen aber auch nicht am gleichen Tag zurück und mussten in Halle bleiben. Kurt kam auf die geniale Idee, Aschersleben sei gerade mal 50 Kilometer entfernt, wir könnten doch zu ihm nach Hause fahren. Das Problem dabei aber war, der Zug ging nur bis Könnern. Von dort müssten wir zu Fuß nach Aschersleben 27 Kilometer laufen. Andererseits musste Kurts Vorschlag schon überlegt sein. Das war nämlich nicht ungefährlich, da unsere Dienstreisepapiere auf Halle und nicht auf Aschersleben lauteten. Würde uns auf dem Weg hin oder zurück, vielleicht in Aschersleben sogar selbst, eine Wehrmachtstreife erwischen, hätte das böse Folgen für uns. Das Kriegsgericht das uns erwartet hätte, müsste entscheiden auf Dersertion, Fahnenflucht, zumindest aber auf unerlaubtes Entfernen von der Truppe. Vielleicht hätte man uns auch in ein „BB“ (Bewährungsbataillon) gesteckt. Mit Sicherheit hätten wir M 3616 nicht mehr wieder gesehen. Getreu unserer Einstellung, „es wird schon gut gehen“, begannen wir die leichtsinnige Reise nach Aschersleben. Ab Könnern marschierten wir über die Landstraße. Als Gepäck hatten wir nur einen kleinen Koffer mit, in dem sich lediglich ein Kommissbrot befand. Zunächst gingen wir nebeneinander. Verkehr gab es keinen, wir hatten die Straße für uns. Der Koffer wanderte von einem zum andern. Je länger der Weg wurde, umso mehr zerfiel unsere Dreierreihe. Die 27 Kilometer zogen sich verdammt lang! Auch der Koffer mit dem Kommissbrot wurde immer schwerer. Nach etwa 5 Stunden hatten wir Aschersleben und Kurts Wohnung erreicht. Großes Hallo! Große Freude im Hause! Kurts Freundin Irmchen tauchte auch bald auf. Und wir plünderten Kurts Kleiderschrank, denn wir konnten hier ja nur in Zivil auftreten und auch so, dass uns möglichst keiner sah. Kurts Hosen waren mir zu kurz, ich hatte „Hochwasser“ darin, die Jacken zu eng, ich konnte sie kaum zuknöpfen. Nun Für den einen Tag ging es. Wenn wir mal vor die Türe gingen, achteten wir darauf keiner Polizei oder Wehrmachtsstreife zu begegnen. Bis zum Montag in aller Frühe waren wir Gäste von Kurts Familie. Dann aber ging es in Aschersleben zum Bahnhof, wir stiegen in Halle und Berlin um und meldeten uns dann, wie üblich, unverrichteter Dinge beim Obersteuermann zurück. Er schien darüber nicht erstaunt, er nahm`s gelassen hin. Ich hatte ihn schon im Verdacht, er wollte uns nur beschäftigen.

Eines Sonntags gingen wir, Jupp, Horst und ich nachmittags durch Stralsund. Auf der anderen Straßenseite begegnete uns eine Gruppe Oberfähnriche. Horst und ich trugen den „Sprudelorden“ und das EK II Band, Jupp unser Decksältester besaß nicht nur dazu spanische Orden, das „Kreuz der Legion Condor“, und den „Dickschifforden“, er war also auffallend „geschmückt“. Die Oberfähnriche auf der anderen Straßenseite waren „nackt und bloß“. Wir gingen daran grußlos vorbei, als wäre das selbstverständlich. Offenbar nahmen sie das hin. Plötzlich rief einer von ihnen, „Mensch Bodo, was machst du denn hier“?

Ich drehte mich um und erkannte einen meiner ehemaligen Schulkameraden. Ich hatte ihn, als ich meinen Vater 1942 im Krankenhaus in Wuppertal besuchte, in der Stadt getroffen. Er war noch Schüler und wollte mich bewegen, die Klasse in der Schule zu besuchen, damit eine Schulstunde ausfiele. „Hallo Jochen", wir unterhielten uns kurz, während die anderen weiter gingen. Jochen wollte wissen, wie es mir bisher ergangen und wo ich gefahren sei. Gerne wollte er mich in der Werft besuchen, um mal auf einem Kriegsschiff gewesen zu sein, denn das „Vergnügen" hätte er noch nie gehabt. Wir verabredeten einen Besuchstermin und jeder lief seinen Kameraden nach. So kam denn eines Sonntags Jochen an Bord. Leider fand er kein stolzes Kriegsschiff, sonder einen abgewrackten Logger vor. Doch er konnte sich von den abgedeckten Teilen der deponierten Aufbauten und Geschütze auf der Pier überzeugen und unseren Funkraum besichtigen, der vom Umbau nicht direkt betroffen war. Während wir Kaffee tranken, erzählte er mir von zu Hause, natürlich auch von der „Ernst Moritz ArndtSchule". Danach zog er von dannen in seine Kaserne auf dem Dänholm. Dort fand die Ausbildung der Fähnriche zum Oberfähnrich und vom Oberfähnrich zum Leutnant zur See statt. Diese Dienstgrade überschwemmten geradezu die Stadt. Da wir als alte „Frontschweine" diese Bübchen nicht für voll nahmen, übersahen wir ihnen gegenüber die Grußpflicht. Meistens ließen sie es sich gefallen. Nicht gefallen ließ sich ein Geschützführer seinen Spitznahmen. Von Beruf war er nämlich Friseur und der Spitznahme dieses Berufsstandes war „Sackschaber". So wurde er auch an Bord angesprochen, wir kannten ihn eigentlich nur unter diesem Namen. So war es kein Wunder, dass wir ihn auch außerhalb des Bootes so ansprachen. Er hatte sich in Stralsund eine Freundin zugelegt und stolzierte mit ihr durch die Stadt, während wir den Beiden begegneten, „hallo Sackschaber", hieß es dann. Darüber regte er sich allerdings auf, was soll sein Mädel von ihm denken? Verständlich, doch er legte Wert auf sein Äußeres. Hatte sich einen Bart wie ein U-Bootfahrer wachsen lassen, dann ärgert man sich schon mal.

Die lange Liegezeit in der Werft nervte natürlich. Die Nachrichten von allen Fronten konnten schlechter nicht sein. Die Westalliierten, noch schlimmer die Sowjets, drängten unsere Einheiten im eigenen Land immer weiter zurück. Gräuelmeldungen, denen zu Folge die Russen deutsche Frauen zu Freiwild erklärt haben sollen, schockierten uns. Wir aber lagen tatenlos in der Werft, wobei nicht abzusehen war, wie lange noch? Was sollte ein Umbau in dieser kritischen Zeit bringen? Das ganze Unternehmen wurde von uns – und sicher nicht nur von uns – infrage gestellt. Durch die Reiserei von Kurt und mir, wurden wir von den Problemen ein wenig abgelenkt. Auch hatten wir keine Ahnung, was die anderen Boote unserer Flottille derzeit eigentlich taten? Davon erfuhren wir nichts! Offenbar brauchte man uns in diesem Krieg nicht mehr! Und das bei dieser Kriegslage! Aus dem Radio erfuhren wir, dass Vizeadmiral Heye den Auftrag bekommen hatte, so genannte Kleinkampfverbände aufzustellen. Dazu gehörten Kampfschwimmer, die mit entsprechendem Tauchgerät unter Wasser an gegnerischen Ziel Sprengladungen anzubringen hatten, „EinMannU-Boote“ oder auch „Kleinst-U-Boote“ die getaucht mit 2 Torpedos bewaffnet an feindliche Schiffe heranfuhren und diese mit Torpedos angriffen, wobei der Zerstörer „Forbin“ auf diese Weise am 10. 1. 45 versenkt wurde. Aber auch „Sprengboote“ zählten zu den Kleinkampfverbänden. Die Sprengboote wurden hier in der „KrögerWerft“ hergestellt. Der Zugang zu den Produktionsstätten der Sprengboote, aber galt nur für die dort Beschäftigten. Die gefertigten Sprengboote lagen in einem der Werft gehörenden Hafenbecken, zu dem wir Zugang hatten. Es handelte sich bei diesen Booten um den Typ „Linse“ von dem auf 14 unterschiedlichen Werften 1 200 Exemplare gebaut wurden. Ein VSpantboot mit einem 95 PS, 3,5 Liter V8-Motor, einer Länge von 5,75, einer Breite von 1,73 einer Seitenhöhe von 0,80 Metern, wurde normalerweise mit zwei anderen Booten eingesetzt. Ein Boot wurde von einem Funker gefahren, die beiden anderen, die eigentlichen Sprengboote mit einer Sprengladung von je 400 Kilogramm, waren mit je einem Fahrer besetzt. Äußerlich waren die Sprengboote durch einen Zündbügel am Vorschiff erkennbar, der beim Auftreffen auf das Ziel abgesprengt und durch einen Verzögerungszünder von 2,5 Sekunden die Sprengladung auslöste. Auf dem Weg zum Ziel wurden die Fahrer mit einem Schleudersitz aus dem Sprengboot katapultiert und vom Boot des Funkers aufgenommen, der mit einem „Goliath U-KGerät“ die Sprengboote endgültig ins Ziel steuerte.

Das war etwas bei dem der „ganze Mann gefordert“ wurde. Kurt und ich schauten uns die Boote interessiert an. Kurt meinte, „wäre das was für uns“? Er ergänzte seine Frage mit der Meinung, „irgendetwas müssen wir ja tun in dieser Situation, in der sich Deutschland befindet. Mit unserer Untätigkeit kann es doch so nicht weitergehen“! Kurt hatte ja recht, wenn er mich auch mit seiner noch nicht ausgegorenen Vorstellung überraschte. Ich schwieg, dachte nach und versuchte mich mit diesem Gedanken auseinander zu setzen. Schließlich antwortete ich, „wir können es ja mal probieren“. Anschließend suchten wir unsern Funkraum auf, machten „Nägel mit Köpfen“, schrieben beide unser Versetzungsgesuch und legten dieses dem abwesenden Kommandanten, zur Weiterleitung auf dem Dienstweg, auf seinen Tisch. Wir fühlten uns beide erleichtert, hatten wir doch einen Entschluss gefasst.

Mittlerweile war es empfindlich kalt geworden. Im Wohndeck, in dem nicht gearbeitet wurde, hielten sich die „Arbeitslosen“ auf. Durch den Kohleofen war es dort recht warm. Aber auch im Funkraum hatten wir durch unser elektrisches Heizöfchen eine gemütliche Temperatur. Wir hielten uns dort meistens auf, lasen, hörten Radio, schmiedeten Pläne oder diskutierten die militärische Lage. Diese an sich nutzlose Zeit, wurde plötzlich von Zahnschmerzen, die mich plagten, unterbrochen. Ich musste zu einem der wenigen Zahnärzte in Stralsund, da die meisten zur Wehrmacht eingezogen waren. Der für mich mögliche Zahnarzt unterhielt seine Praxis in der Nähe des Bahnhofs. Von der Werft aus ein langer Weg, von gut einer halben Stunde. Er führte um den „FrankenTeich" herum, einem der 4 großen Teiche der Stadt. Es fror schon längere Zeit, so dass sich auf dem Wasser des Teiches eine dicke Eisschicht gebildet hatte über die man laufen konnte, um den Weg abzukürzen. Diese Abkürzung benutzte ich, als ich mit wahnsinnigen Zahnschmerzen, vom Zahnarzt zurück, zur Werft lief. Die Betäubungsspritze wirkte kaum. Während ich über das Eis lief, sah ich unter mir die im Eis eingefrorenen Wasserpflanzen und hörte in unregelmäßigen Abständen das Knacken der Eisfläche. Zwar wusste ich, dass dieses Knacken des Eises bei der derzeitigen Dicke nichts bedeutete. Dennoch waren diese Geräusche unangenehm.

Das Leben an Bord ging seinen Gang. Langweilig, möglicherweise für uns so gewollt aber absolut unbefriedigend! Von unserem Gesuch zur Abkommandierung zu den Kleinkampfverbänden, hörten wir nichts. Noch nicht einmal der Kommandant machte eine diesbezügliche Äußerung. Man hätte meinen können, er hätte die Gesuche nie gesehen. Das Weihnachtsfest und auch der Jahreswechsel verliefen dem Ernst der Lage angepasst recht dürftig und nicht mit den früheren Jahren zu vergleichen. Lediglich Kurt konnte sich über den Besuch seiner Freundin aus Aschersleben freuen.

Bombenurlaub

Das Jahr 1945 begann für mich mit einem Paukenschlag! Die Eltern wurden erneut ausgebombt! Die Wohnung in der Menzelstraße 22 in Kassel, wurde bei einem der letzten Luftangriffe auf Kassel durch eine Sprengbombe bis auf den Keller total zerstört und danach ausgeraubt. Meine Mutter befand sich während des Luftangriffs im Weinbergbunker, so dass ihr nichts geschah. Grafenhorst besassen wieder einmal nichts!

Ich zeigte dem Kommandanten diese Mitteilung und bat um Bombenurlaub. Sofern die Soldaten während des Krieges nicht im Einsatz waren, bekamen sie in solchen Fällen Urlaub. Das traf nun auf mich zu und so erhielt ich den erwarteten Bombenurlaub. Am gleichen Tag noch machte ich mich auf den Weg. Infolge der ständigen Luftangriffe der Alliierten konnte man nur vor Ort die Züge nutzen die in die Richtung des Zieles führten. Unter Umständen musste man Umwege durch Umleitungen in Kauf nahmen. So dauerte die Bahnfahrt von Stralsund nach Kassel fast zwei Tage, bis ich endlich in Kassel ankam. Aus der Nachricht der Eltern hatte ich entnommen, dass sie in einer von den Bewohnern verlassenen Wohnung in der Herkulesstraße Unterschlupf gefunden hatten. Um den Bombenterror zu entgehen hatten sich viele Familien auf die Dörfer zu Verwandten verzogen und die Wohnungen unbewohnt gelassen. Sie waren verpflichtet diese Situation der zuständigen Stelle zu melden und die Wohnungsschlüssel dort zu hinterlassen, die dann die Menschen erhielten, die durch einen Bombenangriff ihre eigene Wohnung verloren hatten.

Endlich in Kassel angekommen, lief ich durch die mit Häusertrümmern übersäten Straßen, in denen es ständig nach Rauch stank. Dann fand ich das Haus, in dessen Parterrewohnung sich meine Mutter aufhielt. Weinend fiel sie mir um den Hals und wollte mich gar nicht mehr loslassen. Sie machte einen völlig niedergeschlagenen Eindruck, jeglicher Lebensmut schien sie verlassen zu haben. So kannte ich sie eigentlich gar nicht. Vielleicht nach einem solchen Schicksalsschlag verständlich. Sie hatte sich in der fremden Wohnung so gut es ging eingerichtet. Es gab kein Wasser und auch keinen Strom. Die Strom und Wasserleitungen zu reparieren, war unter den vorherrschenden Verhältnissen unmöglich. So mussten sich die Leute irgendwie behelfen. Das Wasser musste man mit Eimern von den Hydranten holen. Es war bitter kalt was zur Folge hatte, dass sich um die Hydranten eine einzige riesengroße Eisplatte befand, auf die permanent Leute ausrutschten. Auch die Wege von und zu den Hydranten waren total vereist, die meistens durch überschwappendes Wasser entstanden waren. Es gab auch keinen elektrischen Strom, den aber benötigten die wichtigen Sirenen, die deshalb nicht in Betrieb waren und die Bewohner nicht vor den Alliierten Bombenangriffen warnen konnten. Stattdessen fuhren etliche Polizeiautos mit Sirenen durch die Straßen. Ob man nun eine Sirene zu Beginn des Alarms gehört hatte, oder am Ende, bevor die feindlichen Flugzeuge am Himmel waren, konnte man nicht wissen. Da es in den Häusern und Wohnungen keinen Strom gab, gab es natürlich auch kein Licht, man musste sich deshalb mit Kerzen behelfen und ging zwangsweise früh zu Bett. So schliefen wir, trotz der eisigen Kälte, mit offenem Fenster, vollkommen angezogen in den Betten. Sobald wir einen Sirenenton hörten, sprangen wir aus den Betten, nahmen unser kleines Köfferchen mit wichtigen Dingen und Notwäsche und versuchten so schnell wir konnten, durch die glatten Straßen in den Bunker zu kommen. Am Arm die Mutter, in der anderen Hand das Köfferchen, so trafen wir auf eine große Anzahl von Menschen, die alle zum Bunker strebten. Über die Herkulesstraße, den Kirchweg über die Wilhelmshöher Alle, etwa 700 Meter, hasteten wir dem Eingang des Bunkers zu. Nun aber wollten alle, Frauen jeden Alters, mit und ohne Kind, alte Männer, kleine Kinder, durch den schmalen Bunkereingang in den Bunker hinein. Das ergab einen Riesenstau und ein fürchterliches Gedränge. Plötzlich erstrahlte am Himmel eine große Anzahl heller Leuchtkugeln, ein gellender Aufschrei der Wartenden! Alle wussten, der „Pathfinder" der angreifenden Bomber, kennzeichnete das Ziel des Angriffes. Es gab kein entrinnen! Was jetzt passierte war unbeschreiblich. Alles schrie, die Masse von Menschen drängte Richtung Bunkereingang, darunter hörte man das helle Schreien der Kinderstimmen. Ich hielt meine Mutter am Arm fest, ich wollte sie nicht in diesem Chaos verlieren. Der Druck der Masse wurde unerträglich, ich bekam kaum noch Luft. Jetzt begann die Flak zu schiessen und alle wussten die Bomber sind da und wir noch nicht im schützenden Bunker! Das Schieben und Drücken wurde noch schlimmer. Ganz langsam jedoch kamen wir dem Eingang näher und erreichten ihn endlich, nach bangen Minuten. Wir beide wurden förmlich hinein katapultiert und durch die mit Menschen gefüllten Gänge geschoben. Weiter und weiter und weiter bis wir endlich in einem der oberen Stockwerke anhalten konnten. Irgendwann schloss man die Stahltüre, die beim Angriff immer geschlossen sein musste. Ob alle hineingekommen sind, konnte ich nicht erfahren. Man erzählte sich, dass einige Kinder erdrückt worden seien. Ältere Menschen wurden von Sanitätern behandelt, die Luft wurde immer knapper. Die Entlüftungsanlagen reichten offenbar für eine derart große Menschenmenge nicht aus. Es war grausam. Ich fühlte mich als Fremdkörper mit einem schlechten Gewissen. Schließlich zählte ich zur Wehrmacht, die unfähig war dieses brutale Hinmorden von unbeteiligten Bewohnern der Städte zu verhindern! Die Menschen schwiegen, wobei man durch die dicken Bunkerwände das Grummeln der Flakgeschütze und das Rumpeln der Bombeneinschläge spürte. Jeder dieser hier Ausharrenden hoffte inständig, seine Behausung möge nicht getroffen, nicht zerstört, sondern erhalten geblieben sein. Einige Frauen sah ich sogar beten. Wie lange der Luftangriff dauerte, kann ich nicht sagen da mir jegliches Zeitgefühl abging. Irgendwann wurde die Luft besser. Das Eingangstor schien geöffnet worden zu sein. Die Menschen leerten allmählich die Gänge. Als wir endlich draußen waren, roch die Luft nach verbranntem Holz. Überall sah man Feuerschein und die Leute rannten, um zu sehen ob die eigene Behausung getroffen sei und man noch etwas retten konnte oder vor einem Nichts stand. Mit meiner Mutter am Arm, gingen wir vorsichtig über die glatten Straßen in die Herkulesstraße, zu dem Haus, in dem sich die von ihr bewohnte Wohnung befand. Auf dem Weg dorthin befassten sich unsere Gedanken mit der Frage, steht das Haus noch? Wenn nicht, wäre ich in der gleichen Situation, wie die Eltern. Wo bekäme ich ein Dach über dem Kopf? Ein Stein fiel uns vom Herzen, das Haus stand noch und war unbeschädigt! Wir suchten die Betten auf und fielen todmüde mit voller Kleidung ins Bett.

Die weitere Nacht blieb ruhig. Meine Mutter machte das Frühstück, das aus einer Scheibe Brot der Brotzuteilung, etwas Margarine, die gerade zum hauchdünnen Bestreichen der Brotscheibe ausreichte und ein bis zwei Tassen Kaffeeersatz bestand. Was sollte ich den Tag über unternehmen, wo alles in der Stadt zerstört war? Irgendwann tauchte auch mein Vater auf. Er sah schlecht aus, war nervös und hatte keine Ruhe. Die Verantwortung schien ihn sehr zu belasten. Doch er freute sich mich zu sehen, wenn auch der Anlass mehr als traurig war. Der Schwerpunkt des Angriffs der letzten Nacht lag auf den Ortsteil Bettenhausen, mehr oder weniger ein Industriegebiet. Tagsüber ließen uns die alliierten Bomber in Ruhe. Keiner sprach über die Zukunft, was hätte man auch darüber sagen können? Keiner wusste wie es weitergehen sollte. Die immer wieder angekündigte „Wunderwaffe“ kam nicht. Klammerte man sich noch daran? Was sollte noch kommen, was würde aus uns werden? Es blieb nur noch der Untergang! Wie sollte der Aussehen? Jeder hatte möglicherweise seine eigenen Vorstellungen davon oder überhaupt keine! Man lebte nur noch von Stunde zu Stunde oder von Luftangriff zu Luftangriff.

Wie die armen zu bedauernden Menschen unter diesen menschenunwürdigen Verhältnissen litten, war nicht zu beschreiben und verdiente alle Hochachtung! Die Stimmung schwankte zwischen einem „nun erst recht“ und völliger Niedergeschlagenheit. Einem „mir ist alles egal“ oder „ was soll das alles. Was haben wir verbrochen“? Die Forderung Schluss zu machen stellte keiner öffentlich, wenn auch vielleicht mancher so gedacht haben mag. Überall hingen Plakate „Pst Feind hört mit“. Nicht nur der Feind, auch linientreue Parteigänger, die realitätsfremd das Geschehen akzeptierten hörten mit und würden jede defätistische Äußerung weiter melden. Zur schlechten Stimmung kam das Misstrauen hinzu. Für mich war das kein Urlaub. Ich musste mir gestehen, an Bord bei meinen Kameraden in der gewohnten Umgebung fühlte ich mich wohler. Hier in Kassel nicht.

Auch in der folgenden Nacht, ließen uns ausnahmsweise die alliierten Bomber in Ruhe. Nach dem Frühstück machte ich mich auf und holte der Mutter zwei Eimer Wasser vom Hydranten. Wie auf Eiern schlich ich im wahrsten Sinne des Wortes, mit Socken über die Schuhe gezogen, über die Eisfläche zum Hydranten. Dort musste ich mich anstellen, bis ich endlich dran war. Der Rückweg mit den vollen Eimern war natürlich wesentlich schwieriger. Aber er gelang. Es wurde Zeit für mich, wieder in meine gewohnte Umgebung zu kommen. Gewiss waren diese Gedanken eine Flucht vor der Wirklichkeit oder ein Verdrängen der Zukunftserwartung. Doch die kommende Nacht musste ich hier noch aushalten. Das war ich meiner Mutter schuldig. Ich hätte ja abreisen können, wann ich wollte. Diese Nacht verging wie die erste, die ich hier mitmachen musste. Wir rannten wieder in den Luftschutzbunker, standen Schlange, bis wir endlich hinein kamen, ohne ein durch die Leuchtkugeln erzeugtes Chaos, hielten dort zwei Stunden aus, „krochen" über die Eisflächen wieder „nach Hause" und waren im Gegensatz zur ersten Nacht froh, dass keine Bomben gefallen waren. Dafür gab es am Vormittag erneut „Fliegeralarm". Ich lief wieder mit meiner Mutter am Arm über die Eisflächen zum Bunker, nach einer Stunde wieder zurück, da keine Bomben gefallen waren, holte wieder zwei Eimer Wasser. Mein Vater tauchte wieder einmal auf und berichtete über die Lage der Stadt. Dann gingen wir gemeinsam zum Bahnhof. Es gab zwar noch Fahrpläne, doch keiner stimmte mehr. Man musste selbst sehen wie man weiter kam. Unsere Stimmung bei der Verabschiedung könnte ich nicht beschreiben. Waltraut war noch in Frankenberg, keiner wusste wie Vater und Mutter die nächste Zeit überstehen können. In dieser Trümmerwelt, die täglich schlimmer wurde und kein menschenwürdiges Leben erlaubte, konnte man keine Hoffnung haben. Man musste alles hinnehmen, wie es eben kam, jeder für sich. Fühlten wir, dass wir uns erst in einer anderen Welt wieder sehen würden? Ich konnte es nicht sagen. Mir blieb nur die Einstellung eines „Landsers", „mal sehen was kommt und wie ich es hinter mich bringe"! Anders konnte man geistig nicht zurechtkommen.

Der Zug lief ein. Es gab in diesem Personenzug zwar noch Türen aber keine Fenster mehr. Alle waren zerstört. Deshalb war es egal, in welches Abteil man einstig. Heizung gab es nicht mehr. So war es überall kalt bei Minus 15 Grad. Wegen der fehlenden Fenster, hatte ich auch keine Schwierigkeiten den völlig desillusionierten und niedergeschlagenen Eltern mit dem Taschentuch zum Abschied zu winken. Es sollte fast ein Jahr (!) dauern bis wir voneinander erfuhren, dass jeder noch lebte! Während die Lokomotive den desolaten Zug, mühevoll von einer Umleitung zur anderen zog, saßen die Insassen, in der durch die fehlenden Fenster erzeugten eiskalten Zugluft, zitternd und frierend in den Abteilen. Draußen begann es zu schneien. Die Schneeflocken wurden in die Abteile geweht und bedeckten die Reisenden mit einer leichten Schneedecke. Der Zug hielt einmal wieder vor einem Bahnhof. Auf der gegenüberliegenden Seite standen eine Anzahl schwer beschädigter Lokomotiven. Man kam sich schon verarscht vor, wenn man die Aufschrift auf den Kohletendern las, „Räder müssen rollen für den Sieg“ und steckte mitten in den wirklichen Verhältnissen. Irgendwann und irgendwo musste ich bei meiner diagonalen Fahrt durch Deutschland den Zug wechseln. Aber auch hier fand ich keinen Waggon, bei dem nicht alle Fenster zerstört waren, keine Heizung intakt war, so dass ich unter den gleichen Verhältnissen weiterfuhr. Ich hoffte aber am nächsten Tag in Stralsund anzukommen. Jedenfalls erwies sich die Marineuniform als ungeeignete Kleidung, für diese winterliche Eisenbahnfahrt. Der historische Marinekragen bedingte einen weiten Ausschnitt im Hals und Brustbereich, der durch den Kolani nicht abgedeckt wurde. So musste ich dauernd den durch die fehlenden Fenster des Zuges herein gewehten Schnee, daraus entfernen. Auf die Dauer war das recht unangenehm. Nach einer endlos dauernden Nachtfahrt mit ständigen Unterbrechungen, kam der Zug spät in der Nacht in Berlin an. Um mir keine Chance einer Weiterfahrt entgehen zu lassen, hielt ich mich ständig auf dem Bahnhof auf und konnte überraschenderweise gegen Morgen weiterfahren. Gegen Nachmittag kam ich dann endlich in Stralsund an. Schnell machte ich mich auf den Weg zur Werft und war endlich wieder „daheim“!

Unangenehme Erlebnisse

Es gab in der Zwischenzeit weder an Bord noch in der Werft wesentliche Veränderungen. Allerdings stellten wir fest, dass der Umbau von M 3632 schneller voranging, als der von M 3616. Das ärgerte uns gewaltig! Der Bombenurlaub hatte bei mir eine negative Grundeinstellung hinterlassen. Die steigerte sich noch durch die miserablen Meldungen der Kriegslage. Im Osten rückten die Sowjets näher und näher. Im Westen die Alliierten. Die 36. Minensuchflottille fuhr Einsätze und wir gammelten tatenlos in der Werft herum. Bei diesen Verhältnissen nichts Sinnvolles zu tun, ging uns auf die Nerven. Das wurde noch schlimmer, wenn wir hören mussten, welche Blutspur von Grausamkeiten die Russen durch Deutschland zogen, in dem sie Frauen und Mädchen jeglichen Alters vergewaltigten, Pfarrer an die Kirchtüren nagelten, Männer ohne Grund massakrierten, alles nieder brannten und was es noch an weiteren Scheußlichkeiten gab. Kurt war der Meinung, wir müssten etwas tun! Von unserem Gesuch zur Versetzung zu den Kleinkampfverbänden, hatten wir nichts mehr gehört. Also sollten wir aktiv werden. Die Geusen in Holland hatten sich gegen die übermächtigen Spanier gewehrt, in dem sie die Dämme gegen die See öffneten und das Land überschwemmten mit dem Ruf „Lewer dod as Slav"! Mit einem solchen Gefühl, lieber tot als Sklave, schlug Kurt vor, uns zum Infanterieeinsatz an der Ostfront zu melden. So schrieben wir kurz entschlossen, das notwendige Gesuch und legten es dem Kommandanten auf den Tisch. Es war eine Art Kurzschlusshandlung, wie wir bald einsehen mussten. Der Kommandant ließ uns sofort kommen und donnerte uns nieder, „seid ihr noch gescheit oder seid ihr verrückt geworden? Wisst ihr überhaupt, was dieses Gesuch für euch bedeutet"? Und dann schilderte er uns in düsteren Farben was uns alles passiert, wenn er dieses Gesuch weiterleiten würde. Ohne eine Antwort von uns abzuwarten, zerriss er vor unseren Augen das Gesuch und sagte nur noch, „haut ab"! Tief beeindruckt, zogen wir mit hängenden Köpfen ab. Schämten uns, von dem Kommandanten als nicht ganz normal dargestellt worden zu sein. Im Nachhinein aber mussten wir gestehen, er hat uns sicher das Leben gerettet. Wieder einmal bewies unser Kommandant, seine menschliche Verantwortung, den Männern seiner Besatzung gegenüber, die ihn stets auszeichnete.

In der Werft hörten wir in der Mittagspause die Nachrichten mit dem Wehrmachtsbericht, um uns über die militärische Lage zu informieren. Die übrigen „braun" gefärbten Nachrichten interessierten uns nicht. Schon gar nicht, der politische Kommentar im Anschluss daran. Darauf legte jedoch einer unserer „Heizer" besonderen Wert. Er verlangte, um den politischen Kommentar hören und verstehen zu können, absolute Ruhe. Um die zu erreichen schrie er laut „Ruhe" und wiederholte das solange, bis wir uns tatsächlich ruhig verhielten.

Das geschah allmählich jeden Tag, worüber wir uns ärgerten, denn keiner wollte den Kommentar hören außer ihm. Es kam uns wie eine Schikane vor. Deshalb beschlossen wir, uns bei nächster sich bietender Gelegenheit zu revanchieren. Wir wollten ihm das ungestörte Hören des politischen Kommentars unmöglich machen. Es kam wie geplant. Kaum schrie er wieder „Ruhe", legten wir los, redeten möglichst laut und machten ordentlich Krach. Seinem Ruf „Ruhe" schrie Kurt und ich entgegen, „stell den Scheiß ab. Wir wollen den Seich gar nicht hören, es ist doch alles gelogen"! In dieser Art ging es weiter. Er rannte vor Wut an´s Oberdeck.

Am nächsten Tag rief der Kommandant Kurt und mich in seine Kammer und legte los, „ihr Vollidioten seid ihr noch normal? Wisst ihr was hier vor mir liegt? Eine Meldung vom Maschinen-Obergefreiten G. der mir bekannt gibt, dass er der zuständigen NSDAP Ortsgruppe die nationalsozialistischfeindlichen Äußerungen in der Öffentlichkeit, des Funk-Obergefreiten Grafenhorst und Funk-Gefreiten K. mitteilen wird. Könnt ihr euch vorstellen was das bedeutet? Ihr verschwindet hinter Gittern! Für immer"! Wir bemühten uns dem Kommandanten beizubringen, dass wir ja nur den G. ärgern wollten, weil er immer solche ein Theater machte, diese politische Sendung zu hören. „Das sehen die in der Ortsgruppe aber anders", meinte der Obersteuermann. „Versucht das in Ordnung zu bringen. Noch ist die Meldung nicht weg"! Mit „eingezogenem Schwanz" schlichen wir aus der Kommandantenkammer. Im Wohndeck hielt sich unser Decksältester Jupp auf, sich eine Scheibe Brot zu schmieren. Er wollte wissen was es beim Kommandanten gab. Wir erzählten ihm unsere Geschichte. Er legte wortlos seine Brotscheibe auf die Back (Tisch), ging an Oberdeck und den Niedergang hinunter in den Maschinenraum. Kurt und ich blieben oben stehen und schauten was jetzt passiert. Im hinteren Maschinenraum hielt sich G. auf. Jupp sprach ihn an. Was er fragte oder sagte, konnten wir nicht hören. Doch wir sahen alles. Ohne eine Antwort abzuwarten, schlug ihn Jupp mit seiner Faust unter`s Kinn, worauf G. rückwärts gegen die Maschine flog. Jupp griff ihn an seinen Arbeitskittel und schlug erneut zu. Wieder flog G., dieses mal auf die andere Seite, gegen die E-Maschine. Jupp ließ nicht nach. Er griff ihn am Kragen und schlug wieder zu. Nachdem das 4 bis 5 Mal so ablief, G. von einer Seite auf die andere Flog und zu Boden ging, hörte Jupp Klein auf. G. hatte sich nicht gewehrt. Er war regelrecht verprügelt worden. Jupp sagte nur im Weggehen, „wehe du gehst zur Partei und zeigst die beiden an. Dann schlag ich dich tot", das aber konnten wir deutlich hören. G. unternahm nichts. Aus Angst oder Vernunft, wir erfuhren es nicht. Er lief die nächsten Tage mit dick geschwollenem Gesicht herum. Keiner sprach mit ihm. Ohne die Fürsorge unseres Kommandanten, hätte das für uns beiden böse enden können. Dank an Jupp für seine kameradschaftliche Hilfe!

Strasund adé !

Die Besatzungen von M 3632 und M 3616 lebten ihr eigens Leben. Abgeschnitten vom Kriegsgeschehen. Noch nicht mal einen Bombenangriff auf die Werft gab es, obwohl diese doch eigentlich kriegswichtig war. Stattdessen wurden Städte und Orte, die keinerlei Bedeutung für den Kriegsverlauf hatten, zerstört. Die einzige Verbindung zum Kriegsgeschehen hatten wir über den Kommandanten, der mit einem Telefon Verbindung mit der Flottille hielt. Die Verwaltung mit der Gruppe „Anton" befand sich in Warnemünde, die Gruppe „Bruno", also unsere Gruppe, hatte den Stützpunkt Gjedser / Dänemark und die Gruppe „Caesar", den in Sassnitz auf der Insel Rügen. Die Gruppe „Dora" war der 31. Minensuchflottille unterstellt und fuhr von Libau aus Einsätze zur Unterstützung der Kurland und Samlandfront. Die allgemeine Tätigkeit der Gruppe „Anton", „Bruno" und „Caesar" erstreckte sich in Geleitschutz oder Sonderaufgaben in der Ostsee, mit einigen der 36. Minensuchflottille unterstellten Booten der 3. Sicherungsflottille.

Zu unserem nicht gelinden Ärger, verließ am 17. Februar 1945 M 3632 die „KrögerWerft", als ein wirklich schönes kleines Kriegsschiff. Wir aber mussten weiterhin ungeduldig warten. Dafür wurde aber nun auch mit Hochdruck an unserer Fertigstellung gearbeitet. Doch es sollten noch 6 Wochen dauern, bis auch wir Stralsund verlassen konnten. Endlich hatten wir wieder richtiges Seewasser unter unserem Kiel!

Am 1. April liefen wir aus, Richtung Warnemünde. Trotz der langen Werftzeit war unsere Funkstation immer noch nicht klar. Aber auch unserer Maschine schien das ebenso zu gehen. Die Kupplung streikte mal wieder auf hoher See. Jetzt rächte sich die Tatsache, dass unsere Funkstation nicht einsatzfähig war und wir keinen Funkspruch absetzen konnten. Was war zu tun? Die Ostsee hatte keine allzu große Tiefe, so dass wir den Anker ausbrachten und warteten. Worauf? Dass irgendjemand vorbei kam und uns mitnahm? Vielleicht konnten ja unsere „Heizer" den Schaden selbst reparieren? So jedenfalls war unsere Situation. Für den Gegner ein „gefundenes Fressen". Die Besatzung befand sich in Alarmzustand, während sich im Dunkel der Nacht ein Schiff langsam näherte. War es ein Feindliches oder ein Deutsches? Wir forderten ES (Erkennungssignal) an und stellten erleichtert fest, dass es sich um das deutsche Torpedoboot „Tiger" handelte. Es nahm uns, nach entsprechender Bitte um Abschlepphilfe, mittels Blinkspruch auf den „Haken". In Höhe Warnemünde wurde die Schleppleine eingeholt. Wir bedankten uns beim „Tiger", der per Funk an unsere Flottille,

Abschlepphilfe gefordert hatte und ankerten erneut. Das Torpedoboot lief weiter gen Osten, um von dort Soldaten und Flüchtlinge zu holen.

Es wurde hell. Nach wie vor waren alle Waffen besetzt, bis endlich am Horizont ein auf uns zulaufendes Schiff gesichtet wurde. Durch das Fernglas erkannten wir den typischen Baustil unserer Logger und beim näher kommen M 3611. Das Boot kam von Gjedser und schleppte uns nach Warnemünde. In der Hafeneinfahrt übernahm uns ein Schlepper und zog uns ins Wendebecken zu unserer Flottille. M 3611 wurde mit Dank entlassen und lief wieder nach Gjedser. Wir waren jedoch froh, wieder bei „unserem Verein“ zu sein.

Das Ende kündigt sich an

In den nächsten Tagen wurde die Kupplung repariert. Nun aber gab es keinen „Sprit“ mehr! Die Tanklager in Warnemünde waren leer. Tankschiffe kamen nicht mehr. Woher sollte der Brennstoff kommen? Diese Situation zwang alle Boote der 36. Minensuchflottille, nach Warnemünde zu kommen. Sie kamen von überall her. Einige von der Kurlandfront, andere von Geleitzügen in der Ostsee, aber alle mit leeren Tanks! Die große Frage: Woher bekommen wir Diesel?

Jetzt endlich wurde uns allen klar, es geht zu Ende! Geschieht nicht ein Wunder, aber wo sollte es herkommen, ist der Exitus nicht aufzuhalten. Unser Weltbild brach zusammen! Wir hätten uns nie vorstellen können, dass Deutschland den Krieg verlöre. Wir konnten uns auch nicht vorstellen, wie es weitergehen sollte. Was wird mit uns geschehen? Jeder von uns hatte seine Pflicht und mehr als das getan, unter Einsatz des eigenen Lebens. Jetzt die Erkenntnis, dass alles vergeblich gewesen ist, war für uns alle niederschmetternd! Gewiss wir haben Glück gehabt, sind oft wie ein Wunder am leben geblieben. Vielen aber ging es nicht so, sie haben den Wahnsinn nicht überlebt oder müssen als Krüppel bis zu ihrem Lebensende vegetieren. Der Zorn kam uns hoch, wenn wir noch diese verlogenen Nachrichten hören mussten, mit ihrem Glauben an eine Wunderwaffe und wir nicht einmal mehr Dieselöl bekommen konnten! Wunder gibt es nicht und hat es nie gegeben, genauso wenig gab es die Wunderwaffe! Wir an Bord hatten uns nie mit Politik befasst, schon gar nicht mit der Naziphilosophie. Die Kriegslage war für uns relevant und unsere Einsatzaufgabe! Dabei war uns nie bewusst, dass wir uns für die Existenz der Naziherrschaft einsetzten. Unser Bewusstsein wurde gesteuert, von dem Gedanken wir kämpfen für unser Vaterland, das sich im Krieg befindet!

Vor zwei Wochen wurden zwei Polen und sogar ein Franzose, genauer ein Elsässer, zu uns an Bord zum seemännischen Personal kommandiert! In dieser Zeit verstanden wir vieles nicht mehr. Auch nicht, dass die strengen Aufnahmekriterien der Kriegsmarine offenbar nicht mehr galten. Dass jetzt sogar nicht deutsch sprechende Ausländer auf kleine Kriegsschiffe kommandiert wurden. Zwar hieß einer der Polen mit Familienname Klein, doch er sprach, wie auch sein Landsmann, den wir „Dschulu“ nannten, kein Wort deutsch, genauso wenig wie der Elsässer. Das Zusammenleben an Bord wurde durch die Ausländer gestört. Besonders, wenn die Polen sich in ihrer Landessprache unterhielten. Der Elsässer und auch der Pole Klein, fügten sich nicht in unsere Gemeinschaft. Dagegen versuchte „Dschulu“ uns zu verstehen und machte sich überall nützlich. Er hatte nur einen gravierenden Nachteil, er hielt nichts von körperlicher

Reinigung, durch Wasser, schon gar nicht, wenn sie mit Seife zu tun hatte. Obendrein fluchte er gerne „Peronje saklinte ogniste“ oder so ähnlich. Als ungeliebte Ausländer bekamen sie natürlich die mieseste Arbeit zugeteilt.

Es war nicht mehr schön auf M 3616! Unser altbewährter Obersteuermann P., ein exzellenter Seemann und menschlicher Vorgesetzter, mit dem wir manche Gefahren gemeistert hatten, wurde abkommandiert und durch einen jungen – hinter den Ohren noch nicht trockenen – Leutnant zur See ersetzt. Jetzt wo wir nicht mehr wie ein ehemaliger Fischlogger aussahen, sondern wie ein kleines schmuckes Kriegsschiff, musste auch ein Offizier als Kommandant her, der Krieg war sowieso bald zu Ende. Der Umbau hatte nicht nur dem Kommandanten eine Bleibe, den Funktionären im Vorschiff auch einen eigenen Wohnraum, von der übrigen Besatzung getrennt, geschaffen. Das war zwar eine feine Sache, doch wir hätten lieber wie bisher mit der übrigen Besatzung zusammen gelebt.

Einige Wochen lagen wir nun schon in Warnemünde „am Strom“, an dem sich kleine hübsche Fischerhäuser aneinander reihten. Dienst gab es keinen. So spazierten wir den Kai entlang, besichtigten das kleine Fischerdörfchen mit einem großen breiten Strand. Als einmal ein hübsches Mädel vorbei schlenderte, rief ich spontan „Hallo“. Sie blieb stehen und es kam zu einer netten Unterhaltung, die wir bei gemeinsamen Spaziergängen fortsetzten. Sie hatte gerade ihre Arbeitsdienstzeit hinter sich und überlegte, wie sie von hier aus weiterkommen konnte. Ihre Eltern waren auf der Flucht, mit denen sie deshalb keinen Kontakt hatte. In einem Hafen gab es immer mal eine Gelegenheit mit einem Boot oder Schiff weiter zu kommen. Das muss ihr wohl auch gelungen sein, denn eines Tages war sie fort. Sie hatte sicher auch festgestellt, hier sammelten sich immer mehr Menschen an, es wird sinnvoll sein, die Gegend möglichst schnell zu verlassen. Vor allem Frauen und Mädels waren es, die vor der roten Soldateska flüchteten und in jedem Hafen hofften einen schwimmenden Untersatz zu finden, mit dem sie sich retten konnten.

An Bord unserer Schiffe durfte natürlich kein Unbefugter, schon gar nicht in den Funkraum, der nur dem Funkpersonal und dem Kommandanten vorbehalten war. Das wurde aber bei diesen Verhältnissen in Warnemünde, mit der Zunahme der Flüchtlinge, zusehends schwieriger. Schon gar nicht, wenn einer der Besatzung mit einem Mädel oder einer Frau angebandelt hatte. Matrose Ga. war so ein Typ. Er war noch nicht lange an Bord. Introvertiert, ging stets eigene Wege, ließ keinen an sich herankommen, war schon älter, degradiert, kam aus der Militärstrafanstalt Bruchsal, war vorher bei einem Bewährungsbataillon

(BB). Mehr konnte man von seinem Vorleben nicht in Erfahrung bringen. Er war aber ein knochenharter, abgebrühter Typ, der die ihm übertragenen Aufgaben korrekt erledigte. Mittlerweile war es dunkel geworden. Die Besatzung saß beim Abendessen im Wohndeck. Plötzlich und unerwartet rief er alles übertönend aus seiner im 1. Stock befindlichen Koje, „wollt ihr mal einen Arsch sehen“? Alle an der Back (Tisch) Sitzenden waren derart perplex, dass keiner darauf antwortete. Doch er zog den Kojenvorhand beiseite und alle sahen tatsächlich den nackten Hintern einer Frau. Schallendes Gelächter! Er zog den Vorhang schnell wieder zu. Und wir hatten ein neues Gesprächsthema. Die Besitzerin des Hintern, jetzt völlig angezogen, verließ mit einem sportlichen Sprung seine Koje und schritt unter Beifall der Besatzung den Niedergang hinauf, um das Boot zu verlassen. Die Verhältnisse unter denen wir lebten brachten es mit sich, dass die Moral überall nachließ. Auch der Funkraum wurde „entweiht“, obwohl der „Zutritt nur dienstlich“, wie an dem Schott (Türe) zu lesen, erlaubt war. Mit einem Flüchtlingsmädel, das alleine von einem Ort in Mecklenburg vor den Russen getürmt war und nun überlegte, wie es weiterkommen könnte, hatte ich Bekanntschaft geschlossen. Wir flachsten albern miteinander herum. Ich besorgte ihr etwas zu essen, aus unserer Kombüse (Küche) und da unser Funkraum nachts leer war, erlaubte ich ihr dort zu nächtigen. Das Problem dabei war, ich konnte sie mit den dort vorhandenen Geräten und Geheimsachen nicht alleine lassen. Ich musste deshalb (zwangsweise) alleine mit ihr schlafen. Am nächsten Tag hatte sie Kontakt mit einer durchziehenden Flüchtlingsgruppe geschlossen und zog mit dieser weiter.

Die Besatzungen von drei AKB-Booten (Außer Kriegs Bereitschaft), wurden zur Infanterie abkommandiert und zum Abwehrkampf um Berlin eingesetzt. Uns hätte das ja auch „blühen“ können, doch man rechnete logisch, auch hierher kommen die Russen. So wurden die Besatzungsmitglieder der übrigen Boote, die nicht für die Fahrbereitschaft benötigt wurden, zu Befestigungsarbeiten eingesetzt, hoben dabei Gräben aus und befestigten Mauern. Obendrein sollten wir infanteristisch ausgebildet werden, obwohl doch jeder eine solche Ausbildung in seiner Rekrutenzeit hinter sich gebracht hatte! Zudem standen uns für diese Zwecke alte, lange französische Beutegewehre zur Verfügung, die schon den deutschen Vormarsch in Frankreich nicht aufhalten konnten, geschweige wir damit russische Panzer. Unsere Seeleute wurden sogar an Panzerfäusten ausgebildet. Leider – der Witz des Jahrhunderts – wir bekamen keine! Was sollte man zu diesen unausgegorenen Ideen sagen?

Am 29. April 1945 endlich schien sich etwas zu bewegen. Für die Besatzungen sämtlicher Boote wurde der Landgang gesperrt, die Kommandanten zur Besprechung zum Flottillenchef befohlen. Es lag `was in der Luft! Jeder spürte es. Gerüchteweise hörte man, dass die Russen bereits Anklam eingenommen hätten. Entspräche das der Wirklichkeit, würde es für uns ernst! Die Kommandanten kamen zurück. Die Landgangsperre blieb bestehen. Auf Grund der nachfolgenden Befehle und Aufgaben, konnten wir den Inhalt der Besprechung der Kommandanten beim Flottillenchef entnehmen. Tatsache war, die Boote der 36. Minensuchflottille konnten wegen Brennstoffmangels nicht mehr auslaufen. Wir waren nicht mehr einsatzbereit! Es gab jedoch im Hafen, an einigen Stellen, Reste von Dieselölbeständen, die wir aktivieren sollten. M 3616 lag als Außenboot eines 4er Päckchens. Direkt an der Pier lagen M 3603, ein AKBBoot dessen Besatzung zur Verteidigung Berlins unterwegs war und in dessen Tank sich noch 5 Tonnen Diesel befanden. M 3616 mit den geringsten Reserven, bekam davon 2,5 Tonnen. Der Rest wurde auf andere Boote verteilt. Das Problem dabei war, es gab weder einen Schlauch der über 3 Boote gereicht hätte, noch eine entsprechende Pumpe. Wir mussten also das zugeteilte Dieselöl, mit Eimern von Hand über 3 Boote (und 5 Relings) tragen. Jeder der Besatzung, schleppte Stunde um Stunde, das von einer Handpumpe aus dem Tank von M 3603 geförderte Dieselöl, in Eimern über die Decks und schüttete es in einen auf der Tanköffnung unseres Bootes gestellten Trichter. Da auf dem Weg von der „Quelle“ bis zu unserem Tank stets etwas überschwappte, wurden unsere Klamotten dabei von Diesel „parfümiert“. Jede Planke wurde zur Rutschbahn. Bei 8 Litern pro Eimer kann man sich ausrechnen, wie lange der Transport von 2,5 Tonnen Treibstoff dauerte. Doch kaum waren wir damit fertig, mussten wir 60 Zentner Kartoffeln von der Flottillenverwaltung, die in der Stadt domizilierte, an Bord schleppen und in Säcke füllen. Damit nicht genug, den an der Pier liegenden Kohlenhaufen hatten wir ebenfalls in Säcke zu füllen und diese wie auch mit den Kartoffeln, über 3 Boote an Bord zu transportieren. Aus Platzgründen wurden Kohlen und Kartoffelsäcke an Oberdeck gelagert. Allmählich stießen wir mit unseren Kräften an physische Grenzen. Doch danach wurde nicht gefragt oder gar Rücksicht genommen. Nun hatten wir aus dem Bunker der Flottillenverwaltung, die dort lagernde Munition, mittels eines Handwagens heran zu karren. Endlich gab es zwei Stunden Ruhepause, um danach den Proviantbestand der Flottillenverwaltung zu übernehmen. Jetzt aber wurde auch dem Letzten bewusst, wir werden Warnemünde nicht verteidigen! Wir werden auslaufen! Aber mit welchem Ziel ?

Am 30. April lief gegen Abend tatsächlich noch ein kleiner Tanker ein, der 1 – 2 Tonnen Dieselöl geladen hatte. Er ging bei uns längsseits und pumpte den Rest in unseren Tank. Hierbei brauchten wir nicht „Hand anlegen“, sondern schauten genüsslich zu, wie das Öl in den Tank von M 3616 lief. Allerdings hatte das den Nachteil, dass wir die Freigabe des MarineVerpflegungsamtes verpassten. Alle anderen Boote hatten sich mit Wein eingedeckt. Nur zwei Mann unserer Besatzung erfuhren das zufällig und konnten noch einige Flaschen ergattern. Auf einmal stellte sich heraus, die Freigabe war nur ein Versehen. Nun wurden die Matrosen mit Waffengewalt aus dem Verpflegungsamt vertrieben. Wenn wir dachten, in der kommenden Nacht könnten wir den Schlaf nachholen, hatten wir uns getäuscht. Während wir in unseren Kojen lagen, wurden wir brutal geweckt mit dem Befehl, die Sperrlast (Last = Raum) der Flottille am Wendebecken von den Minenräumgeräten und deren Zubehör zu räumen, um diese auf M 3618 zu lagern. Das Boot war AKB und seine Besatzung zum Einsatz in Berlin. Offenbar sollte dieses Boot, beim vermuteten Auslaufen geschleppt werden. Wir waren stinksauer, fluchten, schimpften und murrten. Doch es galt nach wie vor noch, Befehl ist Befehl. Wir schleppten tatsächlich die ganze Nacht hindurch diese schweren Geräte auf M 3618. Vor Entkräftung oder Übermüdung, vielleicht auch aus Wut, plumpste hin und wieder mal eines dieser Dinger ins Wasser. Gegen Morgen tauchte ein widerlicher Sperrwaffenoffizier auf der meckerte und maulte, weil noch nicht alles an Bord geschafft worden war. Seiner Drohung, er wolle uns jetzt mal „Dampf machen“ entgegneten einige unserer Leute, dass wir mittlerweile die dritte Nacht ohne Schlaf eingesetzt seien. Nun aber wurde dieser Typ komisch. Er wollte diejenigen, die ihn versucht hatten aufzuklären, sofort festnehmen lassen und vor ein Standgericht bringen. Nur die solidarische Fürsprache der Besatzung und einiger Maate, konnten das verhindern. Endlich als die Sonne erwachte, fielen wir totenähnlich in unsere Kojen!

Kaum waren wir eingeschlafen schrie einer an Bord, „das Verpflegungsamt ist frei gegeben“! Wie der Blitz sprang jeder aus seiner Koje und rannte in das in unserer Nähe befindliche Verpflegungsamt, vor dessen Eingang sich hunderte von Matrosen mit dem gleichen Ziel eingefunden hatten. Jeder versuchte schnellstmöglich hinein zu kommen, wobei gedrängt, gepresst, geschoben und gedrückt wurde bis sich endlich die Masse in den Gängen verlief. Die aber, die sich schon mit Kisten, Kartons und Säcken eingedeckt hatten, stemmten sich bei den Eingängen gegen den hereindringenden Strom, so dass eine explosive Situation entstand. Ein Chaos! Hier in den Räumen gab es „alles was das Herz begehrte“. Der Bereich Feinkost und Besseres war bei uns gefragt. Nicht Erbsen und Möhren. Kisten mit Konserven und derartigen Inhalten, wurden einfach aus den Regalen heraus fallen gelassen. Sie zerbarsten mit einem Knall auf dem Boden. Plötzlich wurde alles gestoppt. Keiner durfte raus und keiner durfte herein. Alles sollte wieder zurück in die Regale. Offiziere und Feldwebel liefen herum und schrieen, um den Befehlen Nachdruck zu verleihen. Keiner störte sich daran! Nur mit Androhung des Waffengebrauchs, ließen sich die Soldaten zwingen, ihre Beute zurückzulassen. Angeblich hätten einige U-Boote noch nicht ihre reguläre Verpflegung erhalten, wurde als Grund angegeben. Ein typisch deutsches Verhalten, lieber dem Feind alles überlassen, als mit normalen Menschenverstand zu entscheiden. Ich war mit meiner „Erwerbung“ glücklicherweise schon zurück an Bord. Im Funktionärsdeck machten wir eine Bestandsaufnahme, um zu sehen was die Kollegen erbeutet hatten: 1 Kiste Keks, 1 Zentner Bonbons, 2 Kisten Süßrahmbutter, 1 Kiste Schweineschmalz, 1 Kiste Bienenhonig, 1 Kiste Bolz Likör, 1 Kiste französischen Rotwein und einen großen Karton gemahlenen Bohnenkaffees. Die Kumpels aus dem Mannschaftsdeck, hatten ähnliche umfangreiche „Erfolge“ nachzuweisen. Darüber hinaus wurden pro Mann 100 Zigaretten ausgegeben. Wir konnten leben! Wenn nur nicht die militärische Lage so ernst wäre!

Unsere Schiffsführung reagierte schnell, wir legten ab als nämlich Offiziere des Verpflegungsamtes Kontrollen auf den Booten durchführten. So konnte wir nicht gezwungen werden, die Waren aus dem Verpflegungsamt zurück zu geben, wie auf anderen Booten geschehen. Es soll sogar Kommandanten gegeben haben, die der Besatzung befahlen, die „Beute“ zurück zu bringen. Während wir dem Flottillenliegeplatz „Am Strom“ zustrebten, bekamen einige Boote den Befehl, nach Gjedser auszulaufen. Dadurch bekamen wir einen Liegeplatz direkt an der Pier und brauchten nicht mehr im Päckchen zu liegen.

Chaos

Der einst gefeierte „Tag der Arbeit“, der 1. Mai 1945, sollte für uns ein aufregender Tag werden. Obwohl wir in den letzten Tagen und Nächten körperlich schwer geschuftet und kaum geschlafen hatten, sogar noch durch den Ruf „das Verpflegungsamt ist frei gegeben“, aus dem begonnenen Schlaf gerissen wurden, hatte keiner Ruhe weiter zu schlafen, zu sehr spitzte sich die Lage zu. Um 12 Uhr wurde für das 14 Kilometer entfernte Rostock „Panzervoralarm“ gegeben. Nun würde es wohl ernst werden, ging es mir durch den Kopf. Doch ich ließ mich durch die allgemeine Nervosität nicht anstecken. Irgendwie würde es schon weitergehen, egal wie. Ich konnte sowieso nichts ändern. Die Menschen an der Pier wurden mehr und mehr. Wir bekamen Erlaubnis, Flüchtlinge zu übernehmen. Doch zuvor mussten die Möbel der Flottillenverwaltung, einschließlich der Geheimregistratur, mit allen Geheimsachen an Bord verstaut werden. In Rostock gab es um 14 Uhr „Panzeralarm“. Daraufhin wurde die Landfunkstelle, die für unseren Funkkreis als Leitstelle fungierte, in unseren Funkraum verlegt, mit allen Utensilien und dem EnigmaSchlüssel.

So waren wir als Funker nicht mehr gefragt und halfen umso mehr, bei der Übernahme der Flüchtlinge. Fast ausschließlich Frauen, meistens mit Kindern. Darunter ein Flaksoldat der ein Bein verloren hatte und sich auf Krücken bewegte. Während wir den Verwundeten in eine Koje legten, mussten die übrigen Flüchtlinge alle ins Mannschaftswohndeck. Dort konnten sie, die oft tage und nächtelang auf den Beinen waren, es sich auf Bänken und Kojen bequem machen. Der Smut kochte währenddessen für unsere Flüchtlinge warmes Essen. Sie hatten ja so etwas, oft schon wochenlang vermisst. Ich opferte etliche Päckchen mit gemahlenem Bohnenkaffee, woraus der Smut als Nachtisch Kannen voll heißen Bohnenkaffees machte. Die Kinder bekamen von uns Bonbons und Kekse. Mir fehlen die Worte zu beschreiben, wie glücklich diese Menschen waren. Sie fielen uns um den Hals und drückten uns, alte Frauen wie kleine Kinder, wobei ihnen die Tränen liefen. Das ging mir schwer „unter die Haut“ zu erleben, was Selbstverständlichkeiten diesen Ärmsten der Armen bedeuteten. Hier konnten auch alle endlich einmal auf die Toilette gehen. Wenn es auch die recht primitive Bordtoilette mit Handpumpe war. Sie konnten sich auch mit sauberem Wasser und Seife waschen, was den Meisten von ihnen bisher gar nicht möglich war. Alle Mann an Bord fühlten sich bei der Betreuung dieser Flüchtlinge ausgesprochen wohl. Konnten wir doch etwas Sinnvolles tun und Menschen helfen. Für uns ein völlig neues Erlebnis und eine neue tief greifende Erfahrung!

Der Flaksoldat verstand die Welt nicht mehr. Er stammelte immer wieder, „solch eine Hilfsbereitschaft wie bei euch, habe ich noch nicht erlebt. Dazu noch diese Kameradschaft an Bord“. Das gäbe es scheinbar nur an Bord bei der Marine, meinte er. An der Ostfront sei sich jeder selbst der Nächste. Würde einer verwundet und könne mit den andern nicht mehr türmen, ließe man ihn einfach liegen. Man könne noch so betteln, um mitgenommen zu werden. Das Menschliche sei abhanden gekommen. Aber was er jetzt hier erlebe, gäbe ihm den Glauben an die Menschheit wieder. Die von ihm geschilderte Wirklichkeit kannten wir nicht und hätten sie auch nicht für möglich gehalten.

Um 14,30 Uhr kam die Meldung, „Rostock wurde von sowjetischen Panzern besetzt“. Bevor wir unsere Schleppleine klar machten, nahmen wir ein Motorrad, das einer der Besatzung an Land ergattert hatte, noch an Bord. Achteraus von uns lag M 3618, das wir beim Auslaufen ins Schlepp nehmen sollten. Das bestätigte uns, worauf alles in der letzten Zeit hindeutete, wir würden sobald die Russen kommen auslaufen! Um 15 Uhr hörten wir Detonationen der Sprengladungen auf dem benachbarten Flugplatz, wie auch alle Wehrmachteinrichtungen gesprengt wurden (natürlich auch das Verpflegungsamt mit dem Inhalt, der nicht entnommen werden durfte). Sichtbar für uns brannte die Signalstelle. Ein Feldwebel kam mit einem Sprengkommando, das seinen Auftrag nicht mehr ausführen konnte, zu uns an Bord und bat mitgenommen zu werden. Die 10 Kisten Dynamit, die sie dafür mit sich führten, wurden an Oberdeck gelagert. Meiner Ansicht nach ein bodenloser Leichtsinn. Ein kleiner Grantsplitter genügte, das Boot mit seinen Menschen zu atomisieren. Keiner hatte Zeit sich darüber Gedanken zu machen und unserem jungen unerfahrenen Kommandanten, fehlte es am notwendigen Verantwortungsbewusstsein. Denn in diesem Augenblick bogen vom Bahnhof kommend 7 sowjetische Panzer in die Straße „Am Strom“ ein und rollten langsam in unsere Richtung. Ohne auf den Befehl zu warten, warfen wir die Leinen los und manövrierten uns an M 3618 heran, machten die Leinen fest und nahmen Kurs auf die Hafenausfahrt. Die Geschütze wurden besetzt, soweit die Besatzung nicht mit der Schleppverbindung zu tun hatte. Das achtere Geschütz machte ich klar und feuerbereit. Doch mit 2 Zentimeter Geschossen auf Panzer zu schießen war zwecklos und auf den Panzern aufgesessene Soldaten waren nicht zu sehen. Einzelne Panzer schossen auf auslaufende Schiffe. Während die Russen in Rostock eindrangen, legten die Schiffe dort ab und trafen über die „Warne“ zu dieser Zeit bei uns in Warnemünde ein. Es gab ein heilloses Durcheinander und Gedränge. Jedes Schiff wollte so schnell wie möglich, die Mole passieren. Wir mit unserm „Anhängsel“ hatten natürlich Probleme bei diesem Chaos. Die Russen schossen schlecht, wir konnten nirgendwo einen Treffer feststellen. Über uns kreisten russische Kampfflugzeuge, die sich die Chance entgehen ließen, Bomben in das Gewusel zu werfen oder mit Bordwaffen anzugreifen. Dafür legte sich M 3608 hinter die Westmole, übernahm 100 Soldaten die sich dorthin geflüchtet hatten und nahm die Panzer mit ihrer 8,8 Zentimeter Kanone unter Feuer. Der führende „StalinPanzer" und die beiden folgenden T 34 wurden durch Treffer vernichtet. Während der Schiffsrumpf durch die Mole abgedeckt wurde, ragten das Geschütz und die Aufbauten darüber hinaus. Ein Panzer traf mit einem Schuss die Toilette des Bootes, verwundet oder getroffen wurde keiner. Dann aber zog sich M 3608 durch die Mole gedeckt zurück und folgte den Booten der 36. Minensuchflottille nach Gjedser in Dänemark.

Die Strecke dorthin schaffte das „Wachschiff 20" der 2. Sicherungsflottille leider nicht. Es war bei einem Bombenangriff auf seinen Einsatzhafen Swinemünde, beschädigt worden und sollte in Kiel repariert werden. Bis dahin war es unserer Flottille unterstellt. Bedingt durch das plötzliche Eindringen der Russen in Warnemünde, konnte das Wachschiff nicht mehr abgeschleppt, die Besatzung jedoch von einem unserer Boote übernommen werden. Diese Möglichkeit verpassten einige Matrosen unserer Flottillenveraltung, die von den Russen überrascht und vereinnahmt wurde.

Dänemark

Während es in Deutschland im Kriege keine Schlagsahne gab, galt das für Dänemark nicht. Dachte man an Dänemark, dachte man an Schlagsahne! Damit wurde Dänemark für uns Jüngere zum Inbegriff von Schlagsahne, von der ich seit 6 Jahren nichts mehr gesehen hatte. Es war auch der einzige erfreuliche Gedanke, nachdem wir uns aus dem Chaos gerettet hatten. Unser Heimatland war scheinbar für uns zu klein geworden. Wir mussten es kläglich verlassen. So liefen gegen Abend die von Warnemünde Kommenden in Gjedser ein, darunter natürlich auch M 3616.

Die Flüchtlinge mussten uns verlassen und bezogen Quartier auf dem Fährschiff „Mecklenburg", der Fährlinie „Warnemünde – Gjedser". Es war ein sehr herzlicher Abschied, wobei sich alle bei jedem Einzelnen mit Umarmungen und Tränen bedankten. Mehr oder weniger erfuhren wir durch Zufall aus dem Radio, dass Adolf Hitler am Tage vorher „im heldenhaften Kampf um Berlin" gefallen sei. Er habe Großadmiral Dönitz zu seinem Nachfolger bestellt. Ich kann nicht sagen, dass wir das irgendwie bedauert hätten, es machte uns nur betroffen. Der hinter vorgehaltener Hand als „Gröfaz" (Größter Führer aller Zeiten) bezeichnete Führer und Reichskanzler war letztlich Oberster Kriegsherr der Deutschen Wehrmacht auf den wir vereidigt waren. Er hatte aus Deutschland das Großdeutsche Reich gemacht, allen Arbeit beschafft, von den Fesseln des Versailler Friedensvertrages befreit und jetzt? Was sollte aus Deutschland, was soll aus uns werden? Weshalb musste alles in Trümmer gehen? Diese Fragen beschäftigten uns schon, wenn wir auch die Antworten darauf erst einige Zeit später erhielten. Jedenfalls war Dönitz einer von uns und genoss großes Vertrauen. Er war keiner dieser Nazigrößen, die wir alle nicht mochten. Aber warum hatte uns keiner unserer Vorgesetzten, vom Ableben Hitlers und den daraus erfolgten Änderungen, Kenntnis gegeben? Weder hatten wir vom Flottillenchef, Gruppenführer oder Kommandanten offiziell eine Mitteilung erhalten? Ja, es ließ sich von diesen Herren überhaupt keiner sehen! Im Radio hörten wir die Ansprache unseres neuen Reichskanzlers Dönitz, die uns eigentlich bestätigte, was wir schon wussten.

Nachdem nun auch die Flottillenverwaltung mit ihren Möbeln bei uns ausgezogen, die Leitfunkstelle sich an Land eingerichtet und uns ebenfalls verlassen hatte, genauso wie das Sprengkommando, sprachen wir nur noch von Schlagsahne. Wenn wir schon in Dänemark waren, wollten wir auch Schlagsahne essen! So gingen wir am nächsten Tag in die Stadt und fanden in der Mitte des kleinen Ortes ein Kaffee, das in kurzer Zeit von unserer Besatzung frequentiert wurde.

Wir bestellten Kuchen mit Schlagsahne, auf die ich 6 Jahre habe warten müssen. Zu unserm großen Bedauern, gab es leider keine zweite Portion. Entweder war der Vorrat begrenzt oder man wollte nicht! Letzteres nahmen wir an. Als wir nämlich das Kaffee verließen, standen rechts und links des Eingangs einige Zivilisten mit Armbinden in den dänischen Farben, in deren Koppel Waffen steckten. Aber sie ließen uns anstandslos passieren. Jetzt kamen scheinbar die „Ratten" aus ihren Löchern, die „Freiheitskämpfer" witterten Morgenluft!

Am 2. Mai 1945 liefen M 3603, M 3605 und M 3608 zu einem Aufklärungsvorstoß nach Warnemünde aus. Der Auftrag lautete, falls Warnemünde nur schwach besetzt ist, soll sofern möglich, das dort in der Hafeneinfahrt liegende beschädigte Minensuchboot abgeschleppt werden. Die Boote kamen später unverrichteten Auftrags zurück, da sich dort schwere russische Artillerieeinheiten aufhielten.

In der Ostsee gab es vor allem gegen Ende des Kriegs, keine oder keine zuverlässigen Seezeichen mehr. Für den notwendigen kriegswichtigen Seeverkehr aber, waren diese unabdingbar. An Stelle dieser schwimmenden Seezeichen, lagen auf deren Positionen so genannte Wachschiffe vor Anker. Meistens handelte sich dabei, um bewaffnete ehemalige Fischlogger. M 3616 erhielt am 5. Mai 1945 mit M 3617 den Auftrag, nun das „Wachschiff 8", das auf Position „Weg grün 03" lag, nach Gjedser zu holen. Es herrschte diesiges Wetter mit schlechter Sicht, jedoch günstig für uns. Man konnte uns nicht so leicht entdecken. Auf Grund der genau bekannten Position, fanden wir gegen Morgen des 6. Mai das Wachschiff und nahmen gemeinsam Kurs Richtung Gjedser. Auf dem Weg dorthin erhielten wir den Funkspruch: „Mit den Streitkräften des Generals Montgomery ist ab 16 Uhr Waffenruhe vereinbart. Mit dem unter seinem Kommando stehenden Truppen sind alle Feindseligkeiten einzustellen." Dieser bedingungslosen Kapitulation zufolge, seien auf allen Schiffen um 16 Uhr die Kriegsflaggen einzuholen. Der militärische Gruß, wie vor dem 20. Juli 1944, sei wieder anzuwenden. Das Wehrmachtstrafgesetz blieb weiterhin in Kraft! Dieser Funkspruch schlug wie eine Bombe ein! Doch was hatten wir eigentlich erwartet? Eine völlig neue Situation, deren Auswirkungen unserer Vorstellungskraft entbehrte!

Zunächst aber hielten wir uns nicht korrekt an die Auflage, um 16 Uhr die Kriegsflagge einzuholen. Wir liefen nämlich erst um 17,30 Uhr in Gjedser, als letztes Boot der 36. Minensuchflottille, nach einem Kriegseinsatz ein. Der Kommandant befahl in Ausgehuniform an Deck anzutreten. Er ließ uns stillstehen, verlas den Kapitulationsbefehl und sprach Worte des Dankes für den Dienst unter Einsatz unseres Lebens für Volk und Vaterland. Es folge das Kommando, „Augen rechts. Holt nieder Flagge"! Die Flagge unseres Bootes, unter der wir einen sauberen Krieg geführt hatten, war vom Wind derart zerfetzt, dass nur noch die Hälfte vorhanden war. Als sie jedoch endgültig herunter geholt wurde, kamen uns die Tränen! Es bedeutete jedem von uns, alles war vergebens, alle Opfer waren umsonst! Das Kommando: „Weggetreten vernahm ich wie in Trance. Zu sehr ging mir das alles „unter die Haut"!

Kurioser Weise fuhren die beiden Boote M 3617 und M 3616 den letzten Kriegseinsatz der 36. Minensuchflottille, zu deren Besatzung ich während meines Kriegsdienstes bei der Marine gehörte.

Waffenstillstand

Es brach in Gjedser eine Zeit an, in der keiner wusste, wie es weitergehen, was passieren, was mit uns geschehen sollte. Uns war bewusst, dass die Zukunft recht dunkel vor uns liegt, wir unsere Boote an die früheren Besitzer zurückgeben müssen, doch was geschieht dann mit uns? Dass alle Soldaten und alle die mit der Wehrmacht zu tun hatten in die Gefangenschaft gehen würden, war uns schon bewusst. Wie sollte die aber für uns aussehen?

Zunächst passierte erst einmal gar nichts. Außer den an der Pier liegenden AKB-Booten gingen alle Boote der 36. Minensuchflottille auf der Rede vor Anker. Die Kapitulation nur gegen die Briten unter General Montgomery, gab uns zu denken. Wie müssten wir uns verhalten, wenn plötzlich sowjetische Schiffe auftauchten oder gar amerikanische? Wir waren von allen Kommunikationsmöglichkeiten abgeschnitten. Es gab keine Funkstelle oder dergleichen für uns mehr. So konnten wir auch nicht wissen, dass die Kapitulation nur Montgomery gegenüber der deutschen Kriegsmarine galt, die dadurch die Chance erhielt, vor den heranflutenden Russen, in einer beispiellosen Rettungsaktion über 2,2 Millionen Menschen über die Ostsee zu transportieren. Darunter befanden sich 1,4 Millionen Flüchtlinge! Eine unvorstellbare Leistung der Kriegsmarine, die später kaum gewürdigt wurde. Auch die 36. Minensuchflottille war involviert, M 3616 leider nur am 1. Mai 1945. Insgeheim rechneten wir damit, dass die Westmächte mit den Resten der deutschen Wehrmacht, gegen die Sowjetunion kämpfen würden. Wir konnten uns nicht vorstellen, dass die demokratischen Westmächte mit den reinen Diktaturen der Oststaaten harmonieren würden. Jetzt mit Tabularasa „in einem Aufwasch" Europa neu zu ordnen und daraus eine Friedensallianz zu schaffen, wäre eigentlich die Konsequenz!

Nachdem eine ganze Reihe von Tagen ereignislos vergangen waren, erhielten unsere Vorstellungen einen harten Dämpfer. Es wurde der Befehl bekannt, sämtlich Munition und Handfeuerwaffen sind abzugeben, dazu die Verschlüsse der Geschütze. Nur die Kommandanten durften ihre Pistolen behalten. Darüber hinaus wurde jedem Boot, ein Gewehr mit Munition für Wachzwecke belassen. Die Veränderung der Lage zeigte sich, durch die im Hafen von Gjedser aufgezogenen Posten der Freiheitskämpfer, die keinen Deutschen passieren ließen. Wir waren Gefangene!

Nun hatten wir Zeit über alles nachzudenken. Welchen Sinn hatte der Krieg? War Hitler von falschen Voraussetzungen ausgegangen? Mir – und nicht nur mir – schwante seiner Zeit nichts Gutes, als Hitler das riesige russische Reich angriff und damit noch einen Zweifrontenkrieg inszenierte: Auf der einen Seite das unermesslich reiche und große Amerika und Canada und auf der anderen Seite das riesige Sowjetrussland mit seinen sozialistischen Sowjetrepubliken. Mitten drin das kleine Deutschland! Das konnte doch nicht gut gehen! Es war nur gut, dass wir keinen deutschen Sender hören konnten und daher nicht erfuhren, welche Grausamkeiten die SS in den Konzentrationslagern angerichtet hatten. Ich weiß nicht, ob wir das in unserer Situation hätten verkraften können. Hinzu kam noch, keiner wusste von uns, was ist mit unseren Angehörigen, Eltern, Geschwister? Haben sie den Krieg überlebt, leben sie noch und wo sind sie überhaupt?

Nach einer Woche traf eine Abordnung der Briten ein. Flieger die sich unsere Boote anschauten und sich unbekannte Waffen (?) erläutern ließen. Vielleicht wollten sie erfahren, warum ihre Jagdbomber nicht einen einzigen Bombentreffer bei uns anbringen konnten, obwohl sie dass massenweise versucht hatten. Der Flottillenchef lud sie zum Mittagessen ein. Danach verschwanden sie. Weiter ließ sich kein Sieger blicken. Nur die Freiheitskämpfer taten so, als ob sie uns besiegt hätten.

Zur Abgabe der Munition legten die Boote nacheinander an der Pier an, um anschließend wieder auf der Rede zu ankern. Auf dem Weg von der Rede zur Pier, warfen einige Matrosen von M 3681, Kisten mit Munition in Höhe der Hafeneinfahrt ins Wasser. Die Freiheitskämpfer die uns permanent mit Argusaugen beobachteten, meldeten den Vorgang den Briten. Es dauerte auch nicht lange, ein britischer Korvettenkapitän besuchte uns und forderte unseren Flottillenchef ultimativ auf, die versenkten Kisten innerhalb der nächsten 24 Stunden wieder herauf holen zu lassen. Andernfalls würde ein Kriegsgerichtsverfahren eröffnet. Da die Hafeneinfahrt immerhin 10 Meter tief maß, keine leichte Aufgabe die Kisten, ohne Hilfsmittel wieder herauf zu holen. Die Freiheitskämpfer beobachteten peinlichst genau, dass auch alle Kisten wieder aus dem Wasser geholt und an der Pier abgestellt wurden. Eines Nachts haute unser Flottillenschlepper nach Stralsund ab. Was die damit befassten Matrosen dazu bewogen hatte, konnte keiner wissen. M 3619, aber auch das Rennboot von Oberleutnant Blasberg, versuchten den Schlepper einzuholen, doch der hatte einen zu grossen Vorsprung, es gelang nicht. Ansonsten passierte nichts. Wir gammelten im wahrsten Sinne des Wortes herum. Keiner hatte etwas zu tun, hatte irgendeine Aufgabe. Es machte sich eine „Leck-mich-am-A - --- Stimmung" breit. Der Umgang mit den Vorgesetzten schien entspannt. Gewiss war auch ihnen bewusst, die Zeit des Kommandierens neigt sich dem Ende zu. Der Kommandant ließ sich überhaupt nicht blicken, was uns nicht sonderlich tangierte. Im Gegensatz zu unserem ehemaligen Kommandanten, der sich zur Besatzung gehörend fühlte, der mit uns durch dick und dünn ging, einer unserer Gefahrengemeinschaft, würde jetzt auch bei uns sein, in einer Zeit, die für uns alle ein riesengroßes Fragezeichen bedeutete. Der jetzige „Herr Leutnant zur See" fühlte sich nicht zu uns gehörend. Aber auch ihm sollte bewusst sein, dass ein Offiziersdasein in der jetzt angebrochenen Zeit nicht mehr gefragt ist und er vielleicht noch froh wäre, wenn jemand sich seiner annähme.

Irgendein Zeitvertreib aber musste her, wir bekamen sonst noch einen Koller. Da fiel uns ein, wir hatten doch aus dem Verpflegungsamt in Warnemünde eine Kiste französischen Rotweins organisiert. Die musste nun herhalten. Jetzt ging es bei uns Tag für Tag hoch her! Nicht jedes Boot hatte das Glück, eine Kiste Wein an Bord zu haben. Man zerschlug einfach den Glasbehälter des Kompasses im Ruderhaus der ja in Alkohol schwamm. Dabei vergaß man oder wusste es noch nicht einmal, dass dieser chemisch hergestellte Methylalkohol gesundheitsschädlich war. Getrunken hätte das schwere Erkrankungen bis zur Blindheit als Folge. Bevor der Alkohol zur Neige ging, musste unser „Dschulu" einmal herhalten. Wir hatten vor, ihn endlich einmal gründlich zu reinigen. Unter unseren erbeuteten Beständen befand sich auch eine Kiste „Underberg". Trinkgläser gab es nicht mehr bei uns an Bord. Wir tranken den Wein, wie auch den Alkohol, aus unseren Kaffeetassen. „Dschulu" war trinkfreudig und wollte mit allen „auf Freundschaft" trinken. Das aber ging nur mit Kaffeetassen. Wir füllten „Dschulu" „Underberg" in seine Tasse, tranken aber selbst Kaffee aus unseren Tassen, man konnte nämlich keinen Unterschied im Aussehen feststellen. Das „Prost" ging ständig im Kreis herum und „Dchulu" wurde lustig und lustiger, voll und voller. Irgendwann fiel er endlich um und entgegenkommend auf´s Deck. Das war für uns das Zeichen, die große Reinigung mit ihm zu beginnen. Wir zogen ihn splitternackt aus, er wehrte sich nicht. Dann schlugen wir den Schlauch für die Decksreinigung an und strahlten ihn ab. Das hatte er offensichtlich nicht so gerne. Als aber einer mit Seife und Wurzelbürste kam, wollte er fortlaufen. Das aber konnte er wegen seines Alkoholspiegels nicht. So wurde er endlich einmal sauber, wenn auch unsererseits auf unfaire Art. Der Zweck heiligt die Mittel! Natürlich haben wir viel dabei gelacht, andererseits tat uns „Dchulu" aber auch leid. So gefühllos waren wir nämlich nicht. Wir wickelten ihn in ein großes Badetuch, trockneten ihn dabei ab und legten ihn dann in seine Koje, damit er seinen Rausch ausschlafen konnte.

In der dritten Woche nach der Kapitulation endlich kam der Befehl, zur Verlegung der 36. Minensuchflottille nach Kopenhagen. „Unsere Flüchtlinge", die im Hafenbereich untergebracht waren, und Sichtkontakt mit uns hatten, bedauerten diese Entwicklung sehr. Man merkte es ihnen immer wieder an, dass sie die Rettung vor den Sowjets nicht vergessen hatten und winkten uns zum Abschied mit Tränen in den Augen. Die Musiker unter unseren Leuten, spielten mit Gitarren und Mundharmonikas „Muss i denn zum Städele hinaus“, während die übrige Besatzung dazu sang. Die Flüchtlinge winkten uns bis wir aus Sichtweite waren.

Außer M 3634 das als Signalstelle zurückbleiben musste, lief die 36. Minensuchflottille geschlossen mit den unterstellten Booten der 1. Sicherungsflottille, 2 Dampfloggern, „VS 59“ und den AKB-Booten im Schlepp, Kurs Kopenhagen. Unterwegs begegnete uns in einiger Entfernung ein britischer Räumbootsverband, der jedoch keinerlei Notiz von uns nahm. Anstandsregeln auf See galten offensichtlich für die Sieger nicht. Uns aber machte das nichts aus. Wir liefen am nächsten Abend in den Freihafen von Kopenhagen ein.

Kopenhagen

Alle deutschen Marineeinheiten der Ostsee, soweit sie sich nicht im deutschen Küstengebiet aufgehalten hatten, versammelten sich im Freihafen von Kopenhagen. Die 36. Minensuch befand sich also in bester Gesellschaft. Aber dort herumlaufen, zu schauen was sich hier noch so alles aufhielt, konnten wir erst, nachdem wir den Ausweis des „Konigliche Frihavn Bevognigten" bekommen, wir von unseren Uniformen den so genannten „Nazispatz" oder auch „Pleitegeier" (Hoheitsadler) entfernt, aus allen Dokumenten, wie beispielsweise das Soldbuch, das Hakenkreuz durch schwärzen unkenntlich gemacht hatten. Beim Bummel durch den Freihafen schauten wir uns die Einheiten an und stellten dabei fest, dass darunter sich auch Minensuchboote der neu aufgestellten 2. Minensuchflottille befanden. Alles neue schöne Boote, von denen die meisten überhaupt noch keinen Kriegseinsatz absolviert hatten. Als Kommandant des M 607 konnten wir unseren alten Gruppenführer der Gruppe „Bruno" begrüßen den wir schon in Borkum, auf der Rückfahrt von Dünkirchen, getroffen hatten. Er wollte wissen wie es uns ergangen sei und lotste uns in seine Kammer. Dort erzählte er uns, dass er mit seinem Boot die deutschen Minenpläne nach Edingbrugh gebracht habe. Die Auflage der Briten sei gewesen, die Pläne durch ein Minensuchboot zu überbringen. Als er jedoch mit seinem M 607 dort angekommen sei, hätten die Briten angenommen, es käme ein deutsches Torpedoboot oder gar ein kleiner Zerstörer. Die Engländer besitzen keine derart großen Minensuchboote, weshalb es zu diesem Missverständnis kommen konnte. Während des dortigen Gespräches mit höheren britischen Marineoffizieren, gab sich einer davon als einer seiner Gegner im Kanal zu erkennen. Erstaunt war unser ehemaliger Gruppenführer über das Wissen der Tommies von der 36. Minensuchflottille, die sie als einen echten Gegner anerkannt und respektiert hätten. Das war natürlich interessant für uns. Bei einem kühlen Bier, das er kommen ließ, orakelten wir was mit der 36. Minensuchflottille wohl werden würde. Einheitlich war die Meinung, dass die Boote der 36. Minensuch ihren Eigentümern wieder zurückgegeben werden. Für die 2. Minensuch schätzte er, dass diese Boote noch längere Zeit Minen räumen würden. Falls einer der 36. Minensuch eine Tätigkeit suchen würde, wäre er gerne behilflich. Mit dieser hoffnungsvollen Zusage verabschiedeten wir uns und gingen zurück zu M 3616.

Der Freihafen grenzte an die „Lange Linie", bekannt durch die Plastik der „Meerjungfrau" und galt als Flaniermeile der Kopenhagener. Sie lag in Teilen erheblich höher als der Freihafen und wurde durch einen Maschendrahtzaun davon getrennt. Für die Dänen die sich als Sieger fühlten, war es natürlich interessant, die Besiegten mit ihren Kriegsschiffen und deren Besatzungen anzuschauen. Sie liefen mit Kind und Kegel entlang des Zaunes, schauten auf die Nazikriegsschiffe herunter, spuckten nach uns und beschimpften uns mit „Naziverbrecher"! Das ärgerte uns heftig, das waren wir nun wirklich nicht. Weder waren wir Nazis noch Verbrecher. Keiner von uns hatte gemordet, noch Andersdenkende schikaniert. Wir hatten nur unsere Pflicht getan und den Krieg verloren. Von den Verbrechen der SS in den Konzentrationslagern wussten wir noch nichts. Im Gegensatz zu den Dänen die diese Berichte kannten, uns wahrscheinlich als Mittäter ansahen und deshalb beschimpften.

Am Ende der langen Linie, dort wo die Flaniermeile ebenerdig neben dem Freihafen verlief, herrschte allerdings durch den Zaun getrennt, ein anderes Klima. Dort hielten sich jüngere Frauen und Mädels auf, die nicht auf die Deutschen schimpften. Sie waren nämlich an einer Liaison mit ihnen interessiert. Immer wieder kam es vor, dass irgendeine sagte, „komm heute Nacht nach hier. Ich warte auf dich. Du kannst ungesehen über den Zaun klettern und bei mir wohnen". Selbstverständlich machten etliche davon Gebrauch. Andere Frauen waren deutlicher und wollten einen deutschen Mann haben. Die dänischen Männer seien im Bett zu faul. So oft dänische Männer im Jahr „Liebe machten" würden es die deutschen in der Woche tun. Offenbar hatten die Däninen höhere Qualitätsansprüche.

Man könnte es kaum glauben. Die gesamte Flottille musste zur Ordensverleihung auf der Pier Bootsweise antreten. Ordensverleihung nach einem verlorenen Krieg mit totalem Zusammenbruch! Wofür? Eine skurrile Angelegenheit! Alles war angetreten und der Flottillenchef rief diejenigen einzeln auf, die eine Urkunde ausgehändigt bekamen. Denn Orden gab es keine, die waren noch nicht hergestellt! Die Urkunde mit Schreibmaschine geschrieben und auf Schreibmaschinenpapier abgezogen lautete: „An Bord den 18. Mai 1945". „Auf Grund der Ermächtigung des Oberbefehlshabers der Kriegsmarine, verleihe ich dem Funkobergefreiten Bodo Grafenhorst die Marinefrontspange in Bronze" „Fregattenkapitän Chef der 10. Sicherungsflottille". Im Dienstsigel war das Hakenkreuz geschwärzt. Keiner wusste wie diese Frontspange aussehen sollte und woher wir diese einmal bekommen sollten. Eine recht fragwürdige Angelegenheit. Verständlich allerdings die Stiftung dieses Ordens. Für das Heer gab es die so genannte „Nahkampfspange", für eine Anzahl mitgemachter Nahkämpfe. Die Luftwaffe verlieh die „Frontflugspange", für eine größere Anzahl Einsatzflüge. Die U-Bootmannschaften bekamen die U-Bootfrontspange, für eine bestimmte Anzahl von Feindfahrten und nun hatte man auch für die Sicherungsverbände, die die Hauptlast des Krieges auf dem Wasser trugen, diese Marinefrontspange geschaffen. Das Kriterium der Verleihung bestand in der 10fachen Bedingung für den „Sprudelorden". (Die Bedingungen dafür sind an anderer Stelle bereits erläutert worden.) Für mich war der Erhalt dieser Urkunde keine Überraschung. Es gab auch keinen, der sich darüber freute. Was bedeutete ein Orden, von dem es nur eine Urkunde gab, die 10 Tage nach der bedingungslosen Kapitulation „in Ermächtigung" ausgestellt wurde? Für was ? Für sinnlose Einsätze, wie wir jetzt erkennen mussten! Für etwas wofür uns die Dänen bespuckten. Was soll das alles, fragten wir uns.

Doch das „Thema Nummer 1" war bei uns, die immer wieder gestellte Frage, was wird aus uns? Wie geht es weiter? Dazu die quälende Frage, was ist aus den Angehörigen geworden? Ich fragte mich oft am Tag, leben meine Eltern und meine Schwester noch? Und wo ? Wie ergeht es ihnen jetzt? Unsere Vermutung bestätigte sich, nach einem neuerlichen Besuch einer britischen Kommission. Diese hatte entschieden, alle Boote der 36. Minensuchflottille, außer dem Neubau M 3681, M 3620, sowie 3 KFK-Boote, werden nach Delfzijl verlegt und dort den Holländern übergeben. Die drei KFK-Boote werden mit anderen KFK-Booten, zu einer gemeinsamen 36. Minensuchflottille nach Aarhus verlegt, um dort Minen zu räumen.

Jetzt war es Zeit für mich, auf das Angebot unseres ehemaligen Gruppenführers einzugehen. Ich meldete mich bei ihm an Bord und bezog mich auf seine Bemerkung bezüglich der Weiterverwendung. Zunächst war ich enttäuscht von ihm zu hören, dass er mit seinem Funkpersonal vollständig sei, doch er sagte weiter, auf M 611 fehle noch ein Funker. Er habe mit dessen Kommandanten gesprochen, bei dem ich mich, mit Bezug auf ihn, melden solle. Das tat ich dann auch sofort, suchte seine Kammer auf, klopfte an, er öffnete und ich sagte, „Funkobergefreiter Grafenhorst bittet Herrn Oberleutnant auf M 611 als Funker einsteigen zu dürfen". „Ich weiß Bescheid", sagte der freundliche schon etwas ältere Herr. „Melden sie sich bei der „Nummer 1" der weist sie ein". Die „Nummer 1" war ein freundlicher, auch nicht mehr ganz junger Oberbootsmann, der mich zum Funktionärsdeck brachte, das eine Treppe tiefer lag. Zu dieser Zeit befand sich kein Funktionär dort und so ging ich zu meiner bisherigen „Heimat" M 3616. Pakte dort meinen Seesack, holte meine Uniform aus dem Spind und räumte die Backskiste aus. Dann nahm ich noch zwei dicke gefütterte Wachmäntel mit Kapuzen unterm Arm und marschierte zu meinem neuen Domizil M 611. Die Wachmäntel wurden auf meinem alten Boot nicht mehr gebraucht und ich dachte an die Zeit nach der Marine! Allen die zur Rückführungsfahrt nicht benötigt wurden ging es wie mir, sie suchten auf den Einheiten im Freihafen ein Schiff, auf das sie einsteigen konnten. Die anderen Funker von M 3616 blieben an Bord. Ein allgemeiner Adressenaustausch begann, wobei keiner sagen konnte ob diese Anschrift noch Bestand hatte. Keiner wusste wie es zu Hause aussah, ob die Eltern noch lebten und das Haus noch existierte. Mittlerweile hatten wir erfahren, dass Deutschland in 4 Besatzungszonen aufgeteilt worden war, in die britische, amerikanische, französische und sowjetische Besatzungszone. Keiner von uns konnte aber sagen, zu welcher Besatzungszone sein Heimatort gehörte. In dieser Zeit der totalen Orientierungslosigkeit war es nicht leicht, eine zukunftsbezogene Entscheidung zu treffen. Ich war jedenfalls überzeugt, die richtige Entscheidung getroffen zu haben, was sich später auch bestätigte.

M 611

M 611 war ein schönes Schiff, wie alle gleich aussehenden Schiffe der 2. Minensuchflottille der 43-er Bauartklasse. Aus der Erfahrung des Krieges, wurden die Boote dieser Bauartklasse mit Kohle und nicht wie die der 40-er Bauartklasse mit Öl beheizt. Die im Rumpf seitlich befindlichen Kohlebunker schützten das Schiff bei Treffern besser, als die an gleicher Stelle befindlichen Öltanks der Ölboote. Bei seitlichen Granat – oder Splittereinschlägen verstopfte Kohle sogleich das Loch. Dagegen konnte sich das Öl auf den Ölbooten dabei entzünden oder gar auslaufen. Doch diese Theorien interessierten keinen mehr. M 611 war gerade mal in den letzten Kriegstagen in Dienst gestellt worden. Ich zog ins Funktionärsdeck ein, hatte dabei auch keine Integrationsprobleme, zumal das EK-Band und der „Sprudelorden" zeigten, dass ich kein Anfänger war. M 611 war ein echtes Kriegsschiff und sehr funktional gebaut. Doch die Funktionäre waren alles nette Kerle, ob es sich um die Signalgasten, die Steuerleute, den Koch mit seinem Hilfskoch oder meinen Funkerkollegen handelte. Der Funkraum befand sich im Brückenaufbau, neben dem Wohnraum des Kommandanten. Die Funkkollegen hatten beide nicht viel vom Krieg gesehen. Alois aus Oberschlesien, hatte die Zeit auf einer Landfunkstelle und der zweite Kollege, schöne Jahre bei der Hafenschutzflottille in La Spezia in Italien zugebracht. Problemlos wurde mir als dem Älteren und Erfahrenen, die Stationsleitung der Funkstation von M 611 übertragen. Auch die 2. Minensuchflottille gammelte, wie die anderen, hier im Freihafen herum. Um die Langeweile etwas zu überbrücken, setzten wir den Plattenspieler häufiger in Betrieb, den gab es nämlich im Funkraum, mit einem großen Plattenbestand und Lautsprechern in allen Decks. Ansonsten saßen wir irgendwo herum und schwätzten über die Kriegsvergangenheit.

Bei den gelegentlichen Besuchen der alten Kameraden erfuhr ich, dass die Boote der bisherigen 36. Minensuchflottille am nächsten Tag nach Holland auslaufen sollten. Das sprach sich schnell herum und so fanden sich alle, die mittlerweile andere Kommandos hatten, zum Abschied an der Pier ein. Ich ging noch einmal auf M 3616, gab den alten Kameraden die Hand, drückte Kurt und Bruno herzlich, wünschte allen eine glückliche Zukunft in dieser ungewissen Zeit, verabschiedete mich auch noch von den alten mir bekannten Kameraden von M 3617 aus der Zeit 1942 – 1943. Dann stand ich mit allen anderen, darunter unser ehemaliger Gruppenführer, am Kai und winkte den an Deck stehenden Kameraden der auslaufenden Boote. Jedes hatte einen Heimatwimpel hergestellt, der von der Mastspitze bis zum Achtersteven reichte und über die allmählich aus der Sicht verschwindenden Boote wehte. Wir standen alle schweigend an der Pier, keiner sagte ein Wort, mit mir wischten sich etliche die Tränen aus den Augen.

Ich hatte ein Gefühl, als ob mir von meinem Körper etwas fehlte.

Mein „Haus“, meine „Wohnung“, meinen Platz, während schwerster Stunden meines Lebens, gab es nicht mehr. Dort verschwanden einige Jahre meines Lebens, dort verschwand eine schwere und dennoch glückliche Zeit, dort verschwanden Freunde und Erinnerungen, dort verschwand der Lebensinhalt etlicher Jahre, dort reifte ich von einem begeisterten Jungen zu einem nun enttäuschten Mann! Was blieb mir jetzt? Ein großes schwarzes Loch !

Ich ging allein mit meinen Gedanken zum Liegeplatz von M 611, meiner neuen „Heimat“. Meine neuen Kameraden versuchten mich aufzumuntern, was ich dankend registrierte. Es ließ mich auch für das künftige Zusammenleben hoffen. Plötzlich erfuhren wir, die 2. Minensuchflottille gehöre jetzt zu der von den Briten aufgestellten 3. Räumdivision. Gleichzeitig mussten die Boote Proviant und Kohlen ergänzen, um an einem der nächsten Tage auszulaufen Die Aufgabe lautete, Sucharbeiten im Sund, Kattegat und Skagerrak. Endlich hatte die elende inhaltslose Warterei ein Ende und meine erste Fahrt mit M 611 begann. Ich hatte ein Gefühl, als mache ich eine Urlaubsreise in die Ostsee. Es gab keine Begegnung mit feindlichen Schiffen, auch keine Flugzeugangriffe, die Sonne schien, es war sommerlich warm und wer Freiwache hatte, lag an Deck in der Sonne. Im Funkraum war nichts los. Der aber der Funkwache hatte, saß draußen mit dem Kopfhörer auf dem Kopf auf einem Stuhl in der Sonne. Da alle Funksprüche unverschlüsselt gesendet wurden, benötigten wir auch den EnigmaSchlüssel nicht mehr. Geräumt wurde mit allen Suchgeräten. Die Sundsperre zwischen Dänemark und Schweden, musste für den jetzt wieder aktiv werdenden Frachtverkehr, frei gemacht werden. Die Sucharbeiten wurden nur am Tage durchgeführt. Stets ankerten wir gegen Abend in irgendeiner Bucht. Kaum hatte der Anker den Grund gefasst, sprang die Hälfte der Besatzung bei diesem herrlichen Sommerwetter ins kühle Nass. Es waren schöne Tage, die uns der Sommer bescherte. Eines Abends gingen wir bei Helsingborg vor Anker und sahen in der Dunkelheit vom Signaldeck aus, die hell erleuchtete Stadt. Helsingborg gehörte zu dem nicht am Krieg beteiligten Staat Schweden und kannte natürlich die Verdunkelung unserer Orte und Städte nicht. Jetzt diese friedliche vor uns liegende Stadt, mit einem Lichtermeer, mit bunten Neonleuchten. Man konnte sich kaum daran erinnern, dass es vor Jahren bei uns zu Hause auch einmal so war. Auf dem großen Signaldeck, stand auf jeder Seite ein überdimensioniertes bewegliches Fernglas, durch das ich die Stadt mit ihrem quirligen Leben beobachten konnte. Ich sah ganz nahe die erleuchteten Schaufenster, vor denen die Menschen stehen blieben, die dort flanierenden Spaziergänger, die leuchtenden Laternen, die fahrenden Autos. Ich war fasziniert und konnte mich nicht satt sehen. Meinen Kameraden ging es ebenso. So sah er wohl aus der wirkliche Frieden! (Ein Bild das ich in meinem Leben nie vergessen konnte.)

Nach einer Woche ging es nach Norden, Richtung Kattegat und Skagerak, vorbei an dem eindrucksvollen Renaissanceschloss Kronborg von Helsingör, in das William Shakespeare den Schauplatz seines „Hamlet" verlegt hatte. Mittlerweile befanden wir uns im Bereich der Verbindung von der Ostsee zur Nordsee. Um uns herum nur Wasser. Die Sonne ließ sich nicht lumpen, so dass ich während meiner Freiwache auf dem Signaldeck lag und dem Dienst tuenden Signalgasten Gesellschaft leistete. Gab es mal `was zu sehen, hatte man von hier oben die beste Sicht. Ansonsten döste ich meistens in der Sonne so vor mich hin. Während des Halbschlafes mit seinen Halbträumen, befasste ich mich manchmal mit meiner Zukunft, von der ich eigentlich überhaupt keine Vorstellung hatte. Dabei malte ich mir aus, ich würde eine elegante Frau aus bester Gesellschaft heiraten und ein feudales Leben führen. Dann wieder wünschte ich mir eine Frau vom Lande, Typ „Deutsches Mädel", kernig, herzlich, zärtlich und lieb, dazu natürlich Kinder. In meiner Jugendzeit hatte ich weder die „Gartenlaube" noch „Courths-Maler-Romane" gelesen, nur Soldatenund Kriegsgeschichten. Wie sollte ich etwas anderes kennen? Ich hatte ja noch nicht einmal von einem Beruf Vorstellungen! Vielleicht Funkoffizier bei der Handelsmarine oder sollte ich weiter die Ingenieurschule besuchen? Da ich die Zukunft nicht kannte die mich erwartete, waren meiner Fantasie keine Grenzen gesetzt.

Mittlerweile war es Ende August 1945. Unsere Flottille gehörte nun zur 1. Minenräumdivision, mit einem neuen Liegeplatz in Kiel Friedrichsort bei den „Deutsche Werke". Nach der Kapitulation, war das, was wir zu essen bekamen, immer weniger geworden. Hier in Deutschland jedoch wurde der Tiefpunkt erreicht. Pro Tag und Mann gab es ein Kommissbrot für 3 Mann, 15 Gramm Fett, 35 Gramm Fleisch, 2 Zigaretten, Gemüse und Kartoffeln, wurden ebenfalls pro Kopf zugeteilt. Waren wir mindestens 5 Tage auf See gab es die etwas bessere Seeverpflegung auch noch 3 Tage im Hafen. So kamen wir zu einem Rhythmus, 5 Tage See, 3 Tage Hafen.

Friedrichsort war ein kleiner sauberer aus vielen Einund Zweifamilienhäusern bestehender Ort, mit landwirtschaftlichem Charakter. Um den Ort herum gab es, außer der angrenzenden Förde, nur landwirtschaftlich genutztes Land. Abends wenn es dunkel war, schlichen wir von Bord zu den Feldern und klauten den Bauern die dort hochprozentig angepflanzten Steckrüben (Futterrüben) mit denen der Koch unsere Verpflegung aufbesserte. Das war natürlich nicht in Ordnung, doch Mundraub war nicht strafbar. Zu jener Zeit gab es auch keinen, der über Recht und Ordnung wachte. Lieber Steckrüben klauen, statt hungern! So gab es bei uns an Bord Steckrüben in allen Arten und Formen. Mal als Steckrübensuppe, mal als Kartoffel, ein andermal als Gemüseersatz, mal als Kartoffelpüree, mal als gebratene Steckrübenschnitzel oder Steckrübenpfannkuchen. Immer ein Mittel gegen den Hunger!

Irgendwann hatten die Funktionäre von M 611 erfahren, auf der Rede liegt ein Walfangschiff vor Anker, mit Waltran an Bord. Nachts fuhren einige mit unserem Motorboot dorthin und brachten auch ein Fass Waltran und einen Sack Haferflocken mit. In den nächsten Tagen wurde beides verarbeitet. Mit dem bekannten von „Esbit" befeuerten Spirituskocher, wurden Haferflocken im Tran gebraten. Das fanden wir zunächst auch nicht schlecht, denn der „Hunger trieb´s rein", doch alsbald schmeckten uns die Haferflocken zu sehr nach Tran, so dass es uns anwiderte. Außerdem roch, ja stank, alles in unserem Wohnbereich nach Tran. Das missfiel uns ebenfalls. Der Tran war passee und verließ bald M 611, die Haferflocken aßen wir pur, Milch gab es ja nicht.

Es gab jetzt sogar einen Rundfunksender, unter Kontrolle des britischen Militärs. Er bot kaum Unterhaltung, sondern berichtete von Erlassen, Befehlen und neuen Vorschriften der Besatzungsbehörden. Durch diesen Sender erfuhren wir erstmals, von den Grausamkeiten in den Konzentrationslagern, von den Gasöfen und den systematischen Morden dort. Als ich das zum ersten Mal hörte, war ich wie vor den Kopf geschlagen. Ich konnte das gar nicht glauben, verstehen schon gar nicht. Wie können Menschen so etwas tun? Waren diese blind vor Hass? Handelten sie nur auf Befehl? Was waren das für Befehlsgeber? Gewiss, Hass schaltet das Gewissen aus! Hier aber handelte es sich um Massen von Menschen und auch Massen von Tätern über Jahre! Kein Wunder, dass Ausländer verallgemeinerten und alle Deutschen als Täter ansahen, auch behaupten wir hätten das - - - - - - - gewusst und nichts dazu gesagt. Bei dieser Aussage, brach ein Sturm der Entrüstung der Besatzung los und schon entstand wieder Hass. Hass gegen diese Leute, die so etwas behaupten! Es war für mich schwer das Gehörte zu glauben, zumal die Definition von glauben, nicht wissen bedeutet. Das schien alles so unfassbar so unbegreiflich, dass bei mir und meinen Kameraden Zweifel blieben. Nun lag Friedrichsort relativ weit von der Stadt und dem Stadtzentrum Kiels entfernt. Auch befand sich unser Liegeplatz, in einem durch Wachen abgegrenzten Teil des Ortes. Kontakte mit den Bewohnern gab es praktisch nicht, zumal wir die meiste Zeit auf See waren und uns nur wenige Tage im Hafen aufhielten. Die einzige Zeitung die es gab, fand leider nicht den Weg zu uns. Deshalb dauerte es noch eine Weile, bis wir uns durch Bilder von dem Unfassbaren überzeugen konnten.

Unter unserem Funktionärsdeck befand sich der Raum, der für die Munition des 10,5 Zentimeter Turmgeschützes vorgesehen war. Diese Last, durch eine kleine Leiter zugänglich, war zwar nicht allzu groß, man konnte auch kaum darin stehen aber wie alles an Bord neu und absolut sauber. Unsere relativ engen Kojen, im belebten Funktionärsdeck, hatten wir satt und wünschten uns abseits des Trubels jeder ein großes schönes breites Bett, zum ungestörten Ruhen und Schlafen. Das aber richteten wir uns jetzt, in der nicht benutzten Munitionslast ein. Nun wohnten und schliefen dort ein Signalgast, ein Steuermannsgast und ich als Funker. Lagen wir in Friedrichsort waren wir nur dort zu finden. Zudem konnte ich eigentlich immer schlafen. So wenig Schlafzeit wir während der Invasion hatten, so viel konnten wir jetzt unbegrenzt schlafen Mein Körper wurde mit beidem fertig. An manchen Tagen, sind wir sogar nur zur Nahrungsaufnahme aufgestanden.

M 611 war ein so genanntes aktives Minensuchboot der neuesten Bauart. Vermessen mit 821 Tonnen, 67,75 Meter lang, 9 Meter breit, 2,68 Meter Tiefgang, hatte ein Turmgeschütz von 10,5 Zentimeter, eine 3,7 Zentimeter Kanone und 6 zwei Zentimeter Schnellfeuerkanonen, hatte eine mit Kohle betriebene Maschine von 2709 PS und konnte 17 Knoten schnell fahren. Der Kommandant war ein Oberleutnant zur See, der 1. Wachoffizier (1 WO) war Oberleutnant zur See, der zweite Wachoffizier (2 WO) war Oberleutnant zur See und der bei uns an Bord wohnende Flottilleningenieur war Oberleutnant Ing! 4 Oberleutnants auf einem Boot, das gab´s nur einmal in der Flotte. Dieses Boot wurde vom 5 Tage Törn abgelöst und sollte mit M 603 für einen englischen Zerstörer, Grundminengeleit fahren. So legten wir an einem schönen sonnigen Tag in Friedrichsort ab und liefen mit M 603 gemeinsam, mit den Räumgeräten SSG und KFG vor einem, in einem Abstand folgenden britischen Zerstörer, nach Travemünde. Dort legte der Zerstörer in der Nähe der Häuser an, schaltete eine Lichterkette von achtern über beide Masten bis zum Bug an und machte mittels Lautsprecher an Deck laute aber flotte Musik. Wir dagegen mussten in einiger Entfernung hinter dem alten Leuchtturm festmachen, damit uns möglichst keiner sah und wir die britische Pracht und Herrlichkeit nicht beeinflussten. Uns aber machte es diebischen Spaß zu beobachten, die Travemünder Mädels ließen sich nicht von den Engländern verleiten, sondern kamen alle zu uns. Darunter war ein großes hübsches blondes Mädel, mit dem ich schnell Kontakt bekam und mich für den nächsten Tag verabredete. Während wir durch den Ort schlenderten erzählte sie mir, ihr Vater sei Fischer gewesen, hätte einen eigenen Fischkutter besessen, die Familie aber wüsste nicht ob er noch lebe. Am nächsten Morgen legten wir ab und liefen in gleicher Formation nach Kopenhagen, wo der britische Zerstörer natürlich an der „Lange Linie“ anlegte. Wir aber mussten in den uns ausreichend bekannten Freihafen festmachen. Die Engländer genossen sicher bei den dänischen Mädels größeres Ansehen, als bei denen in Travemünde. Nach 2 Tagen nahmen wir wieder Kurs auf Travemünde. Die Engländer machten abends wieder ihre Lichter an und die abseits liegenden deutschen Boote, freuten sich über die vielen Travemünder Mädels. Auch mein blondes Fischertöchterchen fand sich ein und verkürzte mir den Aufenthalt. Nach zwei Tagen ging es wieder zurück nach Kiel und M 603 machte an seinem und wir an unserem Liegeplatz fest. Die Engländer aber rauschten ohne „Danke" oder dergleichen an uns vorbei. Sie waren ja auch die „Herren" und wir die „Knechte"!

Unserem Liegeplatz gegenüber, lagen die Boote der 12. Minensuchflottille. Darunter M 612 von dem man erzählte, auf deren Schanz seien nach der Kapitulation, 5 Mann wegen Meuterei erschossen worden. Tatsache war, M 612 war mit einem Kampfeinsatz am 5. Mai 1945 unterwegs auf See, während per Funk die Kapitulationsmeldung empfangen wurde, wonach jegliche Feindseligkeiten einzustellen seien. Der Kommandant dachte nicht daran und wollte seinen Kampfauftrag durchführen. Da jedoch der Versuch ihn umzustimmen fehl schlug, verhaftete eine Gruppe der Besatzung, unter Führung eines Maaten, den Kommandanten und sperrten ihn von einem Posten bewacht, in seine Kammer ein. Der Maat übernahm das Kommando, folgte der Kapitulationsanweisung, lief einen Hafen an und wurde dort mit seinen gleich gesinnten Kameraden festgenommen. Die infrage kommenden 5 Mann kamen vor ein Kriegsgericht und wurden wegen Meuterei mit dem Tode bestraft. Das Urteil wurde auch vollstreckt. Wohl gemerkt, das alles fand nach der Kapitulation statt! Das mag schockieren, doch man muss dabei bedenken, in den Kapitulationsbedingungen ist der Satz enthalten, „das Wehrmachtstrafgesetzbuch bleibt in Kraft". Meuterei auf See, ist von alters her das schwerste Vergehen auf einem Schiff und wurde auch stets mit der Todesstrafe bedacht. Insoweit wäre die Verurteilung in Ordnung. Dass diese Todesstrafe jedoch nach der Kapitulation ausgesprochen und auch umgesetzt wurde, lässt Zweifel aufkommen. Viele Jahre später, kostete die Mitwirkung an diesem Urteil als MarineRichter, einem ehemaligen Ministerpräsidenten von Württemberg-Baden das Amt. Auch im deutschen TV wurde die Problematik der „Meuterer" mit seinen Folgen nachgestellt. Nicht klären konnten wir, ob die Erschießung der „Meuterer" wirklich auf der Schanz von M 612 stattfand. Mich beschlich jedoch immer ein unangenehmes Gefühl, wenn ich an M 612 vorbei ging.

Bisher bin ich auf Schiffen mit Motorantrieb gefahren, jetzt aber fuhr ich auf einem mit Dampfantrieb. Die Maschinenräume der Motor getriebenen Boote kannte ich gut. Nun aber interessierte mich auf M 611, der völlig anders geartete

Antrieb dieses Dampfbootes. So stieg ich während meiner Freiwache einmal in den Kesselraum hinab. Mir verschlug die dort herrschende Hitze fast den Atem, während ich den Heizern zuschaute, wie sie von kurzen Pausen unterbrochen, unermüdlich Kohlen in die glühenden Öfen schaufelten, um den Kesseldruck zu halten. Auch der Arbeitsplatz unter der Wasserlinie dem jeglicher Kontakt zur Außenwelt fehlte, immer in künstlichem Licht bei unter Umständen schlingernden und stampfenden Schiff, schien mir einer Strapaze gleich. Bei einem Gefecht wussten die hier Arbeitenden nicht, was draußen los war. Gab es einen Minenoder Torpedotreffer waren sie verloren. Der Gipfel jedoch war das Trimmen der Kohlen in den Kohlebunkern, die sich an den Seiten befanden. So lange der Bunker gut gefüllt war, rutschten die Kohlen nach der Entnahme an der Öffnung immer wieder nach. War aber schon viel Kohle entnommen, rutschte sie nicht mehr. Dann musste einer in den mit einer, spärlichen Deckenbeleuchtung versehenen Bunker hineinkriechen und Kohle zur Entnahme an die Öffnung schaufeln. Unter Umständen bei heftigem Seegang! Diese viehische Arbeit in den Bunkern nannte man trimmen. Auf großen Überseedampfern gab es dafür extra Personal die „Trimmer", gleichbedeutend mit Schwerstarbeiter. Aus reiner Neugier, vielleicht auch aus Kollegialität, bin ich während wir im Hafen Kohlen übernommen haben, einmal in einen Bunker hineingekrochen und habe die hereinfallende Kohle getrimmt. So konnte ich vor Ort erfahren, was für eine Schinderei das ist! Das war aber noch nicht alles Unangenehme im Kesselraum. In den großen Kesselöfen blieben nach dem Verbrennen der Kohle, große Mengen von Schlacke übrig, die mit großen Zangen aus dem glühenden Ofen herausgezogen wurden. Diese teils noch glühende Masse Schlacke, kam in große runde Behälter, wurde an Deck gezogen und ins Wasser geschüttet. Jedenfalls sah ich die Jungens, die dort unten arbeiten mussten, jetzt mit andern Augen an. Mit tiefstem Respekt!

Auch in Friedrichsort kehrte die Normalität ein, soweit man davon in dem ersten halben Jahr nach der Kapitulation sprechen konnte. In der Mitte des Ortes gab es einen großen Saal, in dem jeden Sonntag eine Tanzveranstaltung stattfand. Zu der strömten die Mädels weit her aus der Umgebung. Das war natürlich etwas für die „Lords", die mit ihren Booten in der Nähe lagen. Es gab dabei allerdings ein Problem, wer konnte überhaupt tanzen? Tanzen war im Krieg verboten und der dauerte immerhin 6 Jahre. Wir waren also in einem Alter, in dem man Tanzen nicht lernen konnte. Mit einigen Kameraden ging ich an einem Sonntag zu diesem Tanzlokal, um mir den Riesenauftrieb einmal anzuschauen. Ich war sehr erstaunt, vor allem über die große Anzahl von Mädels. Die Rettung war für mich der Funker Alois! Alois hatte wer weiß wo, tanzen gelernt und brachte uns beiden Funkern bei, wie man ein weibliches Wesen auffordert, wie man die

Partnerin hält und wie man bei welcher Musik die Beine bewegt. Zugegeben wir stellten uns recht blöd an und waren schon bereit aufzugeben, wenn uns nicht Ali versucht hätte, lächerlich zu machen. Das aber ging an unsere Ehre! Wir hatten ja Schallplatten genug und konnten uns aussuchen welche Musik wir hören wollten und welche Schritte dazu gehörten. Nach etlichen Tagen und Stunden, sowie einer unendlichen Geduld von Ali, traute ich mich am nächsten Sonntag, den wir in Friedrichsort lagen, zum Tanzlokal zu gehen. Ich stand wie viele andere an der Tanzfläche und wartete, dass die Musik begann. Das tat sie auch, doch bis ich herausgefunden hatte, welche Art des Tanzes gespielt wurde, waren die Mädels schon vergriffen. Das ging etliche Mal so und ich verlor langsam die Lust und damit auch das Vertrauen zu mir. Ziemlich niedergeschlagen ging ich an Bord. Ich ärgerte mich, dass ich nicht den Mut gefunden hatte, einfach bei Beginn der Musik ein Mädel aufzufordern. Ich hätte schon herausgefunden welcher Tanz gespielt wurde. Bis ich mein Können allerdings unter Beweis stellen konnte, vergingen einige Sonntage auf See. Aber bei nächster Gelegenheit machte ich es so, wie ich mir vorgenommen hatte. Kaum spielte die Musik, hatte ich schon eine der Schönen aufgefordert, „gestatten sie“ und sie ging mit mir auf die Tanzfläche. Ich tat was mir Ali gelernt hatte und - - - - es klappte. Der Bann war gebrochen! Wenn wir sonntags in Friedrichsort lagen, war ich auf jeden Fall bei denen die zum Tanzen gingen.

Meine Klamotten hatte ich selbst in Ordnung zu halten. Knöpfe annähen, Strümpfe stopfen, die schmutzige Wäsche waschen gehörten dazu. Die Besatzungsmitglieder die schon auf Dampfschiffen gefahren waren, hatten für das Wäschewaschen ein bestimmtes System entwickelt, das ich natürlich auch praktizierte. Seitlich an Deck ragte aus den Aufbauten, das so genannte „Steamrohr“ heraus. Ein Rohr in Wasserleitungsstärke, abgeknickt nach unten, mit einem Wasserhahn, leitete den heißen Dampf des Kessels in eine darunter mit Wasser gefüllte Pütz, in welcher sich die zu waschende Wäsche befand. Dort hinein gab man noch eine Chlortablette, die nach relativ kurzer Zeit durch den heißen Dampf aus dem „Steamrohr“ die Wäsche reinigte. Zum Spülen entnahm man sie, band sie an eine lange Leine und warf sie außenbords. Durch das Fahrwasser wurde die Wäsche durchgespült. Aus dem Wasser gezogen, konnte sie nicht sauberer sein. Die Chlortabletten dienten eigentlich der Neutralisierung von flüssigem Kampfgas. Da sie nicht mehr benötigt wurden, nutzten wir sie zur Reinigung unserer Wäsche. Allerdings waren die Chlortabletten recht aggressiv, aber auch das Durchziehen der Wäsche durch das Fahrtwasser war keinesfalls schonend, so dass diese Art der Wäsche auf Dauer nicht zu empfehlen war. Doch auf Dauer wollte keiner an Bord bleiben. Jonny war schon ein Typ! Unser Smutje! Dunkelhaarige Locken, dunkle fast schwarze Augen, groß kräftig, ein richtiger Frauentyp. Seinen Erzählungen nach besaßen seine Eltern mehrere größere Hotels, von denen er eines verwaltete. Seine Freundin, von der er gerne tolle Geschichten erzählte, war dem „horizontalen Gewerbe" zuzuordnen. Das erhöhte natürlich noch den Reiz seiner Stories. Bei seinen Erzählungen, insbesondere über abartige „Freier", bekamen wir rote Ohren. Wir konnten uns aber auch über manche geschilderten Geschichten „halb tot lachen". Wenn er beispielsweise von einem „Freier" erzählte, der eine „Dame" zur Wildbeobachtung mitnahm, diese den Hochstand hinaufklettern ließ, wobei sie die Hose ausziehen und dabei den Rock hochheben musste, damit er den nackten Hintern sah. Er ergriff dann seine Geige und spielte darauf Serenaden, bis er befriedigt war. Oder die Geschichte, in der ein „Freier" eine „Dame" auf sein Zimmer bestellte. Sie musste sich ausziehen, was auch er tat. Dann steckte er sich in den Hintern eine Hahnenfeder, ebenso eine vorne hinein und lief ständig im Raum herum wobei er „kikeriki" schrie bis er befriedigt war. Wir als völlig Normale hatten für derartige Typen kein Verständnis, konnte aber darüber ohne Ende lachen. Von Jonnys Geschichten einmal abgesehen, war er ein sehr guter Koch, dem es gelang in dieser schweren Zeit stets aus wenig etwas zu machen, so dass die Besatzung fast immer satt wurde.

Der Dienst an Bord war für mich erträglich. Hatte ich keine Funkwache, hielt ich mich meistens auf dem Signaldeck auf, lag dort in der Sonne oder schaute über das Meer in seiner unendlichen Weite. Kam Land in Sicht oder eines der ganz seltenen Schiffe, schaute ich durch das überdimensionierte Fernglas. Es war schon angenehmer, nicht nach feindlichen Flugzeugen oder Seezielen Ausschau halten zu müssen. Doch an dieses Entspanntsein musste man sich auch erst gewöhnen, wobei die Gefahr der Langeweile bestand. Um dieser zu begegnen, veranstalteten wir an Bord ein Wunschkonzert. Wir hatten einen großen Vorrat an Schallplatten von allen Musikrichtungen, Lautsprecher in allen Räumen die im Funkraum angeschlossen waren. Wir fertigten eine Liste unserer Schallplatten an, ließen diese an Bord herumgehen, worauf jeder seinen Wunschtitel ankreuzte. Natürlich hatten wir auch das Mikrophon angeschlossen und konnten so den jeweiligen Titel ansagen. Unser Kommandant wünschte sich stets die „kleine Nachtmusik" von Ludwig van Beethoven. Jedenfalls kam unser Wunschkonzert immer ganz groß an und wurde ein „Renner"!

Urlaub im Oktober 1945

Die Räumeinheiten der Marine waren eine Erfindung der Briten, nach der ganz einfachen Überlegung, warum sollen wir Sieger die Minen der Deutschen räumen, sollen die das doch selber tun! Man nahm dazu die vorhandenen Minensuchflottillen, bildete daraus die „German Mine Swiping Division“, integrierte sie in die eigene Flottenstruktur und unterstellte diese einer Besatzungseinheit. Das war das „8th British Occupation Corps“. So erhielten wir eine Legitimation durch ein entsprechendes Blatt das im „Soldbuch“ eingeklebt wurde. Danach war ich „Lance Corporal of the Royal Fleet under order of the 8th british occupations Corps”. (Obergefreiter der königlichen Flotte unter Kommando des 8. britischen Besatzung Corps). Mit diesen Ausweis ausgerüstet, konnten wir uns in der britischen Besatzungszone frei bewegen.

Mittlerweile funktionierte auch die Post einigermaßen wieder, doch leider nur in der Britischen Besatzungszone. Man konnte über die Zonengrenze hinaus nicht in das übrige Deutschland schreiben. Da auch die Zonengrenzen zwischen den einzelnen Besatzungszonen bewacht wurden, gab es auch keinen Personenverkehr darüber. So war es schwierig jemanden an der Zonengrenze zu finden, der die Löcher in der Grenzüberwachung ausnutzte und die Post auf der anderen Seite zur Beförderung aufgeben konnte. Irgendwann schaffte es aber unser Steuermannsgast, einen Weg zu finden über eine Frauenanschrift in Dettingen am Main, das an der Grenze zur US-Zone lag. Ich aber wusste nicht ob meine Eltern und Schwester überhaupt noch lebten und wenn ja, wo? So nützte mir diese Möglichkeit nichts.

Eines Tages wurde bekannt gemacht, dass jeder Angehörige der „German Mine Swiping Division“ 10 Tage Urlaub beantragen konnte, sofern der Urlaubsort in der britischen Besatzungszone lag. Davon hatte ich nichts, denn meine Angehörigen waren in der US-Besatzungszone zu finden. Ich erinnerte mich aber, dass ich bis zu meiner Einberufung in Wuppertal lebte und Wuppertal lag in der britischen Besatzungszone. Dort wohnte auch die Familie meines Jugendfreundes dessen Mutter, eine ganze Zeit meiner Mutter im Haushalt half. Obwohl durch meinen Besuch der Oberschule und Verlagerung unserer Wohnung innerhalb der Stadt, die Intensität der Verbindung nachließ, riss der Kontakt aber nie ganz ab. Die Adresse kannte ich und so schrieb ich einen netten Brief an diese Familie, wobei ich so ganz nebenbei fragte, ob ich vielleicht 10 Tage bei ihnen während meines Urlaubs wohnen könne. Es waren, das wusste ich von früher, außergewöhnliche freundliche und vor allem hilfsbereite Menschen. So war ich auch nicht überrascht, von ihnen alsbald eine positive Nachricht zu erhalten.

Nun konnte ich Urlaub beantragen der auch genehmigt wurde.

Die Fahrt Anfang Oktober nach Wuppertal war allerdings mit Schwierigkeiten gepflastert. Es fuhren nur regionale Züge, für weitere Strecken standen nur leere Kohlenzüge zur Verfügung. Wann ein solcher Zug fuhr, konnte man nirgendwo erfahren. Man musste also oft Stunden über Stunden warten, bis einer dieser Züge mit von Kohle verschmutzten Waggons einlief und man sich einen Stehplatz erkämpfen konnte. Eine Masse von Menschen wartete auf diesen Zug, zahlreiche mit viel Gepäck, oft mit dem letzten Habe das sie gerettet hatten. Frauen mit kleinen Kindern, kaum Männer, es sei denn es waren entlassene Soldaten, doch überwiegend ältere Leute. Mit diesen stand ich eng an eng, stundenlang bei feucht kaltem Wetter, auf diesen offenen schmutzigen Waggons bis zur Endstation Essen. Dort erwischte ich, oh Wunder, einen Personenzug nach Wuppertal-Barmen. Zwar ohne Fenster aber mit Sitzbänken. Nach 36 Stunden war ich endlich am Ziel und marschierte zur Carnaperstraße, wo mich die Mutter meines Jugendfreundes in die Arme nahm. Allen der Familie Mutter, Vater, Tochter, Christel und Sohn Fritz, war die Freude mich wieder zu sehen anzumerken. Die Mutter hatte Lebensmittel „organisiert“ ob auf dem „schwarzen Markt“ oder von den Bauern verriet sie nicht. Sie stammte ja aus NiederWeimar, einem Dorf bei Marburg, das lag zwar in der US-Zone, doch für die stets resolute Frau gab es eigentlich keine Grenzen. An der Küchenwand hing ein für diese Zeit bezeichnender Spruch an dem ich in meinem Leben (wenn ich Hunger hatte) oft denken musste: „Freten is wat Herrliges“! Das war barmer Platt und sollte heißen, „Essen ist etwas Herrliches“! Für viele Menschen in dieser Zeit, in der alle hungern mussten, war der Gedanke sich einmal richtig satt essen zu können ein kaum erfüllbarer Traum.

Bei meines Freundes Eltern war ich immer gerne, schon zur Zeit als ich mit Fritz zusammen in den Kindergarten ging. Es waren einfache, unkomplizierte, von Herzen kommende, liebe Menschen, bei denen man sich einfach wohl fühlen musste. Der Vater war nach Hitlers Machtübernahme kurzzeitig in einem Arbeitslager eingesperrt worden. Ich weiß nicht warum. Vielleicht war er SPD- oder KPD-Mitglied. Mir ist jedenfalls nichts aufgefallen. Er war auch nach wenigen Wochen wieder zu Hause. Im Krieg war er ein 100%iger Kämpfer, der sich mit der Kapitulation nicht abfinden konnte. So hatte er kurz vorher noch mit der Panzerfaust einen britischen Panzer abgeschossen. Jetzt aber musste er sehen wo und wie er Arbeit bekam, genau wie Sohn Fritz. Während Vater Hoseit aus einem Gefangenlager regulär entlassen worden war, hatte Sohn Fritz sich bei Nacht und Nebel verdrückt. Das aber wurde problematisch. Die britische Militärpolizei kontrollierte jedes männliche Wesen, das möglicherweise Soldat gewesen sein könnte. Hatte der Kontrollierte keinen Entlassungsschein vorzuweisen, wurde er sofort verhaftet und einem Gefangenlager überstellt. In aller Regel in einem, dessen Insassen in einem Bergwerk in Frankreich arbeiten mussten. Fritz musste also auf der Straße aufpassen, dass er nicht erwischt wurde. Ich dagegen ging in der Stadt spazieren, schaute mir die wüsten Zerstörungen an, wollte auch das Haus in dem wir zuerst in Wuppertal gewohnt hatten sehen, doch das gab es überhaupt nicht mehr. Das Haus in der Gosenburgstraße 36 war nur eine Ruine, wie auch das Haus in der Untere Lichtenplatzerstraße 127, unsere letzte Herberge in Barmen. Meine letzte Schule, die Oberschule in der Siegesstraße, konnte ich mir auch nur als ausgebranntes Schulgebäude anschauen. Warum konnte die Schule nicht abbrennen, als ich noch dorthin ging? Das hatte ich mir so oft gewünscht.

Dennoch war es eigenartig, wenn ich in meiner Marineuniform mit Dienstgradabzeichen, EK-Band, „Sprudelorden", Marine Frontspange (hatte ich mir kurz vorher besorgt) aber ohne Hakenkreuz, mit schwarzweißroter Kokarde an der Mütze durch die Stadt ging und die meisten Menschen mich ganz verdutzt anschauten. (Ich sagte scherzhaft, wenn die Menschen mich so erstaunt anstarrten, schienen sie wohl zu überlegen, haben wir den Krieg nicht doch gewonnen?) Doch es war schon recht seltsam. Tausende von Gefangenen befanden sich hinter Stacheldraht eingesperrt, von Maschinengewehren bewacht, schikaniert, hungernd, oft im Schlamm und Dreck unter freiem Himmel liegend, den Wetterunbilden schutzlos ausgesetzt, wobei noch Tausende starben, ja sinnlos verreckten und das nach einem Waffenstillstand, ein wirklich sinnloses Sterben. Viele Soldaten in französischer Gefangenschaft, mussten in den französischen Kohlegruben unter menschenunwürdigen Verhältnissen schuften und von den sowjetischen Gefangenlagern, hörte man Entsetzliches. Doch allen Engländern, Franzosen, Amerikanern und Russen war gemeinsam, mit derartig vielen deutschen Soldaten die gefangen zu nehmen waren, hatte keiner gerechnet. Man hatte wohl nicht daran gedacht, dass diese Masse auch etwas zum Leben benötigte. Hunger, Krankheit und Tod waren die Folge. Und ich spazierte durch die Stadt, als ob ich nicht zu den Verlierern gehörte. Mancher Bürger wird mich vorwurfsvoll gemustert haben mit dem Gedanken, „wie läuft der hier herum und mein Mann oder Sohn ist irgendwo im Gefangenenlager, ich weiß noch nicht mal, ob er überhaupt noch lebt". Bei dieser Art von Gedanken, bekam ich immer ein schlechtes Gewissen, obwohl ich an meiner Situation schuldlos war. Hielt ich mich in der Öffentlichkeit auf, sprachen mich relativ viele Leute an die wissen wollten ob ich ihren Sohn, Vater, Bruder, Freund oder Ehemann kenne, der auch bei der Kriegsmarine diente und da und dort gefahren sei. Wenn ich auch als einziger in der Stadt in vollem „Ornat" herum lief, so war ich doch nicht der Einzige der Stadt, der bei der Kriegsmarine Dienst tat, das wurde mir ganz schnell bewusst. Sah ich jemanden der mich ansah oder seinen Gang in meine Richtung änderte wusste ich, jetzt kommt wieder ein bedauernswerter Mensch, der erhofft ein Lebenszeichen von seinem Nächsten zu bekommen, der wissen will wo er steckt und ob ich ihn kenne. Natürlich wäre es einem Wunder gleich gekommen, hätte ich jemanden eine positive Auskunft geben können. Ich hätte es ja liebend gerne getan, doch bei der riesigen Anzahl der Marineangehörigen wäre es reiner Zufall gewesen. Aber eine lustige Begegnung hatte ich auch. Ein britischer Feldwebel sprach mich an. Ihm war meine Uniform aufgefallen, als ich in der Nähe des Barmer Rathauses durch die Stadt ging. Er meinte in englischer Sprache, die deutsche Marineuniform sei die schönste aller Marineuniformen. Gerne würde er mich in seinen britischen Soldatenclub einladen, um mit mir einen guten alten Whisky zu trinken. Zugegeben ich war mehr verlegen als überrascht, suchte ein paar Brocken meiner Englischkenntnisse hervor und bedankte mich mit „bye, bye“ und „see you“. Doch ernsthaft dachte ich nicht daran, sein Angebot anzunehmen. Ich wusste ja auch nicht, wo sein Club sich befand.

Immerhin hatte man in der Stadt die Straßen und Bürgersteige von den Trümmern frei geräumt. Man konnte ungefährdet gehen. Sogar einige Straßenbahnlinien und auch die Schwebebahn waren wieder in Betrieb. Mich überraschte, dass einige Geschäfte geöffnet hatten. Zwar gab es nichts zu kaufen, aber man hatte durchaus den Eindruck die Normalität kommt voran, es geht allmählich aufwärts. Bei meinen Gastgebern zu Hause war eigentlich alles wie in normalen Zeiten, wenn man von der Verköstigung einmal absieht. Sogar alle Bombenschäden waren beseitigt. Aber es war eine Wohnung, eine Wohnung mit Wänden, Möbeln in einem Haus. Wie lange war das her, dass ich das genießen konnte! War ich doch nur noch das Wohnen und Leben auf unbequemen Schiffen gewöhnt, mit Wasser drum herum. Dieses Leben in einem Haus, in einer Familie, in einem zivilisierten Umfeld, fand ich wunderschön!

Meine Mutter (wo mag sie wohl sein?) hatte wie auch mein Vater gerne irgendwelche Sprüche drauf. So sagte sie öfter, „alles hat ein Ende, nur die Wurst hat zwei“ das galt für mich, denn es wurde Zeit diese lieben Menschen zu verlassen. Die umständliche Rückreise stand an. Wieder ging es mit zahllosen Umsteigestationen von Bummelzügen zu Güterzügen, von Güterzügen zu Regionalzügen, zuletzt mit einem Bummelzug von Neumünster nach Kiel. Vom Hauptbahnhof Kiel fuhr ich mit dem Wasser-Bus der Förder-Linie nach Friedrichsort, wo ich nach 35 Stunden todmüde auf M 611 meine Koje aufsuchte.

Meine Rückkehr auf M 611 war schon eine andere, als die auf M 3616 oder M 3617. Hier auf 611 fehlte die Herzlichkeit. Gerade mal die Funker interessierten sich für den Verlauf meines Urlaubs. Im Gegensatz dazu wollte auf den Kriegsbooten jeder wissen, wie es dem Urlauber ergangen war. Krieg gab es nicht mehr. Hier existierte keine wirkliche Gefahrengemeinschaft. Allerdings musste man berücksichtigen, dass wir auf dem Boot alle noch nicht so lange zusammen waren. Es konnten sich noch keine persönlichen Bindungen entwickeln, obwohl nur wir Funktionäre zusammen wohnten. Auch die Rückmeldung beim Kommandanten war absolut unpersönlich. Auf M 611 bezog sich die Lebensqualität nur auf die nüchterne Realität, mit der Ungewissheit der Zukunft fertig zu werden und eine Unterkunft, Verpflegung und Beschäftigung zu haben. Wahrlich keine Selbstverständlichkeit in dieser Zeit !

Während meiner Abwesenheit wurde die „German Swiping Division" in „Minenräumverband Kapitän Schulz" umbenannt. Für uns änderte sich nichts. Die 2. Minensuchflottille lag zwei Tage in Friedrichsort und lief am nächsten Tag aus. Das Wetter war eigentlich durchgehend schlecht, so dass wir nach 5 Tagen froh waren wieder in Kiel festzumachen. Im Funktionärsdeck wurde bekannt, dass die Kieler Polizei Nachwuchs einstellen würde. Ohne lange zu überlegen, schrieb ich meine Bewerbung und dachte daran, dass mein Vater auch nach dem 1. Weltkrieg sich bei der Polizei beworben hatte. Für ihn wurde das des Lebens Inhalt. Ich schätzte meine Chancen nicht allzu hoch ein, letzten Endes bewarb sich eigentlich jeder. Kaum einer konnte sich seine Zukunft vorstellen, da bedeutete die Polizei Kiel eine Alternative. Noch am gleichen Tage fuhr ich mit der Fährlinie in die Stadt und gab bei der Polizei meine Bewerbung ab. Die Förde-Fährlinie war eine praktische Einrichtung. Vom Bahnhof in der Stadt aus, fuhren die Fähren alle an der Förde liegende Ortsteile an. Sie erinnerte an eine Buslinie mit Fahrplan. In der Stadt Kiel war, wenn man von dem am Kai gehobenen U-Boot und dem „Schwarzmarkt" einmal absieht, nichts los, selbst die wenigen Kneipen wirkten nicht einladend. Auf dem „Schwarzmarkt" konnte man alles bekommen. Unter Mänteln versteckt, boten Leute unterschiedlichen Geschlechts und Alters, alle Gegenstände des täglichen Lebens an. Darunter waren Lebensmittel, Alkohol und Rauchwaren. Dieser private Handel war nicht erlaubt und wurde von den Besatzungsbehörden und der Polizei verfolgt. In Zivil kontrollierten Polizisten und Tommies die Bürger, die sich im Bereich des „Schwarzmarktes" aufhielten. Hin und wieder erwischten sie auch schon mal jemanden, dem man seine Ware abnahm, dann aber mehr oder weniger laufen ließ. Doch bis zur Währungsreform, hielten sich in allen Städten und menschlichen Ansiedlungen die „Schwarzen Märkte". Die Möglichkeit sich nach der

Währungsreform alles wieder zu kaufen, bedeutete das Ende der „Schwarzmärkte“.

Bevor wir wieder ausliefen, mussten wir „zum Kohlen“, unsere Kohlenbunker waren fast leer. Zu diesem Zweck liefen wir zur Einfahrt des NO-Kanals, an die „Holtenauer Schleuse“. Dort mussten zuerst die Antennen abgehängt werden, damit der Kran diese nicht abriss. Ich als Stationsleiter hatte die Aufgabe, den Masten hinauf zu klettern und dort oben auf einer kleinen Plattform in 20 Metern Höhe, freihändig die Isolatoren der Antennen abzuhängen. Ich muss zugeben, mir war nicht wohl dabei und ich hielt mich krampfhaft irgendwo am Masten fest. Jede kleine Welle im Wasser bewirkte ein Schaukeln des Schiffes, das sich oben am Masten stärker auswirkte. Man hatte zwar von dort eine tolle Aussicht, auch auf das eigene Boot, doch das Hinunterschauen erzeugte bei mir Angstgefühle. Deshalb unterließ ich das tunlichst. Auch hielt ich mich nicht unnötig lange dort oben auf und kletterte schnell wieder hinunter. Dann schon lieber zu den Heizern in den Kesselraum, denen ich beim Kohletrimmen half.

Nach den obligaten 5 Tagen auf See lagen wir, es war mittlerweile November geworden, in Friedrichsort an unserem Liegeplatz und ich in meinem Bett (Koje). Es war Wochenende. Ich wollte mich gerade auf die andere Seite legen, als ich auf den Eisenfußboden des Decks Schritte hörte. Da das ganze Schiff aus Stahl bestand vernahm man, wenn außer der Lichtmaschine nichts in Betrieb war, alle Schritte. So konnte ich auch die weiteren Schritte verfolgen, wie sie die Treppe zum Funktionärsdeck hinunter gingen, jemand das Luk zu unserem „Wohnraum“ anhob und hinunter rief, „Bodo, du hast Besuch. Deine Mutter ist beim Pförtner am Werfteingang“! Das Luk fiel wieder zu. Wie von einem Blitz getroffen fuhr ich hoch, sprang in meine Holzpantinen (Holzschuhe), zog in fliegender Hast die Hose an, wobei ich in der Eile noch links und rechts verwechselte, ergriff meinen Kolani und meine Mütze, nahm mit großen Schritten die Niedergänge, wobei ich meine Jacke anzog, rannte über die „Gangway“, den Weg durch das Werksgelände und - - - - - stand im Pförtnerhaus meiner Mutter gegenüber! Beide fielen wir uns um den Hals und meine Mutter weinte hemmungslos!

Grafenhorsts gibt´s noch

Noch im Pförtnerhaus hatte meine Mutter sich vom Pförtner die Adresse einer Frau in Friedrichsort geben lassen, bei der sie übernachten könne. Ich lief schnell an Bord zog mich ordentlich an und ging mit meiner Mutter dorthin. Unterwegs berichtete sie, dass mein Vater und meine Schwester lebten, Gott sei Dank gesund seien, die Familie auf einem kleinen Dorf in Nordhessen lebte und in einer Mühle einige hundert Meter vor dem Ort in zwei kleinen Zimmerchen wohnte. Schon hatten wir das in einem Garten an der Hauptstraße befindliche Haus erreicht, klingelten, eine Dame mittleren Alters öffnete und zeigte meiner Mutter ein freundliches Zimmer. Sie hatte gleich erkannt, dass es sich um Mutter und Sohn handelte, der wohl zu der in Friedrichsort liegenden Marineeinheit gehörte. Als Bewohnerin der Küste wusste sie, dass diese aus Dampfbooten bestand und verlangte deshalb als Mietpreis einen Sack Kohlen. Glücklicherweise stellte das kein Problem für mich dar. Nachdem ich gehört hatte, dass die Familie noch lebte, wollte ich wissen wie und woher meine Mutter wusste, wo ich zu finden war. Wir hatten immerhin über 10 Monate (!) nichts voneinander gehört und keiner wusste vom andern, ob er überhaupt noch lebt. Darauf erzählte sie mir ihre abenteuerliche Geschichte.

Nach meinem Urlaub in Wuppertal hatte die Mutter meines Freundes wissen wollen, ob die dort erzählte Geschichte stimmte, nach der sich mein Vater nach der Kapitulation erschossen habe, man aber nicht wisse ob Mutter und Tochter noch lebten. Sie hatte sich in den Kopf gesetzt, das zu klären und da sie Schleichwege in die amerikanische Zone kannte, nahm sie einen Besuch bei Verwandten in Nieder-Weimar, zwecks Organisation von Lebensmitteln, wahr und forschte in Kassel tagelang nach dem Verbleib der Grafenhorsts. Von irgendjemandem erfuhr sie, dass die Gesuchten nach der Zerstörung ihrer letzten Wohnung möglicherweise mit einem Transport nach Densberg im Kreis Fritzlar-Homberg evakuiert worden seien. Darauf machte sich diese, auf Gott vertrauende Frau, auf nach Densberg. Mein Vater war unmittelbar nach dem Verlust der letzten Wohnung dienstunfähig geschrieben worden und wurde deshalb mit meiner Mutter evakuiert. In Densberg kam er in Uniform an, zog nachdem er eine Wohnung zugeteilt bekommen hatte, diese aus, ging zu seinem neuen Hausherrn, einem Müller und Landwirt, fragte ihn nach Arbeit, worauf der ihn bis zum Herbst beschäftigte. Als dieser keine Arbeit mehr für ihn hatte, ging er in den Nachbarort und arbeitete als Tagelöhner auf einem Gut. Das hatte sich bei den Densberger Bürgern schnell herumgesprochen und da dort einzig und allein zählt, wem keine Arbeit zu schade ist, kannten fast alle Grafenhorsts. So fiel ihr nicht schwer, meine Familie dort ausfindig zu machen. So klopfte sie eines Abends an der Tür und sie stand den Gesuchten gegenüber! Wenige Tage später, meine Mutter hielt es nicht aus, sie konnte nicht erwarten mich zu sehen, schlich sie mit ihr nachts über die Zonengrenze. Während die Wuppertalerin nach Hause reiste, machte sich meine Mutter auf die lange Reise in Kohlenzügen nach Kiel. In Hamburg angekommen, gab es keinen Zug nach Kiel, nur einen nach Neumünster. Von dort ist diese Frau mit damals 54 Jahren die 30 Kilometer zu Fuß nach Kiel gelaufen, erkundigte sich dort bei der Polizei und kam mit der Fährlinie in Friedrichsort an, wo sie mich dann beim Pförtner der „Deutsche Werke Kiel" in die Arme nehmen konnte. 30 Kilometer zu Fuß über Landstraßen, durch Dörfer, das nötigte mir gewaltigen Respekt ab! Schon alleine die Reise zu jener Zeit! Ein Beweis wozu Mütter fähig sind !

Ein Glück nur, dass wir gerade unsere Hafentage genossen. Wären wir auf See gewesen, hätte meine Mutter unter Umständen 5 Tage warten müssen. Nun aber gehörten die beiden Tage uns. Sie konnte mir in Ruhe erzählen, was nach der Zerstörung ihrer letzten Wohnung geschah. Sie hausten danach in einer unzerstörten Garage in der mein Vater mit Trümmerholz Feuer gemacht hatte, da beide so froren. Dann wurden sie als Obdachlose evakuiert und kamen in der neuen Heimat in Densberg an. Ein Ort mit 300 Einwohnern, 50 Kilometer von Kassel und 50 Kilometer von Marburg entfernt. Die Schmidtmühle in der sie nun lebten, lag in der Nähe des Bahnhofs Densberg-Schönstein, gehörte aber zu Densberg. Der Bahnhof Zimmersrode, an der Bahnstrecke Kassel – Marburg, ist die Umsteigestation in das „Bähnchen" nach Gemünden an der Wohra, an deren Strecke Densberg liegt. In dem zur Mühle gehörenden, gegenüberliegenden zweistöckigen Haus, wohnen nun die Eltern und Waltraut. Das Verhältnis zur Müller-Familie mit ihren 3 Töchtern war als ausgesprochen gut und wegen gelegentlicher Nahrungsmittelunterstützung, auch als nützlich anzusehen. In den letzten Kriegstagen als die amerikanischen Jagdflugzeuge auf alles was sich auf dem Boden bewegte schossen, griff ein Flieger auch einen Densberger Bauern nicht weit von der Mühle auf dem Felde mit Maschinengewehrfeuer an. Während der Bauer nicht verletzt wurde, übersah der Pilot den danach steil ansteigenden Berg und raste dort in die Bäume, wobei der Pilot ums Leben kam. Als die Amerikaner schließlich anrückten, hängten viele Einwohner Densbergs weiße Bettlaken aus den Fenstern, damit der Ort verschont blieb. Eines Tages fuhr ein Jeep mit einem Offizier und einem Fahrer auf den Hof der Mühle, um meinen Vater abzuholen Während der Offizier die Treppe zur Wohnung der Eltern hinauf ging, wartete der Fahrer auf dem Hof. Waltraut, die in der Schule die englische Sprache gelernt hatte, fragte den Fahrer wohin sie den Vater brächten. Er antwortete, er käme in den nächsten Tagen zurück. Dieselbe Antwort gab der Offizier, auf die gleiche Frage meiner Mutter in gutem Deutsch. Man wollte von ihm einiges wissen, Schlafzeug, Rasierzeug und Seife würden genügen. Doch beide Antworten waren gelogen! Unser Vater verschwand spurlos, wie vom Boden verschluckt. Für viele Wochen! Ein Herr Seip, Bewohner der von der Straße zugänglichen ersten Etage des Wohnhauses in dem die Eltern lebten meinte zu unserer Mutter, er habe Beziehungen und wüsste von den Amis, dass ehemalige Polizeioffiziere erschossen würden. Eine „mitfühlende" und Mut machende Bemerkung. Unsere Mutter lief von „Pontius nach Pilatus", also von einer Besatzungsdienstelle zur anderen. Keiner konnte Auskunft geben, angeblich wusste niemand etwas von einem Otto Grafenhorst. Der wurde ohne Verhör, in ein scharf bewachtes Gefangenlager nach Ordruf in Thüringen transportiert. Dieses war von doppeltem Stacheldrahtzaun umgeben, an allen 4 Ecken des Lagers mit Maschinengewehren bestückt, auf rund um die Uhr besetzten Wachtürmen. Zelte oder Baracken gab es nicht, die Wiese war das Lager, der Himmel das Zelt! Einmal am Tage gab es eine Konservendose mit Wassersuppe und 2 Kekse, das war´s! Mein Vater rupfte das zwischen den Stacheldrahtzäunen wachsende Gras, zerkleinerte es und tat es unter die Wassersuppe damit wenigstens etwas darinnen war. Die Lagerinsassen bestanden aus „hochgradigen" Figuren der Naziführung, unter denen mein Vater sich nicht wohl fühlte, zumal er sich nicht dazu rechnete und überhaupt nicht wusste, weshalb er hier festgehalten wurde. Chef der Lagerküche war ein ehemaliger SS-Offizier, wie auch alle „Druckposten" im Lager, eigenartigerweise von ehemaligen SS-Leuten besetzt waren, die alle ihre Verbindungen hatten. So sagte eines Tages der „Küchenbulle", der meinem Vater schon mal eine Kelle Wassersuppe extra gegeben hatte, „du wirst morgen vom Lagerkommandanten verhört. Sagst du mir dann, was der wissen wollte"? „Na klar", sagte mein Vater und tatsächlich wurde er zum Lagerkommandanten einem US-Capitän gerufen. Der fragte die Personalien ab, wollte seine berufliche Entwicklung wissen und legte dann unvermittelt, eine größere Anzahl von Fotografien auf den Schreibtisch mit der Bemerkung, „schauen sie sich diese Bilder einmal genauer an" und ergänzte in tadellosem deutsch, „ich habe diese Bilder selbst aufgenommen". Auf den Bildern waren Berge von Leichen zu sehen, auf anderen wieder eine große Anzahl von fast verhungerten Menschen, die nur noch aus Haut und Knochen bestanden. Mein Vater war entsetzt! „Was haben sie damit zu tun gehabt? Wie viele Menschen haben sie verhaftet oder verhaften lassen und in ein KZ abgeliefert", wollte der Offizier wissen. „Keine", antwortete mein Vater, „ich hatte andere Aufgaben und damit", wobei auf die Bilder zeigte „während meiner gesamten Dienstzeit überhaupt keine Berührung. Es ist für mich unverständlich, wie Menschen zu so etwas fähig sind"! „Ich glaube ihnen", sagte der Captain, „ich kann auch nicht sagen, weshalb sie überhaupt hier sind"! Sarkastisch meinte mein Vater, „das frage ich mich schon seit 7 Wochen". „Wenn sie mir ihr Ehrenwort geben, keinem über den Inhalt unseres Gespräches etwas zu sagen, versprechen ich ihnen, dass sie bei der ersten Entlassung sind." Natürlich gab mein Vater sein Ehrenwort und der Amerikaner hielt sein Versprechen. 2 Tage konnte mein Vater ein Gespräch mit dem „Küchenbullen" vermeiden, dann öffnete sich das Lagertor für einige wenige, darunter Otto Grafenhorst. Nun stand er auf der Straße, war frei aber nicht zu Hause. Verkehrsmittel waren seiner Zeit keine in Betrieb. Ihm blieb also nichts anders übrig, als sich zu Fuß auf den Weg zu machen. Er lief tagelang immer den Eisenbahnschienen nach, schlief in Scheunen bei den Bauern, aß was er am Wege fand und kam nach einer Woche, nach ungefähr 180 Kilometern noch 70 Pfund wiegend ,in Densberg an !

Meiner Mutter fiel das Erzählen dieser Geschichte sichtlich schwer. Man könnte meinen, sie erlebe diese Zeit noch einmal. Doch sie ließ sich nicht bremsen und meinte, sie müsse mich auf dem Laufenden halten, worauf sie erzählte, wie die Familie des Müllers tatkräftig mithalf, unseren Vater wieder aufzupäppeln. Kaum war er wieder bei Kräften, verstärkte sich sein Wille etwas zu unternehmen, schließlich war er ja ohne jegliches Einkommen. Er bewarb sich bei der neu organisierten Polizei, die ihn als Polizeimeister einstellte und ihm die Dienststelle Waldkappel in der Nähe von Eschwege übertrug. Unter den primitivsten Verhältnissen, ohne Uniform und ohne Waffen wurde die Polizeiarbeit durchgeführt. Als größtes Problem dabei, stellten sich die im Kriege in Rüstungsbetrieben beschäftigten Ausländer Polen und Russen heraus. Auch ehemalige Gefangene aus Arbeits, Straf-und Konzentrationslagern, die von den Amerikanern befreit durch die Lande zogen, raubten was sie bekommen konnten und misshandelten die Einwohner. Doch diese Arbeit war für unseren Vater nur von kurzer Dauer. Die Amerikaner, die alle Einstellungen zu genehmigen hatten, lehnte die Beschäftigung eines ehemaligen Polizeioffiziers ab. So blieb nur die Arbeit in der Mühle oder in der Landwirtschaft.

Die Eltern hatten viel erlebt in der Zeit, in der wir keinen Kontakt miteinander hatten. Meine Mutter meinte, mir alles unbedingt erzählen zu müssen. Ich ließ sie auch gewähren, schließlich war das auch für mich alles interessant. Doch nicht genug damit, sie war auch mit der laienhaften Vorstellung nach Kiel gekommen, mich gleich mitnehmen zu können. Zu diesem Zeck hatte sie eine vom Bürgermeister der Gemeinde Densberg beglaubigte Bescheinigung mitgebracht, aus der hervor ging, dass mich der Landwirt Karl Krähling in Densberg für die Arbeit in der Landwirtschaft dringend benötige. Immerhin war ein bevorzugter Entlassungsgrund, die Verwendung in der Landwirtschaft. Ich versprach das Entlassungsgesuch alsbald zu schreiben und auf die Bescheinigung zu verweisen. Die zwei Tage von Mutters Besuch waren um. Ich brachte sie zum Hauptbahnhof Kiel. Sie verabschiedete mich mit vielen Tränen und der Hoffnung, auf ein baldiges Wiedersehen in Densberg. Zunächst konnte sie einen stark lädierten Personenzug bis Hamburg benutzen, dort aber musste sie sehen auf welche Weise sie weiterkommen konnte. Nachdem ich wieder in Friedrichsort angekommen war, halfen mir ein paar Kumpels aus dem Funktionärsdeck, im Kesselraum einen Sack aufzutreiben, den mit Kohlen zu füllen und mit dem Schlackenaufzug an Deck zu hieven. Dort legten wir ihn auf ein zwischenzeitlich geborgtes Fahrrad, das ich zu der Wirtin meiner Mutter schob, um den Mietzins abzuliefern. Damit hatte ich auch mein Versprechen erfüllt.

Die Zeit verging im üblichen Rhythmus. Zwischenzeitlich hatte ich von der Polizei in Kiel mitgeteilt bekommen, nur wenige Bewerber seien angenommen worden und ich wäre leider nicht darunter. Das war mir eigentlich schon vorher klar, bei der riesigen Anzahl von Bewerbern. Jetzt hoffte ich nur auf die Wirkung meines Entlassungsgesuches. Bis dahin ging alles wie gewohnt weiter. Lagen wir sonntags in Friedrichsort, ging es nachmittags zum „Tanztee". Die Tanzerei klappte jetzt, dank der Bemühungen von Alois, der mit uns häufig im Funkraum trainierte, immer besser. (Die dort einstudierte Haltung hielt ich bei, bis ich nicht mehr tanzen konnte.) Die Hafentage in der Woche verleiteten uns schon mal in die Stadt zu fahren, um wieder einmal den „Schwarzmarkt" aufzusuchen, mit einem anschließenden Bummel durch die Straßen des zerstörten Stadtkerns. Die unvermeidliche lange Rückfahrt mit der Fähre war einerseits langweilig, aber andererseits auch nicht uninteressant. An einer Stelle der Förde lag kieloben ein durch Bombentreffer gekenterter Ozean-Riese der HAPAG, an einer anderen, der historische alte kleine Kreuzer „Emden" und in Wik beim „grauen Haus am Meer", die Verwaltung der noch im Dienst befindlichen Einheiten, die Abwicklungsbüros und das Marinekrankenhaus.

Über die Deck-Adresse hatte ich einer Freundin meiner Mutter, deren Anschrift ich kannte, geschrieben und gefragt ob sie die Anschrift meiner Eltern wüsste. Diese Frau hatte meine Anschrift meiner Mutter gegeben, die mir unter dem 19. 10. 1945 schrieb. Erhalten habe ich den Brief aber erst 6 Wochen später, nach dem Besuch meiner Mutter bei mir, so dass der Inhalt überholt war. Hier noch einige Zeilen daraus: - - - - - - - *„Unser lieber Buby fand im Februar den Heldentod, auch das hat uns hart getroffen. Wie und wo er gefallen ist weiß ich noch nicht. Tante Berta erhielt diese Nachricht von seinem Feldwebel. Mit dem englischen Gebiet steht man noch nicht in Verbindung, denn Omi und Tante Berta sind nach Hause zurück. Omi wurde krank und hat eine schwere Operation hinter sich die sie gottlob überstanden hat. Waltraut haben wir noch gerade vor Tores Schluss aus Rennertehausen nach hier geholt".* - - - - - - - *„Nun zu Deinem Geburtstag an dem wir Dich so gerne bei uns gehabt hätten. Alle guten Wünsche.*

Herzliche Gratulation und Gottes Segen für Dein ferneres Leben. Lass Dich in die Arme nehmen, mein lieber Junge und bleib uns immer unser lieber guter Bodo. Herzlich grüß und küsst Dich Deine Dich liebende Mutti und Vati. Vati ist schippen bei den Amerik.- - - - - - -" Ergänzt durch meine Schwester: „*Von Deinem Schwesterlein auch herzliche Glück und Segenswünsche. Innige Grüße und Küsse D. Waldtraut.*"

Weihnachten 1945 und der Beginn des Jahres 1946

Das Weihnachtsfest nahte. Wir „besorgten" uns zum Heiligen Abend eine kleine Tanne und machten dafür aus Holz einen Ständer. Schon seit Wochen hatten wir Silberpapier und Staniol aus Zigarettenschachteln der 2 Zigaretten die wir pro Tag erhielten gesammelt. Daraus schnitten wir kleine schmale Streifen, um damit den Baum als Lamettaersatz zu schmücken. Konservendosen schnitten wir auf, glätteten das Blech und fertigten daraus mit der Schere Figuren und Sterne, um auch diese als Weihnachtsbaumschmuck zu verwenden. Vom Smutje bettelten wir eine Möhre. Bohrten unten ein Loch hinein, umwickelten diese mit Silberpapier und setzten sie als Spitze auf den Baum, verziert mit zwei überkreuz gesteckten Sternen.

Nachdem wir das geschafft hatten, zogen wir unsere Ausgehuniform an, deckten die Back und erwarteten den Weihnachtsbraten den es nicht gab. Unser Smut hatte sich aber große Mühe gegeben und zur Feier des Tages ein „Festmenue" hergerichtet, mit einer Steckrübensuppe, anstelle von Kartoffeln die es nicht gab, ein vorzügliches Steckrübenpüree, mit Frikadellen die mehrheitlich aus Brot bestanden und einer braunen undefinierbaren Sauce, die sogar recht gut schmeckte. Dazu gab es ein Glas Mineralwasser und als Nachtisch die täglichen zwei Zigaretten. Kerzen hatten wir leider keine auftreiben können. Dennoch sah unser geschmückter kleiner Weihnachtsbaum prächtig aus, fanden wir! Während unseres spärlichen Festessens, dachte ich an die früheren Weihnachtsfeste, auf den Booten der 36. Minensuchflottille, die es leider nicht mehr gab. Gemeinsam mit der gesamten Besatzung und den Vorgesetzten, die hier durch Abwesenheit glänzten. Ich wollte mit meinen Gedanken alleine sein, zog mir den Kolani an, dazu die Mütze auf und ging durch den Ort Friedrichsort, wobei ich an meine Eltern und Schwester dachte. Jetzt wusste ich, wo ich sie gedanklich suchen konnte, hatte gewisse Vorstellungen und wusste, dass auch sie heute Abend an mich denken würden. Während ich alleine durch die dunklen unbeleuchteten Straßen ging, sah ich in den Häusern in den einzelnen Wohnungen die Weihnachtsbaumlichter brennen. Mich versetzte das in eine eigenartige, nicht zu beschreibende Stimmung. Ein Gemisch aus Sehnsucht nach Heimat, zu Hause und Geborgenheit. (In vielen späteren Jahren meines Lebens, wenn ich in der Weihnachtszeit die leuchtenden Weihnachtsbäume in den Häusern sah, dachte ich stets an diesen Abendspaziergang am Heiligen Abend in Friedrichsort.)

Zwischen Weihnachten und Neujahr lagen wir mit der Flottille in Friedrichsort. Es gab die armselige Hafenverpflegung die uns nicht ermöglichte, ein besonderes Essen oder irgendetwas dem Tag Angepasstes zu beschaffen. Wir wünschten uns zum Jahreswechsel, die Erfüllung unserer Hoffnungen. Letztlich hatte jeder seine eigenen für das neue Jahr. Dann gingen wir an Deck um zum Sternenhimmel zu schauen. Dabei konnten wir beobachten, wie die Engländer das neue Jahr mit Leuchtgranaten, Leuchtspurgeschossen und sogar Raketen begrüßten. Sie hatten ja auch allen Grund sich zu freuen. Sie waren in einer besseren Situation als wir Verlierer.

Der qualvolle Heimweg

Unmittelbar nach Neujahr legten wir ab, übernahmen Kohlen und Proviant in Holtenau am Eingang zum Nord-Ostesse-Kanal. Wie in solchen Fällen, musste ich in den Masten steigen und die Antennen mit ihren Isolatoren ab und nach der Kohlenübernahme wieder einhängen. Doch diesmal hatte ich keine Lust, im Kesselraum die Kohlen in den Bunkern zu trimmen. Ich fühlte mich nicht wohl und haute mich in meine Koje. Kaum aber hatte ich mich hingelegt, quälten mich Darmkrämpfe mit einem gewaltigen Durchfall, die mich zwangen, zwischen Koje und Toiletten dauernd hin und her zu rennen. Nachdem der Durchfall fast nur noch aus Wasser bestand und die Darmschmerzen nicht nachließen, meldete ich mich nach einer schlaflosen Nacht, beim Flottillenarzt. Der schickte mich sofort zum Marinekrankenhaus und meinte, ich solle Wasch- und Rasierzeug mitnehmen. Mit einem LKW wurde ich mit weiteren Kranken anderer Boote der Flottille, dorthin gefahren. Dort angekommen, wurde ich dem Stabsarzt vorgeführt, der nach eingehender Untersuchung mit Abstrichen, Tests und dergleichen feststellte, „Dysenterie“, zu Deutsch Ruhr, gleichbedeutend mit 8 Tagen Bettruhe. In einem Zimmer mit 10 weiteren Kranken, war von einer Ruhe im Bett wenig zu spüren. Ich bekam jedoch alle möglichen Arzneien eingeflösst, die allerdings zunächst keine Besserung erkennen ließen. Erst nach 3 bis 4 Tagen ließ das bis dahin recht hohe Fieber merkbar nach, der Durchfall blieb leider. Ich musste glücklicherweise nicht mehr dauernd rennen, doch spätestens alle 2 – 3 Stunden war es wieder soweit. Trotz dieser Unterbrechungen, war die Bettliegerei verdammt langweilig. Die Geschichten und Erzählungen der Leidensgenossen, kannte ich schon in allen Variationen. Allmählich musste ich nur noch alle 4 Stunden zur Toilette, das Fieber aber blieb mit 38 Grad ziemlich konstant. Ich fühlte mich schon besser. Ein Glück, denn am 10. Januar stand plötzlich ein Steuermannsgefreiter von M 607 an meinem Bett und sagte, „unsere Entlassung ist da“ und ergänzte, „du kannst ja wohl nicht mit. Es soll aber die vorerst letzte, in die amerikanische Zone sein. In einer halben Stunde geht es draußen per LKW ab“! Völlig überrascht vernahm ich die Nachricht und meinte, „Moment, ich will sehen, dass ich mitkomme. Ich gehe zum Stabsarzt, warte bis ich zurück bin“. Dieser war auch, oh Wunder, sofort zu sprechen, so dass ich ihm sagen konnte, was ich soeben gehört hatte, mit der Bitte mich aus dem Krankenhaus zu entlassen. „Holen sie mir erst einmal ihre Fieberkurve“, sagte der Doktor in aller Ruhe. Ich rannte in mein Zimmer, holte die Fieberkurve, die über meinem Bett hing und reichte sie dem Stabsarzt. Der betrachtete diese mit bedenklicher Miene und meinte, „wenn auch ihr Fieber runter zu gehen scheint, so haben sie doch noch Fieber“. Nach einer Pause aber sagte er, „nur auf ihre eigene Verantwortung lasse ich sie gehen“! Danke, Herr Stabsarzt, brachte ich noch heraus und war schon aus seinem Zimmer. Mein Kumpel von M 607 stand noch an meinem Bett, ihm sagte ich nur, „ich komme mit“! Er gab mir den Schein zur Entlassung, doch nach Friedrichsort zu M 611 zu fahren, damit ich mich auf die Entlassung vorbereiten konnte, reichte die Zeit nicht. Mir blieb nichts anderes übrig, als recht spärlich bekleidet, bei 10 Grad Kälte, auf einen offenen LKW zu steigen. Bekleidet war ich anstelle einer Unterhose mit einer Turnhose, einem Turnhemd und darüber einen dünnen blauen Pullover, der bis zum Hals reichte, einer Stoffhose, Socken, hohen Schnürschuhen und meiner Marinejacke dem Kolani. Auf dem Kopf hatte ich die blaue „Schiffchen“Mütze. Darüber hinaus befand sich in meinem Brotbeutel ein Stück Seife, ein Rasierapparat, eine Zahnbürste und ein Essbesteck.

Nach 2 Stunden Fahrt hielt der LKW auf dem Schulhof eines Dorfes an der Ostsee und wir stiegen steif gefroren hinab. Uns wurde der recht große Schulraum als Unterkunft zugewiesen, der bis auf den Ofen leer aber eiskalt war. Mit dem Bürgermeister hatte sich eine große Anzahl Einheimischer eingefunden, die unser verfrorener Zustand offenbar beeindruckte. Sie boten uns nämlich spontan an, die Holzzäune ihrer Dorfgärten zu verfeuern (!!), damit wir den Schulraum heizen konnten und gaben uns noch dazu eine Säge, um das Holz zu zerkleinern. Wir nahmen das wirklich großherzige Angebot gerührt an. Während die Leidensgenossen ans Werk gingen, meldete sich bei mir der Darm wieder. Ich musste die seitlich auf dem Schulhof stehende Schultoilette aufsuchen. Ein klassisches „Plumsklo“ aus Holz, mit den bekannten Herzchen. Als Toilettenpapier lag dort zu DIN A5 geschnittenes Zeitungspapier, das nach Gebrauch allerdings zu einem Problem wurde. Der starke Ostwind blies von der Rückfront her von unten in die Grube und wenn man den Sitz verlassen hatte, flog das benutzte Papier in dem Häuschen umher. Dabei musste man aufpassen, dass dieses nicht auf einen selbst landete.

Während meiner letzten „Sitzung“ am Abend, hatten sich die Kameraden, in dem jetzt mollig warmen Schulraum, auf den Boden zum Schlafen gelegt. Ich musste mir also ein Plätzchen suchen und fand das ziemlich in der Mitte der Lagernden. Alle waren müde. Auch mein angeschlagener Gesundheitszustand machte mir zu schaffen. Mitten in der Nacht als alles schlief, weckte mich mein Darm. Ich versuchte nun, in der völligen Dunkelheit tastend und fühlend, zwischen den schlafenden Leibern, einen Weg nach draußen zu finden. Dabei war ich bestrebt möglichst keinen zu treten. Das gelang mir auch, bis in die Nähe des Ofens. Dort aber kam ich bei dem Versuch mit meinem Fuß einem Schlafenden auszuweichen, aus dem Gleichgewicht, griff instinktiv nach irgendetwas, um mich abzustützen. Dabei rutschte ich mit meinem linken Handgelenk entlang des ungeschützten offenen Sägeblatts, der dort stehenden Säge und handelte mir eine üble, schmerzhafte, heftig blutende Wunde ein. Ich drückte mit der anderen Hand die blutende Wunde zu und fand endlich am Eingang des Schulhauses einen Lappen, mit dem ich die verletzte Stelle abband. Glück im Unglück, ich hatte nicht die Schlagader getroffen. Dennoch verursachte die Wunde mir in den nächsten Tagen unangenehme Schmerzen, entzündete sich aber nicht und heilte recht bald.

Am nächsten Tag ging es wieder auf einem offenen LKW weiter, der nach etwa 2 Stunden an einem Barackenlager hielt. Das Aussteigen fiel uns verfrorenen „Säcken" schwer. Durch den eiskalten Fahrtwind, waren wir alle steif gefroren. Ein Oberst mit Ritterkreuz tauchte auf, ließ uns in Dreierreihen antreten und erklärte, er sei der Kommandeur des Artillerieregiments 225, dessen Angehörige wir jetzt seien, bis die Entlassung durchgeführt wäre.

Im Gegensatz zu den anderen Besatzungsmächten, überließen die Briten den Deutschen selbst die Logistik der Gefangenenentlassungen, natürlich nach Vorgaben der Engländer. Durch den Rundfunk hatten wir erfahren, dass die Engländer das an der Ostsee angrenzende Gebiet, zu einer besatzungsfreien Zone eingerichtet hatten mit der Bezeichnung „F" und „G". Die zur Zeit der Kapitulation dort befindlichen Wehrmachtseinheiten verblieben an der Stelle, an der sie kapituliert hatten. Richteten, sofern keine Kasernen vorhanden waren, Lager ein, entließen von dort, über eine zentral stationierte britische Einheit die Soldaten, jeweils bis auf das Stammpersonal. Die Wehrmachteinheiten in diesem Gebiet „F" und „G" führten, alles was es an bewaffneten Einheiten, Gruppen, Trupps, Einzelkämpfern dort noch gab, zusammen und geschlossen über die britische zentral stationierte Einheit zur Entlassung.

Das Artillerieregiment 225 war eine solche Einheit, bei der wir gelandet waren. Die Baracken in denen wir untergebracht werden sollten, entsprachen keiner Beschreibung. Der Ofen dem das Ofenrohr fehlte, stand in einer großen spiegelglatt gefrorenen Pfütze. Dort wo das Ofenrohr durch das Dach führen sollte, befand sich ein großes Loch. Das Dach glich einem Schweizer Käse. Als Schlafunterlage war getrocknetes Laub aufgeschüttet, das an vielen Stellen den gefrorenen Boden bedeckte. Wir waren sprachlos und versammelten uns alle vor den Baracken, um zu protestieren. Während wir dort noch standen, marschierte eine große Gruppe von Offizieren des Heeres, der Marine, der Luftwaffe auf den Platz vor den Baracken. Wir waren neugierig, was das für Leute sind und was mit ihnen geschehen soll. Schnell hatten wir festgestellt, dass es sich um so genannte NSFOs (National Sozialistische Führungs Offiziere) handelte, die sich bei uns informierten, „ob wir auch ins Bergwerk kämen“. Diese Frage elektrisierte uns. Wir fürchteten dass uns das gleiche passieren könnte und beschlossen hier nicht zu bleiben. Ein Feldwebel des Heeres übernahm die Führung unseres Haufens und schlug vor, „wir marschieren einfach nach Heiligenhafen. Von dort wird man entlassen. Wer macht mit“? Natürlich stimmten alle dafür und so marschierten wir einfach, ohne uns beim Herrn Kommandeur abzumelden los. Es war eklig kalt. Nachdem wir ungefähr eine Stunde unterwegs waren, kam ein LKW der in unsere Richtung fuhr. Der Feldwebel hielt den Wagen an, sprach mit dem Fahrer, der bereit war uns mitzunehmen. So waren wir nach einer Stunde Fahrt in der Kaserne in Heiligenhafen, in der die Entlassungen durchgeführt wurden. Dort war man nicht auf uns vorbereitet und verfrachtete uns zunächst einmal auf den Dachboden eines Hafenspeichers. Hier war es urig aber gemütlich und was das Wichtigste war, sogar mollig warm! Hier konnten wir endlich einmal auftauen. Zwar schmerzte mein Handgelenk, aber körperlich fühlte ich mich besser. So schlief ich auch erstmals wieder eine Nacht durch.

Nachdem wir uns am nächsten Tag bei der Dienststelle meldeten, bekamen wir ein Kasernengebäude zugeteilt. Unser Erstaunen war groß als wir feststellten, dass sich in den Räumen weder Betten, noch Tische befanden, lediglich die Spinde waren vorhanden. Wir legten der Einfachheit halber die Spinde auf den Boden, um sie als Schlafgelegenheit zu benutzen. Da es aber noch früh am Tag war, überredete ich einen Leidensgenossen, mit mir in die Stadt zu gehen, um ein Bier zu trinken. Dorthin war es nicht weit und wir fanden auch ein gemütliches Lokal, tranken 1 – 2 Bierchen, schwätzten über die Vergangenheit und was wohl die Zukunft bringen würde. Aber auch, wie lange wir wohl noch auf die Entlassung warten müssen, war das uns bewegende Thema. Die Antwort bekamen wir völlig überraschend, als wir nämlich unsere bettenlose Kaserne aufsuchten. Kein Mensch war dort zu finden! Wir waren ratlos. Kurz entschlossen gingen wir beide in das Dienstgebäude und fragten nach unseren Kameraden. Dort erfuhren wir, „die zur Entlassung Anstehenden befinden sich in den Nissenhütten am Rande des Kasernenblocks“. Wie vom Affen gebissen rannten wir zu den halbrunden Wellblechhütten, vor denen die Kameraden in langer Schlange standen und schlossen uns an. Langsam ging es vorwärts. Am Ende standen englische Soldaten, die sämtliche Dienstgradabzeichen von den Uniformen abtrennten und die goldenen Knöpfe, die nicht dem Zuknöpfen dienten, einfach abschnitten Darüber hinaus nahmen sie uns alles, was sie brauchen konnten, ab, wobei wir alle Taschen von innen nach außen drehen mussten. Bei mir war nichts zu holen, doch meine Armbanduhr wurde ich los! Eine „feine“ britische Armee, die scheinbar nur arme „Kirchenmäuse“ beschäftigte! Nachdem uns die Tommies bis auf das Hemd ausgezogen hatten, bliesen sie jedem Einzelnen mit einer Art Luftpumpe, weißes Pulver unter die Achselhöhlen und in die Hose. Danach mussten wir uns anziehen. Mein verbundenes Handgelenk störte sie nicht, aber sie drückten mir einen Zettel in die Hand auf dem stand „FIT“. Mit diesem mussten wir in eine andere Nissenhütte wechseln, uns bei einer trüben Funzel auf den nackten Boden legen, um zu schlafen und den nächsten Tag abzuwarten.

Am Morgen des 15. Januars 1946, leerten sich auch die anderen Nissenhütten, die neben uns mit Entlassungswilligen vollgestopft waren. Erst jetzt im Hellen sahen wir, dass neben den Nissenhütten Bahngleise verliefen. Endlich lief gegen Mittag ein langer Güterzug ein, dessen Waggons teilweise mit ehemaligen Heeres-und Luftwaffenangehörigen gefüllt waren. In die leeren Waggons wurden je 50 Mann, fast alles ehemalige Marineangehörige, eingewiesen. Da ich am Ende der langen Reihe stand, blieben für den letzten Waggon nur 15 Mann übrig. In diesen Waggons konnte alles transportiert werden, Stückgut, Massengut, Vieh und auch Gefangene. Bewacht wurden wir nicht. Wir konnten die Schiebetore öffnen wann wir wollten. Doch wir wollten nicht, denn es war kalt darinnen, kein Ofen, nichts, die Eisenbeschläge waren innen mit einer dicken Eisschicht überzogen, die auch während unseres langen Aufenthaltes in dem Waggon nicht schmolz. Noch nicht einmal eine Schütte Stroh um darauf zu liegen, hatte man uns spendiert. Der Waggon schien vorher ausgekehrt worden zu sein. Die Temperatur von 14 Grad unter Null war drinnen und draußen gleich und blieb auch die ganze Fahrt über, es zog überall. Die wenigen Figuren in dem großen Waggon, konnten mit der eigenen Körperwärme nichts bewirken. Alle froren und ich, mit meiner dünnen Bekleidung, erst recht. Der Zug zockelte durch die Lande und hielt abends im Hamburger Hauptbahnhof. Dort versorgte uns das „Rote Kreuz“ mit warmer Suppe und heißen Getränken. Ein Gottesgeschenk! Jeder hätte hier abhauen können, es tat aber keiner. Uns fehlten ja die Entlassungsscheine und die benötigte man um weiterleben zu können. Ohne diese bekam man keine Aufenthaltsgenehmigung und damit auch keine Bezugscheine, die für den Einkauf jeglicher Lebensmittel unverzichtbar waren. Ohne Entlassungsschein hätte uns jede Streife aufgreifen, verhaften und in irgendein Gefangenlager, mit Aussicht auf Bergwerksarbeit, verfrachten können. Alle diese Fakten sprachen gegen ein Ausreißen. Das aber wussten auch die Engländer, die sich deshalb unsere Bewachung ersparten.

In Hamburg zeigte das Thermometer 16 Grad unter Null und es wurde immer kälter. Der Zug bummelte, im wahrsten Sinne des Wortes, durch die Lande. Hielt oft irgendwo auf freier Strecke, stand dort stundenlang, bis es endlich weiter ging. Ich fror erbärmlich und zitterte ständig am ganzen Körper. Damit die Füße nicht einfroren, trampelte ich ständig ohne Unterbrechung auf dem eiskalten Boden. Im Laufe der Stunden ermüdete das, ich bekam kaum noch die Füße hoch. Zwangsweise legte ich mich auf den eiskalten Boden, schlief durch meine Krankheit noch geschwächt, sofort ein. Erwachte jedoch nach wenigen Minuten wieder. Auf der Seite auf der ich gelegen hatte, war das Gefühl abgestorben. Meinen Leidensgenossen ging es genauso wie mir. Man rappelte sich wieder auf, versuchte Gefühl in die tauben Glieder zu bekommen. Trampelte wieder auf dem Boden, bis man nicht mehr konnte. Legte sich wieder für Minuten hin, schlief sofort ein und war nach kurzer Zeit wieder wach, mit dem Ergebnis der abgestorbenen Glieder. Um nicht in völliger Dunkelheit leben zu müssen, machten wir immer von einem Tor einen Spalt auf. Dadurch kam etwas Tageslicht herein und wir konnten feststellen, wohin die Reise ging. Da es sowieso in diesem Waggon zog, wie die berühmte Hechtsuppe, wurde es durch die Öffnung nicht schlimmer. Am nächsten Vormittag hielt der Zug in Lehrte bei Hannover. Auch hier gab es die Betreuung durch das „Rote Kreuz", wie in Hamburg. Die heiße Flüssigkeit erweckte uns zum Leben. Dann ging es irgendwann weiter, den Tag und die Nacht durch, stets in einem Bummeltempo mit etlichen Halts auf freier Strecke. Wir trampelten alle ohne Unterbrechung. Ich bekam kaum noch die Beine hoch und hatte schon lange kein Gefühl mehr in den Füßen. Mir glückte es jedoch immer, nach dem kurzen Liegen auf dem Boden, das Gefühl wieder in die entsprechenden Köperteile zu bekommen. Doch einmal wurde es gefährlich, ich konnte einfach nicht mehr. Es war der Zeitpunkt an dem mir alles egal war. Ich fiel mehr auf den Boden als ich mich legte und war sofort weg. Ein Wahnsinnsschmerz fuhr irgendwann durch meinen Körper und weckte mich. Ich hatte keinerlei Gefühl mehr, lag auf dem Rücken und hatte keine Kraft aufzustehen. Bei dem Versuch hoch zu kommen, rollte ich auf den neben mir Liegenden, der davon wach wurde und mit den anderen half mich wieder auf die Beine zu stellen. Bedingt durch die kurz hinter mir liegende Krankheit, litt ich besonders unter diesen Verhältnissen. Das hatten auch meine Leidensgenossen erkannt und halfen gemeinsam meinen Körper zu massieren, damit das Gefühl wieder kam. Als es hell wurde hielt der Zug in Kassel, wo auch wieder das „Rote Kreuz" mit heißer Suppe und heißen Getränken zur Stelle war. Gegenseitig halfen wir uns aus den Waggons und schleppten uns zur Versorgungsstelle. Nach der heißen Flüssigkeit, fühlte ich mich ein wenig besser, doch machten mir meine Füße Sorgen. In denen hatte sich das Gefühl nicht wieder eingestellt. Alles das ließ mich vergessen, dass ich an diesem Bahnhof mehrmals freudig angekommen und davon traurig wieder abgefahren war. Noch nicht einmal tauchte der Gedanke auf, hätte ich den Entlassungsschein, könnte ich jetzt verschwinden und wäre bald bei den Eltern. Doch in dem Zustand in dem ich mich befand, konnte ich nicht mehr klar denken. Immerhin aber sind wir in der amerikanischen Besatzungszone! Wie lange müssen wir noch fahren, bis wir frei sind? Wie lange dauert diese Quälerei noch? Gegen Mittag ging es weiter. Langsam tuckerte der Zug vorbei an Wabern, Zimmersrode (in der Bahnhofsgaststätte dort, sollte sich einmal mein Leben entscheiden), Treysa und Kirchheim. Orte deren Namen mir noch nichts sagten, während ich mit tauben Füßen, die ich kaum heben konnte, versuchte zu trampeln.

Marburg hieß die Station, in welcher der Zug noch einmal hielt und das „Rote Kreuz" uns noch einmal mit heißem Kaffee versorgte. Hier stand der Zug nicht so lange. Ruckte plötzlich an und rollte langsam wenige Kilometer weiter, bog von der Hauptlinie ab und hielt auf freier Strecke. „Alles Raus", tönte es wiederholt aus mehreren Megaphonen. Wir quälten uns aus den Waggons und befanden uns auf einer großen Wiese. Dabei erkannten wir in einiger Entfernung, es war schon dunkel geworden, eine große Anzahl von Zelten. „In 5-er Reihen antreten", befahlen uns Männer in Zivil mit großen Schäferhunden. Wir Steifgefrorenen versuchten uns, in den uns ungewohnten 5er Reihen zu organisieren. Das aber ging den Wächtern nicht schnell genug. „Ihr könnt das wohl nicht? Wir haben Zeit und kommen in einer Stunde wieder. Bis dahin werdet ihr das wohl fertig gebracht haben", sagten sie, ließen uns einfach stehen und verschwanden in der Dunkelheit. Uns kam die Wut hoch! Über 2 Tage, bei Minus 15 Grad, in einem eiskalten Waggon. Jetzt lassen uns diese „Schweine" in der bitteren Kälte stehen! Nach einer Stunde, in der wir dem eisigen und kräftigen Nordwind schutzlos ausgeliefert waren, kamen die Wächter mit ihren Hunden zurück. Sie zählten einzeln die Reihen ab. „1, 2, 3, 4, 5 – 1, 2, 3, 4 – 1, 2, 3, 4, 5, 6. Ihr könnte wohl nicht zählen? Wir geben euch eine Stunde Zeit, das zu üben. Erst wenn alles klappt, geht es weiter" und verschwanden in der Dunkelheit. Unser Zorn kannte keine Grenzen. Doch wir waren machtlos und diesen Unmenschen ausgeliefert. „Vae victis", sagte der gallische Häuptling Brennus schon 390 vor Christus, „wehe dem Besiegten"! Die Kälte machte uns zu schaffen, dazu noch dieses Stehen in eisigem Wind, nach 2 Tagen auf der Stelle treten. Diesmal kamen nach einer Stunde drei, dieser Wächter mit ihren Hunden, von denen wir später erfuhren, dass es sich um ehemalige polnische KZ-Häftlinge handelte. Die Zählerei begann, „1, 2, 3, 4, 5 1, 2, 3, 4, 5 1, 2, 3, 4, 5", es schien zu klappen. Immer wieder „1, 2, 3, 4, 5 1, 2, 3, 4, 5 – 1, 2, 3, 4, 5". Ich hoffte schon, dass sie bald durch sind bis ich auf einmal, „1, 2, 3, 4 – 1, 2, 3, 4, 5, 6" hörte und die Worte, „ihr könnte das wohl immer noch nicht? Oder wollt ihr uns verarschen? Dann werden wir böse und ihr steht die ganze Nacht hier! Klappt das in einer Stunde nicht, machen wir heute Nacht durch"! Wenn nur diese Kälte nicht wäre! Der Wind pfiff durch mich durch. Ich konnte gar nicht so schnell zittern wie ich fror! Allmählich kroch in mir die Verzweifelung hoch, was kann ich noch ertragen und wie lange halte ich das noch aus? Endlich war auch diese Stunde um und das Abzählen klappte. Die uns quälten hatten keine Chance mehr, dachten wir. Hatten aber die Rechnung ohne den Wirt gemacht. Auf ganz subtile Art schikanierten sie weiter „Jetzt bekommt jeder seinen Entlassungsschein" hieß es, „wir rufen jeden mit Namen auf"! Nun wurde tatsächlich jeder mit Namen aufgerufen, musste vortreten, erhielt seinen Entlassungsschein und trat wieder an seinen Platz zurück. Endlich, nach einer halben Stunde war auch diese Prozedur vorbei und einer der Wächter sagte, „jetzt gehen wir zu den Zelten". Auf dem Weg, entlang einer in langer Reihe von Zelten, ging mir durch den Kopf, warum noch in die Zelte, wenn wir den Entlassungsschein schon haben? „Alles halt", hieß es vor einem der Zelte. Nachdem die Kolonne gehalten hatte, erklärte einer der ehemaligen KZ-Häftlinge, „diese beiden hier nebeneinander stehenden Zelte sind für euch vorgesehen. Am Eingang gibt jeder seinen Entlassungsschein ab"! Zunächst glaubte ich nicht richtig gehört zu haben. Unruhe machte sich bemerkbar. „Gerade haben wir die Entlassungsscheine erhalten und jetzt sollen wir diese wieder abgeben. Was soll das? Das ist doch reine Schikane", klang es aus der Kolonne. Die Kerle reagierten nicht, sie wiederholten nur, „wer hier reingeht, gibt seinen Entlassungsschein ab"! Die Ersten taten was die Unmenschen verlangten, gaben ihren Entlassungsschein ab und verschwanden im Zelt. Andere folgten. Einer jedoch muckte auf, „ich bin Offizier und verlange nach der Genfer Konvention behandelt zu werden", worauf ein Wächter antwortete, „kommen sie mit" und verschwand mit ihm. Was mit dem ehemaligen Offizier geschah, erfuhren wir nicht. Mir aber war alles egal, ich war am Ende meiner Kräfte, völlig erschöpft, nahm ich alles nur noch wie unter einem Schleier wahr, ging, besser fiel in das Zelt hinein, wobei ich meinen Entlassungsschein abgab, ließ mich irgendwo auf den Boden fallen. Ich erinnere mich nur noch daran, dass der nackte Fußboden kalt war und ich am andern Morgen die Aufrufe der Lagerlautsprecher hörte. Dazwischen fehlt mir ein „Stück vom Film". Es dauerte eine endlose Zeit, bis jedes einzelne Zelt mit einer vierstelligen Nummer, zur Arbeit aufgerufen worden war. Unsere beiden Zelte waren glücklicherweise nicht dabei. Bei uns glimmte die Hoffnung! Lange Stunden tat sich nichts. Keiner von uns trat vor das Zelt, um nicht unnötige Aufmerksamkeit zu erregen. Dann aber hörten wir die Nummern unsere Zelte mit dem Befehl, „am Lagerausgang antreten". Das hörte sich gut an. Irgendwie machte mich dieser Aufruf munter. Obwohl ich lange nichts gegessen hatte, fühlte ich mich gestärkt, immerhin folgten meine gefühllosen Füße den Beinen. Nachdem wir uns am Lagerausgang eingefunden hatten, erhielten wir kommentarlos unsere Entlassungsscheine und traten vor das Lagertor. Dort standen drei Trucks, die offenbar auf uns warteten. Das Lagerthermometer zeigte 18 Grad unter Null. Nacheinander kletterten wir auf die offene Ladefläche der Trucks die von farbigen

US-Soldaten gefahren wurden. Das Tempo, das dann die drei Fahrzeuge vorlegten, war schon Besorgnis erregend. Dicht an dicht standen wir aus dem Lager Entlassenen, auf den offenen Ladeflächen, aller drei Fahrzeuge, während die schwarzen Chauffeure mit Höchstgeschwindigkeit die kurvenreiche Bundesstraße 3 über die Dörfer fuhren. Das Ziel war uns nicht bekannt. Ich stand auf dem hinteren Teil der Ladefläche des 2. Trucks und konnte beobachten, dass das Gepäck eines Kumpels vom 1. Truck herunter fiel und der dritte Truck mit seinen Rädern darüber fuhr, was ich natürlich als gemein empfand. Hinter mir sah ich von dem dicht auffahrenden Truck, nur die beiden farbigen Fahrer und Beifahrer, die Kaugummi kauend ständig lachten, sicher weil ihnen die Raserei Spaß machte. Durch jeden Ort den wir passierten, knallten sie ordentlich mit der Zündung. Die Bürger mag das erschreckt haben, den Amis aber machte es ungeheuren Spaß, wie man an ihren Gesichtern erkennen konnte. Wir aber hatten Angst und befürchteten, dass möglicherweise bei den vielen schnell gefahrenen scharfen Kurven, der Truck umfällt oder im Graben landet. Die vorne auf der Ladefläche Stehenden schauten nach vorne und warnten die anderen auf dem Truck. Sahen sie eine Rechtskurve kommen, schrieen sie, „Rechtskurve! Alle nach rechts legen"! Entsprechendes bei einer Linkskurve. Aus Eigeninteresse folgten wir natürlich den Warnungen. So donnerten wir durch die Orte, bis wir über die Knallhütte und Zwehren Kassel erreichten. Endlich hielten die Trucks an der Frankfurter – Ecke Roonstraße, am Eingang der von den Amerikanern genutzten „Jägerkaserne". Während der 1. und 3. Truck in die Einfahrt fuhren und dort hielten, stoppte der auf dem ich mich befand vor dem Eingang. Was nun? Die Fahrer und Beifahrer waren ausgestiegen, wir aber warteten. Sofort schwirrten Meinungen herum. Die Amis wollen uns nicht gehen lassen. Wir sollen bei den Amis arbeiten. Vielleicht auch von hier aus weitertransportiert werden. Während sich die Leidensgenossen Gedanken machten, ging mir durch den Kopf, ich habe meinen Entlassungsschein in der Tasche und könnte einfach vom Wagen springen und weglaufen. Zu einem meiner Nachbarn sagte ich, „ich haue jetzt ab"! „Mach das nicht", bekam ich zur Antwort, „die Amis schießen, wenn du abhaust". Die Gelegenheit schien günstig. Auf die „Angsthasen" hörte ich nicht. Sprang mit einem Satz von dem Truck und fiel, obwohl ich kein Gefühl mehr in meinen Füßen hatte, nicht hin, sondern rannte humpelnd zur Frankfurter Straße. Gerade war dort von der Haltestelle eine Straßenbahn abgefahren, der Wagenführer hatte meine Aktion mitbekommen, bremste die Bahn ab, fuhr langsam weiter, so dass ich die Straße überqueren konnte. Dabei wurde den Amis die Sicht auf meine Flucht genommen, ein Fahrgast öffnete die Tür, ich kletterte hinein, der Fahrer beschleunigte, der Schaffner fragte, „wohin wollen sie" „zum Bahnhof" und so rollte ich, mit Hilfe der Kasseler Straßenbahn, in die Freiheit!

Nach Hause

Am Hauptbahnhof Kassel, den ich aus besseren Tagen kannte, stieg ich aus. Notdürftig betriebsbereit gemacht, auf wenigen Aushängen vermerkt, stand das Ziel, die Bahnsteignummer und die Abfahrtzeit der Züge. Von meiner Mutter wusste ich, dass der Zug nach Marburg, den ich benutzen müsste, um 17 Uhr abfahren sollte. In Zimmersrode hätte ich auszusteigen, um in den Zug nach Gemünden an der Wohra um-und in Densberg-Schönstein wieder auszusteigen. Das sei die einzige Möglichkeit am Tage nach Densberg zu kommen. Von dort wäre es nicht weit, bis zur Schmidt-Mühle. Um sicher zu gehen, erkundigte ich mich doch noch lieber bei einem Beamten, nach dem Zug der um 17 Uhr Richtung Marburg fahren würde. Es war unangenehm kalt. Das wieder intakte Thermometer, zeigte 19 Grad unter Null. Nirgendwo konnte man sich in dem schwer beschädigten Bahnhof aufhalten. Es war nämlich erst gegen 15 Uhr. Wenn ich auch das Warten gewöhnt war, ging mir doch diese Warterei, so nahe am Ziel, auf die Nerven. Ich fror entsetzlich, das Laufen machte Schwierigkeiten, das Stehen noch mehr. Doch bei dieser Kälte musste man sich bewegen.

Der Kasseler Hauptbahnhof war seinerzeit ein Kopfbahnhof. Die Züge fuhren herein und in umgekehrter Richtung wieder hinaus. Während ich wartete, ging hin und wieder ein Zug ab, wobei mir auffiel, dass ab 16 Uhr immer mehr Leute auf dem Bahnhof kamen. Aber schon eine halbe Stunde vor der Abfahrtzeit, wurde der Zug Richtung Marburg hereingeschoben. Fast alle Fenster der Wagen waren durch Bretter ersetzt worden. Ich hatte Glück und sah die Tür eines Wagens mit einem halben Glasfenster, in den ich einstieg. Es saßen schon einige Leute in dem Abteil auf durchgehende Holzbänke. Ich suchte mir einen Platz zwischen ihnen. Nicht nur die Kälte, ebenso die frostige Stimmung in diesem Abteil, auch die Unpünktlichkeit der Züge, beeinflusste mich negativ. Immerhin war 17 Uhr schon längst vorüber. Mittlerweile war das Abteil voll und man saß gedrängt nebeneinander. Das wirkte sich allerdings kaum auf die Temperatur im Abteil aus. Plötzlich fragte mich mein Nachbar, „sind sie krank? Fehlt ihnen ´was"? „Nein" antwortete ich, „warum"? „Sie zittern ja am ganzen Körper". „Ich friere schon seit Tagen", sagte ich zu ihm. Scheinbar genügte ihm das. Was sollte er auch sagen?

Mit fast einer Stunde Verspätung fuhr der Zug endlich ab, um an jeder Bahnstation zu halten. Durch das Teilfenster beobachtete ich, dass draußen alles weiß war. Es hatte wohl geschneit. Als der Zug endlich in Zimmersrode hielt, stieg mit mir eine ganze Anzahl Mitreisender aus. Die meisten davon gingen zu einem anderen Gleis, auf dem ein kleinerer Zug stand, ich vermutete das „Bähnchen", mit einer kleineren Lokomotive und drei kleineren Wagen. Ich kannte mich ja nun nicht aus und war unsicher, lief hinter ihnen her, bis ich auf einem außen angebrachten Schild „Gemünden / Wohra" las. Jetzt war ich sicher, das ist das „Bähnchen", mit dem muss ich fahren. Nun war ich mit meinen erfrorenen Füßen nicht so schnell und stieg deshalb, in den mir am nächsten stehenden Wagen ein. Es war ein Wagen für „Reisende mit Traglasten", als solcher gekennzeichnet. Die Bänke standen an den Seiten, damit die Bauern ihre Produkte, die sie zum Markt fahren wollten, in der Mitte abstellen konnten oder Mütter mit Kinderwagen ausreichend Platz hatten. Jetzt standen dort dicht an dicht Arbeiter und Angestellte, die von der Arbeit kamen. Ich quälte mich hindurch und über eine Plattform in den nächsten Wagen. Dort standen die Menschen auch, doch hier in den Gängen, so dass ich auch hier keinen Platz fand. Nachdem das „Bähnchen" an einigen Stationen gehalten hatte, einige Mitfahrer ausgestiegen waren, wurden einige Sitzplätze frei und ich konnte mich auf einen niederlassen. Während ich aufgeregt nach draußen schaute, um keinesfalls die Aussteigestation zu verpassen, stellte ich fest, die Landschaft sah nach einer geschlossenen Schneedecke aus. Endlich hielt das „Bähnchen" in Densberg-Schönstein, ich war am Ziel! Mit meinen steifen Beinen ging ich vorsichtig die Stufen hinab und bewegte mich mit vielen anderen Mitfahrern, über den schwach beleuchteten, tief verschneiten, Platz zum Bahnhofsgebäude. Ich wusste nicht, wie ich zur Schmidt-Mühle kommen konnte und fragte daher der Einfachheit halber, ein neben mir durch den Schnee stapfendes Mädel, ungefähr meines Alters, in dem noch gewohnten Marinejargon, „hallo Lisbeth, kannst du mir sagen, wie ich in die SchmidtMühle komme"? Ich hatte den Satz noch nicht beendet. Schon schrie die Angesprochene laut, „was fällt ihnen ein, mich hier zu belästigen"! Durch das laute Schreien wurde der Bahnhofsvorsteher aufmerksam und kam, einen großen Knüppel schwingend, auf mich zugestürmt, in dem er mir befahl, „hauen sie ab, sie Strolch oder ich zeige ihnen was passiert"! „Moment, Moment entschuldigen sie. Ich weiß gar nicht was sie wollen, ich habe das Mädel nur nach dem Weg gefragt", versuchte ich den Mann zu beruhigen. Der aber konterte, „das Mädel ist meine Tochter, die sie belästigt haben"! „Das stimmt nicht", wehrte ich mich. „Ich komme aus der Kriegsgefangenschaft und möchte zu meinen Eltern, die in der SchmidtMühle wohnen. Ich weiß aber nicht welchen Weg ich gehen muss"! Er wurde merkbar friedfertiger und schien nachzudenken. „Wie ist denn ihr Name"? Ich nannte ihn und er wurde auf einmal freundlich, entschuldigte sich sogar. „Sie müssen verzeihen, es treibt sich in der letzten Zeit so viel Gesindel herum, dass ich nur mit einem Knüppel vor´s Haus gehe. Natürlich kenne ich ihre Eltern" wobei er fort fuhr, „gehen sie diese Straße nach links, sie sehen dann schon bald das Mühlen-Anwesen, zu dem rechts ein Weg abzweigt. Das linke Gebäude hat eine hohe Treppe, die sie hinaufgehen müssen. Dort wohnen Grafenhorsts. Nichts für ungut, grüßen sie bitte ihre Eltern“. Nach kurzem „danke“ setzte ich mich in Bewegung und dachte, so hatte ich mir die Begrüßung in Densberg nicht vorgestellt, gab aber auch zu, dass ich mich entsprechend meines jetzigen Zivillebens, nicht korrekt verhalten hatte. Vorsichtig, um nicht auf der Schnee bedeckten Straße auszurutschen, ging ich die Straße bergab, sah alsbald schemenhaft die Gebäude der Mühle, bog den Weg rechts ab, erkannte das Haus mit der hohen Treppe, einige Fenster waren hell erleuchtet. Gerade wollte ich meinen Fuß auf die erste Treppenstufe setzen, als plötzlich hinter der Treppe laut bellend ein Hund hervor schoss. Mit meinen Gedanken war ich schon einige Minuten voraus und hatte mit so etwas überhaupt nicht gerechnet. Zu Tode erschreckt stellte ich jedoch gleich fest, der Hund war angekettet und konnte mich nicht erreichen. Ich holte tief Luft und erklomm die Treppe Schritt für Schritt, klopfte heftig wiederholt an die Tür, diese öffnete sich und meine Mutter stand vor mir. Sie schien wie erstarrt, war sprachlos, ich sagte nur, „der verlorene Sohn kehrt heim“! Jetzt hatte auch sie die Sprache wieder gefunden und rief laut, „Bodo, Junge“, nahm mich in die Arme. Nun eilte auch mein Vater herbei, nahm mich ebenfalls in die Arme, während meine Mutter ihren Tränen freien Lauf ließ. Waltraut war mit ihrem Freund Wilhelm Schöbel zum Bahnhof Densberg gegangen, mich dort in Empfang zu nehmen. Ohne dass sie wissen konnten wann ich eintreffen würde, hatte sie den Eltern gesagt, „heute kommt Bodo“. Sie hätte das untrügliche Gefühl. Im Gegensatz zu der Empfehlung meiner Mutter, als sie mich in Kiel besuchte, wenn ich nach Hause käme in Densberg-Schönstein auszusteigen, hatte sie mir in einem Brief geschrieben, es wäre besser in Densberg auszusteigen. Diesen Brief aber habe ich leider nicht mehr erhalten. So kam es zu diesem Missverständnis. Das Thermometer zeigte 19 Grad unter Null!

Nach 3 Jahren, 7 Monaten und 18 Tagen = 1 682 Tagen war ich wieder zu Hause, zwar ein fremdes zu Hause, aber es war mein Zuhause!

Densberg

Denisburc war einst der Name von Densberg meiner neuen Heimat, das einmal eine große Bedeutung für mich bekommen sollte. Ein kleines Dorf zwischen Marburg und Kassel, in Kurhessen oder heutigem Waldhessen, spöttisch auch Hessisch Sibirien genannt. Die Ausläufer des Kellerwaldes, mit dem größten Buchenbestand Europas, auf der einen Seite und des Hembergs auf der anderen, zogen sich fast bis zum Dorf hinab. Durch das Tal schlängelte sich der kleine Bach „Gilsa". Einst von den Kelten bewohnt, deren Ringburgen in Überresten noch an etlichen Stellen der Umgebung zu finden sind, verdrängten sie die von Norden kommenden Chatten, die sich später an der Vertreibung der Römer beteiligten. Zum Machtbereich des chattischen Zentrums, zählte auch das Kellerwaldgebiet, zu dessen Füssen Densberg liegt. Nach der für die Römer unter ihrem Feldherrn Varus verlustreichen Schlacht, vernichtete der römische Feldherr Germanicus mit einem seiner Rachefeldzüge, auch die chattische Herrschaft. Um 660 n. C. missionierten die Nachkommen der Kelten, als iroschottische Mönche dieses Gebiet.

Heinrich, Herzog von Sachsen, wurde von König Konrad I., mit dem er in Fehde lag, zu seinem Nachfolger vorgeschlagen. Deshalb zogen die sächsischen und fränkischen Heere nach Fritzlar, in dessen Nähe sich der Herzog aufhielt, um Vögel zu fangen. Der Volksmund nannte ihn deshalb auch „Heinrich der Vogler". Sogar ein Gedicht bemächtigte sich dieser Geschichte, das begann, „Herr Heinrich sitzt am Vogelherd recht froh und wohlgemut, aus tausend Sternen blinkt und blitzt der Morgen Sonne Glut" - - - - Im Dom zu Fritzlar wurde Heinrich, Herzog von Sachsen, am 14. April 919 zum Deutschen König Heinrich I. (919 – 936) gewählt. Fritzlar ein schönes Örtchen mit alter Bausubstanz, einem wunderschönen Marktplatz, in dessen Mitte ein historischer Brunnen steht, der neben dem Dom eine Sehenswürdigkeit darstellt. Um die Jahrtausendwende litt Kurhessen unter den Auseinandersetzungen zwischen dem Landgrafen von Hessen und dem Kurfürsten von Mainz, zu dessen Territorium Denisburc gehörte. Erstmals wurde das in einer Urkunde des Erzbischofs Wezilo von Mainz (1048 – 6. 8. 1088) erwähnt, die sich auf den großen Brand von Fritzlar 1079 bezieht, dem die Urkunden des Erzbischofs Siegfried I. von Mainz (1060 – 16. 2. 1080) zum Opfer fielen.

Nähert man sich vom Westen dem Ort Densberg, sieht man rechter Hand auf einem markanten Hügel die Dorfkirche. Dort befand sich während des gesamten Mittelalters eine kleine Burg, mit einem starken Wehrturm, einem steinernen Gebäude und einem heute noch vorhandenen tiefen breiten Burggraben, die offenbar im 11. Jahrhundert, nicht nur der Sicherung der alten Fernstraße, auch dem politischen Interesse des Mainzer Bistums diente. Im Schutz der Burg befanden sich auch die Häuser der ersten Einwohner. 1232 wird die Burg, im Zuge der Auseinandersetzungen des Landgrafen Conrad von Thüringen mit dem Kurfürsten von Mainz zerstört, jedoch 1346 vom Erzbischof von Mainz, Heinrich III. von Virneburg (1328 – 1353) wieder aufgebaut. Schon 7 Jahre später (1353) eroberte und zerstörte der Landgraf von Hessen die Burg erneut, worauf Ritter Johann von Falkenberg, genannt Grüßing, sich der Burgruine annahm und sie als Burg wieder aufbaute. Das aber missfiel dem Landgrafen von Hessen, denn Ritter Johann von Falkenberg, hatte dazu keine Genehmigung und so ließ der Landgraf kurzerhand die Burg 1355 erneut zerstören. Im Gegenzug genehmigte der Erzbischof Gerlach von Nassau (1346 – 6. 12. 1371) am 6. 12. 1359 den Wiederaufbau. Verständlich dass nicht nur die Burg, auch der Ort selbst, unter diesen andauernden Auseinandersetzungen zu leiden hatte. Doch die Burg schien in einer guten Verfassung, denn 1380 wurde Densberg von Soldaten des Landgrafen Hermann zu Hessen erobert, denen es aber nicht gelang, die Burg zu überwinden. Das endgültige Aus aber schafften 1469 die böhmischen Hilfsvölker des Heinrich von Marburg, im Bruderkrieg mit dem Landgrafen Ludwig zu Kassel, welche die Burg endgültig zerstörten. Ob sie nun unbewohnt von selbst zerfiel oder als Steinbruch zum Bau neuer Häuser benutzt wurde, ist unbekannt, denn letztmals wurde Densberg 1506 erwähnt. Die mauerreste jedoch sind heute noch auf der „ale Borg“ zu sehen.

Am 8. 9. 1866 beschloss das Abgeordnetenhaus in Berlin, die Einverleibung Kurhessens in den Preußischen Staat. Damit hörte der Kurhessische Staat auf zu bestehen und wurde als Regierungsbezirk Kassel, in die Provinz Hessen-Nassau eingegliedert. Ein sichtbares Zeichen war 1869 die Einrichtung eines Königlich Preußischen Forstamtes, in dem Gebäude der in der Nähe der „NordeMühle“ befindlichen ehemaligen Hammerverwaltung. Auch die Waldnutzungsrechte des sich bis zum Dorf hinziehenden Waldes, ordnete man am 16. 11. 1885 neu. Sogar die Pfarrei verzichtete gegen eine einmalige Ablösesumme, auf das geltende Recht der jährlichen Eierlieferung, durch die Bürger der Gemeinde am Gründonnerstag. Schon 1909 bis 1911 wurde die Kellerwaldbahn gebaut – im Volksmund das „Bähnchen“ – von Zimmersrode nach Gemünden an der Wohra. Die schwierige Trassenführung in Densberg erforderte einen tiefen Graben durch die Mitte des Ortes, das die Anlieger zwang Grundstücksteile abzugeben. (Darunter auch Bauer Heinrich Thiel). Erst 1919 bekam Densberg endlich elektrischen Strom.

Einstöckige, meistens jedoch zweistöckige oder auch mal dreistöckige Fachwerkhäuser, bestimmten den Baustil im Kurhessenland. Besonders natürlich auf den Dörfern, wobei Densberg keine Ausnahme machte. Es bestand von wenigen Einzelfällen abgesehen, fast nur aus zweistöckigen Fachwerkhäusern, deren schwarze oder dunkelrote, auch schon mal graue Balken, mit den meistens weißen Gefachen der Häuser anheimelnd auf mich wirkten. Während die Gefache aus Lehm bestehen, die durch ein Geflecht aus Holzstreben und starken Zweigen die notwendige Festigkeit bekommen, ist der äußerliche Anstrich in aller Regel weiß, kann aber auch hellgrau oder hellblau sogar mit Mustern versehen sein. In den Balken über den Haustüren, haben die Erbauer fast immer das Baujahr mit irgendwelchen Sprüchen eingeschnitzt. Beispielsweise: „Heinrich Müller und seine Frau Erna haben auf Gott vertrauet und dieses Haus gebauet. A.D. 1710“ Aber auch andere, längere, oft mit christlichen Inhalten sind zu lesen. Einige Häuser waren außen, andere nur an der Wetterseite, zusätzlich mit Holschindeln verkleidet, die Küfer Simon in Densberg herstellte.

Die Densberger Einwohner wurden von ihren Nachbarn gern als „Frühstücker“ veralbert. Irgendwann einmal, soll einer der Hessenfürsten mit seiner Kutsche auf der Fahrt zu einer Jagdveranstaltung durch Densberg gekommen sein. Dort ereilte ihn ein Rad oder Achsbruch. Der besagte Fürst stieg in eine andere Kutsche um, beauftragte die Densberger, das beschädigte Gefährt zu reparieren und fuhr weiter. Nach einigen Tagen, die Jagd war vorbei, fuhr der Fürst wieder durch Densberg und wollte seine Kutsche in Empfang nehmen. Das konnte er auch, doch musste er feststellen, dass seine Fourage (Verpflegung), die er in der Kutsche zurück gelassen hatte, von den Einwohnern vertilgt worden war. Darauf tat er den überlieferten Spruch. „Die Densberger müssen wohl rechte Frühstücker sein“! So kamen die Densberger Einwohner zu ihrem Spitznamen „Frühstücker“.

Die Eltern wohnten in dem der Mühle gegenüber liegenden Wohnhaus, in einer ehemaligen Waschküche mit einem winzigen Fenster, aus dem man auf den unmittelbar davor bergauf führenden Hang schauen konnte. Hierdurch fiel kaum Tageslicht in den Raum, in dem sich ein kleiner Tisch mit Stühlen, ein kleiner Küchenherd, die einzige Wärmequelle der „Wohnung“, und ein Waschkessel der mit einem Holzdeckel, als Ablage diente, befand. Über eine kalte Diele kam man in eine Art Wohnzimmer, mit einem großen Tisch und Stühlen, einem Schrank und zwei nach dem Hof gerichtete Fenstern. Leider war dieser Raum nicht zu heizen und deshalb nur im Sommer zu nutzen. Hinter einer Holzwand mit Tür, standen zwei große Betten in denen meine Eltern, mit meiner Schwester auf der Besuchsritze, schliefen. Für mich wurde abends, in dem so genannten Wohnzimmer, als Schlafgelegenheit ein amerikanisches Feldbett aufgeschlagen. Duschen war unbekannt, ebenso ein Badezimmer. So wurde einmal in der Woche eine große Schüssel in die Küche gestellt, auf dem Ofen zwei Töpfe mit Wasser heiß gemacht, damit man sich in der Schüssel stehend abseifen konnte. Wollte man zur Toilette, hatte man einen längeren Weg vor sich. Zunächst musste man die lange Treppe am Haus hinunter gehen, am stets bellenden Hund vorbei, diagonal über den Hof laufen, an dessen Ende sich die Tür zum Schweinestall befand, dort hinein, gleich rechts neben dem Eingang, befand sich die Tür zu einem Plumpsklo für des Müllers Familie mit Knecht und Grafenhorsts. Sofern es regnete wurde man nass. Bevor man aber das Tor zum Schweinestall öffnete, sollte man erst einmal ganz kräftig daran klopfen, damit die unzähligen Ratten in ihren Löchern verschwanden. Diese taten uns zwar nichts, aber es war unangenehm zu wissen, dass sie da waren. Der Rückweg war gleich dem Hinweg, nur dass man die hohe Treppe hinauf steigen musste. Das war jetzt mein „Zuhause"!

Trotz der Freude endlich wieder bei den Eltern zu sein, fühlte ich mich miserabel und fiel in den Betten meiner Eltern in eine Art Erschöpfungsschlaf, der über eine Woche anhielt. Zusätzlich machten sich meine erfrorenen Füße bemerkbar, die durch die allmähliche Erwärmung meines Körpers mit fast unerträglichen Schmerzen auftauten, wobei die Frostbeulen eiterten. Die „Tante Schwester" (Gemeindeschwester) kam täglich, um die offenen Wunden zu reinigen und zu verbinden. Um den Vorschriften genüge zu tun, musste ich mich nach einer Woche beim Bürgermeister polizeilich anmelden. Da ich wegen meiner verbundenen Füße keine Schuhe anziehen konnte, zwängte ich mich in eine Art Hausschuhe, die man hier „Patschen" nannte und machte mit meiner Mutter am Arm den Weg zur Amtsstube des Bürgermeisters. Nachdem die Anmeldung vollzogen worden war, ging es Schritt für Schritt den Weg zurück und gleich wieder in Vaters Bett.

Während ich viele Tage im Bett verbringen musste, gingen mir natürlich allerlei Gedanken durch den Kopf. Ich hatte Zeit über mein Leben, über meine Vergangenheit und der Jetztzeit nachzudenken. Mein Leben war bis zu meiner Einberufung in geordneten Bahnen verlaufen. Nachdem ich die Oberschule mit der „mittleren Reife" absolviert hatte, abends die Ingenieurschule (heute FH) besuchte, war ich der festen Meinung, in einem geordneten Staatswesen zu leben, weshalb ich mich zur Verteidigung dieses Staates freiwillig gemeldet hatte. So wie ein Staat nur existieren kann, wenn Ordnung herrscht und nicht jeder tun und lassen kann was er will, erschien es mir rechtens, dass es Gesetze sowie Verordnungen geben musste, nach denen man sich zu richten hat und diejenigen die da-

gegen verstoßen, gemaßregelt werden. Die Frage, ob das demokratisch und mit irgendwelchen Menschenrechten vereinbar war, habe ich mir nie gestellt. Warum auch ? Wenn ich gefragt worden wäre, was ich mir unter einer Demokratie vorstelle, hätte ich passen müssen. Ich hatte erlebt welche Zustände vor 1933 herrschten und danach auch gesehen, was sich positiv veränderte. So war auch ich, wie hunderttausende von Menschen begeistert, dass Adolf Hitler den Menschen wieder Arbeit verschaffte, dass er die Zwänge des Versailler Friedensvertrages beseitigte und den Deutschen das Selbstbewusstsein wieder gegeben hatte. Über das was alles an sozialen Leistungen für die Arbeitenden getan wurde, konnte ich mich bei meiner Firma (Hermann Hemscheidt) überzeugen. War es da nicht Pflicht eines jeden Deutschen, diesen Staat zu verteidigen? Der NSDAP und ihren unzähligen Gliederungen stand ich reserviert gegenüber. Kann auch bis heute nicht erklären warum. Nicht nur dass ich die Braunbehemdeten nicht mochte, ich nahm sie auch nicht ernst. Mir imponierte nur die Wehrmacht und besonders die Marine. Das war auch der Grund, weshalb ich begeistertes Mitglied der MarineHJ wurde. Diese trug keine braune, sondern eine blaue Marineuniform. Ihre Inhalte waren nicht das nationalsozialistische Gedankengut, bei ihr drehte sich alles um die Seefahrt. So ging mein Traum auch in Erfüllung, als ich zur Kriegsmarine eingezogen wurde und war stolz, einer schwimmenden Einheit im Fronteinsatz angehört zu haben und mehrfach ausgezeichnet worden zu sein. Und nun? Deutschland war besiegt, rechtlos und ehrlos! Für die unbegreiflichen, unvorstellbaren Morde, die im Auftrag der NS-Führung von SS-Schergen ausgeführt wurden, die man, wenn auch kaum verständlich und nicht nachvollziehbar, auf Grund vieler Beweise zur Kenntnis nehmen musste, wurde ein ganzes Volk – und damit auch ich – verantwortlich gemacht. Aber worin lag meine Verantwortung? Jetzt erst wurde ich mit den unfassbaren Gräueltaten konfrontiert! Und wie mir ging es Millionen und Abermillionen von Deutschen. Lag die Schuld bei den deutschen Soldaten, die ihren Mut und ihre Tapferkeit oft mit dem Leben bezahlen mussten. Sie haben für ihr Land gekämpft und damit ohne es zu wissen, den braunen und schwarzen Verbrechern die Möglichkeiten verschafft, Gräueltaten unvorstellbaren Ausmaßes zu begehen. War das meine Schuld? Jetzt brachte ich den Dänen ein gewisses Verständnis entgegen, die uns in Kopenhagen bespuckten und dabei „Nazis“ riefen, ebenso dem Verhalten der englischen Soldaten, die uns in Heiligenhafen filzten oder den brutalen Wächtern im Kriegsgefangenlager MarburgSüd. Galt hier das Sprichwort, „mit gegangen, mit gefangen, mit gehangen“ oder „Unkenntnis schützt vor Strafen nicht“?

Stolz, in schicker Uniform kam ich erstmals im Urlaub nach Hause, jetzt letztmals in abgerissener demontierter Uniform halbwegs erfroren! 1942 verließ ich mein zu Hause, das aus einer schönen gut bürgerlich eingerichteten Wohnung bestand, in der es an nichts fehlte. Jetzt 1946 fand ich das zu Hause in dürftig eingerichteten Abstellkammern eines Bauernhauses, in denen es noch nicht einmal ein Bett für mich gab. Alles was die Eltern, Waltraut und ich besaßen, hatten 1943 die alliierten Fliegerbomben, die der deutschen unbewaffneten Zivilbevölkerung galten, zerstört. Mein Vater, gut bestallter Polizeioffizier der im „3.Rreich" nicht befördert wurde, kein Parteigenosse war, arbeitete jetzt als Tagelöhner auf einem Gut. Er war pensionierter preußischer Beamter, doch Preußen gab es nicht mehr, woher sollte also die Pension kommen? Er musste damit die Familie leben konnte, jede Arbeit annehmen und jetzt war ich auch noch dazu gekommen. Was aber sollte aus mir werden? Praktikum, Ingenieurstudium, wie, was, wo und womit? Von hier von einem abgelegenen Dorf aus? Als ich 1942 mein zu Hause verließ, war die Welt noch in Ordnung, wenn man einmal vom Kriege absah. Zumindest glaubte ich das. Jetzt war ich orientierungslos. Wer hatte heute das Sagen? Es gab Parteien, KPD und SPD hatte ich noch von vor 1933 in unguter Erinnerung, CDU, BHE, FDP oder was es sonst noch gab, sagten mir nichts. Was wollten, was konnten diese Parteien, wenn jegliche Entscheidungen von den Besatzungsmächten getroffen wurden. Diese hatten so genannte „Spruchkammern" benannt, die als Gerichte entscheiden sollten, wer politisch unbelastet war und die Genehmigung bekam arbeiten zu dürfen. Die „Richter" dieser „Spruchkammern" setzten sich aus Mitgliedern verschiedener Parteien, überwiegend jedoch aus KPD-Mitgliedern zusammen, die in der Öffentlichkeit keinen guten Ruf genossen. Die Befreier hatten die Gefängnisse geöffnet, was zur Folge hatte, dass alle der dort Eingesessenen nun behaupteten, sie seien aus politischen Gründen eingesperrt worden. Auch diese Leute fanden sich als „Richter" der Spruchkammern wieder. Kein guter Start für eine Demokratie!

Nach ungefähr 4 Wochen besserte sich mein Gesundheitszustand, auf Grund der Bemühungen meiner Mutter, die sich alle Mühe gab, außer den kargen Lebensmittelzuteilungen, noch etwas von unserem Hausherrn, dem Müllermeister, zu erbetteln, um mich aufzupäppeln. Als ehemaliger Polizeioffizier bekam mein Vater keine Anstellung, hatte daher auch kein Einkommen, so dass er arbeitete wo und von wem er Arbeit bekam. Egal um welche Art von Arbeit es sich handelte, er nahm jede an. Jetzt in der Winterzeit, gab es in der Landwirtschaft keine Arbeit, zumal Schnee lag. Die Temperaturen zeigten zweistellige

Minusgrade, alle Wasserleitungen waren eingefroren. Lediglich beim Müller war Konjunktur! Die Bauern brachten in dieser Zeit ihr Getreide zum Mahlen in die Mühle. Schon in aller Frühe standen die Wagen der Bauern in langer Reihe, bespannt mit Pferden und Kühen, auf dem Weg bis zur Mühle. Hierbei konnte mein Vater dem Müller zur Hand gehen. Als Entlohnung gab es stets Naturalien, ob beim Bauern, auf dem Gut oder beim Müller. Unsere Mutter konnte das immer für den Kochtopf gut gebrauchen. Und wenn es nur die frisch gemolkene Milch war, die sie immer von der Frau des Müllers bekam. Stets entrahmte sie die Milch und benutzte den Rahm häufig als Brotaufstrich. Umständlich war allerdings die Wasserversorgung, wegen der eingefrorenen Wasserleitungen. In ungefähr 100 Meter Entfernung von der Mühle befand sich eine Quelle, zu der ich mit einem Eimer laufen musste, um frisches Wasser zu zapfen, damit meine Mutter Essen kochen konnte.

Es dauerte schon einige Zeit bis ich erkannte, dass in einem Dorf nichts geheim bleiben konnte. Alles was passiert, ist erzählenswert und vor allem funktionierte die Kommunikation schneller als die schnellste Post. So war sicher meine Ankunft aus der Kriegsgefangenschaft, schon am nächsten Tag in ganz Densberg bekannt, wenn mich auch keiner wegen meiner Krankheit sah. Nachdem ich aber einigermaßen wieder gesund war, hatte das der Bürgermeister schnell registriert und mich zur Nachtwache eingeteilt. Nachdem es keine Polizei mehr gab, sich aber in dieser Zeit allerhand Gesindel herumtrieb, das Bauernhäuser überfiel, einbrach, stahl, sich mit den Einwohnern anlegte, hatte man in den Dörfern eine Art „Heimwehr" eingerichtet. Jeder männliche Einwohner im Erwachsenenalter war verpflichtet, mit einem weiteren 2 Stunden nachts das Dorf zu bewachen. So musste ich mit einem anderen, mir damals nicht bekannten Bürger, mit einem Knüppel bewaffnet 2 Stunden zwischen 24 und 2 Uhr durch die Dorfstraßen patrouillieren. Nachdem sich einige Zeit später die Verhältnisse gebessert hatten, im Nachbarort Jesberg sogar ein Dorfpolizist seinen Dienst aufgenommen hatte, wurde diese Art der „Heimwehr" eingestellt.

Bevor ich, was das Arbeiten in Densberg betraf, aktiv wurde, musste ich zunächst nach Kiel fahren, um meine auf M 611 befindlichen persönlichen Sachen zu holen. Ich war ja plötzlich von Bord aus, in das Marinelazarett eingeliefert worden, so dass sich meine Sachen noch an Bord befinden mussten. Kontakt mit meinem bisherigen Boot hatte ich nicht, wusste auch nicht, ob es überhaupt noch existierte, ob es Räumeinheiten überhaupt noch gab. So machte ich mich kurz entschlossen auf den Weg nach Kiel. Fahrpläne gab es nicht, man fuhr mit dem Zug der in die Richtung ging, in die man wollte. Mal mit einem Kohlenzug, mal mit einem Personenzug. Endete der Zug irgendwo, musste man sehen wie man weiter kam. Ich kannte das ja von meinem Urlaub im vergangenen Oktober. Seit dem hatten sich die Transportverhältnisse nicht wesentlich gebessert. Allerdings konnte man jetzt die Zonengrenze, zwischen der britischen und amerikanischen Zone in Richtung Norden, von der auf dem Bahnhof Kreiensen befindlichen Personenkontrolle abgesehen, reibungslos überqueren. Schon am nächsten Tag hatte ich Glück, denn als ich den Liegeplatz der 2. Minensuchflottille aufsuchte, lief gerade „M 611“ ein, deren Leinen ich wahrnahm und auf die Poller belegte, um das Schiff festzumachen. Nachdem ich meine alten Kameraden begrüßt hatte, suchte ich meine Klamotten zusammen, verstaute alles in meinen Seesack und schlief die Nacht über in meiner alten Koje. Am nächsten Tag kassierte ich noch bei der zuständigen Marinedienststelle, die Entschädigung für 6 Monate Minenräumdienst, kaufte mir am Bahnhof auf dem „Schwarzmarkt“ eine Packung englischer Zigaretten für 50,Mark, wobei mir beim Rauchen der ersten Zigarette schwindelig wurde. Danach versuchte ich mein Glück, mit irgendeinem Zug wieder Richtung Süden zu kommen. Nach drei Tagen traf ich wieder mit vollem Seesack und 3 000,- Mark in Densberg ein. Die Familie hatte wieder Geld!

Um überhaupt Lebensmittelkarten zu erhalten, musste neben der polizeilichen Anmeldung, der Nachweis eines festen Wohnsitzes und eines Arbeitsverhältnis erbracht werden. Diese polizeiliche Anmeldung ging auch an das Arbeitsamt, das den Betreffenden zur Arbeit verpflichtete. Es war die Zeit in der die Einwohner von Densberg, vom Staatswald das so genannte Losholz zugeteilt bekamen, das als Brennholz Verwendung fand. In einem Distrikt des Kellerwaldes, hatte der Förster die zu fällenden Bäume gekennzeichnet und so zog mein Vater mit mir, nachdem wir uns vom Müller eine Säge und zwei Äxte hatten geben lassen, mit den anderen Densberger Bürgern, in den verschneiten KellerWald. Wir beide hatten keine Ahnung wie man Bäume fällt und danach bearbeitet, „Holz machen“ nannte man das hier. So schauten wir zunächst unauffällig zu, wie unser Nachbar im Wald, der Ortslandwirt Heinrich Thiel, mit seinem Knecht, das handhabte. Schnell hatten wir begriffen, wie man einen Baum fällt, worauf man besonders zu achten hatte, wie man ihn danach ausholzt, die Äste in ein Meter Länge zersägt und zu einem Festmeter am Waldweg aufstellt. Diese Arbeit bestand aus 100-iger Handarbeit, denn die Motorsäge war für uns noch nicht erfunden. Nach der Feststellung, welchen Baum wir fällen wollten, mussten wir zunächst genau überlegen, in welcher Richtung dieser fallen sollte, damit er sich nicht an anderen, nicht zu fällenden Bäumen „aufhängt“. In die Richtung in der der Baum fallen sollte, schlugen wir mit der Axt 10 Zentimeter über den Boden, eine tiefe Kerbe hinein. An deren gegenüber liegenden Seite begannen wir danach mit der Säge, jeder an seiner Seite, den Baum in Richtung der Kerbe durchzusägen. Nach einer gewissen Zeit drückte das Gewicht des Baumes auf die Säge, so dass wir diese nicht mehr durchziehen konnten. Dann schlugen wir einen Holzkeil in den Schnitt, der das Gewicht des Baumes übernahm, so dass wir weiter sägen konnten. Der von uns zu Beginn der Arbeit geschlagene Keil, ließ dann den Baum, nach weiterem Sägen, in die vorgesehene Richtung fallen. Von den Ästen des Baumes schlugen wir die dünnen Zweige ab und sägten die Äste in Stücke von einem Meter Länge, genau so wie den Baum selbst. Die Arbeit war nicht ungefährlich, vor allem wenn der vorgesehene Baum fiel und er mit seinen weiten Ästen auf den Waldboden aufschlug. Man durfte sich nicht auf seiner Fallseite aufhalten. So nach und nach bekamen wir Routine in unserer Arbeit und sie machte uns beiden sogar Spaß. Vor allem, als es dem Frühjahr zuging, der Schnee geschmolzen war, morgens die Hasen und Rehe, ja so gar Hirsche durch den Wald sprangen. Dazu zwitscherten die Vögel und wir atmeten die wundervolle frische Waldluft ein. Doch nach ungefähr 6 Wochen war diese Arbeit getan und das Arbeitsamt verpflichtete uns beide, zu Tiefbauarbeiten bei einem Bauunternehmer in Jesberg. Dort mussten wir von Hand mit Pickel und Schaufel, 2 ½ Meter tief liegende Bleikabel ausgraben. Zugegeben diese Arbeit war für meinem Vater und mir nicht nur körperlich schwer und anstrengend. Sie machte uns trotz des humorvollen Unternehmers auch absolut keinen Spaß.

Merkwürdigerweise wusste das Arbeitsamt genau was wir machten, wo wir beschäftigt waren, wie lange und verpflichtete uns sofort wieder zu einer anderen Arbeit. Des Rätsels Lösung war ein junger Mann in Densberg, der kurz nachdem er eingezogen worden war, sich bei seiner ersten Feindberührungen einen so genannten „Heimatschuss“ eingefangen hatte. Nach seiner Entlassung aus dem Lazarett schied er bei der Wehrmacht aus und wurde zur Arbeit auf dem Arbeitsamt verpflichtet. Hier überlebte er schadlos den weiteren Krieg. Dieser ansonsten freundliche junge Mann, Sohn des Küfers, mit Vornamen Fritz, genoss wegen seiner Tätigkeit bei dieser Behörde, ein beachtliches Ansehen im Ort, dessen er sich wohl bewusst war. Hinzu kam noch in unserem Fall, wir waren keine Einheimischen sondern Evakuierte. Dieser „Makel“ führte dazu, dass man in einer fest gewachsenen über hunderten von Jahren gewachsenen, Dorfgemeinschaft nur schwer integriert wurde.

Unser Hausherr, der Müllermeister, hatte die Absicht seinen Pferdestall aus-und aufzubauen. Zu diesem Zweck ließ er aus dem Nachbarort Schönstein, einen ihm bekannten Maurermeister kommen der die Aufgabe übernahm. Ohne lange zu fragen, forderte mich der Müller auf dem Mauerermeister zur Hand zu gehen. Das Arbeitsamt war´s zufrieden. Und so arbeitete ich als Maurer, danach als der Zimmermann der den Dachstuhl aufstelle, als Zimmermannsgeselle, schließlich beim Dachdecker, dem ich half das Dach zu decken. Lohn gab es keinen, dafür bekam meine Mutter Naturalien.

Mittlerweile hatte ich mich in Densberg eingelebt und traf mich abends mit ungefähr Gleichaltrigen am so genannten „Ständeplatz", der deshalb so hieß, weil man dort stehen musste und es keine Sitzgelegenheit gab. Sicher in Anlehnung an den großen repräsentativen „Ständeplatz" in Kassel. Dort palaverten wir über alles, über das Tagesgeschehen, über den Tagesablauf, über Fortschritte in der derzeitigen Entwicklung und worüber es sich lohnte zu reden. Es war eine Zeit in der zu den Nachkriegswehen noch der relativ raue Umgangston der „Landser" gehörte und das „du" vorwiegend zu hören war. Lernte man jemanden kennen oder kam man mit einer anderen männlichen Person zusammen, stellte man zunächst die Frage, „wo warst du"? „34. P D Westabschnitt" konnte beispielsweise die Antwort lauten und bedeutete, 34. Panzerdivision Westabschnitt der Ostfront. Unter den ehemaligen Marineangehörigen lautete die Frage, „wo hast du gefahren"? Entweder erfuhr man den Namen eines Schiffes. Da es aber von den großen Namen nicht viele gab, erhielt man als Antwort „Z 32", gleichbedeutend mit Zerstörer Nummer 32. Auf diese Weise wurde sehr schnell Kontakt hergestellt. Man konnte von einem gewissen Alter immer davon ausgehen, dass derjenige in irgendeiner Einheit am Kriegsgeschehen teilgenommen hat. So war es auch bei den etwa Gleichaltrigen, die sich abends am „Ständeplatz" in Densberg trafen. Von uns 5 hatten alleine 4 bei der Kriegsmarine Dienst getan. Das förderte selbstverständlich meine Integration in diesem Kreis.

Nun gab es natürlich nicht nur Jungens meines Alters, auch Mädels die altersmäßig dazu passten. Diese ließen sich allerdings nur in der Sommerzeit, mal am „Ständeplatz" sehen. In der Winterzeit trafen sie sich ein oder zwei mal in der Woche, bei irgendeinem der Mädels, in der gut geheizten Stube zur Spinnstube. Die Spinnstube gehörte zu einer alten Tradition der Region. Dort trafen sich die Frauen und sponnen die Wolle ihrer Schafe zu Wollfäden, die sie später zum Stricken benötigten. Das jedoch gehörte der Vergangenheit an. Die Mädels unserer Generation strickten Strümpfe, Pullover oder was man sonst so brauchte und sich auf diese Weise herstellen ließ. Über die Mädels hatte mich natürlich meine Schwester informiert. Da gab es Trinchen, die Tochter des Küfers und Schwester des Arbeitsamtsangestellten, ein hübsches Mädel, die Haare zu einem Knoten zusammengefasst, mit einem frischen Äußeren, Typ „Deutsches Mädel". Im Gegensatz dazu Marianne, ein eher städtischer Typ, sah aber passabel aus, recht aufgeschlossen, gute Figur, der Kleidung merkte man an, dass sie Wert darauf legte. Sicher lag es daran, sie hatte Verwandte in den USA, die sie mit entsprechenden „CarePaketen“ versorgte. Ihr Vater, der Dorfschmied, befand sich jedoch in einem US-Umerziehungslager in Darmstadt. Zu diesem „harten Kern“ gehörte Thiels Anny, Tochter des Ortlandwirts, einem sehr angesehenen und hoch geachteten Bauern des Ortes, mit einem schönen großen in der Ortsmitte gelegenen Hof. Waltraut meinte jedoch, Anny sei sich dessen bewusst und wollte als Mann, nur einen Rittergutsbesitzer heiraten. Zu diesem Kreis zählten auch die 3 Töchter unseres Müllers. Elli war mein Jahrgang, sah gut aus, war aber auch von sich sehr eingenommen. Ihre jüngere Schwester Mathilde, genannt Mathilchen, im Gegensatz zu ihrer größeren Schwester weder selbstbewusst, eher ängstlich, doch noch akzeptabel aussehend. Das jüngste Mädel der 3, genannt Gretchen, hatte wie ihr Vater, einen so genannten „Wolfsrachen“, war aber trotzdem ein lustiges vollschlankes Mädel. Ich musste auch erst dahinter kommen, dass in der dörflichen Umgangssprache, stets der Familienname vor dem Vornamen genannt wurde, der allerdings nicht immer gleichbedeutend mit dem tatsächlichen Familienname sein musste. Manchmal wurde als Familienname, der Name des Hofes genannt. So wurde einer meiner Dorfkollegen, Bum Otto genannt, in Wirklichkeit hieß er aber Otto Giese. Der Hof von dem er stammte gehörte früher einem Bauern mit Namen Bum, den einer seiner Vorfahren gekauft hatte. Umgangssprachlich behielten die Bewohner weiterhin den Namen Bum. Wurde aber bei jemanden der Vorname vor dem Familiennamen genannt, handelte es sich um einen Zugezogenen. Davon gab es reichlich in Densberg zu meiner Zeit. So waren fast ein Drittel der Bewohner Flüchtlinge, die aus dem Sudetenland (Tschechoslowakei) vertrieben und bei den Einheimischen untergebracht worden waren. Dagegen fielen die wenigen Evakuierten nicht ins Gewicht.

Eines unangenehmen kalten Abends standen wir männlichen Jugendlichen, Otto, Hans, Ludwig und ich frierend am „Ständeplatz“, als Karlheinz W. dazu stieß. Es war Winterzeit und damit Spinnstubenzeit und so schlug er vor, „wir gehen zu den Mädels, wo ist denn heute Spinnstube“? „Bei Simons“, meinte Otto. So gingen wir zu Simons in das Haus des Küfers. Wir klopften artig an die Wohnungstür, betraten wie selbstverständlich den Wohnraum und nahmen nach dem allgemeinen „´n Obend“ irgendwo Platz. Die Mädels fanden das völlig in Ordnung, freuten sich sogar über unsere Anwesenheit. Ein reges Gespräch nahm seinen Lauf. Dabei machte mir der hier ausschließlich gesprochene Dialekt (dem polnischen wohl ähnlich), zunächst große Schwierigkeiten. Allmählich gelang es mir, die Inhalte der einzelnen Gespräche zu entschlüsseln, wenn mir auch die Ortsnamen die dabei erwähnt wurden, wie Geminge (Gemünden) oder Morberg (Marburg) nichts sagten. Vorzustellen brauchte ich mich nicht. Jeder im Dorf wusste wer ich war. Die Mädels machten es mir auch leicht, sie verhielten sich mir gegenüber, als ob ich schon immer zu diesem Kreis gehörte. Neben des Müllers Töchter, lernte ich bei dieser Gelegenheit die Tochter des Hauses Trinchen und Marianne kennen, wobei Hans, fragte, „wo ist den Thiels Anny"? Marianne antwortete, „Anny hat Hausarrest, du kennst doch ihren Vater". Ich dachte bei mir als ich das hörte, was sind das hier für vorzeitliche Verhaltensweisen, dass ein Vater seiner erwachsenen Tochter das Ausgehen verbietet. In welchem Jahrhundert lebt man hier eigentlich? Oder aber ist diese Thiels Anny so ein schlimmes „Früchtchen"? Na, ich würde das sicher noch erfahren und auch das Mädel kennen lernen (und wie!!). Um 22 Uhr löste sich die Spinnstube auf und alle gingen nach Hause. Während der Winterzeit trafen sich die Jungens und Mädels zur Spinnstube. Sonntags dagegen, gingen sie nachmittags gemeinsam auf der geschotterten Inner-und Außerortsstraße spazieren. Am Abend wurde dann aus der Spinnstube die Spielstube, in der ganz biedere Gesellschaftsspiele gespielt wurden, die meistens viel Spaß machten.

In den Jahren nach dem Krieg, zumindest bis zur Währungsreform, konnte man weder Kleidung noch Schuhe kaufen, wobei die Männer noch den Vorteil hatten, ihre alten Uniformen entmilitarisiert tragen zu können. Als ehemaliger Marineangehöriger hatte ich es noch am einfachsten, ich konnte an meinem blauen Kolani, die goldenen Knöpfen durch dunkle Holzoder Hornknöpfe ersetzen. Aus meiner Matrosenmütze hatte ich eine Schirmmütze machen lassen. Beides sah recht ordentlich aus. Schlauerweise hatte ich ja zwei Wachmäntel mit nach Hause gebracht, die mit Kammgarnstoff gefüttert waren. Aus dem Futter beider Mäntel fertigte ein Schneider in Dodenhausen, einen Sakko und eine Hose für mich, aus dem Mantelstoff ließen wir zwei Mäntel schneidern, einen für meine Mutter, den anderen für mich. So konnte ich einigermaßen angezogen gehen. Irgendetwas musste ich ja zukunftsorientiert unternehmen. Aber was?

Außer im landwirtschaftlichen Bereich, gab es in Densberg keinerlei berufliche Möglichkeiten, leider auch in der näheren oder weiteren Umgebung nicht. Unter den in Densberg lebenden Flüchtlingen, gab es zwei arbeitslose Ingenieure und Ingenieur war einmal mein Berufsziel! Weder gab es in Kassel zu jener Zeit Berufsfach– oder Fachhochschulen, die ich hätte besuchen können, um mich weiter zu bilden. Dabei würde sich die Frage stellen, woher kommen die Finanzmittel? Außerdem war Deutschland in 4 Besatzungszonen aufgeteilt, die sich gegenseitig abgrenzten und in die man nicht problemlos wechseln konnte. Von der Entnazifizierung einmal abgesehen, die in den Zonen unterschiedlich durchgeführt wurde. Um überhaupt irgendetwas beruflich zu unternehmen, verlangte die US-Zonenverwaltung von jedem Bürger einen positiven Entnazifizierungsbescheid, die britische Zonenverwaltung dagegen nur von leitenden Positionen in der Wirtschaft. Die Amerikaner stellten jedem Einwohner ihrer Zone ein mehrseitiges Papier mit 140 Fragen zu, auf dem die Fragen der eigenen Vergangenheit zu beantworten waren. Die Auswertung oblag den Spruchkammern, welche die einzelnen Personen in „Belasteter", „Mitläufer" oder „Nicht Betroffener" einstufte. Mein Vater wurde als „Mitläufer" eingestuft, was ihn zeitlebens ärgerte, beruflich aber nicht behinderte. Da ich meine HJ-Führertätigkeit (in Wuppertal) nicht hier (in Densberg) angegeben hatte, lautete die Einstufung der Spruchkammer in „Nicht Betroffener". Meine Mutter hatte irgendwie mitbekommen, dass ihr Bruder in Karlsruhe, das damals zur französischen Besatzungszone gehörte, die Leitung der Karlsruher Lebensversicherung AG übernommen hatte. Überregionale Kontakte waren in dieser Zeit außerordentlich schwierig, da es noch keine funktionierende Post gab, auch Telefone waren noch nicht intakt, Briefe waren oft wochenlang unterwegs. Doch der Bruder meiner Mutter, hatte es fertig gebracht zu erfahren, in welcher Situation sich die Familie seiner Schwester befand. Daraufhin bekam mein Vater und ich eine Einladung nach Goslar zu fahren um dort mit uns über eine Beschäftigung bei der Karlsruher Lebensversicherung AG, „sofern wir politisch unbelastet seien" zu sprechen. Wir beide machten uns nach Goslar auf und fuhren mit der Eisenbahn dorthin, wo uns der Beauftragte folgende Vorschläge machte, meinen Vater als Revisor und mich als Außendienstmitarbeiter einzustellen. Nach dem Sprichwort, „friss Vogel oder stirb" sagte ich zu, obwohl ich von Versicherungen keine blasse Ahnung hatte, ja ich wusste nicht einmal wozu Versicherungen notwendig sein sollten. Zunächst war beabsichtigt in WanneEickel, in der Verwaltung der Klein-Lebensversicherung anzufangen. Zu diesem Zweck müsste ich mich bei dem dortigen Leiter der Geschäftsstelle melden. Ich ging also auf die Reise nach Westfalen, das in der britischen Besatzungszone lag, kam dort an, suchte die angegebene Geschäftsstelle auf und wurde von dem dortigen Leiter mehr als reserviert empfangen. Dieser Herr erklärte mir, ich benötige eine Zuzugsgenehmigung, die ich auf dem zuständigen Amt nach Vorlage eines Wohnungsnachweises erhalte. Erst wenn ich diese Bescheinigung vorlege, könne er mir einen Beschäftigungsnachweis ausstellen, den ich jedoch zum Erhalt der Lebensmittelmarken benötige. Er empfahl mir, mit dem Leiter des Wohnungsamtes (einem Genossen) persönlich zu sprechen, der ihm allerdings am Telefon bereits gesagt habe, dass er über keine freie Wohnung verfüge. Natürlich ging ich zu dem Genossen Amtsleiter der mir bestätigte, was berteits gesagt worden war. Inzwischen wurde mir klar, der Leiter der Klein-Lebensversicherung in WanneEickel wollte keinen Neffen seines obersten Chefs als eventuellen Beobachter in seiner Geschäftstelle haben, sonst hätte er sich mehr engagiert. Doch eine Chance sah ich noch, ich fuhr zu meiner Großmutter, nach dem nicht weit entfernten Dortmund. Die Oma bewohnte eine 3-Zimmerwohnung mit Küche und Bad, in der

Arneckestraße 28 im 3. Stock. Ich klingelte, die Oma machte auf, „was willst du denn hier“, die nicht allzu freundliche Frage. Noch in der Wohnungstür erklärte ich ihr den Sachverhalt, verbunden mit der Bitte bei ihr wohnen zu dürfen. Die Antwort: „Nein, das geht nicht. Das kann ich nicht. Das ist bei mir nicht möglich“. Der typische möllersche Egoismus, der auch bei dem Enkel nicht halt machte. Na dann also nicht. Ich hielt mich auch gar nicht lange bei meiner Großmutter auf und fuhr schwer enttäuscht wieder nach Wanne-Eickel, berichtete dort von meinem Misserfolg, und fuhr nach Densberg zurück. Tragisch dabei ist, dass mein Onkel Alex Möller mir, so lange ich denken konnte vorwarf, ich hätte mich nicht ernsthaft bemüht, die Stelle in WanneEickel anzutreten. Natürlich hatte ein hochrangiger Politiker und Generaldirektor Kraft seines Amtes und seiner Persönlichkeit einen anderen Status als ich kleiner „Wicht“. Ganz davon abgesehen, dass ich gegen die Machenschaften eines seiner Angestellten nicht ankam. Das aber hat der Generaldirektor nicht wahrhaben wollen. Nun erhielt ich eine Aufforderung in Karlsruhe zu erscheinen, damit mir dort mitgeteilt werden sollte, was mit mir weiter geschieht. Meine Mutter hatte mir auferlegt, mich auf jeden Fall bei Möllers zu melden, was ich natürlich auch tat. Ich wurde von meiner Tante Lilo zum Abendessen eingeladen, an dem neben ihr, Onkel Alex, ein SPD-Politiker höheren Ranges teilnahm, der während des Krieges in London gelebt hatte. Von der Zeit konnte er recht interessant erzählen, auch über die Bombenangriffe der Deutschen auf London. Nach dem Abendessen mussten die Herren nach Achern zu einer Veranstaltung, so dass ich mit meiner Tante Lilo noch einige Zeit alleine war. Sie interessierte sich sehr für die Frage, ob ich „schon“ eine Freundin hätte und meinte, es gäbe unter ihren Bekannten etliche Töchter, die zu haben wären. Selbstbewusst beschied ich sie, dass ich noch in der Lage sei mir selbst eine Frau zu suchen, was sie natürlich akzeptierte. Seinerzeit hatte ich noch nicht erkannt, dass mein Onkel jede mögliche Verbindung für sich ausnutzte. Man hätte es selbstredend gerne gesehen, wenn man mich in eine Familie eines einflussreichen Typs hätte unterbringen können. Daraus hätten dann Möllers persönlichen Nutzen ziehen können. Von der Tochter des Hauses sah ich bei meinem Besuch nichts. Alex Möller selbst hatte mit seiner Frau ein Kind, es war ein Mädchen. Zwar war Monika normal aufgewachsen, jedoch geistig zurück geblieben. Am nächsten Tag wurde mir in der Verwaltung erklärt, dass ich zunächst bei der Bezirksleitung der „Karlsruher“ in Kassel arbeiten sollte. Danach würde man sehen.

So fuhr ich morgens mit dem „Bähnchen“ um 5,45 Uhr von Densberg nach Zimmersrode, stieg dort in den Personenzug nach Kassel, kam dort um 7 Uhr an, nahm die Straßenbahn, die eine halbe Stunde für die Fahrt nach KasselHarleshausen benötigte, lief dann noch einmal zu Fuß durch Wiesen und Felder, zum

Büro des Bezirksleiters, bei dem ich um 8 Uhr eintraf. Zwar beschäftigte mich mein „Chef" mit den üblichen Lehrlingsarbeiten, Briefmarken auf der Post kaufen, Kontoauszüge von der Bank holen, unterwegs noch Brot und Butter vom Lebensmittelladen mitbringen. Bevor ich das Büro nachmittags verließ, musste ich die Post mitnehmen. Mein jetziger Chef war vor dem Krieg in Eberswalde für die „Karlsruher" tätig und ein ausgezeichneter Versicherungsfachmann. Das umfangreiche Wissen über die Grundlagen der Versicherung, das er mir vermittelte, war einzigartig! Nirgendwo im Laufe meiner beruflichen Tätigkeit, habe ich Gleichwertiges erfahren. Es gab kein Thema im Bereich der Versicherungswirtschaft, das ich nicht erlernte. Um 16 Uhr musste ich den Rückweg antreten, damit ich um 17 Uhr den Zug nach Zimmersrode und von dort das „Bähnchen" nach Densberg erreichte. Dort traf ich um 18,45 Uhr ein. Der Arbeitstag hatte für mich bis hierher 13 Stunden! Kam ich dann in Densberg an, zog ich mich zu Hause schnell um, denn von Frühjahr bis Herbst arbeitete ich nämlich zusätzlich noch in der Landwirtschaft, entweder bei unserem Müller oder aber bei unterschiedlichen Bauern im Dorf, die mich mit Naturalien entlohnten. Mein Beitrag zur Ernährung der Familie.

Leider konnte man sich weder während der Arbeitszeit, noch bei der Arbeit eine Zigarette anzünden, um dabei zu relaxen, nicht weil der Chef oder Arbeitgeber das nicht erlaubt hätte, nein, es gab ja keine und wenn dann nur auf „krummen Wegen". Zigaretten oder andere Rauchwaren, gab es vor der Währungsreform nur auf dem „Schwarzmarkt" zu kaufen. Den aber gab es in Densberg nicht. Deshalb ließ sich meine Mutter hin und wieder, von einem jungen Mann meines Alters aus Densberg, genannt „Django", der bei der Post beschäftigt war, für 50.Reichsmark eine Schachtel US-Zigaretten mitbringen, die er bei den Amerikanern erworben hatte. Filterzigaretten waren damals noch nicht bekannt und „Zigarettenkippen" wurden auch nicht achtlos fortgeworfen, zu wertvoll war davon der Tabak. Die Raucher verwahrten ihre „Kippen" stets in einer eigens dafür mitgeführten Blechschachtel, aus der nach entsprechender Anzahl von gesammelten „Kippen", sich wieder eine Zigarette drehen ließ. Zigarettenpapier konnte man überall bekommen und das Drehen von Zigaretten, lernte man mit der Zeit. Sollte wirklich mal einer eine „Kippe" auf der Straße fortwerfen, lag diese nicht lange dort, der Nächste stürzte sich auf das wertvolle Stück. Überall konnte man rauchen, auch in der Straßenbahn. Vielleicht war es den Rauchern in der Straßenbahn peinlich, die eigenen „Kippen" zu sammeln, denn es landeten dort immer wieder welche auf dem Boden. Nachdem die Eltern zum zweiten Mal ausgebombt worden waren, bekamen sie Kontakt mit zwei alten Damen in der Herkulesstraße, mit denen sie sich gut verstanden. Diese Verbindung wurde auch nach dem Krieg aufrecht erhalten und gelegentlich, machte meine Mutter in Kassel einen Besuch bei ihnen. Eine der alten Damen hatte einen Freund, der im Straßenbahndepot als Straßenbahnreiniger tätig war und da Nichtraucher, die „Kippen" die er dort bei seiner Tätigkeit fand, für mich sammelte. Immer wenn meine Mutter die Beiden aufsuchte, kam sie mit einer Schachtel voller Zigarettenreste zurück. Ich dröselte die „Kippen" auf und drehte mir bei Bedarf eine Zigarette. Gedanken ob die Raucher der „Kippen" auch alle gesund waren und keine ansteckenden Krankheiten hatten, kamen mir nicht in den Sinn. Diese gelegentlichen Möglichkeiten reichten mir leider nicht. Ich baute den Tabak jetzt selbst an. Das war zwar offiziell verboten, doch zu jener Zeit kümmerte sich keiner darum. Man konnte den Samen der Tabakpflanzen kaufen, dazu gab es eine Beschreibung, wie man die Tabakblätter verarbeitet. Unser Müllermeister stellte mir ein Stück Garten vor unserm Wohnzimmerfenster zur Verfügung und in einer entsprechenden Zeit nach der Aussaat, sprießten die Pflanzen. Es kam die Zeit der Ernte, in der ich die Blätter pflückte, trocknete und fermentierte, um in einer komplizierten Prozedur rauchfertigen Tabak herzustellen. Dieser Aufwand wurde mir zu viel und schien mir auch zu mühevoll, weshalb ich der Einfachheit halber die reifen getrockneten Blätter in der Hand zerrieb, die Krümel in Zigarettenpapier wickelte und als Zigarette rauchte. Ob das nun gesund war, danach fragte keiner!

Gesund aus heutiger Sicht waren allerdings die 1 030 Kalorien, die dem normalen Bürger, wie uns Evakuierte, täglich zustanden:

18 Gramm Zucker	375 Gramm Brot
9 Gramm Kaffeeersatz	5 Gramm Butter
18 Gramm Nudeln	2 Gramm Käse
100 Gramm Kartoffeln	14 Gramm Fischmarinaden
27 Gramm Reis	30 Gramm Fleisch
35 ccm Magermilch	

Auf dem „Schwarzmarkt" kostete 1 Ei = 1, Mark, 1Kg. Kaffee = 100,Mark, 20 Zigaretten = 150,Mark.

Einige Wochen nach meinem ersten Spinnstubenbesuch, tauchte auch Thiels Anny eines Abends zu einer Spinnstube auf. Nicht größer als die anderen Mädels, auffallend die um den Kopf gebundenen Zöpfe, ein frisches natürliches Bauernmädel. Leider nahm sie keine Notiz von mir oder besser gesagt sie verhielt sich mir gegenüber, wie auch zu den anderen Jungen. Mir fiel gleich Waltrauts Wertung ein, Thiels Anny will nur einen Rittergutsbesitzer heiraten. Dabei konnte ich mir überhaupt nicht vorstellen, eine der Mädels zu heiraten. (Wie man sich doch täuschen kann!) Natürlich wurde ich im Laufe der Zeit auch mit ihnen vertrauter. Das Verhältnis der Gruppe untereinander, konnte man dagegen als kameradschaftlich-freundschaftlich bezeichnen.

Von Frühjahr bis Herbst, wenn die Bauern auf dem Feld zu tun hatten, sahen wir die Mädels eigentlich nur an Sonntagen und das zunächst in der Kirche. In Densberg war es üblich, dass mindestens einer oder eine der Familie, am sonntäglichen Gottesdienst teilnahm. In der Kirche saßen die männlichen Erwachsenen auf der linken, die weiblichen Erwachsenen auf der rechten Seite des Kirchenschiffs. Die Jugendlichen und Unverheirateten, gehörten auf die Empore und hier die männlichen auf der linken und die weiblichen auf der rechten Seite. Nach dem Gottesdienst, gingen die Kirchenbesucher nach Hause zum Mittagessen. Nachmittags trafen sich die Jungens und Mädels auf einer der Dorfstraßen außerhalb des Ortes. Zusammen ging man spazieren mal Richtung Schönstein, mal Richtung Jesberg oder aber am oder durch den Wald, auf den vorhandenen Waldwegen, wobei es oft recht lebhaft zuging. Zum späten Nachmittag mussten zumindest die Mädels, aber auch die Jungens, deren Eltern landwirtschaftliche Betriebe führten, „zum Füttern“ nach Hause. Am Abend traf man sich dann irgendwo im Dorf, meistens jedoch bei einem der Mädels in der „guten Stube“ zur „Spielstube“. Spät wurde es, kann man wohl sagen eigentlich nie, denn am nächsten Morgen hatten alle wieder früh aufzustehen. Auf diejenigen die in der Landwirtschaft arbeiteten, warteten in aller Herrgottsfrühe die Kühe die gemolken werden mussten, damit die Milch auch pünktlich zum Abholen bereit stand. Diejenigen aber die mit dem „Bähnchen“ fahren mussten, trafen sich um 5,45 Uhr an der Haltestelle Densberg.

Das Jahr 1946 verlief in regelmäßigen Bahnen. Werktags morgens ab nach Kassel und abends zurück. Hin und wieder kam es schon mal vor, dass mein Chef an Werktagen verreiste oder seine Kunden besuchte. Er gab mir an diesen Tagen stets frei, worüber ich mich freute. Telefon gab es zu dieser Zeit noch nicht und außerdem war das Büro mit seiner Wohnung verbunden. In Densberg aber gab es jederzeit für mich in der Landwirtschaft etwas zu tun. Mittlerweile war ich im Dorf und in das Dorfleben völlig integriert. Das ging sogar soweit, dass ich sonntags, wenn ich nach dem Mittagessen zu Otto ging, dort Karlheinz traf, um gemeinsam eine Radiosendung mit Just Scheu zu hören, von der Oma des Hauses regelmäßig zum Kaffee eingeladen wurde. Sie rief mich immer „Büdo“,-obwohl ihr die übrigen Familienangehörigen immer wieder sagten, dass ich Bodo hieße, sie ließ sich nicht beirren und blieb bei ihrem „Büdo“.

Nach dem Herbst kam der Winter, auch in Densberg. In dieser Zeit wurde auf vielen Höfen geschlachtet. Jeder Hof, selbst wenn es sich um einen Nebenerwerbsbauern handelte, hielt sich ein paar Schweine. Allerdings unterlag das Schlachten der Schweine in der Nachkriegszeit strengen Auflagen, wobei genau pro Hof und Kopf, die zugelassene Zahl der zu schlachtenden Schweine festgelegt wurde. Natürlich mogelte man dabei, zumal die Überwachung praktisch nicht vorhanden war. Statt die wirkliche Zahl der vorhandenen Schweine anzugeben, wurde eine geringere Zahl genannt, um sich auf diese Weise die Möglichkeit zu schaffen, mehr als zugelassen „schwarz" zu schlachten, wie man das nannte. Nun egal ob korrekt oder nicht, das Schlachten war immer ein besonderer Tag auf dem Hof. Es kam also ein Metzger auf den Hof, das zum Schlachten vorgesehene Schwein wurde auf den Hof getrieben, wobei das ordentlich schrie. Es schien zu ahnen, dass sein letztes Stündlein geschlagen hatte. Der Metzger setzte sein Bolzenschussgerät an den Kopf des Schweines, drückte ab, das Schwein sackte zusammen. Der Metzger schnitt dem Schwein die Kehle durch und die Bäuerin hielt darunter eine Schüssel in der das Blut für die Blutwurst lief, welches sie heftig rührte, damit es nicht verklumpte. Danach wurde das Schwein mit den Hinterbeinen aufgehängt, mit dem Messer in zwei Hälften aufgeklappt und ausgenommen. Dabei landeten die „edlen" Innereien in den Wurstkessel, die anlässlich des Schlachtfestes verspeist wurden. Aus dem langen Darm presste man den Inhalt hinaus, drehte diesen von innen nach außen, reinigte ihn gründlich und stopfte dort hinein was in getrocknetem Zustand, später die berühmte hessische „Ale Worscht" wurde. Das Fleisch wie auch andere Würste wurden im Wurstkessel gekocht. Abends fand dann das Schlachtfest statt, das in Densberg „Wurstesuppe" hieß, zu dem Freunde und Verwandte eingeladen wurden. Zunächst gab es Wurstsuppe, in der Fleisch und Würste gekocht worden waren, die eine herrliche Boullion abgab. Danach Schweinefleisch, Wellfleisch, schmackhafte Innereien, Bratwürste, Kartoffel mit Sauerkraut und damit alles gut verdaute, „harte Getränke". Oft klopften während des Essens, einer alten Tradition folgend, Jugendliche als „Wurstemännchen" verkleidet an der Tür und erbaten für ihre Schüsseln und Kannen etwas von der Tafel. Für die Gäste der „Wurstesuppe" begann nun ein Raten, wer sich wohl als „Wurstemännchen" verkleidet hatte. Doch selten konnte man das Rätsel lösen. Es war aber auch Tradition dass andere Dorfbewohner, ebenfalls mit Kannen und Töpfen, um Wurstsuppe baten. Durch das gekochte Fleisch und auch durch die gelegentlich geplatzten Würste, konnte diese Suppe sehr inhaltsreich sein. Meine Schwester Waltraut, war in unserer Familie für die Akquisition von Wurstsuppe zuständig und behauptete, die Wurstsuppe von Thiels würde wohl vorher durch ein Sieb geschüttet, da weder Fleischnoch Wurstspuren darin enthalten seien. In Wirklichkeit aber hatten Thiels nur Glück, dass ihnen beim Kochen keine Würste platzten.

Unser Hauswirt schlachtete natürlich auch und das nicht schlecht. Karl Krähling war eigentlich ein herzensguter Mann, wenn er auch nicht danach aussah, war liebenswert und großzügig. Da er ausgesprochen gerne feierte, lud er auch immer Freunde, die Einflussreichen des Ortes, Verwandte aber auch Grafenhorsts ein. Bei diesen Feiern, wie auch an Geburtstagen, fehlte es an nichts. Je länger gefeiert, je später es wurde, stets stieg die Stimmung, die weit nach Mitternacht in lautstarkem Gesang endete. Fast immer waren seine Gäste: Sein Schwager der Metzger, der Maurermeister Noll von Schönstein, aus Kassel der Gärtnereibesitzer Silber, der als Jude das Dritte Reich überlebt hatte, dessen Frau als Mitglied des Kasseler Theaterchores, stets zur vorgerückten Stunde „Du sollst der Kaiser meiner Seele sein" sang, der Ortslandwirt Heinrich Thiel und dessen Vetter Heinrich Hebeler, eine lustige Betriebsnudel, der immer alle in Stimmung brachte, „Onkel Adam", schon über 70, vom Bauer Burmes, der ohne sein Solo „Die kleine Limburgerin" nicht nach Hause durfte, um nur einige zu nennen. Gewöhnlich fand die Feierei am Wochenende statt, denn der nächste Tag war immer für alle schwierig.

Der Müller hatte zu dieser Zeit die Möglichkeit, bedingt durch sein Produkt Mehl, an Dinge zu kommen, die für normale Bürger unerreichbar waren. Viele Städter zogen über die Dörfer, um Gegenstände des Hausrats gegen Essbarem bei den Bauern zu tauschen. Dabei hatte der Müller unbegrenzte Möglichkeiten, Mehl war die Basis für Brot. Er hatte beispielsweise einen Raum voll gestellt, mit durch Mehl erhandelte Möbel, Geschirre, Bestecke, Wäsche und was sonst noch alles im Haushalt benötigt wurde. Schließlich hatte er drei Töchter und die benötigten irgendwann einmal eine Aussteuer.

Ein besonderer Fall war der „Russen Heiner", so hieß sein Knecht, der als kriegsgefangener Russe des Krieges 1914/18 dort arbeitete. Ihm gefiel es jedoch so gut bei der MüllerFamilie, dass er 1918 nicht wieder nach Hause wollte, sondern bei Krählings blieb, heiratete und ein kleines Bauernhaus in Gilserberg bewohnte. Sein Sohn, derzeit noch in Kriegsgefangenschaft, diente im Krieg auch bei der Kriegsmarine. „Russen Heiner" ein typischer Russe, sprach immer noch kein fließendes Deutsch, was ich gut verstehen konnte. Hier wurde ja nur der schwer verständliche Dialekt gesprochen, im Unterschied zur offiziellen Amtssprache. Er war ein kleiner Philosoph. Schaute gerne zum Sternenhimmel und machte sich darüber so seine Gedanken, wie halt ein echter Russe. Doch auch eine weitere russische Eigenart pflegte er sehr sorgfältig, nämlich das Schnapsbrennen. Hatte er keinen Vorrat mehr, holte er seine aus Kupferrohr bestehende Spirale, verarbeitete entweder Kartoffelschnitzel oder je nach Jahreszeit Weizen zu einer Art Melasse, die zur Herstellung seines klaren Alkohols diente. So lange der aus der Spirale laufende Alkohol noch brennen konnte, wurde er in Flaschen gefüllt, tat er das nicht mehr, wurde die Brennerei abgestellt. Immer wenn der „Russen Heiner“ abends auf dem Hof ein Gespräch begann, egal über welches Thema, endete es immer mit seiner Lieblingsbeschäftigung dem Schnapsbrennen.

Das Leben auf dem Dorf hatte, wie ich bereits festgestellt habe, seine eigenen Regeln, die man erst einmal kennen lernen musste. Traf ein junger Mann ein entsprechendes weibliches Pendant im Dorf und er blieb dabei stehen, um mit ihr zu sprechen, war das insbesondere für die Frauen des Dorfes ein Thema. Passierte das aber mit der gleichen Person erneut, so wurde das ebenfalls registriert und bedeutete, die Zwei haben `was miteinander! Wenn also zwei „etwas miteinander haben“, dann ist damit zu rechnen, dass die Beiden heiraten werden. Hatte man wirklich ein Verhältnis miteinander, mochte es noch so platonisch sein, dann war die Heirat eine Selbstverständlichkeit. Jede dieser Phasen ging wie ein Lauffeuer von Haus zu Haus. Egal was im Dorf passierte, in einem Dorf konnte nichts geheim bleiben. Ging einmal ein Verhältnis auseinander, hatte das Ansehen der Betroffenen einige „Schrammen“. So war das damals in Densberg, es war Vorsicht angeraten!

Diesen Winter über hatten wir täglichen Bähnchenfahrer, zwei nette Begleiterinnen. Thiels Anny und Krählings Gretchen besuchten die Landwirtschaftsschule in Fritzlar und mussten uns bis Wabern begleiten. Gretchen ging öfter mit mir, von der Mühle zur Bahnstation Densberg, doch häufig gesellte sich, wenn wir an ihrem Wohnhaus vorbei kamen, Thiels Anny hinzu. Beide Mädels trugen in ihren großen Taschen zu ihren Schulsachen und Frühstück, auch etliche Scheite Holz, um die Klassenräume zu heizen. Verständlich, denn in ungeheizten Räumen im Winter, machte der Unterricht keinen Spaß. Wenn es sich ergab, trug ich (als Kavalier) Annys Tasche bis zur Bahnstation. Sie war für mich unerklärbar, stets ein besonderes Mädel.

Der Winter 1946 auf 1947 war nicht so kalt, wie der vergangene. Der Schnee ließ länger auf sich warten, war dann auch nicht so üppig. Es war kalt aber nicht vergleichbar, mit den Kältegraden zu der Zeit meiner Ankunft in Densberg. Auch froren die Wasserleitungen in diesem Winter nicht ein. Das in diese Zeit fallende Weihnachtsfest, war das erste Weihnachtsfest, das ich nach dem Kriege zu Hause feiern konnte. Natürlich nicht vergleichbar mit dem letzten vor meiner Einberufung. Immerhin hatte mein Vater mit den Männern des Dorfes und mit dem Förster aus dem Wald, einen kleinen Tannenbaum geholt. Auf Zuteilung gab es Lametta und Kerzen, so dass daraus ein kleiner Weihnachtsbaum wurde. Unsere Mutter hatte für jeden etwas unter dem Baum zu legen, so auf Bezugscheine für meinen Vater eine Unterhose, für mich ein Unterhemd, ein Paar

Strümpfe für meine Schwester und noch selbst gestrickte Handschuhe. Von der Müllerin bekam sie etwas Schweinefleisch, aus dem sie einen Schweinebraten zauberte, Kartoffeln hatten wir vom Müller zur Einkellerung erhalten, obendrein stiftete Frau Krähling noch etwas Gemüse. So konnten Grafenhorsts zum Weihnachtsfest ein richtiges Festessen genießen.

Zu Sylvester beschloss unsere Gruppe im Saal des Wirtshauses zu feiern. Im Oberdorf gab es nämlich eine Wirtschaft, verbunden mit einem Saal. Beides leider geschlossen, der Wirt befand sich noch in Gefangenschaft. Doch Fritz, der Arbeitsamtsangestellte und sein Vetter Hartmann, Angestellter der Kreissparkasse, durch Kinderlähmung geringfügig behindert, die gelegentlich zu unserer Gruppe stießen, hatten bei der Frau und Mutter des Wirtes erreicht, dass zu Sylvester der Saal für die Jugend des Ortes geöffnet wurde. So ging ich an diesem Tag, nachdem die Familie gemeinsam zu Hause das Abendessen eingenommen hatte, den Berg hinauf zum Saal. Hartmann, der über ein ausgesuchtes und umfangreiches Schallplattenreservoir verfügte, nahm gerade seine Anlage in Betrieb. Die männlichen Jugendlichen unserer Gruppe, hatte sich mit selbst gebrannten Schnaps eingedeckt und begannen zügig den Bestand zu reduzieren. Tanzen aber war das Problem das hier offen zu Tage trat. Davon waren alle der Generation der „Kriegsjugend“ betroffen. Wo hätte man das Tanzen lernen können? Der öffentliche Tanz war verboten, die Tanzlehrer zur Wehrmacht eingezogen. Wenn es schon keine Jungens zum Tanzen gab, wie sollten dann die Mädels das Tanzen lernen? Mit wem und wo? Ich hatte Glück, denn durch meinen Funkerkameraden auf M 611 lernte ich das Tanzen. So konnte ich sogar meiner Schwester, die Grundschritte beibringen. Karlheinz, der etwas ältere unserer Gruppe, hatte auch irgendwo das Tanzen gelernt und bemühte sich den Mädels unserer Gruppe zu zeigen, wie es geht. Auf jeden Fall verhalf die flotte Tanzmusik von Hartmann uns allen, bei den Fortschritten im Gesellschaftstanz. Je besser man damit zurecht kam, um so mehr Spaß machte es uns. Vielleicht trug auch unser Alkoholspiegel dazu bei. Wir Jungens hatten alle kräftig dem Kartoffelschnaps zugesprochen. Ich war mittlerweile dem Alkohol entwöhnt, mir wurde schlecht. Simons Trinchen hatte das offenbar erkannt und erbarmte sich meiner. Sie nahm mich unter den Arm und schleppte mich den Berg hinab, zu ihrem Zuhause. Dort machte sie in der Küche mir schnell einen schwarzen Tee. Sie hatte gehört das täte dem Magen gut. Der revoltierte, drängte mit Macht alles raus, wobei sie mir den Kopf über den Spülstein hielt und der Magen sich vollkommen leerte. Sie machte das, wie eine geübte Krankenschwester, völlig selbstlos. Es schien für sie eine Selbstverständlichkeit zu sein und war eines echten Dankes wert. Nachdem ich mich wieder besser fühlte, gingen wir beide erneut hinauf zum Saal. Die frische Luft tat mir gut, so dass ich mich als wir oben angekommen waren, wieder fit fühlte. Noch bevor wir den Saal betraten, überraschten uns unsere Freunde ganz aufgeregt mit der Nachricht, Glocke Hans sei total betrunken, hätte randaliert und sei nicht zu bändigen gewesen. Da sie nicht wussten, was sie mit ihm hätten machen sollen, hätten sie ihn kurzerhand in Bums Schafstall gesperrt, wo er sich noch befinde. Ich konnte mir das Lachen nicht verkneifen. Gemeinsam ging ich mit ihnen zu dem in der Nähe liegenden Bums Haus, schauten in den Schafstall und sahen Hans Möller, der als alter Mariner immer so schön das Lied von der Reeperbahn singen konnte, friedlich lallend in einer Box. Er schwankte wie ein Schilfrohr im Wind, krampfhaft hielt er sich an den seitlichen Bretterwänden fest, war aber völlig ruhig. „Der Hans muss da raus“, sagte ich „wir bringen ihn nach Hause“, machte die Tür des Schafstalls auf, griff Hans unter dem Arm, Trinchen den auf der anderen Seite und schleiften ihn den Berg hinunter. Er hing vornüber gebeugt in unseren Armen und hatte Mühe mit seinen über den Boden schleifenden Schuhen, unseren Schritten zu folgen. Durch diese Aktion zur „Befreiung“ von Glocke Hans aus Bums Schafstall, hatten wir völlig aus den Augen verloren, dass unsere Gruppe eigentlich zu Kochs Haus gehen wollte, um dort zur Hochzeit zu singen. Einem alten Brauch folgend, hatte es unsere Klique übernommen, dem jeweiligen Brautpaar des Dorfes zur Hochzeit ein „Ständchen“ zu bringen. Normalerweise trafen wir uns vor solchen Anlässen auf der „ale Borg“, sprachen dort ab, was wir singen wollten und übten das dort auch gleich ein. Bedauerlicherweise hatte der letzte Tag des Jahres, uns etwas aus der Bahn geworfen. Wir hatten weder geübt, noch wussten wir was wir singen wollten. Trinchen sah, als wir den Hans schleppten, dass sich einige unserer Gruppe vor Kochs Haus versammelt hatten, machte einen Schwenk und wir sangen dann zusammen drei Lieder, die wir ja alle kannten. „Wahre Freundschaft soll nicht wanken“ - - - - - „Kein schöner Land in dieser Zeit“ - - - - - - - - „Kein Feuer keine Kohle kann brennen so heiß“ - - - - - - - leider klang es nicht so klar, wie wir das sonst gewohnt waren. Die Hochzeitsgesellschaft die aus dem Haus gekommen war trat näher, um sich bei uns für den Gesang zu bedanken. Aubel Heiner, Bauingenieur, einer der stets einen humorigen Spruch drauf hatte meinte, „nun habt ihr genug geübt, fangt endlich mal an“, alle lachten. Die Teilnehmer der Hochzeitsgesellschaft sahen den in unseren Armen hängenden Hans. Einer Sensation gleich trug das zur allgemeinen Erheiterung bei. Der Arme war so malade, dass er gar nichts von dem Geschehen mit-bekam. Trinchen und ich mit Hans in unseren Armen, setzten uns schnell in Richtung Hinterdorf ab um Hans, der dort bei seinem Bruder wohnte, abzuliefern. Wir riefen dort mehrmals „Hallo“ bis endlich das Licht eingeschaltet wurde. Am Fenster Hans Bruder, „was ist los“? Trinchen und ich riefen „Prost Neujahr! Hol mal den Hans hier ab“! Das Fenster wurde geschlossen, der Hauseingang geöffnet und Bruder Justus beschimpfte uns ganz fürchterlich! Wir beide waren völlig konsterniert und überlegten, was wir wohl falsch gemacht hatten. Wir nahmen uns des völlig betrunkenen Hans an, schleppten ihn mühevoll nach Hause und wurden nun noch dafür beschimpft! Wir verstanden das nicht und auch nicht unsere Freunde, denen wir den Vorgang schilderten.

„Kuckuck" wurde Justus, der Bruder von Hans, im Ort genannt. Er konnte den Kuckuck so täuschend ähnlich nachmachen und kleine Kinder damit überraschen. Mit ihm kam ich ungefähr ein Jahr später wegen des Vorganges Sylvester 1946 ins Gespräch und fragte ihn weshalb er uns damals ausgeschimpft habe, obwohl wir uns des betrunkenen Hans angenommen hätten. Er meinte, sein Verhalten sei sicher nicht in Ordnung gewesen, doch in dem Moment habe er gemeint, da stellen mir die Zwei den Trümmerhaufen von Hans vor die Tür und sagen dazu noch „Prost Neujahr". So wurde ein gutes Werk missverstanden.

Waltraut hatte sich Schöbels Wilhelm als Freund zugelegt. Ein netter Kerl, dessen Vater noch vermisst, früher eine Schreinerei betrieb, die sich neben dem Wohnhaus befand. Dort wohnten neben ihm seine Mutter, seine taubstumme Tante Anna und seine Schwester. Wilhelm drei Jahre jünger als ich, ehemaliger Jungvolkführer, bei der Bahn angestellt, hatte eine Kriegsverletzung an einem Bein erlitten, die ihn aber nicht wesentlich behinderte. Die Bahn hatte sich noch nicht entschieden, ehemalige Beamte und Beschäftigte wieder einzustellen. So war Wilhelm arbeitslos und jeden Tag, den der liebe Gott kommen ließ, in der Schreinerwerkstatt zu finden. Dort bastelte er immer an irgendetwas herum, mal war es ein Bob, mal war es ein Motorrad, mal dies mal das. Man konnte ihm dabei zur Hand gehen oder auch nur zusehen. Er war ein umgänglicher Typ und wir verstanden uns auch recht gut, wie ich auch im Laufe der Zeit, mit den Jugendlichen unserer Gruppe und anderen, ein gutes Verhältnis hatte.

So nahm es auch kein Wunder, dass sich Löwes Marianne für mich interessierte. Da sie ganz nett aussah, man sich auch mit ihr unterhalten konnte, traf ich mich hin und wieder mit ihr. Ich will jetzt nicht behaupten unverbindlich, doch so dass wir miteinander „Schmusten", uns auch küssten doch darüber hinaus fand nichts statt. Sie selbst schätzte offenbar unser freundschaftliches Verhältnis höher ein, wie ich feststellen musste. So traf sie meine Entscheidung dieses zu beenden überraschend. Auch der Versuch ihrer Mutter meine Entscheidung rückgängig zu machen gelang nicht.

Eines Morgens auf der Bahnfahrt nach Kassel, stoppte der Zug vor dem Bahnhof Wilhelmshöhe und fuhr nicht weiter. Die meisten der Zuginsassen benutzten den Zug, um zu ihrer Arbeitsstelle zu kommen, wie auch ich. Doch der Zug stand und es vergingen Minuten um Minuten, die sich mittlerweile zu einer Stunde addierten. Aber immer noch ging es nicht weiter. Keiner wusste oder konnte in Erfahrung bringen, warum der Zug hier stand. Endlich nach vielleicht 1 ½ Stunden rollte der Zug langsam weiter. Wir konnten aus dem Fenster sehen, parallel zu unserer Strecke, standen Überreste von Waggons auf total geschmolzenen Gleisen, die von einem ehemaligen Güterzug des US-Militärs stammten. Mit Benzin gefüllte Kanister wurden in den Waggons transportiert, die in Brand geraten waren und erst gelöscht werden mussten. Dieser Brand hatte eine derart große Hitze entwickelt, dass der Stahl der Schienen und das Metall der Waggons geschmolzen waren. Glücklicherweise befand sich an diesem Tage mein Chef auf einer Dienstreise, so dass ich nachmittags in den Kasseler „Kaufhof" gehen konnte. Von Waltraut, die in Kassel die Handelsschule besuchte hatte ich gehört, dass sich die jungen Leute täglich dort im Restaurant trafen. Musste ich mal nachmittags nicht im Büro sein, ging ich dort hin. Man traf Schüler nach der Schule, junge Leute die schon frei hatten, Jugendliche die schon Soldat gewesen waren und nichts zu tun hatten, Arbeit suchende Jungens und Mädels, junge „Schwarzhändler", das ganze junge Volk zog sich dorthin. Irgendwelche Lokale für junge Leute, gab es damals in der zerstörten Stadt nicht. Der notdürftig aufgebaute „Kaufhof" mit seinem Restaurant, bot sich deshalb an. Es gab zwar außer Mineralwasser, Bier und Kaffee(ersatz) nichts, aber man hatte einen Treffpunkt für junge Leute. Anspruchslos war man ja sowieso!

In Kassel gab es auch einen großen Schlachthof den ich hin und wieder aufsuchte, wenn ich von Frau Dahlen die dort arbeitete, den Ausweis erhielt. Dieser berechtigte auf der Freibank Fleisch zu kaufen. Ihr Sohn Reiner ungefähr 18 Jahre alt, ein Typ der in Densberg keinen Anschluss fand, bekennender Kommunist, aber dennoch ein freundlicher Junge. Wir unterhielten uns mal während einer Bahnfahrt über alle möglichen Dinge, auch über die schlechte Versorgungslage. Spontan bot er mir den Ausweis seiner Mutter an, von dem ich auch gelegentlich Gebrauch machte. Ich brachte dann meiner Mutter von der Freibank Fleisch mit, das nicht in den Handel kam, da es möglicherweise Bakterien oder Vieren enthielt. Das Fleisch von der Freibank durfte nämlich nur in gekochtem Zustand genossen werden. Immerhin war es eine zusätzliche Nahrungsquelle und schadete uns nicht.

An einem Tag in der schon dunklen Jahreszeit, fuhr ich abends mit den anderen Densbergern im letzten Wagen des „Bähnchens" von Zimmersrode nach Densberg. Plötzlich tauchte meine Schwester auf, die sich durch die rappelvollen Wagen gewühlt hatte und berichtete mir ganz aufgeregt, die Jungens im vorderen Wagen hätten ihre Sachen versteckt, ärgerten sie und wollten sie schlagen. Ich solle jetzt mitkommen und ihr helfen, ihre Sachen wieder zubekommen. Schließlich sei ich ihr Bruder, der sich für seine Schwester einzusetzen habe. Nun, ich tat das auch pflichtgemäß, wie sie meinte, kämpfte mich bis zum vorderen Wagen durch und stand plötzlich einer Meute von 5 bis 6 großen Jungen gegenüber. Ich forderte sie auf Waltrauts Sachen herauszugeben. Als keiner darauf reagierte griff ich mir einen und wurde energisch, worauf sich die 5 oder 6 wie auf Kommando auf mich stürzten und eine heftige Prügelei begann. Gegen diese Übermacht konnte ich natürlich nur unterliegen und wehrte mich so gut ich konnte. Leider erkannte ich bedingt durch die Dunkelheit, keinen der Jungens. Meine Rettung war der Halt des „Bähnchens" im Bahnhof Jesberg, wo die Raufbolde alle ausstiegen. Zugegeben, ich war erleichtert, denn ich hatte doch allerhand mitbekommen. Wegen nichts! Nur weil meine Schwester die Jungens provoziert hatte, musste ich mir die Schnauze voll hauen lassen!

Im Bereich der „Diche", zwischen Mühle und Dorf, hatte der Bürgermeister etwas Land für die Anlage von Schrebergärten freigegeben. Jede Flüchtlings-oder Evakuiertenfamilie hatte Anspruch auf 100 Quadratmeter. Sobald mein Vater zwischen seinen Reisen etwas Zeit erübrigte, gruben wir das uns zugeteilte Land um und säten was in dieser Zeit üblich und möglich war. Natürlich keine Blumen, jedes kleine Eckchen wurde zur Ernährung genutzt. Künftig hatten wir eigene Ernten aus unserem „Garten" zu erwarten. Dem Bürgermeister schien auch aufgegangen zu sein, dass 100 Quadratmeter zum Bepflanzen nicht viel ist. Deshalb bekamen wir kurze Zeit später noch einmal die gleiche Größe, jedoch an anderer Stelle, die wir in gleicher Weise bearbeiteten.

Durch meinem Chef, bekam ich eines Tages die Mitteilung, dass meine Ausbildung in seiner Bezirksleitung in einigen Monaten beendet sei. Von meiner weiteren Verwendung wusste er nichts. Er empfahl mir jedoch in absehbarer Zeit meinen Urlaub zu nehmen, es wäre schlecht bei einer neuen Aufgabe, gleich mit einem Urlaubsanspruch zu beginnen. Die Zeit jedoch könne ich bestimmen. Um das zu realisieren, schrieb ich zunächst einen Brief an Rosemarie, meiner Ferienbekanntschaft aus Oberjoch kurz vor Kriegsbeginn. Sie hatte mir während meiner Kriegsdienstzeit treu und redlich geschrieben, sogar Feldpostpäckchen geschickt. In gewisser Weise fühlte ich mich verpflichtet, den Kontakt auch nach dem Kriege nicht abreißen zu lassen. Ich muss gestehen, sie gefiel mir damals in Oberjoch ausnehmend gut, ich hatte mich sogar ein wenig in sie „verknallt" und freute mich an Bord, stets auf ihre Briefe. Die Familie wohnte in Leonberg, in der Nähe Stuttgarts, hatte durch Kriegseinwirkungen nichts verloren, doch Erwin, Rosemaries Bruder, war noch vermisst. Leonberg lag wie Densberg in der amerikanischen Besatzungszone, deshalb funktionierte auch der Briefverkehr. So wussten wir, wie es ihnen und uns zwischenzeitlich ergangen war, wobei sie mich bei dieser Gelegenheit nach Leonberg einlud. Auf Grund des Hinweises meines Chefs, nahm ich die Einladung auch an.

Einen Tag vor meiner Abreise ging ich durch´s Dorf und sah auf Thiels Hof, Anny mit einem Kopftuch um ihren Kopf auf dem Misthaufen stehen, um einen Wagen mit Mist zu beladen. Bei unseren sonntäglichen Spaziergängen hatten wir uns häufig recht angenehm unterhalten und dabei festgestellt, dass sich unsere Ansichten in vielen Bereichen deckten. Deshalb ging ich zu ihr auf den Misthaufen, um ihr „guten Tag" zu sagen. Dabei erzählte ich ihr, dass ich von Rosemarie Hüttenreiter eingeladen worden sei, jedoch vorher meinen Kriegskameraden in Mainz-Gustavsburg besuchen wollte. Nach einer gewissen Zeit verabschiedete ich mich von ihr, da ich mir vorstellen konnte, dass die Unterbrechung ihrer Arbeit, im Hause Thiel nicht gern gesehen wurde.

Nach entsprechendem Briefwechsel mit Rosemarie, plante ich die Reise nach Leonberg über Mainz wobei ich zunächst meinen Funkerkollegen von M 3616 aufsuchen wollte. Wie geplant, so geschah es auch. Am Bahnhof in Mainz-Gustavsburg holte mich Bruno, genannt „Piff" ab. Er zeigte mir den Ort, die Mainbrücke und die Main-Schleuse, wobei wir uns über die Zeit nach unserer Trennung in Kopenhagen unterhielten und seine Arbeit bei der MAN im Ort bei der er, wie sein Vater, schon vor der Einberufung tätig war. Am nächsten Tag reiste ich weiter, aber nicht ohne eine Ansichtskarte geschrieben zu haben an: Anny Thiel! An keinen sonst. Warum gerade an sie? Ich wusste es nicht! Ein Fingerzeig des Schicksals?

Nirgendwo hatte ich in Erfahrung bringen können, wann die Züge genau abfahren, wie es mit den Anschlüssen aussieht und wann ich überhaupt am Zielort ankomme. So ging es von Stuttgart mit einem anderen Zug nach Leonberg. Da ich bedingt durch diese Verhältnisse, meine Ankunftszeit bei Rosemaries Eltern nicht mitteilen konnte, trabte ich vom Bahnhof zur Wohnung. Nachdem ich geklingelt hatte, begrüßte mich herzlich Rosemaries Mutter, die mir sogleich mitteilte, dass Rosemarie noch in der Universität wäre aber bald komme. Ich müsse so lange mit ihr vorlieb nehmen, da auch ihr Mann auf Patientenbesuche sei. Noch während sie mir über ihren vermissten Sohn Erwin berichtete, kam Rosemarie. Sie hatte sich kaum verändert und sah aus, wie ich sie in Erinnerung hatte. Ihre Freude mich wieder zu sehen, war ehrlich und wir erzählten, wie es jedem von uns beiden in den letzten 8 Jahren ergangen war. Und schon war der Tag vorbei! Am Abend kam Dr. med. vet. Hüttenreiter, den ich noch nicht kannte. In Oberjoch 1939 war er nicht dabei, weil er als Oberstveterinär der Wehrmacht wegen der Kriegsgefahr, keinen Urlaub bekommen hatte. Nun betreute er den Landkreis Leonberg als Kreistierarzt. Die Bauern deren Tiere er behandelte, steckten ihm gerne etwas Essbares zu, so dass es der Familie in der schlechten Zeit recht gut ging.

Rosemarie studierte Musik und Gesang, dafür hatte ich zwar nicht allzu viel übrig, aber es betraf ja auch mich nicht direkt. Während sie vormittags die Hochschule besuchte, nahm mich ihr Vater mit auf seine Praxistour, wobei ich erlebte, wie sich die Bauern um ihn bemühten und welches positive Ansehen er bei ihnen genoss. Nachmittags stand er dann den Haustieren zur Verfügung oder besuchte noch den einen oder anderen schwierigen Fall. Dann aber war auch Rosemarie wieder zu Hause. Wenn ich sie auf dem Klavier spielen hörte, ging ich meistens ins Klavierzimmer, setzte mich auf die Couch und beobachtete sie dabei, wie sie sich bemühte den Takt des Taktpendels exakt einzuhalten. Es kam auch schon mal eine Studienkollegin, um mit ihr gemeinsam zu üben. Dann spielte Rosemarie auf dem Klavier und die Kollegin sang dazu. Ich glaube mich zu erinnern, dass es Lieder von Hugo Wolf waren, der ja weit über 100 Lieder komponiert hatte. Jedoch konnte ich keine Sympathie für mich für diese Art von Musik feststellen, im Gegenteil als die beiden aufhörten atmete ich tief durch. Das musste wohl hörbar gewesen sein, denn Rosemarie meinte, „das ist wohl nicht dein Fall"? Damit lag sie zwar richtig, doch ich gab das nur in abgeschwächter Form zu.

Die Tage bei Hüttenreiters in Leonberg waren schön. Es gefiel mir einmal wieder eine Wohnung zu erleben, in der es an nichts fehlte. So wie ich es vor dem Kriege von zu Hause gewohnt war. Vom Umgang miteinander, bis zur gepflegten Wohnung, drückte alles einen gewissen Wohlstand aus. Man merkte es überall, hier war Kultur daheim. Wie sah es dagegen in meinem Zuhause aus? Wo kam ich her? Und aus was für einem Loch! Mir wäre es unmöglich gewesen, Rosemarie zu einem Gegenbesuch einzuladen. Selbst die Bauern um Leonberg herum wohnten besser! Allmählich nistete sich bei mir ein Unterlegenheitsgefühl ein. Kein Wunder! Hier war alles, was zu einem geordneten Familienleben gehörte, dazu eine gesicherte Zukunft. Das alles konnte ich nicht vorweisen. Selbst meine Zukunftsaussichten lagen im Nebel der Zukunft. Da nutzte es meinem Selbstbewusstsein auch nicht, dass der Zustand in denen Grafenhorsts vegetierten, eine Folge des verlorenen Kriegs war und meine Familie vor dem Kriege, in vergleichsweise ähnlichen Verhältnissen gelebt hatte. Ja hatte! Hüttenreiters hatten den Krieg genau so verloren wie wir, jedoch ihr Zuhause und ihr Umfeld erhalten. Darüber hinaus konnte der Familienvater seinen Beruf ausüben und damit den Unterhalt der Familie sichern. Allerdings und das war nicht ohne Bedeutung, der Sohn war vermisst und wie sich später herausstellte gefallen. Das materialistische Umfeld bei Hüttenreiters war intakt, bei Grafenhorsts gab es diesbezüglich keine Perspektiven! Alle diese Gedanken belasteten mich depressiv, weshalb ich zu der Erkenntnis kam, mir Rosemarie „aus dem Kopf zu schlagen". Aus dieser Stimmung heraus fehlte mir der Mut, aktiv zu werden. Ob sie das erwartet hatte, kann ich nicht sagen. Jedenfalls hatte ich nicht den Eindruck! Andererseits, Musik und Gesang lag mir auch nicht unbedingt.

So fuhr ich nach einigen an sich schönen Tagen, mental etwas angeschlagen, doch mit dem Versprechen mich wieder zu melden, Richtung Hessenland. Das „Bähnchen" brachte mich nach Densberg in die, das wurde mir jetzt wieder brutal bewusst, armselige Behausung meiner Eltern. Die folgende Woche sah mich wieder im Büro von Herrn Reimann bei der Arbeit, wobei die angenehmen Erinnerungen meiner Reise allmählich verblassten. Ich bereitete mich auf meinen Besuch in Karlsruhe vor und erfuhr dort, von dem zuständigen Leiter der Außendienstabteilung, Herrn Dr. Kohlenbecker, dass ich nach meiner theoretischen Einarbeitung, nun die Praxis kennen lernen sollte. Zu diesem Zweck musste ich für 4 Wochen nach Göttingen, um mit dem dortigen Mitarbeiter Versicherungen zu akquirieren.

Getreu der Auflage meiner Mutter rief ich, von dem einzigen öffentlichen Fernsprecher der sich in der Hauptpost in Karlsruhe befand, bei Möllers an. In der Telefonzelle hing an der Wand ein schwarzer Kasten mit der flexiblen Befestigung eines Sprachrohres, welches man in die Höhe des eigenen Mundes zog. Daneben hing an einem längeren Kabel, mit einem Griff die Ohrmuschel, die man abnehmen musste, um sie ans Ohr zu halten. Darauf meldete sich das „Amt" und ich musste der sich meldenden Dame sagen, was ich wollte. „Ich möchte ein Ortsgespräch mit der Nummer - - - - - - soundso". Sie antwortete, „bitte werfen sie einen Groschen (Zehnpfennigstück) ein". Ich nahm den Groschen und warf ihn in den Münzschlitz des schwarzen Kastens ein, der an der Wand hing. Ein hörbares Klinggeräusch war zu vernehmen, dem das bekannte Tut, Tut, Tut folgte, bis sich der Teilnehmer meldete. Mein Onkel war derzeit nicht in Karlsruhe, so lud mich Tante Lilo zum Nachmittagskaffee ein. Während ich mit der Straßenbahn bis in die Nähe ihrer Wohnung fuhr, hörte ich zwei attraktive Damen mittleren Alters sagen, „schau die Ähnlichkeit mit Alex ist doch nicht zu übersehen". Ich schaute schnell weg, denn es war mir peinlich so etwas zu hören. Außerdem befürchtete ich, dass mich die Damen ansprechen würden. Auch wenn ich später in der Verwaltung der Versicherung hin und wieder mal zu tun hatte, hörte ich manchmal Ähnliches. Wenn ich dann in den Spiegel schaute, konnte ich weiß Gott keinerlei Ähnlichkeit feststellen. Offensichtlich wollten diejenigen die so etwas sagten, nur auf sich aufmerksam machen. In Göttingen wohnte ich für 4 Wochen in einer Privatpension und traf mich täglich mit dem Göttinger Vertreter der „Karlsruher". Ein netter Mann, sehr fleißig, klapperte konsequent seine Standesamtsadressen ab, den ich dabei begleitete. Zugegeben diese Art des „Klinkenputzens" lag mir nicht. Möllers Spruch, jeder kann bei mir Karriere machen, er muss das lediglich durch Leistung beweisen. Mit dieser Art der Arbeit aber, das war mir klar geworden, würde das nicht einfach sein!

Allmählich wurde es ernst. Durch ein Schreiben des Organisationsleiters der „Karlsruher" wurde mir nämlich mitgeteilt, dass ich ab sofort als selbstständiger Berufsvertreter akquisitorisch tätig sein sollte. Fachwissen hätte ich ja bekommen und akquisitorische Erfahrung ebenfalls. Es läge nun an mir, dieses Wissen umzusetzen. Ich kann aber nicht sagen, dass ich begeistert war. Und so fuhr ich morgens statt nach Kassel, zur näher gelegenen Kreisstadt Fritzlar, suchte das dortige Standesamt auf, in dessen Vorraum unter einer Glasvitrine die Hochzeitsaufgebote zu lesen waren, schrieb mir diese auf und besuchte die Adressaten einige Tage nach der Hochzeit. Die Argumentation in der Werbung für den Abschluss einer Lebensversicherung, lag bei der Absicherung der Hinterbliebenen im Todesfall. Der Krieg war noch nicht lange vorbei, in dem jeder erfahren konnte welche Probleme, insbesondere wirtschaftlicher Art, für die Hinterbliebenen auftreten. Diese Argumente leuchteten ein. Zu jener Zeit dachte man nämlich noch nicht langfristig, weder an die Altersvorsorge noch an Kapitalanlagen. Keiner konnte in dieser Zeit wissen, was die Zukunft bringen würde. Wie schon festgestellt hatte, waren die Erfolge nicht dicht gesät, aber man war auch nicht ganz erfolglos. Mal fuhr ich nach Fritzlar, mal in den anderen Teil der Kreisstadt nach Homberg an der Efze. Auch dort bearbeitete ich Standesamtsadressen. Dazu zählten auch die Geburtsanmeldungen, die ein Reservoir für Heiratsoder Ausbildungsversicherungen darstellten. Im Hochgefühl der Geburt waren manche Eltern oder nahe Verwandte bereit, eine Versicherung für den neuen Erdenbürger abzuschließen. Für Mädels die so genannte Heiratsversicherung, die sicher stellte, dass ein Mädel, falls es vor dem 25. Lebensjahr heiratet, ein vorher vereinbartes Kapital erhält. Heiratet es nicht bis zum 25. Lebensjahr, wird das Kapital wie bei einer Ausbildungsversicherung für Jungen, mit dem 25. Lebensjahr ausbezahlt, egal wie lange die versicherte Person und gleichzeitig Beitragszahler den Beitrag dafür bezahlt hat. Sollte diese innerhalb der 25 Jahre sterben, wurde die Versicherung beitragsfrei gestellt und das vereinbarte und versicherte Kapital wie im Vertrag festgelegt ausbezahlt. Auch hier gab es für mich Erfolge, wenn auch in begrenztem Rahmen. Der Erfolg der Akquisition hing ursächlich mit dem Fleiß zusammen. Diese Erkenntnis zog sich durch die gesamte Außendienstzeit, die ich in der Versicherungswirtschaft zugebracht habe. Wann und wo ich arbeitete, blieb mir überlassen. Es gab für mich keinen Vorgesetzten, der meine Arbeit überwachte. Dazu gehörte natürlich eine gewisse Selbstdisziplin. Ein besonders erfolgreicher Tag verführte, im Bewusstsein des Erfolges, sich einen Tag Pause zu gönnen. Aber dagegen stand der Spruch meines Vaters, den er gerne benutzte. „Nach einer gewonnenen Schlacht, binde den Helm fester"! Was soll`s! Das „Bähnchen" zwang mich schon zum frühen Aufstehen, nach dem Motto, „Morgenstund hat Gold im Mund - - - - - - und Blei im Popo". Erschwerend für meine Arbeit, kam noch mein jugendliches Aussehen. Ich war zwar schon 22 Jahre alt, doch ich sah aus wie 17. Kam ich allerdings zu einem Akquisitionsgespräch, konnte ich dieses Manko durch mein exzellentes Fachwissen ausgleichen. Leider aber kam es nicht immer zu solchen Gesprächen. Aber ein Rechtsanwalt in Marburg, verhalf mir zu einem gewissen Selbstbewusstsein, der nämlich bei der Besprechung seines Lebensversicherungspaketes von mir eine qualitative Beratung erwartete, mit dem Bemerken, „sie als mein Finanzberater sollen mich beraten". Das tat schon gut, einmal eine Anerkennung zu bekommen. Hin und wieder hatte ich schon einige nachhaltige Erlebnisse, die man jedoch den damaligen Nachkriegsverhältnissen zuschreiben konnte. So hatte ich mir einmal in Borken die Aufgabe gestellt 10 Adressen zu bearbeiten. 9 Adressen hatte ich erfolglos abgehakt, hatte aber noch eine Stunde Zeit, bis zur Abfahrt des letzten Zuges. Jetzt überlegte ich, es damit bewenden zu lassen oder die letzte Adresse noch zu besuchen. Hätte ich die 10 Adressen alle aufgesucht, wäre mein Programm zu 100 % erfüllt. Andererseits hätte ich sie nicht erfüllt, wäre das meine ureigenste Angelegenheit. Aber irgendwie störte es mich, nicht alle, wie ich mir vorgenommen hatte, besucht zu haben. Also ich besuchte auch die 10. Adresse und machte einen recht ordentlichen Abschluss. Was lernte ich daraus? Was man sich vorgenommen hat, soll man auch durchführen! Der Spruch. „Planung sichert den Erfolg", hatte schon seine Berechtigung. Ähnlich erging es mir in Fritzlar. Dort schloss ich bei meinem letzten Besuch, die Versicherung mit einem schon im Bett liegendem Ehepaar ab. Erschwert wurde diese Außendienstarbeit durch den Wohnort, der abends nur durch das „Bähnchen" zu erreichen war. Der Abend jedoch war die gute Zeit für Akquisitionsbesuche. Andererseits aber gab es in den kleineren Orten dieser Gegend keine Hotels oder Gasthäuser. Für Leute die berufsmäßig übernachten mussten, wie beispielsweise mein Vater als Revisor, gab es so genannte „Privatpensionen", in denen geschäftstüchtige Bürger Privaträume als Schlafstätten eingerichtet hatten. So hatte ich abends mal in Bad Wildungen zu tun und las in einem Parterrefenster „Pension Schleiermacher Zimmer frei". Ich klingelte dort gegen Abend. Eine korpulente Frau älteren Datums öffnete und nach meiner Anfrage gab sie zur Antwort, sie habe noch ein Bett frei. Sie führte mich in einen großen Raum, in dem 10 Betten verschiedenster Bauart standen und bot mir davon eines an. Ich war froh eine Schlafmöglichkeit gefunden zu haben und zahlte 20,- Mark für das Bett. Nach meinem letzten Geschäftsbesuch, suchte ich gegen 21 Uhr das Zimmer auf. In dem mäßig erleuchteten großen Schlafraum, hatten meine Mitschläfer bereits ihr Bett aufgesucht, das Gepäck darunter verstaut, die Kleidung daran gehängt. Damit ich nicht am nächsten Morgen im Hemd stand, ich kannte ja keinen meiner Mitschläfer, war ich mit meiner eigenen Kleidung etwas vorsichtiger Ich legte mein Hose nach Marineart unter die Matratze, die Jacke oberhalb meines Kopfkissens, die Ärmel darunter, die Schuhe eingewickelt am Fußende unter meiner Decke. Trotz der verbrauchten Luft und den zahllosen Schlafgeräuschen, schlief ich ein und erwachte erst gegen 7 Uhr. Meine Mitschläfer kleideten sich bereits an und verließen die Herberge. Ich dagegen schlief noch einige Runden. Morgens in der Frühe, konnte ich noch keinen Menschen besuchen. So war das anno 1946/47! Sieht man einmal von der mir nicht so angenehmen Tätigkeit ab, konnte man auch allerhand erleben. Der Grundsatz dieses Berufes aber lautete: Viele Besuche, befriedigende Anbahnungen, ausreichende Abschlüsse!

Mir fällt noch eine Geschichte ein, die in diese „alte Zeit“ gehört. Das „Bähnchen“ fuhr bis zur Endstation Gemünden, in dessen Bahnhofsgebäude sich eine kleine gemütliche Bahnhofswirtschaft befand. Sie wurde von Frau Rode, einer Dame mit Sicherheit über 70 Jahre alt, bewirtschaftet. Es kam schon mal vor dass ich, wenn ich in Gemünden arbeitete, mittags dort ein Bier zu meinen mitgebrachten Broten trank. Einwohner die mit dem Zug fahren wollten, dem einzigen Verkehrsmittel der Gegend, tranken gerne auch noch ein Bier bei Frau Rode und unterhielten sich mit ihr. Die kleine Frau, schmal, die grauen Haare zu einem Knoten zusammen gebunden, kannte sich in der dortigen Gegend ausnehmend gut aus. Keine Familie in den umliegenden Dörfern, von der sie nicht irgend etwas wusste, sie irgendeine Story oder Geschichte erzählen konnte. Über Jahrzehnte hatte sie erlebt was sich in der Umgebung tat und konnte das bei geeigneten Personen zum Besten geben. Ich hörte ihr gerne zu. Noch 50 Jahre später, als ich mich mit dem Oberbürgermeister von Lauterbach unterhielt, der viele Jahre als Bürgermeister in Gemünden gelebt hatte, kamen wir auf Frau Rode zu sprechen, die er auch wie ich in Erinnerung hatte.

Mein Vater konnte, wenn er von seiner Reise zurückkam, lustige Geschichten erzählen. Es gab in Gastwirtschaften, Gaststätten und Hotels außer Getränken nichts zu essen, es sei denn man lieferte bei der Bestellung Naturalien ab. Bestellte er beispielsweise im Restaurant ein Mittagessen, das fast immer aus Kartoffeln und Soße bestand, so bekam er das nur, wenn er der Bedienung eine

Anzahl Kartoffeln aushändigte. Zu diesem Zweck hatte mein Vater in seinem Reisekoffer, neben einer Garnitur Unterwäsche, ein Oberhemd und einen Pullover, ein großes Brot, einen Topf Schmalz, ein Glas Rübensaft, ein paar Pfund Kartoffeln und dazu das notwendige Besteck. Auf einer Reise die ihn durch ganz Westdeutschland führte stellte er plötzlich fest, dass es aus seinem Koffer tropfte. Seine Nachprüfung ergab, das Rübensaftglas mit dem klebrigen Inhalt war zerbrochen und hatte sich über den gesamten Inhalt ergossen. Damit bekam der arme Vater richtig Probleme. Viel lustiger war jedoch die Geschichte mit seinem Hut. So etwas gehörte nämlich zu einem seriösen Aussehen. Von irgendeinem Mitarbeiter der „Karlsruher", bei dem mein Vater eine Revision durchführte, erhielt er einen alten getragenen Hut. Unsere Mutter gab ihn jemanden mit zur Kreisstadt und ließ ihn dort in einer entsprechenden Werkstatt reinigen und neu pressen. Auf der nächsten Reise mit dem neuen Hut, schlief unser Vater auf einer längeren Bahnfahrt ein und träumte, sicher durch den Wind des offenen Zugfensters verursacht, sein Hut flöge fort. Er wollte ihn noch fangen, sprang auf, versuchte mit beiden Händen den Hut zu fassen und wurde wach, während er mitten im Abteil stand, die Hände über seinen Hut, als wollte er ihn festhalten. Alle Fahrgäste schauten ihn merkwürdig an. Sie glaubten offenbar er sei nicht ganz „dicht"! Ein andermal, kurz nach der Währungsreform, bestellte er eine Bratwurst. An seinen Tisch setzte sich eine wohl proportionierte Dame. Mein Vater erhielt sein bestelltes Essen mit der Bratwurst. Während er mit seiner Gabel in die Bratwurst stach, schoss daraus ein Strahl von Flüssigkeit über den Tisch genau der Dame in den Ausschnitt. Diese schrie auf, beschimpfte meinen Vater, der ja nun wirklich nichts dazu konnte. Völlig verdattert stammelte er eine Entschuldigung, was sollte er sonst auch noch machen? Wie heißt es doch: „Wenn einer eine Reise tut, dann kann er `was erzählen"!

Während unserer sonntäglichen gemeinsamen Spaziergänge machte Simons Fritz und sein Vetter Hartmann den Vorschlag, zur Kirmeszeit eine Tanzveranstaltung zu organisieren dem „unsere" Mädels spontan zustimmten. Simons Fritz als der Erfahrene in solchen Dingen, hatte wieder bei der Mutter und der Frau des Wirtes erreicht, dass wir den Saal zu diesem Zweck zur Verfügung bekamen. Kaum aber wurde der Kirmestanz im Dorf ruchbar, meldete sich Th. Fritz, ein ewig Gestriger der als Ingenieur eine Reparaturwerkstatt betrieb, mit einer Gruppe Jugendlicher der unteren Jahrgänge ging er auf Konfrontation. Seine Argumente, es seien noch so viele Bürger des Ortes in Gefangenschaft und so lange das so sei, gäbe es keine Tanzveranstaltungen. Mit dieser Einstellung spaltete er das ganze Dorf und hetzte mit seinen, um sich gescharten Gesinnungsgenossen, dass es zwangsweise zu einer Auseinandersetzung kommen musste. Inkonsequent wie er war, wetterte er gegen eine Band die „Negermusik" spielt, wie er die moderne Musik nannte, und verlangte eine Blaskapelle, wie die von Dodenhausen. Im letzten Moment gelang es mit der arbeitsamtlichen Autorität von Simons Fritz, eine ernsthafte Auseinandersetzung zu vermeiden. Die Dodenhausener Kapelle wurde engagiert und der erste Kirmestanz nach dem Kriege durchgeführt. Natürlich mussten wir die engagierte Kapelle bezahlen. Dafür nahmen wir am Eingang, von jedem einen kleinen Obulus der zur Deckung der Kosten ausreichte. Am späten Nachmittag wurde die Tanzveranstaltung unterbrochen, um den Teilnehmern die Möglichkeit zu schaffen das Füttern des Viehs auf den Höfen durchzuführen. Am Abend wurde sie jedoch wieder fortgesetzt, wobei mich erstaunte, wie zahlreich sich die mittelalterliche und ältere Generation des Dorfes daran beteiligte und ständig bei den Klängen der Blasmusik auf der Tanzfläche zu finden war.

Nachdem mich Marianne nicht mehr interessierte, kam mir Simons Trinchen in den Sinn. Sie hatte mich letzten Sylvester betreut und gut versorgt und war objektiv gesehen, ein ausgesprochen hübsches Mädel. Sie hatte nichts gegen ein „Verhältnis" mit mir, das sich aber auch nur in dem Rahmen bewegte, wie das mit Marianne. Wir trafen uns öfter und ich brachte sie nach den mit der Klique verbrachten Stunden nach Hause. Doch über Küssen und Schmusen hinaus tat sich nichts. Die sexuellen Gefühle waren offensichtlich noch nicht geweckt. Wenn ich in Fritzlar arbeitete, besuchte ich ihren Bruder in der Mittagszeit dort im Arbeitsamt. Wir unterhielten uns dabei über alles Mögliche, jedoch mit keinem Wort, wurde seine Schwester erwähnt. Diese aber hatte eigentlich nur Sinn für die Landwirtschaft, so dass wir geistig nicht die gleichen Interessen verfolgten. Anlässlich des von uns veranstalteten Kirmestanzes, flirtete sie meiner Ansicht nach allzu heftig mit einem Bauernsohn Typ Macho aus dem Nachbarort Schönau. Sie war dann auch am späteren Abend nicht mehr zu sehen, worauf ich Anny Thiel bat, doch einmal festzustellen, ob sie schon zu Hause war. Anny war schon immer sehr kooperativ und schlich mit einer Kerze in das dunkle unverschlossene Haus. In Trinchens Zimmer stellte sie fest, sie war nicht dort. Für mich aber gab es darauf nur eine Reaktion, das Aus unseres „Verhältnisses". Da bei mir sowieso zu wenig Emotionen vorhanden waren, ärgerte mich dieser Vorgang nicht sonderlich.

Gleichmäßig vergingen die Tage. Morgens in aller Frühe fuhr ich mit dem „Bähnchen" los und kam meistens auch am gleichen Tage abends zurück. In der Erntezeit half ich bei verschiedenen bäuerlichen Betrieben die Ernte einzubringen und wurde dafür mit Naturalien entlohnt. Falls möglich, unterbrach ich auch schon mal meine berufliche Tätigkeit, um ganztägig jemanden zu helfen.

Da es während der Erntezeit lange hell blieb, waren das stets für mich recht ausgedehnte Tage, die oft von 4,45 Uhr bis abends gegen 23 Uhr andauerten.

Um diese Zeit herum sprach mich in Densberg Heiner Ro.an, der eine Beschäftigung suchte und sich für eine Tätigkeit als Versicherungsvertreter interessierte. Verheiratet mit einer Saarländerin, wohnte er im Oberdorf, einige Jahre älter als ich, wurde jahrelang von Reuma geplagt, von dem er durch den Verlust aller Zähne befreit wurde. Durch eine gut gemachte Zahnprothese, die ihm keinerlei Schwierigkeiten machte und seine entmilitarisierte Uniform, schwarze Blousonjacke und schwarze Hose des ehemaligen Panzersoldaten, konnte er sich seinem neuen Beruf widmen. Nach theoretischer und praktischer Einarbeitung durch mich, arbeiteten wir gemeinsam, suchten einen Ort auf, teilten die Adressen und trafen uns abends wieder zur Heimfahrt nach Densberg. Obwohl wir beide miteinander konkurrierten, litt das persönliche Verhältnis nicht darunter. Im Gegenteil förderte es unsere Arbeit entsprechend dem Spruch, „Konkurrenz belebt das Geschäft“.

Dass es viel Wild in den Densberger Wäldern gab, hatte ich während unserer Holzhauertätigkeit erlebt. Dabei konnte ich Rehe, Hirsche, Wildschweine, Hasen, Reiher, Eichelhäher und anderes Getier beobachten. Aber dass es auch Bären dort geben sollte, hielt ich für ein Gerücht, ja ich war der Meinung man wolle den dummen Städtern, im wahrsten Sinne des Wortes, „einen Bären aufbinden“. Selbst die Ergänzung es handele sich „nur“ um „Waschbären“ schien mir nicht glaubhaft. Doch eines Tages hörte, ich dass der Förster Kuß, zuständig für die Densberger Waldungen, einen Waschbären gefangen hatte, der sich in seinem Stall aufhielt. Ich ließ mir das Tier in seinem Stall zeigen und war von seiner Aggressivität erstaunt. Man erzählte sich, dass irgendjemand nach dem 1. Weltkrieg hier ein Waschbären Paar ausgesetzt habe. Die aus Nordamerika stammenden Waschbären, fanden hier in Europa keine natürlichen Feinde und vermehrten sich stark. Die Bauern mochten diese Tiere nicht, sie fraßen nämlich alles was sie bekommen konnten. Ob es sich um die Hühner, die Eier der Hühner, das Obst auf den Bäumen handelte, vor ihnen war nichts sicher. Allerdings waren sie, wie die Wildschweine, recht schwer zu jagen.

Manchmal wurde es bei unseren sonntäglichen Spaziergängen recht lustig. So fällt mir eine Geschichte ein, aus der Zeit in der es so unwahrscheinlich viele Maikäfer gab. Am Ende unseres Spazierganges setzten wir uns oberhalb eines Hanges, über der Straße in Höhe der Krählings Mühle, und alberten herum. Ich glaube Elli und Mathildchen waren schon nach Hause, um zu füttern, sicher die pflichtbewusste Anny auch, als Ludwig, von einem der dort stehenden Bäume, eine Handvoll Maikäfer gesammelt hatte. Trinchen saß nichts Böses ahnend auch am Abhang, hob Ludwig ihren Rock an und warf ihr die Handvoll Maikäfer hinein. Trinchen sprang schreiend, auf, lief ein Stück weg, um die Krabbeltierchen aus dem „magischen Dreieck" heraus zu fischen. Das aber schien gar nicht so einfach zu sein, denn sie lief schnell nach Hause. Wir aber lachten und lachten und lachten und fanden den Geck von Ludwig toll.

In Densberg wurde noch durch eine Person mit einer Glocke, die „öffentlichen Bekanntmachungen" ausgerufen. Dafür war der „alte Motz" seit Menschengedenken zuständig. Sicher schon über 70 lief er über die Dorfstraßen, hielt an zentralen Stellen, bimmelte mit der Glocke und rief dann das, was er bekannt zu geben hatte aus. Verstehen konnten das nur Eingeweihte oder Einheimische. Der „alte Motz" kaute nämlich Kautabak, „schorte" sagte man hier dazu. Er nahm aber nicht den Kautabak aus dem Mund, sondern schob ihn in eine Backe. Hierdurch wurde seine Aussprache jedoch sehr undeutlich. Ich habe aber nicht gehört, dass sich je einer darüber beschwert hätte. Man dachte sicher, der ist so alt, dem können wir doch nicht seine Aufgabe abnehmen. Nun hatte der „alte Motz" bekannt gemacht, dass in der alten Schule ein Schuhbezugschein ausgegeben würde. Interessenten sollten sich dort einfinden. Ich war der Meinung, der stünde mir zu, da ich seit ich in Densberg wohnte, nichts dergleichen bekommen hatte und noch immer meine alten Marineschuhe trug. Eine andere Meinung vertrat Heinrich Thiel, der Ortslandwirt, der für seinen Sohn Adolf, auf diesen Bezugschein reflektierte mit dem Argument, der Sohn hätte nur ein einziges Paar und das sei derart beschädigt, dass er nicht mehr darin laufen könnte. Der Bürgermeister der entscheiden musste dachte sicher, ein Bauer kann sich in der heutigen Zeit, über seine landwirtschaftlichen Produkte, gewiss ein Paar Schuhe besorgen und teilte mir den Bezugschein zu. (Später erst erfuhr ich, wie wirklich schlecht Thiels Adolf mit seinem Schuhwerk dran war. Wäre mir diese Situation zu jener Zeit bekannt gewesen, hätte ich sicher darauf verzichtet. Es gab später eine Zeit, in der mir der Erhalt des Schuhbezugscheins sehr nachteilig ausgelegt wurde.)

So wie in Densberg die Kirmes gefeiert wurde, lebte auch in den umliegenden Orten der alte Brauch wieder auf. So wurde ich plötzlich und unerwartet von einem Mädel aus Moischeid, zur dortigen Kirmes eingeladen. Ich kannte das Mädel, nur vom Sehen und hatte kaum mit ihr gesprochen. Sie war jedoch eine interessante Erscheinung, lange dunkle Locken, Schneiderin von Beruf und dementsprechend gut gekleidet. Sie war zwar nicht unbedingt mein Typ, doch ich fühlte mich geschmeichelt und war gespannt wie diese Einladung ablaufen würde. Ich machte mich also zu Fuß (wie sonst?) auf nach Moischeid und ging dort zu dem Haus, in dem sie bei ihren Eltern wohnte. Zunächst musste ich dort Kaffee trinken, anschließend ging es in den Tanzsaal, abends zum Abendessen wieder zu ihr nach Hause und danach wieder in den Saal. Der Tag verlief ganz nett und wir verabredeten uns wieder zur Kirmes in Dodenhausen, sie hatte dort verwandte. Nachdem wir uns am folgenden Wochenende im Saal in Dodenhausen getroffen hatten, mussten wir nachmittags zu ihren Verwandten zum Kaffee. Dort wurden wir von vielen mir unbekannten Leuten erwartet. Mir war nicht wohl dabei! Ich fühlte mich den neugierigen Blicken zu urteilen, wie vorgeführt. Froh war ich wieder im Saal zu sein. Dort war es zünftig und recht stimmungsvoll. Da wir am nächsten Tag beide früh aufstehen mussten, um zur Arbeit zu fahren, wurde es nicht spät. Doch eigenartigerweise machte keiner von uns beiden den Vorschlag, uns zu verabreden. Wir ließen es auf ein gelegentliches Treffen ankommen, das nie stattfand.

An Überraschungen fehlte es zu dieser Zeit nicht. Aus Gilserberg lud mich ein recht hübsches blondes Mädel zum Sonntagskaffee ein, das ich gerade mal vom Sehen kannte. Sie hätte das sicher nicht getan, wenn ich ihr nicht gefallen hätte. So dachte ich und fühlte mich geschmeichelt. Inge, so ihr Vorname, wohnte als Flüchtling aus dem Osten, mit ihren Eltern im Hause eines Bäckers in Gilserberg Sie hatte die höhere Schule besucht, so dass ich mich mit ihr recht gut unterhalten konnte. Meine Mutter war der Meinung, dass es sich gehöre Inge zu einem Gegenbesuch einzuladen. So hatte sie das Zimmer, in dem abends mein Bett aufgeschlagen wurde, recht nett gestaltet. Es gab Kaffee und Kuchen, anschließend gingen wir spazieren, wobei wir uns ganz nett unterhielten. Mit dem Abendzug fuhr sie dann wieder nach Hause. Das war alles. Aber auch der erste Kontakt mit einem nicht einheimischen Mädel! Sicher lag das daran, dass ich unverständlicherweise nicht initiativ wurde. Doch es fehlte mir das dazu gehörende Gefühl. Der Kontakt und die Gespräche waren zu nüchtern und einer intensiveren Entwicklung hinderlich.

Dagegen versuchte ein Mädel aus Jesberg, ihr Vornamen Ursel, mit mir Kontakt zu bekommen. Sie sah gut aus, mit ihren langen blonden Haaren und bemühte sich ernsthaft. Allerdings ging ihr der Ruf voraus, sie sei ein „Schmetterling“, der von einem zum andern „flog“. Hier verhielt ich mich sehr zurückhaltend, was Ursel offenbar noch mehr reizte, denn sie versuchte es immer und immer wieder. Doch ich blieb cool! Offenbar war ich für diesen „vergessenen Zipfel Hessens“ eine interessante Figur.

Die Karlsruher Lebensversicherung AG meldete sich mit einem ausführlichen Schreiben, in dem mir mitgeteilt wurde, dass ab sofort eine Bezirksdirektion

„Groß Hessen“ mit Sitz in Frankfurt/M. eingerichtet sei, mit der Aufgabe eine Vertriebsorganisation in Hessen auf-und auszubauen. Der Leiter dieser Direktion sei ein Herr Rienke, der sich demnächst mit mir in Verbindung setzen würde. Wenige Tage später schon bestellte er mich eines Morgens nach Gemünden. Herr Rienke, ein noch recht junger Mann, so an die 40, der als Versicherungskaufmann aus der Sowjetischen Besatzungszone flüchtete, nachdem dort die SPD mit der KPD verschmolzen worden war. Er als SPD-Mann habe diese Entwicklung nicht akzeptiert, worauf er dann ständig schikaniert wurde. Als Folge sei er in den Westen gegangen. Herr Generaldirektor Möller sei alter Genosse, den er von früher her kenne, habe ihn mit dem Aufbau der „BD Groß Hessen“ beauftragt. Nach ausführlichen Gesprächen über die Aktivierung der Arbeit und den Möglichkeiten der notwendigen Unterstützung, wollte er mit mir nach Frankenberg fahren. Keiner von uns hatte ein Fahrzeug. Eine Bahnverbindung von Gemünden nach Frankenberg gab es nicht, aber ein Postauto fuhr diese Strecke. Diese Postautos brachten die Post zu den Dörfern und waren mit einer Anzahl von Sitzplätzen ausgerüstet, damit sie in der Lage waren, gelegentliche Dörfler mitzunehmen. (Ich konnte mich erinnern, dass ich als kleiner „Knopf“ mit meiner Mutter in einem solchen Postauto, vom Döllberg in die Stadt Suhl gefahren bin.) Haltestellen waren immer die Posthaltereien der einzelnen Orte. Wir gingen also zum Postamt Gemünden und sahen gerade noch das Postauto abfahren. Das war ärgerlich, doch man sagte uns dort, das Postauto führe jetzt einen 12 Kilometer langen Bogen über die Orte Ellnrode, Herbelhausen, Kloster Haina, Halgehausen, nach Bockendorf. Wenn wir uns beeilten, könnten wir das Postauto in Bockendorf noch erreichen. Also marschierten wir über die Landstraße Richtung Bockendorf zügig los. Kaum hatten wir dort die Posthalterei erreicht, fuhr das Postauto vor. Wir hatten Glück. Doch der Fahrer wollte uns nicht mitnehmen. Es sei nur noch Platz für eine Person. Herr Rienke versuchte zunächst recht freundlich, den Postautofahrer umzustimmen. Doch der gab nicht nach! Hinter dem Fahrer war wirklich nur noch ein Platz frei aber neben dem Fahrer gab es auch noch eine freie Sitzgelegenheit. Die aber wollte er uns nicht zur Verfügung stellen. Je massiver Herr Rienke drängte, umso sturer wurde der Fahrer. Jetzt stieg Herr Rienke ein, zog mich mit in das Auto und beide zwängten wir uns auf einen Platz. Das akzeptierte wiederum der Fahrer nicht und weigerte sich abzufahren. Er stellte kategorisch fest, wenn wir nicht ausstiegen führe er nicht ab. Das tat er tatsächlich nicht, während die anderen Fahrgäste belustigt zuschauten. Erneut forderte er uns auf das Fahrzeug zu verlassen. Das aber taten wir nun auch nicht. Jetzt ging er in die Poststelle hinein, wobei wir sehen konnten dass er telefonierte. Dann kam er wieder hinaus und erklärte, er habe seiner Dienststelle die von uns erzwungene Mitnahme mitgeteilt. Diese würde den Vorgang als Überfall auf ein Postauto mit Postraub (welchen) werten und die Polizei informieren. Dann fuhr er tatsächlich los und hielt in den Orten seiner Tour. Nach einer 13 Kilometer langen Strecke landeten wir auf dem Hof des Postamtes Frankenberg. Dort erwarteten uns tatsächlich zwei Polizeibeamte, die uns gleich mit auf ihre Dienststelle nahmen. Nachdem unsere Personalien und der Vorgang aufgenommen worden war, wurden wir entlassen. Von unserem „Überfall" auf das Postauto aber haben wir beide nie wieder etwas gehört.

Die Arbeit mit Herrn Rienke machte Spaß. Zunächst belustigte mich aber sein Aberglauben. „Schäfchen zur Rechten bringt Streiten und Fechten", „Schäfchen zur Linken wird Freude dir winken", „Schäfchen im Vordergrund bringt Glück in der Abendstund", daran glaubte er, aber damit nicht genug. Sahen wir eine Beerdigung rannte er los, er musste durch einen Kranz sehen da das Glück für ihn bedeutete. Sah er eine Hochzeitsgesellschaft lief er hin, um den Bräutigam zu sehen, der seinerzeit stets einen Zylinder trug, „Zylindermann zeigt Freude an" hieß das bei ihm. Das waren alles Glückszeichen. Hatte er dabei noch Erfolg bei der Akquisition, bewies das obendrein, an diesem Aberglauben war etwas dran. So hatte alles für ihn abergläubische Regeln. Meine Mutter war ja auch etwas abergläubisch. So verschenkte sie nie etwas, das eine Nadel hatte, denn „Nadel zersticht die Freundschaft" oder „Schere zerschneidet die Freundschaft". Doch was dieser Herr Rienke an Aberglauben bot, war nicht zu toppen. Das Schlimme daran aber war, er glaubte fest daran und die Geschehnisse gaben ihm oft recht. Gewiss, bei der Marine war der Aberglaube seit Generationen an Bord. So lief bis zum Kriegsbeginn freitags kein Schiff aus. Wurde dagegen verstoßen und es passierte etwas, wurde das immer auf die Tatsache des Freitagsauslaufens geschoben. Es gab noch mehr derartige abergläubische Regeln. Das Zusammensein mit Herrn Rienke und seine ständige Beeinflussung durch seinen Aberglauben, trug allerdings die schleichende Gefahr mit sich, dass man diesen sich auch allmählich selbst aneignete. So setzte ich mich bei einer Eisenbahnfahrt stets auf die linke Seite, damit ich dort nur Schäfchen zur Linken sah, gemäß des Spruches „Schäfchen zur Linken tut Freude dir winken". Im Laufe der Zeit belastete mich dieser Blödsinn, sich aber davon zu befreien, war nicht einfach.

Alle paar Wochen traf ich Herrn Rienke, um gemeinsame Besuche zu unternehmen oder um etwas zu besprechen. Bei solchem Zusammensein fiel mir gelegentlich auf, dass er ein Gespräch plötzlich unterbrach und sagte, „Moment mal", massierte mit den Fingern seine Schläfen, griff in seine Jackentasche, entnahm einer Schachtel eine Tablette, schluckte diese, wartete eine Augenblick und sagte dann „Entschuldigung" und alles ging weiter, als hätte es die Unterbrechung nie gegeben. Das kam zwar recht selten vor doch eines Tages, wir hatten uns in der Lobby eines Hotels in Gemünden verabredet, legte er ohne jegliche Vorwarnung seinen Kopf auf den Tisch, schrie und jaulte mit geschlossenen Augen dass es durch den Raum schallte. Ich war wie „vom Donner gerührt“, erstarrte, kannte auch nicht den Grund. Einige Gäste des Lokals schauten zu uns herüber, andere taten so als ob sie das nicht interessierte. Mir war es jedoch sehr peinlich. Ich saß dabei, tat aber nichts, aber was sollte ich auch machen? Man hätte denken können, ich hätte mit diesem schreienden und jaulenden Menschen nichts zu tun. Plötzlich wie es gekommen war, hörte das wieder auf. Herr Rienke richtete sich auf, schaute mich an, sprach mit mir als ob nichts passiert wäre, zahlte dann und wir gingen. Er ließ sich nichts anmerken, sprach auch nie darüber. Bei mir entstand dadurch der Eindruck, er habe das Geschehene selbst gar nicht wahrgenommen.

Das Ende des Jahres 1947 nahte. Doch zuvor fand das Weihnachtsfest statt. Meine Mutter hatte von der Müllerin ein Stück Schweinebraten bekommen, den sie für das Weihnachtsessen briet und vorbereitete. Um die winzige Küche auszulüften, öffnete sie das kleine Fenster und stellte den Braten zum Abkühlen dorthin. Sie verließ den Raum, doch als sie ihn wieder betrat fehlte der Braten, dagegen stand der Teller auf dem er lag unversehrt am gleichen Platz. Sie glaubte an einen schlechten Scherz, rannte sofort zum Fenster und sah gerade noch den Hofhund genüsslich kauend um die Ecke des Hauses verschwinden. Für meine Mutter brach eine Welt zusammen. Weihnachten und kein Festessen, wo sie sich doch so viel Mühe gemacht hatte. Sie hatte den Braten organisiert, mit allen ihr zur Verfügung stehenden Möglichkeiten hergerichtet und nun vom Hund gefressen! In Tränen aufgelöst rannte sie zum Müller, dem ja letzten Endes der Hund gehörte. Doch der zuckte nur mit den Schultern und meinte, sie solle halt den Braten nicht so abstellen, dass der Hund daran käme. Für sie war es ein wirklicher trauriger Heiliger Abend. Selbst die Weihnachtsmesse in der Kirche, half ihr nicht über ihren Kummer. Natürlich versuchte der Rest der Familie sie zu trösten, vergeblich. Nun, wir verschmerzten den Verlust. Freuten uns über ein Paar Strümpfe, ein paar Unterhosen, ich bekam sogar ein Hemd mit Krawatte (weiß Gott, wo die meine Mutter erstanden hatte) und bestaunten unseren kleinen Weihnachtsbaum, aus dem Kellerwald mit seinen Kerzen. Die Frau des Müllers aber hatte ein Herz und gab meiner Mutter zum 1. Weihnachtstag einige Scheiben ihres Weihnachtsbratens, so dass meine Mutter einigermaßen getröstet wurde. Zeitlebens aber hat sie diese herbe Enttäuschung nicht vergessen.

Am 2. Weihnachtstag gab es in Bischhausen eine Tanzveranstaltung, die wir Jungens besuchen wollten. Die Mädels hatten keine Lust und wollten nicht mit. So fuhren wir mit dem „Bähnchen" nach Bischhausen und nach der Veranstaltung liefen wir die 10 Kilometer nach Densberg zurück. Die Nacht war sternenklar, aber Minus 10 Grad! Das Laufen machte uns alten Soldaten nichts aus. Zunächst beschäftigten wir uns mit dem Sternenhimmel, doch nach 5 Kilometern begannen wir Soldatenlieder zu singen. Dabei machte uns allerdings die Kälte, besonders an den Ohren, zu schaffen, so dass wir die Mantelkragen hoch schlugen. Nachdem ich kein Gefühl mehr in den Ohrmuscheln hatte, massierte ich sie. Das schien jedoch ein fruchtloses Unterfangen zu sein, denn zu Hause fingen sie an zu brennen, zu schmerzen und rot zu werden. Wochenlang wurden meine Ohrmuscheln mit Frostsalbe behandelt. Ging ich aber in diesem Winter an kalten Tagen nach draußen, trug ich Ohrenschützer die meine Mutter besorgt hatte.

Meine Schwester hatte sich an beiden Weihnachtstagen abgesetzt und war, sobald es nur ging, mit ihrem Freund Wilhelm Schöbel zusammen. Meine Eltern akzeptierten das, nicht so der Müllermeister in gleicher Situation. Der wollte die Freundschaft seiner Lieblingstochter Elli mit Heiner, einem über 7 Jahre älteren jungen Mann aus dem Oberdorf, mit allem ihm zur Verfügung stehenden Mitteln verhindern. Dabei war ihm jedes Mittel recht. Selbst seine im Dorf wohnenden 3 Schwestern spannte er zu diesem Zweck ein. Eine davon war mit einem Metzger verheiratet, die zufällig an dem Abend in der Mühle erfuhr, dass ich aus der Gefangenschaft eingetroffen war. Sie ließ mir ein Hühnerei als Willkommensgruß zukommen. Ich fand das rührend, obwohl ich sie gar nicht kannte und sich ihr eigener Sohn selbst noch in Gefangenschaft befand. Eine andere Schwester des Müllers war körperbehindert und arbeitete als Schneiderin im Ort. Die dritte Schwester, war von Beruf Krankenschwester und tauchte nach dem Kriege in Densberg auf. Alle diese Schwestern setzte er ein, damit auch sie seine Tochter Elli unter Druck setzten, ihr Verhältnis mit Heiner aufzugeben. Zu allem Unglück kam auch noch die Freundschaft seiner jüngsten Tochter mit Karl Kr. hinzu, dessen häusliche Verhältnisse man als miserabel bezeichnen konnte. Das war genau so wenig im Sinne des reichen Müllers. Die Folge war, zu jener Zeit gab es recht viel Zoff im Hause des Müllers!

Schicksalhafter Jahreswechsel 1947 / 1948

Sylvester mit dem Jahreswechsel nahte. Unsere Altersgruppe hatte beschlossen, dieses wieder gemeinsam im Saal zu feiern. Fritz und sein Vetter Hartmann hatten alles mit der Wirtin abgesprochen und Rudi Schlinski gewonnen, die musikalische Leitung zu übernehmen. Rudi Schlinski wohnte in einem kleinen Haus am Ende des Sägewerksgeländes, das einem gewissen Damm aus Densberg gehörte und sich an die Bahnstation DensbergSchönstein anschloss. Schlinski, ein gebürtiger Berliner, mit entsprechender „Schnauze", Vater einer hübschen, blonden, langhaarigen Tochter die mit ihm, einem kauzigen, bekennenden Kommunisten, dort gemeinsam wohnte. Abgesehen von seinen kommunistischen Parolen und Sprüchen, die er ständig von sich gab, handelte es sich bei ihm aber um einen trotzdem umgänglichen freundlichen, gerne zu Späßen aufgelegten Menschen. Er besaß ein großes Akkordeon und konnte darauf hervorragend spielen. Sein Repertoire erfasste alle Arten von Musik, so dass er alles was gefragt wurde, spielen konnte, vor allem verleitete seine stimmungsvolle Musik zum Tanzen. Aus der Erfahrung des letzten Jahres richteten wir uns auf der Bühne eine Art Lauben ein, mit Tischen und Stühlen, um darin in gemütlicher Atmosphäre das alte Jahr ab und das neue Jahr anzufeiern.

Im Laufe des Abends fanden sich alle unserer Klique, aber auch jüngere und ältere Jugend im Saal ein. Zu Trinken hatten wir alle etwas mitgebracht. Rudi Schlinski spielte fleißig so dass viel getanzt wurde und eine tolle Stimmung aufkam. Zwischen den Tänzen hielten wir uns in unseren gemütlichen Lauben auf, tranken auch das eine oder andere Glas, doch Alkoholausfälle, wie im vergangenen Sylvester, gab es nicht. Wir hatten unsere Erfahrungen gemacht und diese nicht vergessen. Um den Abend etwas aufzulockern, wurden Polonaisen veranstaltet oder die „Reise nach Jerusalem" gespielt. Pünktlich um 0,0 Uhr wurde ein „Prost" auf das neue Jahr ausgebracht, verbunden mit den gegenseitigen besten Wünschen für 1948!

Um uns zwischen den Tänzen kurzfristig auszuruhen, konnte man neben der Tanzfläche auf einer Bank etwas relaxen. Nun wurde zur Abwechselung ein „Kusswalzer" angesagt der damit begann, dass einem Mädel ein Kissen zugeworfen wurde, mit dem dieses einen Jungen zum Tanz aufzufordern hatte. Nach dem Tanz mussten beide auf zwei aufgestellte Stühle steigen und sich unter dem Beifall der Zuschauer küssen. Danach warf das soeben geküsste Mädel, das Kissen einem anderen Mädel zu, das sich wiederum einen Jungen aussuchen musste, um mit diesem das Gleiche zu wiederholen. Mir war bewusst, dass ich unter den anwesenden Mädels keine Chancen hatte und ließ mich auf einen der Bänke zum Zuschauen nieder. Es machte Spaß, den einzelnen Paaren zuzusehen, wobei es viel Gelächter gab und die Stimmung weiter stieg. Plötzlich jedoch, ich hätte nie im Traum damit gerechnet, stand Thiels Anny mit dem Kissen vor mir und forderte mich auf! Das wirkte wie ein Schock auf mich, dass gerade Anny, die reiche Bauerntochter, mich armen Habenichts, zu diesem Tanz aufforderte. Das bedeutete aber auch, dass ich sie am Ende des Tanzes küssen musste! Anny (im Dorf nannte man sie hinter vorgehaltener Hand, die „heilige Elisabeth") die ich sehr schätzte, mit der ich mich immer gut unterhalten hatte, dieses aparte Mädel holte mich zum „Kusswalzer"! Ich hatte großen Respekt vor Anny, für mich war sie die „Unnahbare". Legte einmal ein Junge wie unabsichtlich seine Hand auf ihre Schulter, drehte sie sich wie unbewusst so, dass er sie wieder herunter nehmen musste. Ich hatte Mühe meine Verwirrung anderen nicht merken zu lassen. Wir tanzten zusammen während meine Gedanken wie ein Bienenschwarm durcheinander rasten. Dann stiegen wir auf die Stühle, sie hielt mir den Mund hin und ich durfte, ja ich musste sie küssen! Ganz benommen bedankte ich mich für diesen Tanz und setzte mich wieder auf die Bank. Ich ließ mir nichts anmerken, tanzte abwechselnd mit den Mädels, zwischendurch auch mal mit Anny. Dabei ging mir das Erlebte ständig im Kopf herum. War das nur eine reine Routine oder interessiert sie sich tatsächlich für mich? Das aber wollte ich schon wissen. So bot ich ihr an, als es Zeit war zu gehen, sie nach Hause zu begleiten. Sie stimmte zu und so gingen wir gemeinsam den Berg hinunter, unterhielten uns über den vergangenen Abend bis wir vor der Eingangstreppe des Hauses anhielten. Nachdem wir dort noch ein paar Worte wechselten nahm ich zart ihren Kopf und gab ihr einen Kuss auf den Mund und sie ließ es sich gefallen! Gleich probierte ich es noch einmal! Am liebsten hätte ich laut gejubelt, stattdessen verabschiedeten wir uns artig, sie ging die Treppe zur Haustür hinauf und ich aufgewühlt aber auch beschwingt zu unserer armseligen Behausung. Diesen Sylvester habe ich nie in meinem Leben vergessen! Es war der Beginn einer sehr großen unendlichen Liebe!

In den nächsten Tagen beschäftigten sich meine Gedanken nur mit dem Erlebten. Dabei fragte ich mich, was hat Anny sich gedacht, als sie mich zum „Kusswalzer" aufforderte? Warum hat sie sich vor der Haustüre küssen lassen? War es Sympathie oder gar mehr? Bewegte ich mich gar im Bereich des Wunschdenkens? Äußerlich passten wir eigentlich nicht zusammen. Sie war Tochter eines großen Bauernhofes seit Generationen im Familienbesitz, mit eigener Pferdezucht, die doch einen Rittergutsbesitzer heiraten wollte, wie ich von meiner Schwester gehört hatte. Ich dagegen war ein Städter sogar ein Großstädter, entstammte einer großbürgerlichen Familie, die nichts mehr besaß, arm war wie eine „Kirchenmaus"! Selbst meine berufliche Zukunft war mit einem

Fragezeichen versehen. Andererseits verstanden Anny und ich uns recht gut, gingen häufig bei den gemeinsamen Spaziergängen nebeneinander und unterhielten uns über weltanschauliche, politische, christliche, philosophische aber auch alltägliche Themen. Die andern Mädels konnten damit nichts anfangen. Man hätte meinen können, sie habe wie ich die höhere Schule besucht. Kein Thema zu dem sie nicht hätte etwas sagen können. Ich schätzte sie sehr, sie schien mir so unantastbar, dass ich mir nicht erlaubt hätte sie vertraulich anzufassen oder gar zu küssen. Wenn nicht - - - - - - - der Kusswalzer gewesen wäre, bei dem ich sie küssen musste!!

Am Abend des Neujahrstages traf ich mich Bum Otto, um ein wenig durch die frische Luft zu gehen. Das tat mir mit meinem arg strapaziertem Hirn außerordentlich gut. Doch die Gedanken ließen mich auch hier nicht los und so schwärmte ich Otto gegenüber von einem Mädel das, wenn es klappt, für mich die Frau für´s Leben wäre. Otto aber lachte, kannte er doch meine „Densberger Geschichten“ und nahm meine Worte nicht ernst. Darüber hinaus aber sagte ich nichts und verschwieg natürlich, um wen es sich handelte. Während wir so durch das Dorf gingen stellte Otto fest, „bei Thiels brennt in der Küche Licht“ und durch das Fenster konnte man Anny mit Löwes Marianne sitzen sehen. Otto klopfte an´s Fenster und fragte laut, „könne mer reinkumme“? Die Mädels nickten, darauf gingen wir über den Hof die Treppe hinauf ins Haus. Otto klopfte an die Küchentür und wir beide traten ein. Er hatte noch eine Flasche Selbstgebrannten dabei und gab sie Anny, damit sie allen noch etwas einschenken konnte. Doch bei dem vielen Erzählen über die vergangene Neujahrsnacht, geriet das in Vergessenheit. Als wir gehen wollten, erinnerte sich Otto an seine Flasche und fragte Anny danach. Sie aber lachte und erklärte, sie habe den Inhalt einfach in den Ausguss des Spülsteins geschüttet. Zunächst waren wir perplex, dieses wertvolle Getränk einfach fort zu schütten, dann aber mussten wir lachen und zogen von dannen. Die letzte Nacht war kurz oder lang, wie man es nimmt. Wir trennten uns und ich war mit meinen Gedanken wieder allein, während ich zur Mühle marschierte.

Meine Arbeit entfiel an den Tagen um Weihnachten und Neujahr, so dass ich mich überwiegend zu Hause aufhielt. Ich nahm aber auch jede Gelegenheit wahr ins Dorf zu gehen und hoffte dabei, wenn ich bei Thiels Haus vorbei kam, von Anny einen Blick zu erhaschen. Sie nur zu sehen hätte mir schon genügt. Es war jedoch kalt und wer ging bei diesem Wetter schon nach draußen, wenn er nicht musste. Auf jeden Fall wäre das ein Zufall, dem hätte ich aber gerne nachgeholfen. Bei meinen Wegen ins Dorf besuchte ich gerne Löwe Kurt in der Dorfschmiede, der seinen im Umerziehungslager in Darmstadt befindlichen Onkel

und Meister ersetzte. Gerne schaute ich ihm bei seiner Arbeit zu, schließlich hatte ich bei meiner Praktikantenzeit bei der Firma Hemscheidt das Schmieden erlernt. Allerdings nicht das Beschlagen von Pferdehufen, das aber war stets sehr interessant. Zur Arbeit an einem Pferdehuf, musste immer das entsprechende Bein vom Pferdebesitzer hochgehoben werden. Zuerst wurde das alte Hufeisen entfernt, das neue kam dann in das durch den Blasebalg unterstützte Schmiedefeuer. Nach einer gewissen Zeit, das neue Hufeisen war inzwischen rot glühend, wurde dieses durch Bearbeitung des Schmiedes dem Pferdefuss angepasst. Das fertige neue Hufeisen wurde nun mittels Hufnägeln am Pferdefuss befestigt. Ich schaute überhaupt gerne Leuten bei der Arbeit zu. Vor allem wenn es sich um solche handelte, die ich nicht kannte
So lag ziemlich in der Mitte des Dorfes die Werkstatt des Stellmachers Schildwächter, dem ich nach seiner Heirat eine Lebensversicherung verkauft hatte. Bei ihm schaute ich beim Drechseln eines Tischbeines zu oder dem Entstehen eines Wagenrades.

Über solche geistigen Ablenkungen war ich froh. Immer wieder zermarterte ich mein Hirn mit der Frage, empfindet Thiels Anny etwas für mich oder ist es nur ein Hirngespinst? Wir hatten oft den Hochzeitspaaren ein Ständchen gebracht und gesungen, „kein Feuer, keine Kohle kann brennen so heiß, als heimliche Liebe von der niemand `was weiß?“Das ist weiß Gott wahr! Während des nächsten Zusammentreffens unserer Klique ließ sich Anny nichts anmerken. Nichts deutete auf das Geschehen an Sylvester / Neujahr hin. Aber ich erfuhr mehr beiläufig, dass Anny Dienstag den 10. Februar bei dem Zahnarzt in Zimmersrode einen Termin hatte. So stieg ich an diesem Tag um die Mittagszeit in das Bähnchen und traf „völlig unverhofft“ Anny. In Zimmersrode stiegen wir aus. Anny hatte noch etwas Zeit bis zu ihrem Zahnarzttermin, so lud ich sie zu einer Tasse Kaffee in die Bahnhofswirtschaft ein. Wir saßen noch nicht lange, die Ungewissheit quälte mich, ich konnte es nicht mehr aushalten und gab ihr zu verstehen, dass sie mir sehr viel bedeute, ich darüber hinaus ein starkes Gefühl für sie empfände. Nun hätte ich gerne gewusst, wie es damit bei ihr aussähe. Zögernd gab sie zu, ich sei ihr auch nicht gleichgültig. Sie habe sich aber vorgenommen, nur eine Bindung einzugehen von der sie überzeugt sei, dass es sich um eine Ernsthafte handele. Eine für Anny typische Einstellung, die mich nicht überraschte. Ich schätzte Anny immer, als eine grundsolide Persönlichkeit und versicherte ihr, dass ich diese Einstellung für absolut richtig halte. Im Gegensatz zu meinen bisherigen Freundschaften wäre meine Zuneigung zu ihr absolut ernsthaft und für mich nichts Schöneres und Erstrebenswerteres vorstellbar, als mit ihr immer zusammen zu sein. Anny stimmte zu! So beschlossen wir von jetzt ab zusammen zu bleiben. Uns war auch bewusst, dass unser Verhältnis schweren Belastungen ausgesetzt sein würde und es vor allem für Anny schwer würde, dieses durchzuhalten. In diesem Zusammenhang betonte ich, mir ginge es nur um sie, nicht um irgendwelche Ansprüche die sie möglicherweise an den Hof habe, darauf würde ich verzichten! Diese Feststellung sollte ihr Rückhalt bei unserem gemeinsamen Vorhaben geben. Zunächst aber wollten wir im ersten Vierteljahr, unseren „Bund" so lange wie möglich geheim halten. Wir beide konnten uns schon vorstellen, was auf uns nach einem Bekanntwerden unseres Verhältnisses, hereinbrechen würde. Anny hätte dabei die schwersten Pressionen auszuhalten. Hier aber würde sich auch zeigen, ob unsere Liebe stark genug ist, das zu ertragen, woran ich nicht zweifelte. Annys Zahnarzttermin war passee, sie musste ihn nachholen. Anny und ich aber hatten beschlossen, was unsere Zukunft bestimmte! Als das „Bähnchen" in Zimmersrode bereit war zum Einsteigen, suchten wir beide unterschiedliche Wagen auf. Wir wollten keinem Anlass geben, sich jetzt schon das „Maul zu zerreißen". Auch nach dem Aussteigen gingen wir unterschiedliche Wege. Natürlich bedauerte ich das. Doch wir beide hatten uns etwas vorgenommen, was durchgezogen werden musste, wollten wir Erfolg haben. Und das wollten wir! Ich war jedenfalls zu diesen Stunden, wohl der glücklichste Mensch auf Gottes Erden. Ich hätte es allen am liebsten erzählt, doch tat ich das nur meiner Mutter. Sie war darüber sehr erfreut und sagte mir, sie habe schon immer eine hohe Meinung von Anny gehabt. Dann meinte sie noch, ich hätte sicher keine bessere Frau finden können, sie freue sich auf sie als Schwiegermutter! Sie versprach mir noch mit keinem, außer meinem Vater, darüber zu sprechen. So gelang es uns eine gewisse Zeit unsere „Verbindung" geheim zu halten.

Welche Auswirkung auf die Gedankenwelt von Anny, unser Gespräch in der Bahnhofswirtschaft von Zimmersrode hatte, sagt dieser allerersten Brief von Anny: *„Ich muss Dir schreiben - - - - - - Es ist so viel von heute Nachmittag in mir lebendig, dass ich jemanden davon erzählen muss.* - - - - - - - Nun beschreibt Anny, dass sie mit einer Hiobsbotschaft empfangen wurde, da ihre Oma gestürtzt ist und das Bein gebrochen hat. Sie berichtet weiter über die Auswirkungen dieser Verletzung und die Bedeutung für sie und die Familie. Doch dann geht es weiter, *„Ich kann mir noch nicht so recht vorstellen dass sich manches in meinem Leben geändert hat .Ja, dass es jetzt erst einen rechten Sinn bekommen hat. Alles ist mir noch so neu und ich scheue mich, vieles was mir auf der Zunge liegt, auszusprechen. Es muss ja unendlich schön sein, jemanden zu haben, dem man ganz vertraut und von dem man sich verstanden fühlt. Ach Bodo, ich bin heute Abend noch ziemlich durcheinander, was hast Du mit mir angestellt? Schreib mir bitte ein paar Zeilen wieder und schicke sie mir durch Marianne. Schlaf gut und sei gegrüßt von Deiner Anny" Und sie ergänzte: „Ich wünsch mir einen schönen Traum. Denk nicht zu schlecht von mir, dass ich schon hinter Dir her schreibe."* Zwei Tage später bekam ich einen weiteren Brief. Doch wegen der Bedeutung gebe ich ihn wieder: „*Nun schreibe ich Dir heute schon wieder. Es ist ja das einzige Schöne, was ich jetzt den ganzen Tag habe, an Dich zu denken. Ich hoffte Dich gestern Abend zu sehen doch, vergebens. Auch Waltraut, der ich den Zettel den ich vorgestern schrieb mitgeben wollte, traf ich nicht vom Zuge aus .Ich weiß ja nicht, ob Du Dich überhaupt über meine Zeilen freust, noch weniger, ob ich nur auf den Dienstagnachmittag hin ein Recht habe Dir zu schreiben. Wenn ich den Verstand reden lasse, so sagte der mir, du handelst ganz und gar verkehrt. – Zu Hause erlebe ich jetzt recht viel Trauriges. Oma muss furchtbar leiden. Ich möchte Dir noch Vieles schreiben, doch ich kann nicht, wir müssen uns noch einmal sehen. Vielleicht ist Dir das aber gar nicht recht? Ich hoffe nun auf heute Abend Dich oder Waltraut nach dem Zug zu treffen. – Mit Oma geht es bergab, ich glaube sie wird von ihrem Leiden erlöst. Ich lebe zwischen Schmerz und Glück dahin. Vielleicht sehe ich Dich nun längere Zeit nicht. Ich will nicht denken, dass uns ein Trauerfall wieder ganz entfremden würde. Nun greife ich schon wieder zum Bleistift, ich sitze bei Oma die jetzt ruhig liegt. Heute Nachmittag hatte sie eine Herzschwäche. Die Nächste wird sie wohl nicht überleben. Auf ihren Wunsch gehe ich heute Abend zur Kirche. Mir ist so weh zumute, was ist doch der Mensch so hilflos und arm. Ich stand eben draußen, als Du und Waltraut vom Zug kamst. Den Mut euch anzusprechen, fand ich nicht. Vielleicht wirst Du diese Zettel niemals lesen. Mir tut es gut ihnen manchmal einen Gedanken anzuvertrauen*". Irgendwie bekam ich den Brief doch und beantwortete ihn einige Tage später. "Als ich gestern Abend heimkam, mich aufwärmend an den Ofen setzte und Deinen Brief las, war ich überglücklich und fand lange Zeit, was bei mir nie vorkommt, keinen Schlaf. Ich frage mich immer, wie hat alles so kommen können? Gott und meinem Schicksal bin ich dankbar, dass wir zusammen kamen und meine einzige Bitte ist, dass wir immer einander vertrauend gehören. Vertrauen ist ja überhaupt die Grundlage, die die Liebe erst ermöglicht und ich freue mich unsagbar, dass Du dieses Vertrauen zu mir hast, dieses wiederum rechtfertigt voll und ganz das Vertrauen dass ich in Dich setze. Das eine weiß ich und kann es ruhig aussprechen, wenn Du so denkst und fühlst wie ich, werden wir immer zusammen bleiben und unser Verhältnis glücklich beenden bzw. dann fortsetzen. Ich weiß, dass ich noch nie einen Menschen besessen habe, der wertvoller war als Du, den ich besser verstehen kann als Dich. Darum will ich Dir auch voll und ganz gehören und Du sollst Dir auch dessen stets bewusst sein, Du gehörst zu mir und ich halte durch dick und dünn zu Dir, mag kommen was da wolle; so wahr mir Gott helfe! Nun aber zu Deinen lieben Zeilen. Es freut mich ja so sehr, dass Du des Öfteren an mich denkst und macht mich sehr glücklich. Die Hälfte meiner Gedanken des Tages gelten Dir und so habe ich Deine Zeilen auch nicht nur einmal gelesen, wenn ich Dir aber sagen würde wie oft, würdest Du vielleicht lachen oder es wenigstens bezweifeln. Ich glaube Dir gerne, dass Du noch etwas durcheinander warst als Du heim kamst. Ich dagegen sah alles auf einmal in rosigem Licht, denn die Angst, mein heißester Wunsch könnte doch nicht in Erfüllung gehen, ließ mich oft nicht schlafen. Wirre Träume und langes Wachsein wechselten einander ab. Nun aber, Gott sei Dank, ist das vorbei. Annilein ich kann Deine Scheuheit gut verstehen und habe davor einen anständigen Respekt, ist das doch ein guter Charakterzug. Aber dieses Scheusein macht doch dem Vertrauen über kurz oder lang Platz und so soll es ja auch sein. Liebes gutes Annilein, will jetzt schließen, bei nächster Gelegenheit mehr. Ich freue mich schon so auf morgen Abend. Innige Grüße Dein Bodo". Das war der Anfang eines Briefwechsels von hunderten von Briefen und Nachrichten, die oft täglich hin und her gingen und immer so, dass keiner etwas merken sollte. Mal steckte Anny mir oder ich ihr einen Brief zu, mal war der Überbringer Krählings Gretchen, mal meine Schwester, später Heini Rollepatz. Die wenige Zeit, die wir bedingt durch die schwierigen Umstände miteinander verbringen konnten, ließ eine andere Möglichkeit unsere Gedanken zu vermitteln nicht zu. Aber wir lernten uns durch diese unendlich vielen Briefe kennen. Dinge über die wir aus Zeitgründen nicht sprechen konnten, erfuhren wir auf diese Weise. Jeder von uns hatte ständig den Druck, die eigenen Gedanken möglichst jetzt und sofort dem andern mitzuteilen, so dass jeder von uns jede aber auch jede Gelegenheit wahr nahm, um zu schreiben.(In der heutigen Zeit gibt es dafür das Handy!) Anny erklärte mir dieses Phänomen so: *„Weist Du Liebster, ich denke da manchmal bei meinen Briefen an eine „Erika-Zeitschrift" in der einmal ein Soldat um Rat fragt. Er wolle seiner Braut jeden Tag schreiben, wüsste aber nicht was. Darauf die Antwort: Er solle jeden Tag schreiben und zwar immer das, was er seinem Mädel erzählen würde, träfe er sie abends".*

Thiels Anny

Nun, ich war in Thiels Anny verliebt, aber was wusste ich eigentlich von ihr? Der Bauernhof von Thiels war nach meiner Ansicht ein schönes Beispiel eines Hessischen Bauernhofes. In einem nach einer Seite offenen Viereck befanden sich alle Gebäude. Das vor über 400 Jahren von einem Förster erbaute alte Wohnhaus, mit einem wunderschönen Fachwerk, gegenüber die Viehställe der Pferde, Kühe und Schweine, verbunden mit dem Wohnhaus durch die Scheune, Fruchtboden und Geräteschuppen. Die untere Hälfte des Vierecks beherbergte den Misthaufen. Ein Hofhund an einer langen Laufkette bewachte alles sehr aufmerksam und bellte sofort, wenn jemand die Treppe des Hauseingangs betrat. Zu den Vorfahren zählten in diesem Hause Bürgermeister und Ortslandwirte, respektable Persönlichkeiten in der Hierarchie eines Dorfes. Die größeren Bauern des Ortes besaßen Pferde die zur Arbeit eingesetzt wurden. Dagegen verwendeten die „Geringen", wie man die Nebenerwerbslandwirte bezeichnete, Kühe zur Feldarbeit. Thiels Pferde, zwei oder drei aus eigener Zucht, waren bildschön, schlank, braun bis dunkelbraun und sahen eher aus wie Reitpferde und nicht wie Arbeitstiere. Die Versorgung der Pferde oblag Vater Thiel oder seinem Ältesten. Dagegen wurden die Kühe von Anny und ihrer „Mutter" morgens und abends gemolken, wobei die Männer das Füttern besorgten. Allerdings fütterte die „Mutter" die Schweine. Morgens in aller Frühe, begann für alle auf dem Hof die Arbeit, die mit der Versorgung der Tiere abends endete. In der Erntezeit allerdings wurde vor dem Hellwerden aufgestanden und abends in der Dunkelheit die Arbeit beendet. Die Bauern waren also gezwungen, täglich morgens und abends ihre Tiere zu versorgen, wozu natürlich auch das Melken gehörte. Urlaub oder Ferien machen war nur möglich, wenn andere die Arbeit übernahmen. (Annys Vater hat niemals Urlaub oder Ferien gemacht. Höchstens einmal einen Tag zu Verwandtenbesuch oder sonntags zwischen der morgendlichen und abendlichen Stallarbeit.)

Anny und ich kannten uns immerhin fast zwei Jahre. Manche Stunde waren wir mit unserer Klique zusammen gewesen, daher war mir schon einiges vertraut. Auch am bewussten Nachmittag in Zimmersrode haben wir noch eine ganze Weile über sie und ihrem Zuhause gesprochen. Ihre Kinderzeit war nicht gerade das, was man eine glückliche Jugend nennen konnte. Die Landwirtschaft und das Vieh bestimmten das Familienleben. Dazu ein strenger Vater und eine Stiefmutter die Anny lediglich als eine billige Arbeitskraft ansah. Der allgemein schlechte Ruf, der Stiefmüttern vorausgeht, schien sich hier zu bestätigen. Dagegen sah ich ihren Vater als das Beispiel eines Deutschen Bauern schlechthin. Auf jedem Bild hätte er als Urbild eines Deutschen Bauern gelten können. Wenn ich ihn auf dem Feld, hinter einem von einem Pferdegespann gezogenen Einscharpflug die Ackerfurchen ziehen sah, bestätigte sich meine Meinung. Dazu gehörte die immer brennende Pfeife im Mund, zum Bild des Heinrich Thiel. Scherzhaft behauptete man im Dorf, Heinrich Thiel stecke morgens die Pfeife an, ist der Tabak abgebrannt stopft er wieder Tabak in die Pfeife und brennt den von unten nach oben, ist sie wieder abgebrannt, kommt von oben wieder Tabak hinein und die Pfeife brennt wieder von oben nach unten. So ginge das von morgens bis abends. Doch das war nur das, was man von außen sah. Was für ein Mensch aber war er wirklich?

Der Förster der Thiels Haus erbaut hatte, beherbergte darin Fuhrleute. Er verkaufte später das Gebäude an einen mit Namen Krähling. Dieser kaufte vom aufgeteilten Pfarrgut Land dazu, baute eine Scheune in der Viehställe eingerichtet wurden. Eine seiner Töchter heiratete einen Mann namens Führer, dessen Tochter einen mit Familiennamen Thiel, der aus dem Ort Heimbach stammte. Im Laufe der Zeit, baute dieser noch eine Scheune. Als dann im Jahre 1901 der Nachbarhof gekauft und 1912 abgerissen wurde, kam an seine Stelle ein großer Stall. Ein Fruchtboden mit Maschinenschuppen, ergänzte 1930 den repräsentativen Hof. Annys Vater, Heinrich Thiel, übernahm den Hof von seinem Vater. Seine Mutter war eine geborene Viehmeier aus Dodenhausen. Aus diesem Hause kamen auch zwei Musiker, die in der Blaskapelle zur Kirmes in Densberg gespielt hatten. Heinrich Thiel, Annys Vater, war eine außergewöhnliche Persönlichkeit. Er genoss als Ortslandwirt einen ausgezeichneten Ruf, weit über die Gemeindegrenzen hinaus. Ein Amt welches er schon vor 1933 bekleidete, das danach Ortsbauernführer genannt wurde, ab 1945 jedoch wieder Ortslandwirt hieß. Er fühlte sich auch seinen Mitmenschen gegenüber verpflichtet. So bewirtschaftete er die Nebenerwerbsbetriebe der Männer, die zum Kriegsdienst eingezogen worden waren, zusätzlich zu seinem eigenen großen Betrieb. Das galt auch noch nach dem Kriege, bis diese Männer aus der Gefangenschaft zurückgekehrt waren. Darüber hinaus betätigte er sich selbstlos und unendgeldlich, als Geburtshelfer bei der Geburt von Kühen. Es geschah oft, dass des Nachts an seinem Schlafzimmerfenster geklopft wurde, wenn eine Geburt anstand. Nicht nur selbstlos, auch absolut korrekt war Annys Vater. So verurteilte er die Schummeleien der Schweinehalter, mit den fälschlichen Angaben zum Schweinebestand. Aber auch die Tauschgeschäfte der Bauern, Naturalien gegen Gebrauchsgegenstände der Städter, das man „Hamstern" nannte. Die Denkweise Heinrich Thiels ließ derartige Unredlichkeiten nicht zu. So konnte auch auf seinem Hof kein Städter etwas tauschen. Vielleicht bedingt diese Einstellung, dass ein solch korrekter, pflichtbewusster Mensch, selbstlos tätig für andere aber auch durch seine schwere Arbeit in einem nicht leichten Beruf, hart gegen sich selbst, Gefühlsdefizite haben muss. Die bei allen Bauern übliche Einstellung, zuerst das Vieh, dann der Mensch, galt auch für Annys Vater. Darüber hinaus aber schien er keine Gefühle für seine Kinder entwickelt zu haben. Sie waren für ihn nur heranwachsende Arbeitskräfte für den Hof. So musste Annys jüngerer Bruder, als er noch zur Schule ging, bereits mit 10 Jahren, wie ein Erwachsener auf dem Hof arbeiten und Anny ebenso. Menschliche Wärme gab es im Hause Thiel nicht, selbst nicht von ihrer Mutter. Anny konnte sich nicht erinnern jemals von ihrer Mutter gestreichelt worden zu sein. Vom Vater sowieso nicht, der regierte nur mit Blicken! Eher hätte er einem seiner Pferde den Hals gestreichelt, als den Kopf seiner Kinder. Typisch für das Familienleben im Hause Thiel, war ein Weihnachtsfest in der Kriegszeit. Anny hatte für jeden der Familie, irgendein kleines Geschenk organisiert. Während sie für alle etwas hatte, bekam sie von keinem etwas. Gedanken um die Zukunft seiner Kinder, machte sich Heinrich Thiel nicht. Warum auch? Einer wird den Hof übernehmen, der andere heiratet in einen Hof ein, die Tochter unterstützt die Bäuerin. So ist für alle gesorgt! Selbst wenn ein Kind eine besondere Begabung hatte, interessierte ihn das nicht. Sein Zukunftsbild stand fest: Man ging 8 Jahre in eine einklassige Volksschule, (von 6 bis 14 Jahren alle in einer Klasse), das reichte für die dabei gewonnene Bildung. Es gehörte zu den Seltenheiten eines Dorfes, dass ein Vater den zweitältesten Sohn zur Weiterbildung in irgendeine Schule schickte. Das war mit Umständen und Kosten verbunden. Für Heinrich Thiel kam dergleichen nicht infrage. Anny war von Natur aus wissbegierig. Sobald sie lesen konnte, las sie alles was in ihre Finger kam, was sie auftreiben konnte. Hierdurch hatte sie sich ein beachtliches Wissen angeeignet. (Das Lesen hat sie ein Leben lang begleitet.)

Wie aber bewältigte Annys Vater das „Dritte Reich"? Immerhin trat er bereits 1930 der NSDAP bei? Ich vermute dass sein Eintritt in die Partei, durch seinen Schwager dem „Kreisbauernführer" Westermann aus Hundshausen beeinflusst wurde. Andererseits war er kein Parteigänger, lehnte beispielsweise die Einstellung der Nationalsozialisten gegen die Juden ab. Er erinnerte sich zu genau an die für die Landwirtschaft schlechte Zeit, in der die meisten Höfe verschuldet waren. Kleine landwirtschaftliche Betriebe konnten sich kein Vieh mehr leisten. Aber die in Jesberg wohnenden Juden gaben diesen Leuten Kredit, sich eine Kuh zu kaufen. So konnten sie ihr Überleben sichern. Auch die Jugenderziehung, nach dem Motto „Jugend soll von Jugend geführt werden", akzeptierte er nicht. Wenn ich es nicht von Anny wüsste, könnte ich mir niemals vorstellen, dass ihr Vater NSDAP-Mitglied war. Er war lediglich formelles Mitglied, das aber seine eigene Einstellung niemals tangierte. So war er auch Jahrzehnte lang Richter des Anerbengerichtes. Ein Gericht, das in Erbfällen zu entscheiden hat, wer den gesamten Hof mit seinen Äckern, Wiesen und Feldern zu erben hat. Dabei sollte verhindert werden, dass Höfe im Erbfall durch die Erbansprüche auseinander gerissen werden und nicht mehr existenzfähig sind. Er hatte auch selbst mit einem eigenen Erbfall zu tun. Seine in Ellnrode verheiratete Schwester Amalie, genannt Tante Malchen, hatte noch einen Restbetrag aus ihrem Erbteil von ihrem Bruder zu bekommen. Sie bestand nach wie vor darauf. Das hatte zur Folge, dass diese Verwandtschaft nicht gepflegt wurde. Annys Vater entschloss sich, diese Verpflichtung trotz des Gerüchtes in Aussicht stehender Währungsreform, zu begleichen. Nach der Währungsreform waren aus den 10 00 Reichsmark 1 000 Deutsche Mark geworden, was die Familie der Tante Malchen als „Trick" bezeichnete. Das Verhältnis der beiden Familien wurde dadurch leider nicht besser. Eine Erbteilung bringt immer Gewinner und Verlierer und häufig Streit.

Annys Mutter, Gertrude gebürtige Jäger, wie ihr Vater 1897 geboren, stammte von einem großen Einödhof in Kirschgarten, in unmittelbarer Nähe des Klosters Haina, das als Nervenheilanstalt verwendet wurde. Auf dem kleinen Friedhof in Altenhaina lagen Annys Vorfahren, darunter ihre Urgroßmutter. Gertruds Bruder, Annys Onkel Heinrich, bewirtschaftete den großen Hof und wurde dabei von Kräften des Klosters Haina unterstützt. Ihr im 1. Weltkrieg gefallener Bruder und ihre Schwester Trinchen, waren Stiefgeschwister die aber gut miteinander harmonierten. So hatte die Stiefschwester von Annys Mutter in einen großen Bauernhof (Westermann) in Hundshausen eingeheiratet. Deren Ehemann übte im „3. Reich" das Amt des „Kreisbauernführers" aus. Das war allerdings nur mit einem Auto möglich, doch zu jener Zeit recht ungewöhnlich. Dank ausreichender Arbeitskräfte auf Westermanns Hof aber, konnte er seine Söhne sogar zur Weiterbildung auf einen Bauernhof nach Dänemark schicken. Annys Hundshäuser Tante war es auch, welche die Verbindung von Annys Mutter mit ihrem Vater einfädelte. Aber auch die Heirat ihrer anderen Schwester Lisbeth, mit dem Sohn aus Thiels Mühle in Densberg. Der jedoch erschoss sich während seiner Dienstzeit im Kriege bei der Wehrmacht. Darauf zog Tante Lisbeth mit ihrer Tochter zu ihrer weiteren Schwester nach Löhlbach. Die Schwester Anna war mit einem gut betuchten Bäckermeister verheiratet, der zu dem noch einen Lebensmittelladen betrieb. Tante Anna war Annys Patentante, die man hier „Gode" oder „Godel" nennt. Der Patenonkel dagegen war der „Petter". Der weit verbreiteten Gewohnheit, dem Patenkind den Namen des Taufpaten zugeben, ist es zu verdanken dass Anny in Wirklichkeit Anna getauft wurde. Zu Annys größter Freude, zählte die Fahrt in der pferdebespannten Kutsche nach Kirschgarten und der Aufenthalt dort. Der Hof selbst lag mit einem anderen, weit außerhalb eines Ortes. Es gab keine weiteren Gebäude oder gar

Straßen. So fand sie es toll, draußen in freier Natur herum zu springen. Oder aus der hinter dem Hause entspringenden Quelle Wasser zu trinken. Man merkte ihr heute noch die Freude an, wenn sie von ihren Aufenthalten in Kirschgarten erzählte.

Bevor ihr Vater heiratete musste er, wollte er seine künftige Frau besuchen, einen 12 Kilometer langen Fußmarsch bewältigen. Der Weg führte über Stock und Stein, bergauf und bergab, durch Wald an Wiesen auch an Feldern vorbei. Den gleichen Weg aber hatte vor sich, wenn er wieder nach Hause wollte. Annys Mutter hatte in ihrer Jugend Tuberkulose (TB), eine seinerzeit schwere oft unheilbare Krankheit. Sie schien aber wieder völlig hergestellt, denn sie leistete nach ihrer Heirat die Schwerstarbeit der Bäuerin. Dazu brachte sie noch 3 Kinder zur Welt! Vermutlich aber war ihre Widerstandskraft nicht grenzenlos. Sie starb wenige Tage nach Kriegsbeginn am 17. 10. 1939 an einer Lungenentzündung, zwei Jahre nach der Geburt von Annys jüngstem Bruder Heinrich. Wenn im Hause Thiel Zärtlichkeit und Mitgefühl ein Fremdwort war, so ist für ein Kind von 12 Jahren der Verlust der Mutter dazu noch schwerer. Man kann sich nicht vorstellen, was das bedeutet. Doch es gab noch das kleine 2 Jahre alte blond gelockte Brüderchen, das nun auch keine Mutter mehr hatte. In ihrem Kummer sah es Anny als ihre Aufgabe an, sich um den „Kleinen" als Ersatz der Mutter zu kümmern.

Auf einem Bauernhof, insbesondere wenn Knechte und Mägde beschäftigt werden, ist eine Bauersfrau unerlässlich. Eine derartige schwere Aufgabe konnte Anny mit ihren 12 Jahren nicht übernehmen. Aber auch nicht die noch im Hause lebende Oma, die Mutter ihres Vaters, schon allein auf Grund ihres Alters nicht. Anny hatte neben der Schule, genug mit der Betreuung ihres kleinen Bruders zu tun. Mittlerweile war ja auch Krieg, mit völlig veränderten Verhältnissen. So wurden die zur Wehrmacht eingezogenen Knechte und männliche Arbeitskräfte, durch Kriegsgefangene ersetzt. Annys Vater hatte was das betrifft, sehr eigene Erfahrungen. Er kam nämlich im letzten Krieg in französische Kriegsgefangenschaft und musste auch noch lange nach Kriegsschluss, bei französischen Bauern arbeiten. Das hatte zur Folge, dass er sich absolut fair gegenüber den Kriegsgefangenen verhielt. Überraschend kam die Stationierung einer österreichischen Einheit in Densberg. In Thiels Wohnstube wurde die Kompanieschreibstube eingerichtet und damit die Familie in den Militärbetrieb eingebunden. So hielten sich die Offiziere gerne, in der gemütlichen Wohnstube auf. Die meisten hatten selbst Kinder und so befassten sie sich vorwiegend mit den Kindern, vor allem mit dem kleinen Heinrich. Das alles aber täuschte nicht darüber hinweg, dass wieder eine Bäuerin ins Haus musste. Nun war es natürlich nicht einfach, eine entsprechende Bäuerin für eine Familie mit 3 Kindern und einem großen Hof zu finden. Ein Dienstmädchen fand sich bereit, letztendlich war es für sie eine Aufwertung. Annys Vater heiratete 1941, die aus Densberg stammende Maria Vestweber. Sie war in verschiedenen Stellen als Hausmädchen tätig gewesen, zuletzt bei dem in Densberg gut bekannten Pfarrer Hufschmied. Schnell passte sie sich dem neuen Ehemann an, insbesondere in der Strenge den Kindern gegenüber. Andererseits hätte man dafür Verständnis haben können, denn sie hatte selbst keine Kinder, auch fehlte ihr jeder Bezug zu Kindern. Doch Anny empfand das besonders negativ, zumal sie zu der „fremden Frau“, die sich hier als Chefin aufspielte, nun „Mutter“ sagen musste, obwohl diese nichts Mütterliches an sich hatte. Das Verhältnis zwischen den Beiden zueinander war, wie die Bäuerin zu einer Arbeitskraft mit Namen Anny! Die Verwandtschaft von Thiels, mehrheitlich größere und wohlhabende Bauern, „rümpften die Nasen“. Sie fanden die Entscheidung für Maria Vestweber nicht gerade erfreulich. Letztendlich mussten sie sich eingestehen, der Hof brauchte eine Bäuerin die arbeiten gewohnt war, die sich auch um die 3 Kinder zu kümmern hatte. Da war wohl die Auswahl auch nicht allzu groß.

Nach dem Kriege wurden im Hause Thiel Flüchtlinge einquartiert, eine Frau mit 3 Kindern, die aus guten Verhältnissen kamen. Sie besaßen unter anderem eine Ofenfabrik im Sudetenland (CSSR) und da ihr Vater Mitglied der dortigen Handelskammer war, sperrten ihn die Tschechen ein, den Rest der Familie wiesen sie mittellos aus. Nun wohnten diese 4 in einem großen Raum gegenüber von Thiels Wohnzimmer, neben der Küche, welche die Mutter der Flüchtlinge mitbenutzen konnte. Diese Frau vom Mann getrennt, aus einem herrschaftlichen Haus mit Personal, in einem Zimmer eines Bauernhauses auf dem Land verschlagen, resignierte nicht, sondern nahm ihr Schicksal in beide Hände. Sie selbst stammte aus einer Arztfamilie, hatte aber Kontakt mit ihren ebenfalls ausgewiesenen Eltern. Mit der Flüchtlingsfrau verstand Anny sich gut, einer Frau mit Bildung. Endlich hatte sie jemanden gefunden, mit dem sie gescheite Gespräche führen konnte.

Das war Annys Welt, in der sie lebte. Vieles von dem wusste ich, aber mehr noch war mir neu. Doch das Wissen voneinander, war die Grundlage des gegenseitigen Verstehens Schließlich wollten wir zusammen bleiben! Ich war anpassungsfähig das hatte ich gelernt, so würde es mir auch nicht schwer fallen, Annys Welt zu verstehen. Mir kam dabei entgegen, dass ich schon eine geraume Zeit auf dem Dorf lebte. Ich kannte die Lebensund Denkweise der Landbevölkerung und war in das Leben dort integriert. Alle Leute in Densberg waren freundlich zu mir, egal ob Evakuierte, Flüchtlinge oder Einheimische. Ob das allerdings künftig so bleiben würde, wenn heraus kommt, dass ich mir das „Vorzeigemädel des Dorfes“ geangelt hatte, blieb fraglich. Wir jedenfalls ließen uns nichts anmerken. Wenn wir in der Spinnstube saßen, dachte ich an das Volkslied, „wenn alle Brünnlein fließen, so muss man trinken. Wenn ich mein Schatz nicht rufen darf, tu ich ihm winken. Ja winken mit den Äugelein und treten auf den Fuß, s´ist eine in der Stube drin, die meine werden muss“. Weiter ging es, „Warum soll sie´s nicht werden, ich hab sie ja so gern. Sie hat zwei blaue Äugelein, die leuchten wie zwei Stern. Sie hat zwei rote Wängelein, sind röter als der Wein. Ein solches Mädel finds´st du nicht, wohl unterm Sonnenschein“. Ob der Dichter schon von uns gewusst hat?

Die „Leseratte“ Anny, las alles was sie in die Finger bekam. So lange es hell war, las sie abends in ihrem Zimmer. Ohne Rücksicht auf die Dauer, die allerdings begrenzt war, sie hatte nämlich kein elektrisches Licht auf ihrem Zimmer. Sie versuchte die Lesezeit zu verlängern, in dem sie sich in das Fenster ihres Zimmers stellte oder sich eine Kerze besorgte. Sie war jung und geistig aufnahmefähig, hatte sich durch ihre „Lesewut“ einen beachtlichen Wissensstand erworben, den sie gerne durch den Besuch einer weiterführenden Schule ausgebaut hätte. Doch bei der Einstellung des Vaters und der ihn unterstützenden Ehefrau, blieb so etwas eine Illusion. Zwar war er stolz auf seine Erstgeborene, doch er sah sie nur als Arbeitskraft des Hofes. Dafür aber war sie überqualifiziert. Ihren Fähigkeiten nach passte sie eher zu mir, weshalb wir uns auch so gut verstanden. Die Liebe und das Verstehen war die Basis. Uns war klar, dass der Tag kommen und unser Geheimnis gelüftet werden würde, dann würde unserer Verbindung einer schweren Belastung ausgesetzt. Wir beide hatten uns vorgenommen zusammen zu bleiben und das Leben gemeinsam zu meistern. Echte, wirklich ernst zu nehmende Argumente gegen mich, gab es nicht. Auch wenn wir aus unterschiedlichen Kulturkreisen stammten. Anny vom Land, ich aus der Stadt. Für uns beide stellte das nichts Trennendes dar, eher eine zusätzlich Herausforderung.

Kam man von der Bahnhaltestelle „Densberg“ und wollte zur Krählingsmühle oder umgekehrt so musste man am Wohnhaus der Familie Thiel vorbei, das im Mittelpunkt des Dorfes an der Hauptund Durchgangsstraße lag. Annys Zimmer im ersten Stock befand sich an der Giebelseite, von wo sie auf die Straße schauen konnte. Ihr Bett stand direkt neben dem Fenster, dadurch hatte sie abends länger Licht zum Lesen. Strom gab es nur Parterre, ebenso fließendes Wasser. Deshalb stand in Annys Zimmer ein Gestell mit einer Schüssel frischen Wassers, damit sie sich morgens waschen konnte. In der Winterzeit konnte es allerdings passieren, dass das Wasser über Nacht fror und sie das Eis erst beseitigen musste. Jeden Morgen in der Frühe, wenn ich von der Mühle zur Densberger

Bahnhaltestelle ging und Thiels Haus passierte, schaute ich hinauf zu Annys Fenster. Dort stand sie und winkte mir, ich möglichst unauffällig zurück und war glücklich. (Unser ganzes gemeinsames Leben lang haben wir beibehalten, wann und wo einer von uns das Haus verlässt, stets dem anderen zu winken.)

Gegenüber dem Wohnhaus von Thiels, befand sich die von der Familie Wetzlar besorgte Poststelle von Densberg. Die Tochter trug die Post aus. Vater Wetzlar betrieb ein kleines Fuhrunternehmen mit einem LKW, hinter dessen Führerhaus sich ein Holzgaskessel befand. Vor der Fahrt musste dieser mit Holz kräftig angeheizt werden, damit das hierdurch erzeugte Gas, das Fahrzeug antrieb. Bis die Post allerdings in der Mühle eintraf, dauerte es oft den ganzen Tag. War ich jedoch zu Hause, ging ich ins Dorf zur Poststelle und holte dort die Post für die Mühle ab. Während ich nach dort ging oder mich in der Poststelle aufhielt, konnte ich auf Thiels Hof schauen. Glücklich war ich, konnte ich Anny bei irgendwelcher Arbeit sehen. Erkannte sie mich, machten wir wie es im Lied heißt, „ja winken mit den Äugelein", um uns nicht zu verraten. Die Posthalterin war nämlich eine Schwätzerin. Sie nahm jede Gelegenheit wahr, ein Schwätzchen zu halten. Sie sprach dann mit mir über frühere Zeiten, was es alles gab und was alles passierte. Wie zufällig lenkte ich das Gespräch auf den benachbarten Bauern hof. Nun erfuhr ich alles mögliche über die Familie Thiel. Von Annys Mutter, die eine außerordentlich fleißige Frau gewesen sei, auch von ihrem Vater, der gerne mehrere Bierchen getrunken habe oder von der Oma. Ich brach dann das Gespräch ab und tat so, als ob mich das weiter nicht interessiere. Aber immer wenn ich die Post holte, erfuhr ich die „neuesten Nachrichten" aus dem Dorf.

Entscheidungen 1948

Zu Beginn des Jahres 1948, entließ die Royal Navy 12 000 deutsche Marineangehörige, die bisher unter ihrem Kommando Minen geräumt hatten. Dazu gehörte ich als Lance Corporal, jedoch nur bis zu Beginn des Jahres 1946. Gleichzeitig teilte die „Karlsruher Lebensversicherung AG" mit, die Bezirksdirektion Groß Hessen, sei in mehrere Bezirke aufgeteilt und mir die Bezirksleitung Marburg übergeben. Eine Maßnahme der Gesellschaft, zu meiner primären Aufgabe neue Kunden zu werben und mir zusätzlich den Aufbau einer Organisation aus hauptund nebenberuflichen Vertretern zu übertragen. Bezirksdirektor Rienke unterstützte mich, in dem er Anzeigen in den wenigen Tageszeitungen schaltete und mit Bewerbern die Einstellungsverhandlungen führte. Heinrich Ro. war zwischenzeitlich mit seiner Frau und Tochter in das Saarland, der Heimat seiner Frau, verzogen so dass ich als Bezirksleiter (BL) neu beginnen musste.

Die Versicherungswirtschaft hatte sich nach dem Kriege als Sammelbecken für den Aufbau von Existenzen bewährt. Nach dem verlorenen 1. Weltkrieg fanden ehemalige Offiziere hier ihren neuen Beruf, sofern sie sich nicht in den Freikorps engagierten, die um Oberschlesien kämpften, da die genauen Grenzen mit Polen noch nicht endgültig festgelegt waren oder aber für die Baltischen Staaten, die nicht in die Sowjetunion einverleibt werden wollten. So bot sich nach Auflösung der Freikorps noch die Tätigkeit als Gigolo an, von dem es hieß, „schöner Gigolo, armer Gigolo, denkst du noch an jene Zeiten, wo du als Husar, goldbetresst sogar, konntest durch die Straßen reiten. Uniform passé, Mädchentraum adé, schöne Welt du gingst in Fransen, wenn das Herz dir auch bricht, zeig ein lächelndes Gesicht, und sage du musst tanzen". Als einen soliden Beruf jedoch sahen viele Offiziere und Generale, wie auch nach dem verlorenen Krieg 1945, eine Tätigkeit in der Versicherungswirtschaft an. Hier kamen allerdings noch die Politbonzen der NSDAP hinzu. So hatte ich aus dem Generalslager in Neustadt/Hess., zwei daraus entlassene Generale als Außensienstmitarbeiter zugewiesen bekommen. Den ehemaligen Kommadeur der 34. Infantriedivision, und einen General der Flieger und Fallschirmjäger. Während der eine lustiger Typ war, mit dem die Arbeit Spaß machte, war der Flieger ein unnahbarer Typ, der sich als Bridgelehrer in Bad Wildungen nebenbei beschäftigte. In seiner Wohnung in Fritzlar hing, ein für ihn bezeichnendes mannshohes Bild, von ihm in Generalsuniform. Während die theoretische Einarbeitung der beiden Herren in ihren Wohnungen stattfand, arbeitete ich in der Praxis nur mit dem ehem. Kommandeur der Infateriedivision und das sogar erfolgreich. Wir trafen uns bereits morgens in der Eisenbahn, wobei er dort schon seine Späßchen machte. So schaute er eine Frau so lange an, bis sie rot wurde oder wegschaute. Mit ihm zu arbeiten war immer lustig. Doch plötzlich sprang er, während wir auf dem Weg zur nächsten Adresse waren, in ein Gebüsch, zog die Hosen herunter und setzte sich nieder. Er hatte keine Hemmungen, während ich weiter ging. Dann kam er lachend auf mich zu, entschuldigte sich und erklärte mir, dass er in Stalingrad an Ruhr erkrankt, diese aber nicht ausgeheilt sei, das wären nun die Folgen. Nach getaner Arbeit tranken wir manchmal ein Bierchen zusammen, wobei er mir einmal erzählte, er sei im Führerhauptquartier dabei gewesen, als es um die die Situation der eingeschlossenen 5. Armee ging. Ärgerlich habe Göring auf den Tisch geschlagen und dabei gesagt: “Mein Führer, ich versorge mit meiner Luftwaffe die eingeschlossene Armee aus der Luft“! Hitler stimmte zu, doch Göring habe das Versprechen nicht einen einzigen Tag halten können. Es war mal interessant auch so etwas zu hören.

Anny und ich hatten ja beschlossen, unseren Weg in die Zukunft gemeinsam zu gehen. Gleichzeitig waren wir uns einig, diesen unseren Beschluss so lange wie möglich geheim zu halten. Einmal wollten wir verhindern, dass unser Verhältnis zu frühzeitig bekannt wurde, mit den zu erwartenden Folgen. Darüber hinaus wollte Anny auch ganz sicher sein, dass ihre Entscheidung richtig war. Bei mir dagegen gab es keine Zweifel. Das Problem uns zu treffen, ohne dass es jemanden auffiel, lösten wir in dem wir uns nach den Proben des Kirchenchores trafen, in dem Anny sang. In der Winterzeit wurde es abends recht früh dunkel, so dass sie manchmal plötzlich und völlig überraschend neben mir auftauchte, während ich alleine den Weg zur Mühle ging. Ich war glücklich sie zu sehen, sie zu spüren und dabei festzustellen, sie suchte mich, wobei ich fühlte, dass sie diese Verbindung wünschte. Das war ein unbeschreiblich schönes Gefühl. Zum 23. Januar 1948, einem Sonnabend, hatte Simons Fritz mit Vetter Hartman, wieder einmal die Blasmusik von Dodenhausen engagiert. Sie erzeugte immer tolle Stimmung, wobei viel getanzt wurde. Natürlich hätte ich am liebsten nur mit Anny getanzt, doch wegen der Geheimhaltung tanzte ich mit allen Mädels, natürlich auch mit Anny, wobei es sicher nicht auffiel, dass es schon mal ein Tanz mehr war. Um 0 Uhr hatte Anny Geburtstag, sie wurde 21 und volljährig! Wir beide hatten abgesprochen, dass sie wegen der Geheimhaltung, den ihr zustehenden Ehrentanz nicht mit mir, sondern mit ihrem Bruder Adolf tanzt. So geschah es auch. Uns beiden aber wurde immer mehr bewusst, wir gehören zusammen!

Im Laufe der Zeit, entwickelten sich in Densberg, die einzelnen Pärchen. Gretchen war nun mit dem Sohn des Mauerermeisters zusammen, ihre Schwester Mathilde mit Ludwig und Elli kämpfte nach wie vor, um ihren Heiner. Meine Schwester war schon lange mit Schöbel Wilhelm zusammen. Zwar war mein Vater nicht von vornherein damit einverstanden, auch Wilhelms Mutter nicht, doch zwischenzeitlich hatte sich das bei beiden eingerenkt. Wilhelm wurde vor seinem Kriegsdienst bei der Reichsbahn ausgebildet und nachdem die Bahn ihren regelmäßigen Betrieb wieder aufgenommen hatte, dort eingestellt.

Durch meine erweiterte Tätigkeit, war ich mehr unterwegs als vorher. Doch nach wie vor, wirkte sich die ungünstige Verkehrslage Densbergs dabei erschwerend aus. So konnte ich wegen der abendlichen, letzten Zugverbindung, die für die Akquisition wichtigen Abendstunden nicht auszunutzen. Deshalb nahm ich mir ein Privatzimmer in Marburg, bei einer Familie im Ortsteil Ortenberg in der Dürerstraße 16, auf der beiderseits japanische Kirschenbäume standen. Die Blüten im Frühjahr dieser Bäume erweckten den Eindruck, man ginge unter einem rosafarbenem Dach hindurch. Allerdings benutzte ich das Zimmer wirklich nur, wenn ich abends in Marburg noch zu tun hatte. Ich wollte nicht so weit von Anny entfernt sein! Arbeitete ich abends in Treysa, so stimmte ich das mit Schöbel Wilhelms Dienstplan ab. Dort konnte ich auf den Tischen, in den Bahnhofsdiensträumen, mein Schlaflager einrichten. Um vor dem Schlafen noch einmal frische Luft zu tanken, ging ich zu Bahnhofsvorplatz. Dort erlebte ich einmal, in einer Ecke am Bahnhofseingang, einen US Jeep neben dem sich zwei US GIs nieder gelassen und ein kleines Feuerchen gemacht hatten. Dabei sangen sie, von ihren Gitarren unterstützt, Country – und Westernsongs. In dunkler Nacht unter einem Sternenhimmel, das knisternde Feuerchen, dazu Westernlieder, ich fühlte mich versetzt in die Prärien von Colorado oder den Bergen von Montana.

Noll Heiner, der Freund von Krählings Gretchen schlug vor, bei ihm in Schönstein ein paar Flaschen Schnaps zu brennen. Er habe sich zu diesem Zweck, schon die Gerätschaften vom Russen Heiner besorgt. So marschierten die Jungens unserer Klique, im Winter abends zwei Kilometer nach Schönstein. Dort in der Scheune von Nolls, brannten wir eine ganze Reihe Flaschen Kartoffelschnaps. Spät in der Nacht, als wir den Rückweg nach Densberg antraten, stellten wir fest, es hatte geschneit. Zwar nur eine dünne Schneedecke, die uns das Laufen nicht erschwerte, aber es sah schön aus. Ich lag noch im Bett, als mich meine Mutter morgens um 8 Uhr weckte. „Bodo stehe auf, der Gendarm von Jesberg ist da. Er will dich vernehmen". Zunächst bekam ich einen Schrecken, denn Schnapsbrennen war verboten, das wusste eigentlich jeder. Ich zog mir etwas über und begrüßte den Gendarmen. Der berichtete mir, in Dodenhausen sei in der vergangenen Nacht eine Ziege gestohlen und gleich geschlachtet worden. Da von Schönstein Spuren durch den Schnee nach Densberg führten und die erste gleich zu unserer Wohnung, wollte er wissen, was wir in der Nacht und wo gemacht hätten. „Kein Problem Herr Wachtmeister! Wir waren zu mehreren

Jungens meines Alters bei Nolls, um mit dem Sohn des Hauses Skat zu spielen. Danach sind wir nach Hause gegangen". Damit war er offenbar zufrieden, denn er verließ mich mit freundlichem Gruß. Ich aber lief über den Berg schnell ins Dorf, um meinen Kollegen zu sagen, was ich dem Gendarmen erzählt habe. Sie konnten sich damit auf seine Fragen vorbereiten. Meines Wissens nach ist nie geklärt worden, wer die Ziege geklaut und geschlachtet hat!

Von wenigen Ausnahmen abgesehen, fuhr ich täglich in den mir übertragenen Bezirk, mal arbeitete ich mit dem einem Mitarbeiter, mal besuchte ich den anderen, mal akquirierte ich alleine. Organisatorisch beschritt man neue Wege, in dem man die Versicherten anschrieb und fragte wer bereit sei, eine Außendiensttätigkeit bei der Karlsruher Lebensversicherung AG aufzunehmen oder aber wer jemanden dafür empfehlen könne. Außerdem wurden die wenigen Mitarbeiter der Bezirksdirektion (BD) Groß Hessen, nach Frankfurt am Main in die Goethestraße 16, ins Haus Miele eingeladen. Die Teilnehmer wurden über die Geschäftsentwicklung, Lösung von organisatorischen Problemen, sowie über die Einführung neuer Tarife informiert. Ganz nebenbei erfuhr ich, dass es in Frankfurt am Main eine Geschäftsstelle mit einem sehr erfolgreichen Geschäftsstellenleiter gebe, der ein ehemaliges führendes Mitglied der SS gewesen sein soll.

Ein armer Teufel der statt zur Wehrmacht zur „WaffenSS" eingezogen wurde, 3 Jahre an der Ostfront gekämpft hat, mehrfach verwundet wurde verschweigt, dass er Angehöriger der „Waffen SS" war. Sein Schulkamerad der die gleiche Zeit als Infanterist an der Ostfront gekämpft hat, ebenfalls mehrfach verwundet wurde, kann jedem sagen bei welcher Einheit er gedient hat. Die SS trägt das Kainsmal der Konzentrationslager (KZ)! Leider bringen heute die meisten Menschen die „Waffen SS", mit den Schergen der KZ zusammen, obwohl das eine mit dem anderen nichts zu tun hatte. Ein Beispiel ist der Schriftsteller Günter Grass, der im Kriege zur Waffen SS eingezogen wurde, weiß Gott kein Nazi war oder ist! Leider sieht das die, von der einschlägigen Presse gelenkte Allgemeinheit, anders. Schade, dass die Medien nur schwarz oder weiß kennen, nicht aber die vielen unterschiedlichen Farbtöne.

In den ersten Jahren nach dem Kriege gab es, insbesondere von der sozialistischen und auch sozialdemokratischen Seite, starke Bestrebungen die bestehenden Versicherungsunternehmen zu verstaatlichen. Es war das Verdienst von Alex Möller, der nach erbitterten Auseinandersetzungen verhindern konnte, dass es nicht dazu kam. Weder die Mitarbeiter, noch die Versicherten tangierte diese Problematik. Es ist kaum zu glauben, gab es doch zu jener Zeit Außendienstmitarbeiter entweder für Lebensversicherungen oder für Sach-und Feuerversicherungen sowie für Krankenversicherungen. Jeder Mitarbeiter der einzelnen Sparten, warb Kunden nur für die von ihm vertretene Gesellschaft, da spartenübergreifende Versicherungsgesellschaften in Deutschland nicht erlaubt waren. Unter diesen Außendienstmitarbeitern, gab es sogar einen gewissen Standesdünkel. So setzte sich ein Feuerversicherer nicht zu einem Lebensversicherer an einen Tisch. Immerhin war die Feuerversicherung die älteste Versicherungssparte! Ein Lebensversicherer fühlte sich einem Risikoversicherer (Feuer und Sach) überlegen. Während die Risikoprämien für Schadenszahlungen benötigt wurden, sammelten die Lebensversicherungsprämien Kapital an, das beispielsweise zum Wiederaufbau der zerstörten Städte verwendet wurde. Mit Krankenversicherungen wollten beide Spartenvertreter nichts zu tun haben, denn Krankenversicherungen litten unter einem schlechten Ruf. Erst viel später hatte man begriffen, dass es der Rentabilität diente, wenn ein Außendienstmitarbeiter alle Versicherungssparten anbieten konnte. So boten die Mitarbeiter der „KLV“ die Sachversicherungen über die „Frankfurter“ an die dafür von einem geeigneten Mitarbeiter betreut wurden. Der zu diesem Zwecke zu mir kam war „en echte Fronkforter“.

Nach getaner Arbeit, beim gemeinsamen Abendessen, erzählte er mir von seiner Familie. So auch von seiner Tochter, zu deren Geburt er im 1. Weltkrieg Urlaub bekommen hatte. In der ersten Nacht konnte er nicht schlafen, das Baby schrie dauernd. Jedes mal stand seine Frau auf, um es zu beruhigen. Das ging die ganze Nacht hindurch. In der nächsten Nacht wiederholte sich der Vorgang. Keiner konnte schlafen. Als das Baby aber in der dritten Nacht wieder begann heftig zu schreien, sprang er aus dem Bett, schob das Kinderbett in ein anderes Zimmer, schloss dessen Tür ab, steckte den Schlüssel „in de Sack“, wie er die Tasche seines Schlafanzuges bezeichnete. Er blieb stur, trotz heftiger Proteste seiner Frau. Das Baby schrie wie in den Nächten zuvor, machte gelegentlich Pausen, hörte aber allmählich gegen Morgen auf. Jede weitere Nacht ließen die Schreie des Babys, in dem abgeschlossenen Zimmer, mehr und mehr nach und hörten dann ganz auf. So konnten die Eltern, in den folgenden Nächten ruhig schlafen. Offenbar eine praktikable Erziehungsmethode.

Ein langer schwerer Weg

Anny und ich hatten uns ja am 10. Februar 1948 vorgenommen, möglichst lange „unser Geheimnis" zu wahren. Uns war aber auch bewusst, dass dieser Zeitraum nicht von uns bestimmt wird. Sobald wir durch Zufall entdeckt würden, wäre die Zeit um. Meiner Mutters Sprichwort das sie gerne benutzte, galt auch hier, „der Krug geht so lange zum Wasser bis er bricht". Der brach für uns nach genau 2 Monaten. Samstagabend den 10. April, gingen wir beide den Weg hinter dem Friedhof entlang der Felder und bogen in einen schmalen Pfad, der durch die Gärten zur hinteren Dorfstraße führte. Es war sehr dunkel. Wir beide gingen eng umschlungen diesen schmalen Weg als plötzlich, wir konnten nicht mehr ausweichen, unmittelbar vor uns ein Pärchen, aus dem Dunkel auftauchte und wir mit einem „n´Obend" aneinander vorbei gingen. In diesem Moment wussten wir, ab morgen wird es wie ein Lauffeuer von Haus zu Haus durch das ganze Dorf gehen. Nicht dass es noch der Briefträgerin bedurfte hätte, nein, wie das eben auf dem Dorf so ist. Einer sagt´s dem andern und wie bei dem Gesellschaftsspiel „Stille Post" ist das Ereignis schnell überall bekannt. Da es des Bauern Thiels einzige Tochter betraf, die „Unnahbare" oder auch die „Heilige Elisabeth" und das noch mit einem „Nichteinheimischen", war ein reizvolles Kontrastprogramm für die Densberger gegeben.

Jetzt wird es ernst, das wussten wir! Irgendwie aber fühlte ich mich erleichtert, obwohl mir klar war, dass eine schwere Zeit für uns beide, vor allem aber für Anny, anbrechen werde. Die Heimlichtuerei hatte uns auch belastet. Doch was jetzt auf uns zukam, war vergleichsweise nichts dagegen. Noch las ich in Annys letztem Brief - - - - - - *„Wie kann man überhaupt so verliebt sein?- - - - -Ich sehe alle Schwierigkeiten deutlich vor mir und kann doch nur glücklich sein. Oder sollte man glauben dürfen, dass bei uns das Wort zutrifft: „ Das ist der Liebe heiliger Götterstrahl der in die Seele schlägt und trifft und zündet, wenn sich Verwandtes zu Verwandten findet, da ist kein Widerstand und keine Wahl. Es löst der Mensch nicht was der Himmel bindet."(Schiller)*
Schon der nächste Brief ließ erahnen, was auf uns zukommen würde. Annys „Mutter" kam von einem Besuch ihrer in der Nachbarschaft wohnenden Kusine, Frau Schüssler, und hatte dort erfahren, was im Dorf nunmehr die Runde machte. „Wenn das was ich heute gehört habe dein Vater erfährt, wirst du schon was hören", waren ihre drohenden Worte, wobei Anny davon ausging, dass ihre „Mutter" ihm das schon, in Übel wollender Weise, beibringen würde. Doch zunächst zeigte ihr Vater keine Reaktion. Allerdings wurde Annys Oma zu einem Problem, da ihre „Mutter" dieser erzählt hatte, dass sie ein Verhältnis mit mir habe, wobei sie mich natürlich sehr negativ darstellte. Deshalb machte sich nun die arme alte, kranke Frau große Sorgen, um ihre Enkeltochter. Anny die sie

dauernd pflegte, nachts musste sie deshalb oft 10 mal aufstehen, wurde von ihr, bei nächster Gelegenheit, unter Druck gesetzt. Sie sollte ihr versprechen, mich aufzugeben. Anny jedoch versuchte ihre Bedenken zu zerstreuen und schilderte unsere Gemeinsamkeit in positiven Farben. Das beruhigte die Oma letztendlich. Leider hielt das nicht lange an. Nachdem die „Mutter" festgestellt hatte, dass Anny die Oma aufgeklärt und ihr die Sorgen genommen hatte, drehte sie den „Spieß" wieder um und erzählte neue Lügen über mich. So schrieb Anny mir in einem Brief: *„Außer Fassung bin ich heute.- - - - - - - Sie (die Oma)forderte schon heute Nachmittag das Versprechen von mir mit Dir zu schließen. Ich konnte es ihr nicht geben. Was hatte „Mutter" getan, was hat sie ihr alles erzählt und sie so aufregte bis zum letzten Moment. Welche Seelenqual hat sie ihr und mir zu allem anderen auferlegt. Im Auto ließ mich Oma nicht eher bis ich ihr versprochen hatte auf Vater immer zu hören, nichts gegen den Willen der Eltern (die dabei standen) zu tun. Bodo, ich kann Dich nicht lassen und ich kann mein Versprechen nicht brechen. Hätte ich doch einen Menschen der mir helfen könnte, lebte doch meine Mutter noch. Es ist schlecht von mir jetzt an mich zu denken und nicht an Oma, aber ich kann es nicht mehr voneinander trennen. Wenn „Mutter" das einmal verantworten muss was sie getan. Ich komme nicht mehr von Dir los, Du bist mein Schicksal. Ich werde es wie es mir bestimmt ist tragen .Wenn alles was wir jetzt empfinden keinen Bestand hat und einmal vergeht so werde ich auch das ertragen lernen. Aber jetzt kann ich nicht anders, man verlange nichts was über die eigene Kraft hinausgeht von mir. Ach Bodo, ich bin aufgewühlt bis ins Innerste. Wer doch im rechten Glauben sagen könnte: Weiß ich den Weg auch nicht, du weißt ihn wohl! Gute Nacht Liebster, ich weiß nicht was die Zukunft bringt. Ich kann das Gute und Böse, das Rechte und Falsche nicht mehr unterscheiden. Es wankt alles in mir. Ein inniges Gedenken in dieser qualvollen Nacht ich bin immer Deine Anny"*. Ich habe es niemals für möglich gehalten, dass ein Mensch einem auf dem Sterbebett Liegenden Lügen erzählt, um den eigenen Willen durchzusetzen, wobei er billigend in Kauf nimmt, diesem das Sterben zu erschweren. Was muss das für ein Teufel sein! Natürlich habe ich Anny umgehend geschrieben und sie in ihrer Seelenqual versucht aufzurichten was wohl auch gelungen ist. Doch nicht genug, diese Frau zu der Anny auch noch „Mutter" sagen musste, ließ nicht locker. Kaum war Oma wieder zu Hause und Anny hatte sie überzeugt, dass sie sich keine Sorgen mehr zu machen hat, schon erzählte Maria Thiel wieder Lügen über mich. So schreibt Anny am 6. Mai 1948: *Liebster, heute ist wieder etwas los. Ich wollte eigentlich ins Bett ohne zu schreiben, doch ich bin zu aufgeregt zum schlafen. Das alte Theater mit Oma ist wieder da. Meine einzige Bitte den ganzen Tag war, dass man sie verschonen möchte, doch leider hat sie sich nicht erfüllt. „Mutters" schimpfen lässt mich kalt und Vater sagte bisher noch nichts. Omas Vorwürfe haben genügt mich fix und fertig zu machen. Einen schönen Tag ohne dunkles Nachspiel gibt es scheinbar bei mir nicht mehr. Ich möchte nur wissen was ich gestern Nachmittag verbrochen habe und wer die Frauen waren die sich über mich aufhielten. Oma hat auch nicht Wort gehalten und „Mutter" meine Worte wieder erzählt. Im Augenblick* *beklagt sie mich draußen laut. Na ja, ich muss da hindurch, es hilft kein Grübeln davor. Es ist schon dunkel, ich muss aufhören. Schlaf wohl, Du – es denkt an Dich Deine Anny".*

Mir tat Anny leid, dass sie wegen mir alles ertragen musste und sich das auch vorerst nicht ändern würde. Ich konnte ihr nicht helfen, doch mein Gefühl zu ihr wurde nur noch stärker. Je länger die Auseinandersetzungen andauerten, um so mehr steigerte es sich. Sie wusste von unseren Absprachen in Zimmersrode, dass ich sie haben wollte und nichts von ihrem Gut. Das sagte sie auch ihrer „Mutter", die das aber nicht hören wollte. Vielleicht konnte sie das auch nicht begreifen, bei dieser dörflichen materialistischen Einstellung, wo der Mensch nur danach bewertet wird, was er besitzt. Schließlich wurde aus dem nicht gerade gut betuchten Dienstmädchen, die Frau eines großen Bauern. Außerdem war ihr bewusst, wenn Anny mich heiraten würde, ginge eine wertvolle billige Arbeitskraft des Hofes zu ihren Lasten verloren. Genug Gründe gegen mich zu sein, aber sicher auch gegen jede andere Verbindung die dazu führen würde, dass Anny das Haus verlässt. Ihrem Vater würde ich zugestehen, einer Verbindung seiner Tochter zuzustimmen, sofern diese einen größeren Bauern beträfe. Doch ich passte nun wirklich nicht in das Weltbild des Ortslandwirts Thiel. Aber ideal wäre für beide gewesen, wenn Anny ihr Leben auf dem Hof verbracht hätte. Das zeigten viele Beispiele von „späten Mädchen" in der Landwirtschaft. Für Anny aber wäre das niemals in Frage gekommen!

Annys Vater schätzte ich als Persönlichkeit, hatte sogar ein wenig Verständnis für seine Einstellung. Dass ich die „Mutter" nicht mochte, ja sie wegen ihres unmenschlichen Verhaltens hasste, dürfte nach Vorstehendem verständlich sein. Sie jedoch tat alles was ihrem Mann gefiel, was er wollte erfüllte sie. Das war natürlich für ihn bequem. Sie nutzte den dadurch gewonnenen Einfluss auf ihn aus. In unserem Fall gegen uns. Andererseits nahm Annys Vater die Verantwortung, für die Zukunft seiner Kinder viel zu leicht. Er machte sich darüber keine Gedanken. Seine Kinder lebten auf dem Hof, machten die ihnen zugewiesenen Arbeiten, das war´s! Anny wollte in ihrer Jugendzeit gerne Jugendführerin werden, der Vater lehnte das ab. Während ihres Besuches der Landwirtschaftsschule, fuhr ihre Lehrerin extra zu ihrem Vater und schlug ihm vor, Anny zur Landwirtschaftslehrerin auszubilden, der Vater lehnte ab. Bruder Heinrich war in der Schule überdurchschnittlich gut, so dass sich der Besuch einer weiterführenden Schule geradezu anbot, der Vater lehnte ab. Das Bild der Persönlichkeit Heinrich Thiels, bekam aus dieser Sicht einige nicht zu übersehende Kratzer! Aber er war Annys Vater und ohne ihn keine Anny, die mir alles bedeutete.

Die 3 westlichen Besatzungszonen der Briten, Amerikaner und Franzosen bezeichnete man landläufig als „Trizone". Die Zonengrenzen dieser „Trizone" waren untereinander entfallen, so dass sich das Leben langsam wieder entwickelte. In Westdeutschland war sogar der Karneval wieder auferstanden, wenn auch eingeschränkt. Aber es gab ihn wieder! Der Karnevalsschlager dabei lautete. „Wir sind die Eingeborenen von Trizonesien, hei schingdera, schingdera, bum." Überall versuchte man Karnevalsveranstaltungen zu organisieren. Auch in Gegenden in denen er bisher völlig unbekannt war, wie beispielsweise in Densberg! Hier veranstaltete Fritz und Hartmann einen Maskenball am Fastnachtssamstag in „Wirts Saal". Alle jungen Leute des Ortes machten mit und bastelten sich Fastnachtskostüme, natürlich mit einer Maske vor dem Gesicht. Man wollte ja schließlich nicht gleich erkannt werden. Um 24 Uhr sollte dann die Demaskierung sein. Ich weiß nicht mehr genau, woher ich die Sachen für mein Kostüm hatte, jedenfalls verkleidete ich mich als Frau. Mit der Maske vor meinem Gesicht, war ich jedenfalls nicht leicht zu erkennen. Niemandem verriet ich meine Verkleidung, weder Waltraut noch Anny. Nur meine Mutter kannte diese, schließlich hatte sie mir dabei geholfen. Leider hatte ich mich erkältet, hatte einen Schnupfen und meine Nase „lief". Das beeinträchtigte natürlich das Vergnügen. Im Saal waren alle maskiert, jeder hatte um seine Maskierung ein Geheimnis gemacht.

So wusste keiner, wer sich hinter einer Maske verbarg. Auch von Annys Verkleidung hatte ich keine Ahnung. Jede oder jeder Maskierte konnte jeden oder jede um einen Tanz bitten. Es war schon lustig, von jemandem zum Tanz aufgefordert zu werden, den man sicher kannte aber doch nicht wusste werder-oder diejenige war. Das Schweigen während des Tanzes erschwerte des Rätsels Lösung natürlich. So verliefen die Tänze in völliger Stille, doch ich musterte dabei jede Maske, ob sich Anny dahinter versteckte. Leider bekam ich das nicht heraus. Umgekehrt hatte aber auch Anny Mühe herauszubekommen wer und wo ich war. Sie hatte einen Verdacht und bat die Verwandte ihrer Stiefmutter Erna, doch mal mit der langen Frau zu tanzen. Nach dem Tanz berichtete sie Anny, ich hätte geschnüffelt. Jetzt wusste Anny wo ich zu finden war. Ich aber musste weiter suchen. Erst als ich mit Anny tanzte, bekam ich heraus, dass unter dem kleinen Cowboy meine Anny steckte.

Das Leben auf dem Dorf bestand mehr oder weniger aus Traditionen, auch die Art des Feierns und die Feiern selbst. So lebte am 6. Mai 1948 eine durch den Krieg unterbrochene Tradition wieder auf „Himmelfahrt nach Schönau"! Auf der Schlossruine „Schönstein", die ungefähr 1 Kilometer vor dem Ort „Schönau" lag, fand an diesem Tage der traditionelle Tanz statt. Das Pärchen Anny und ich zogen am Forstamt vorbei, durch den Wald hinauf Richtung „Schönau“. Dort spielte auf einem Platz der Ruine eine Blaskapelle, während auf der rundum von Bäumen umgebenen hölzernen Tanzfläche die Tänzer sich drehten. Kaum dort angekommen, mischten wir uns sogleich unter die Tanzenden. Dabei stellten wir fest, die ganze Umgebung war vertreten. Die Ortschaften lagen nicht weit auseinander, so dass sich alle mehr oder weniger kannten, zumindest wussten, von welchem Ort sie kamen. Annys Vater genoss auch in diesen Orten großes Ansehen. Da Anny und ihr Bruder Adolf große Ähnlichkeit mit ihrem Vater hatten, wusste eigentlich jeder wer Anny war. Doch wer war der mit dem Anny immer tanzte? Rätselraten und Tuscheln machten die Runde. Wir störten uns an nichts, genossen das gemeinsame Tanzen. Schließlich war es unser erster Auftritt außerhalb Densbergs, den wir beide bewusst bis in die Nacht erlebten. Die aber hatte ihre Tücken. Kein Mond am Himmel, kein Stern war zu sehen, es herrschte eine rabenschwarze Nacht. Ein Teil des Heimwegs führte etwa einem Kilometer lang auf einem schmalen Fußweg mitten durch den stockdunklen Wald, der wie eine finstere Wand vor uns lag. Anny klammerte sich ängstlich an mich, als wir langsam Schritt vor Schritt den Berg hinab gingen. Man konnte die Hand nicht vor den Augen sehen. Ich streckte eine Hand aus, um nicht gegen irgendetwas zu laufen. Es war gespenstig. Anny hatte Angst, ich zwar nicht, doch wohl war mir auch nicht. Wir tasteten uns langsam durch den Wald, verloren mal den Weg den wir mühevoll suchen mussten, dann knackte es in der Nähe, plötzlich schrie irgendein Tier, heftig rauschte es in irgendeinem Baum. Anny zuckte jedes Mal zusammen und klammerte sich fester an mich. Dann hatte wir auf einmal den Eindruck es verfolgt uns jemand oder ein Gespenst ist hinter uns her. Wir blieben stehen, sofort war es still, wir versuchten es erneut, mit geichem Ergebnis. Dann aber kamen wir dahinter, es war der Widerhall unserer eigenen Schritte. Endlich lichtete sich der Wald. Wir konnten die Umgebung allmählich schemenhaft erkennen. Beide waren wir froh, diese umheimliche Finsternis hinter uns gelassen zu haben. Der Rest des Weges war bekannt und ich brachte Anny nach Hause. Hoffentlich kann sie nach diesem Abenteuer gut schlafen, dachte ich.

Die Densberger waren natürlich unterschiedlicher Meinung, was Annys Verhältnis mit mir betraf. Mir gegenüber waren alle nach wie vor freundlich, auch zu Anny. Was man jedoch hinter unserem Rücken sagte, das hörten wir nicht. Mir war schon klar, dass diejenigen die auf die Hilfe von Heinrich Thiel angewiesen waren, die Entscheidung Annys nicht billigten oder wenn doch, das Thema nicht in Gegenwart von Annys Vater oder Mutter anschnitten. Andere die sich bei ihm oder ihr „Liebkind“ machen wollten, „redeten ihnen nach dem Mund“ und verurteilten Annys

Entscheidung. Je länger sich aber unsere Verbindung hinzog, um so eher konnte man erkennen, auf welcher Seite jemand stand. Uns störte das alles nicht. Wir schrieben uns häufig täglich und machten uns Mut. Wir richteten uns gegenseitig auf und sahen es wie Emanuel Geibel, „wenn etwas gewaltiger ist als das Schicksal, so ist`s der Mut, der`s unerschütterlich trägt". Annys Bewusstsein wurde gestärkt, sie hatte jemanden für sich allein gefunden der zu ihr stand, der sie liebte, der für sie da sein wollte und für den sie das Gleiche empfand. Sie mochte die Zärtlichkeit, mit der ich sie behandelte. War das doch etwas, was sie in ihrem bisherigen Leben nicht erfahren hatte. Ihre verstorbene Mutter war in ihrer Erinnerung eine sehr arbeitsame aber strenge Frau, die ihre Gefühle nicht zeigte. Der Vater kannte außer seiner Arbeit nur Strenge und Gehorsam. Zur Stiefmutter konnte sie nie ein Verhältnis aufbauen, sie war nur die Frau ihres Vaters, aber keine Ersatzmutter für die Kinder ihres Mannes. Wer also sollte zärtlich zu ihr sein? Ein Leben ohne Zärtlichkeit und ohne Mitgefühl das war ihr bisheriges Leben! Nun aber hatte sich das geändert. Wir waren zärtlich zueinander, ohne dass einer von uns beiden mehr von dem anderen erwartet hätte. Selbst Sex war kein Thema. Wir waren glücklich miteinander, waren zärtlich ohne den Drang miteinander schlafen zu müssen. Liebe das ist das eine, Sex das andere! Uns war schon bewusst, dass beides zusammen gehörte. Doch sollte nicht der Sex der Weg zur Liebe sein, sondern die Liebe zum Sex führen! Alles zu seiner Zeit. Und Zeit hatten wir.

Die organisatorisch neu beschrittenen Wege der „Karlsruher" hatten Erfolg. So hatte auf das Anschreiben an die Versicherten, Personen für die Außendiensttätigkeit zu empfehlen, ein Herr Dr. L. aus WanneEickel, seinen Schwiegersohn empfohlen. Dieser wohnte mit Frau und Tochter in Rauschenberg, in der Nähe von Marburg. Ich erhielt die Kopie eines Schreibens in welchem mein Besuch bei Willi Pöpperl angekündigt wurde. Auf meinen Antrag hin, hatte ich beim Bezugscheinamt ein Fahrrad erhalten und war nun einigermaßen mobil. Damit suchte ich die Familie Pöpperl am 11. Mai 1948 auf, die im oberen Stcockwerk eines alten hessischen Bauernhauses wohnte. Willi Pöpperl war Jahrgang 1915, in Tüppelsgrün bei Karlsbad in der heutigen Tschechoslowakei geboren, war von Beruf Bäcker. Als am 1. Oktober 1938 deutsche Truppen die Tschechoslowakei besetzten, diente er gerade bei der tschechoslowakischen Armee. Als Deutscher wurde er sofort von der Wehrmacht übernommen, diente in einem Artillerieregiment und erlebte mit dieser Einheit den Krieg, vor allem den Feldzug in Russland vom ersten bis zum letzten Tag. Vorwiegend als Artilleriebeobachter eingesetzt, eine der gefährlichsten Aufgaben überhaupt, hatte er vor der ersten Kampflinie eingegraben das Feuer der Geschütze zu leiten. Dabei wurde er mehrfach verwundet, ausgezeichnet mit dem „EK I", als Oberwachtmeister (Oberfeldwebel) entlassen, konnte er nicht mehr in seine Heimat. Diese war wieder von den Tschechen übernommen, so landete er in Rauschenberg. Dort lebte er als gelernter Bäcker, hatte seine Frau „Ima" kennengelernt, geheiratet, eine Tochter wurde geboren, doch seine Tätigkeit als Bäcker musste er wegen einer Mehlallergie aufgeben. Da kam ihm die Empfehlung seines Schwiegervaters, der das Problem von Willi Pöpperl kannte, gerade recht. Im Gegensatz zur Familie seiner Frau, die aus Rauschenberg stammte und im Kriege nach dorthin verzog, sich nun wieder nach Westfalen rückorientiert hatte, blieb die ehemalige Führerin der Arbeitsmaiden des „Reichsarbeitsdienstes" „Ima" bei ihrerm Mann und Tochter in Rauschenberg. Ich besuchte nun die Familie Pöpperl, die in einem großen Zimmer mit einem Schlafzimmer wohnte, besprach mit ihnen die Modalitäten der Mitarbeit, füllte einen Mitarbeitervertrag aus und schickte diesen zur Akzeptanz an die Direktion. Wir verabredeten, sobald der Vertrag von Karlsruhe eingeht, treffen wir uns zur notwendigen Einarbeitung.

Das Jahr 1948 brachte einige Besonderheiten. Zunächst einmal wurde ich zu 3 Hochzeiten eingeladen. „Django" Georg Wetzlar heiratete Anny Knieling. Einige Wochen später ehelichte seine Schwester Luise, den aus Schlesien stammenden Bernhardt, der nicht mehr in seine Heimat zurück konnte. Als ehemaliger in Densbserg gebliebener Soldat, bewirtschaftete er den Hof des noch in Gefangenschaft befindlichen Dorfwirts. Am 23. Mai heiratete die Lieblingstochter des Müllers, die sich gegen den Willen ihres Vaters durchgesetzt hatte, Heiner. Bei diesen Eheschließungen erlebte ich einmal Hochzeiten auf einem kurhessischen Dorf. Ganz davon abgesehen, dass ich mich stets richtig satt essen konnte, was in den Zeiten vor der Währungsreform nicht alltäglich war. Die Hochzeit von Krählings Elli entsprach natürlich der Überheblichkeit des Karl Krähling. Da er auch die Problematik des Verhältnisses von Anny und mir kannte, sich weder mit Annys Vater noch mit mir anlegen wollte, lud er einfach die Familie Grafenhorst zur Hochzeit seiner Tochter ein. Das Hochzeitsständchen, das unsere Klique dem frisch vermählten Paar brachte, bot die Gelegenheit mit Anny zusammen zu sein. Nachdem wir einige unserer Standartlieder gesungen hatten war es üblich, dass die durch den Gesang Geehrten eine „Runde" ausgaben. Meistens war es Cognac, doch bei Krählings war es Bier. Anny als Feind jeden Alkohols, trank zu aller Verwunderung ein ganzes Glas Bier. Es war sicher das erste Glas Bier ihres Lebens und es zeigte Wirkung! Über ihre unsicheren Schritte und Schlangenlinien an meinem Arm, mussten wir beide (auch viel später noch) furchtbar lachen.

In der Zeit vor Ellis Hochzeit, hatte sich der etliche Jahre ältere Heiner unserer Klique angeschlossen. Sofern seine Kollegen aus der höheren Altersklasse den Krieg überstanden hatten, waren diese alle verheiratet. So kam er zu uns und erzählte uns, von den „Streichen" welche die Dorfjugend vor dem Krieg in Densberg angestellt hatte. Einige davon gefielen mir besonders gut. So die Geschichte vom Backhaus. Die Frauen backten das Brot im Backhaus, das Thiels gehörte und sich in ihrer Nähe befand. Zunächst wurde der Backofen mit Reisig und Holz kräftig angeheizt. Nachdem des Holz erloschen war, wurde der Ofen von der Holzasche befreit, dann schob man den zu Brot geformten Teig in den erhitzten Ofen und wartete bis daraus Brot geworden war. Hatte man das Brot aus dem Ofen genommen, begann die nächste Frau ihren Brotteig in den Ofen zu schieben. Das ging eine ganze Zeit so, da der Ofen lange heiß war. Nun hatten die Buben auf den Schornstein des Backhauses eine Glasplatte gelegt. Den Frauen die am nächsten Morgen den Backofen anheizen wollten, ging immer wieder das Feuer aus. Sie standen herum und konnten sich das nicht erklären. Nacheinander schauten sie in den Ofen hinein und konnten durch den Schornstein den Himmel erkennen, aber nicht die darauf liegende Glasplatte, die verhinderte dass der Ofen Abzug hatte. Es dauerte lange bis eine dahinter kam, die Glasplatte entfernte und der Ofen angeheizt werden konnte. Oder in einer anderen Nacht setzten die Jungens, natürlich unauffällig, den Handwagen eines Bauern auf das Stalldach. Mit diesem Handwagen wurden die Milchkannen zu der Stelle gefahren, von der auch die anderen Milchkannen der Bauern, zur Molkerei abgeholt wurden. Der Bauer guckte mehr als erstaunt, dass sein Handwagen nicht mehr an seinem Platz stand. Damit tat sich sein Problem auf, wie bekomme ich die Milchkannen zum Abholplatz? Irgendwann hat ihn dann einer aufmerksam gemacht, wo sich sein Handwagen befindet. Ob die Jungens nun die Gartentörchen ausgehängt und vertauscht hatten oder was sie sonst noch alles anstellten, ihre Ideen war scheinbar unerschöpflich.

Fronleichnam war ein offizieller Feiertag aber ein katholischer. Die Einwohner Densbergs und Umgebung waren traditionell evangelisch. So hatte man mit diesem Feiertag Probleme, er fiel in die Heuernte. Zwar waren die im Ort lebenden Flüchtlinge katolischen Glaubens, auch hatte man ihnen die evangelischen Kirchen für ihren Gottesdienst zur Verfügung gestellt, doch es war die Zeit der Heuernte. Das Heu aber musste so lange es trocken war in die Scheunen gebracht werden. Regnete es, war der Fronleichnam auch für die Evangelischen ein Feiertag. Doch meistens schien in dieser Zeit die Sonne. So wiederhollte sich alljährlich das gleiche „Spiel". Zunächst traute sich keiner in die Wiesen zu fahren. Alle schauten hinter den Fenstern auf die Straße, in der Erwartung, dass einer dem Druck nicht mehr standhält und in seine Wiesen fährt. Sobald aber einer gesichtet wurde, war der Teufel los. Alle rannten, spannten an und ab ging es in die Wiesen. Es musste immer einer den Anfang machen, mittlerweile schien das schon zur Tradition geworden zu sein.

Mit Wirkung vom 1. 6. 1948 wurde Willi Pöpperl als Berufsvertreter (BV) der „Karlsruher" in der BL Marburg angestellt. Seine Schulung, Einarbeitung, Unterstützung und Produktivgestaltung oblag mir. So fuhr ich nach Rauschenberg mit dem Bähnchen und brachte Willi Pöpperl in seiner Wohnung die Grundbegriffe der Versicherungswirtschaft bei. Frau Pöpperl lud mich zum Mittagessen ein. Sie legte stets wert auf Umgangsformen, schließlich stammte sie aus einer Arztfamilie! Selten ließ sie die Gelegenheit aus, das unterschwellig merken zu lassen. Ja, sie ging sogar so weit, mich einzubeziehen, letztlich stammte ich aus einer Offiziersfamilie. In ihren Augen schien das ebenbürtig zu sein. Die theoretische Einarbeitung ging am nächsten Tag weiter. Pöpperls hatten mir zu meiner Übernachtung, ein Zimmer im Gasthaus des Ortes reservieren lassen. Ich schlief bei offenem Fenster und wurde morgens durch ein lautes Geklapper geweckt. Es hörte sich an, als ob Bretter aneinander geschlagen würden. Verschlafen schaute ich neugierig aus dem Fenster. Mir bot sich ein seltener Anblick, auf einem Hausdach gegenüber, hatten sich Störche ein Nest gebaut. Jetzt klapperten sie mit ihren Schnäbeln aneinander. Daher wohl auch der Name Klapperstorch!

In den nächsten Tagen und Wochen arbeitete ich weiter Willi Pöpperl ein, am 20. Juni 1948 unterbrochen durch die Währungsreform. An diesem Tage wurde unser bisheriges Geld, die Reichsmark (RM), ungültig. Es gab für jeden Bürger 40,- Deutsche Mark (DM). Die Guthaben auf den Banken und Sparkassen wurden mit einem Kurs von 10 zu 1 abgewertet, real sogar nur 10 zu 0,65. Besaß jemand auf seinem Konto 10 000 RM. so waren das jetzt nur noch 650 DM. Wer über kein Kontoguthaben verfügte, besaß lediglich DM. 40,-. Löhne, Renten und Gehälter wurden allerdings 10 zu 1 ausbezahlt. Im August erhielt jeder noch einmal DM. 20,. Mit der Geldabwertung wurden gleichzeitig 4 000 Artikel aus der Bewirtschaftung herausgenommen, die man ohne Marken oder Bezugscheine mit dem neuen Geld kaufen konnte.

Jeder war von dieser Entwicklung betroffen, auch Anny und ich. Wir trafen uns, gingen im Hemberg spazieren wobei wir überlegten, welche Auswirkungen das für die Westzonen aber auch für uns persönlich haben könnte. Anny hatte Bedenken, ich dagegen hoffte auf Besserung und Entwicklung zur Normalität. Nach allem was in den letzten 10 Jahren passierte, konnte es eigentlich nur besser werden. Das Geld musste wieder einen reellen Wert bekommen. Der

„Schwarzmarkt", Hamstern, die Markenwirtschaft mit Bezugscheinen, müssen doch mal ein Ende haben. Zur Überraschung aller, waren in den nächsten Stunden und Tagen, die Schaufenster aller Läden gefüllt mit Waren. Wie war das nur möglich, rätselten alle? Wo kam die Ware auf einmal her? Offenbar hatten die Händler in ihren Lägern für schlechtes Geld (RM) Ware angeschafft gehortet, dann auf dem freien Mark gegen neues Geld (DM) verkauft. Die Händler waren die wirklichen Währungsgewinner! Wie aber wirkte sich die Währungsreform auf die Lebensversicherungsverträge aus? Diese Frage tangierte meine berufliche Tätigkeit existenziell.

Das erfuhren die Mitarbeiter der Bezirksdirektion Hessen schon eine Woche später, durch eine Informationstagung in Frankurt, zu der jeder einen DM-Vorschuß erhielt, damit man überhaupt dorthin reisen konnte. Der Inhalt der Tagung war nicht erfreulich, bedeutete er doch für uns Außendienstmitarbeiter schlechte Aussichten. Die bisherigen Einzahlungen der bestehenden Lebensversicherungen wurde 10 zu 1 abgewertet, die Restlaufzeit jedoch mit 1 zu 1 berechnet und bildete mit dem abgewerteten Betrag, die neue Lebensversicherungssumme. Darüber hinaus wurden alle vor der Währungsreform fälligen Lebensversicherungen 10 zu 1 ausbezahlt. Das bedeutete natürlich einen gewaltigen Vertrauensverlust für die Lebensversicherungssparte. Damit aber mussten wir uns bei der Akquisition auseinandersetzen. Uns war jedoch klar, dass die Arbeit in der Zukunft sehr schwer sein würde. Am meisten würde uns das Argument, die Renten der Angestelltenund Arbeiterrentenversicherung wurden 1 zu 1 ausbezahlt, Schwierigkeiten bereiten. So mussten wir immer wieder hören, die Lebensversicherungen sind für die Zukunft nicht sicher, die Rentenversicherung zahlt immer. Wie aber sah die Wirklichkeit aus? Die Guthaben der Rentenversicherung wurden, wie jedes andere Bankguthaben 10 zu 1 abgewertet. Unter dieser Prämisse, hätte kein Rentenempfänger seine Rente voll erhalten können. Die Bundesregierung hatte die Rentenversicherung aus dem Deckungsverfahren herausgenommen (jeder Rentenbeitrag wird gesammelt und bei Rentenfälligkeit die angesammelten Rentenbeiträge als Rente ausbezahlt) und in den so genannten Generationenvertrag umgewandelt, wonach die Beiträge der Beitragszahler für die Ausbezahlung der Renten der Rentenbezieher verwendet werden. Das ging natürlich nur so lange gut, wie die Pyramide des Altersaufbaues Bestand hat und die Masse der arbeitenden Bevölkerung die Basis, wie auch den Sockel bilden, die Rentner aber die Spitze. Unser Argument dagegen lautete, schon jetzt ist rechnerisch festzustellen, dass sich diese Alterspyramide umkehren wird und die immer weniger werdenden Beitragszahler, immer höhere Beiträge zahlen müssen, damit die Rentner eine lebensfähige Rente erhalten. Leider, das mussten wir immer wieder feststellen, interessierte das die Bürger nicht. Sie hatten erlebt, dass die Lebensversicherungen abgewertet, die Renten aber in voller Höhe ausbezahlt wurden. Das war der Fakt! Von den Älteren kam noch der Hinweis, auch bei der Inflation 1923 seien die Lebensversicherungen abgewertet und die Rentenversicherungen nicht. Genau so wenig interessierte die Bürger unsere Erläuterungen, warum das so war. Kriegsrüstungen kosten Unmengen von Kapital. Das wird jedoch im Kriege vernichtet, zurück bleibt nur der Wert des Schrotts. Die Granate kostet in ihrer Herstellung Geld. Wird sie verschossen bleibt nur noch der Schrottwert. Das Geld für die Granate wird also durch den Schuß bis auf den Schrott entwertet. Kriege vernichten Sachwerte, das ist eine Binsenweisheit! Aber das Spezialwissen das wir uns angelernt hatten, um das verlorene Vertrauen wieder zu gewinnen, half nur wenig. Lediglich das Argument des Todes, „wie sehen bei ihnen die Finanzen im Todesfall aus" konnte die Entscheidung für den Abschluss einer Lebensversicherung beeinflussen. Wie aber sehen die Finanzen nach dem Ausscheiden aus dem Beruf aus, diese Überlegung interessierte keinen! Mit Zukunftsperspektiven wollten die Bürger nichts zu tun haben. Das lag ja alles so weit entfernt! Es war seinerzeit ein unwahrscheinlich schweres Geschäft, auch mussten zudem alle Versicherungsnehmer aufgesucht und denen die Auswirkung der Währungsreform auf ihre Lebensversicherung erläutert werden.

Das war natürlich für Willi Pöpperl der ungünstigste Zeitpunkt des „Einstiegs" bei der „Karlsruher" und machte die Einarbeitung für mich noch schwieriger. Doch er war zäh, als alter Frontsoldat, ließ er sich auch nicht entmutigen. Gemeinsam machten wir Werbebesuche, fuhren mit den Fahrrädern von Ort zu Ort, besuchten Handwerker und berieten diese über ihre Handwerkerversorgung, suchten Standesamtsadressen auf und nahmen jede Gelegenheit wahr, Werbegespräche zu führen. Unermüdlich Tag für Tag. Nach dem letzten Besuch pflückten wir noch Äpfel, Birnen, Kirschen oder je nach Jahreszeit Beeren an den Straßenbäumen für die kleine Gisela. Sie war ungefähr eineinhalb Jahre alt, ein süßes bildhübsches kleines Mädel mit auf dem Kopf zu einem „Dutt" zusammengefassten Haaren. In ihrer Kindersprache erzählte sie ernsthaft „Gia is rieb" sollte heißen, „Gia ist lieb". Übernachtete ich bei Pöpperls, schlief ich im Schlafzimmer neben Willi, während seine Frau Ima im Wohnzimmer auf der Couch nächtigte. Nachdem sie morgens aufgestanden war, folgte ihr Willi. Ich hätte noch schlafen können. Aber kaum war der Vater aus dem Bett, sprang die kleine Gisela dort hinein und erzählte mir ohne Unterbrechung alle möglichen Geschichten. Das kleine Mündchen stand nicht still, aber es war so goldig ihr zuzuhören. Dabei dachte ich, wenn ich mal eine Tochter haben sollte, so müsste sie sein, wie die kleine Gisela. Wirklich, „Gia is rieb"!

Thiels waren zwischenzeitlich aktiv geworden. Annys Vetter Konrad Westermann aus Hundshausen, der ein gewisses Ansehen genoss, wurde nach Densberg gebeten. Er sollte Anny begreiflich machen, dass ich nicht der Richtige für sie sei. Doch Anny wurde von Konrad sehr geschätzt, so konnte sie ihm deutlich zu verstehen geben, dass sie mich nicht aufgeben werde. Es blieb ihm nichts anderes übrig, als das zu akzeptieren. Anny und mir war bewusst, dass ihre Eltern alles versuchen werden, uns auseinander zu bringen. Sie wollten einfach die Tatsachen nicht wahr haben. Doch ich baute auf Annys Härte, dass ihnen das nicht gelingen würde. Als der pensionierte Kirchenmusikdirekktor Möller in Densberg einen Kirchenchor gründete, wurde Anny, die gerne sang und eine schöne Stimme hatte, Mitglied. Hierdurch ergab sich auch die Möglichkeit, uns stets nach den Chorproben zu treffen. Von Krählings bekam meine Mutter für ihre gelegentliche Hilfe Mehl, abgefüllt in einem kleinen Sack. Den schnallte ich auf den Gepäckträger meines Fahrrades und fuhr damit nach Gemünden zu einem Bäcker, von dem ich je nach Gewicht des Mehls, einige Laibe Brot bekam. Während der Rückfahrt durch den Wald zwischen Gemünden und Dodenhausen, entdeckte ich am Rand des Weges, unter den dort stehenden Lerchen, Butterpilze. Für die Densberger Einwohner waren Pilze ein Armeleuteessen. Sie wussten ja auch nicht was gut schmeckt, hatten wahrscheinlich auch Angst, einen giftigen Pilz (von denen es in Deutschland nur wenige gibt) zu erwischen. Ich pflückte einen Pilz nach dem anderen, bekam aber bald Transportprobleme. Wie sollte ich diese auf dem Fahrrad befördern? Kurz entschlossen nahm ich meinen ärmellosen Polunder, band ihn unten zusammen, hing ihn mit den Armöffnungen an den Fahrradlenker und brachte meiner Mutter neben einigen Laiben Brot, einen ordentlichen Sack voll schmackhafter Butterpilze mit.

Meine Mutter fuhr zum 75. Geburtstag ihrer Mutter am 6. August nach Dortmund (Geburtsjahr 1873). Jetzt in der Zeit nach der Währungsreform, in der sich alles normalisierte, konnte sie mit unserem Vater lange Reisen unternehmen. Während sich dort der Rest der Familie Möller traf, sagte Alex Möller meinem Vater zu, in den kasseler Häusern der Karlsruher Lebensversicherung, sobald die Kriegsschäden beseitigt seien, eine Wohnung beziehen zu können. Das war eine gute Nachricht, welche die Eltern mitbrachten. Anny hatte Bedenken in Bezug auf unser Verhältnis. Selbstverständlich sah ich das nicht so, im Gegenteil erläuterte ich ihr, dass das für meine Familie und auch für mich die Rückkehr in normale Lebensverhältnisse bedeute, aus der uns der Krieg hinausgeworfen hatte. Das sah sie dann auch ein und wie zur Bestätigung schrieb sie in einem Brief die wunderschönen Worte von Edward Grieg: *"Du mein Gedanke, mein Sein und Werden, Du meines Herzens erste Seligkeit, ich liebe Dich wie nichts auf dieser Erden, ich liebe Dich in Zeit und Ewigkeit. Ich denke Dein, kann stets nur Dein gedenken, nur*

Deinem Glück ist dieses Herz geweiht. Wie Gott auch mag des Lebens Schicksal lenken, ich liebe Dich in Zeit und Ewigkeit"!

Der Zustand von Annys Oma war zunächst eigentlich unverändert. Sie pflegte die alte Dame aufopferungsvoll, wie das ihre Natur ist. In der letzten Zeit hat die Oma auch Anny nicht mehr unter Druck gesetzt. So erzählte sie ihr auch, dass wir bald nach Kassel zögen, worauf die kranke Frau meinte, dann würde ich Anny vergessen und wenn nicht, könnten wir später immer noch zusammen kommen. Sicher werden andere auch so denken, doch ich war fest davon überzeugt, dass alle die so denken, sich täuschen würden! Im Laufe der Zeit jedoch liess die Gesundheit der Oma mehr und mehr nach. Sie starb dann am 26. Juli 1948 während Anny ihrem Wunsch entsprechend half, auf dem Feld Korn abzumachen. Darüber schrieb mir Anny: - - - - - - *Der Tod von Oma hat mich nicht so ergriffen wie ich eigentlich erwartet hätte. Vor ein paar Wochen wäre es mir bestimmt viel schwerer gewesen. Gerade die letzten 8 Tage waren für sie eine große Qual und für mich eine ziemliche Belastung. Sie war ja, wie auch die Schwester sagte, eine lebendige Tote. Ihr Aussehen war für Fremde zum Fürchten und sie litt sehr. Ich musste in der Nacht ungefähr zehn Mal aufstehen, dass da nicht mehr viel Schlaf blieb kannst Du Dir denken. Ich habe mich bei niemanden, höchstens einmal bei Dir, beklagt und habe alles gern getan und mir immer gesagt, sie leidet am schwersten. Ich bin nur froh, dass ich am Dienstag vor acht Tagen klar sagte, dass ich zu Dir halten würde gegen Vaters Willen. Zu gern hätte ich sie ja meinetwegen beruhigt, doch leider konnte ich es nicht, ich hätte ihr dann ein falsches Versprechen geben müssen. Das hätte mich jetzt nur bedrückt, so bin ich doch mit der vollen Wahrheit, wenn diese auch für sie bitter war, von ihr gegangen. In der Nacht vom Sonntag zum Montag hatte ich Angst sie würde dieses Thema noch mal beginnen. Auf Wunsch der Schwester und der Eltern musste ich mich dann schlafen legen, wollte aber gegen morgen als Oma nach mir rief aufstehen. Die anderen litten es jedoch nicht und nachher war ihr Bewusstsein geschwunden, hat sie mich nicht mehr erkannt. Sie hat am letzten Tag, sie starb um 16,15 Uhr, nur noch mit ihrem toten Mann und Bruder gesprochen. Ihr Sterben war schon schwer und furchtbar langsam, schon in der Nacht um zwei als ich die Eltern und die Schwester rief, war sie am ganzen Körper eiskalt und steif. Bei ihrem Tod war ich nicht zugegen, da wir Korn machten. Wir haben weiter im Feld gearbeitet (auf ihrem Wunsch) was mich wohl auch über alles leichter hinweg brachte. Oma wünschte sich den Tod schon lange, doch trotzdem konnte man in der letzten Nacht eine Todesangst spüren. Es ist nicht leicht aus diesem Leben zu scheiden, wenn es auch viel Leid und Not bringt. Ihre letzten klaren Worte waren. „Herr, lass mich nicht wanken". Mit diesem festen Glauben müsste es eigentlich noch leicht sein ins Jenseits zu gehen. Wie unvorbereitet würde mich der Tod mit meinen von Zweifeln erschütterten Glauben finden".* Natürlich habe ich Anny gleich ein paar tröstende Worte geschrieben, auch an mir war das, was sie bedrückt, nicht spurlos vorüber gegangen. Am 29. 7. wurde die Oma beerdigt. Es wäre nach Lage der Dinge einer Provokation gleich gekommen, hätte ich an der Beerdigung teilgenommen. Trotzdem fühlte ich mich Anny in ihrem Schmerz verbunden und sah auf dem Friedhof in einiger Entfernung der Beerdigung zu.

Der Tod der Großmutter trug nichts zur Verbesserung des Verhältnisses zu Annys Eltern bei. Ich musste mich fragen, wie lange kann das so gehen und was muss noch alles kommen, bis dieser „Teufel" in Menschengestalt nachgibt oder werden Annys Eltern das überhaupt nicht tun? Anny schrieb mir, dass sie ziemlich mutlos sei, da sie wieder einmnal eine heftige Auseinandersetzung mit ihrer „Mutter" gehabt habe, wobei diese ihr die Worte ihres Vaters gesagt habe, *„wenn aus unserem Verhältnis ernst wird, hängt er sich auf und Mutter ergänzte, sie täte es ihm nach. Ich hasse die Phrase, doch wenn diese keine ist, so müsste ich der Verzweiflung nahe sein. Ich hielt dem entgegen, dass ich Dich nur aufgeben würde, um Schwester zu werden und überhaupt nicht zu heiraten. Immer wieder habe ich Mutter nach Vaters Grund gefragt. Darauf weiß sie keine rechte Antwort, denn er könne mich nicht leiden, ist doch kein Grund. Ich will ja einmal mit Dir zusammen leben und nicht er. Mutter sagt von sich, dass sie Vater gern hat und in jeder Lage zu ihm halten wird, mir räumt man das gleiche Recht nicht ein. Als ich ihr sagte, dass ich innerlich moralisch an Dich gebunden sei, hat sie sich furchtbar aufgeregt. Erstens gilt so was nicht und zweitens sei das der Grund allen Übels. Ich bildete mir ein mehr zu sein und zu können als die anderen und habe deshalb keinen Bauern gewollt. Sie habe schon längst gemerkt, dass ich kein Interesse an der Arbeit habe. Dabei habe ich noch nie in meinem Leben so viel gearbeitet, wie gerade in diesem Sommer. Ich tue alles was möglich ist, um mir darüber keinen Vorwurf machen zu müssen. Angeblich wollte mich Vater an dem Freitag, wo der Krach wegen Frl. Peter war, hinauswerfen. Soweit ist es also schon gekommen, das hat mich schwer getroffen. Der Gedanke ist mir schon einmal gekommen, doch im Ernst damit gerechnet habe ich bisher noch nicht. Es wäre furchtbar, ich wüsste nicht was dann werden sollte. Vater kennt sich im Zorn nicht und ich muss deshalb damit rechnen. Anlass zu der Aussprache war das Mutter gehört hatte (Frl. Peter), sie solle an unserem Zwist schuld sein, Vater sagte nicht viel dazu. Das war ja auch bisher mehr oder weniger so, allerdings glaube ich auch, dass mir Vater noch manches sagen wird und ihr gegenüber schon Vieles sagte. Weiter die Äußerung Deiner Mutter, wir zwei wären uns einig, da ändere niemand etwas dran. Von anderer Seite sei ihr geraten, zu euch zu gehen, um von euch aus den Schluss unseres Verhältnisses zu erzwingen. Das will sie zwar nicht, jedoch vielleicht einmal Deine Mutter daraufhin anhalten. Ich hoffe nicht dass es dazu kommt, das gäbe einen Skandal. Mutter weiß nicht was Beherrschung ist, dadurch würde vielleicht alles ein schreckliches Ende nehmen. Wollen wir weiter zusammen bleiben, muss mir klar werden, dass der Tag kommen kann, wo ich alles was bisher in mein Leben gehörte, unserer Liebe wegen aufgegeben werden muss. Und Du musst wissen, ob Du unser Verhältnis unter diesen Umständen weiter willst, denn dass auch deine Eltern gegen Dich sein werden, wie die Dinge liegen, ist sicher. Können wir so vermessen sein, gegen alle anderen ein neues Leben beginnen zu wollen und davon auch noch Glück zu* *erhoffen? Leicht wird es nicht sein und ich stelle mir manchmal die Frage: Handelst du recht? Dann aber immer wieder, warum dieser Streit, könnte es ebenso gut anders sein"?* Mit einem schnellen Brief habe ich versucht Anny zu trösten, vor allem aber anschließend, bei unserem nächsten Zusammensein. Bei dieser Gelegenheit berichtete ich ihr, dass meine Mutter den Ärger den Anny durch das Geschwätz mit Frl. Peter bekommen habe, sehr bedauere und mich gebeten hat, Anny das durch Liebe zu entgelten. Darüberhinaus lud sie Anny zur bevorstehenden Silberhochzeit ein. Ich habe meiner Mutter aber zu verstehen gegeben, dass Anny Trauerzeit habe, außerdem eine Einladung für Annys Eltern eine Provokation bedeute. Das verstand sie auch. Aber eine Gratulation wollte Anny irgendwie auf den Weg bringen.

Das Fest zur „Silberhochzeit meiner Eltern", hatten Krählings abends in ihrer guten Stube in der Mühle arrangiert. Neben der Familie Krähling und unserer, konnten wir als Gäste begrüßen; Tante Grete aus Frankfurt /M, die Schwägerin meines Vaters, Frau Klippert aus Kassel, eine Freundin meiner Mutter deren Tochter nach USA geheiratet hatte, Ernst Giese und Frau, Einwohner Densbergs, KarlHeinz Wölk, Einwohner und Schöbel Wilhelm als Freund von Waltraut. Wie bei Karl Krähling üblich, gab es üppiges Essen bei dem es an nichts fehlte. Für die Eltern war es sicher das erste Essen nach dem Kriege, bei dem sie aus dem Vollen schöpfen konnten. Dazu gab es jede Menge Zigarren, Zigaretten, Wein, Schnaps, himmlische Mengen von Kuchen und Torten, dazu literweise Bohnenkaffee. Frau Jäger versorgte die Küche so gut, dass sie dabei einen Tisch umwarf mit dem Sprichwort „Scherben bringen Glück". Natürlich fehlte mir Anny. Auch meine Tischnachbarin Else Giese fragte danach und bedauerte das Verhalten von Annys Eltern. Frau Klippert tat sich, während sie in Densberg wohnte, als Wahrsagerin hervor. Jetzt erzählte sie den Gästen tolle Geschichten von Okkultismus, Suggestion, Hypnose, das zweite Gesicht, Gedankenübertragung und was es sonst noch alles auf diesem Gebiet gab. Allen gefiel die „Silberhochzeit", das bewies der Letzte, der um 6 Uhr die Mühle verlies.

Die Nachricht die durch`s Dorf ging, war seinerzeit sensationell, Krählings Gretchen und Heiner müssen heiraten. Zu jener Zeit noch ein kleiner Makel aber bei den Beiden kein Problem, der Vater und die restliche Familie stimmte zu, so dass der Hochzeit nichts im Wege stand. Diese fand am 12. September in der Mühle nach „Krählings Art" statt. Wie bei der Schwester Elli sang unsere Klique die üblichen Lieder. Danach bekamen die Sänger eine Runde Korn, nicht wie bei Elli, Bier mit den bekannten Folgen für Anny. Wir beide nutzten jedoch den Abend für uns.

Die Kirmes wurde in diesem Jahr auch wieder durch unsere Klique organisiert. Den Tanz nutzten Anny und ich über die beiden Tage Samstag und Sonntag. Das Wochenende danach, verwendeten wir für einige Fotoaufnahmen im Hemberg. Schöbel Willi hatte uns seinen Fotoapparat zur Verfügung gestellt, mit dem ich auch einige Fotos mit dem Selbstauslöser von mir machte. So hatte Anny einige Fotos von mir und ich endlich auch einmal eines von dem Mädel der mein Lebensinhalt galt. Während wir danach später so durch den Hemberg bummelten, erschreckten wir plötzlich und erstarten zur „Salzsäule! Etwa 6 ausgewachsene Wildschweine rannten wenige Meter vor uns über den schmalen Waldweg. Jeder im Dorf wusste, ausgewachsene Wildschweine sind nicht ungefährlich, deshalb waren wir auch froh, dass sie uns auch nur erschreckten.

Es ging dem Winter zu. Mittwochs abends war Chorprobe, Dienstag und Donnerstag Spinnstube. So es mir beruflich nur irgendwie möglich war, nutzte ich diese Abende aus, um mit meinem lieben Mädel zusammen zu sein. Die Treffen am Wochenende litten allmählich unter dem kalten, winterlichen Wetter besonders, wenn wir uns dabei am Rande des Kellerwaldes herum drückten. Es war manchmal so kalt, dass mir die Finger und Ohren vor Kälte abstarben. Dabei erfasste uns eine ohnmächtige Wut und wir fragten uns, warum muss dass so sein? Die Erkenntnis, es besteht keine Aussicht auf Besserung, wir können nur auf ein Wunder hoffen, frustrierte uns unter diesen Verhältnissen. Schließlich verlief Annys Versuch mit ihrem Vater zu sprechen negativ. Er behauptete nämlich, ich wollte wissen was Anny nach der Heirat vom Hof bekäme, das aber zeige worauf es mir ankäme. Ihre Antwort das stimme nicht, wir wollten zusammen sein und sonst nichts, ließ er einfach nicht gelten. Die „Mutter", die auch noch hinzu kam, „stieß ins gleiche Horn". Es gehörte schon allerhand Mut und wirkliche Liebe dazu, nicht zu verzweifeln. Und nun stand auch noch Weihnachten bevor.

In den Tagen vor Weihnachte ging ich während meiner Tätigkeit in Marburg durch die Stadt, warf dabei hin und wieder einen Blick in die Auslagen der Schaufenster. An einem Lederwarengeschäft blieb ich stehen. Mir gefiel nämlich, eine weinrote lederne Umhängetasche. Das wäre ein schönes Weihnachtsgeschenk für Anny dachte ich, doch sie war für meine Verhältnisse zu teuer. Ich ging weiter, doch die Umhängetasche ging mir nicht aus dem Kopf. Auf dem Rückweg blieb ich wieder an dem Schaufenster stehen. Schaute mir wieder eingehend die Tasche an, überlegte, sie sollte immerhin 140,- DM. kosten, mein Monatssalär aber war gerade mal 200,- DM., eigentlich nicht vertretbar. Doch ich wollte Anny, die es um uns verdient hatte, eine Freude machen. Und ich wusste genau, sie würde sich darüber freuen. Ich ging weiter, überlegte, rechnete, machte wieder kehrt und kaufte die Tasche. Eigentlich hätte sie ein Paar Handschuhe notwendiger gebraucht. Doch da ich zu Hause keine Abgaben hatte, war noch ein Rest vom letzten Monat vorhanden. Den aktivierte ich und kaufte auch noch die Handschuhe. So, nun konnte Weihnachten kommen.

Den Heiligen Abend verlebte Anny mit ihrer und ich mit meiner Familie. Doch sie schrieb mir einen Brief: „ *Mein Geliebter, Weihnachten, das schönste Fest des Jahres feiern wir heute. Seit dem Morgen ist ein wenig von der Freude die dieses Fest der Liebe und Versöhnung begleiten soll bei mir eingekehrt. Die wirkliche Weihnachtsfreude ist ja eigentlich unabhängig von allem Leid und Zwiespalt dieser Welt. Gestern Abend wurde es mir schwer Weihnachten zu feiern und Dich so fern von mir wie durch eine Hohe Mauer abgetrennt zu wissen. Aber mein Herz war bei Dir und ich spürte Dein Gedenken. Nichts wird uns trennen können und die Zeit wird kommen wo wir jeden Tag und jedes Fest gemeinsam erleben. Diese Wartezeit soll eine Zeit der Vorbereitung für uns sein umso schöner wird sich einst unser Zusammensein gestalten. Ich danke Dir von Herzen für Deine Liebe die Dich so für mich denken und sorgen lässt und durch die Du mich unendlich reich und glücklich machst. Was bedeutet alle äußere Not die man uns bereitet wenn wir gemeinsam widerstehen und unser Verhältnis zueinander so innig bleibt wie es ist. Mein Weihnachtswunsch ist, dass wir uns immer mehr ineinander vertiefen, dass unser Denken, Sinnen und Handeln und einmal unser ganzes Leben zu einem Ganzen verschmilzt. Ich warte sehr auf den Abend wo ich Dich wieder sehe*". Schon am nächsten Tag erhielt ich Annys Brief der mir sagte, dass meine Weihnachtsgeschenke ihr Ziel erreicht hatten. Sie schrieb nämlich: „*Mein liebster Bodo, ich muss Dir noch schnell für die lieben Gaben die Du mir zum Weihnachtsfest beschertest danken. Du Guter, ich hab so viel Liebe gar nicht verdient, Du hast mir eine große Freude bereitet. Dass Du so viel Geld (die Tasche war bestimmt nicht billig) ausgabst war nicht nötig. Doch ich muss Dir gestehen, dass eine Ledertasche schon lange mein stiller Wunsch war, den ich jedoch bei diesen Preisen ganz fallen ließ. Die Handschuhe passen, den Wunsch kanntest Du wohl, hab innigsten Dank für alles. Die kleinen Geschenke die ich Dir machen konnte kann ich nicht mit Deinen vergleichen, doch wurden sie mit der gleichen Liebe gegeben. Ich will versuchen durch mein Leben und meine Liebe zu danken. Dass Du mich lieb hast und an mich denkst gehört zu meinem Leben, es kann nicht mehr anders sein. Dass jedoch Deine Mutter, wie auch Waltraut an mich dachte beschämt mich. Damit habe ich nicht gerechnet und weiß gar nicht wie ich das wieder gut machen soll. Sag ihr meinen herzlichsten Dank. - - - - - Weißt Du, heute Abend ist mir erst recht weihnachtlich zumute. Ich komme mir vor wie ein glückliches Kind nach der Bescherung. Auf morgen, besonders den Abend freue ich mich wie Du. Für Deine Zeilen meinen Dank*".- - - - - - - Nachdem wir den Nachmittag bei einem Spaziergang im Hemberg verbrachten, verlebte Anny und ich mit meinen Eltern den 2. Weihnachtsabend bei uns zu Hause. Ein Weihnachtsgeschenk für uns beide! Den Jahreswechsel verlebten Anny und ich im Saal, dort fand der

Sylvesterball statt. Die große Frage für uns beide: Was bringt uns das Jahr 1949? Wird der Widerstand der Eltern Thiels gebrochen?

Wenn man einmal von der Nachricht absieht, im Frühjahr kann der Umzug nach Kassel stattfinden, begann das neue Jahr wie das alte geendet hatte. Spannungen im Hause Thiel, Akquisition und Aufbau einer Außendienstorganisation für die „Karlsruher". Die Frage stellte sich allerdings, wo wird künftig der Schwerpunkt meiner Arbeit liegen, weiterhin im Raum Marburg oder Kassel. Dort in Kassel jedoch gab es bereits einen Geschäftsstellenleiter. Einen ehemaligen Generalmajor für die Rüstung, am ständigen Sitz der Firma Henschel, die Panzer herstellte. Geschäftsstellen gab es nur in größeren Städten, auf dem flachen Land Bezirke. Bisher konnte ich noch nichts in Erfahrung bringen, also ging die Arbeit wie bisher weiter.

Der Posaunenchor beabsichtigte ein Theaterstück aufzuführen. Das sollte nicht nur in Densberg aufgeführt werden, auch in den umliegenden Ortschaften. Anny sollte in dem Bauernschwank dabei die weibliche Hauptrolle spielen. Damit verbunden war allerdings, den umfangreichen Text zu lernen. Es machte ihr Spass und das freute mich. Der Leiter des Posaunenchores, Hellwig Gössel, der auch der Initiator desTheaterstücks war, brachte unserem Verhältnis großes Verständnis entgegen. Er förderte dieses sogar, in dem er mir die Aufgabe des Kassierers übertrug. So war ich immer dabei in Densberg, Jesberg, Moischeid und Dodenhausen. Ich saß stets am Eingang hinter einem Tisch und kassierte von den Besuchern das Eintrittsgeld. Eigentlich war jede Aufführung ausverkauft und damit ein großer Erfolg, der nach Abschluß der Tournee, mit einem so genannten Kameradschaftsabend gefeiert wurde. Im Verlaufe des Abends, musste jeder männliche Teilnehmer, irgendeinen lustigen Spruch aufsagen. Mir fiel nichts Besseres ein, als das Gedicht von Jupp Klein dem Decksältesten von M 3616. „Jüngst kam ein junges Ehepaar zu einem Freund der Landwirt war. Nach dem Essen führte er sie aus und zeigte ihnen Hof und Hühnerhaus. Da plötzlich springt der Hahn auf`s Huhn, wie das die Hähne wohl mal tun. Die junge Frau voll Entzücken scheint, fragt listig ihren bäuerlichen Freund, ach, Herr Schulze, sagen sie mal an, wie oft macht denn das am Tag der Hahn? Ach so die zwanzigmal am Tag, sagt Schulze und dacht nach. Darauf die Frau ihr Männlein küsste und lächelnd sagte, sieh`ste sieh`ste. Doch dieser wendet sich an seinen bäuerlichen Freund fragt, Schulze wie ist denn das gemeint, läuft der Hahn den ganzen Tag nur einer Henne nach? Oh, nein sagte Schulze nun, der Hahn springt immer auf ein anderes Huhn. Darauf der Mann sein Frauchen küsste und lächelnd sagte, sieh`ste sieh`ste." Anny bekam einen roten Kopf, es war ihr sichtlich peinlich, sie kannte das Gedicht noch nicht. Mit großem Beifall wurde der Vortrag bedacht. Das beruhigte sie dann doch. Auf jeden Fall war diese „Theatertournee" für uns beide schön, konnten wir doch dadurch häufig zusammen sein.

Annys „Mutter" hatte im Januar Geburtstag, zu dem sie sich von Anny eine Wandvase gewünscht hatte. Die besorgte natürlich ich ihr. So hatte diese böse Frau etwas, was ich besorgt hatte. Doch viel wichtiger für mich, war der Geburtstag von Anny am 24. Januar 1949, an dem sie 22 Jahre alt wurde. Den Geburtstagsbrief an Anny begann ich mit einem Vierzeiler von Rückert. „Wer nie den Mut besitzt sich Freiheit zu erringen, besitzt auch nicht die Kraft Großes zu vollbringen". Für uns war unser lebenslanges Zusammensein, das erstrebenswerte Große. Das war und blieb unser Ziel. So schenkte ich ihr zum Geburtstag eine schöne lederne Briefmappe, die sie gut gebrauchen konnte und sie das ganze Leben lang (!) begleitet hat. Darüber hinaus verliefen die Tage und Wochen eigentlich wie immer. Doch damit es uns nicht zu gut ging, behauptete nun plötzlich ihre „Mutter", es gäbe im Dorf eine Auskunft über mich, von einer Auskunftei die selbstverständlich nur Negatives von mir aussagen würde. Das war natürlich wieder eine Lüge, eine dumme noch dazu. Wer sollte über mich, von wem eine Auskunft haben wollen? Dagegen rief ihr Vater verzweifelt, „es geht nicht mehr, ich halte das nicht aus. Das Mädchen macht mich noch verloren" (verloren = kaputt). Die seelische Belastung Annys hielt an. Die Eltern hatten sich in etwas hineingesteigert, von dem sie nicht mehr herunter kamen. Wir dagegen würden niemals auseinander gehen. Wie sollte da die Lösung aussehen?

Wenige Tage später, am 10. Februar bei Kochs war Spinnstube, gab mir Anny einen Brief zum „Einjährigen". **„Geliebter, heute an unserem Gedenktag würde ich Dir so gerne einen lieben langen Brief schreiben. Leider fehlt mir die Gelegenheit, nur zu ein paar Zeilen reicht die Zeit. Ich muss Dir doch sagen, wie reich und glücklich ich im vergangenen Jahr durch Deine große Liebe geworden bin. Noch keine Stunde bereute ich Dir mein Leben geschenkt zu haben. Mag unser Ringen auch schwer sein, unser Glück ist größer. Du bist meines Lebens Inhalt und Erfüllung und ich weiß dass ich es Dir bin. Wir gehören zusammen, mag das Leben uns bestimmt haben was es will. „Mit Dir teilen was ein Gott auch spendet, Erdenglück und Lebensungemach. Wie sich auch des Schicksals Laune wendet – bringt sie Ehren oder bittre Schmach. Das ist Glück! Vor solchem Glanz verblassen Lebenshöhen blendend reichen Scheins. Einen Menschen restlos glücklich machen ist die Krone allen Erdenseins". Du weißt ja wie ich zu Dir stehe und so wird es immer bleiben. Unser Le-**

ben wird nicht leicht sein, bedingt durch die äußerlich so schlechte Lage unseres Verhältnisses, die uns immer wieder Kampf aufzwingt. Unser wunderbares Verstehen und Ineinanderaufgehen muss uns entschädigen für diese Schwere. Ich bat Gott oft, ehe wir zusammenfanden, dass ich einmal die Liebe in ihrer wirklichen Gestalt kennen lernen dürfe. Dieser Wunsch ist mir größer erfüllt als ich je geahnt. Ich will mich hier nicht unwert erweisen und auch bereit sein dafür zu leiden.Denke ich an die erste Zeit unseres Verhältnisses zurück, so kommt mir alles wie ein Traum vor. Fragte ich im Sommer oft ist es denn Gott der uns zusammen führte. So möchte ich das jetzt voll und ganz bejahen. Es kann nicht anders sein, ich habe mein ganzes Leben auf Dich als Erfüllung gewartet. Ach Bodo Liebster, wie schön muss es sein für immer bei Dir zu sein. Ich möchte das sagen ohne die Augen zu verschließen vor den Sorgen die uns auch dann begleiten werden. Das Leben ist nun mal ein Kampf. Die Liebe hilft ihn zu bestehen. Sie ist das größte Gut dass das Leben bietet. – Ich denke an Dich, Du wirst jetzt vielleicht in Zimmersrode sein wie im vorigen Jahr. Bis heute Abend Liebster. Ich bin für das ganze Leben Deine Anny". Was kann es Schöneres geben, als einen sochen Menschen zu lieben!

In Dodenhauesen hatte Schöbel Wilhelm ein altes aber völlig intaktes Motorrad aufgetrieben, das ich für 50,- DM. erstand. Es handelte sich um eine Maschine Marke „D" Baujahr 1924, also so alt wie ich, mit einem 500 ccm Einzylindermotor. Man konnte es mit einem Kickstarter in Gang bringen. Das aber war nicht ganz einfach, da man dazu die notwendige Kraft im Bein benötigte. Dabei konnte es passieren, dass der Kickstarter zurückschlug und der Schlag in das zum Antreten benutzte Bein ging. Der für ein Motorrad großer Einzylindermotor machte, wenn er lief, das Geräusch eines Lanz-Bulldogs. Weder war das Fahrzeug zugelassen, noch besaß ich einen Führerschein, dennoch brausten Wilhelm und ich damit herum. Sogar Anny besaß den Mut und setzte sich auf den Soziussitz, um mit mir eine kleine Spritztour zu machen. Mir machte das Fahren Spaß. Doch einmal bekam ich ein Problem, als ich an einem Werktag vom Friedhof kommend die Dorfstraße herunterfuhr. Plötzlich, in Höhe von Thiels Haus, kam aus einer kleinen Seitenstraße, laut gackernd, ein großer Schwarm Gänse auf die Hauptstraße. Ich konnte nicht mehr bremsen. Es blieb mir nichts anderes übrig, als den Lenker fest in der Hand zu halten und mitten durch die Herde Gänse zu fahren, wobei etliche Federn flogen. Ich hoffte nur im Stillen, dass diesen Vorgang weder der „schwarze Teufel", noch Annys Vater gesehen hat. Eine neue Hasstirade wäre fällig gewesen.

Die Aussicht in Kassel bald eine Wohnung zu bekommen, beschäftigte meine

Eltern natürlich außergewöhnlich. Bisher wohnten sie nur in fremden Möbeln, aber eine Wohnung mit Küche, Bad und 3 ½ Zimmern wollte eingerichtet sein. Nach der Entnazifizierung meines Vaters, hatte er teilweise sein ausstehendes Gehalt nachbezahlt bekommen, das aber wurde durch die Währungsreform abgewertet. Jetz jedoch bekam er seine reguläre Pension und ein zusätzliches Gehalt als Revisor der Karlsruher Lebensvericherung AG. Das musste ausreichen, sich einigermaßen einrichten zu können. Etliches wurde in Densberg bei den hiesigen und im Umkreis tätigen Handwerkern angeschafft. Außerdem wohnte, ebenfalls als Evakuierte, die Familie Maluvius in Densberg, die in Kassel ein Möbelhaus führte. Sie konnte den Eltern behilflich sein. Hektik kam erst auf, als der Umzugstermin 1. April 1949 feststand. Natürlich war dieses Vorhaben im ganzen Dorf bekannt. Geheimhalten ließ sich bekanntlich in einem Dorf nichts. Annys Eltern verbanden mit unserem Umzug, das nahende Ende unseres Verhältnisses. Doch damit würden sie sich täuschen!

Mein Vater hatte alles organisiert. So rollte am 31. März 1949 ein Möbelwagen auf den Hof der Schmidtmühle, wie die Mühle von Krählings offiziell hieß. Alles was im Raum Densberg hergestellt sowie zwischenzeitlich angeschaffte wurde und persönliche Sachen, verschwanden im Aufbau des Möbelwagens. Um den Inhalt in die im 4. Stockwerk befindliche Wohnung zu transportieren, hatte sich Hans bereit erklärt zu helfen. Meine Mutter, mein Vater, meine Schwester und ich, saßen neben dem Fahrer im Führerhaus. Hans zunächst im Innenraum bequem auf den Polstermöbeln. Nach wenigen Kilometern hielten wir an, um uns zu vergewissern, dass sich Hans wohl fühlte. Vorne im Führerhaus war es recht eng, deshalb gesellte ich mich zu Hans. Die frisch renovierte Wohnung, machte mit ihren neuen Möbeln einen wohltuenden Eindruck. Doch sie war mir fremd, ich brauchte Zeit mich einzuleben. Zunächst blieb mir noch die Bezirksleitung in Marburg, doch wenn der bisherige Geschäftsstellenleiter in Kassel seine Position aufgeben würde, könnte ich diese übernehmen und das Büro in der neuen Wohnung dazu nutzen.

In Densberg gab es für Anny und mich wieder unnötige Probleme. Die Hochzeit von Krählings Mathildchen mit Ludwig, war der Anlaß. Neben allen möglichen Hochzeitsgästen war nur Anny eingeladen. Jedes Kind in Densberg, kannte die Situation von Anny und mir, es hätte sich gehört mich ebenfalls einzuladen. Um es nun nicht mit Heinrich Thiel zu verderben, auf den man ja vielleicht einmal angewiesen sein könnte, ging die Mutter des Bräutigams zu ihm hin, um ihn zu fragen ob er gegen eine Einladung von mir etwas hätte. Kein Wunder, hatte er! Und so wurde ich nicht eingeladen, was wir beide als einen Affront gegen uns ansahen. Anny teilte Krählings Mathildchen mit, sie käme nicht zur Hochzeit, da ich nicht auch eingeladen wäre. Nun aber ging es los. Mathildchen schrieb mir einen Brief und lud mich nachträglich ein. Gleichen Inhalts schrieb mir ihr Künftiger, mit Entschuldigung und Begründung warum ich nicht eingeladen worden sei. Seine Mutter versuchte Frau Schöbel, die Mutter von Waltrauts Freund, zu gewinnen, mich umzustimmen. Diese Geschichte machte natürlich im Dorf die Runde. Jeder im Dorf bildete sich seine Meinung. Diejenigen welche die Sympathien von Thiels gewinnen wollten, natürlich gegen uns. Ein typisches Beispiel lieferte die Posthalterin, die mir gegenüber immer so tat, als sei sie auf meiner Seite, obendrein mir gerne Negatives von Thiels erzählte. Ich hörte zufällig als sie zu Annys „Mutter" sagte, das wäre von Anny ungezogen, die Einladung nicht anzunehmen, sie (die „Mutter") solle sich das nicht gefallen lassen. Viele andere aber die mich darauf ansprachen meinten, wir hätten richtig gehandelt. So hatten wir allen gezeigt, dass wir uns nicht auseinander dividieren lassen. Auch die, welche mit dem Wegzug Grafenhorts aus Densberg gehofft hatten, das Verhältnis schliefe ein, täuschten sich gewaltig. Bei jeder Gelegenheit die sich uns bot, schrieben wir unsere Gedanken auf, die wir dem anderen zukommen ließen. Der Sohn der bei Thiels wohnenden Flüchtlingsfrau Rollepatz, arbeitete in Kassel. Dem gab Anny ihre an mich gerichteten Nachrichten mit, die ich mir am Bahnhof, wenn er mit dem Zug ankam, holte. Gleichzeitig gab ich ihm meine Zeilen (natürlich wie auch Anny im Umschlag) mit, die er abends Anny unauffällig aushändigte. Das Treffen mit Anny wurde allerdings stark eingeschränkt. In der Woche in der ich zu arbeiten hatte, war das nicht möglich, blieb nur der Sonntag. So kam ich in Densberg mit dem Nachmittagsbähnchen um 16 Uhr an und fuhr zwei Stunden später wieder über Zimmersrode nach Kassel. Für zwei Stunden Beisammensein, nahm ich über 100 Kilometer Bahnfahrt auf mich! Doch das störte uns beiden nicht, die Hauptsache, wir waren zusammen. Nach einigen Wochen bot sich eine Lösung durch Wilhelm Schöbel an, dem Freund meiner Schwester, der mit seiner Mutter gesprochen hatte. Sie erklärte sich bereit, dass ich in ihrem Hause übernachten könnte, wenn ich Anny besuchen wollte. Ich schätzte Wilhelms Mutter stets als eine fleißige Frau, die ihre beiden Kinder, Wilhelm und seine Schwester, ohne ihren im Kriege vermissten Mann aufzog. Darüberhinaus lebte in ihrer Familie noch die taubstumme Anna. Obendrein bearbeitete sie ihre Landwirtschaft mit Unterstützung von Annys Vater. Dem half sie auch, sofern es nötig war, insbesondere in der Erntezeit. Dass Frau Schöbel uns unterstützte, obwohl sie wusste das Thiels gegen unsere Verbindung waren, habe ich ihr hoch angerechnet und in meinem Leben nie vergessen!

Anny bekam, als ehemalige Schülerin der Landwirtschaftsschule, eine Einladung zu einem Ball der Schule in Wabern. Verständlich, dass sie keine Lust hatte, mit den Ehemaligen zu tanzen, das tat sie lieber mit mir. Wir nutzten die angebliche Teilnahme, zu einem Besuch Annys in unserer neuen Wohnung in Kassel. Die gefiel ihr gut und sie freute sich, dass wir endlich in einer gepflegten Wohnung leben konnten. Am nächsten Morgen brachte ich sie nach Wabern. Von dort fuhr sie mit den Mädels, die an dem Ball teilgenommen hatten, nach Densberg. Eine ehemalige Schülerin, welche den Ball mitgemacht hatte erzählte zu Hause, dass Anny nicht beim Ball war, sondern zu mir nach Kassel gefahren sei. Wie auf einem Dorf üblich, kaum hatte die Geschichte das Haus verlassen, ging diese in Windeseile von Haus zu Haus und fand im Hause Thiel eine günstige Stimmung, für einen Höllenkrach! Selten verging mal eine Woche, in der nicht bei Thiels über Annys Verhältnis zu mir geschimpft wurde. Egal was der Anlaß war, einen Grund fand besonders Annys „Mutter" immer. Weder bekam Anny von ihren Eltern Geld, noch ein neues Kleid (damit würde sie ja bei mir angeben, Originalton „Mutter"). Sie bekam kein benötigtes Wäschestück, sie lebte ja zu Hause, hatte ein Bett, wurde verpflegt, konnte arbeiten, was wollte sie noch mehr? Wenn das so weiterging mit mir, würde das eines Tages nicht mehr so sein. Das aber musste, aus der Sicht der Eltern, mit allen Mitteln verhindert werden. Das arme Mädchen hatte zu Hause nichts zu lachen und wenn sie mir in ihren Briefen darüber schrieb, kamen mir die Tränen. Dieser edle, gute, hilfsbereite Mensch, der nur an das Gute glaubte, wurde derart von der Stiefmutter und dem eigenen Vater schikaniert! Der „Mutter" ging es vordringlich um die willige, billige Arbeitskraft, der Vater dagegen wollte den der Tochter zustehenden Hofanteil nicht verlieren (auf den wir beide verzichteten). Meine Verzweifelung ging so weit, dass ich eines Abends spät noch auf den Friedhof ging, um am Grab von Annys Mutter, Gott um Hilfe zu bitten. Die unerträgliche Situation schien kein Ende zu nehmen. Keiner im Hause Thiel, wollte die Wahrheit wissen, akzeptierte kein Argument, doch Anny hielt zu mir! „Ich muss da durch", sagte sie unerschütterlich. Ein typisches Beispiel war Annys Bitte bei ihrer „Mutter", mit mehreren Densbergern an einem Sonntag zum Edersee zu fahren. Der einfachheithalber verwies sie Anny an ihren Vater. Wie das ablief, dürfte symptomatisch sein und schilderte mir Anny in einem ihrer Briefe. - - - - -

„Vater fragte mich mit wem ich hin wollte und ich zählte uns sechs namentlich auf. Darauf sagte er gleich, mit meiner Erlaubnis fährst du nicht. Es ist eine bodenlose Frechheit von dir, mir überhaupt diese Frage vorzulegen. Aber ihr seid eine wie der andere, wenn ich den (gemeint war ich) Sonntag kommen sehe mit hochmütigem Blick, dann reicht es mir. Mutter sagte dann was von großem Gehalt, ohne zu arbeiten. (Gemeint war auch wieder ich). Daraufhin er, das ist mir alles egal und spielt gar keine Rolle, was er ist und was er hat und tut oder nicht tut, ausschlaggebend ist wie er damals in der Schule so frech war, da habe ich seinen Charakter durchschaut, wie er gegen die Densberger eingestellt war. Wenn er es nachher runterschluckte und nicht gewesen sein wollte, ich habe gleich gedacht, in den hast du dich schwer getäuscht,

den lernst du jetzt erst kennen". Je nach dem was ihm oder ihr gerade einfiel, wurde als Argument hervorgeholt. Jetzt ist es eine Geschichte von 1946/47 in der es um den Bezugschein für ein Paar Schuhe ging. Natürlich hätte Anny ihren Vater gar nicht fragen brauchen, dann hätte sie nachher den Krach gehabt. Sie war aber so erzogen zu fragen, wobei es keinen Unterschied machte ob sie schon die Volljährigkeit besaß oder nicht. In der Familie hatte sie keine Rechte, sie erhielt ja auch keinen Lohn, hatte lediglich freie Kost und Logis, wie man damals sagte. Sie wurde wie eine Leibeigene behandelt.

Unsere persönlichen Probleme, wie auch die berufliche Entwicklung war unser Hauptanliegen. Alles was im politischen Raum passierte, berührte uns nur am Rande. Dennoch mussten wir uns auch allmählich mit den demokratischen Verhältnissen vertraut machen. Schon am 13. Februar 1949 wurde das Grundgesetz der Bundesrepublik Deutschland verabschiedet, am 4. April wurde die NATO, der Nordatlantische Verteidigungspakt, proklamiert der damit der jungen Bundesrepublik die Sicherheit garantierte. Am 21. Mai 1949 erfolgte die Ratifizierung des Grundgesetzes durch die Deutschen Länder. Die ersten Wahlen zum Bundestag fanden am 14. August 1949 statt. Dabei errang die CDU (Christliche Demokratische Union) gemeinsam mit der CSU (Christlich Soziale Union) 34,6 %, die SPD (Sozial Demokratische Partei) 32,6 %, die FDP (Freie Demokratische Partei) gemeinsam mit der DVP (Deutsche Volks Partei) und dem BDV (Bund der Vertriebenen) 12.9 %, die KPD (Kommunistische Partei Deutschlands) 3,7 %, die BP (Bayern Partei) 4,2 %, die DP (Deutsche Partei) 4,2 % und sonstige 7,8 %. Erster Deutscher Bundeskanzler wurde Dr. Konrad Adenauer (CDU), erster Präsident der Bundesrepublik Deutschland wurde Professor Dr. Theodor Heuss (FDP).

Inzwischen hatte ein Herr Huke, Herrn Rienke als Bezirksdirektor für Hessen abgelöst. Ein netter seriöser Herr mit markantem Kinn, ehemaliger Wasserballspieler der früheren Nationalmannschaft. Er gab sich große Mühe, aus der ihm übergebenen Organisation etwas zu machen. Anläßlich eines gemeinsamen Mittagessens mit Familie Pöpperl brachte er den Gedanken ins Spiel, Willi Pöpperl den Bezirk Marburg und mir den Bezirk Kassel zu übertragen. Während wir noch den Vorschlag von Haucke durchdachten, sagte in die eingetretene Stille die kleine Gisela, „Mutti, Herr Haucke füttert den Hund". Der hatte nämlich eine Hand auf seinem Knie abgestützt und löffelte mit der anderen seine Suppe. Gisela wurde zu guten Tischsitten erzogen. Sobald sie aber nur eine Hand zum Essen gebrauchte, die andere jedoch unter den Tisch hielt hiess es, „fütterst du wieder den Hund"? Doch zurück zu dem Gedanken des Bezirksdirektors Hucke. Derzeit war Kassel verwaist, deshalb war der Gedanke von ihm eine gute Lösung.

In Densberg blieb es bei den täglichen Briefwechseln. Die Einstellung von Annys Eltern änderte sich nicht, die Unliebsamkeiten blieben Annys „tägliches Brot". Das aber hatten wir noch nicht: An einem Donnerstag, es war der 21. Juli 1949, hatte ich Anny wie immer nach einem Treffen nach Hause gebracht, das heißt genauer bis zum Treppenaufgang der Freitreppe. Dort standen wir und unterhielten uns noch ein wenig. Plötzlich bog Annys Vater mit seiner Frau am Arm auf den Hof und steuerte auf die Treppe zu. Unüberhörbar sagte er laut zu mir, „verschwinden sie von meinem Hof. Hier habe sie nichts zu suchen. Hauen sie ab"! Während er das sagte, ging er mit seiner Frau am Arm an uns vorbei die Treppe hinauf ins Haus. Keiner von uns reagierte zunächst, doch dann ging Anny ins Haus. Sie tat mir leid! Jetzt würde es für sie noch ein Nachspiel geben. Das tat es an diesem Abend wohl nicht mehr. In dem Brief am nächsten Tag bat mich Anny ich solle die schwere Zeit durchhalten *„ich will sie Dir mit meinem Leben vergelten"* und weiter, *„Vergiss mich nicht, denke an uns wir wollen zusammen leben, es darf nicht alles umsonst gewesen sein. Du, ich habe Dich so unsagbar lieb, verlass mich nicht, lass mir Deine Liebe. Immer größer wird die Kluft zwischen mir und dem was mich hier hält, jeder Tag bringt mich unserm Leben näher"* - - - - - - - - . Dann geht sie auf den Auftritt ihres Vaters gegen mich ein und meint, es sei gut gewesen, dass ich ihm nichts entgegnet hätte, es wäre mir nur als Frechheit ausgelegt worden. Selbst wenn ihr Vater sie ins Haus verwiesen hätte, wäre sie ihm nicht gefolgt. Sie wäre bei mir geblieben, selbst wenn das die Entscheidung für´s Leben gewesen wäre. *„Du bist mein Leben, wir gehören zusammen, vergiss dass nie"*, schreibt sie mir eindringlich. Dann aber berichtet sie über die Auseinandersetzung mit ihrer „Mutter". *„Ich hatte keinen Hunger und frühstückte nicht. Daraufhin sagte „Mutter", ich solle essen, das ändere nichts an den Tatsachen, ich würde mich krank machen, ob ich nicht wüsste was Mutter* (gemeint ist die leibliche Mutter) *gehabt hätte, so leicht wäre man nicht von der Welt, sie wüsste wie schwer das Sterben für junge Menschen sei. In dem Moment war ich sehr erregt und sagte ihr, dann hätte Vater wenigstens sein Ziel erreicht, wenn eins von uns zusammenbrechen würde. Trennen könne er uns nicht, am 21. Oktober verloben wir uns. Da regte sie sich auch auf und sagte, das solle ich dem Vater selbst sagen, sie sage es ihm nicht. Dann wollte ich also den Weg gehen wie die Jesberger* (Hose Marlies oder Buschs Anny) *das hätte sie nie geglaubt. Man hat also scheinbar damit gerechnet dass ich vor einer letzten Entscheidung zurückstecken würde. Die Zukunft wird sie anders überzeugen. Weiter kamen dann die „Gründe" zur Sprache. Ich sagte ihr dass Vater überhaupt keine habe nur welche zusammen suche. Dass sich kein Mensch an einen Ausspruch in der Schule erinnern könne. Dann sagte sie, die Kinder hätten den Eltern zu gehorchen und ich hätte von Anfang an gegen ihr Verbot gehandelt. Ich sagte ihr, dass Kinder ihren Eltern wohl zu gehorchen*

hätten, sich ihren Lebenspartner aber selbst suchen müssten. Dass sie einmal ihr eigenes Leben leben und sich die Eltern da umstellen müssten. Gegen das alles kam sie nicht richtig an und wandte dann meine Mutter ein, bei der wäre alles nicht so gekommen. Der Meinung bin ich auch, nur im umgekehrten Fall, dass sie ihre Kinder verstanden hätte. Bald darauf war sie bei Vater in der Stube und sprach mit ihm über uns und den Wortwechsel. Ob sie ihm nun von unserer Verlobung erzählte oder nicht, weiß ich nicht. Nötigenfalls sage ich es Vater auch selbst. Weißt Du mir geht es wirklich so: „Was mich nicht umwirft, macht mich nur stärker." Mir geben diese Demütigungen nur Kraft für unseren Kampf. Heute Nachmittag im Feld ging mir alles durch den Kopf und ich sah der Zukunft zum ersten Mal ohne Angst, vollkommen gefasst entgegen. An ein Bibelwort dachte ich, was auch über mein Leben stehen könnte. „Wo Du hingest, da will ich auch hingehen, wo Du bleibst da will ich auch bleiben. Dein Volk ist auch mein Volk, Dein Gott ist auch mein Gott. Wo Du stirbst da will ich auch sterben, da will ich auch begraben sein". So ist es mit meinem Leben, lass Dir das Gewissheit sein, Bodo".
Eine definitive Lösung wie wir zu unserem Ziel kommen können, schwebte uns nicht vor. Wir wollten es mit der erzwungenen Verlobung versuchen. Zu diesem Zweck schrieb Anny an ihre Godel (Patentante) und kündigte einen Besuch von uns beiden an. Die Schwester ihrer Mutter und ihr Ehemann sollten mich einmal kennen lernen. Anny rechnete sich deren Unterstützung aus, im Falle der Verlobung gegen den Willen der Eltern. Denn damit war mit Sicherheit zu rechnen. So fuhren wir am 21. August, einem Sonntag, nach Löhlbach und besuchten den „Stinnes von Löhlbach", wie ihr „Petter" (Patenonkel) genannt wurde. Neben seiner Bäckerei, betrieb er noch einen gut gehenden Lebensmittelladen, sowie zusätzlich die Landwirtschaft. Deshalb nannten die Löhlbacher, die als wohlhabend angesehene Familie, mit diesem Scherznamen. Die Tante, deren Ähnlichkeit mit Annys verstorbener Mutter nicht zu übersehen war, und der Onkel waren freundlich zu uns. Beim Kaffee wurde über alles Mögliche und Unmögliche gesprochen. Dabei gefiel mir der „Petter", wegen seiner vielen Sprüche besonders. Anny besprach mit ihrer „Godel" (Patentante) unsere Situation und die Einstellung ihrer Eltern. Allerdings konnte sie keine begeisternde Stellungnahme feststellen, doch auch keine Ablehnung. Mit einer Hilfestellung von dort, konnten wir aber rechnen. Mit diesem Ergebnis fuhren wir erleichtert nach Densberg zurück.

Für uns war es eine glückliche Fügung, dass die Flüchtlingsfamilie im Hause Thiels einquartiert wurde. Anny verstand sich mit der gebildeten Frau sehr gut, konnte sich auch mit ihr über alles unterhalten. Sogar über unser Problem, dem auch sie großes Verständnis entgegenbrachte. Verständlicherweise konnte sie das nicht in aller Öffentlichkeit tun, schließlich wohnte sie mit ihren Kindern auf gleicher Ebene mit der Familie Thiel und benutzte sogar deren Küche mit. Doch ihr ältester Sohn Heini, der jeden Tag zu seiner Arbeitsstelle nach Kassel fuhr, unterstützte unser Verhältnis. Er nahm jeden Tag Annys Briefe mit nach Kassel und meine von dort mit zu Anny. Da Anny in ihrem Zimmer kein elektrisches Licht hatte, benötigte sie oft Kerzen um mir zu schreiben. Auch diese besorgte Heini. Sogar der Wunsch Annys nach einem Modeheft, wurde auf gleichem Wege realisiert. Heini tat alles, als ob es selbstverständlich sei. Ohne ihn und die Hilfe von Frau Schöbel, wäre alles noch viel schwerer gewesen. Es gab sie doch die Sympathiesanten!

An einem wunderschönen Sonntagnachmittag saßen Anny und ich auf einer Anhöhe zwischen Densberg und Jesberg unter einem Schatten spendenden Baum und schauten von dort weit ins Land. Dabei erzählte ich Anny, dass ich demnächst die Bezirksleitung Kassel übernehmen werde. Leider würde ich damit auch meinen Mitarbeiter Willi Pöpperl verlieren, was mich sehr betrübte. Er war nicht nur ein guter und erfolgreicher Mitarbeiter, ich hatte mich auch mit ihm und seiner Familie angefreundet. Ich verstand mich mit Willi gut, genau so mit seiner immer freundlichen etwas gesprächigen Frau. Das Töchterchen Gia war das Vorbild meines Wunschtraumes einer eigenen Tochter. Ein so liebes, hübsches, goldiges Mädelchen zum Liebhaben! Während ich so begeisternd erzählte, schrie Anny plötzlich erschreckt auf, eine größere Anzahl Zecken krabbelten an ihren Beinen hoch. Soweit wie möglich versuchten wir diese zu entfernen, um aber sicher zu gehen liefen wir schnell zurück nach Densberg. Zu Hause befreite sie sich in aller Ruhe, von den nicht ganz ungefährlichen Viechern. Abends berichtete sie mir, dass alle vernichtet seien. Doch dieser Abend wurde ausnahmsweise etwas länger. Als sie schließlich nach Hause ging, konnte sie nicht ins Haus, die Haustür war abgeschlossen. Das aber hatte ich gar nicht mehr mitbekommen. So berichtete sie mir über ihr Abenteuer: *„Vorsichtshalber zog ich mir schon auf der Straße die Schuhe aus. Ich kam an die Tür, die war zu und kein Schlüssel zu finden. Auf Strümpfen ging ich zurück und versuchte durch´s Küchenfenster einzusteigen, doch das war auch zu. Mir blieb Frau Rollepatz, die aber so spät und in meiner Verfassung zu wecken, war mehr als unangenehm. Mir fiel ein dass Adolf mal durch den Keller hineinschlüpfte, was aber gleich herauskam, da die Kellertüren nur von außen zugehen. Ich musste also zum Keller hinauf, durch die Haustür hinaus und die Türe schließen und dann nach oben. Als ich glücklich im ersten Keller stand – es schlug ½ 2 – hörte ich wie „Mutter“ sagte, mir war gerade als wäre eine Tür gegangen. Was sie weiter sagte, verstand ich vor Aufregung nicht mehr. Diese auch noch wach, das fehlte mir gerade noch. Eine Entdeckung wäre ein Skandal gewesen. Nach einer Zeit arbeitete ich mich weiter durch den anderen Keller und das Kellerloch hoch in den Flur. Es schlug 2, auch hörte ich wieder meine Eltern sprechen. Ich rechnete jede Minute damit dass sie rauskamen. Meine Schuhe und das Heft lagen auf der Treppe und die Kellertüren waren offen. Meine Garderobe sah entsprechend aus, ich bin doch über die Kartoffeln gekrochen. Ich kann Dir gar nicht alles so beschreiben, es war eine* *furchtbare Stunde die ich nie vergessen werde.* (Das hat sie auch nicht!) *Wie ein Wunder kam es mir vor als ich glücklich in meinem Zimmer stand. Es war ½ 3 durch, ich hatte eine Stunde gebraucht. Gott sei dank ist nichts aufgefallen, wie eine Fügung kommt mir Manches vor. Heute Morgen war mir noch ganz zittrig von der Aufregung. Zum Zug sah ich Dich auch gehen. Du sahst mich sicher nicht. Du gingst grade mit Heini fort, ich wollte rufen oder pfeifen, kriegte aber keinen Laut heraus.* Ein Glück für mich dass ich nicht wusste, in welcher schwierigen Situation sich Anny befunden hatte.

Unser Ziel hatten wir fest im Visier. Am 22. Oktober sollte unsere offizielle Verlobung stattfinden. Dieser uns alle belastende Zustand musste endlich beseitigt werden. Eine entsprechende Einladungskarte ließ ich drucken. „IHRE VERLOBUNG BEEHREN SICH BEKANNT ZU GEBEN *Anny Thiel Bodo Grafenhorst Densberg 22. Oktober 1949 Kassel*". Unter dem 6. 10. 1949 lud Anny und ich Annys Godel und Petter zur Verlobung ein, die in Kassel bei meinen Eltern stattfinden sollte, wobei ich in meiner Einladung vermerkte, dass diese auch im Namen meiner Eltern ausgesprochen wurde. Außerdem wies ich daraufhin, dass Annys Eltern nicht kommen würden und sie die nächsten Verwandten von Anny sind. Aber auch Karl Krähling und seine Frau, würden anwesend sein. Gleichzeitig legte ich diesem Brief einen Fahrplan von Löhlbach nach Kassel und zurück bei. Anny und ich befassten uns verständlicherweise gedanklich nur mit diesem Thema. Doch wie heißt es, „Erstens kommt es anders, als man zweitens denkt" oder auch „mit des Geschickes Mächten ist kein ewger Bund zu flechten".

Dieser Spruch bewahrheitete sich. Am 13. Oktober 1949 fand in Wirts Saal eine Zusammenkunft der Densberger Bauern statt. Nach dem offiziellen Ende setzte man sich noch zu einem Glas Bier zusammen. Dabei erwähnte Heinrich Hebeler, seinem neben ihm sitzenden Vetter Heinrich Thiel, „am nächsten Sonntag will Anny sich verloben". Darauf stand Annys Vater wortlos auf zahlte und ging nach Hause. Heinrich Hebeler aber kannte seinen Vetter nur zu gut, folgte ihm unauffällig, erreichte ihn aber gerade noch rechtzeitig, um den Strick abzuschneiden, an dem sich Annys Vater auf dem Hausboden aufhängen wollte. Als ich das hörte, war mir als ob ich einen Schlag ins Gesicht bekommen hätte. Ich wollte und konnte es einfach nicht glauben und dachte sofort an Anny. Was hatte das arme Mädchen wieder auszuhalten! Was musste das für eine Qual für sie sein! Im nächsten Brief von ihr konnte ich es lesen. Hier einige Auszüge: *„Mein Bodo ! Was gäbe ich darum brauchte ich diesen Brief nicht zu schreiben. Wärest Du doch bei mir Bodo, könnte ich Dich fest in meinem Arm halten, wenn Du ihn liest.- - - - - - Der Tag heute war furchtbar, Bodo. - - - - - - Heute Morgen waren wir alle drei an seinem Bett. In der Nacht haben Mutter und Onkel Hebeler ihn von dem Erhängen abgehalten „.In 10*

Tagen ist Annys Verlobung", das sei sein einziges Wort gewesen. Die Stunde heute Morgen war schrecklicher als eine in meinem Leben. Ich versprach Vater noch zu warten, dass ich Dich nie aufgebe weiss er. - - - - - - Mutter die den meisten Einfluss auf ihn hat versprach mir, alles zu tun, um den Zwiespalt zu beseitigen. - - - - - - Er habe ihr nachher gesagt, er wolle den Streit aus der Welt schaffen, wir müssten nur noch ein wenig Geduld haben, die Wunde müsse erst vernarben ehe er mit Dir sprechen könne in Ruhe. .Bodo, ich bitte Dich um alles in der Welt, überwinde Dich, demütige Dich und tue den Canossagang. - - - - - - - Was ich von Dir verlange, weiss ich und was ich Dir hiermit antue. Ich kann Dir nicht anders als mit meinem Leben danken - - - - - -. Vater sagte, ihr hättet es mit Liebe versuchen müssen und nicht durch Zwang, ihr hättet euch Zeit nehmen müssen und nicht alles auf die Spitze treiben. - - - - - - Bodo verstehe mich, verurteile mich nicht, ich weiss was ich Dir antue. Ich kann doch nicht über die Leiche meines Vaters gehen solange es einen anderen Weg gibt.- - - - - -Zu Mutter hat er dann heute Mittag gesagt, „ich kann doch das Mädchen nicht so fortgehen lassen. Wir haben jetzt ein Schwein verkauft, da können wir ihr die Kücheneinrichtung kaufen und weiße Bettwäsche braucht sie doch auch in der Stadt und einen Kochtopf und dergleichen hat sie doch auch nicht". Das beweist doch dass er seinen Standpunkt geändert hat, er will vor der Welt nicht so auf einmal nachgeben. Bodo um Deiner großen Liebe Willen bringe mir das Opfer, habe Geduld und ertrage die Demütigungen. - - - - - - - -Geliebter verzage nicht, verlass mich nicht, ich flehe Dich an bleib Du mir. Die Opfer die Du bringst sind unendlich groß. Zerbrich nicht an allem Kummer und Unglück das ich Dir bringe. - - - - - - Bodo, verlass mich nicht. Ich liebe Dich unsagbar und bin immer Deine Anny". Ich saß Gott sei Dank alleine im Wohnzimmer und heulte wie ein „Schlosshund", als ich diesen Brief lesen musste. Wie schwer es wieder meine Anny, **die Liebe meines Lebens,** getroffen hat. Was sie nicht alles aushalten musste, nur weil sie mich liebte und wir ein gemeinsames Leben führen wollten. Dieser Schmerz überwand den Zorn und die Wut auf die, welche schon über zwei Jahre mit allen ihnen zur Verfügung stehenden Mitteln versuchten, unsere Verbindung zu verhindern. Das Vorhaben uns zu verloben, musste gestrichen werden. Das war ärgerlich, doch viel schlimmer war das was Annys Vater getan hatte und welchen seelischen Schmerz er seiner Tochter zufügte. Anny hatte mir einmal geschrieben, die Schwierigkeiten die uns ihre Eltern bereiteten, würden uns nur noch fester zusamman schweißen. Und so dachte ich auch keinen Augenblick daran, Anny aufzugeben, egal was noch kommen sollte. Selbstverständlich war ich am nächsten Tag bei ihr und tröstete sie, soweit ich das überhaupt konnte, gab ihr aber damit auch die Gewissheit, dass ich nach wie vor und immer zu ihr stehe.

(Nach einigem Abstand dieses Vorganges konnte nie geklärt werden, warum Annys Vater sich über 2 Jahre gegen eine Verbindung seiner Tochter mit mir wehrte. Alle seine geäußerten Argumente trafen nicht zu. Plötzlich rastet er aus, will aus dem Leben scheiden, nur weil seine Tochter sich mit mir verloben will.

Unerklärlich! Ebenso unerklärlich seine Argumentation, wir hätten es mit Liebe versuchen sollen und nicht mit Gewalt. Wie sollte das „mit Liebe" aussehen? Wo hat einer von uns je „Gewalt" angewendet? Von vornherein wurde alles abgeblockt, insbesondere das Klima durch die Lügen ihrer Mutter vergiftet. Ihr Vater akzeptierte alles was sie sagte, auch die Lügen. Dagegen war nicht anzukommen. Man wollte auch nicht akzeptieren, dass es sich bei Anny um einen ganz normalen Vorgang zum Erwachsenwerden handelte. Auch nicht, dass ein volljähriges Mädel eigene Gefühle entwickelte. Absolut unverständlich das Argument des Vaters, wir hätten uns Zeit nehmen und nicht alles auf die Spitze treiben müssen. Nach über 2 ¾ Jahren? Mit welchen Zeiträumen rechnete der Vater? Wollte er etwa damit beweisen, dass sich der Ortslandwirt und hoch geachtete Bauer nicht zwingen lässt zu akzeptieren, wann und mit wem seine Tochter eine Verbindung eingeht? Alles sehr rätselhaft !)

Zu meinem Geburtstag konnte Anny natürlich nicht nach Kassel kommen, wir sollten ja noch Geduld haben. Doch der Brief den sie mir schrieb, entschädigte mich. Einen Satz nur daraus, der mir Hoffnung für die Zukunft gab, *„Für mich ist und bleibt die Stunde in der ich Dich finden durfte die gnadenreichste meines Lebens.*. Etwas Schöneres konnte sie mir nicht schreiben. Das schönste Geburtstagsgeschenk !

Die mich belastenden privaten Probleme, durften natürlich keinen Einfluss auf meine Arbeit nehmen, obwohl das sehr schwer fiel. Neben Willi Pöpperl, mit dem ich weiter zusammen arbeitete, hatte ich eine ganze Reihe von Mitarbeitern gewinnen können. Der eine oder andere tauchte auch aus der Gefangenschaft auf und übernahm wieder seine gewohnte Tätigkeit für die „Karlsruher". In Kassel hatte ich es mit einem ehemaligen „Reichsführer" der NSV (Nationale Volkswohlfahrt) zu tun. Er trug einst einen hochtrabenden Titel, war jedoch im christlich sozialen Bereich tätig. Ein recht fleißiger Mann mit Umgangsformen. Ein ehemaliger Mitarbeiter der „Karlsruher" fand sich in Eschwege ein, der aus der Gefangenschaft kommend, gleich seine alt gewohnte Tätigkeit aufnahm. Seinerzeit trug ein ordentlich angezogener Mann einen Hut, wenige Jahre später einen so genannten „Homburger", den man als solchen, durch ein mit Ripsband eingefassten rundum nach oben geschwungenen Hutrand, erkannte. Es gehörte sich, dass man zur Begrüßung aber auch zur Verabschiedung den Hut kurz anhob. Den Mitarbeiter aus Eschwege, der einer Loge angehörte, konnte man allein aus der Art wie er seinen Hut lüftete erkennen, dass er Logenbruder war. Hatte ich dort zu tun, übernachtete ich stets im Bahnhofshotel dessen Wirt aus Ostpreußen stammte. Seine Spezialität war der so genannte „Bärenfang", ein aus Bienenhonig hergestellter Schnaps, ein Teufelszeug, das gerne allzu bald in den Kopf stieg. Mein Arbeitsgebiet umfasste Frankenberg, Homberg, Marburg,

Felsberg, Gemünden und Fritzlar. Arbeitete ich allein in Fritzlar, besuchte ich Simons Fritz aus Densberg im Arbeitsamt. In dessen Mittagspause plauderten wir über alle interessanten Dinge des Tagesgeschehens, wie beispielsweise über die am 7. Oktober 1949 gegründete DDR oder die Auswirkungen des derzeitigen schwachen Arbeitsmarktes. Auch wichtig für mich, es war in der kalten Jahreszeit immer schön warm im Arbeitsamt Fritzlar.

Mein Vater hatte die Tätigkeit als Revisor aufgegeben und dafür die Hausverwaltung der „Karlsruher Häuser" in Kassel übernommen. Drei befanden sich in der Goethestraße und drei am Aschrottpark, deren letzte Kriegsschäden ausgebessert wurden. Unsere Anschrift lautete jetzt Goethestraße 16, in deren 4. Etage wir uns über die schöne Aussicht vom Balkon erfreuen konnten. Besonders aber genossen wir die Zentralheizung, die unsere 3 Zimmerwohnung mit Küche und Bad ohne jegliche Arbeit für uns schön warm hielt. Die mit Koks von einem Hausmeister befeuerten Wohnungen, in den Häusern rief natürlich die Kohlenhändler auf den Plan. Jeder wollte mit günstigen Angeboten den erforderlichen Koks liefern. Darunter befand sich auch ein junger Mann, Fritz Ziegler, der erst mit dem Kohlenhandel angefangen hatte. Unter der Gilde der Kohlenhändler galt er als „Hecht im Karpfenteich". Dieser Fritz Ziegler bemühte sich um mich und versuchte mir begreiflich zu machen, als Geschäftsmann muss man Mitglied im ADAC sein! Damals war das noch ein recht elitärer Kreis und so nahm mich Fritz am 18. November 1949 mit zur Mitgliederversammlung des Kurhessischen Motor-Sport Clubs, dem Kasseler Ortsclub des ADAC, stellte sich als Bürge zur Verfügung. So wurde ich Mitglied des ADAC (der später für mich eine besondere Bedeutung bekam). Die Mitgliederversammlung wurde mit einem Gänseessen beschlossen. Fritz Ziegler sass neben mir am Tisch und sagte nach dem Essen zum Ober der das Geschirr abräumte, „sind sie so freundlich und packen mir ein paar Knochen für meinen Hund ein. Aber bitte nicht mit so viel Fett. Mein Vater bekommt sonst Sodbrennen darauf"! Mir blieb die Luft weg! In diesem noblen Kreis so etwas zu sagen! Dann aber lachten, die mit am Tisch sassen, aus vollem Halse! Typisch Fritz Ziegler.

Meine Schwester und Wilhelm mussten heiraten. Das war seinerzeit so üblich, hatte man ein Mädel geschwängert, heiratete man dieses auch. So wurde der Termin der Hochzeit recht kurzfristig geplant. Zwar beabsichtigte man den Umständen entsprechend eine Haustrauung zu arrangieren, aber egal wie und wo, eine Hochzeit bedeutet immer einen besonderen Tag im Leben dieser Beiden. Er erforderte natürlich auch einen nicht alltäglichen Aufwand. Diesen hatte vor allem meine Mutter zu bewältigen. Sie bat mich deshalb um Hilfe von Anny zu bitten. Nachdem ja Annys Vater nicht mehr grundsätzlich gegen eine Verlobung seiner Tochter mit mir war, sondern dafür Liebe und eine längere Frist forderte, konnte man im Hause Thiel vom Grundsatz her nichts gegen eine Hilfe Annys für meine Mutter einwenden. Welch ein Wunder, sie taten es auch nicht! So reiste Anny zwei Tage vor der Hochzeit, die am 19. November 1949 stattfand, nach Kassel. Sie half meiner Mutter, die von ihr begeistert war. Trotz der Arbeit die Anny ja nie etwas ausmachte, gefiel es ihr im Kreise der Familie Grafenhorst. Natürlich freute mich das, war aber eigentlich selbstverständlich!

Aber auch bei Thiels passierte wieder einmal etwas Außergewöhnliches. In Hundshausen gab es Probleme. Vetter Konrad, der dort einen großen Hof führte, hatte richtigen ernsthaften Streit mit seiner Frau. Käthe war alles andere als eine Bäuerin, jedoch mit einem großen Bauern verheiratet und musste sich den Erfordernissen anpassen. Das aber führte immer wieder zu Auseinandersetzungen. Diese eskalierten in den Oktober/NovemberTagen derart, dass Konrad ausrastete und seine Frau auf dem Hausboden aufhängte und sich dazu. (Scheinbar auf dem Dorf die einzige Möglichkeit der Konfliktlösung.) Bruder Daniel kam dazu, befreite beide aus der unbequemen Lage und bemühte sich zu verhindern, dass Käthe ihren Mann anzeigte. Nun wurde Anny gebeten, auf dem Hof in Hundshausen ihrem Vetter bei der Führung des Hauses und der Betreuung seiner drei Kinder, behilflich zu sein. Zwar befand sich noch eine alte Tante auf dem Hof, doch diese war zu alt, um in dieser Situation noch etwas auszurichten. So zog Anny für eine Woche nach Hundshausen, ich aber besuchte sie am nächsten Wochenende. Vetter Konrad, der Anny immer sehr respektierte, vor allem auch auf ihrer Seite stand, stimmte zu. Mit dem Bähnchen fuhr ich bis Jesberg, ging dann die 3 – 4 Kilometer nach Hundshausen. In der Mitte des Ortes fand ich den großen wunderschönen alten Hof. Am Tag vorher hatte ich mir ein Paar neue Schuhe gekauft die mich, wie das bei neuen Schuhen üblich sein soll, arg drückten. So war ich froh, als mich Anny in ihre Arme nahm. Das Wohnhaus machte einen repräsentativen und anheimelnden Eindruck, in dem ich mir gut einen Gutsbesitzer vorstellen konnte. Mit Anny fühlte ich mich hier wohl. Es war die erste gemeinsame Zeit in der wir erlebten, wie schön es sein könnte, immer zusammen zu sein. Montag in der Frühe marschierte ich wieder nach Jesberg. Auf der Straße dorthin drückten mich die Schuhe so unangenehm, dass ich sie auszog und auf Socken bis zum Ortsanfang von Jesberg ging. Dort zwängte ich mich wieder hinein, fuhr von dort nach Kassel in den Bezirk zu ernsthafter Arbeit.

Bei dieser gab es auch mal Ärger. So hatte ich in Hofgeismar einen Mitarbeiter angestellt, der als Flüchtling im Kreise der Flüchtlinge arbeitete. Da diese ja noch keinen umfangreichen Hausrat besassen, hatte die Versicherungsgesellschaft für

Flüchtlinge so genannte Blockpolicen entwickelt. Vor Ort konnte man den originalen Versicherungsschein gegen Zahlung der Jahresprämie ausstellen. Hierdurch hatte der Versicherungsnehmer sofortigen Versicherungsschutz. Dieser Mitarbeiter machte zahlreiche Versicherungsabschlüsse, nur gab er die kassierten Prämien für eigene private Dinge aus und „vergass", diese mit mir abzurechnen. Pech für mich, dass ich für den Fehlbetrag aufkommen musste. Da half mir auch nicht Dr. Kohlenbecker, der Leiter der Außendienstabteilung in Karlsruhe, bei seinem Besuch in Marburg. Dort wohnte er im „Hotel Hessischer Hof", vor dessen Gebäude sich ein Brunnen befand, in dem die „Heilige Elisabeth", eine hessische Gräfin die sich um die Armen kümmerte, deren Wäsche gewaschen haben soll. Gemeinsam fuhren wir mit dem Bezirksdirektor Hucke nach Kassel. Dort wurden einige Gespräche mit Mitarbeitern und Bewerbern geführt. Wichtig aber war für mich die Feststellung von Dr. Kohlenbecker, er war mit meiner Arbeit sehr zufrieden.

In meinem privaten Bereich hatte sich nicht viel geändert. Gewiss der Ärger für Anny zu Hause nahm ab. Dennoch fiel es insbesondere der „Mutter" schwer, nicht gegen mich und damit unser Verhältnis zu hetzen. Da machte auch die Aussicht, dass wir zwei irgendwann einmal heiraten, keine Ausnahme. Immer wieder kam sie mit irgendwelchen Geschichten, die sie angeblich irgendwo im Dorf gehört hatte und die mich negativ aussehen ließen. Wir aber schrieben nach wie vor unsere täglichen Briefe, trafen uns immer noch an unseren alten Treffpunkten und ich wohnte weiter bei Frau Schöbel. Anny hoffte auf ein Gespräch mit ihrem Vater, dem sie vorschlagen wollte, die Verlobung an Weihnachten stattfinden zu lassen. Es sollte eine große Enttäuschung werden. Anny schrieb: *„Vater sagte ich, wir wollten uns doch Weihnachten verloben, ob er damit zufrieden wäre und ob es hier sein könnte Er sagte mir, von mir aus kanst du machen was du willst. So etwas Brutales wie du bist, hat die Welt noch nicht gesehen. Ihr wollt alles mit Gewalt zwingen. Ich habe gesagt die Zeit heilt alles, ihr könnte euch Ostern verloben.- - - - - - Wilhelm hätte doch schon im Dorf gesagt, wir würden im nächsten Jahr heiraten. Es wäre doch schon alles ohne ihn bestimmt. Für dich und deinem Beruf wäre es besser du würdest noch ein paar Jahre warten, wie es auch für Wilhelm besser gewesen wäre. - - - - - - Ich (Anny) sagte, wir hätten das Vierteljahr noch gewartet und was sich da nicht geändert hätte würde sich nicht mehr ändern. Ja (er) hätten wir uns da verlobt, wäre er von der Welt und hätte Ruhe. Was ich ihm angetan hätte, könnte ich nie wieder gut machen. Warum wir nicht im Herbst mit dem Kopf durch die Wand gegangen wären. Anny sagte, sie hätte gehofft er würde sich bis Weihnachten ändern und hätte dir versprochen dass wir uns dann verloben. Er meinte, wenn sie dächte dass müsse jetzt unbedingt sein, sollte sie machen was sie wollte. Er sage nichts mehr, es wäre doch alles vergeblich. Anstatt dass wir es in Liebe versucht hätten, brauchten wir Gewalt. - - - - -*

(Es war schwer den Gedanken von Annys Vater zu folgen. Welche Kenntnisse hatte er über meinen Beruf? Wo hatte Anny sich brutal verhalten? Woher hatte er das Wissen was für Wilhelm Schöbel besser wäre? Weshalb behauptete er, wir hätten alles schon geplant? Diesen unrichtigen – um nicht zu sagen Lügen – standen wir machtlos gegenüber.)

So kann das nun nicht weiter gehen, waren meine Gedanken. Irgendwann ist der Bogen überspannt. In mir gärte es, ich hatte das Gefühl in mir läuft etwas über. Es musste etwas geschehen, ich musste aktiv werden. Anny teilte ich am 7. Dezember kurz mit: „Um es vorweg zu nehmen, morgen Abend gehe ich direkt vom Zug zu Deinem Vater. Ich habe es endlich satt und will eine endgültige klare Linie. - - - - - - - - Auch meine Mutter, mit der ich über die derzeitige Situation sprach, war der Meinung, ich solle sofort handeln. Ich fuhr also mit dem Zug gen Densberg. Während ich von der Bahnstation zu Thiels Haus ging, fiel mir der Spruch ein den man Luther auf dem Weg zum Reichstag zu Worms gesagt hatte, „Mönchlein, Mönchlein, du gehst einen schweren Gang den bisher kein Mensch vor dir gegangen ist". Mir war die Schwere meines Vorhabens bewusst, als ich die Treppe des Hauses hinauf ging und Anny mir entgegen kam. Sie war natürlich ganz aufgeregt. Wir wechselten schnell ein paar Worte, sie wünschte mir Glück. Im Gegensatz zu Anny war ich völlig ruhig (cool würde man heute sagen) und konzentrierte mich auf das, was kommen würde. **Ich klopfte an die Wohnungstür und vernahm „herein". Dann trat ich ein und sagte artig „guten Abend", trat neben Annys Vater der am Tisch saß, den Rücken mir zugekehrt, die „Mutter" über Eck handarbeitend und begann sofort mit der Frage, „Herr Thiel, was haben sie eigentlich gegen mich"? Er antwortete völlig ruhig mit einer Gegenfrage, „was wollen sie von mir"? Verhalten, klar und deutlich sagte ich, dass seine Meinung über mich jeder Realität entbehre, alles was über mich erzählt würde, stimme nicht. Weder seine Angaben über meinen Beruf, den er ja gar nicht kenne, noch über mein Verhalten. Der Streit der sich wegen mir entwickelt habe, sei nicht von mir gewollt, sondern durch ihn und Annys Stiefmutter hervorgerufen und absolut unnötig. Anny und ich möchten uns verloben und danach alsbald heiraten, erwähnte ich bewusst um ihn zum Einlenken zu zwingen. Er sagte nichts darauf. Eine Pause trat ein wobei ich der Meinung war, wenn Annys „Mutter" zugestimmt hätte, wäre die Entscheidung gefallen doch er sagte nur, „ich kann das nicht ändern". Nachdem ich aber deutlich erklärt hatte, dass ich nur seine Tochter möchte und nichts von dem was ihr zustände, schien das Eis gebrochen. Er schlug mit der flachen Hand auf den Tisch. „Ich mache Ihnen den Vorschlag: Ostern ist Verlobung und hier, alles andere ist vergessen". Berücksicht**

man einmal was alles über mich in der Vergangenheit gesagt wurde, wie er sich Anny aber auch mir gegenüber verhalten hat, musste man seine veränderte Einstellung hoch anrechnen. Auch benahm er sich bei unserer wörtlichen Auseinandersetzung absolut korrekt, wurde auch nicht ausfallend. In dieser Situation war sein Vorschlag das Höchste was wir erreichen konnten. Dann sagte er zu seiner Frau „hol Anny herein". Ich war überzeugt, dass sie die Ohren gespitzt hatte und schnell zur Küche zurück gelaufen war. Sie trat schnell ein. Der Vater informierte sie und wir beide bekräftigten noch einmal, wir wollten zusammen sein, irgendwann heiraten und auf alle Ansprüche an ihn verzichten. „Hol aus dem Keller eine Flasche Wein", sagte er zu Anny, während die „Mutter" in die Küche ging und den Tisch deckte Brot, Butter und Wurst dazu. Mir war nicht wohl dabei, zu plötzlich und geistig unvorbereitet mit der Familie zu essen. Offenbar gehörte es dazu. Annys Vater ließ sich auch nichts anmerken. Er schien sich zu bemühen alles Trennende zu überbrücken oder vergessen zu lassen. Anny saß neben mir! Das zu wissen erzeugte in mir unbeschreibliche Glücksgefühle. Dabei dachte ich, was wird sie wohl denken, was ist ihr Gefühl? Ein fast 3 Jahre dauernder Kampf war zu Ende! Gewiss werden sich noch einige Widrigkeiten vor uns aufbauen, die wir zu bewältigen haben. Doch unser gemeinsamer Weg war vorgezeichnet. Natürlich waren meine Eltern von dieser Entwicklung erfreut. Ich aber fühlte mich wohler, von einer Last befreit. Mein berufliches Engagement hatte jetzt auch ein klar definiertes Ziel.

Die Mitglieder des ADAC in Kassel setzten sich seinerzeit aus honorigen und einflussreichen Leuten der Stadt Kassel zusammen. Entsprechend gestalteten sich auch die Clubveranstaltungen. Für den 17. 12. war eine Art Adventsball geplant, an dem ich gedachte mit Anny teilzunehmen. Sie hatte sich in der Zwischenzeit von der Familienschneiderin in Gilserberg ein schönes Kleid machen lassen, zu dem sie ein dunkles Jäckchen trug. Sie sah darin reizend aus. Zwangsweise mussten sich die Eltern an die neuen Verhältnisse gewöhnen. So nahmen sie auch wortlos in Kauf, dass Anny zwei Tage zu mir nach Kassel fuhr. Da es bei den Männern üblich war zu einem solchen Anlass einen Frack zu tragen, musste ich mir einen aus einem dafür vorhandenen Geschäft leihen. Gewiss war das für uns etwas Neues, beide hatten wir gehörige Hemmungen. Doch unser Kohlenhändler-Freund, ein lustiger Typ der nicht „auf den Mund gefallen" war, immer einen Spruch drauf hatte, nahm uns ein wenig unsere Bedenken. Jedenfalls gefiel es uns beiden recht gut. Bei der dabei stattfindenden Tombola gewann ich sogar einen Brieföffner (mit dem ich bis heute die täglichen Briefe öffne). Nach diesem ersten ADAC-Ball, dem später noch unzählige teils in ganz

Deutschland folgen sollten, verlebte Anny dann den Sonntag im Kreise meiner Familie und fuhr gegen Abend nach Densberg.

In Densberg fiel es Annys Eltern nicht leicht sich umzustellen, zu akzeptieren, dass sich grundlegend etwas geändert hat. Sie bemühten sich zwar, waren jedoch obendrein noch recht empfindlich. So konnte es passieren, dass ich von Kassel kommend aus irgendeinem Grunde zuerst zu Frau Schöbel ging und danach zu Thiels. Anny gegenüber wurde gleich moniert, es hätte sich gehört, dass ich zuerst zu Thiels und dann zu Schöbels gegangen wäre. Oder Anny erklärte ihrer „Mutter", dass sie zum nächsten Wochenende zu mir nach Kassel führe. Ihre „Mutter" entgegnete, dann müsse sie ja statt 10 noch 6 weitere Kühe melken, das aber wäre zu viel für sie. Selbst der Hinweis, dass es die Zukunft so mit sich bringen würde, beruhigte die Mutter nicht. Wie heißt es doch in der Bibel, „alles hat seine Zeit". So stand Weihnachten vor der Tür. Anny schrieb mir einen Wunschzettel. Nicht so einen wie wir ihn als Kinder schrieben, Annys sah auszugsweise so aus: - - - - - - - *„die Weihnachtsgeschenke machen mir ziemlich Gedanken. Ich habe kein Geld und möchte doch jedem eine Kleinigkeit schenken. Du hast mir voriges Jahr so lieb geholfen und wirst es sicher auch dieses Jahr tun.- - - - - - - Ich schreibe Dir nun meinen „Wunschzettel". Wenn Du kannst bist Du so lieb und bringst die Sachen mit. Für Heinrich hätte ich gerne einen Drehbleistift oder Kugelschreiber, was billiger ist. Er sagte etwas von einem Kugelschreiber für 1,DM. Adolf bekommt zu Weihnachten einen grauen Anzug mit rotbraunen Streifen. Vielleicht könntest Du eine etwas passende Krawatte kaufen. Dann noch für „Mutter" einen Messbecher. Dann wäre ich die Sorge um die Drei erst einmal los. Gell Junge, bist so lieb. Du machst mir eine wirklich große Freude damit. Kannst es ja an meinem Weihnachtsgeschenk abziehen. Sonst beschämst Du mich wieder, ich kann Dir doch nicht so viel schenken. Wir schenken uns ja genug in uns selbst. Das Buch für Vater habe ich aufgegeben, es ist zu teuer. Vielleicht gibt es noch mal ´was Billigeres. Deiner Mutter wollte ich gerne ein Sofakissen sticken und wollte dazu das Handarbeitsheft. Nun will ich Waltraut Leinen mitgeben und sie bitten etwas aufzeichnen zu lassen und Stickgarn kaufen. Wenn Du das Heft nicht hast kannst Du das Geld sparen. Schenkst mir dann bitte später eins. Waldtraut wollte ich ein Überhandtuch machen, das fing ich schon mal an. Was ist denn nun mit Deinem Vater? Vielleicht wäre ein kleines Buch nicht übel? Doch müsste ich Dich bitten es zu kaufen. Gell, eigentlich einfach, Du kaufst und ich schenke? Doch ich würde gern selbst kaufen und habe mir um diese Dinge schon Gedanken gemacht."*
(Diese hier erkennbare Eigenschaft, gerne etwas zu schenken und sich Gedanken zu machen, was für ein Geschenk für zu Beschenkenden angebracht ist, hat Anny in ihrem ganzen Leben beibehalten.)

Mit Weihnachten ging es auf das Jahresende zu. Ich konnte Bilanz ziehen über das abgelaufene Jahr meiner beruflichen Tätigkeit. Zu diesem Zweck hatte sich auch Bezirksdirektor Hucke, kurz vor den Feiertagen, angesagt. Über meine Arbeit äußerte er sich positiv meinte jedoch, wir sollten ins Auge fassen, im nächsten Jahr den Bezirk auf den Bereich Kassel zu beschränken und den Bezirk Marburg Willi Pöpperl als Bezirksleiter (BL) zu übertragen. Damit war ich natürlich einverstanden. Der Oberinspektor von der „Frankfurter Versicherungs AG", der unsere Organisation in den Sachversicherungssparten betreute, wurde zwischenzeitlich von einem Herrn Waner abgelöst. Beide bemühten sich, neben der Unterstützung bei der Akquisition, meinen Mitarbeitern und mir Kenntnisse von den 28 verschiedenen Sachversicherungssparten beizubringen. Bei mir fiel das auf besonders fruchtbarem Boden. Ich schloß zahlenmässig mindesten die gleiche Anzahl Sachversicherungsverträge wie die der Lebensversicherung ab. Während es für den Abschluß von Lebensversicherungen lediglich eine Abschlußprovision gab, erhielt man neben der Abschlußprovision für Sachversicherungen, eine so genannte Inkassoprovision und zwar so lange der Vertrag lief. Dadurch erhöhten sich im Laufe der Zeit die monatlichen Einnahmen.

Die politischen Entwicklungen tangierten meine Berufsarbeit nicht. Man interessierte sich auch erst ganz allmählich, an das Geschehen im neu gebildeten Bundestag und in den Bundesländern. Mit den Komunen hatte man herzlich wenig zu tun. Den Straßenverkehr gab es in kleinerem Rahmen, der keinen Anlaß bot sich damit zu befassen. Dass im November 1949 der so genannte „Petersberger Vertrag" geschlossen wurde, der West-Deutschland, oder wie es jetzt hieß der Bundesrepublik, erweiterte staatliche Vollmachten übetrug, nahm man so nebenbei zur Kenntnis. Danach durfte die Bundesrepublik konsularische Beziehungen mit anderen ausländischen Staaten aufnehmen, die Demontagen der Fabriken und Wirtschaftsunternehmungen als Reparationsleistungen wurden gestoppt, Mao TseTung hatte ganz China erobert, sein Gegner General Chiang Kai-Shek rettete sich mit seinen Truppen auf die Insel Taiwan und gründete dort einen neuen Staat, Einsteins Gravitationstheorie interessierte nur Fachleute. Jeder hatte in dieser Zeit mit sich selbst zu tun. Tausende von ehemaligen deutschen Soldaten befanden sich noch immer in Kriegsgefangenschaft. Das neue Geld die DMark setzte die Bürger in die Lage, sich dafür etwas anzuschaffen, da alle materielle Verluste durch den Krieg erlitten hatten. Auch bei Grafenhorsts bedurfte die Frage eine Antwort, was fehlt noch im Haushalt und in der Wohnung? Gerade das Weihnachtsfest gab Anlass sich darüber Gedanken zu machen.

Ich verbrachtete den Heiligen Abend gemeinsam mit meinen Eltern, Waltraut und Wilhelm, erstmals seit 1941 wieder in einer eigenen Wohnung, in Anlehnung an die einst bei Grafenhorsts üblichen Weihnachtsabläufe. Anny noch getrennt von mir, verlebte diesen Tag daheim mit den Eltern und Geschwistern. Am 1. Weihnachtstag kam ich dann gegen Abend zu Thiels, um Anny und ihrer Familie ein frohes Weihnachtsfest zu wünschen, wobei ich kleine Weihnachtsgeschenke ablieferte. Anny bekam einen Mantel in dunkelblauer Farbe, den wir bei ihrem letzten Besuch in Kassel ausgesucht hatten, aber noch kleinere Änderungen erfahren musste. Er sollte ihr noch treue Dienste leisten. Doch Annys „Mutter" konnte ihre Missgunst, gegen die eingetretene Entwicklung noch immer nicht überwinden. Sie meinte, ihr und ihrem Mann gefiele die Farbe nicht, das hätten schon irgendwelche Leute aus dem Dorf festgestellt. Auch hätte es sich gehört, den Mantel vorher den Eltern vorzustellen. (Da das nicht gemacht wurde, warum auch, musste nun etwas bemängelt werden. In diesem Fall die Farbe!) Sie getrauten sich natürlich nicht mir das zu sagen. Deshalb tangierte mich das auch nicht. Wir sind es schließlich, die wissen müssen was wir wollen und was für uns gut ist, nicht aber andere! Von Anny bekam ich zum Weihnachtsfest einen von ihr gestrickten Schal, ebensolche Socken, einen Spiegel für die Reise und ein Bild von ihr. Am nächsten Morgen, sensationell für die Densberger, gingen wir beide zusammen in die Kirche und nachmittags spazierten wir durch´s Dorf. Den letzten Weihnachtsabend verbrachten wir dann mit Familie Thiel. Hätte es das jahrelange Theater vorher nicht gegeben, wäre das ein ganz normaler Vorgang. So aber war das neu für uns. Am frühen Morgen des nächsten Tages fuhr ich wieder zu meinen Eltern nach Kassel und übergab ihnen Annys Weihnachtsgeschenk. Darüber schrieb ich Anny: - - - - - „Als meine Mutter aber Dein Kissen entdeckt hatte, war sie überrascht und so ergriffen, dass sie einige Tränen verdrückte. Du glaubt ja gar nicht, welche Freude Du meinen Eltern damit gemacht hast. Die viele Arbeit die Du daran hattest, wurde wirklich hoch anerkannt. Mein Vater meinte, das wäre aber eine unheimliche Stichelei die Du daran gehabt hättest.- - - - - - Und wie habe ich mich gefreut über die Freude meiner Eltern über Dein Geschenk."- - - - - - -

Natürlich ging die Aussöhnung Annys Eltern mit mir durch das ganze Dorf. Und wie das bei solchen Ereignissen ist, betonen alle mir oder Anny gegenüber, sie hätten gewusst, dass sich dass einrenken würde. Darüber gab es etliche die behaupteten, sie hätten dem Thiels Heinrich schon immer gesagt, er solle sich nicht so anstellen und akzeptieren dass Anny sich für mich entschieden habe. Es gab sogar solche die allen Ernstes erklärten, sie hätten Annys Vater zum Einlenken bewegt. Ich konnte nur den Kopf schütteln. Bis zu dem bewussten Abend, hatte ich jedenfalls nichts von der Unterstützung gemerkt. Erstaunt allerdings war ich, dass viele im Dorf wussten, wie der Abend zur Beilegung der Differenzen gelaufen war. Wer hatte da geschwätzt? Die „Mutter"? Bin ich mir nicht sicher. Annys Vater? Glaube ich kaum. Vielleicht aber hatte jemand von draußen durch das beleuchtete Wohnzimmer alles beobachtet. Die Fenster besaßen normale Scheiben, man konnte das laut Gesprochene sicher verstehen. Es war mir ein Rätsel! Nun, die Densberger hatten wenigstens ein Thema. Doch es sollte nicht das letzte über uns sein!

Der Jahreswechsel 1949/1950 sollte für Anny und mich eine besondere Bedeutung bekommen. Das aber wurde uns erst einige Wochen später bewusst. Sylvester kam Anny zu uns nach Kassel und feierte mit meinen Eltern, Waltraut und Wilhelm den Jahreswechsel. Anny schlief in dem Bett meines Zimmers, ich auf der Couch im Wohnzimmer. Es war natürlich, dass ich Anny in „ihrem" Bett besuchte. Das aber vertrug offenbar das Gewicht zweier Menschen nicht, der Sprungrahmen rutschte aus der Halterung und fiel mit lautem Getöse auf den Boden. Erschreckt rechneten wir mit dem Erscheinen meiner Eltern. Doch nichts geschah, offenbar schliefen beide schon fest. Ich richtete alles wieder, kontrollierte dass der Sprungrahmen jetzt richtig auflag. Über die Ruhestörung der vergangenen Nacht wurde am Frühstückstisch kein Wort verloren. Glücklich Anny am Arm, spazierten wir am Vormittag durch den Wilhelmshöher Schlosspark. Dabei machte ich einige Fotoaufnahmen für das Album das Anny mir zu meinem Geburtstag geschenkt hatte. Nach dem Nachmittagskaffee brachte ich Anny zum Bahnhof und sie fuhr wieder nach Hause. Das neue Jahr forderte jeden von uns.

1950

Es ist außerordentlich schwierig sich in eine Lage zu versetzen, etwas verstehen zu wollen, das in einer Zeit geschehen ist, in der die Menschen völlig andere Vorstellungen, über die Bewältigung des Lebens hatten. Ihre Denkweise war eine völlig andere. Absolut andersartige Probleme gab es zu entscheiden die heute unbekannt und nicht vorstellbar sind. Man verfügte über ein geringeres Wissen und konnte sich nur an überkommenes Verhalten orientieren. Die Erziehung richtete sich nach dem Selbsterlebten. Die Interessen und auch die Gewohnheiten, wurden von den vorhandenen beschränkten Möglichkeiten beeinflusst. Es gab die 8-klassige Volksschule, die 10-jährige Realschule mit Abschluss der Mittleren Reife und das 13-klassige Gymnasium (eingeschlossen 4 Klassen Volksschule), das bei den Mädchen Lyzeum hieß. An Lehrberufen gab es den Schlosser, Schuhmacher, Schneider, Schreiner, Installateur, Bäcker, Metzger und den kaufmännischen Gehilfen. Die Mädels hatten die Möglichkeiten Schneiderin, Frisöse, Haushaltsgehilfin, Kauffrauoder Bürogehilfin zu werden. Alle anderen Berufe haben sich erst in den letzten 50 Jahren entwickelt. Studieren konnte man nur an Universitäten oder Technischen Hochschulen, die seinerzeit nur die klassischen Fachrichtungen kannten. Voraussetzung aber war stets das Abiturzeugnis. Es gab Theater und Kinos auch in größeren Städten, Tanzlokale jedoch nur für Erwachsene ab dem 21. Lebensjahr (Volljährigkeit). Eine sehr beschränkte Welt!

Kürzlich fiel mir eine Geschichte in die Hände, die zwar nicht mehr unbedingt aktuell ist, doch in gewisser Weise die Unterschiede zum Heute darstellt. Hier ist sie:
„Wir wurden vor der Entdeckung des Fernsehens, der Schluckimpfung, der Tiefkühlkost und des Kunststoffes geboren.
Wir kannten weder Kontaktlinsen, noch Xerox und schon gar nicht die Pille.
Wir kauften Mehl und Zucker noch in Tüten und nicht in Packungen die mühsam entsorgt werden müssen.
Wir waren schon da, bevor es Geschwindigkeitsbegrenzungen, Radarkontrollen, Kreditkarten, Telefax, Kernspaltung, Laser und Kugelschreiber gab.
Geschirrspüler, Wäschetrockner, Klimaanlagen, LastMinuteFlüge, Datenbanken waren unbekannt und der Mensch war noch nicht auf dem Mond gelandet.
Wir haben erst geheiratet und dann zusammen gelebt.
Zu unserer Zeit waren „Bunnies“ noch kleine Kaninchen und der „Käfer“ kein Volkswagen und mit „jemanden gehen“, dass hieß wie fast verlobt zu sein.
Wir waren da bevor es den Hausmann, die Emanzipation, Pampers, Aussteiger und Computer gesteuerte Heiratsvermittlungen gab.

Zu unserer Zeit gab es keine Gruppentherapie, Weight Watchers, Sonnenstudios, keine Zweitwagen und kein Kindererziehungsjahr für Väter.
Und Arbeitslosigkeit war eine Drohung und kein Versicherungsfall (Hartz IV).
Wir haben niemals UKW aus dem Transistorradio gehört, keine Musik vom Tonband oder DVD und schon gar nicht die New Yorker Symphoniker via Satelit.
Es gab auch keine künstlichen Herzen, kein Joghurt auch kein Notebook und auch keine Jungen die Ohrringe trugen.
In dieser Zeit hieß „Made in Japan" billiger Schund und man hatte noch niemals von Pizza, Mac Donalds, Döner und Instantkaffee gehört. Als wir als Kinder auf der Straße herumliefen, konnte man noch für 10 Pfennige ein Eis kaufen, einen Beutel Studentenfutter oder eine Flasche Klickerwasser.
Die Worte „Software" für alles was man am Computer nicht fassen kann und „non food"-für alles was man nicht essen und trinken kann, waren noch nicht erfunden.
Wir haben unsere Briefe mit 6 Pfennig-Marken frankiert und konnten für 15 Pfennige mit der Straßenbahn von einem Ende der Stadt zum anderen fahren.
Wir waren die letzte Generation die so dumm war zu glauben, dass eine Frau einen Mann heiraten muss um ein Baby zu bekommen.
Wir mussten alles selber tun und mit dem auskommen was wir hatten und „Bock" mussten wir immer haben!

Die Verhalten ändernde Pille, war noch nicht erfunden. So war auch das miteinander Schlafen, nicht frei von Problemen. Anny und ich hatten uns auch erst nach über einem Jahr, an dieses Thema herangetastet. Nicht das sexuelle Verlangen bestimmte unsere Liebe, es war das emotionale Gefühl das unser Füreinander beherrschte und uns wirklich zusammen brachte. Wichtig war für uns das gegenseitige Verstehen. Immerhin kamen wir beide aus unterschiedlichen Kulturen – hier Bauernhof, da Großstadt – doch die Harmonie der gleichen Ansichten, Meinungen von uns beiden bewiesen, dass der Unterschied der Herkunft keinen Hinderungsgrund darstellte. Erst nachdem die Gefühle, das Verstehen, das gemeinsame Ziel stärker geworden war, erwachte auch bei uns das körperliche Verlangen. Um eine Schwangerschaft zu vermeiden, gab es nur zwei Möglichkeiten. Condome die es entweder in Apotheken und Drogerien gab und auf einzelnen Herrentoiletten in Automaten. Doch zu jener Zeit hatte man Hemmungen offen zu gestehen, dass man Geschlechtsverkehr beabsichtige. Es war noch mit einer gewissen Peinlichkeit verbunden. Zu dem offenen Kauf von „Verhüterli", wie die Schweizer dazu sagten, über die Ladentheke, womöglich bei einer jungen Apothekerin, gehörte schon Mut. Selbst die Automaten in einer Herrentoilette wurden nur bedient, wenn sich kein anderer dort befand. Um diese Umstände zu umgehen, bediente man sich der so genannten Knaus-Ogino-Methode. Mittels einer Messung, konnte man bei der Frau, die empfängnisfreien Tage feststellen. Leider war diese von Fall zu Fall nicht immer verlässlich, so dass es doch zu Schwangerschaften kam.

Über die Zeit zwischen Weihnachten und dem Beginn des neuen Jahres, als „zwischen den Jahren" bezeichnet, hatte sich allerhand zu bearbeiten angesammelt. Mir blieb daher nichts anderes übrig, als mich in die Arbeit zu stürzen, wenn es mir auch nach den vielen gemeinsamen Festtagen, mit Anny schwer fiel. Die Betreuung der Vielzahl meiner Mitarbeiter, ließ mich die Akquisition für mein eigenes Geschäft nicht vergessen, deshalb war ich auch pausenlos unterwegs. Mal in Rauschenberg, mal in Eschwege, in Hofgeismar, in Marburg um nur einige Orte zu nennen. Gott sei Dank gab es auch wieder Hotels, in denen man übernachten konnte, wodurch meine Arbeit wesentlich erleichtert wurde. Zwischendurch freute ich mich immer wieder, von Anny Briefe zu bekommen, die ich während der häufigen Aufenthalte auf Bahnhöfen, in Ruhe beantworten konnte. Unter dem 5. Januar berichtete sie mir, dass mit großem Getöse im Flur ein Stück von der Decke heruntergefallen sei. Nun müsse wohl oder übel gebaut werden, das ihr gar nicht recht war. (Vielleicht ahnte sie schon unbewusst, welche Schwierigkeiten das vor allem für sie, in der Zukunft bedeuten würde). An dem Tag an dem das passierte, besuchte mich in Kassel Käthe von Hundshausen mit Tochter Grudrun. Sie wollten für ein paar Tage, in Kassel ihre Verwandten besuchen und sogar einmal gemeinsam ins Kino gehen. Obwohl ich mit der Hundshäuser Verwandtschaft kaum bekannt war, verhielt sich Käthe als ob sie mit uns schon jahrelang verwandt sei. Obendrein lud sie mich noch zum Schlachten (Schlachtfest) ein, wohin ja wohl auch Annys Eltern kämen. So wurde ich problemlos, in den großen Verwandtenkreis von Anny integriert. Der Jahresbeginn hatte es in sich. Annys „Mutter" hatte Geburtstag und ich schrieb ihr erstmals eine Geburtstagskarte! (Wat mut dat mut, sagen die Friesen.) Es erstaunte mich nicht schlecht, dass mein kasseler Mitarbeiter, ohne Rücksprache mit mir, anlässlich eines Lehrganges in Neusatz, sich um eine Wohnung in Kassel bemüht hatte. Gegen Hergabe einer Hypothek, sollte für ihn eine Wohnung in der Murhardstraße 27 reserviert werden. Natürlich schaltete ich mich sorfort ein und veranlasste die Gesellschaft, für die Hypothelenhergabe zwei Wohnungen vom Hausbesitzer zu verlangen. Damit hatte ich nach der Heirat mit Anny, für ein „Nest" gesorgt. Etwas befremdlich und eigentlich in meinen Augen unfair, fand ich das Ansinnen meines Mitarbeiters Willi Pöpperl, sich für eine Bezirksleitung in Bochum zu bewerben. Das wäre schon ein Verlust für mich, doch im Geschäftsleben muss man auch Enttäuschungen hinnehmen. Ich nahm mir vor, mit ihm einmal darüber zu sprechen. Anny hatte sich zu ihrem

Geburtstag einen Nähkasten gewünscht den ich ihr am 24. Januar 1950 schenkte und der auch heute noch im Einsatz ist. Passagen meines Geburtstagsbriefes lasen sich wie folgt: „Mein liebes Geburtstagskind! Dass einmal der 24. Januar für mich so bedeutsam sein würde, hätte ich mir nicht träumen lassen. Heute vor 23 Jahren schrie ein kleines Wesen, das sich als Mädchen entpuppte zum ersten mal auf dieser bitterbösen und doch schönen Welt. Es wusste da noch nichts von dem Leben dieser Welt, doch leider hast Du das allesschon früh und ausgiebig erfahren müssen. Früh in Deinem Leben lerntest Du das Leid kennen und den Ernst des Lebens. Doch auch umso größer die Freude, das Glück und die Liebe. Dadurch dass Dich Deine liebe Mutter so früh verließ, kam die häusliche mütterliche Liebe zu kurz. Doch Kleines, heute zu Deinem Geburtstag verspreche ich Dir, Dein Leben das Du mir geweiht hast, soll glücklich sein! Mein größter Wunsch ist es, Dir nach deiner schweren Jugend ein schönes Leben zu bieten, Dich glücklich zu machen, Dich die Liebe erleben zu lassen in allen Arten und Variationen die es nur gibt. - - - - - - -“ Weiter bedankte ich mich in diesem Brief für ihre große Liebe zu mir und die Opfer die sie dafür gebracht hat, wobei ich versprach, das nie zu vergessen. Besonders zu vermerken war die Tatsache, es war das erste Mal in unserer jungen Geschichte, dass ich Annys Geburtstag mit ihr und ihrer Familie im Hause Thiel feiern konnte.

Leider lag ein Schatten auf Annys Geburtstag, an dem sie 23 Jahre alt wurde. Es bestand die Möglichkeit der Schwangerschaft. Zunächst jedoch sollte uns das nicht belasten. Doch in Gedanken beschäftigten wir uns schon mit den Schwierigkeiten, die damit verbunden waren. Natürlich wollten wir Kinder, doch eigentlich erst nach der Hochzeit. Zwar hatte Anny in ihrer Jugendzeit immer von 9 Kindern gesponnen, ohne zu wissen was das bedeutet. Eine Kinderidee. Von Tag zu Tag wurde sicherer, dass es sich nicht um „blinden Alarm“ handelte, sondern die Schwangerschaft zur Tatsache wurde. Jahrelang haben uns Annys Eltern das Leben schwer gemacht, jetzt tun wir uns das selbst an. Es war gewiss nicht schön, dass diese Situation jetzt eintrat. Vor kurzer Zeit erst, hatte sich das Spannungsverhältnis zu Annys Eltern, in ein positives verbessert. Jetzt mussten wir damit rechnen, dass es sich wieder verschlechtern würde. Wir hatten das durchzustehen, wie man heute sagt. Doch so schlimm wie es einmal war, wird es nicht wieder werden, hofften wir. Schließlich erwarteten wir die Krönung unserer Liebe! Was aber würden unsere Eltern sagen, war ein recht intensiver Gedanke, der uns beschäftigte. Um es vorweg zu nehmen, meine Eltern hatten es schon einmal bei Waltraut erlebt, waren also „geübt“. Und so fiel auch die Reaktion auf meine diesbezügliche Nachricht recht maßvoll aus. Ja, meine Mutter freute ich sogar für Anny, die sie sehr schätzte und die sich denken konnte, was das für Anny bedeutet. Bei deren Eltern aber kam das etwas anders an. Dort hatte ihre „Mutter“ an Annys Verhalten bemerkt, was vermutlich mit ihr los war. Auf ihre Frage hatte sie keine Antwort erhalten, rannte sogleich zu ihrem Mann, um ihn zu informieren. Der wusste nichts anderes zu sagen als „was du uns antust“ oder „der brauch unser Haus nicht mehr betreten“ und - - - - - legte sich ins Bett. Scheinbar hatte er sich dann beruhigt und es kam ihm zum Bewusstsein, dass es sich ja schliesslich um sein Kind handelte. Möglicherweise fiel ihm auch ein, dass es nicht zu dieser Situation gekommen wäre, hätte er sich nicht 2 Jahre quer gelegt. Jedenfalls änderte sich seine Meinung und (wie sollte es anders sein) auch die seiner Frau. Man akzeptierte die Situation der Tochter, schließlich handelte es sich auch um ihren Nachwuchs. So lösten sich alle Sorgen und schlimmsten Erwartungen auf, worüber wir uns freuten. Jetzt machte man sich im Hause Thiel Gedanken, was man Anny mitzugeben hätte, dabei wurde sogar der Bestand der Wäsche von Annys Mutter, die nicht benutzt worden war, aktiviert. Es wurde Bettwäsche genäht, Knopflöcher gefasst, alle waren mit Freuden dabei, sogar ihr Vater! In ihrem Brief schrieb Anny mir, sie wären alle so nett zu ihr wie selten zuvor, sie hätte auch kaum einmal gewagt zu hoffen, dass sie so gut zu ihr seien. Sie wäre auch der Überzeugung, dass ihr Vater finanziell tun würde was er könne, obwohl ein größerer Umbau bevorstand. Es hatte sich nämlich bei dem einige hundert Jahre alten Haus herausgestellt, dass sich die grossen Natursteine des gesamten Fundamentes, nach außen gebogen hatten und neu gemauert werden müssen. Das aber war ohne Unterfangen des ganzen Hauses nicht möglich. Zu dem Problem der Heirat seiner Tochter, kam dieses Projekt noch dazu. Annys Vater war nicht zu beneiden! Andererseits, hätten die beiden Alten unser Verhältnis nicht jahrelang blockiert, wären die Zeitabläufe andere gewesen. Nun aber galt zu überlegen, wann unsere Hochzeit sein sollte. Anfang April erwartete Waltraut ihr Baby und eigentlich wollten wir noch vorher heiraten. Im Hause Thiel war man darüber nicht gerade begeistert. Ihr Knecht (ein aus Gefangenschaft geflüchteter Soldat) hatte für einen Besuch seiner im Osten befindlichen Heimat Urlaub genommen und war noch nicht zurückgekehrt. Hin und wieder tauchten auch die ehemaligen Differenzen mit Annys Eltern auf, so wie bei dem von uns ins Auge gefassten Heiratstermin. Den 18. März sah Annys Vater als viel zu früh an, bemerkte außerdem, dass es Anny nicht verdient habe auf dem Geburtstag ihrer Mutter zu heiraten. Von ihrer „Mutter“ erfuhr sie, ihr Vater habe sich im Unmut geäußert, weil ich es nicht für nötig gehalten habe mit ihm über die geplante Hochzeit zu sprechen. Da hatte er allerdings recht. Ich hatte bei der doch für uns recht turbulenten Entwicklung, wirklich nicht daran gedacht, ganz davon abgesehen, dass mir das Gespräch vor allem mit Annys Vater, nicht gerade angenehm war. Anny aber bat dringlich das nachzuholen, was ich auch schweren Herzens tat. Dabei betonte ich nochmals, mir ginge es einzig und allein um seine Tochter mit der ich einig wäre nichts von Thiels zu beansprucheln. Nachdem sich die Spannung gelegt hatte, sagte ich ihm, dass meine Eltern in Kassel eine Haustrauung vorzögen, mit der er sich auch einverstanden erklärte. Dann wurde über Details der Hochzeit gesprochen, wer backt Kuchen, was wird benötigt, wie sieht das mit dem Essen aus, wer hilft und wer versorgt an diesem Tag das Vieh von Thiels, wer fertigt die erforderliche Girlande und was es sonst noch alles für Probleme gab. Wenn auch die Gespräche in entspannter Atmosphäre stattfanden, fühlte ich mich nicht wohl dabei, schließlich war ich der Verursacher. Beim zuständigen Standesamt musste ich das „Aufgebot" bestellen, mit Geburts-und Heiratsurkunde der Eltern, sowie einer ärztlichen Eheunbedenklichkeitsbescheinigung von Anny und mir aus der hervorging, dass keiner von uns beiden mit TB oder Geschlechtskrankheiten zu tun hatte, eine Aufenthalts-und Ledigkeitsbescheinigung, und polizeiliche Führungszeugnisse. Immer wenn ich in der nächsten Zeit in Densberg war, fuhr ich bepackt mit allen möglichen Lebensmitteln, mit Einweckgläsern voll Stachelbeeren, Johannisbeeren, Kirschen und Äpfeln für die Hochzeit nach Kassel. Ob die Butter selbst geschlagen oder gekauft werden sollte oder wann ich Sahne für die Kuchen und Sahne für die Salate mitnehmen müsstete, wurde bei Thiels diskutiert. Sogar Geld wollte mir Annys Vater noch zur Ausrichtung der Hochzeit geben, was ich natürlich ablehnte. Auch bei Grafenhorsts wurde geplant und vorbereitet wie soll dies gehen, wie soll das geschehen, wie soll dies ablaufen und wie ist das geplant, welche Rauchwaren und Getränke sind erforderlich, wie kommen Annys Eltern nach Kassel, wie lange bleiben sie und wie fahren sie zurück? Alles Fragen die gelöst werden mussten. Ganz nebenbei musste ich auch noch arbeiten, wenn ich auch vor unserer Hochzeit eine Woche Urlaub nahm.

So sehr wir beide uns auf das Kind freuten, in diesen Tagen jedoch mussten wir uns mit aktuellen Fragen befassen. Und was für Fragen? Wir hätten uns nicht träumen lassen, was alle auf uns zukam. Nach unserer Hochzeit sollte Waltrauts Baby geboren werden, dazu hatte sie zwei Tage vor unserer geplanten Hochzeit auch noch Geburtstag. Wir mussten darauf achten, nicht die Übersicht zu verlieren. Meine Schwester nahm an einem Babykursus teil, bei dem sie für sehr wenig Geld Babysachen aus der Schweiz, mit wesentlich besserer Qualiät bekommen konnte. Ich nahm die Gelegenheit wahr und ließ mir von Waltraut welche mitbringen, (6 kleine Mullwindeln, 12 Einlagen, 4 Einschlagtücher, 18 Nesselwindeln, 12 große Mullwindeln und 6 Jäckchen) die wir doch einiges Tages benötigen würden. Dass wir bald ein Kind haben, kam mir fast wie ein Traum vor. Doch ich musste mich von diesen Gedanken trennen, es gab noch etliche Aufgaben für mich. So musste das Brautkleid von Waltraut aus der Reinigung geholt und noch geringfügig geändert werden. Auch der Kranz und der Schleier sollte besorgt werden. Dadurch dass wir Waltrauts Hochzeitskleid verwenden konnten, sparten wir viel Geld. Allerdings benötigte nun wieder meine Schwester ein Umstandskleid, damit sie überhaupt an unserer Hochzeit teilnehmen konnte. Dafür aber hatte sie kein Geld. Doch von einer Rechtsanwaltsfrau, bekam sie für DM. 40,- ein seidenes Umstandskleid, die ich zahlte mit der Maßgabe, dass Anny das Kleid erhielt, wenn Waltraut es nicht mehr benötigte. So konnte Anny zu gegebener Zeit, auch auf die Umstandskleidung von Waltraut zugreifen. Zu unserer Hochzeit luden wir Annys „Godel" mit „Petter" und Willi Pöpperls Familie ein. Mehr konnten wir in der Wohnung der Eltern nicht unterbringen. Meine Eltern, Waltraut und Wilhelm, Annys Eltern und Brüder, Pöpperls, Anny und ich waren schon 13 Personen. Deshalb waren wir auch nicht böse, als die Löhlbacher aus Gesundheitsgründen absagten.

Der Tag unserer Hochzeit rückte unhaltbar näher. Im Hinblick darauf hatte ich mir im Anzugverleihgeschäft einen Frack geliehen und einen Zylinder gekauft (den Anny immer noch am „Rosenmontag" benutzte) damit auch ich zur Hochzeit, dem Anlass entsprechend, gekleidet war. Fritz Ziegler der Kohlenhändler, der mich veranlasst hatte in den ADAC einzutreten und der mir bei der Lösung von Problemen stets half, hatte es übernommen, am Tage der Hochzeit Annys Eltern und Brüder von Densberg, mit dem Mercedes eines Freundes abzuholen und auch abends wieder nach Hause zu fahren. Er tat das kostenlos, ich sah das als Hochzeitsgeschenk an. Anny war schon ein paar Tage früher zu uns nach Kassel in die Goethestraße 16 gekommen, um meiner Mutter bei den Vorbereitungen zu helfen.

Pünktlich am 18. März 1950 fuhr Fritz Ziegler mit dem Mercedes nach Densberg, lud dort Annys Eltern und Brüder mit einigem Gepäck ein und fuhr sie nach Kassel in die Goethestraße 16. Nachdem Annys „Mutter" und ihre Brüder ausgestiegen waren, dann zu meinen Eltern gingen, fuhr Fritz Ziegler Anny, mich, meinen und Annys Vater zum Kasseler Rathaus, in dem sich das Standesamt befand. Um 11 Uhr wurde Anny und ich getraut, in Gegenwart unserer beiden Trauzeugen Annys und meines Vaters! Anny hieß jetzt Anna Grafenhorst also die junge Frau Grafenhorst! Anschließend gingen wir mit unseren Trauzeugen in das nahe gelegene Kaffee Lange, tranken dort ein Glas Sekt und fanden uns dann wieder in der Goethestraße ein. In der Zwischenzeit hatten sich dort meine Schwester mit ihrem Ehemann, Familie Pöpperl und Frau Ziegler eingefunden. Nachmittags kam dann der Pfarrer, der im entsprechend hergerichteten und geschmückten Büroraum, die kirchliche Trauung vornahm. Während der Zeremonie schaute sich Anny zu ihren Brüdern um und stellte fest, dass diese aber auch ihre und meine Eltern Tränen verdrückten, darauf kamen auch ihr die Tränen! Der Druck der letzten Tage, Wochen und Monate, der fast 3 Jahre dauernde Kampf um das heutige Geschehen, fiel von uns ab. Dazu passte ganz wunderbar unser Trauspruch, 1.Korinther 13, 13: „Nun aber bleibt Glaube, Hoffnung, Liebe diese drei; aber die Liebe ist die größte unter ihnen!" Vom 1. Tag an, hat uns allein unsere Liebe geleitet. Sie tat es auch für unser ganzes Leben!

Während abends Annys Eltern und Brüder von Fritz Ziegler wieder nach Hause gefahren wurden, saßen wir noch lange zusammen, bis Anny und ich uns in ein Hotel in der Königsstraße verzogen, um unsere Hochzeitsnacht zu verbringen. Am anderen Morgen, nach dem Frühstück, machte ich mit meinem Vater, Herrn und Frau Pöpperl und Tochter einen Spaziergang. Während Frau Pöpperl sich mit meinem Vater angeregt unterhielt, kam plötzlich die kleine Gisela, die mit ihrem Vater hinter uns ging, zu ihrer Mutter gelaufen, „Mutti" sagte sie, „der Papa hat einen fahren lassen und der stinkt". Ich musste an mich halten, um nicht laut los zu lachen. Der lieben Ima war das ja sooo peinlich! Sie ließ doch immer wieder durchblicken, dass sie aus guten Hause kam und dann dieses! Jeder tat so als ob er das nicht gehört habe und so spazierten wir durch das angenehme Frühlinsgwetter. Pöpperls aber konnten noch nicht ahnen, dass sie dreiviertel Jahr später, selbst nach Kassel ziehen würden.

Nun zog der Alltag ein. Anny arbeitete wie gewohnt bei ihren Eltern, ich bemühte mich um die Wohnung in unmittelbarer Nähe meiner Eltern und ging meinen dienstlichen Verpflichtungen nach. Doch Annys Vater bekam riesige Probleme mit dem Umbau des Hauses. Da das Fundament vom Keller bis zum Parterre vollkommen neu gemauert werden musste, konnte die Flüchtlingsfrau nicht mehr in ihrem Wohnraum bleiben. Aber wohin mit ihr und ihren Kindern? Da der Umbau dringlich war, eine Bleibe im Haus sich nicht anbot, versuchte Vater Thiel alles, um das Bauvorhaben zu realisieren. Dabei unterstützte ich ihn bei den Behörden, so weit ich konnte. Irgendwann klappte es. Die Flüchtlingsfrau zog in eine andere Wohnung im Ort, mit dem Umbau konnte begonnen werden. Zunächst wurde das ganze Gebäude mit starken Holzstämmen unterfangen, die das Haus ab dem 1. Stock trugen. Da man das Haus nur über eine Leiter betreten konnte, bekam ich ernstliche Kopfschmerzen. Ursache war die schwangere Anny! Momentan war das sicher kein so großes Problem, doch wenn sie an Umfang zunahm und dann noch mit einem Eimer in der Hand, sah das schon anders aus. Auf keinen Fall durfte sie dabei stürzen, es wäre nicht auszudenken. Jedenfalls hatte ich keine Ruhe mehr. Ich wurde ständig von der Angst getrieben, ihr könnte etwas dabei passieren, das Kind verlieren oder das Baby geschädigt werden. So oft ich konnte, war ich bei ihr. Das wurde bedauerlicherweise unterbrochen, da ich nach Neusatz im nördlichen Schwarzwald musste, um an einem Lehrgang für Bezirksleiter teilzunehmen. Diese ungewohnte Sitzerei und auch das schulmäßige Lernen fiel mir schwer, so dass ich froh war, als die Tagung endete. Am letzten Tag sagte der für Grundstücksangelegenheiten zuständige Mitarbeiter, mir die Wohnung in Kassel in der Murhardstraße 27 zu, sie müsse nur noch fertig gestellt sein. Da das Haus durch Brandbomben ausgebrannt sei und nur die einzelnen Etagen hergerichtet würden, sei das keine große Affaire. Meine Eltern aber konnten ein freudiges Ereignis feiern, Waltraut hatte mit ihrer Tochter am 22. April meine Eltern zu Großeltern gemacht! Sie bewohnten zwischenzeitlich eine Wohnung in Treysa. Während des Sommers tauchte sogar einmal Oma Möller aus Dortmund, mit meinen Eltern zur Taufe ihres ersten Urenkels Angela, in Densberg auf.

Derjenige aber dem wir die Wohnungsbereitstellung zu verdanken hatten, erfüllte die Erwartungen der Geschäftsführung nicht, schied bei der „Karlsruher" aus und verlor damit auch seinen Anspruch auf die Wohnung. Doch dafür fand sich schnell eine Lösung. Da Willi Pöpperl sich anderweitig beworben hatte, fand mit ihm und seiner Frau ein Gespräch statt. Dabei stellte sich heraus, dass der Grund der Veränderung eine Verbesserung der Wohnverhältnisse war. Nun hatte sich in Kassel eine neue Situation ergeben. Ich schlug meinem Chef vor, Willi Pöpperl die Bezirksleitung Kassel zu übertragen und mir die Geschäftsstelle Kassel. Dann könnten wir die zweite Wohnung für Pöpperls verwenden. Die Hauptverwaltung in Karlsruhe war einverstanden, Pöpperls ebenfalls. Ich freute mich auf Pöpperls Nachbarschaft. Doch vorerst mussten wir auf die Fertigstellung des Hauses warten.

Zunächst jedoch blieb alles wie gehabt. Die organisatorischen Veränderungen sollten erst nach dem Umzug Pöpperls nach Kassel greifen. So ging ich weiterhin meiner Arbeit nach, fuhr so oft ich konnte nach Densberg und erlebte den Umbau hautnah. Mir standen immer „die Haare zu Berge", wenn ich sehen musste, wie Anny mit einem Eimer in der Hand über die Leiter stieg. Es war für mich eine Selbstverständlichkeit meinen Schwiegereltern, die sie nun mal waren, bei der Landwirtschaftsarbeit zu helfen. Ob es ums Heumachen ging, Steine lesen, Rüben verziehen oder was es sonst noch alles gab, bis hin zur Erntezeit, ich war stets dabei! Hatte ich keinen Termin am Samstag, stand ich als Arbeitskraft Thiels zur Verfügung. Man sollte nicht sagen können, ich drücke mich vor der Arbeit. Außerdem konnte ich durch meinen Arbeitswillen, das persönliche Verhältnis mit den Familienangehörigen verbessern. Mittlerweile fühlte ich mich schon zu ihnen gehörig. Doch der Mittelpunkt der Familie für mich war meine Anny, die allmählich immer umfangreicher wurde. Was wird es werden, Junge oder Mädel? Es wäre zwar ganz schön, wenn es ein Junge würde, doch tendierte ich mehr für ein Mädchen. Im Geist schwebte mir immer die reizende Gisela vor. Sie war ein so hübsches aufgewecktes Kleines, das man nur lieb haben konnte, so ´was hätte ich auch gerne! Anny war es mehr oder weniger egal, sie freute sich sowieso auf unser „Kind der Liebe“ und hielt es mit dem dörflichen Spruch „was kommt wird angebunden“. Der bezog sich allerdings auf das Rindvieh, ob es nun eine kleiner Ochse oder eine kleine Kuh werden sollte. Diesen Spruch wandte man auch scherzhaft auf die Geburt von Babies an.

Nun lebten wir ja nicht auf einer Insel der Glückseeligkeit, sondern in Deutschland, in der Bundesrepublik Deutschland. Um uns herum in der Welt passierte allerhand, so dass nicht nur das Spannungsverhältnis der freien Welt, zu den Ostblockstaaten Turbulenzen verursachte. (Nach der Kapitulation 1945 war uns Deutschen bewusst, dass der Kommunismus nicht mit den westlich orientierten Staaten, harmonieren würde. Wir glaubten oder hofften sogar, dass die westlichen Alliierten mit uns die Sowjetunion angreifen würden, um den ewigen Frieden in Europa zu erreichen. Stattdessen hatten wir jahrzehntelang den „Kalten Krieg“.) Selbst der Krieg in Korea, belastete die Bürger der Bundesrepublik. Viele befürchteten nämlich der Krieg weite sich aus, wie mein Schwager Schöbel, der den Krieg bei uns schon kommen sah. Das kommunistische Nordkorea, hatte das westlich orientierte Südkorea angegriffen, das sich nur schwach verteidigen konnte. Die USA griffen im Auftrag der UNO mit ihren Soldaten ein, doch getreu dem Spruch der Ostfrontkämpfer, „vorwärts Kameraden wir müssen zurück“, befanden sie sich alsbald am Südzipfel Südkoreas. Erst nachdem türkische Truppen zu Hilfe kamen, konnte man Südkorea zurück erobern, womit der erste „Stellvertreterkrieg“ beendet wurde. Wären da nicht 2 Millionen Arbeitslose in unserem Land, könnte man das Leben in der Bundesrepublik positiv sehen. Doch die Welt blieb leider nicht friedlich, irgendwo musste immer geschossen werden. So erfuhren wir durch den neu entwickelten UKW-Empfang, dass die Chinesen Tibet erobert hatten. Sie wollten die Tibetaner vom kapitalistischen Leben befreien, wie sie behaupteten. Auch auf dem Balkan entwickelte sich ein Krisenherd. Der Staatspräsident Tito, des kommunistisch ausgerichteten Jugoslawiens, wollte einen eigenen nicht von Moskau vorgegebenen Kommunismus in seinem Land. Moskau zog sich vom Balkan zurück und Tito baute Kontakte mit dem Westen auf. Diese Probleme nahmen die Bundesbürger, jeder nach seiner Fasson, zur Kenntnis und befassten sich lieber mit den Verhältnissen im eigenen Land, wobei der Gedanke an Krieg außen vor blieb. So erging es mir auch. Die Entwicklung neuer Fortbewegungsmittel, war in Deutschland recht erfreulich. Auf unseren Straßen tauchte ein Auto auf, mit einer nicht aus Stahl oder Blech hergestellten, sondern aus Holz mit Kunststoff überzogenen Karosserie. Der „Lloyd 300“, mit 10 PS, 75 km/h

Höchstgeschwindigkeit für 2 800 DM. Dieser so gannte „Leukoplastbomber", bevölkerte in unzähligen Exemplaren unsere Straßen. Darüber hinaus konnte man verschiedene Fabrikate, dreirädriger motorisierter Fahrzeuge beobachten, sowie eine Unmenge von Motorrädern unterschiedlicher Hersteller, mit verschiedenen PS-Stärken, jedoch zweier Motorenhersteller, entweder mit Ilo- oder Sachsmotor. Mir war schon klar, dass die motorisierte Fortbewegung der Zukunft gehörte. Das bewies sogar die „Karlsruher", dessen Bezirksdirektor Hucke, mit einem von einem Chauffeur gesteuerten VW-Käfer Dienstwagen, innerhalb von zwei Tagen seine Bezirksleiter besuchte. Ohne Dienstwagen hätte er dazu eine Woche benötigt. Nicht umsonst sagte der ADAC: Mobilität sichert den Fortschritt!

Die Zeit verging, das Haus in Densberg wurde allmählich fertig. Die Küche wurde neu, die anderen Räume wie gehabt eingerichtet. Allerdings wurde die Toilette mitsamt einem Bad ins Haus verlegt. Leider fiel das Fachwerk des Erdgeschosses, durch den massiven Unterbau des Fundamentes fort und begann erst mit der ersten Etage. Auch die schöne Treppe mit ihrem Überbau, war einem wieder beiderseits benutzbaren Treppenvorbeu gewichen. Alles war für uns etwas gewöhnungsbedürftig. Anny und ich aber freuten uns auf unser Baby, von dem wir nicht wussten, ob es nun ein Junge oder ein Mädchen wird. Wir hatten uns deshalb auch noch nicht auf Vornamen festlegen können. Doch kurz sollte der Vorname sein, der Familienname bestand immerhin aus 11 Buchstaben. Ingo stand für einen Jungen, Birgit für einen Mädchennamen. Doch Anny sollte, wenn es soweit war, über den Namen entscheiden, darum hatte ich sie gebeten. Zu Beginn des Monats September, wurde mit der Ankunft gerechnet. Meistens schlief ich am Wochenende bei ihr in Densberg, dann konnte ich bei Anny fühlen, wie das Kleine sich bewegte. Wir beide waren selig und unsere Gedanken und Gespräche drehten sich fast nur noch um unser Baby. Dabei fühlten wir uns, als die glücklichsten Menschen der Welt, für uns war es die Menschwerdung unserer Liebe. So rechneten wir, dass Anny im Juli / August zu uns nach Kassel kommt und auch nach der Entbindung, dort mit unserem Kind bis zur Fertigstellung unserer Wohnung bleibt.

Der Um-und Ausbau in Kassel ging recht langsam vor sich. Es mag daran gelegen haben, dass zu Anfang der 50er Jahre, noch nicht alles erforderliche Material ausreichend verfügbar war. Anny und mir dauerte natürlich alles zu lange, doch wir mussten uns, ungeduldig wie wir waren, damit abfinden. Auch unser Kind konnten wir kaum erwarten, wobei uns doch klar war, „alles hat seine Zeit", wie das Sprichwort sagt aber uns ging alles zu langsam. Anny übersiedelte offiziell im August von Densberg nach Kassel. Wie geplant holte ich Anny mit allem was sie benötigte, einschließlich der Dinge für den Klinikaufenthalt, in die Goethestraße. Die Arbeiten zu Hause fielen Anny immer schwerer, sie musste auch körperlich ausgeruht sein, wenn es soweit war. Bei Grafenhortsts übernahm sie mein Zimmer, während meine Schlafstelle die Couch im Wohnzimmer wurde. Mit meinen Eltern kam sie gut zurecht, schließlich schäzte sie meine Mutter und auch mein Vater sehr. Hier konnte sie in aller Ruhe Sitten und Gebräuche der Städter kennen lernen. Vor allem aber konnte sie das Kochen und die Essenzubereitung von meiner Mutter abgucken. Natürlich fuhr sie mit der Eisenbahn des Öfteren nach Densberg. Dort begann die Erntezeit und ihr Fehlen machte sich bemerkbar. Das aber war vorauszusehen, die Jungens mussten halt etwas mehr zupacken, aber auch die Verwandtschaft half mit. Ich dagegen ging unermüdlich meiner Arbeit nach und stellte bei meinen Besuchen bei Pöpperls fest, auch sie freuten sich auf die Wohnung in Kassel wie wir. Es sollte jedoch noch eine Weile dauern.

Birgit

Mittlerweile hatten wir uns daran gewöhnt, dass Anny jetzt zu unserer Familie gehörte, sie war schließlich auch die „Frau Grafenhorst"! Der September war schon einige Tage alt, doch es tat sich nichts bei Anny. Alle Grafenhorsts warteten Tag für Tag, der Frauenarzt riet zur Geduld. Die zweite Hälfte des September war bald vorbei, der Arzt überlegte die Schwangerschaft einzuleiten. Doch plötzlich, am Abend des 27. September 1950 begannen die Wehen. Meine Mutter und ich begleiteten Anny auf dem Weg ins Diakonissenhaus, das nicht weit von uns entfernt in der Goethestraße lag. Dort lieferten wir sie ab, mussten sie verlassen und wünschten ihr nur das Beste. Auf dem Nachhauseweg umkreisten meine Mutter und ich das Gebäude, in dem Anny sich jetzt aufhielt. In dieser Nacht bekam ich kein Auge zu, immer war ich in Gedanken bei meiner Anny und bedauerte, in den schweren Stunden nicht bei ihr sein zu können. Ich musste am nächsten Tag früh aufstehen, denn ich hatte einen Termin in Eschwege. Dort angekommen, erledigte ich ihn so schnell wie möglich, rannte zum Bahnhof, stieg in den Zug, in Kassel wieder aus und lief in die Goethestraße zu meiner Mutter. „Gratuliere dir mein Junge. Anny hat gestern noch vor 24 Uhr, ein kleines Mädchen auf die Welt gebracht. Ich war schon dort. Es geht beiden gut"! Nichts hielt mich! Ich sauste mit einem Blumenstrauß zum Diakonissenhaus, dort im Zimmer zu Anny, die mich Freude strahlend im Bett erwartete. Ich nahm sie in die Arme und weinte. Ein langer mühsamer Weg lag hinter uns, an der Anny am schwersten zu tragen hatte. Nun aber genossen wir beide die Krönung unserer Liebe! Anny meinte die kleine Birgit wäre lieb, hätte schon getrunken, wenn ich sie ansähe, wäre ich sicher enttäuscht. Das war ich natürlich nicht, als ich sie mir hinter einer Glasscheibe ansehen durfte. Ein kleines haarloses, noch ein wenig verschrumpeltes Baby, mit ausgeprägtem Hinterkopf und langen schmalen Füßchen. Ein Bild, das ich mein Leben lang in Erinnerung behalten habe. Ich hätte laut schreien und jubeln können und war sicher in diesem Moment der glücklichste Mensch der Welt! Anny würde es ebenso gehen, sie aber hatte den Vorteil, Birgit immer bei sich zu haben. Doch ich sah meine Tochter, während des Aufenthaltes im Diakonissenhaus, nur durch eine Fensterscheibe. Endlich nach einer Woche, konnte ich Anny mit ihrer Birgit nach Hause in die Goethestraße holen.

Jetzt aber durfte ich unser Kind der Liebe, aus nächster Nähe betrachten, berühren, durfte sie streicheln, die kleinen dünnen Fingerchen anfassen. Dieses Würmchen bei Grafenhorsts zu Hause, war schon eine Sensation. Meine Mutter brachte ihre Erfahrung ein, mein Vater seine Ratschläge und ich? Ich hatte

Mühe, selbst einmal mein Kind auf den Arm zu nehmen. Ein Glücksgefühl, das ich nie vergessen habe. Dieses kleine Wunder, das Anny da fertig gebracht hatte, konnte ich nicht oft und nicht lange genug betrachten. Abends machte sie uns allerdings Sorgen. Sie schlief gerne und wollte, wenn sie trinken sollte, nicht aufwachen. Mit allen möglichen Mitteln wollten wir sie wecken, doch diese waren beschränkt. Günstigstenfalls machte sie einmal kurz die blauen Äuglein auf, um sie gleich wieder zu schließen. Anny war verzweifelt, meine Mutter war der Meinung, sie müsse unbedingt trinken, mein Vater meinte schon sie würde verhungern, ich bekam sie auf den Arm und versuchte alles sie wach zu bekommen. Ich weiß nicht mehr wie, es wurde jedenfalls etwas besser. Natürlich hatten wir am gleichen Tage Annys Eltern über Birgits Geburt informiert, allerdings nur über die Poststelle Densberg, die gegenüber dem Thielschen Hof lag. Damals gab es im ganzen Ort, außer der Poststelle nur noch ein Telefon beim Bürgermeister. Kaum war Anny aus dem Diakonissenhaus entlassen, kamen ihre Eltern sie zu besuchen, um vor allem das kleine süsse Mädchen zu sehen. Sie brachten, wie das auf dem Dorf bei solchen Anlässen üblich war, ein geschlachtetes Huhn mit. Die junge Mutter sollte zu Kräften kommen. Meine Mutter aber kannte diesen Brauch nicht, steckte das Huhn in einen Kochtopf und alle hatten etwas Gutes zu essen. Natürlich missfiel das den Densbergern, da das Huhn allein für Anny gedacht war. Ihnen fehlte auch das Verständnis, für den Namen unseres Kindes, das Birgit heißen sollte. Warum nicht Brigitte? Der Name Birgit war ihnen zu fremd, den hatten sie noch nie gehört. Getreu der bäuerlichen Mentalität, war das etwas Neues und deshalb abzulehnen. Letztlich fanden sie sich damit ab, zumal ja die Stiefmutter Maria hieß und als Pate Maria zu den weiteren Vornamen zählte. Im Laufe der Zeit, hatte man sich daran gewöhnt, denn allmählich hielten auf den Dörfern auch moderne und zeitgemäße Vornamen Einzug. Die ewigen Annas, Marias, Magdalenas starben aus. Zu Hause in der Goethestraße lag Birgit, in einem ganz modernen neuen Paidi-Kinderbett (in das später die Kinder der Verwandtschaft lagen) das wir beide noch bevor Anny das Diakonissenhaus aufsuchte, angeschafft hatten. Handarbeiten hatten auf den Dörfern Tradition. Während die älteren Frauen noch mit dem Spinnrad Wolle sponnen, strikten oder häkelten die Mädels in der Spinnstube und in ihrer Freizeit. Anny hatte sich jedenfalls mit ihren Arbeiten, auf unser Kind gut vorbereitet. Ihr ganzes Bestreben war, Birgit besonders hübsch zurecht zu machen (und das hielt an, so lange sie zu Hause lebte!). Um mit unserer Tochter, nach einer gewissen Zeit, auch gelegentlich mal an die frische Luft zu gehen, hatten wir uns einen damals üblichen modernen schönen weißen Kinderwagen gekauft, allerdings einen gebrauchten. In jener Zeit war es nämlich nicht unüblich, sich einen Gebrauchten anzuschaffen, da sein Gebrauch stets kurz war. Zudem war er recht schwer, unhandlich und zudem teuer, ganz davon abgesehen, hielten sich unsere Finanzmittel in Grenzen. Diese Art von Kinderwagen wurde, sobald die Kinder das Laufen lernten, von leichten, praktischen so genannten Sportwagen abgelöst. Vorerst aber war es noch nicht so weit. Jedenfalls rollten wir stolz, mit unserem winzigen Mädchen, über die Bürgersteige unserer Gegend, fuhren gerne an der Murhardstraße vorbei, die Fortschritte des Hausbaues zu registrieren. Anny ging immer gerne eigene Wege. So hatte sie, statt der allgemein üblichen Babykleidung, für Birgit eigenen Geschmack entwickelt. Der führte dazu, dass alle möglichen Leute, vornehmlich Frauen immer, wenn Anny mit dem Kinderwagen unterwegs war, hineinschauten und das kleine süss gekleidete Baby bewunderten.

Natürlich hatte ich Birgits Geburt, stolz auf dem Standesamt Kassels angemeldet. Zu dieser Zeit war es noch üblich zum Rufnamen, die Vornamen der Paten oder irgendwelcher besonderer Verwandter hinzuzufügen. So wurde der Rufname Birgit und der Name der Paten Waltraut, meiner Schwester, Margarete, der meiner Mutter sowie Maria, der Annys „Mutter", als weitere Vornamen zugefügt. Es stand für uns auch außer jedem Zweifel, Birgit christlich taufen zu lassen und dieses sollte in der Kirche von Densberg geschehen. In der Kirche in der auch Anny getauft worden war. So machten wir uns nach Densberg auf, wuchteten den schweren Kinderwagen, mit Zubehör für ein Baby, in ein Zugabteil. In Zimmersrode stiegen wir in den Wagen, der von außen als für Reisende mit Traglasten vorgesehen war.

Sonntag den 19. November 1950, fand Birgits Taufe am Ende des Gottesdienstes statt, von Annys und meinen Eltern, Waltraut und Wilhelm begleitet. Anny und ich waren beide innerlich ergriffen und gerührt, den Tränen nahe. Was lag alles hinter uns, bis wir nun hier standen, an der Stelle an der auch Anny getauft wurde. Das alles ging mir durch den Kopf, während der Pfarrer das Taufritual durchführte. Nun war Birgit „schon" eineinhalb Monate alt, ein süsses kleines Mädelchen, das den Segen Gottes durch den Pfarrer erhielt. Möge sie in einer Zeit leben, die besser ist als die wir hinter uns hatten, möge ihr ein glückliches Leben beschieden sein! Das war nicht nur mein Wunsch, ich war sicher, auch Annys Gedanken waren die gleichen.

Die endlich erwartete Fertigstellung des Hauses Murhardtstraße 27 stand bevor. Jetzt wurde es ernst! Mit Fritz Ziegler und seinem 3,5 Tonner „OpelBlitz", fuhr ich nach Densberg und lud dort mit Fritz die Esszimmerund Schlafzimmermöbel auf, sowie viele Dinge die dazu gehörten wie Bestecke, Geschirr, Kleidung, Wäsche sowie alles was Anny gehörte und transportierten die Ladung nach Kassel. In der Murhardstraße 27 angekommen, galt es alles 8 lange Sandsteintreppen hinauf in den 4. Stock zu schleppen. Auch beim Gasherd und dem Küchenherd, beides hatten wir auch gebraucht gekauft, half uns Fritz Ziegler. Den Küchenschrank mit Tisch und Stühlen, bekamen wir vom Möbelhändler geliefert, dazu einen Kohleofen für das Wohnzimmer. Anny hatte es übernommen, die Wohnung wohnlich zu gestalten. Das arme Mädchen bekam Konditionsprobleme. Die Geburt und die Versorgung unserer Tochter hatte sie körperlich noch nicht verkraftet, jetzt diese schwere Arbeit. Natürlich half ich ihr nach Kräften, ich hatte mir ja auch extra Urlaub genommen. Die gründliche Reinigung und Beseitigung der Handwerkerspuren, der Zusammenbau der Möbel, die Aufstellung am vorgesehenen Platz, alles das bedeutete harte Arbeit.

Murhardstraße 27

Es kam der 1. Dezember 1950, der erste Tag in eigener Wohnung! Vorher hatte ich aus dem Keller auf einer Briketttrage, Briketts und in einer Kohlenschütte, Steinkohle geholt und tüchtig eingeheizt. Die Mauern eines Neubaues benötigten schon eine Zeit, um die Feuchtigkeit zu verlieren, außerdem war es draußen kalt. Die Wärme musste erst einmal richtig in die Ecken eingedrungen sein. Birgits Bettchen stand neben Annys im Schlafzimmer, die Küche war betriebsbereit und meine Frau und Mutter unserer Tochter, konnte nun versuchen, ihren hausfraulichen Pflichten nachzukommen. Das war natürlich eine gewaltige Umstellung und mir bewusst, dass es eine gewisse Zeit braucht, bis sich alles eingespielt hatte. Hinzu kam noch die Betreuung unseres Babys. Es gab weder Pampers, noch eine Waschmaschine. Ständig mussten die Windeln von Hand gewaschen werden. Zum Trocknen hatten wir mit meinen Eltern vereinbart, würden die Windeln zu ihnen in die zentralbeheizte Wohnung gebracht werden. Anny tat mir leid. Die Wohnung in Ordnung zu halten, auch unsere Kleidung, uns beide nicht verhungern zu lassen, unser Baby zu versorgen, dazu die ständige Windelwascherei, sie hatte es nicht leicht. Mit dem Küchenherd hatte sie ihre Probleme, ihr ging so häufig das Feuer aus. Doch dass es im Wohnzimmer immer angenehm warm war, dafür hatte ich zu sorgen, obwohl ich auch darin keine Erfahrung hatte. Eigentlich klappte es immer, denn ich hatte stets für Brennmaterial zu sorgen. Das hieß, ich musste die vielen Treppen hinunter in den Keller laufen, um von dort die erforderlichen Kohlen und Briketts hinauf zu schleppen. Wir hatten uns für unser Wohnzimmer, in der Nähe des Ofens, zwei einfache Sessel und einen kleinen runden Tisch angeschafft, eine schöne gemütliche Ecke. Dazu hatte ich auf Raten ein Radio gekauft, das Anny als nicht notwendig kritisierte. Aber sassen wir abends dort und hörten Radio, fand sie das doch als eine feine Sache, vor allem dann, wenn der wöchentliche Krimi „Paul Temple“ gesendet wurde. Das Radio hatte den unbestreitbaren Vorteil, man musste seine Phantasie aktivieren. Aus unserem Wohnzimmer war eine richtig gemütliche Behausung geworden. Die Außenwand war im oberen Bereich schräg, darunter stand das rote Plüschsofa, dessen Lehne bis zur Schräge reichte, rechts und links davon befanden sich zwei Gauben mit größeren Fenstern, vor dem Sofa stand der Esszimmertisch mit 3 Stühlen, ein Stuhl stand in der Gaube, links an der Wand der Wohnzimmerschrank, dem gegenüber die Kredenz (heute unser Flurschrank), den Boden bedeckte ein einfacher Teppich, 2 mal 3 Meter. Das Schlafzimmer war wie wohl alle Schlafzimmer eingerichtet, lediglich neben Annys Bett, stand das Paidi-Bett mit Birgit. Der Wohnungseingangstür folgte ein Flur, auf der linken Seite das Fremden-, Schlaf-und Wohnzimmer, geradeaus befand sich die Küche, gegenüber auf der linken Seite das Bad mit Gasbadeofen und Toilette.

Nach dem Vorbild meiner Eltern, richteten wir unser gemeinsames Leben ein. Haushalt mit Wohnung, sowie die Erziehung der Tochter, lag in Annys Zuständigkeit. Für den Betrieb wie Heizung, anfallende Reparaturen, Beschaffung der Finanzmittel durch den Beruf, trug ich die Verantwortung. Natürlich besprachen wir das alles gemeinsam, doch jeder hatte seinen Schwerpunkt. Allerdings mussten wir darauf achten, dass meine Eltern nicht zu sehr Einfluss auf unser Leben nahmen. Sie meinten es zwar gut, doch es entstand dabei die Gefahr, dass wir die Eigenständigkeit verlören. Das hatte damit nichts zu tun, dass meine Mutter, wenn sie knapp bei Kasse war, sich von Anny bis zum nächsten Zahltag meines Vaters einige DM borgte. Anny tat es im umgekehrten Fall auch, wenn es bei ihr eng wurde. Das geschah in geheimer Absprache, weder mein Vater noch ich wusste davon.

Dezember ist der Weihnachtsmonat, der nun auch für die junge Familie Grafenhorst galt. Also packten wir Birgit in den Kinderwagen, trugen das schwere Ding die Treppen hinab und fuhren zum Weihnachtsmarkt auf dem Karlsplatz. Kaum hatten wir ihn erreicht, schnappten uns zwei Werber und beschwätzten uns, dem Bertelsmann Buch Club beizutreten. Sie hatten es leicht mit uns. Anny war ja eine Leseratte und für einen Monatsbeitrag regelmäßig Bücher zu bekommen, schien uns eine gute Sache. Bisher jedenfalls hatten wir kaum welche. Dann ging es auf den Weihnachtsmarkt, den ersten unseres Lebens. Wir kauften einen Karton Christbaumkugeln, sowie etwas Lametta. Gerade begannen wir noch einen Rundgang, um uns die vielen Weihnachtsstände anzuschauen, da begann unsere Tochter fürchterlich zu schreien, nicht zu weinen, nein richtig laut zu schreien, aber wie! Fluchtartig verließen wir den Weihnachtsmarkt! Wir hatten nun mal eine Tochter, nach der wir uns zu richten hatten, der aber gefiel scheinbar der laute und lebhafte Weihnachtsmarkt nicht. Je näher wir auf unserem Rückweg unserer Wohnung kamen, umso ruhiger wurde unser kleines Mädelchen, bis sie in ihr Bettchen verfrachtet wurde. Danach ging Anny zu meiner Mutter, mit ihr zu einem Backkursus für Weihnachtsplätzchen der Stadtwerke. Nun gab es bei Grafenhorsts zu Weihnachten, neben der Weihnachtsstolle, wohlschmeckende Weihnachtsplätzchen. Mit großem Aufwand nämlich, knetete mein Vater den Teig für einige Weihnachtsstollen, die vom Bäcker gebacken, entsprechend gelagert, normalerweise bis Ostern reichten. Für Anny und mich war es selbstverständlich, dass zu einer Familie an Weihnachtstagen, auch ein Weihnachtsbaum gehörte. Beide kauften wir einen gut gewachsenen und stellten ihn am Heiligen Abend, bei weihnachtlicher Musik aus dem Radio auf. Dabei schmückten wir unsern Weihnachtsbaum mit Lametta und den wenigen bisher vorhandenen Kugeln. Zum Heiligen Abend selbst, gingen wir zu den Eltern, bei denen das weihnachtliche Abendessen stattfand. Danach las meine Mutter die Weihnachtsgeschichte während mein Vater die Kerzen des Weihnachtsbaumes anzündete, jedoch nicht ohne einen Eimer Wasser mit Schwamm, in die Nähe zu stellen. Nach gemeinsamen Absingen mehrerer Weihnachtslieder, gab es die Bescherung. Unser Kleines lag in seinem Wagen schlief und wusste nicht, was geschah. Am 1. Weihnachtstag kamen meine Eltern zu uns, zum erstmals von Anny angerichteten Weihnachtsessen, das allen ausgezeichnet schmeckte. Nach Densberg machten wir uns dann am 2. Weihnachtstag auf, wo uns Annys Eltern freudig empfingen. Allmählich hatten sie sich mit Birgit angefreundet und sorgten sich, dass es ihr an nichts fehle. Immerhin waren sie ja jetzt Großeltern! Silvester feierten wir wieder in Kassel, bei und mit meinen Eltern. Nach dem Bleigiessen schauten wir, dort vom Balkon, den einzelnen Raketen und Böllerschüssen zum Jahrewechsel zu.

So geht es weiter im zweiten Band

„So war es damals“

Über Kassel, Ludwigshafen Rh. und Mainz führte der Weg der Familie mit zwei Töchtern, in eine Zeit in der es zunächst kein Telefon gab und auch elektronische Medien unbekannt waren, beruflich in die Versicherungswirtschaft und zum aktiven Motorsport auf nationaler und internationaler Ebene. Dort bis nach Afrika und bis in den Iran. In der Organisation Vertretung der Bundesrepublik im Weltverband für den Automobilsport FIA, darüber hinaus 18 Jahre Vorsitzender des ADAC in Rheinland-Pfalz und 8 Jahre als Vizepräsident des ADAC, gleichzeitig nach der „Wende“ Aufbau des ADAC in den neuen Ländern mit der Gründung der „Deutsche Allenstraße“. Aus Altergründen Ausscheiden aus dem ADAC Präsidium. Nach Anschluss des Deutschen Motor Sport Bundes (DMSB) an den Deutschen Olympischen Sport Bund (DOSB), Gründung und Aufbau des Fachverbandes Motorsport im Landessport Bund Rheinland-Pfalz (mvrp). Übergabe des letzten Ehrenamtes mit 84 Jahren an Nachfolger.
Beschreibung vieler Reisen innerhalb Europas, Canadas, USA bis Alaska, teils mit den Familien der Töchter oder mit Freunden, doch stets mit Motorhoms, aber auch Nepal wurde besucht.